大丰年鉴

盐城市大丰区人民政府 主办

大丰年鉴编纂委员会 编

方志出版社

2017

图书在版编目（CIP）数据

大丰年鉴. 2017 / 大丰年鉴编纂委员会编. --北京：方志出版社，2017.11
ISBN 978-7-5144-2760-8

Ⅰ. ①大… Ⅱ. ①大… Ⅲ. ①大丰—2017—年鉴
Ⅳ. ①Z525.34

中国版本图书馆CIP数据核字（2017）第296765号

大丰年鉴（2017）

编　　者：	大丰年鉴编纂委员会
责任编辑：	王　俊
封面设计：	曹　骅　周古凯
出 版 人：	冀祥德
出 版 者：	方志出版社
	地址　北京市朝阳区潘家园东里9号（国家方志馆4层）
	邮编　100021
	网址　http://www.fzph.org
发　　行：	方志出版社图书经销中心
	电话（010）67110500
经　　销：	各地新华书店
印　　刷：	南京凯德印刷有限公司
开　　本：	889 × 1194　　1/16
印　　张：	27.75
字　　数：	1003千字
版　　次：	2017年11月第1版　2017年11月第1次印刷
印　　数：	0001~1000册

ISBN　978－7－5144－2760－8　　**定价：** 398.00元

《大丰年鉴》编纂委员会

《大丰年鉴（2017）》编审人员

主　　编　　曹　骅

执行主编　　刘洪芳

副 主 编　　周剑飞

编　　辑　　丁彩前　陈一青　陈琴琴　朱晓华　顾　锋

　　　　　　谢竹青　於晨婷

特约审稿　　杨长国

图片编辑　　周古凯

摄　　影　　周古凯　邱　鹏

地图编制　　南京星光测绘科技有限公司

《大丰年鉴》编辑部地址：江苏省盐城市大丰区大华东路1号

邮政编码：224100　　电话：（0515）87033270

电子邮箱：dsbnjk@163.com

编辑说明

一、《大丰年鉴》是由盐城市大丰区人民政府主办,《大丰年鉴》编纂委员会筹划,《大丰年鉴》编辑部负责逐年编辑的地方综合年鉴,旨在全面系统地记载大丰区经济建设和社会发展的基本情况,为各级各部门提供决策依据,为社会各界和海内外人士了解和研究大丰,提供翔实、准确、权威的信息;同时为将来续修方志积累资料。

二、《大丰年鉴(2017)》以马克思列宁主义、毛泽东思想、邓小平理论、"三个代表"重要思想、科学发展观、习近平新时代中国特色社会主义思想为指导,坚持辩证唯物主义和历史唯物主义的立场、观点和方法,全面反映2016年度全区人民在中共盐城市大丰区委员会、盐城市大丰区人民政府领导下为"奋力推进新大丰建设迈上新台阶"而努力奋斗的历程,重点记述大丰区各项事业发展状况和最新成就。收录范围以地域为界,凡在大丰区境内的部门单位、各行各业,不论其性质、隶属关系和级别,均在收录之列。

三、《大丰年鉴(2017)》采用条目式记事体,分类编辑。基本结构分为类目、分目、条目三个层次,以条目为主要载体,标题用【 】标出。全书设特载、大事记、大丰概况、中共盐城市大丰区委员会、盐城市大丰区人民代表大会、盐城市大丰区人民政府、政协盐城市大丰区委员会、群众团体·工商联、工业、沿海开发、开放型经济、开发区·特色园区、民营经济·市场体系建设、商贸服务业、旅游·麋鹿保护、农业、水利、建筑业·房地产业、城镇建设·环境保护、财政·税务、金融、交通·邮电·供电、经济管理与监督、武装、法治、科学技术、教育、文化、卫生、体育、社会生活、人力资源·社会保障、各镇概况、驻丰农场、人物、荣誉栏、文件目录、统计资料、附录、索引,共40个类目、306个分目,收录条目1693条、表74个,编有索引2152条。

四、《大丰年鉴(2017)》"大丰概况"中的"组织机构及其领导人",是指2016年在职人员名单。"文件目录"选载了区委、区人大、区政府、区政协的主要文件目录。"附录"中登载了《人民日报》《光明日报》《农民日报》《新华日报》《新民晚报》等主流媒体关注大丰、聚焦大丰的有关报道。

五、《大丰年鉴(2017)》采用的文字材料,大部分是由各镇、各部门提供,并经单位领导审阅。文中所列数据,有些由于统计口径、方法、时间不同而略有差异,请读者引用时注意,并以区统计局提供的年度"统计资料"为准。

六、《大丰年鉴(2017)》卷首有正文目录;卷末有按汉语音序编排的内容分析索引,以方便读者查考。

2016年10月16日，江苏省大丰麋鹿国家级自然保护区举行麋鹿回归30周年纪念暨野生放养活动。

沈 怡 摄

大丰港莎士比亚小镇

周古凯　摄

上海农场是上海市重要的战略“飞地”。农场地处江苏省盐城市大丰区境内，占地总面积303平方千米，是上海市域外最大的农业生产基地，也是光明食品集团现代农业的重要板块。图为上海农场成片水稻田。　尚　农　摄

八路军、新四军白驹狮子口会师纪念碑

大丰是革命老区，新四军、八路军胜利会师之地，华中新四军八路军总指挥部海防总队诞生地；是刘少奇、陈毅、粟裕、黄克诚、陈丕显、张爱萍等老一辈无产阶级革命家战斗和生活过的地方。大丰人民为支援革命战争的胜利，作出了重大牺牲与贡献。

周古凯　党　正　摄

苏中公学旧址

苏中区党委旧址

新四军被服厂旧址

粟裕住所和后方医院中转站旧址——钱氏卷瓦楼全景

李增援烈士雕像

华中新四军、八路军总指挥部海防总队诞生地——斗龙港

大丰区被授予“2016年中国长寿之乡”称号。上图为草庙镇金汉湖90大寿时和夫人唐秀珍的合影；左图为大丰百岁姐妹101岁的施卫明（左）和103岁的施伟娥见面叙旧；右图为大丰区老年大学学员演出场景。

周古凯　摄

財富
增

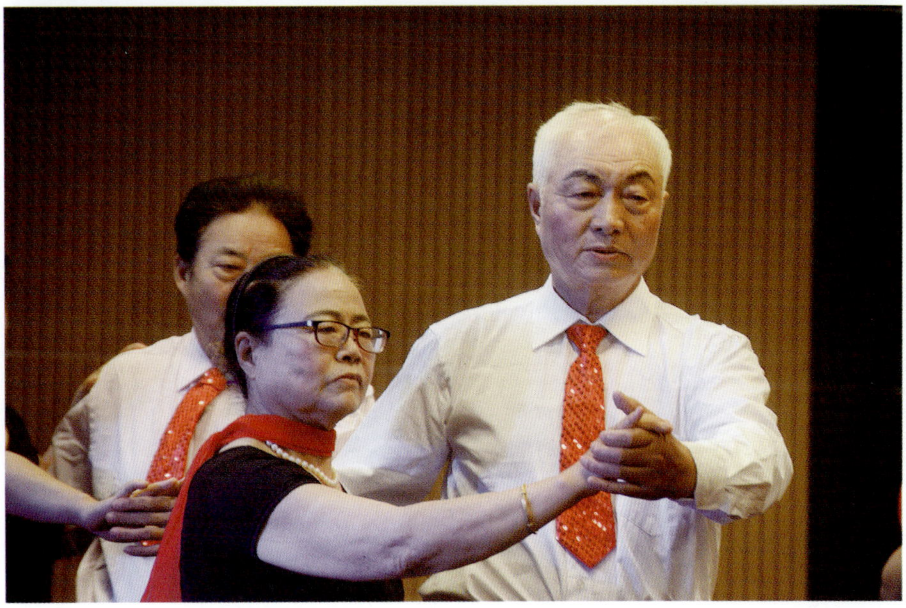

权健集团华东总部

周古凯　摄

2016年4月9日，荷兰花海举行第七届“情系郁金香·缘定爱情海”集体婚礼，99对新人情定荷兰花海。

周古凯　摄

2016年5月，第十届中国（武汉）国际园林博览会上，大丰区获“国家园林城市”授牌。

周古凯　卢日伟　摄

2016年，大丰区实施西康路、常新路、金丰路、人民路、康平路，通港大道、幸福路、健康路、黄海路、南翔路“五纵五横道路”和大四河、二卯酉河“两河”景观亮化提升工程。 周古凯 摄

2016年10月1日，“大丰好玩呢”金秋旅游季暨荷兰花海百合花文化月开幕。开幕式上，荷兰南荷兰省、中青旅股份有限公司分别与大丰区签订合作战略框架协议和上海迪士尼旅游线路合作协议。 周古凯 王珂琪 摄

2016年3月4日，中国·大丰西郊梅园首届梅花文化节开幕。梅园占地200公顷，栽种梅花100多个品种、1万多株，是江苏最大的梅园。

周古凯　摄

2016年10月，大中镇恒北村被命名为“中国慢生活休闲体验区、村（镇）”。全国有17家单位获此荣誉。左图为恒北村鸟瞰图，下图为活动剪影。

杨　兵　王福祥　何绍丰　摄

2016年12月15日是大丰区区、镇两级人大代表投票选举日。全区设投票站1745个，66.7万选民投票。

周古凯　邱　鹏　摄

举区镇两级人大代表第一投票站
镇人大代表
区人大代表
票箱

党务政
选举公告
封条
大丰区 119 选区
票

《十佳大丰好人》
SHIJIA DAFENG HAOREN
BANJIANG DIANLI

2016年12月30日，"十佳大丰好人" 颁奖典礼在大丰剧院举行。典礼上，"十佳大丰好人" 刘春阳、李飞、陈云、赵锋、吴秀华、赵文奎、杨建华、王永忠、陈红霞、束长和登台领奖。 邱 鹏 摄

大 气 包 容 创 新 争 先

2016年1月22日，鼎立足球俱乐部在大丰区成立，为盐城市第一支职业足球俱乐部。右图和下图为2016赛季中国足球协会乙级联赛在大丰区奥体中心体育场举行。

周古凯　王珂琪　摄

2016年，大丰区组织实施“社会保障卡一卡通”为民办实事工程，发放社会保障卡51万张，全区各类参保对象均可通过社保卡缴纳社会保险费、领取社会保险待遇。

周古凯　摄

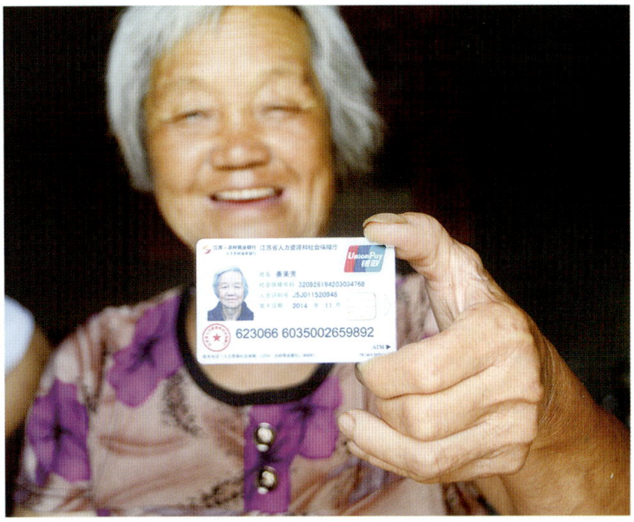
江苏省人力资源和社会保障厅
UnionPay
银联
623066 6035002659892

大丰区社会保障卡服务中
记录一生 保障一生 服务一生

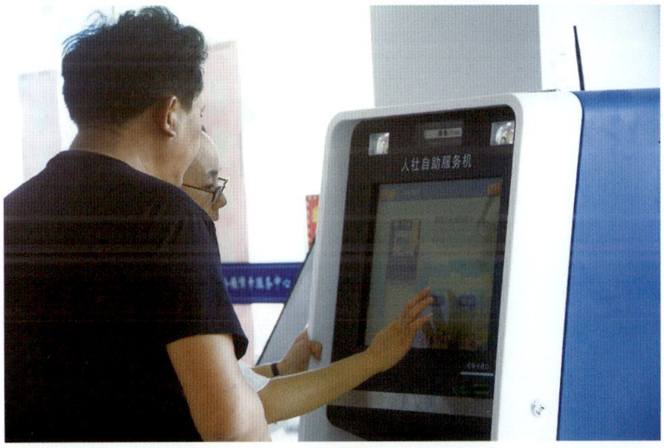
人社自助服务机

大丰港主线站
ETC 专用

2016年10月26日，港城高速公路G1516盐洛高速（大丰港至盐城段）正式通车，盐城主城区至大丰港区的行车时间由近两个小时缩短至40分钟。下图为农场收费站。 周古凯 摄

WISDOM
CITY 嗨
智慧城市
大丰智慧生活门户
我们共创
我们同行

2016年1月，东方1号创意产业园获批为国家级工业设计中心，为盐城市唯一一家获得国家认定的工业设计中心。左图为产业园鸟瞰图和工程技术人员的工作照片，上图为2016第五届全国青年创客工作营暨江苏省“东方1号”杯工业设计大赛开营。

周古凯　摄

全风科技
2MW
VIND

2016年12月，大丰风电产业园被科技部火炬中心认定为“国家火炬大丰海上风电装备特色产业基地”。
周古凯　张雪峰　摄

城西社区

乡村旅游

2016年11月,《人民日报》和《2016中国中小城市发展报告·绿皮书》联合发布第十二届中国中小城市科学发展指数研究成果。大中镇入选“2016年全国综合实力千强镇”榜单,位列全国第114位。左图为丰收大地鸟瞰图。

周古凯　卢日伟　摄

江苏金色工业炉

德航重工

2016年1月1日，大丰港举行滚装码头首航仪式。该码头由4个靠船墩、4个系缆墩、3个便桥墩和1个艉跳平台组成，总投资1.6亿元，可以年转泊汽车22万辆、转运集装箱2.6万标箱。 宋凯华 摄

mp man
3D COMB FILTER
DVBT
DVBC
NOKIA
10%
20%
3%

2016年1月1日，大丰和顺电子项目首台高清数字电视下线。该项目总投资10亿元，具有年产200万台高清电视机的能力。

周古凯　丁彩前　摄

中国云马
云马农机 誉满全球
YUNMA FARM MACHINERY GOOD REPUTATION FOR WORLD
国家农业部推广产品
PROMOTE PRODUCT BY STATE MINISTRY OF AGRICULTURE
2BLY-280B RICE NURSERY SOWING

Fengdong

2016年9月，盐城市大丰区被国家知识产权局办公室表彰为“2015年度国家知识产权试点示范城市工作先进集体”。图为云马、辉丰、谷登、丰东、中车、金风、森威精锻等知识产权密集型企业的相关科室和车间。　　周古凯　摄

《大丰年鉴》要目

特 载

大 事 记

大 丰 概 况

盐城市大丰区人民代表大会

盐城市大丰区人民政府

政协盐城市大丰区委员会

群众团体·工商联

工　业

沿海开发

开放型经济

开发区·特色园区

民营经济·市场体系建设

商贸服务业

旅游·麋鹿保护

农 业

水 利

建筑业·房地产业

城镇建设·环境保护

财政·税务

金　融

交通·邮电·供电

经济管理与监督

武装

法　治

科 学 技 术

教　育

文　化

卫　生

体　育

社 会 生 活

人力资源·社会保障

驻丰农场

人　物

荣誉栏

文件目录

统计资料

附 录

索 引

发展上台阶　建设新大丰
让人民群众的生活更加美好

——在中国共产党盐城市大丰区第十二次代表大会上的报告

盐城市委常委 大丰区委书记　王　荣

（2016年7月19日）

各位代表、同志们：

现在，我代表中共盐城市大丰区第十一届委员会向大会作报告，请予审议。

这次大会的主要任务是，高举中国特色社会主义伟大旗帜，以习近平总书记系列重要讲话特别是视察江苏重要讲话精神为指引，回顾总结第十一次党代会以来的工作，研究确定今后五年的目标任务，选举产生中国共产党盐城市大丰区第十二届委员会和纪律检查委员会，团结带领广大党员和干部群众，为发展上台阶，建设新大丰，让人民群众的生活更加美好而努力奋斗。

过去五年发展的主要成就和基本经验

过去的五年，是大丰发展历程中不平凡的五年。全区上下认真贯彻落实中央和省委决策部署，在市委的正确领导下，主动适应和把握新常态，聚精会神搞建设，一心一意谋发展，圆满完成第十一次党代会确定的各项目标任务，经济社会发展取得了显著成绩。

——综合实力不断增强。2015年全区实现GDP 535.11亿元，年均增长12.8 %，人均GDP 76167元，列苏北第一；一般公共预算收入69.3亿元，年均增长27.4%；完成固定资产投资394.95亿元，年均增长19.2%；全口径工业开票销售705.7亿元，总量列苏北第一；进出口总额15.13亿美元，列苏北第一，注册外资实际到账1.87亿美元，列盐城第一；城镇常住居民人均可支配收入28752元、农村常住居民人均可支配收入17918元，年均分别增长11.1%、12.4%，居民储蓄存款余额312.38亿元，社会消费品零售总额155.58亿元。

——产业结构逐步优化。全区三次产业比重为14.1∶40.1∶45.8，实

2016年7月19日，中国共产党盐城市大丰区第十二次代表大会开幕

邱　鹏　摄

现“三二一”的历史性突破。战略性新兴产业开票销售超180亿元，风电产业园成为国家战略性新兴产业区域集聚发展试点，新能源淡化海水产业园建成国家海洋经济创新发展区域示范区。电子商务、文化创意、软件及大数据等现代服务业占全区服务业比重超50%。中华麋鹿园创成盐城首家国家AAAAA级旅游景区，建成国家AAAA级旅游景区3家，A级景区数量达12家，列全省各县（市、区）前列。建成特色农业示范园区19个，高效农业面积达125万亩，获评全国休闲农业与乡村旅游示范县、全国有机产品认证示范创建区。建成国家科技企业孵化器、国家火炬计划特色产业基地等省级以上创新服务平台36个，拥有国家级高新技术企业48家，获批全国科技进步先进市和国家知识产权试点城市。重视人才引进工作，建成全省人才工作先进县（市、区），区域人才竞争力苏北第一。

——沿海开发取得突破。大丰港建成万吨级泊位17个，开通国际航线9条，集装箱班轮密度达到每月56班，通港大道、临海高等级公路、刘大四级航道建成通行，2015年完成货物吞吐量7094万吨、集装箱20.2万标箱。石化新材料、高端造纸、港口物流等形成百亿产业集群，世界首台套兆瓦级非并网风电淡化海水示范项目建成投产，海洋生物产业园建成国家科技兴海产业示范基地、国家农业科技园，亚洲最大的中汽中心盐城汽车试验场建成启用，国家进口粮食指定口岸、大丰港保税物流中心获批设立。大丰港经济开发区建成省级开发区，大丰港海外投资控股有限公司在香港成功上市，沪苏大丰产业联动集聚区正式成立，常州高新区大丰工业园连续五年被评为省共建园区先进单位。

——城乡面貌显著变化。城市建成区面积28平方公里，城市化率达58.3%。城东新区、高新技术区加快发展，展示了城市新区的新形象。奥体中心、全民健身中心、档案馆等工程竣工交付使用，西郊梅园、东方湿地公园、团结河公园等城市公园建成开放，城区绿化覆盖率达36.3%，被评为绿色江苏建设示范县（市）。全面完成第一轮城市环境综合整治、农村“3+1”工程和镇村环境整治任务，实现城乡供水一体化，连续三年被省表彰为村庄环境整治先进县（市）。建成国家首批可持续发展先进示范区、国家卫生城市、国家园林城市，国家生态市、国家环保模范城市创建通过国家级验收，国家级生态镇实现全覆盖。

——民生福祉明显提升。每年为民兴办实事，建成农村公路830公里、改造危桥266座、新建农桥1206座，新建保障性住房47.03万平方米。被评为全国“两基”教育先进地区、全国义务教育发展基本均衡县（市）。镇村文化站（室）全部建成开放，建成全国文化先进县和首批省公共文化服务体系示范区。所有村卫生室达到省定标准，乡村医生签约服务工作得到国家卫计委肯定并推广，建成全国农村饮水安全工程示范县。获评全国群众体育先进单位，建成首批省公共体育服务体系示范区。实施“社会保险全民参保计划”，覆盖城乡的社保体系基本建成。深化平安大丰、法治大丰建设，被表彰为全国法治县（市、区）创建活动先进单位。顺利完成区划调整工作，社会大局和谐稳定。

——党的建设全面加强。扎实开展党的群众路线教育实践活动、“三严三实”专题教育、“两学一做”学习教育。扎实推进“强基工程”，积极推进“三解三促一加强”（了解民情民意、破解发展难题、化解社会矛盾，促进干群关系融洽、促进基层发展稳定、促进机关作风转变，加强基层组织建设活动）“进村入户”“轻车简从下基层调研月”等活动，建成省村级“四有一责”（有持续稳定的集体收入，有功能齐全的活动阵地，有先进适用的信息网络，有群众拥护的双强带头人，强化村党组织领导责任）先进县（市、区）。认真落实党风廉政建设“两个责任”，深入开展“效能革命”和纪律建设、作风建设、反腐倡廉建设，严格执行中央“八项规定”，持续加大案件查处力度，五年来共查处各类案件722件，挽回经济损失7000余万元。加强民主政治建设，积极支持人大、政协依法依章履行职责，统战、人武、双拥、工会、共青团、妇联、科协、老干部、党史、档案、老龄委、关工委等工作坚持围绕中心、服务大局，取得了新的成绩。

五年的成绩来之不易，这是中央和省市委正确领导的结果，是全区各级党政组织、全体共产党员、离退休老同志和全区人民共同努力的结果，是社会各界人士大力支持的结果。在此，我谨代表中共大丰区委向全区共产党员和广大干部群众，向关心和支持我区经济社会发展的同志们、朋友们和社会各界人士表示衷心的感谢和崇高的敬意！

回顾总结过去五年的工作，给了我们深刻的体会，也为我们今后的发展积累了宝贵经验。一是坚定讲政治，坚持发展第一要务。高举中国特色社会主义伟大旗帜，切实增强政治意识、大局意识、核心意识、看齐意识，始终与以习近平同志为总书记的党中央保持高度一致，坚决贯彻落实省、市委的决策部署，紧密结合大丰实际创造性地开展工作，不折不扣抓落实。无论经济形势如何变化，都紧盯目标任务，坚定信心，增强定力，抢抓战略机遇，推动大丰发展。二是坚持改革创新、开放合作。只要是有利于大丰发展的工作，就敢闯敢试、敢为人先、敢于担当。积极稳妥推进行政审批等重点领域改革，强化科技、金融和人才创新，激发转型发展活力。扩大对外开放合作，立足沿海优势，全方位接轨上海，推动园区合作共建，借智借力发展。三是坚持以人为本、执政为民。把改善民生贯彻各项工作始终，持续加大民生投入，每年为民兴办实事，统筹协调推进新型城镇化、社会事业、生态文明建设等工作，让群众获得实惠，感受到变化，凝聚发展共识，维护社会稳定。四是坚持全面从严治党，加强干部队伍作风建设。严格落实管党治党责任，在提升干部能力、改进机关作风等方面，推出一系列改革创新的举措，促进各级干部解放思想，真抓实干，廉洁自律，始终保持奋发图强的拼搏状态，为大丰发展提供了坚强保证。成绩值得肯定，经验弥足珍贵。同时，我们也要清醒认识到，我们的工作还存在不少问题。主要表现在：产业结构还需进一步优化，转型升级压力较大；大项目好项目不多，发展后劲亟待加强；镇村集体经济发展滞后且不平衡；民生改善与群众期盼还有很大的差距；党的建设还存在一些薄弱环节。对这些问题，我们必须高度重视，保持清醒头脑，采取有力措施，认真加以解决。

2016年，大丰港实现货物吞吐量8533.73万吨，集装箱30.19万标箱

今后五年工作的指导思想、奋斗目标和战略重点

今后五年，我们要以更宽广的视野谋划未来，以更科学的理念指导实践，向着建成全面小康社会的目标大步迈进。纵观国内外宏观形势，世界经济发展进入转型期，我国经济发展进入速度变化、结构优化、动力转化的新常态，以“三去一降一补”（去产能、去库存、去杠杆、降成本、补短板）为重点的供给侧结构性改革激发新一轮发展动能，全面深化改革的红利持续释放，经济长期向好基本面没有改变。从大丰自身来看，过去五年我区经济保持了较快增长，沿海开发势头迅猛，区园经济竞相发展，大丰实现新常态下新发展的基础好、空间大、潜力足；大丰处于江苏沿海开发、“长三角”一体化、“一带一路”等国家战略交汇区域，一批重大交通基础设施陆续建成，盐通高铁年内开工建设，大丰将开启高铁时代；盐城进入“长三角”城市群规划，沿海开发、产业发展、城市建设、开放合作等必将迎来新的契机。但是，我们也清醒地认识到，宏观经济形势复杂多变，下行压力仍然较大，不确定因素增多，要素瓶颈制约增加，保持经济持续稳定健康发展任务艰巨、压力千钧。总体来说，未来五年，大丰仍然处于加快发展的重要战略机遇期，但机遇与挑战并存。我们必须准确把握形势，主动适应和把握新常态，抢抓机遇，迎接挑战，迎难而上，努力推动大丰经济社会发展迈上新台阶。

今后五年全区工作的指导思想是：高举中国特色社会主义伟大旗帜，以习近平总书记系列重要讲话特别是视察江苏重要讲话精神为指引，紧紧围绕“五位一体”总体布局和“四个全面”战略布局，自觉践行创新、协调、绿色、开放、共享发展理念，认真落实中央和省市委决策部署，坚持实干为先、项目为王、民生为本，突出创新驱动、沿海崛起、产业强区、开放带动、绿色发展、民生共享战略重点，努力实现盐城领先、沿海当先、全省争先，奋力推进经济社会发展迈上新台阶，努力建设“经济强、百姓富、环境美、社会文明程度高”的新大丰，让人民群众的生活更加美好！

今后五年全区工作的奋斗目标是：到2020年，全区GDP达900亿元，年均增长10%，人均GDP达12万元，二三产增加值占GDP比重达90%，研发经费占GDP比重达2.6%；一般公共预算收入超100亿元，年均增长10%以上；完成固定资产投资700亿元，年均增长13%；城镇常住居民人均可支配收入力争达5万元，农村常住居民人均可支配收入超3万元，年均分别增长11%，城镇登记失业率控制在3%以内；单位GDP能耗完成省下达指标，环境质量综合指数大幅提高。

今后五年全区工作的战略重点是：

——创新驱动。坚持把创新作为全区发展的核心战略，依靠创新抢占制高点，把握主动权，增创新优势。以科技创新为核心，推动产业、企业、市场、管理全面创新，集聚创新创业人才，打造创新载体平台，破除体制机制障碍，最大限度释放创新能量，持续增强自主创新能力。大力弘扬创新创业的人文精神，厚实创新创业土壤，让“大众创业、万众创新”在全社会蔚然成风，成为大丰发展最鲜明特征和最强劲动力。

——沿海崛起。坚持把沿海开发摆在发展全局的重中之重，举全区之力推动沿海大开发、大开放。策应全市沿海开发“一核五区多节点”布局，发挥大丰港龙头作用，深化港口、临港产业、港城“三港”联动协调发展，当好沿海开发排头兵。围绕东向出海、西向中原、贯通东西，加快沿海重大基础设施建设，提升港口能级，做强海洋经济，建设海港新城，打造沿海中部崛起新高地，建设区域发展蓝色增长极。

——产业强区。坚持产业主导地位，全面推进新型工业化、信息化、城镇化、农业现代化建设，培育壮大以先进制造业为主的新型工业，提速发展现代服务业，加快农业现代化步伐。聚焦实体经济，着力围绕《中国制造2025》，推动新型工业化与信息化、制造业与服务业融合发展，培育新技术、新业态和新模式，提高产品质量和品牌影响力，推动“大丰制造”向“大丰智造”跃升，以制造强促进工业强，以产业强支撑经济强。

——开放带动。坚持高水平开放，主动融入国家、省市对外开放总体布局，发挥沿海和与上海的优势，对内主攻“长三角”、“珠三角”、京津冀，对外面向日韩、欧美和“一带一路”沿线国家及地区，全面加强交流合作，加快融入全球产业链、供应链、价值链，提升开放合作和经济国际化水平，建设江苏沿海最具活力的开放窗口。推动区域融合发展，全面加强沪丰合作，深化南北合作共建园区建设，更大范围、更宽领域内引资引技引智，增添发展新动力。

——绿色发展。牢固确立“绿色GDP”理念，既要金山银山，更要绿水青山。坚持绿色开发、综合开发，坚守生态红线，优化生产、生活、生态空间布局，推动新型工业、生态旅游、现代农业、海洋经济等多元化开发，培育壮大生态经济，促进绿色、低碳、循环发展。积极倡导绿色生活、绿色消费，提高资源利用效率，加大节能减排力度，建设美丽大丰，造福人民群众。

——民生共享。坚持以人为本，把保障和改善民生作为一切工作的出发点和落脚点，推动发展成果全民共享。稳步推进共同富裕，鼓励勤劳致富、创业致富，扩大中等收入群体，实现居民收入增长和经济发展同步、劳动报酬增长和劳动生产率提高同步。加大民生投入，为民兴办实事，促进社会事业优质均衡，促进社会公平正义，促进群众生活品质提升，不断提高人民群众的获得感、幸福感和满意度。

今后五年经济社会发展的主要任务和关键举措

发展上台阶，建设新大丰，让人民群众的生活更加美好，实现我们“两个一百年”梦想的第一个百年目标，是我们光荣的历史使命，也是我们义不容辞的职责所在。实现这一目标，需要我们抓好十个方面的重点工作。

1.坚持“三港”联动，加快沿海崛起。沿海是大丰发展的最大优势和潜力。要深化港口港产港城“三港”联动，全力建设“亿吨大港、千亿园区”。到2020年大丰港城经济区主要经济指标对全区的贡献份额要确保三分之一，部分指标力争二分之一，在全省沿海开发中勇做主力军，敢当排头兵。一要建设亿吨大港。以港口为龙头，努力把大丰港建设成为盐城沿海龙头港、中国东部沿海中转港、上海港的喂给港、中韩贸易干线港，到2020年建成万吨级以上泊位30个，形成以15万吨级泊位为龙头、5万~10万吨级泊位为主体的码头集群，货物吞吐量突破1.5亿吨、集装箱100万标箱，成为沿海重要枢纽港。加快深水航道、四期通用码头、国际集装箱物流中心等工程建设，推动大丰港铁路支线、南翔路东延等集疏运配套体系建设，西向皖北、豫南等中原地区拓展“无水港网点”，东向韩国实现对韩主要港口全覆盖。加快综合保税区和汽车整车进口、活牛进口等口岸申报推进工作，加大进口木材口岸、中韩陆海联运试点口岸建设力度，建成高效、便捷的现代化港口。二要培育千亿产业集群。以临港产业为支撑，加快临港及腹地产业转型升级，提升产业对港口的支撑能力，实现港口与产业良性互动发展。做强石化新材料、特钢新材料、高端造纸及农产品深加工等临港特色产业，加快培育海洋生物、海水淡化、海工装备、海洋新能源等战略性新兴产业，做大做强海洋经济，到2020年大丰港城经济区工业总产值突破600亿元，形成4~6个具有全国竞争力的百亿级产业集群。大力发展港口现代服务业，加快建设港口服务业产业园，培育壮大汽车2.5产业，积极发展金融创投、跨境电商和服务外包等多种新型业态，到2020年港口服务业营业收入达400亿元。三要促进产城融合。以港城为关键，抢抓盐城进入“长三角”城市群规划的重大契机，加快建设现代化宜居宜业生态港城，力争到2020年港城建成区面积15平方公里，集聚人口10万人。

2.注重高端引领，推动转型升级。大力转方式、调结构、促转型，加快推动产业结构直奔中高端。一要全力以赴稳增长。稳增长是促转型的基础和前提。要把稳企业作为稳增长的首要任务，认真落实扶持企业发展的各项政策措施，千方百计帮助企业协调解决生产经营中遇到的用工、资金、土地、供电等要素难题，促进企业稳健运行。培大育强规模企业，大力推动企业技术改造、合作重组、改制上市，加快开票销售超千万元小微工业企业跨档升级，到2020年全区新增工业开票销售超亿元企业35家，其中超10亿元企业15家，超50亿元企业4家，超百亿元企业1家，税收超亿元企业10家。要把稳投资作为稳增长的关键举措，继续加大招商引资力度，持续加大政府在基础设施、民生保障、转型升级等领域扶持力度。二要培育壮大新兴产业。重点发展新能源及装备制造、海洋生物、电子信息、生命科学等战略性新兴产业，坚持项目为王，强化招商选资，全力招引一批总投资10亿元以上、产业层次高、科技含量高、装备水平高的重特大产业项目，到2020年战略性新兴产业开票销售占全区工业比重达40%，高新技术产业产值占规模以上工业产值比重达40%。三要提升产业承载能力。园区是产业发展的重要载体。要理顺园区建设、管理、考核的体制机制，进一步整合资源，建设一批特色鲜明、集聚度高、竞争力强的园区。完善基础设施配套，着眼产城融合，提升园区对重大项目和创业就业人员的承载能力。开发区要创成国家级开发区、建成省级先进制造业基地，高新区要建成省级高新技术产业开发区、争创国家级高新区，风电产业园要建成国家火炬计划特色产业基地。四要强化科技人才支撑。大力建平台、创品牌、引人才，引导和鼓励企业加大研发投入，支持重点企业建立高端实验室，到2020年建成国家级博士后科研工作站5个、省级博士后创新实践基地8个，大中型企业、高新技术企业实现院士工作站、工程技术研究中心、博士后工作站等研发机构全覆盖，科技进步贡献率提高到65%以上。加大高层次人才引进力度，进一步放大“616”人才政策优势，吸引更多高层次、高技能人才和海外人才到大丰创新创业。

3.强化统筹发展，做强镇村经济。镇村是大丰改革发展稳定的重要基石，要充分激发镇村活力，形成镇村经济因地制宜、竞相发展的新格局。一要加快“一镇两园”建设。坚持以人为本，加快以人为核心的新型城镇化步伐。完善小城镇功能，增强集聚能力、带动能力和综合实力。积极开展康居工程，大力改善集镇和规划居住点的配套条件，着力改善农村群众居住条件，用两到三年时间，全面完成农村危旧房改造任务。努力传承文化，建设有历史记忆、文化特色、地域特点、记得住乡愁的美丽集镇。突出“一镇两园”建设，高水平建设镇工业园区，加快厂房、道路、水电、供热、通信等基础设施建设，完善融资担保、财税代理、用工培训、仓储物流等公共服务平台，为入园企业提供全方位服务，到2020年镇工业园区标准厂房总面积突破400万平方米，开票销售占镇域工业开票销售比重达80%。提档升级镇现代农业园区，改造完善园区基础设施、生产设施，重点发展设施农业、休闲农业、特色农业、品牌农业，招引农业龙头企业，实现市级以上农业园区全覆盖，争创国家和省级现代农业园区1~2家。鼓励全民创业，建设一批镇级众创空间，引导支持二次创业，全区新增各类创业主体5万户以上。二要大力发展村级经济。创新集体经济经营模式，建立基本农田保护基金奖补机制，推进土地整理和流转、闲置资产出租、集体资源发包，发展资源开发、资产经营、合作共享、为农服务、入股分红、休闲观光“六型”经济，增加村集体经营性收入。坚持“扶起来、请回来、引进来”，培育一批职业农民、家庭农场主、农民专业合作社、农业龙头企业，带动农民增收。加大村级债务化解力度，严格控制新增负债，为农村发展松绑减负，到2020年村级负债在2015年的基础上下降60%，60%的村建成“无债村”。扎实推进脱贫致富奔小康工程，做到小康路上“一个不能少”，确保年收入6000元以下的贫困户全部脱贫。三要扎实推进城乡发展一体化。以城乡规划、产业发展、基础设施、就业保障、公共服务、社会治理“六个一体化”为抓手，促进城乡统筹和区域协调发展。加快交通基础设施建设，南连上海、北至北京的高速铁路建成通车，东至大丰港的铁路支线力争建成，大丰真正进入高铁时代。重点加强干线公路和乡村道路建设，新建和改扩建农村公路1000公里，到2020年实现镇镇通一级公路、村村通达公交汽车目标。加快公共服务设施建设，完善农村供水、垃圾及污水收集处理设施，促进城市公共服务设施向农村延伸，让农村居民享受到与城镇居民一样的公共服务。

4.提升城市品位，做美人居环境。坚持以人为中心的城市建设理念，用新的发展理念来引领和建设城市。一要以科学规划引领城市建设。围绕宜居、宜业、宜游现代化海滨城市定位，加快完善城市发展规划，构建以战略规划和总体规划统领、分区规划引领、详细规划控制、城市设计指导、专项规划支撑、项目规划落实的规划体系，强化规划的科学性和严肃性，加强城市建设风格、品位、色彩等设计，彰显城市特色。二要以精致建设完善城市功能。围绕创建国家生态园林城市目标，完善提升城市功能形态，重抓基础设施、绿化生态、旧城改造、农贸市场、城市防洪、亮化美化等重点工程，大力开展城市环境综合整治，展示城市形象，方便群众生活。坚持城市东向发展，城东新区要提升服务功能，打造行政文化中心。高新区要按照新产业、新城区的定位，打造城市新名片。老城区要以改造提升为重点，实施核心片区和老旧小区改造。推进土地有序出让，促进房地产市场适度开发、健康发展。三要高标准推进城市管理。按照标准化、精细化、常态化的要求，进一步完善城市建设管理体制机制。推进城市绿化建设，城镇绿化覆盖率达38%以上。加大违法建设查处力度，强化建筑工地管理，控制扬尘、噪音等，推进绿色施工。建立违法建设群众举报奖励、单位包保、个人诚信公示等制度，形成城市管理合力。

5.整合资源要素，做优做强旅游业。旅游业是大丰的新兴产业，是发展的明显优势，是富民的重要载体，也是推动美丽大丰建设的重要抓手。一要坚持市场化社会化特色化方向。充分发挥市场在旅游发展中配置资源的基础性作用，将政府引导与市场机制结合起来，撬动社会资本进入，鼓励社会力量参与，分享旅游发展成果。招引旅游龙头企业，积极寻求合作、参股合股，做大规模，做出效益，到2020年培育具有较强实力的大型旅游企业集团1~2个。因地制宜，挖掘资源，形成特色，着力打造“生态旅游、蓝色旅游、乡村旅游、文化旅游”四大板块，通过特色化提升竞争力。二要提升景区景点经营管理水平。引进有实力、有经验的管理团队参与景区景点经营管理，提升旅游经济效益。加强旅游宣传推介，强化与国内外主流媒体、知名网站合作，打响郁金香节、鹿王争霸、梅花节、梨花节等旅游节庆品牌，提升大丰旅游影响力和美誉度。大力拓展客源，开辟旅游精品线路，加强票务管理，不断提高营业收入和经济效益，实现可持续发展。加大旅游创牌力度，靠品牌扩大影响、集聚人气、增加收入，到2020年新建国家AAAAA级景区1家，AAAA级景区2家，国家A级旅游景区达15家，省星级乡村旅游区达10家，中华麋鹿园旅游经济区建成国家级生态旅游示范区，荷兰花海旅游经济区建成国家级旅游度假区，争创国家全域旅游示范区。三要实现集聚发展。优化资源配置，有力有序有效推动旅游产业发展，建设具有国际竞争力的“长三角”旅游目的地。以中华麋鹿园旅游经济区为核心，加快实施麋鹿博物馆、湿地瞭望塔等项目，完善周边自驾游功能配套，打造东方神鹿生态家园。充分利用沿海丰富的森林资源，建设国家级森林公园。以日月湖为中心，整合提升海盗王国、海洋世界、动物园等景点，建设日月湖省级旅游度假区。以荷兰花海、恒北村等为示范，坚持差异化发展，打造风情各异的旅游名镇名村。深度挖掘水浒、古盐运、红色、知青等文化历史资源，打造“文化+旅游”产业链。到2020年，全区旅游业总收入达200亿元。

6.加强开放合作，提高经济国际化水平。顺应经济国际化要求，发挥“沿海”、“上海”两大突出优势，拓展开放新空间。一要主动融接上海。深化沪丰产业、人才、科技、金融、管理等方面合作，化“飞地”优势为项目优势、增长优势和发展优势。积极承接上海产业转移，主动对接上海自贸区建设，复制推广自贸区投资管理、贸易便利化、体制机制创新等成功经验。加快沪苏大丰产业联动集聚区建设，推进理念和服务接轨、产业和园区共建，到2020年工业产值突破50亿元，打造上海先进制造业域外产能基地、“长三角”区域合作示范区、新兴产业创新成果转化基地。二要深化区域合作。以南北共建园区为纽带，主动融接苏南，融入“长三角”核心区，着力建设省南北共建示范园区。常州高新区大丰工业园要大力发展高端装备制造、新能源新材料和电子信息产业，打造现代精品园区。苏盐合作园区要积极承接苏州产业梯度转移，打造全省南北共建的标志园区和示范基地。盐丰产业园区要完善基础设施配套，加快临港产业集聚，建设“长三角”北部先进制造基地。三要积极推进经济国际化。策应“一带一路”发展战略，鼓励企业积极参加广交会等国内外各类行业展会，重点支持先进制造业、高新技术产业和特色优势农业产品出口，巩固欧美传统市场，开拓东欧、西亚、非洲、南美新兴市场，抢占国际市场份额，培育省级以上出口商品品牌15个以上。依托跨境电商（大丰港）孵化中心等平台，大力发展跨境电子商务，到2020年外贸进出口超千万美元企业达30家以上。进一步扩大外商直接投资，突破金融业等现代服务业利用外资，做大做强大丰海港控股集团香港上市公司，力争注册外资实际到账年均递增10%。

7.坚持绿色发展，建设生态文明。绿色生态是大丰的靓丽名片。要牢固树立绿色发展理念，坚定不移走生产发展、生活富裕、生态良好的文明发展道路。一要加快建设绿色城乡。大力开展城乡绿化造林，提升城市形象，做美农村环境。推进城市绿色增容，加强滨水绿地、广场绿地、生态湿地等绿色空间建设，建成一批绿色景观走廊、绿色主题公园，到2020年公园绿地服务半径覆盖率90%以上，全面做到居民出行“300米见绿、500米见园”，打造“10分钟绿色圈”。加快提升农村绿量，重点实施城镇、中心镇、示范村和主要交通干道两侧村庄“四旁”绿化，抓好村庄沿路、沿河、沿村、沿田的“四沿”绿化，到2020年镇区人均公园绿地面积9平方米以上。二要大力发展绿色产业。坚持绿色增长根本导向，积极发展绿色经济、低碳经济和循环经济，构建绿色低碳循环发展的产业体系。大力发展清洁生产，鼓励企业对生产技术、生产工艺、生产流程进行技术改造，提高资源利用效率，到2020年创建清洁生产先进企业20家以上。三要扎实推进生态治理。深入实施空气清新、河道清澈、城市清美、村庄清洁“四清”工程，强化生态修复和保护，打造通榆河“清水走廊”。深入实施“绿色发展三年行动计划”，建设一批绿色企业、绿色社区、绿色学校和绿色家庭，增加“绿色细胞”，建成国家级生态文明示范区。深化工业园区环境综合整治，引进先进监测和治理技术，加强“三废”治理，建设一批生态示范园区。大力实施大气污染防治行动计划，抓好秸秆“双禁”和综合利用，努力打造天蓝、地绿、水清、气净的美丽大丰。四要坚守生态红线。坚持环保优先、生态优美，继续实行最严格的环保准入制度，不以牺牲环境为代价换取大丰所谓的发展，不以牺牲长远利益为代价换取大丰一时的发展。抓紧修编完善《大丰区生态红线区域保护规划》，合理划分保护区域，实现分区分级管控。科学规划利用土地、岸线、海洋、风光、滩涂等战略资源，严格实施耕地保护和节约用地制度，提高单位土地投入产出效益。建立生态环境损害责任终身追究制，构建碳排放权、排污权有偿使用交易机制，用严格的责任制和责任追究制为生态文明建设“保驾护航”。

8.全面深化改革，激发发展活力。坚持稳中求进，协同推进，把改革的力度、发展的速度和社会可承受的程度统一起来。一要重抓供给侧结构性改革。围绕“三去一降一补”，以提升经济发展质效为核心，保持项目有效投资力度，完善园区运行体制，培育发展新产业。提高经济组织化程度，优化金融生态环境，积极防范企业运行风险，设立并用好科技引导基金，促进企业追求技术进步、产品创新，为经济转型提供“源头活水”。二要深化行政管理体制改革。深入推进相对集中行政许可权改革国家试点工作，发挥好行政审批局职能，进一步简化审批流程，缩短审批时限，优化营商环境。全面梳理审批事项，规范执行行政许可事项、行政权力、固定资产投资负面管理、行政事业性收费、政府部门专项资金项目5张清单，做到清单之外无审批。三要强化农业农村改革。推动土地产权规范有序流转，依法维护农民对土地的承包权益，积极探索土地委托代理制、土地股份合作制、土地信托制等土地流转新方式，开展转包、出租、互换、转让、股份合作等流转形式，发展多种形式的适度规模经营。建立城乡统一土地市场，对农村集体经营性建设用地采取出让、租赁、入股的形式，与国有土地同等入市，同权同价。要深化户籍制度改革，大力鼓励农民进城。四要大力发展民营经济。建立和完善有利于民营经济发展的公平开放平等透明市场规则。放开市场准入，以商事制度改革为突破，进一步降低民资进入门槛，清除民资身份壁垒，凡是法律法规未明确禁入的行业和领域都鼓励民间资本进入，凡是已向外资开放或承诺开放的领域都向民间资本开放。加大企业上市扶持力度，鼓励和帮助企业利用资本市场直接融资加快发展，到2020年全区在中小企业板、创业板、新三板等上市企业总数达到20家以上。

9.持续改善民生，提升群众获得感。坚持共享发展理念，围绕人民群众最关心最直接最现实的利益问题，坚持民生优先、急需先行，尽力而为、量力而行，补齐民生“短板”。一要千方百计扩大就业促进增收。结合供给侧结构性改革，通过稳增长、调结构，特别是扶持中小企业和服务业发展，增加就业岗位。完善就业服务体系，建立区镇村（居）三级人力资源社会保障服务信息网络，加强职业技能培训，扶持城镇困难人员、农村转移劳动力等重点人群就业。以创业带动就业，鼓励各类主体投资兴业。建立城乡居民收入与经济同步增长机制，增加群众工资性、经营性、财产性、转移性收入，力争城乡居民可支配收入年均增长11%以上。二要提升社会保障水平。注重托底线、救急难和城乡一体化，建立更加公平、更可持续的社会保障制度。引导和支持城乡居民、灵活就业人员参加职工社会保险，实现法定人群全覆盖，城乡基本养老、基本医疗和失业保险参保率达99%以上，确保应保尽保。完善住房保障和供应体系，扩大保障性住房覆盖面，让群众住有所居。根据全区经济和财力增长，逐步提高财政对社会保障和社会救助的支出比例，提高社会福利水平。三要推动公共服务均衡发展。坚持问题导向，突出薄弱环节，推动公共资源向基层延伸、向农村覆盖、向弱势群体倾斜。加快义务教育标准化建设，实施普通高中提星升级工程，在苏北率先实现四星级高中全覆盖，构建大丰特色职业教育体系。提档升级基层医疗卫生机构，所有镇建成省级卫生镇，加快卫生信息化建设，依托社会保障卡实现居民健康卡全部发放、移动医护普遍应用，提高人民健康水平。加快新水源地及饮水工程建设，确保2018年建成使用，打造“双水源”供水体系，让群众喝上安全优质水。建设文化强区，大力弘扬社会主义核心价值观，完善公共文化服务设施，加快镇、村、社区综合性文化服务中心建设，繁荣发展文学艺术、广播影视、新闻出版等文化事业和产业，到2020年全区万人拥有公共文化设施面积达2000平方米，文化产业增加值占GDP比重达6%以上。广泛开展全民健身运动，积极发展体育事业。四要以为民办实事工程为抓手增进群众福祉。坚持问政问计问需于民，办什么样的实事听取群众意见，办实事的过程欢迎群众参与，办实事的成效接受群众监督，把实事工程真正办成民心工程、德政工程、福祉工程。

10.创新社会治理，保持和谐稳定。社会和谐是我们不懈追求的社会理想，社会稳定是改革发展的前提。要坚持稳定压倒一切的理念，着力提升维护和谐稳定的能力和水平，为改革发展和民生保障创造良好环境。一要深化平安大丰建设。抓住社会治安的突出问题和薄弱环节，坚持专项打击和整体防控相结合，保持严打违法犯罪的高压态势，保障人民群众生命财产安全。深入推进升级版“技防大丰”建设，构建立体化、现代化的城乡技防体系。加强矛盾纠纷排查化解，推动区、镇、村三级调处中心规范化建设，完善流动人口、特殊人群分类管理措施，有效化解各类治安隐患。坚持多方参与、合作共享、风险共担，实现维护治安人人有责、人人尽责，调动一切社会力量建设平安大丰。二要深化法治大丰建设。坚持依法行政，建设法治政府，落实重大行政决策法定程序，建立重大决策终身责任追究制度及责任倒查机制，全面推进政务公开，坚决纠正不作为、乱作为，坚决克服懒政、怠政。提升司法公信力，全力支持法院、检察院依法独立行使职权，依法维护公民和法人的合法权益，促进社会公平正义。加强法治宣传教育，全面实施“七五普法”规划，推动法治文化、公民道德和社会诚信建设，营造全民知法守法的良好氛围。三要加强社会基层治理。社会治理的重心必须落实到城乡社区、农村基层。推动资源、服务、管理向基层倾斜，使基层有职有权有物，更好地为群众提供精准有效的管理和服务。着力推进区社会服务中心现代化建设，深化镇级中心规范化建设，统筹村级服务站实战化建设，实现区、镇、村三级中心互联互通。加强基层社会治理，发展壮大平安法治等各类志愿者队伍，完善基层群众民主自治，积极化解农村社会矛盾，做到“小事不出村、大事不出镇、矛盾不上交”。四要强化安全生产工作。坚持以人为本、生命至上，建立健全安全生产责任体系，严格落实管理、防范、监督、检查、奖惩等措施，持续深入开展安全生产大检查，强化事故隐患排查治理，切实稳定安全生产形势。完善农产品质量安全监管体系，治理“餐桌污染”，保障人民群众“舌尖上的安全”。加强食品药品安全监管，坚持产管并重，严把从农田到餐桌、从实验室到医院的每一道防线，确保不发生重大食品药品安全事故。五要抓好信访稳定工作。加强源头治理，整合基层资源力量，压实基层工作责任，推动信访问题及时就地化解。建设法治信访，规范群众信访行为，积极引导群众依法理性表达诉求，规范信访部门和责任单位处理信访问题的工作行为，健全依法维权和矛盾纠纷化解机制。按照中央、省市涉法涉诉信访改革部署要求，依法维护涉法涉诉信访秩序，确保社会大局和谐稳定。

坚持全面从严治党要求，全面推进党的建设新的伟大工程

发展上台阶，建设新大丰，让人民群众的生活更加美好，关键在党，关键在各级党组织，关键在各级干部。我们要把全面从严治党的要求贯穿于党的建设各个方面，充分发挥党在全区各项事业中的领导核心作用，为全区新一轮发展提供坚强的政治保证。面向未来，面向挑战，我们一定要不忘初心、继续前进。

1.加强思想建党，坚守精神家园。拧紧思想建党的“总开关”，是全面从严治党的首要任务。一要坚定崇高理想信念。坚持把理想信念教育作为思想建党的战略任务，不断增强政治意识、大局意识、核心意识、看齐意识，牢牢把握“永不动摇信仰”这条红线，始终坚守“永不脱离党性”这条底线，坚定道路自信、理论自信、制度自信、文化自信。二要用党的最新理论武装头脑。理论上清醒，政治上才能坚定。要深入学习马列主义、毛泽东思想、邓小平理论、“三个代表”重要思想、科学发展观，深入学习习近平总书记系列重要讲话精神，用马克思主义中国化的最新成果武装头脑、指导实践、推动工作，不断提高思想觉悟和理论水平，永葆对共产主义远大理想的清醒认知和执着追求。三要提升思想道德修养。把社会主义核心价值观作为党员干部的硬准则，坚持高标准、严要求，带头弘扬传统美德、带头恪守社会公德、带头遵从职业道德、带头培育家庭美德、带头修炼个人品德，始终保持共产党人的高风亮节。

2.夯实基层组织，增强组织战斗力。基层党组织是党全部工作和战斗力的基础。一要严格落实主体责任。着力构建主体明晰、责任明确、有机衔接的责任体系，进一步完善区镇村党建工作“三级联述联评联考”制度，加重党建工作在各级领导班子和领导干部工作考评中的分量，推动各级党组织切实肩负起主体责任、各级党组织书记履行好第一责任人职责。二要选优配强“带头人”。重视选拔培养政治强、接地气、情况熟、有群众基础、能长期扎根基层的优秀人才，积极探索选派镇机关事业单位干部担任村书记，从基层选拔优秀干部进镇领导班子，拓展基层干部上升空间。三要从严教育管理党员。以基层需求为导向，办好全媒体党建教育平台。抓好党员组织关系排查，健全流入地党组织管理为主、流出地党组织配合的双向共管机制，统筹推进社区、事业单位、中小学校、非公有制企业等领域党建工作。四要创新党建服务模式。树立“全区一盘棋、党建一系统、服务一体化”的理念，整合全区党建资源，统一谋划组织，统一服务考评。实行区镇村三级联动，深化“领导驻点、部门包村、干部帮户”活动，完善“村+部门”“村+村”“村+企”等互帮互助机制，提升服务实效。

3.坚持好干部标准，建设“四铁”干部队伍。坚持实干为先、项目为王、民生为本的“三为”导向，实现盐城领先、沿海当先、全省争先的“三先”追求，关键在于选拔和建设一支具有铁一般信仰、铁一般信念、铁一般纪律、铁一般担当的干部队伍。一要坚持正确用人导向。坚持德才兼备、以德为先、注重实绩、群众认可，按照“20字”好干部标准和“三严三实”要求选用干部。突出选优配强党政正职，加强关键岗位干部培养选拔，重视从基层一线和招商引资项目建设一线选拔干部。严格落实《推进领导干部能上能下若干规定（试行）》，加大重要岗位干部交流轮岗和不适宜担任现职的干部调整力度，最大限度激活干部干事创业热情。二要加强干部管理监督。认真贯彻习近平总书记提出的从严管理干部“五个要”新要求，突出抓好全覆盖、重日常、抓关键三个方面。坚持真管真严、敢管敢严、长管长严，管思想、管作风、管纪律，管履职用权、管修身齐家，把对干部的关爱寓于严格管理中，使干部随管理成长，管理伴干部一生。三要提升干部能力素质。遵循新的《干部教育培训工作条例》要求，围绕“四个全面”“五大发展理念”（创新、协调、绿色、开放、共享），精准化开展干部培训工作。统筹做好干部教育培训规划，提高培训的针对性实效性，更好地贴近党员干部实际需求，更好地服务全区重大战略和中心工作。

4.严格落实管党治党责任，深化党风廉政建设。坚持党要管党、从严治党，是我们走在时代前列，实现奋斗目标的关键所在。一要把纪律和规矩挺在前面。紧扣政治纪律、组织纪律、廉洁纪律、群众纪律、工作纪律、生活纪律“六大纪律”，切实把党的纪律和规矩立起来、严起来，使其成为“管党治党的尺子”。坚持关口前移、教育为先，深入学习《中国共产党廉洁自律准则》《中国共产党纪律处分条例》和《中国共产党问责条例》，将党纪党规作为工作生活不可逾越的底线，坚决克服组织涣散、纪律松弛现象，营造守纪律、讲规矩的良好氛围。二要驰而不息改进作风。作风建设永远在路上。改进作风，各级领导干部要以身作则、率先垂范，以保持同人民群众的血肉联系为重点，切实加强作风建设。改进作风，要严格执行中央八项规定，巩固群众路线教育实践活动、“三严三实”专题教育成果，结合“两学一做”学习教育扎实推进。改进作风，要以人民满意为标准，自觉接受群众评议和社会监督。要踏石留印，抓铁有痕，务求实效。三要切实加强反腐倡廉建设。坚持以零容忍态度惩治腐败，要从群众反映强烈的突出问题和发生在群众身边的“微腐败”抓起，做到有腐必反、除恶务尽，对腐败分子一查到底，绝不手软。大力践行监督执纪“四种形态”，建立抓早抓小的谈话提醒机制，让“咬耳扯袖、红脸出汗”成为常态。坚持纪在法前、纪严于法，突出纪律审查重点，改进纪律审查方式，注重部门协作，保持惩治腐败高压态势。四要严格落实管党治党责任。坚持党建工作和中心工作一起谋划、一起部署、一起考核，坚决防止“一手硬、一手软”。从严落实“两个责任”，突出关键少数，关注重点领域，推动责任向基层延伸。坚持“一案双查”，加大领导干部“一岗双责”落实情况的责任追究力度，让失责必问责成为常态，推进全面从严治党不断深入。

5.切实加强党的领导，凝聚干事创业强大力量。党的领导是发展社会主义民主政治的根本保证，民主集中制是我党的根本组织原则。一要坚持和加强党的领导。始终把对党绝对忠诚作为根本政治要求和最重要的政治纪律，坚决维护党中央权威，切实做到“四个服从”。坚持党委统一领导，发挥统揽全局、协调各方作用，不断提高把握方向、谋划全局、制定政策、推进改革的能力，不断提高科学执政、民主执政、依法执政的水平。落实党委主体责任，抓好班子、带好队伍，围绕改进党的领导方式和方法，加强制度体系建设，形成生动活泼、民主团结的政治局面。二要加强民主集中制。民主集中制是党的根本组织原则和领导制度，也是我们党最重要的政治纪律和组织纪律。我们要坚决与以习近平同志为总书记的党中央保持高度一致，与省、市委保持步调一致，不折不扣地贯彻落实中央、省市委的决策部署。坚持集体领导、民主集中，健全和落实民主集中制的各项具体制度和工作机制，努力营造又有集中又有民主，又有纪律又有自由，又有统一意志又有个人心情舒畅、生动活泼的干事创业政治局面。三要发展社会主义民主政治。坚持党的领导、人民当家作主、依法治区有机统一，坚持和完善人民代表大会制度，支持人大及其常委会依法履行职能，拓展人大常委会与人大代表联系渠道，充分发挥各级人大代表作用。加强党对协商民主建设的领导，更好发挥人民政协作为协商民主重要渠道和专门机构作用，推进政治协商、民主监督和参政议政建设。加强党对统一战线和群团工作的领导，巩固和发展新时期爱国统一战线，加强与工商联及社会各界人士的团结合作，为其发挥作用搭建平台，最广泛凝聚社会各界推动发展的智慧和力量。加强国防教育，加强人民武装工作，推进"双拥"模范城市建设。四要提振精气神，增强发展活力。适应新常态关键看状态。保持昂扬奋进的精神和工作状态，是加快发展、攻坚克难的重要前提。要坚定信心，团结奋斗，凝聚力量，干事创业。要苦干实干，以舍我其谁的责任感、时不我待的紧迫感，雷厉风行抓落实，紧张快干促发展。要善于在用活政策和快人一拍中抢占先机，敢于在大胆实践中闯出新路，切实做到按规矩干，解放思想干。要加强厚德大丰建设，大力弘扬优秀传统文化、红色文化和社会主义先进文化，凝聚正能量，提振精气神。要勇于进位争先，以更高的标准狠抓落实，形成向先进看齐、创先进业绩的良好氛围，努力走在时代前列，做到盐城领先、沿海当先、全省争先，推动全区各项工作迈上新台阶。

各位代表，同志们，大丰的发展正站在一个新的历史起点上，蓝图催人奋进，使命神圣光荣，责任重于泰山。让我们紧密团结在以习近平同志为总书记的党中央周围，高举中国特色社会主义伟大旗帜，团结带领全区人民，同心同德，务实拼搏，开拓创新，为发展上台阶，建设新大丰，让人民群众的生活更加美好而努力奋斗！

2016年，大丰区坚持绿色发展，生态文明建设成效显著

创新创业　富民兴区
奋力推进新大丰建设迈上新台阶

——在区委十二届三次全体（扩大）会议上的讲话

盐城市委常委　大丰区委书记　王　荣

（2016年12月30日）

同志们：

这次全会的主要任务是，认真学习贯彻党的十八届六中全会和中央、省市经济工作会议精神，贯彻落实省市党代会精神，围绕区第十二次党代会的部署要求，总结今年工作，研究部署明年任务，动员全区上下创新创业、富民兴区，奋力推进新大丰建设迈上新台阶。现在，我根据常委会讨论的意见，向全会报告工作。

一、关于今年以来区委常委会的工作

今年以来，我们以习近平总书记系列重要讲话精神为指导，深入贯彻落实党的十八大和十八届三中、四中、五中、六中全会精神，围绕“五位一体”总体布局和“四个全面”战略布局，坚持实干为先、项目为王、民生为本“三为”导向，紧扣“发展上台阶，建设新大丰，让人民群众的生活更加美好”的目标，大力实施创新驱动、沿海崛起、产业强区、开放带动、绿色发展、民生共享“六大战略重点”，经济社会发展和党的建设取得新成效，实现了“十三五”的良好开局。

（一）坚持新发展理念，经济平稳健康发展。大力践行创新、协调、绿色、开放、共享新发展理念，积极适应把握引领新常态，经济保持持续稳定健康发展。预计今年实现GDP580亿元，同比增长9.8%。一般公共预算收入58亿元，完成全年目标任务的103.9%。全口径工业开票销售740亿元，同比增长16.4%。固定资产投资440亿元，同比增长14.5%。城镇、农村常住居民人均可支配收入分别达到31168元、19531元，同比增长8.4%、9%。新培植规上服务业企业40家，实现服务业增加值270亿元，同比增长11.2%，建成江苏省农村电子商务示范县。全年接待国内外游客1100万人次，实现旅游综合收入80亿元，同比增长10%、23.1%，梅花湾通过国家AAAA级景区景观质量评审，七彩花田创成省四星级乡村旅游示范区，建成“全国旅游标准化示范城市”。新增国家级高新技术企业16家，新认定国家科技企业孵化器、国家火炬计划特色产业基地、国家级众创空间等国家级创新服务平台7个，金风科技建成国家地方联合工程实验室，辉丰农化建成国家企业技术中心，被表彰为国家知识产权试点城市工作先进集体、江苏省知识产权战略推进示范市（区）。全区银行业金融机构达18家，总数苏北第一。稳步推进国家相对集中行政许可权改革试点工作，审批事项按时办结率100%，盐城首家实现与省投资项目管理平台无缝对接。

2016年12月30日，中共盐城市大丰区委十二届三次全体（扩大）会议召开　　邱　鹏　摄

（二）坚持项目为王，发展后劲明显增强。组织开展“招商引资百日竞赛”活动，举办上海、深圳、香港及韩国、美国等境内外综合招商活动10余次，新签约亿元以上项目206个，其中10亿元以上项目16个。开展重大项目集中开竣工活动8次，新开工英茂糖业、诚康固体制剂、启航未来智能终端产业园等亿元以上项目55个，其中5亿元以上项目9个，新竣工达伯埃纸业、非寻信息科技等亿元以上项目25个，其中5亿元以上项目2个。新增纳税超亿元企业1家，新增纳税超千万元企业2家，总数达30家，各类社会存贷款增量居盐城首位。新培植规上工业企业40家，开票销售超10亿元企业达12家，新增开票销售超亿元企业6家，总数达80家。

（三）坚持发挥沿海优势，对外开放步伐加快。预计全年实现利用外资1.6亿美元，外贸进出口总额16亿美元，总量保持盐城第一。深水航道一期竣工，滚装码头建成通航，开通大丰港至上海港集装箱直达航线、至大连港内贸滚装航班。港城高速公路建成通车，进口木材检疫处理区投入运营，大丰港B型保税物流中心通过国家预验收，全年完成货物吞吐量8500万吨，集装箱30万标箱，大丰港成为我国沿海第二个进口粮食海进江减载口岸。中德精锻、凯嘉胶带等4家企业成功在“新三板”上市，富奥电梯等两家企业在股权交易中心挂牌，丰山集团顺利进入上市辅导期，各类上市挂牌企业达10家，总量苏北领先。沪苏大丰产业联动集聚区概念（总体）规划通过专家评审，苏盐园区项目建设有了新的突破，常州高新区大丰工业园连续七年被评为“省共建园区先进单位”。

（四）坚持绿色发展，生态文明建设成效显著。坚持最严格的生态保护制度，科学划定省市区镇四级生态红线1468.61平方公里，新增省级生态红线区域6.7平方公里。启动森林小镇、森林村庄规划建设，新增成片造林1.65万亩，林木覆盖率27.5%，建成村庄绿化示范村12个，大中镇建成省级“水美乡镇”。深化大气、水、土壤污染防治，PM2.5平均浓度同比下降4.1%。农村环境综合整治通过省级全域考核验收，集中整治城乡河道24.6公里。扎实抓好中央第三环保督察组反馈问题的整改，开展工业企业污染专项整治行动，推进畜禽养殖污染治理，划定畜禽养殖适养、限养、禁养区域，关闭通榆河保护区域内的8家养殖企业，全区8个畜禽粪便集中处置点全部启动建设。

（五）坚持统筹协调，城乡建设扎实推进。编制完成新型城镇化与城乡发展一体化规划（2016~2020），城建重点工程完成投资97.4亿元，城市防洪排涝提升工程竣工运行，老城区基础设施配套、主城区及港区亮化、人民医院和育红广场机械式停车场等工程竣工，建成保障性住房1216套，实施农村康居工程建设，十二镇、两区完成D级农村危房改造任务，率先通过盐城市人居环境评星定级考核。镇工业园区新建标房33万平方米，竣工千万元以上工业项目34个，镇村工业开票销售达200亿元，建成省互联网与工业融合创新试点企业2家。深入实施农业“接二连三”工程，新增高效设施农业3.1万亩，完成“三资”投资农业29.78亿元，新开工亿元以上农业龙头企业项目6个，新增现代农业园区面积1.2万亩，国家农业综合标准化示范区项目通过验收，建成国家级农产品质量安全示范县（区）。启动美丽乡村重点村建设，建成省级美丽乡村6个、“三星级康居乡村”11个、全国四星级以上休闲农业与乡村旅游示范点3个。

（六）坚持民生优先，群众获得感持续增强。新建盐城市级创业孵化基地4家，新登记个体工商户1.25万户，新注册私营企业3900户，实施返乡创业工业项目23个，城镇新增就业1.87万人，城镇登记失业率2.08%。深入开展“三通三千”交通重点工程大会战，省道351大丰段先导段建成通车，新建水泥道路680多公里、桥梁300多座，提档升级农村公路273公里、改造桥梁131座。均衡发展教育事业，城东实验初中建成使用。实施完成镇村文化设施提升工程，省级“书香城市”建设通过验收。推行基层卫生医疗机构标准化建设，家庭医生签约服务在央视焦点访谈专门宣传，建成“江苏省人口协调发展先进县（市、区）”。新增国家布点足球学校3所，成立鼎立足球俱乐部，实现盐城足球职业球队零的突破。开通盐丰医保“一卡通”，城乡居民基础养老金继续保持苏北最高。化解村级债务6000万元，新增无债村38个，3136户4923人实现脱贫目标，省定经济薄弱村金西村成功脱贫。深入推进“平安大丰”、“法治大丰”建设，被表彰为省法治建设示范县（市、区）、全国“六五普法”先进县（市、区）。全面开展安全生产大检查，落实企业主体责任，区安监局被表彰为“全国安全生产监管监察系统先进集体”。高度重视信访稳定工作，社会大局保持和谐稳定。

（七）坚持全面从严治党，政治生态风清气正。深入推进“两学一做”学习教育，坚决在思想上政治上行动上同以习近平同志为核心的党中央保持高度一致。成功召开区第十二次党代会，圆满完成区镇村党组织换届任务，换届工作平稳有序。扎实开展“三解三促六帮助”（了解民情民意、破解发展难题、化解社会矛盾，促进干群关系融洽、促进基层发展稳定、促进机关作风转变，帮助农民增收致富、帮助落实惠民政策、帮助开展环境整治、帮助兴办为民实事、帮助维护社会稳定、帮助指导基层党建）“三服务”等活动，选派第三批党建富民工作指导员149名，落实帮扶项目20个，帮扶资金达2150万元。认真落实全面从严治党“两个责任”，严格执行中央“八项规定”，共查处群众身边不正之风和基层腐败问题135个，问责27人，始终保持惩治腐败高压态势。加强民主政治建设，积极支持人大、政协依法依章履行职责，统战、人武、双拥、工会、共青团、妇联、科协、老干部、党史、档案、老龄委、关工委等工作坚持围绕中心、服务大局，取得了新的成绩。

高度重视区委常委会自身建设。新一届区委常委会第一次集体活动组织到白驹新四军八路军会师纪念碑前重温入党誓词，参观中国共产党在大丰专题展览馆，努力做到不忘初心，牢记宗旨，砥砺前行。常委会第一次会议研究《区委常委会议事决策规则》和《区委全委会工作规则》，健全完善区委中心组学习、区委常委会议事决策等制度，坚持把纪律和规矩挺在前面。认真学习新修订的《关于新形势下党内政治生活的若干准则》和《中国共产党党内监督条例》，自觉用《准则》和《条例》规范自身行为，树立道德高线，坚守纪律底线，凡是要求党员干部做到的自己首先做到，凡是要求党员干部不做的自己首先不做。每位常委都能带头落实党风廉政建设责任制，自觉承担起推进反腐倡廉建设的政治责任和领导责任。

充分发挥好区委"一线指挥部"作用，做到忠诚、干净、担当，努力向组织和全区人民交上一份满意答卷。

这些成绩的取得，是省、市委坚强领导的结果，是全区上下团结奋斗的结果，是离退休老同志和社会各界关心支持的结果。在此，我代表区委常委会，向全委会的同志、向在座的同志、向全区广大党员和干部群众表示衷心的感谢！

在总结工作的同时，我们也清醒地看到工作中存在的问题与不足，主要是：重特大项目还不多，发展后劲不足；镇村经济比较薄弱，城乡居民持续增收的难度较大；民生改善仍有欠账，农村基础设施还需完善提升；党的建设还有待进一步加强，等等。对此，我们必须高度重视，在今后的工作中切实加以改进。

二、明年工作目标、基本思路和主要举措

明年是党的十九大召开之年，是实施"十三五"规划重要之年，是推进供给侧结构性改革深化之年，是全面建成小康社会关键之年，也是全面贯彻落实省市区党代会精神的开局之年，做好明年的工作尤为重要。从全局看，世界经济仍处于缓慢复苏的进程中，国家将继续实施积极的财政政策和稳健的货币政策，我国经济将出现更多积极变化。从趋势看，尽管经济下行压力较大，但并没有超出中央作出的"四个没有变"的基本判断。从战略看，"一带一路"、长江经济带、"长三角"一体化、江苏沿海开发等国家级战略叠加是我们不可多得的发展机遇。从大丰看，我们拥有沿海与上海的突出优势、生态与旅游的明显优势和广大党员干部群众积极进取的根本优势。同时，我们也要看到明年全球经济发展不确定性增加、企业运行下行压力加大、群众持续增收乏力、生态环境等资源要素瓶颈和转型压力增大等现实挑战。对明年可能遇到的困难和挑战，我们一定要有充分的估计，始终保持清醒头脑。我们一定要把握大势，适应新常态，把握主动权，实践新理念，创造新业绩。

2017年全区经济社会发展指导思想是：全面落实党的十八大和十八届三中、四中、五中、六中全会和习近平总书记系列重要讲话精神，深入贯彻省第十三次党代会、市第七次党代会和区第十二次党代会部署要求，统筹推进"五位一体"总体布局和协调推进"四个全面"战略布局，坚持稳中求进工作总基调，坚持以推进供给侧结构性改革为主线，坚持以提高发展质量和效益为中心，坚持创新创业、富民兴区，深入实施"六大战略重点"，全面做好稳增长、促改革、调结构、惠民生、优生态、防风险各项工作，奋力推进新大丰建设迈上新台阶，以优异的成绩迎接党的十九大胜利召开。

2017年全区经济社会发展目标是：地区生产总值增长9.5%，一般公共预算收入同口径基本实现同步增长，固定资产投资增长13%，社会消费品零售总额增长11.5%，城镇、农村常住居民人均可支配收入和经济发展保持同步增长，城镇登记失业率控制在3%以内，单位GDP能耗下降3.5%，确保完成节能和主要污染物减排目标任务。

围绕上述目标，2017年全区经济社会发展主要举措是：

（一）着力供给侧结构性改革，推动转型发展。做好明年的经济工作要始终坚持稳中求进的总基调，只有稳运行，才能稳增长，只有稳增长，才能稳住社会大局。要始终抓住经济运行中的供给侧结构性失衡这一突出矛盾和问题，着力深化改革，推动"三去一降一补"五大任务取得更大进展，做到调整存量，优化增量，扩大总量，提高质量。其中，去产能，重在淘汰落后产能，化解过剩产能，清理违规违法产能。去库存，重在保持房地产市场平稳健康发展，重点要做好乡镇房地产领域去库存工作。去杠杆，重在防范金融风险和债务风险。"降"就是要降低企业成本，确保各项政策落实到位。"补"要重在补齐项目建设、镇村经济、民生建设特别是交通基础设施的短板。千方百计稳增长。坚持把稳企业作为稳增长的首要任务，深化"三服务"，发扬"店小二"精神，扎实开展降本增效"暖企行动"。通过资本运作、战略重组、品牌建设、技术合作等方式，进一步做大做强规模骨干企业，全年新增规上工业企业40家，新培植开票销售超10亿元企业5家以上。加快本土企业上市步伐，丰山集团、大丰农商行上半年报会，理研精锻年内通过辅导，力争金色农业、华丰种业等4家企业"新三板"挂牌，做大上市企业"大丰板块"。支持企业技术改造，设立1亿元专项资金，对当年技改投入超过500万元的企业进行奖励。在全区开展企业"评星定级"和"突出贡献企业家"评选活动，在全社会营造尊重企业、支持实体经济发展，尊重企业家、纳税人光荣的浓厚氛围。优化调整产业结构。坚持把产业结构优化调整作为推进供给侧结构性改革的主抓手，推动经济转型升级。培育壮大新能源、海洋生物、智慧产业三大战略性新兴产业，大力发展现代物流、旅游和健康养老三大现代服务业。开发区新能源装备、电子信息、汽车零部件要打造成三大百亿级高新产业，高新区要聚焦启航未来、宜真通、锂电池三个重特大产业项目建设，大丰港经济开发区要抓紧海洋生物、石化仓储、粮食木材加工等特色产业集聚，向百亿产业迈进。明年力争战略性新兴产业全年实现规上开票销售260亿元，同比增长16%。坚持不懈推进招商引资项目建设。项目是大丰发展的短板，需要我们久久为功、持续发力。坚持项目为王，境内瞄准北京、上海、深圳、苏南，境外聚焦中国台湾、日本、韩国、欧美，主攻央企国企、世界500强、跨国公司。不断扩展招商渠道，创新招商方法，成立北京专业招商局，大力度推进专业招商、代理招商、委托招商，特别重视精准招商、以商引商，重奖招商引资有突出成绩的单位、团队和个人。持续推进"招商引资百日竞赛"活动，开展四季招商。对符合全区产业规划，层次高、体量大的好项目，要解放思想，算好"舍得账"，通过设立产业基金等新办法，吸引项目落户。继续推行“五个一”（一个项目、一位领导、一套班子、一笔经费、一抓到底）工作机制，21个区领导挂钩负责的重点跟踪重大项目，力争80%签约落户、50%启动建设。每两个月组织一次项目集中开竣工活动，每半年组织一次项目集中观摩“家家到”活动，阶段性检阅各板块招商引资项目建设成效，倒逼招商引资项目建设工作推进。全年确保新开工北大荒粮食仓储、红星美凯龙等亿元以上产业项目100个，其中10亿元以上项目10个，努力突破50亿元、100亿元项目，竣工明月海藻二期、金壳甲壳生物多糖等亿元以上项目50个。

（二）着力改革创新，增强发展活力与动力。创新驱动是推动大丰经济社会发展的第一动力。要积极稳妥推进重点领域和关键环节改革，全面推进思维创新、企业创新、体制机制创新，最大限度释放改革活力、创新能量，增强经济发展新动力。全面深化行政管理体制改革。积极稳妥推进国家相对集中行政许可权改革试点工作，全面建成“互联网+政务服务”体系，推动实体大厅与网上平台线上线下融合。开展“减证便民”专项行动，最大程度方便群众和企业。对经营项目实现证照联办，对重点工程、重特大项目实行“多评合一、多图联审、多测合一”，以行政权力的减法换取市场活力的加法。按照“完善治理、强化激励、突出主业、提高效率”的要求，完善国有平台管理体制。要深化国有企业改革，建立健全现代企业制度，通过派驻监事会等方式完善国有资产监管，加强资本化、市场化运作，促进国有资产保值增值。改革完善企业负责人薪酬制度，建立责权相统一的薪酬体系。加强投融资体制改革，设立并运作好金牛沿海新兴产业投资基金、大丰港开发建设投资基金、高新产业投资基金等产业基金，支持基础设施建设和重点产业发展。强化以企业为主体的科技创新。鼓励金风科技、森威精锻等高新技术企业建立院士工作站、博士后工作站，大洋精锻、博敏电子等企业创建省级以上工程技术研究中心，支持丰东、辉丰、正大丰海等重点企业承担重大科技攻关任务，加强产学研协同创新基地建设，全年新培育国家级高新技术企业20家、省民营科技企业30家、省科技型中小企业40家，建成省级工程技术研究中心2家，金风科技、丰东争创省级企业重点实验室。加快创新平台建设，重点推进海洋产业研究院、海上风电研发中心等省级以上研究开发平台、成果转化平台和公共服务平台建设，年内培育国家科技企业孵化器1家、国家火炬计划特色产业基地1家。积极创建创新型城市，推动创新小镇、创新型园区建设，加大对企业申请专利奖补力度，年内组织申请各项专利3800件以上，全社会研发经费占GDP比重达到2%以上，同比提高0.15个百分点，全区科技进步贡献率提高到61%以上，同比提高6个百分点，力争在苏北率先建成省创新型城市。大力招才引智。人才是创新第一资源。大力推进“金丰人才工程”，精心组织实施“海智集聚计划”、“企业家能力提升计划”、“名师名家培养计划”、“高技能人才振兴计划”和“优秀企业高校行”、“重点产业人才项目对接会”等专场推介活动，招引高层次、创业型、紧缺类人才。全年力争引进中外院士1名、国家“千人计划”专家5名、海外高端人才30名，申报入选国家“千人计划”1名、省“双创计划”3名。把引智和引资结合起来，招引一批“懂外语、懂经济、懂项目、懂招商”的综合人才，不断优化人才队伍。

（三）着力开放开发，建设沿海崛起新高地。要坚持“三港”联动，全力建设“亿吨大港、千亿园区”，加快崛起沿海中部新高地，打造区域发展蓝色增长极。提升港口能级，建设亿吨大港。围绕建成“中国东部沿海重要枢纽港”的目标定位，突出航道深水化及码头大型化、专业化方向，扩大对内对外辐射，力争全年货物吞吐量突破1亿吨，集装箱突破40万标箱，跻身全国大型港口行列。15万吨级散货码头上半年建成营运，深水航道二期、集装箱专用泊位、粮食泊位、石化泊位等工程启动前期工作，B型保税物流中心通过国家验收并投入运营，粮食仓储二期、大丰港国际集装箱物流中心建成使用。加强与长江、京杭运河、淮河区域的港口合作，向皖北、豫南等地拓展“无水港”，开辟内河集装箱航线。加快特色口岸建设，推进汽车整车进口、活牛进口、中韩陆海联运试点口岸等口岸申报工作，积极申报国家综合保税区。做强临港产业，打造千亿园区。重点发展石化新材料、特钢新材料、高端造纸等临港特色产业。维德新型建材一期、新安德矿业等项目竣工投产，华电重工基地主体竣工，匠神木制品加工一期、博汇造纸二期等项目开工建设。做大做强新能源淡化海水产业，深化与哈电、中盐等央企国企合作，推进马尔代夫等援外项目，做强做优海水淡化产业链。做优区园载体，提升开放水平。突出开发区、港区、高新区和城东新区以及沪苏大丰产业联动集聚区、苏盐沿海合作开发园区、常州高新区大丰工业园、盐城临港工业园等共建园区建设，加强基础设施和配套设施建设，提高园区承载重特大项目的能力，把园区打造成产业强、带动强、活力强的重要增长极。积极促进外资外贸工作的稳定增长，提高利用外资水平，不断提升外资外贸对经济增长的贡献率。

（四）着力镇村经济发展，壮大镇域实力。镇村经济是大丰实现富民兴区的重要基础。要下大力气补齐镇村经济短板，厚实全面建成小康社会的“底盘”。扎实推进镇新型工业化。加快镇工业园区建设，配套完善园区基础设施，吸引社会资本参与标房建设，加大招商引资和项目建设力度，全年确保新建标房30万平方米，落户千万元以上工业项目35个，镇村工业全年实现开票销售225亿元。培植壮大纺织、阀门、抛丸机等特色产业，大力实施品牌带动战略，新创市级以上各类品牌30个。发挥源源山富、奥升光伏等乡镇骨干企业示范作用，积极培育和发展节能环保、新能源、新材料等新兴产业，推动镇村工业由中低端向中高端迈进。发展壮大现代农业。坚持以农业供给侧结构性改革为主线，大力度调整农业结构，发展适度规模经营，提高农业综合效益和竞争力，以226省道花卉苗木、双草线现代园艺、228国道高效养殖“三大特色产业带”为载体，主攻设施农业、休闲农业、特色农业、品牌农业，全年新增设施农业3万亩、设施渔业2万亩。加快现代农业园区建设，新增园区建成面积1.2万亩，推进农业“接二连三”，突出农业体验、四季采摘、休闲娱乐、农家乐等项目建设，实现一、二、三产融合发展，年内实现市级现代农业园区全覆盖。积极培育家庭农场、专业合作社、农业龙头企业等新型经营主体，新办规模农业龙头企业8家，培植年销售超5亿元的农业龙头企业3家，争创国家农业可持续发展试验示范区。建设美丽村庄。坚持高起点规划，精品化打造，突出一村一品、一村一景、一村一业、一村一韵，建设美丽家园。要做好大中镇新团村、西团镇众心村、新丰镇太兴村、三龙镇斗龙港村、草堰镇三元村、白驹镇狮子口村美丽乡村建设试点工作，做到以点带面，由点扩面，点面结合。

（五）着力基础设施建设，打造宜居宜业现代化海滨城市区。坚持以人民为中心的发展思想，围绕“衣食住行、生老病死、安居乐业”，进一步完善基础设施，优化功能形态，打造宜居宜业现代化海滨城市区。提升新型城镇化水平。围绕盐城大市区副中心地位，强化城市“精明增长”理念，做到突出组团发展、提升城市布局，突出宜居宜业、提升城市功能，突出生态优势、提升城市品位“三突出、三提升”，形成老城区、新城区、港城、斗龙港生态组团“四大板块”的城市新格局。精心编制新一轮城市控制性详规和海绵城市规划，大力实施基础设施、安居工程、绿化生态、旧城改造、功能完善五大类38项城建重点工程，博物馆新馆、万佳城市广场、中交美庐城等建成开放，金丰北路、工农路、建设路等截污控源工程全部竣工，常新路北延、城北污水厂迁扩建、垃圾填埋场一期等开工建设。整治提升镇区环境，突出集镇道路、城镇绿化、镇区秩序、镇容环境、单位庭院、公共服务和长效管理七个方面，市级重点镇、西部沿边镇达到“人居环境星级乡镇”四星级标准，省级卫生镇实现全覆盖，国家级卫生镇不少于50%。规划建设斗龙港生态组团。斗龙港生态组团建设是盐城市党代会确定的重大项目，是城市发展的新动能，对提升城市内涵具有重要意义。坚持高起点规划，委托专业规划编制单位，围绕“生态旅游、休闲度假、宜居宜业”功能定位，优化布局、有序推进。要以荷兰花海、梅花湾为依托，做足水、森林、花海文章，体现“原生态”主题，彰显大丰地域特色。坚持基础设施先行，主动对接大市区，突出融合发展，承接大市区部分功能转移。在整体工作推进上，确保上半年完成规划编制，下半年实质性启动建设。持续开展交通重点工程大会战。围绕“三通三千”总目标，明年省道331全线、省道351沈海高速以东段建成通车，省道226大丰南段开工建设，小海、草庙、万盈、大桥4个镇通一级公路，提档升级农村公路478公里、新建普通农路383公里，新建或改造农桥546座，镇村公交实现全覆盖。推进盐通高速铁路、大丰港支线铁路建设，争取年内开工。积极推进国道343、小型通用机场等项目申报工作，力争项目早获批、早开工。

（六）着力绿色发展，加强生态文明建设。绿水青山就是金山银山。要坚持绿色发展理念，坚定不移推进生态文明建设。加强生态环境保护。严格执行生态红线保护规划，绝不以牺牲环境为代价换取大丰所谓的发展。要落实土地、滩涂、岸线、海洋生物等多样性保护措施，筑牢生态安全屏障。深入实施“碧水蓝天”工程，从严抓好扬尘粉尘控制、秸秆“双禁”等工作，加强通榆河水质管控，完善城乡供水应急体系，提升大气和水环境。提升城乡绿化水平。按照“珍贵化、彩色化、效益化”的绿化工作总体要求，突出“视觉效果、生态效应、经济效益”，组织开展新一轮城乡绿化大会战，在斗龙港生态组团规划建设3000亩城市森林，积极创建国家森林城市、森林小镇、森林村庄和国家级森林公园。加快226省道高速出口背景林、港城大道沿线绿化建设，实施西康路、健康西路、幸福路等城市干道鲜花大道和彩林改造建设工程，丰富城市色彩，提升城市品质，积极创建国家生态园林城市。扎实抓好盐城市百万亩生态防护林建设工程的推进落实，新建生态防护林1.6万亩、改造提升2.3万亩，林木覆盖率达到28%。大力发展生态旅游。坚持市场化特色化社会化方向，有力有序有效推进旅游景点项目建设，提升功能，打造特色，致富百姓。荷兰风情小镇一期对外营运，梅花湾景区提升、恒北原乡温泉度假村全面竣工，麋鹿风情小镇力争上半年开工建设，加快中华水浒园、日月湖旅游度假区等建设，抓紧建设一批星级酒店、精品酒店、快捷酒店和民宿，荷兰花海争创国家AAAAA级景区，梅花湾争创国家AAAA级景区，中华水浒园通过国家AAAA级景区景观质量评审，国家全域旅游示范区通过验收。全年力争接待游客1200万人次，实现旅游综合收入90亿元。深入开展环境综合整治。按照省市“263”环保专项行动要求，坚决打赢治气、治水、治土攻坚战，突出解决水环境综合整治。理顺体制机制，变“九龙治水”为通力合作。重抓城区河道整治、城镇污水收集处理、畜禽养殖污染治理、通榆河清水走廊保护区整治等生态文明建设重点工程，改善提升城乡环境。加大背街小巷、城中村及城乡结合部集中整治力度，启动城区河道整治三年行动，实施截污清淤、绿化美化、水系打通等工程，确保水质清澈、环境优美。加快推进覆盖拉网式农村环境连片整治，规范运行集镇污水处理设施，实施配套截污管网工程，污水集中收集处理率达到85%以上。深化畜禽养殖污染综合整治，落实财政补助，8个集中处置点上半年全部投入使用，加大污染处罚执法力度，有效解决畜禽养殖污染问题。大力实施农村河塘疏浚、岸坡整治等工程，建设河畅、水清、岸绿、景美的水美乡村。

（七）着力富民兴区，增强群众获得感。全面小康的核心在于富民。小康不小康，关键看老乡。要聚焦富民，推动政府有形之手、市场无形之手、群众勤劳之手同向发力，鼓足百姓口袋，增进群众福祉。加快富民增收步伐。就业是民生之本，创业是致富之源。要加强就业服务，搭建劳企对接平台，开展职业技能培训，做好高校毕业生、城镇零就业家庭人员、中低技能劳动者特别是建档立卡贫困户家庭劳动者就业工作，确保全年新增就业1.5万人。要推进产业富民，有针对性地发展一批产业项目，鼓励以创业带动就业，加大创业小额贷款扶持力度，加强全民创业园、众创空间、希望小镇等创业载体建设，千方百计降低创业“门槛”，释放“大众创业、万众创新”激情，力争全年扶持城乡劳动力自主创业1000人，创业带动就业5000人。要推进社保惠民，完善全民医保制度和药品供应保障制度，企业职工、城镇居民、新农合三项基本医保政策范围内住院费用支付比例均提高到75%，深化社会保障“为民服务一卡通”工程建设，推进盐丰医保“一卡通”即时结算。扩大住房保障范围，全面覆盖有效人群，全力推进农村康居工程，年内完成C级危房改造，全面消除农房安全隐患。要推进扶贫惠民，加强精准扶贫、精准脱贫，持续深入开展“牵手致富”活动，加大对经济薄弱村的帮扶力度，完成“十三五”扶贫开发任务的30%以上，两个省定经济薄弱村全部脱贫。集中开展镇村债务化解工作，加大以奖代补、结对帮扶力度，化解村级债务6000万元以上，新增无债村30个，实现100万元以下债务村全部化解。要做好特殊人群的托底救助和家庭困难的白血病、尿毒症患者的重点救助工作，让党的阳光雨露和社会的温暖及时送到最困难最急需的群众心中。提高公共服务水平。启动实施教育装备升级工程，85%的初中、小学通过义务教育现代化学校评估，学校（幼儿园）监控联网实现全覆盖，开工建设大丰区高级中学新校区。大力推进基层综合性文化服务中心建设，文化会展中心、图书馆新馆投入使用，在全省率先开通农村应急广播体系。提升公共卫生服务水平，推动基层医疗卫生机构基础设施标准化建设，人民医院新院区建成使用。提档升级全民健身体育休闲设施，对城区、各镇开放式公园活动广场进行改造，配置健身器材和多功能运动场。优化城市公交线路、站点布局，加密公交线路，开通盐丰公交东线，便捷群众出行。加快新水源地及引水工程建设，实施城乡供水一体化提升工程，确保安全优质供水。加强和创新社会治理。为党的十九大召开营造和谐稳定的社会环境，是明年最大的政治任务，我们一定要牢牢把握。要加强社会建设，强化底线思维，认真梳理社会稳定、经济运行、安全生产的风险点，做到预防在先，处置在前，落实到位。要健全重大决策社会稳定风险评估机制，加强信访积案化解和信访法治化。要依法处置非访行为，规范信访工作秩序。要健全和完善突发事件应急处置机制，提高处置能力，加强网络舆情引导。要严格落实安全生产责任制，加强安全生产监管，严厉打击各类违法犯罪行为，努力把安全生产的隐患降到最低，确保不发生特大安全生产事故。要切实加强“平安大丰”、“法治大丰”建设，深入推进司法体制改革，建设法治政府，全面实施“七五普法”，维护社会公平正义，进一步提高老百姓的安全感和满意度。

三、奋力推进全面从严治党迈上新台阶

坚持全面从严治党，是我们做好明年各项工作的坚强保证。全区各级党组织和广大党员干部要认真学习贯彻党的十八届六中全会精神，做到讲政治，有定力，善创造，敢担当，重落实，守规矩。

（一）深入贯彻落实党的十八届六中全会精神，进一步把思想和行动统一到中央和省市区委的最新部署上来。要把认真学习、广泛宣传、全面贯彻党的十八届六中全会精神，作为当前和今后一个时期的重要政治任务。要结合“两学一做”学习教育，制订周密学习计划和方案，力求学深学透、融会贯通。要运用党委学习中心组、冬训冬学、报告会等各种形式和平台，抓好各级干部轮训，确保学习教育全覆盖、无缝隙。要开设专题、专栏，深入宣传解读《准则》《条例》精神，造浓舆论氛围，兴起学习贯彻热潮。

（二）加强和规范党内政治生活，夯实全面从严治党基础。党要管党，首先从党内政治生活管起；从严治党，首先从党内政治生活严起。要抓好《准则》明确的重点任务，聚焦突出问题，强化工作措施，在落细落实上下功夫。加强思想建党。把加强思想教育作为首要任务，深入学习习近平总书记系列重要讲话精神，以思想自觉引领行动自觉。坚定不移维护以习近平同志为核心的党中央权威，做到党中央提倡的坚决响应、党中央决定的坚决执行、党中央禁止的坚决不做。以党章党规为遵循，自觉遵守党的政治纪律和政治规矩，增强政治敏锐性和政治鉴别力，在大是大非、政治原则上态度鲜明、立场坚定。树立正确用人导向。要坚持德才兼备、任人唯贤的原则，坚持群众公认、注重实绩的导向，选拔和使用干部。让忠诚、干净、担当的有机会，让想干事、会干事、干成事的人有地位，让不作为、慢作为、乱作为的干部没市场、受惩戒。要用战略的眼光加大年轻干部的培养选拔，发现和合理使用各类优秀人才，以用人环境的风清气正促进政治生态的山青水秀。把纪律规矩挺在前面。严明政治纪律，坚持组织原则、落实组织制度、遵守组织决定，坚决做到“四个服从”，严格执行请示报告制度，旗帜鲜明反对任人唯亲、拉帮结派、搞小团体小圈子等非组织行为。开展“纪律规矩教育年”活动，加大制度执行力度，坚持制度面前人人平等、制度执行没有特权、制度约束没有例外，对于违反纪律规矩的行为，发现一起查处一起，决不姑息手软。严格组织生活。

坚持民主集中制，坚持“三会一

课”制度，坚持用好批评和自我批评这个有力武器，开展严肃认真、积极健康的思想斗争，让党内生活真正成为党员干部加强党性锻炼、提升党性修养的大熔炉。持续深入开展“基层党组织统一活动日”、“星期六党校”等活动，领导干部要自觉以普通党员身份参加组织生活，着力增强对党员干部的吸引力和感染力。

（三）健全监督体系，切实加强党内监督。加强党内监督是全面从严治党的重要体现，是确保党章党规党纪在全党有效执行、维护党的团结统一的重要方式，我们要不折不扣抓好《条例》的贯彻落实。抓住“关键少数”，突出监督重点。要把党的领导机关和领导干部特别是主要负责同志这个“关键少数”作为重点，畅通渠道，加强监督。要聚焦关键事项，确保党章党规党纪有效执行，维护党的团结统一，重点解决党性观念淡漠、组织纪律涣散、管党治党宽松软等问题，真正做到有权必有责、有责要担当，用权受监督、失责必追究。构建严密体系，形成监督合力。党内监督没有“局外人”和“旁观者”。全区各级党委（党组）要切实担负起党内监督的主体责任，书记要担起第一责任人的责任，扎实抓好本单位党内监督工作和组织实施各项监督制度。纪委（纪检组）要发挥党内监督专责机关的作用，加强对所辖范围内遵守党章党规党纪情况的监督。基层党组织要监督党员切实履行义务，及时了解各层面的批评和意见。广大党员要强化主动意识，加强对党员领导干部的民主监督，及时向党组织反映群众意见诉求。创新工作举措，提高监督实效。认真贯彻省市委关于加强党委巡察工作的要求，落实好我区巡察工作办法，推动专项巡察向基层村（居）延伸，着力发现问题、形成震慑，推动改革、促进发展。积极探索加强对镇和区直部门党政正职监督的有效途径，强化纪委委员监督，建立健全领导干部个人有关事项报告、插手干预重大事项记录、接受评议等制度。加强对村（居）站所基层主要负责人的监督，深化基层党务公开、政务公开，探索建设农村“三资”全程监管平台，发挥村民监督委员和村纪检委员监督作用，切实维护好农村集体利益和农民利益。

（四）深化党风廉政建设，落实全面从严治党责任。从严治党，必须增强管党治党意识、落实管党治党责任。切实履行“两个责任”。各级党组织书记要带头执行《准则》《条例》，做落实主体责任的践行者、引领者、推动者和示范者。各级党组织班子成员要履行好“一岗双责”。各级纪检监察组织要当好推进全面从严治党的“尖兵”和“利器”，认真履行监督责任。驰而不息推进作风建设。大力践行群众路线，始终保持党和人民群众的血肉联系。弘扬求真务实作风，以实干精神和优良作风凝聚党心民心。要建立长效机制，毫不松懈抓好中央八项规定和省市区委各项规定精神的落实，严肃查处顶风违纪、隐形变异的“四风”问题，注重党员干部家风建设，坚决打赢作风建设攻坚战、持久战。保持惩治腐败高压态势。把握运用好监督执纪“四种形态”，对照“六大纪律”（政治纪律、组织纪律、廉洁纪律、群众纪律、工作纪律、生活纪律），对少数党员干部存在的苗头性、倾向性问题，及时咬耳扯袖，努力实践“第一种形态”。坚决惩治腐败，加强反腐败组织协调，紧盯重点领域、重点岗位、重点人群和发生在群众身边的“小官贪腐”，切实纠正群众身边的不正之风和腐败问题，增强震慑效果，营造风清气正的良好政治生态。

（五）提高工作的组织化水平，凝聚起干事创业的强大正能量。新形势新任务对我们工作提出了新的更高要求，必须在理念思路、方式方法和精神状态上都有大的转变。提升重点工作组织化水平。强化指挥部推进机制，成立招商引资项目建设、城建交通、农业农村、旅游发展、水环境综合整治等重点条线工作指挥部，定人、定责、定时，整合力量，夯实措施，统筹推进，确保干就干成、干就干好。要坚持问题导向，围绕项目建设、镇村经济、民生建设短板，把握重点，精准发力。要务求实效，把有限的财力和资源集中投放到立足现实、着眼长远、打好基础的项目上，多办有利于发展和民生的“实事工程”，多办惠民生、解民忧的难事实事，努力为群众增添实实在在的福祉。创新考核激励机制。鲜明考核导向，紧扣固定资产投资、项目、税收三大重点指标，真正做到重点重抓。建立更为严格的问责机制，通过书面通报、黄牌警告、谈话提醒等手段，放大问责效应，提升督查效果。创新考核办法，实行显绩考核与潜绩考核相结合，平时考核与年度考核相结合，考核结果与干部使用相结合，不断激发党员干部干事创业热情。提振干部精气神。经济进入新常态，干部精神要有新状态。要把敬业作为一种追求，用共同的事业凝聚人心。要把敢担当，作为大丰干部的政治品格，努力肩负起历史赋予我们的神圣使命。要把重落实，作为我们一种普遍作风，坚持实事求是，不搞浮夸虚假。要把创特色争先进，作为衡量我们能力水准的一个重要标志，鼓励与时俱进，大胆创造。要建立容错纠错机制，宽容干部在改革创新中的失误，支持大家创造性地开展工作，让各级干部始终保持奋发有为的精神状态，再攀新高峰，再创新业绩。

做好各项工作，关键在党、关键在各级干部。要充分发挥党委总揽全局、协调各方的领导核心作用，突出把方向、管大局、作决策、保落实。加强对同级人大、政府、政协和法院、检察院的领导，健全沟通协调机制。加强和改进党对工会、共青团、妇联等群团组织的领导，推动群团改革取得实质性进展。坚持党管武装，加强国防动员、民兵预备役和双拥工作，积极推进军民融合发展，形成全面建成小康社会的强大合力。

同志们，做好明年的工作，任务艰巨、使命光荣。让我们紧密团结在以习近平同志为核心的党中央周围，在市委市政府的坚强领导下，团结带领全区人民，求真务实、开拓进取，创新创业、富民兴区，奋力推进新大丰建设迈上新台阶，以优异的成绩迎接党的十九大胜利召开！

政府工作报告

——2017年1月12日在盐城市大丰区第十五届人民代表大会第一次会议上

区 长 宋 勇

各位代表：

现在，我代表盐城市大丰区人民政府，向大会作工作报告，请予审议，并请各位政协委员和其他列席人员提出意见。

一、过去五年和2016年工作回顾

2012年以来，我们认真贯彻党的十八大、十八届三中四中五中六中全会和习近平总书记系列重要讲话精神，坚决落实上级党委、政府和区委的决策部署，攻坚克难，锐意进取，实现“十二五”圆满收官、“十三五”良好开局。

——综合实力跃上新台阶。预计GDP、一般公共预算收入、固定资产投资、全口径工业开票销售、城镇和农村常住居民人均可支配收入年均增长分别为11.9%、14.5%、20%、22.7%、9.4%、10.3%。纳税超千万元工业企业27家，其中超亿元3家。开票销售超亿元工业企业80家，其中超10亿元14家、超100亿元1家。服务业增加值占比年均提高1.5个百分点。农业现代化工程综合得分进入全省第二区间。

——转型发展迈出新步伐。全区三次产业比重为13.5∶40∶46.5，实现“三二一”的历史性突破。风电产业园成为国家战略性新兴产业区域集聚发展试点，海洋生物产业园建成国家科技兴海产业示范基地，世界首台套兆瓦级非并网风电淡化海水示范项目投产运营。成功入选全国旅游标准化示范城市，中华麋鹿园创成国家AAAAA级景区。科技进步贡献率提高7.7个百分点，被命名为全国科技进步先进市、国家知识产权试点城市，区域人才竞争力苏北第一。

——改革开放取得新成效。相对集中行政许可权改革获批国家级试点，行政审批局成立运行，组建市场监管局、卫计委、城管执法局，大丰海港控股集团公司现代企业制度逐步完善，建立区镇农村产权交易市场。大丰港建成万吨级以上泊位17个，开通国际航线9条。沪苏大丰产业联动集聚区概念（总体）规划通过评审，苏盐合作园区、盐城临港工业园抓紧建设，常高区大丰工业园连续五年位居全省南北共建园区前三强。

——城乡面貌发生新变化。区划调整顺利完成，盐丰一体化进程加快。城市建成区面积28平方公里，城市化率60.1%。新建梅花湾、东方湿地等十座公园，城区绿化覆盖率38.2%，全区林木覆盖率27.5%，建成国家园林城市。实施特色产业、基础设施、公共服务等统筹城乡试点项目481个。全面完成第一轮城市环境综合整治、农村“3+1”工程和清洁乡村行动任务，创成省三星级康居村庄11个。国家生态区、环保模范城市通过验收，国家级生态镇达到全覆盖。

——人民生活得到新改善。新建实事工程58项，累计投入92亿元。实现城乡供水一体化，被表彰为全国农村饮水安全工程示范县。城镇登记失业率2.08%，居民基础养老金、医疗救助、低保补差标准苏北领先。建成国家等级综合文化站12个，所有村卫生室符合省定标准，新丰中学、南阳中学通过省四星级高中验收，骆晓娟赢得盐城首个奥运冠军。荣获全国法治县（市、区）创建活动先进单位、“六五”普法先进县（市、区）称号。

各位代表，2016年，我们坚持稳中求进工作总基调，自觉践行新发展理念，大力推进供给侧结构性改革，扎实做好各项工作，经济社会保持平稳健康发展。预计全年实现GDP580亿元，增长9.8%；一般公共预算收入59.26亿元，完成目标任务的107.7%；全口径工业开票销售740亿元，增长16.5%；服务业增加值270亿元，增长11.2%；固定资产投资440

2017年1月12日，盐城市大丰区第十五届人民代表大会第一次会议开幕 邱 鹏 摄

亿元，增长14.5%；注册外资实际到账1.6亿美元，进出口总额16亿美元；城镇和农村常住居民人均可支配收入分别为31168元、19531元，增长8.4%、9%。全口径工业开票销售、全社会用电量、工业用电量、金融机构贷款余额、新增存贷款、注册外资实际到账、进出口总额列盐城第一。

——主体经济持续向好。精心组织工业运行，强化要素协调，为企业提供担保、过桥资金16亿元，帮助协调用工1.12万人次，培植规上工业企业49家。新增新三板挂牌企业4家，丰山集团进入上市辅导期。大力开展招商引资百日竞赛，组织集中开竣工活动8次，全年新开工亿元以上项目60个、竣工30个，百项重点工程完成投资236亿元。实行“一个项目、一位领导、一套班子、一笔经费、一抓到底”，21个重点跟踪重特大项目签约率66.7%。

——产业质态持续提升。新能源、海洋生物、智慧等战略性新兴产业开票销售229亿元，增长22%。总投资40亿元的生命科学产业园、20亿元的智能终端产业园、10亿元的健康产业园全面推进。荷兰花海被评为江苏乡村旅游“四季赏花地”，梅花湾通过国家AAAA级景区景观质量评审，全区接待游客1100万人次、实现综合收入80亿元，分别增长10%、23.1%。新认定国家火炬计划特色产业基地、科技企业孵化器各1家，金风科技、辉丰农化分别建成国家地方联合工程实验室、国家企业技术中心。兴业、民生银行落户大丰，银行业金融机构18家，总数苏北第一。

——“三港”联动持续升温。滚装码头正式启用，深水航道一期工程竣工，大丰港至上海港集装箱直达航线、至大连港内贸滚装航班顺利开通，完成货物吞吐量8533.7万吨、集装箱30.2万标箱，分别增长20.3%、49.5%。进口木材检疫处理区投入运营，B型保税物流中心通过国家预验收，大丰港成为我国沿海第二个进口粮食海进江减载口岸。英茂糖业、诚康固体制剂等重大项目开工建设。港城高速公路建成通车，跨境电商孵化中心入驻企业达30家。

——镇村活力持续增强。出台《关于扶持镇工业园发展的意见》，设立5000万元专项资金支持基础设施建设，镇工业园新建标房33万平方米，镇级完成项目投入70亿元，增长6%，工业增加值125亿元，增长10%。镇农业园新增建成面积1.2万亩，新入园项目38个，新发展高效设施农业3.1万亩，家庭农场经营比重36.8%。实施返乡创业项目267个，新登记企业数增长13.9%。安排1.2亿元化债专项资金，新增无债村38个。

——统筹协调持续发力。坚持绿色发展，以中央环保督察为契机，抓好突出问题整改，制定全区畜禽养殖区域规划，关闭禁养区内养殖户85家；新增成片造林1.65万亩，秸秆禁烧零火点，PM2.5平均浓度同比下降4.1%；疏浚大中沟221条、小沟584条，地表水好于Ⅲ类水质比例提高14.3个百分点。金丰南路、新德中心河、健东小区等7条道路河道、5个居民片区截污控源工程竣工，完成“五纵五横道路”和“两河”景观亮化提升工程，建成棚户区改造安置房10.1万平方米。通过市人居环境评星定级考核，实施D级危房改造1123户。扎实推进脱贫致富奔小康工程，实现低收入人口脱贫4923人。组织“三通三千”十项交通重点工程大会战，新建和提档升级农路460公里、农桥334座，新开通草堰、白驹镇村公交。

——幸福指数持续上升。新增城镇就业1.87万人，发放社保卡50.1万张。高等教育毛入学率62.5%，每10万人具有大学文化程度1.2万人。千人医师数2.9人、床位数5.2张，居民电子健康档案建档率82%。家庭医生签约服务续约率91.4%，央视《焦点访谈》《走遍中国》专题报道大丰经验做法。人均期望寿命80.25岁，百岁老人61名，80周岁以上老人2.46万人，达到国际长寿地区标准。实施大病救助1.4万人次，发放资金2300万元。城镇人均住宅面积46平方米、住房成套比例95%。新增城市社区健身步道16.5公里，成功举办中国足协乙级联赛。百姓星光大舞台“周周演”获评市公共文化服务成果一等奖。区安监局被表彰为全国安全生产监管监察系统先进集体。与此同时，人武、双拥、审计、人防、盐务、住房公积金、粮食、供销、气象、消防、海关、海事、边检、出入境检验检疫、地方志、对台事务、民族宗教、防震减灾、慈善、红十字、妇女儿童、青少年、关心下一代、老龄、老区开发、扶贫开发等工作坚持围绕中心、服务大局，取得新的成绩。

各位代表，回顾政府工作，有四个方面的基本体会值得总结，也需要在今后继续保持和大力弘扬：一是无论形势如何变化，压力怎么加大，困难怎么增多，我们始终保持定力，坚定信心，牢牢抓住战略叠加机遇，坚持发展为要不动摇。二是以招商引资“百日竞赛”为抓手，持续升温加压，始终将项目建设作为重中之重，放在头版头条，坚持项目为王不动摇。三是常态化开展“三解三促六帮助”活动，针对群众反映强烈的热点难点焦点问题，千方百计，想方设法，认真解决，补齐短板，坚持民生为本不动摇。四是驰而不息改进作风，严格执行中央八项规定和省、市、区委各项规定，三公经费年均下降18.6%。主动向区人大报告工作，向区政协通报情况，617件人大代表建议和1035件政协委员提案全部办结，不断增强执行力和公信力。脚踏实地，埋头苦干，坚持实干为先不动摇。

各位代表，过去五年取得的成绩得益于上级党委、政府和区委的坚强领导，得益于区人大、区政协的监督支持，得益于全区人民的共同努力。在此，我谨代表区人民政府，向广大干部群众，向人大代表、政协委员和离退休老同志，向驻丰部队、驻丰单位，向所有关心支持大丰发展的各界人士，致以崇高的敬意和衷心的感谢！

当然，我们也清醒地看到存在的问题：一是产业特色不够鲜明，结构亟待优化，龙头型、基地型、旗舰型的重特大项目不多；二是中小企业应变市场、抵御风险的能力较弱，稳运行保增长的压力加大；三是镇村经济比较薄弱，缺乏主体税源的有力支撑；四是基础设施建设相对滞后，民生改善与群众期盼还有较大差距；五是政府职能转变还需加快，基层仍有许多不满意的地方。对此，我们将积极应对，采取有效措施，切实加以解决。

二、今后五年工作总体思路

指导思想。高举中国特色社会主义伟大旗帜，以邓小平理论、“三个代表”重要思想、科学发展观为指导，深入贯彻习近平总书记系列重要讲话精神，统筹推进“五位一体”总体布局和协调推进“四个全面”战略布局，践行创新、协调、绿色、开放、共享发展理念，按照省第十三次党代会、市第七次党代会和区第十二次党代会部署要求，坚持实干为先、项目为王、民生为本，大力实施创新驱动、沿海崛起、产业强区、开放带动、绿色发展、民生共享“六大战略重点”，努力建设“经济强、百姓富、环境美、社会文明程度高”的新大丰，全面建成小康社会，让人民群众的生活更加美好！

奋斗目标。GDP年均增长10%，二三产增加值占GDP比重90%以上，研发经费占GDP比重2.6%以上；固定资产投资年均增长13%；一般公共预算收入、城乡常住居民人均可支配收入和经济发展保持同步增长，城镇登记失业率控制在3%以内；单位GDP能耗完成省下达指标，环境质量综合指数大幅提高。

战略重点。一是创新驱动。坚持把创新作为全区发展的核心战略，依靠创新抢占制高点，把握主动权，增创新优势。以科技创新为核心，推动产业、企业、市场、管理全面创新，集聚创新创业人才，打造创新载体平台，破除体制机制障碍，最大限度释放创新能量，持续增强自主创新能力。大力弘扬创新创业的人文精神，厚实创新创业土壤，让“大众创业、万众创新”在全社会蔚然成风，成为大丰发展最鲜明特征和最强劲动力。二是沿海崛起。坚持把沿海开发摆在发展全局的重中之重，举全区之力推动沿海大开发、大开放。发挥大丰港龙头作用，深化港口、港产、港城“三港”联动协调发展，当好沿海开发排头兵。围绕东向出海、西向中原、贯通东西，加快沿海重大基础设施建设，提升港口能级，做强海洋经济，建设海港新城，打造沿海中部崛起新高地，建设区域发展蓝色增长极。三是产业强区。坚持产业主导地位，全面推进新型工业化、信息化、城镇化、农业现代化建设，培育壮大以先进制造业为主的新型工业，提速发展现代服务业，加快农业现代化步伐。聚焦实体经济，着力围绕《中国制造2025》，推动新型工业化与信息化、制造业与服务业融合发展，培育新技术、新业态和新模式，提高产品质量和品牌影响力，推动“大丰制造”向“大丰智造”跃升，以制造强促进工业强，以产业强支撑经济强。四是开放带动。坚持高水平开放，主动融入国家、省市对外开放总体布局，发挥沿海资源和上海“飞地”优势，对内主攻长“三角”、“珠三角”、京津冀，对外面向日韩、欧美和“一带一路”沿线国家及地区，全面加强交流合作，加快融入全球产业链、供应链、价值链，提升开放合作和经济国际化水平，建设江苏沿海最具活力的开放窗口。推动区域融合发展，全面加强沪丰合作，深化南北合作共建园区建设，更大范围、更宽领域内引资引技引智，增添发展新动力。五是绿色发展。牢固确立“绿色GDP”理念，既要金山银山，更要绿水青山。坚持绿色开发、综合开发，坚守生态红线，优化生产、生活、生态空间布局，推动新型工业、生态旅游、现代农业、海洋经济等多元化开发，培育壮大生态经济，促进绿色、低碳、循环发展。积极倡导绿色生活、绿色消费，提高资源利用效率，加大节能减排力度，建设美丽大丰，造福人民群众。六是民生共享。坚持以人为本，把保障和改善民生作为一切工作的出发点和落脚点，推动发展成果全民共享。稳步推进共同富裕，鼓励勤劳致富、创业致富，扩大中等收入群体，实现居民收入增长和经济发展同步、劳动报酬增长和劳动生产率提高同步。加大民生投入，为民兴办实事，促进社会事业优质均衡，促进社会公平正义，促进群众生活品质提升，不断提高人民群众的获得感、幸福感和满意度。

三、2017年工作安排

2017年是党的十九大召开之年、供给侧结构性改革的深化之年，也是新一届区政府的开局之年。我们将认真贯彻落实上级党委、政府和区委的决策部署，牢牢把握稳中求进工作总基调，以提高发展质量和效益为中心，以推进供给侧结构性改革为主线，坚决落实“三去一降一补”五大任务，全面做好稳增长、促改革、调结构、惠民生、优生态、防风险各项工作，创新创业，富民兴区，促进经济平稳健康发展和社会大局和谐稳定。

2017年全区经济社会发展的主要预期目标是：GDP增长9.5%，一般公共预算收入同口径增长7%，全口径工业开票销售增长13%，固定资产投资增长13%，社会消费品零售总额增长11.5%，城乡常住居民人均可支配收入增长9%左右，城镇登记失业率控制在3%以内，单位GDP能耗下降3.5%，确保完成节能和主要污染物减排目标任务。

围绕上述目标，我们将重点做好十个方面的工作：

（一）强力推进工业经济增量提质。加强跟踪监测分析，注重全程节点调节，精准发力，综合施策，增强工业经济对稳增长的“压舱石”作用。强化为企服务。进一步加大政策激励力度，降低补助门槛，缩短兑现周期，帮助企业降本增效。科学调度和保障土地、能源、劳动力等要素，不断扩展小微企业资金池业务，推动金融资本“脱虚向实”。加强品牌建设，正大丰海争创省质量奖。弘扬工匠精神，开展“评星定级”和“杰出企业家”评选活动，鼓励企业争先创优。培大育强规模。积极推动战略合作，挂大靠强，借梯登高，新培植开票销售超10亿元企业5家、规上工业企业40家。扩大直接融资，对接多层次资本市场，新增主板上市企业1~2家、新三板挂牌企业4家。鼓励技术改造。设立1亿元专项资金，支持技改扩能，推动纺织、化工、机械、农产品加工四大传统产业提档升级。加快装备数字化更新换代，提升智能制造水平，促进研发设计、生产经营等环节与“互联网+”深度融合。全年实施千万元以上重点技改项目60个，创建省级互联网与工业融合创新试点（示范）企业1~2家。

（二）强力推进重大项目迅速突破。把主攻点、兴奋点聚焦到重特大项目、高端产业项目上来。改进招商方式。围绕产业发展规划，形成项目清单和招商地图，紧盯日韩、欧美及台湾、北京、上海、深圳、苏南等境内外资本活跃地区，瞄准世界500强、央企、上市公司等知名大型企业，实施精准招商。强化代理招商、委托招商，培养一支懂外语、精业务、善公关的专业招商队伍，提高效率与效益。更大力度推进招商引资百日竞赛，开展四季会战，新签约亿元以上项目200个。组织抢工会战。在保证质量和安全的前提下，加快在建项目建设步伐，倒排工期，挂图作战，科学施工，迅速形成新增长点。组织双月集中开竣工、半年观摩活动，倒逼项目快推进、早投产。定期会审会诊会办，及时协调解决矛盾问题。全年新开工亿元以上产业项目100个、其中10亿元以上项目10个，竣工亿元以上项目50个。造优营商环境。完善“五个一”推进机制，全过程密切跟踪，促成项目尽快落地。简化前期手续，坚持“应减尽减、应放尽放、应快尽快、应合尽合”，努力提供最大便利。加强诚信建设，对客商的承诺，说到做到，不折不扣兑现到位。设立沿海新兴产业、大丰港开发建设、高新产业投资基金，发挥杠杆激励作用，增强投资者信心。

（三）强力推进产业结构优化升级。创塑产业特色，在调强存量、调优增量、调高质量、做大总量上下功夫。大力培植战略性新兴产业。聚焦新能源、海洋生物、智慧三大产业，引进领军企业，完善上下游配套，形成规模集聚效应，实现开票销售260亿元、增长16%。加快风电实验中心、丰盈锂电池等项目建设步伐，年内启航未来、培耘电子、明月海藻二期竣工投产。提速发展现代服务业。重点突破现代物流、健康养老产业，创新模式，丰富业态，多维发展，培育一批名企、名品、名家，新增规上服务业企业20家，服务业增加值增长10.5%。开工建设世贸天阶“宜真通”、正大丰海特医食品等项目，大丰港现代物流中心创建省生产性服务业集聚示范区。着力促进产城融合。建立健全技术创新、人才培训、金融租赁等公共平台，提升园区综合服务和专项商务功能。经济开发区启动建设大丰红星美凯龙国际城、新韩休闲中心，争创国家级经济技术开发区。高新区加快推进希望小镇二期、鸿基科技大厦工程，万达广场项目年内开工，创成省级高新技术产业开发区。大丰港经济开发区进口商品直销中心9月份对外开放，年内汽车客运站主体竣工，车管所投入使用。

（四）强力推进改革创新落地见效。坚持问题导向，找准切入点和突破口，积极稳妥，聚合力量，增创体制机制优势，释放发展新动能。深化关键领域改革。加大国家相对集中行政许可权改革试点工作力度，推广“互联网+政务服务”模式，接入省政务服务“一张网”，实现线上线下并轨运行。完善国有企业负责人薪酬制度，通过派驻监事会等方式加强监管，促进国有资产保值增值。加快投融资体制改革，推广运用PPP模式，广泛引进社会资本。认真落实承包土地“三权分置”实施意见，全面完成经营权确权登记颁证。提高科技创新能力。发挥企业主体作用，开展知识产权强企行动，年内国家级高新技术企业达80家、专利墙全覆盖。深化政产学研合作，主动对接大院大所，与南京大学、东南大学建立校地联姻机制，与中科院海洋所开展联合研发，组织院士专家教授、“海外博士”大丰行活动。全年申请各项专利3800件，研发经费占GDP比重超过2%。建设高端载体平台。大力建平台、创品牌、引人才，新培育院士工作站1个，省级企业重点实验室、工程技术研究中心各2个。积极争取举办全国性工业设计大赛、论坛，增强区域影响力。统筹实施“616”“海智集聚”等五大人才计划，举办专场推介会5次，力争引进院士1名、“千人计划”专家5名、海外高端人才30名。

（五）强力推进沿海开发纵深拓展。紧扣“亿吨大港、千亿园区”目标，进一步放大优势、集聚资源，建设沿海崛起新高地。提升港口能级。规划建设深水航道二期工程，开工国际集装箱物流中心，加快10万吨级集装箱和万吨级石化泊位论证报批，15万吨级散货码头上半年建成，力争实现货物吞吐量1亿吨、集装箱40万标箱。抓好汽车整车进口、中韩陆海联运试点、综合保税区申报对接工作，B型保税物流中心通过国家验收。积极发展“优进优出”临港产业，匠神木制品、博汇造纸二期等项目上半年开工，华电重工基地主体竣工，海淡成套设备销售3~5套。加深合作共建。沪苏大丰产业联动集聚区以“四个一”工程为重点，一季度开工建设管理中心一期、淮海路松江路等主干道、总投资1.2亿元的耕耘百年营养素提取项目、2万平方米制造类标房，承接上海转移项目2~3个。常高区大丰工业园启动5平方公里拓展区建设，重点突破真空热处理炉、电工机械等项目。苏盐合作园区完善南扩4.5平方公里基础设施配套。盐城临港工业园迅速落户一批项目。扩大对外开放。抓实外资项目，提升利用质效，鼓励现有企业增资扩股，新开工1000万美元以上项目10个，注册外资实际到账增长11%。支持有条件企业在境外设立生产加工基地和贸易窗口，加强与“一带一路”沿线国家产能和装备制造合作，全年进出口总额增长8%。

（六）强力推进镇村经济繁荣壮大。富百姓必先强镇村，找准薄弱环节，因地制宜，多措并举，迅速拉长短腿。重抓“一镇两园”建设。做大镇工业园规模，立足“一园一特”，做优形态，年内完成基础设施投入4亿元以上，建成标房30万平方米，其中多层标房10万平方米，新增省二星级以上中小企业公共服务平台2家。加快镇农业园提档升级，每个园区新增建成面积1000亩，新引进高效设施农业项目3个以上，实现市级农业园区全覆盖。广泛发动全民创业。推进创业富民，修订完善政策，降低申报门槛，提高奖补标准，实施创业服务“151”工程，广开增收门路。开展创业之星评选、创业大赛等活动，鼓励事业有成人士带资金、带技术、带项目回乡兴业，新办返乡创业项目300个。支持家庭小作坊勇创大业，激励个体工商户、私营企业主二次创业，实现“个转企”60户。加快农业现代化步伐。深入推进农业供给侧结构性改革，重抓三大特色产业带，注重节点打造，形成示范亮点，引进推广新品种，新增高效设施农业3万亩，争创国家农业可持续发展试验示范区。促进一二三产融合，完成“三资”投入农业16亿元，培植年销售超5亿元的龙头企业3家，创建全国休闲农业与乡村旅游示范园区五星级1个、四星级2个。大力发展品牌农业，新获“三品一标”认证产品40个。提升农业装备水平，加强农田水利建设，新增高标准农田4万亩。切实增强村级实力。坚持一村一策，充分激活资源开发、资产经营、合作共享、为农服务、入股分红、休闲观光“六型”经济，加大政策扶持、结对帮扶力度，村级集体经营性收入增长10%，村级债务化解6000万元，新增无债村30个。实施扶贫惠民，深入开展“牵手致富”活动、“三位一体”行动，年内实现低收入人口脱贫6100人，省定经济薄弱村全部“脱帽”。

（七）强力推进城乡建设一体共进。突出“衣食住行、生老病死、安居乐业”，完善配套，提升功能，打造宜居宜业现代化海滨城市区。优化中心城市品质。立足大市区副中心定位，精心修编规划体系，形成老城区、新城区、港城、斗龙港生态组团“四大板块”的城市新格局。组织实施五大类38项城建重点工程，完成金丰北路、工农路等城市主次干道和丰和丽都等低洼片区截污控源项目。聚力建好斗龙港生态组团，做足水、森林、花海文章，启动建设生态修复、旅游度假、文化教育、基础设施、健康养年等项目。增补城市功能，城东新区农贸市场一季度开工，图书馆4月份投入使用，中交美庐天地综合体5月份开业，博物馆三季度对外开放。加快酒厂、缫丝厂、大新村等地段26.4万平方米棚户区改造，鼓励农民进城进镇购房，加速去库存，促进房地产市场平稳健康发展。会战交通重点工程。升温加压“三通三千”交通建设大会战。年内盐通高铁大丰段完成征地拆迁，省道226大丰南段、大丰港支线铁路开工建设，省道331大丰段、省道351沈海高速以东段以及小海、草庙、万盈、大桥4条连接线建成通车，确保镇村公交全覆盖。高标准规划建设高铁站综合客运枢纽，科学布局周边商业、住宿、餐饮等业态。推动新型城镇化。完善集镇公共交通、水电气供应、污水及垃圾处理等设施，满足居民生产生活需求。深化镇村环境整治，健全长效管护机制，年内所有镇达到市人居环境星级乡镇四星级以上标准，完成C级危房改造3202户。注重错位差别特色发展，集中力量打造6个美丽村庄重点村，实现对内示范、对外开放。

（八）强力推进全域旅游蓬勃发展。以市场化社会化特色化为导向，有力有序有效推动，提升旅游业发展层次和综合效益。打造风情小镇。按照“产业定位特而强、功能叠加聚而合、建设形态精而美、制度供给活而新”的要求，整合资源，充实内涵，形成特色。麋鹿风情小镇一期工程全面建设。荷兰风情小镇生态停车场4月底建成使用，小镇客厅国庆节对外开放。突出功能完善。开发“旅游+”新业态、新模式，高标准推进“厕所革命”以及集散中心、酒店民宿、自驾游营地等建设，在A级景区、重点乡村旅游点、交通枢纽等设立旅游咨询中心。梅花湾垂钓休闲中心上半年投入使用，麋鹿博物馆三季度竣工。加大品牌创建力度，荷兰花海、梅花湾分别争创国家AAAAA级、AAAA级景区，建成国家首批全域旅游示范区。注重市场运营。积极探索股权投资、众筹等多元化方式，招引国内外大企业、大集团参与景点建设管理。加强营销推广，巩固与知名在线旅行社的合作，进一步汇聚人气、增加客流。精心策划郁金香文化月、梅花文化节等系列活动，全年接待游客1200万人次、实现旅游综合收入90亿元。

（九）强力推进环境质量明显改善。扎实开展“两减六治三提升”专项行动，精心呵护绿色生态这张靓丽名片。加强生态建设。坚守生态红线，严格落实土地、滩涂、岸线、海洋生物多样性保护措施，提升自然生态系统稳定性和服务功能。按照“三化”“三效”要求，加快港城高速绿化提升、省道226背景林建设，实施西康路、健康路、幸福路等城市干道鲜花大道和彩林改造工程，新建沿海林场防护林2000亩、城市森林300亩，建成森林小镇1个、森林村庄13个，完成造林4.5万亩，林木覆盖率达到28%。狠抓污染防控。认真落实大气污染防治措施，抓好黄标车淘汰、扬尘粉尘控制，确保工业废气达标排放、挥发性有机物大量减排。加大畜禽养殖污染处置力度，限养区、适养区一季度改造达标到位。打造通榆河“清水走廊”，集中疏浚一批农村河塘，确保水质稳定达到地表水Ⅲ类标准。严格环境监管，铁腕执法、铁面问责，让违法行为“无处藏身”。实施综合治理。严厉打击取缔非法产能，切实减少煤炭消费总量和落后化工产能。组织砖瓦生产企业专项整治，1月底前全面完成任务。重抓秸秆禁烧禁抛，全年保持“零火点”，综合利用率达90%以上。开展新一轮化工园区达标提升行动，大丰港经济开发区建成省级生态工业园区。

（十）强力推进民生事业共建共享。加大投入力度，解决好群众最关心最迫切的问题，实现经济发展与民生改善“齐头并进”。倾力为民兴办实事。计划投资25.2亿元，实施12项实事工程，重点抓好修桥、铺路、治水、上学、看病、健身等方面。建设和改造农桥546座；新建和提档升级农路911公里；疏浚整治城市河道26条，新建防洪泵站8座、城北污水处理厂迁扩建工程（一期）；优化教育布局，开工建设大丰区高级中学新校区；开展特困群众大病救助，对因病致贫、治疗周期长、经济负担重的特困群众给予专项救助，新建城东新区社区卫生服务中心；城区和各镇开放式公园建有健身步道、健身器材、健身广场和多功能健身场地。精心组织，严明责任，强化跟踪督查，确保如期完成，让人民群众得到看得见、摸得着、有形化的实惠。全面筑牢保障体系。加强社保惠民，修订自由职业养老保险按月缴费办法，整合城乡居民基本医疗保险制度，推进盐丰"一卡通"，增加与上海三甲医院联网即时结算合作单位。拓宽就业渠道，加快人力资源产业园建设，新增就业1.5万人。健全"救急难"工作机制，成立社会救助中心。鼓励社会力量举办养老机构，大中福利院二期工程投入使用。提供优质公共服务。实施第二期学前教育五年行动计划，全区85%以上义务教育阶段学校达到省定标准化水平，大丰港实验小学秋学期开学。提升家庭医生签约服务水平，人民医院新院区7月份投入使用，建成国家卫生镇3家。完成农村应急广播体系建设，基层综合文化服务中心覆盖率达到50%。维护大局和谐稳定。坚持预防在先、处置在前，认真梳理风险点，切实加强和创新社会治理。深化平安大丰建设，维护社会公平正义。扎实开展矛盾纠纷大排查行动，下大气力化解信访积案。狠抓安全生产责任制落实，建立健全隐患排查、风险防控和社会共治体系，确保全区安全生产形势平稳可控。加强食品药品安全监管，建成省食品安全示范城市。强化网络舆情监测预警，增强突发事件应急处置能力。

四、加强政府自身建设

"一分部署，九分落实"。面对新形势、新挑战、新期盼，我们将以更严的标准、更好的状态、更实的举措，进一步加强自身建设，切实做到有定力、善创造、敢担当、重落实、守规矩，不断提升人民群众的满意度。

（一）强化宗旨意识，建设为民政府。带着浓厚感情，深入一线，重心下移，更多地沉到田间地头，步入工厂车间，走进后街背巷，与群众面对面、心贴心，零距离接触，掌握"第一手情况"，使政府工作更接地气、更顺民意。牢固树立过紧日子的思想，把财政资金更多用到保民生、补短板、增后劲的"刀刃"上，努力干好事、解难事、办实事。加快转变政府职能，扎实开展"减证便民"专项行动，以更加彻底的放权、更加严格的监管、更加精准的服务，最大限度方便群众和企业。

（二）增强执行能力，建设务实政府。说实话、办实事、求实效，多做打基础、利长远的事，坚决杜绝形象工程。加强调查研究，冷静思考，细致分析，不断提升科学决策、政策执行、群众工作能力。高效率、快节奏抓落实，雷厉风行，日事日毕。提高工作组织化程度，建立"两重一实"项目单月会办、双月督查机制，提升职能部门工作标准，分级分层推进园区建设，形成上下同心、目标同向、落实同步的强大合力。

（三）坚持依法行政，建设法治政府。大力实施"七五"普法，深入开展"法律六进"活动，创响"法耀大丰"品牌，落实国家工作人员培训、政府法律顾问制度，在全社会营造尊法、学法、守法、用法的浓烈氛围。建立标准化权力清单，完善责任清单、负面清单，做到权责分明，严格实行重大决策终身责任追究制和责任倒查制。健全完善"双随机、一公开"机制，强化事中事后监管，切实规范行政执法行为。扎实推进政务信息公开，主动接受人大法律监督、政协民主监督、社会舆论监督，让权力在阳光下运行。

（四）全面从严要求，建设清廉政府。严格落实中央八项规定和省、市、区委各项规定，以抓铁有痕、踏石留印的精神，持之以恒改进作风。始终把纪律规矩挺在前面，牢固树立"四个意识"，压紧压实"一岗双责"，坚决执行《准则》《条例》，严查重处各类违法违纪案件。强化审计监督、行政监察、政务督查，突出工程建设、征地拆迁、资金管理、招投标等重点领域和关键环节，从源头上预防和治理腐败，塑造风清气正的良好形象。

各位代表，新的使命神圣光荣，新的征程催人奋进，让我们紧密团结在以习近平同志为核心的党中央周围，在上级党委、政府和区委的坚强领导下，积极投身"创新创业、富民兴区"的生动实践，为推进新大丰建设迈上新台阶，让人民群众的生活更加美好而不懈努力，以优异成绩迎接党的十九大胜利召开！

附件：

名词解释

1.农村"3+1"工程：农村水环境整治、生活垃圾处理、生活污水处理和城乡供水一体化。

2.新三板：全国中小企业股份转让系统，是经国务院批准设立的全国性证券交易场所。

3."五纵五横道路"和"两河"：西康路、常新路、金丰路、人民路、康平路，通港大道、幸福路、健康路、黄海路、南翔路，大四河、二卯酉河。

4.D级危房：承重结构已不能满足正常使用要求，房屋整体出现险情，构成整幢危房。

5.三通三千："十三五"期间实现"区域通高铁、镇镇通一级（公路）、村村通公交"；2018年年底前"新建普通农路1004公里、提档升级农路1017公里、新建和改造农桥1508座"。

6.三解三促六帮助：了解民情民意、破解发展难题、化解社会矛盾，促进干群关系融洽、促进基层发展稳定、促进机关作风转变，帮助农民增收致富、帮助落实惠民政策、帮助开展环境整治、帮助兴办为民实事、帮助维护社会稳定、帮助指导基层党建。

7.三去一降一补：去产能、去库存、去杠杆、降成本、补短板。

8.PPP模式：政府与社会资本为提供公共产品或服务而建立的合作关系。

9.三权分置：将土地承包经营权分为承包权和经营权，实行所有权、承包权、经营权"三权"分置并行。

10. “616”人才计划：从2015年到2017年，每年引进6300名大学生、1000名专门人才、60名领军人才。

11.创业服务“151”工程：送创业政策进1万家、开展创业培训5000人、扶持创业1000人。

12.三大特色产业带：省道226花卉苗木特色产业带、双草线现代园艺特色产业带、国道228高效养殖特色产业带。

13.三品一标：无公害农产品、绿色食品、有机食品和农产品地理标志。

14.“三位一体”行动：对省定经济薄弱村实行第一书记驻点，单位挂钩帮扶，企业结对共建。

15.C级危房：部分承重结构不能满足正常使用要求，局部出现险情，构成局部危房。

16.“两减六治三提升”专项行动：减少煤炭消费总量、减少落后化工产能，治理水环境、治理生活垃圾、治理黑臭水体、治理畜禽养殖污染、治理挥发性有机物污染、治理环境隐患，提升生态保护水平、提升环境经济政策调控水平、提升环境执法监管水平。

17.“三化”“三效”：珍贵化、彩色化、效益化，视觉效果、生态效应、经济效益。

18.两重一实：重点工程、重大项目、民生实事。

19.法律六进：法律进机关、进乡村、进社区、进学校、进企业、进单位。

20.法耀大丰：开展主题活动、拓展普法载体、建设法治文化、推动理论研究，多层次、多渠道、全方位推进法治宣传教育工作。

21.“双随机、一公开”机制：随机抽取检查对象，随机选派执法检查人员，抽查情况及查处结果及时向社会公开。

22.《准则》《条例》：《关于新形势下党内政治生活的若干准则》和《中国共产党党内监督条例》。

〖编辑　刘洪芳〗

2016年，大丰区完成地区生产总值579.07亿元，同比增长9.5%。图为大丰经济开发区和常州高新区大丰工业园一角

大事记

1月

1日　大丰港滚装码头投入运营。该码头由4个靠船墩、4个系缆墩、3个便桥墩和1个艉跳平台组成，总投资1.6亿元，可以年转泊汽车22万辆、转运集装箱2.6万标箱。

△　和顺电子项目首台高清数字电视下线。该项目总投资10亿元，具有年产200万台高清电视机的能力。

△　即日起，大丰区城乡居民参保对象可凭社保卡缴费和领取养老金，参加城乡居保人员可享受“一人一卡、一卡多用”的服务。

6~8日　政协盐城市大丰区第十三届委员会第五次会议召开。会议期间，委员听取和讨论盐城市委常委、大丰区委书记倪峰在开幕式上的讲话，审议通过区政协第十三届委员会常务委员会工作报告和提案工作报告；列席区十四届人大五次会议，听取并讨论区政府工作报告及其他工作报告；举行议政大会。

7~9日　盐城市大丰区第十四届人民代表大会第五次会议召开。大会审议批准了区人大常委会、“一府两院”（人民政府、人民法院、人民检察院）工作报告和其他报告，确定了大丰区国民经济和社会发展第十三个五年规划、2016年全区经济社会发展的奋斗目标和主要任务，补选宋勇为区人民政府区长、赵晓庆为区第十四届人大常委会副主任、朱亮为区人民法院院长，设立了人大法制委员会和财政经济委员会。

14日　大丰瓷刻入选第四批省级非物质文化遗产代表性项目名录。

16日　大丰区政府召开十四届四次全体（扩大）会议，动员全区上下进一步改进作风，营造良好政务环境，扎实推进2016年各项工作。

22日　江苏盐城鼎立足球俱乐部在大丰区成立，为盐城市第一支职业足球俱乐部。

26日　大丰区举行12个重大项目集中开竣工活动，其中开工项目8个、竣工项目4个。

△　兴业银行盐城大丰支行正式开业。

是月　东方1号创意产业园获批为国家级工业设计中心，为盐城唯一一家获得国家认定的工业设计中心。

△　大丰被住房和城乡建设部表彰为“国家园林城市”。

2月

1日　大丰区举行“创业大舞台·有你更精彩”2016年春节返乡创业交流活动。活动中，区委、区政府表彰命名20名“创业之星”，为一批“616”（2015~2017年，每年引进6300名大学生、1000名专门人才、60名领军人才）人才颁发人才绿卡，向30名创业人员颁发营业执照。

13日　大丰区2016年新春服务企业引才用工招聘会在区奥体中心举行。230多个企业进场招聘，提供就业岗位6500多个。

14日　盐城市委书记、市人大常委会主任朱克江率队到大丰调研沿海开发工作，强调要更大力度推进“三港”（港口、港区、港城）联动发展、以沿海开发引领全市发展谱新篇。

18日　省人大常委会副主任、党组副书记史和平到大丰，调研新能源淡化海水项目建设发展工作，要求要合力推动成套设备上市，促进新能源淡化海水项目可持续发展。

23~24日　环保部固体废物与化学品管理技术中心副主任胡华龙到大丰，调研危险废物和化学品环境管理工作。

3月

4日　中国·大丰西郊梅园首届梅花文化节开幕，并举行“拍梅、咏梅、写梅、画梅、唱梅”文艺活动。梅园占地200公顷，栽种梅花100多个品种、1万多株，是江苏最大的梅园。

7日　2016中国大丰（香港）新产业及现代服务业项目签约活动在香港举行，签约产业基金项目7个，资金总规模385亿元；新产业与现代服务业项目16个，投资总额63.5亿元。协议利用外资3.7亿美元。

18日 全国政协常委、副秘书长，民革中央副主席、民革中央人资环委员会主任何丕洁一行，到大丰区调研海水淡化与综合利用工作。何丕洁一行参观大丰港规划展示馆、集装箱码头等现场，对大丰区所取得的成绩给予肯定。

20日 全国政协副主席韩启德率全国政协调研组到大丰，专题调研深化医药卫生体制改革工作。韩启德一行考察调研南阳镇卫生院、区城西社区卫生服务中心等基层医疗卫生机构，与医务工作者和居民群众进行交流，并听取情况汇报，对大丰医药卫生体制改革所取得的成效表示肯定。

24日 山东省蓬莱市委书记杨原田率领党政代表团到大丰考察。代表团察看金风科技有限公司、新韩汽配有限公司、西郊梅园、丰收大地现代农业示范区等现场，详细了解大丰经济社会发展情况。

26日 大丰区举行14个重大项目集中开竣工活动，总投资40.4亿元。

29日 三龙镇龙东村农一网村级服务站正式启动运营，为全国首家农一网村级服务站。

是月 江苏辉丰农化股份公司牵头负责的科研小组在郁金香客栈实验田，运用"能百旺"植物生长调节剂，让郁金香提前盛开，改变了当前国内外只能在大棚内小面积运用温度调节郁金香开放时间的现状。

4月

1日 即日起，大丰区医保中心与盐城市第一人民医院、盐城市第二人民医院、盐城市中医院开通医保联网。基本医疗保险参保人员（职工医保和居民医保）可直接凭社会保障卡到3家医院就医，实现盐丰医保"一卡通"。

8日 2016年中国大丰麋鹿文化旅游季暨荷兰花海第三届郁金香文化月开幕。盐城市委常委、大丰区委书记倪峰，荷兰驻华大使凯罗出席并致辞，共同为荷兰花海"中国荷兰村"揭牌。

△ 2016年首届华东旅游商品交易博览会在大丰开幕。博览会设立展位130多个，展出旅游装备、户外运动、特色食品等十大类精品商品。

△ "施耐庵故里·中华水浒园"举行开园仪式。

9~16日 第四届中国大丰恒北梨花节举行。其间，中央电视台《美丽中国乡村行》栏目组走进恒北，推介大丰特色乡村旅游资源。

10~11日 世界旅游城市联合会专家委员会主任、全国休闲标准化技术委员会副主任、中国旅游协会休闲度假分会秘书长魏小安到大丰，调研旅游景区景点建设发展情况，重点调研荷兰花海。

16日 中央电视台《新闻联播》头条"发力供给侧"系列报道《紧贴需求 服务业领跑中国经济》，专题报道大丰区荷兰花海"围绕鲜花做文章、打造赏花经济"的做法。

△ 大丰区开会部署"守纪律、讲规矩"专题教育活动。

18日 2016年江苏大丰（上海）投资环境推介会在上海举行，签约项目35个，协议总投资132亿元，其中外资2.15亿美元。

19日 全省沿海开发合作园区建设座谈会在大丰区召开。会上，连云港、盐城、南通等地的沿海办和合作园区的相关负责人作交流发言。

21日 由中国版协年鉴工作委员会主办、大丰区地方志编纂委员会办公室承办的第十七次全国地州区县年鉴年会在大丰召开。

23日 "洋眼看江苏——走进大丰美丽乡村、邂逅荷兰音乐花海"活动启动，来自美国、英国、荷兰、瑞典等11个国家的外国友人参加活动。

27日 省人大常委会副主任赵鹏一行到大丰区，调研沿海开发战略实施情况。

29日 大唐沪苏大丰产业联动集聚区燃机热电联产项目签约，总投资约40亿元，为大丰第一个燃机清洁能源项目。

5月

6日 大丰区开会部署"两学一做"（学党章党规、学系列讲话，做合格党员）学习教育工作。

10日 2016年中国·大丰（首尔）旅游推介会举行，签约一批旅游合作项目。

△ 2016年中国·大丰（首尔）客商恳谈会举行，签约保健食品、电子材料、港口航线等10个战略性新兴产业项目，协议利用外资2.9亿美元。

13日 大丰区在深圳举行投资环境说明会，签约战略性新兴产业项目25个，协议总投资47.8亿元，其中外资1.7亿美元。

16日 省人大常委会副主任许仲梓率省人大执法检查组到大丰区，执法检查贯彻落实《中华人民共和国食品安全法》情况，并对大丰区贯彻落实情况给予肯定。

17日 2016年中国盐城丹顶鹤国际湿地生态旅游节暨第九届海盐文化节盐城市（大丰）海洋经济投资环境推介会举行，签约9个项目，协议总投资31.55亿元，其中外资9000万美元。

△ 江苏大丰海港港口公司新开辟的大丰港至上海港集装箱直达航线正式通航。

21日 大丰召开秸秆禁烧禁抛和综合利用工作会议。

24日 省长石泰峰率全省加快推进沿海地区发展工作会议的与会人员到大丰区观摩，对大丰沿海发展取得的成绩表示肯定，勉励大丰区大力推进新一轮沿海开发，为建设"强富美高"新江苏注入强大动力。

27日 《人民日报》第15版《美丽中国·夏之湿地》系列栏目，重点介绍和推介大丰区重视环境治理和生态修复，历经30年繁殖并保护了全球最大野生麋鹿种群的做法和经验。

28日 苏丹共和国商务考察团到大丰考察，双方正式签订合作备忘录，在港口建设、旅游发展等方面展开深度合作。

31日　中共盐城市大丰区委召开全区领导干部大会，宣布中共盐城市委关于调整中共盐城市大丰区委主要领导的决定：王荣任中共盐城市大丰区委书记，倪峰不再担任中共盐城市大丰区委书记职务。

6月

6日　央视《焦点访谈》栏目报道大丰区乡村医生签约服务工作的经验和做法。

7日　大丰区高考开考。全区设大丰高级中学一个标准化考点，计95个考场，有2702名考生参加高考。

16日　大丰中考开考。全区设2个考点158个考场，分别是大丰高级中学102个考场3060名考生、新丰中学56个考场1672名考生。

16~17日　省政协副主席、农工党江苏省委会主委、中科院南京分院院长周健民到大丰区调研九州田园家庭农场、江苏久禾生物科技发展有限公司等单位，重点了解现代农业发展现状和农业供给侧结构性改革工作。

17日　上海临港集团总裁袁国华到大丰区调研，就加快沪苏大丰产业联动集聚区建设与大丰进行交流。

18日　大丰港国家级进口木材检疫处理区正式投入运营。该项目为国内首个示范性全封闭式木材熏蒸除害处理项目。

20日　即日起至9月30日，大丰区开展“招商引资百日竞赛”活动。10月29日，区委常委扩大会议通报竞赛考核情况，认定新开工项目26个，新签约项目112个。新增纳税超1亿元企业1个，新增纳税超1000万元企业2个，总数为30个。新培植规模以上工业企业40个，开票销售超10亿元企业12个，新增开票销售超1亿元企业6个，总数80个。

是月　辉丰农化股份有限公司在美国申报的“噻霉酮”系列产品发明专利登记获通过。

7月

11日　在北京举行的368期全国中小企业股份转让系统企业集中挂牌活动中，盐城中德精锻股份有限公司（大丰区企业）在“新三板”正式挂牌。

15日　中共盐城市大丰区委召开十一届七次全体会议，研究确定中共盐城市大丰区委第十二次代表大会有关事项。

18~20日　中国共产党盐城市大丰区第十二次代表大会召开。王荣代表中共盐城市大丰区第十一届委员会向大会作工作报告。陈允春作区纪委工作报告。会议选举产生新一届中共盐城市大丰区委员会、中共盐城市大丰区纪律检查委员会，通过关于十一届区委工作报告的决议和区纪委工作报告的决议。

20日　中国共产党盐城市大丰区第十二届委员会举行第一次全体会议，选举产生新一届区委领导机构。王荣、宋勇、范大玉、袁国萍、陈允春、郭超、蔡保生、石根美、罗强、董坤、周小进当选为区委常委，王荣当选为区委书记，宋勇、范大玉当选为区委副书记。

26~27日　以省旅游局纪检组长詹庚庆为组长的评估专家组，对大丰区创建第三批全国旅游标准化试点工作进行终期评估。评估专家组全面评估大丰区创建全国旅游标准化试点工作，对发现的问题和存在的不足进行现场指导。

28日　创未来智能终端产业园项目在高新技术区签约。该项目由深圳沃度控股集团投资建设，主要生产智能手机、功能性手机及关键零部件。一期固定资产投资10亿元，建筑面积20万平方米。

△　大丰区召开征兵工作会议，部署征兵工作。

30日　大丰开会布置城乡环境综合整治和畜禽养殖污染专项整治。

是月　大中镇恒北村被中国生态文化协会评为2016年“全国生态文化村”。全省有5个行政村获此称号。

8月

2日　盐城亭湖区委书记李东成、区长张宏春带领党政代表团到大丰区参观考察荷兰花海、中车电机、丰东公司、大中镇全民创业园等地。代表团认为大丰区产业发展层次高、业态好、前景优，在转型升级发展中起到标杆和引领作用。

2~20日　大丰区向社会各界公开征集大丰城市形象宣传广告语。经层层评选，“麋鹿故乡、画里大丰”成为大丰城市形象宣传广告语。

6日　中国共产党盐城市大丰区第十二届委员会第二次全体（扩大）会议召开。会议总结上半年工作，明确下半年任务，对做好城市工作和新型城镇化建设作出具体安排。

23日　江苏博敏电子有限公司PCB技术开发合作协议签约。

27日　新疆维吾尔自治区副主席田文率新疆深化医药卫生体制改革工作考察组到大丰，考察深化医改及家庭医生签约服务工作。考察组实地考察南阳镇卫生院、南阳镇祥北村卫生室和区城西社区卫生服务中心，并座谈交流。

29日　省委常委、副省长杨岳到大丰调研农业农村工作，对大丰主动适应新常态、强化创新驱动、加快现代农业发展、促进农民增收的做法表示肯定；要求要扎实推进农业结构调整，加快农业现代化进程，带领群众共同致富。

31日　大丰区召开全区旅游工作推进暨国家全域旅游示范区创建动员会。

9月

3日　中国共产党盐城市大丰区第十二届委员会第三次全体会议召开。会议通过《关于召开中国共产党盐城市大丰区代表会议的决议》，酝酿并表决确定盐城市第七次党代会代表候选人预备人选名单。

10日 2016年中国大丰（首尔）投资环境说明会在韩国举行，签约6个项目，协议总投资3.4亿美元。

11日 中国共产党盐城市大丰区代表会议召开。49人当选中国共产党盐城市第七次代表大会代表。

12日 《大丰港城经济区发展规划（2016~2025）》通过由中国宏观经济研究院、中央财经大学、山东大学、江苏省沿海办等单位专家组成的评审组的评审。

△ 大丰区被国家知识产权局办公室表彰为2015年度国家知识产权试点示范城市工作先进集体。

13日 大丰区在上海举办投资环境推介会，签约战略性新兴产业项目24个，协议总投资180亿元。

14日 东台市委书记陈卫红、代市长王旭东率党政代表团到大丰考察新韩汽配、荷兰花海、恒北村等现场，表示将学习借鉴大丰的做法，推动工作迈上新台阶。

20日 大丰区召开十项交通重点工程建设动员大会。会议要求以“三通三千”（区域通高铁、镇镇通一级、村村通公交和新建普通农路1000千米、提档升级农路1000千米、新建农桥1000座）工程为重点，推进交通重点工程建设。至年底，省道351大丰段先导段建成通车，新建水泥道路680多千米、桥梁300多座，提档升级农村公路273千米，改造桥梁131座。

28~29日 国家卫计委在大丰区召开全国基层卫生工作座谈会。国家卫计委副主任马晓伟出席并讲话。其间，与会人员到南阳镇祥北村卫生室、南阳镇卫生院进行调研，实地察看基层卫生综合改革和乡村医生签约服务工作情况，并与基层医疗工作人员沟通交流。

10月

1日 2016年“大丰好玩呢”金秋旅游季暨荷兰花海百合花文化月开幕。开幕式上，荷兰南荷兰省、中青旅股份有限公司分别与大丰区签订合作战略框架协议和上海迪士尼旅游线路合作协议。

11日 省委书记李强到大丰考察调研。其间，李强考察调研大丰港集装箱码头、新丰镇荷兰花海风情小镇，并深入金风科技等企业，了解企业发展运行状况，对大丰经济社会发展成绩表示肯定。

△ 万向集团、森威集团10万吨锻造及精加工项目签约。

16日 大丰麋鹿国家级自然保护区举行麋鹿回归30周年纪念暨野生放养活动。当天有30头麋鹿野生放养。30年来，大丰区分别于1998年、2002年、2003年、2006年举行4次麋鹿野放试验，共野放麋鹿56头。

26日 全长36.6千米的港城高速公路正式通车。通车后，盐城主城区至大丰港区的行车时间由近两个小时缩短至40分钟。

△ 大丰区举行重大项目集中开工活动暨重点跟踪重特大项目汇报会，有12个项目集中开工，总投资58.6亿元。

29日 2016中国量产车性能大赛（CCPC）大丰站决赛在中汽中心盐城汽车试验场举行。一汽、上汽、东风等30多个汽车企业参加。CCTV5全程直播。

31日 由国家旅游局组织的，《中国青年报》《经济导报》《中国旅游报》、旅游卫视、新华网、央视网等中央媒体记者组成的采访组到大丰，实地调研和采访报道全域旅游创建情况。

是月 大丰区安全生产监督管理局被人力资源和社会保障部、国家安全生产监督管理总局联合表彰为全国安全生产监管监察系统先进集体，为江苏省安监系统唯一受表彰的单位。

△ 大中镇恒北村被国家林业局命名为“中国慢生活休闲体验区、村（镇）”。全国有17家单位获此命名。

△ 世界农化网发布2015年全球农化企业前20强榜单，辉丰农化股份有限公司首次入选。

11月

1日 大丰区召开2016年创建全国文明城市推进会。会上相关单位向区政府递交创建工作责任状。

3日 大丰港保税物流中心（B型）通过南京海关预验收小组的预验收。

4日 在北京举行的第十一届中国摄影艺术节暨首届怀柔摄影文化季颁奖典礼上，大丰区摄影家协会主席杨国美凭借《吉祥神兽》《雾冬鹿苑》等30幅作品获中国摄影金像奖，成为盐城市第一位获此表彰的摄影家。

7日 大丰区部署第十一届村民委员会暨第六届社区居委会换届选举工作。

8日 全国政协副主席、农工党中央常务副主席刘晓峰到大丰区，调研生态文明建设工作。

14日 原南京军区司令员、上将朱文泉到大丰区考察草堰镇竹溪碑廊、粟裕指挥部旧址等现场。

16~18日 首届大丰港木材博览交易会在大丰港会展中心举行，签订贸易合同46个，现场销售近2000万元，销售意向约5000万元。大丰海港控股集团有限公司与印尼初步达成3亿元的原木采购合作意向。

25日 连云港市赣榆区委书记孙爱华率党政代表团到大丰区参观考察新韩汽配、荷兰花海、大丰港码头1#作业区集装箱泊位。双方表示将加强交流和学习，推进多层次合作。

26日 大丰区举办2016年江苏大丰海洋产业人才项目对接会，签约项目33个。

29日 大丰区在深圳举行投资环境推介会，吸引80多个企业和协会参会，现场签约15个战略性新兴产业项目，协议总投资56.2亿元。

30日 大丰区召开《沪苏大丰产业联动集聚区概念（总体）规划》

评审会。专家组认为该规划成果完善、分析翔实、空间布局合理，具有较强的指导性，原则同意该规划。建议进一步衔接上位规划，在产业布局上充分体现沪苏产业联动特色。

是月 《人民日报》和《2016中国中小城市发展报告·绿皮书》联合发布第十二届中国中小城市科学发展指数研究成果。大中镇入选“2016全国综合实力千强镇”榜单，位列全国第114位。

12月

6日 民生银行盐城大丰支行开业。

7日 省政协副主席、党组副书记罗一民带领科技委部分委员到大丰，专题调研海洋科技创新能力建设。

13日 在北京召开的2016创新社会治理优秀城市发布仪式暨第二届全国创新社会治理经验交流会上，大丰区获“2016创新社会治理优秀案例城市”称号。

15日 大丰区区镇两级人大代表投票选举举行。全区设投票站1745个，66.7万选民投票。

19日 大丰区妇联被人力资源和社会保障部、全国妇联联合授予“全国妇联系统先进集体”称号。

20日 建湖县委书记陈平、县长薛盛堂率党政代表团到大丰考察明进机械、金风科技、恒北村、大中镇全民创业园等现场。

26日 大丰区入选国家旅游局公布的第三批全国旅游标准化示范城市名单，为全省唯一入选的城市。

△ 大丰区举行重大项目集中开竣工活动，有6个项目开工、5个项目竣工。

30日 中国共产党盐城市大丰区第十二届委员会第三次全体（扩大）会议举行。全会听取和讨论王荣代表区委常委会所作的工作报告，审议通过《中国共产党盐城市大丰区第十二届委员会第三次全体会议决议》。

△ “十佳大丰好人”颁奖典礼在大丰剧院举行。典礼上，“十佳大丰好人”刘春阳、李飞、陈云、赵锋、吴秀华、赵文奎、杨建华、王永忠、陈红霞、束长和登台领奖。

是月 海上风电装备基地成为国家火炬特色产业基地。

（刘洪芳 冯永生）

〖编辑 刘洪芳〗

2016年11月3日，大丰港保税物流中心（B型）通过南京海关预验收小组的预验收

大丰概况

区情简介

【地理位置】 盐城市大丰区位于江苏省东部，盐城市东南的黄海之滨，北纬32°56′~33°36′、东经120°13′~120°56′，海岸线112千米。北与盐城市亭湖区交界，南与东台市接壤，西与兴化市毗邻，东濒黄海，总面积3008平方千米。年底，境内有上海市属的上海农场和江苏省属的大中农场、方强农场、东坝头农场，共4个农场。

【地形地貌】 大丰区是长江和黄河东流入海泥沙长期淤积而成的滨海平原，地形南宽北窄，呈不规则三角形，似葫芦。东西宽44千米，南北长63千米。地面高程1.8~4.5米。除沿海滩涂外，全区地势东高（2.8~3.5米）西低（2.4~2.8米）、南高（3.3~4.5米）北低（1.9~2.2米）。中部老斗龙港两侧为槽形洼地，宽3~6千米，自西南向东北纵贯全区。地面高程在1.8~2.4米之间。中南部古河、小洋河两侧也为槽形洼地，宽2~3千米，自东南向西北纵贯中南部，地面高程在2.2~2.8米之间。东南部川东港以南地区为高亢地，地面高程在3.5~4.5米之间。

【自然资源】 土地与滩涂。大丰区有耕地13.06万公顷，人均占有耕地0.18公顷。大丰沿海滩涂1000多平方千米，列全国各县（市、区）之最。另有辐射沙洲东沙岛1000多平方千米。

水资源。区内常年自然降水量约1066毫米，丰水年有2000多毫米，欠水年也有500毫米左右。区境内有川东港河、疆界河、王港河、四卯酉河、斗龙港河、南直河、西潮河、大丰干河等入海水道，平均地面年径流量5.1亿立方米，客水过境量约25亿立方米。地下淡水资源丰富，根据实凿眼井观察，深160米左右的可供人畜饮用淡水日涌量约200立方米，深400米左右的热淡水（水温约27℃）时涌量约60立方米。海水取之不尽。

生物资源。区内物产丰富，品种繁多。大丰区是全国粮食生产先进县（区）、全国有机产品认证示范创建区、全国园艺出口示范区。常年产粮食约93万吨、水果7万吨、蚕茧1200吨，生猪饲养量190万头，家禽饲养量4300万羽，水产品产量18万吨。其他木本、草本、地被植物500多种，药材除人工培植的80多种外，还有罗布麻、茵陈、龙胆草、益母草、墨旱莲、苍耳子、马鞭草等野生药材200多种。陆上脊椎动物100多种。2016年有世界珍稀麋鹿3223头，其中野生麋鹿325头。区内有丹顶鹤、天鹅、白尾海雕、牙獐等30种国家一、二级保护动物。近海资源丰富，潮间带浮游植物145种，浮游动物68种，底栖固着性藻类47种，水生动物中有各种鱼类20种，其中黄鲫、银鲳、小带鱼等优势品种10多种。贝类以文蛤、青蛤、四角蛤、鲜蛏、泥螺等为多，年产1万吨左右。

林业资源。全区有林业用地面积4.79万公顷。森林覆盖面积4.69万公顷，其中有林地面积2.49万公顷，分别为杨树1.33万公顷、水杉0.1万公顷、其他经济树木及杂树1.06万公顷。全区有活立木蓄积总量145万立方米，其中有林地蓄积量107万立方米，分别为杨树88.8万立方米、水杉12.5万立方米、其他经济树木及杂树5.7万立方米；四旁树总株数1591万株、蓄积量38万立方米，其中杨树360万株、蓄积量19.4万立方米，水杉59万株、蓄积量13.3万立方米。

（朱玉淋）

港口与岸线。大丰港是国家一类对外开放口岸，开通至韩国、日本等9条国际航线，至上海港、宁波港、青岛港等外贸集装箱航线，新开通上海港—大丰港—大连港的内贸滚装航线、大丰港—上海港集装箱直达航线，与中国台湾基隆港实现直航，成为中国沿海第二个进口粮食海进江减载口岸。1万吨级以上泊位17个。深水航道一期工程竣工。2016年，实现货物吞吐量8533.73万吨，集装箱30.19万标箱。大丰港海关、检验检疫、海事、边检等联检机构功能完善，实行“一站式”服务。

海洋与岛屿。大丰海域面积5000平方千米，另有辐射沙洲东沙岛1000多平方千米，发展海洋产业潜力很大。

风能和光能。大丰风电场（包括潮间带）规划总容量1000万千瓦以上，占江苏省的1/3。中国电力投资集团20万千瓦风电场项目建成营运。金风科技海上风电装备制造业基地项目建成投产。2016年，大丰全年日照时间1865小时，适宜发展光伏电产业。

【气候特征】 大丰属于亚热带与暖温带过渡地带，适宜喜温作物生长。海洋性气候表现在春温回升慢，秋温稳定且下降也缓，初霜迟，无霜期长。季风性气候表现在冬季受大陆季风冷空气影响，多西北风，以少雨天气为主，并常出现低温和霜冻；夏季受海洋性季风影响，多东南风，降水充沛，雨热同期；春秋两季处于交替时期，形成干、湿、暖、冷多变气候。春夏季、秋冬季界限不明显。近年来，冬季气温偏暖，大雪冰冻封河现象少见。常年平均气温14.4℃，无霜期203.8天，常年降水量1066毫米，日照2214.4小时。

【主要气象要素分析】 2016年，年平均气温15.5℃，比常年高1.1℃；年降水总量1617.1毫米，比常年多551.1毫米；年日照时数1864.6小时，比常年正常略少349.8小时。6月19日，进入梅雨期，7月20日出梅，梅长32天（常年24天），梅雨量482.0毫米；入梅正常，出梅偏晚，梅雨期较长，梅雨量偏多。年内台风、暴雨、雷电、雾霾、连阴雨等对人民生产生活有较大影响。

7月，极端最高气温38.5℃，创历史同期新高；1月，极端最低气温-12.0℃，创历史同期新低；4月最多降水量130.3毫米、10月最多降水量338.6毫米，均创历史同期新高；10月，日照时数63.0小时，创历史新低；10月，日降水量≥25.0毫米有7天，创历史同期新高。雪终日最早日期出现在2月1日，创历史最早。

【灾害性天气事件】 7月1日受副高边缘暖湿气流和中低层切变影响，大丰普降暴雨——大暴雨，造成港区农作物受灾，受灾面积1200公顷（其中成灾面积1167公顷，绝收面积33公顷），倒塌房屋1间（无人住），紧急转移安置608人。

2016年大丰区气象资料表（一）

表1

项目	霜	雪	结冰	最低气温≤0℃	地面最低≤0℃	草面最低≤0℃
初日	2015.11.26	2016.1.11	2015.11.26	2015.11.26	2015.11.26	2015.11.3
终日	2016.3.26	2016.2.1	2016.3.26	2016.3.26	2016.3.26	2016.3.28
初终间日数	122	22	122	122	122	147

说明：统计时间节点为2015年7月1日至2016年6月30日

2016年大丰区气象资料表（二）

表2

要素 \ 月份	1	2	3	4	5	6	7	8	9	10	11	12
平均气温（℃）	1.5	4	8.7	15.2	19.1	23.5	27.7	27.9	23.3	18.3	10.6	5.8
极端最高气温	16.7	18.7	21.5	28.2	29.9	33.9	38.5	35.1	33.6	27.8	21.9	18.6
极端最高气温出现日期	3	27	5	30	1	18	24	14	2	5	5	5
极端最低气温	-12	-6.6	-4.6	6.5	10.3	15.9	20.4	18.3	14.8	8.5	-1.3	-4.5
极端最低气温出现日期	24	3	1	4	16，17	2	1	29	22	30	24	30
降水量（毫米）	37.9	11.1	28.9	130.3	163.9	179.5	346.3	40.9	222.9	338.6	66.8	50
降水日数（≥0.1毫米）	9	3	4	14	14	13	14	8	8	22	11	4
蒸发量（毫米）	25.7	38.4	65.4	68.1	83.6	77.5	96.1	141.9	82	48.2	38.4	31.4
日照（小时）	128.5	171.1	202.3	155.9	155.4	124.8	170	269.2	165.3	63	127.3	131.8
大风日数				1					1			

（耿　健）

【行政区划】 大丰区辖有草堰、白驹、刘庄、西团、小海、大桥、草庙、万盈、南阳、三龙、新丰、大中12个镇，及大丰经济开发区、大丰港经济开发区2个省级开发区。各镇及开发区共辖208个村民委员会、55个居委会。

境内驻有隶属上海市的上海农场和江苏省属的大中农场、方强农场、东坝头农场。

【民族人口】 大丰区境内居民以汉族为主，少数民族人口主要由婚进的少数民族妇女及其子女构成，共有29个少数民族。分别为蒙古族、回族、藏族、苗族、彝族、壮族、布依族、满族、侗族、瑶族、白族、土家族、哈尼族、傣族、黎族、傈僳族、仡佬族、高山族、拉祜族、水族、纳西族、土族、布朗族、锡伯族、仫佬族、怒族、维吾尔族、景颇族、独龙族，共1774户，3470人。

2016年，全区年末户籍人口71.65万人，比2015年减少662人，年末常住人口70.21万人。在户籍人口中，男性人口35.80万人，女性人口35.85万人。全年人口出生率9.06‰，人口死亡率7.57‰，人口自然增长率1.49‰。人均预期寿命79.99岁。

【建置沿革】 大丰自唐朝始有盐场建制，其时属扬州海陵县。北宋起隶属泰州海陵。清乾隆三十三年（1768）属东台县管辖。1942年5月，建立台北县，隶属于苏中行署第二专员公署。1949年5月，泰州专员公署成立，台北县隶属于泰州专员公署。1950年1月，台北县改隶属于盐城专员公署。台北县因与中国台湾省台北市同名，1951年8月，经国家政务院批准，台北县改名为大丰县。1953年1月，大丰县隶属盐城专区，1983年隶属盐城市。1996年8月，经国务院批准，撤销大丰县，设立大丰市。2015年7月，经国务院批准，撤销县级大丰市，设立盐城市大丰区。

（刘洪芳）

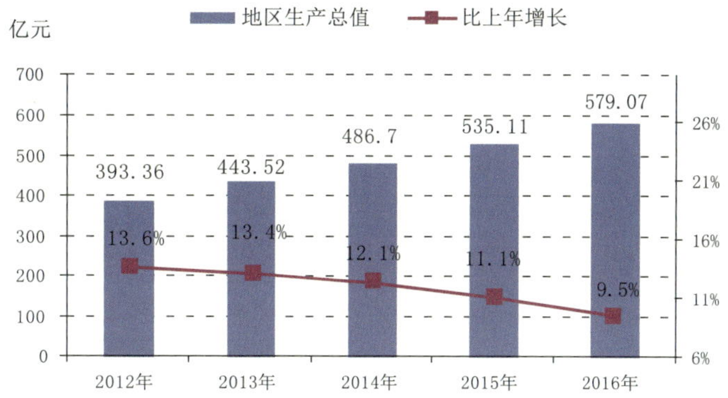

图1　2012~2016年大丰区地区生产总值及其增长速度

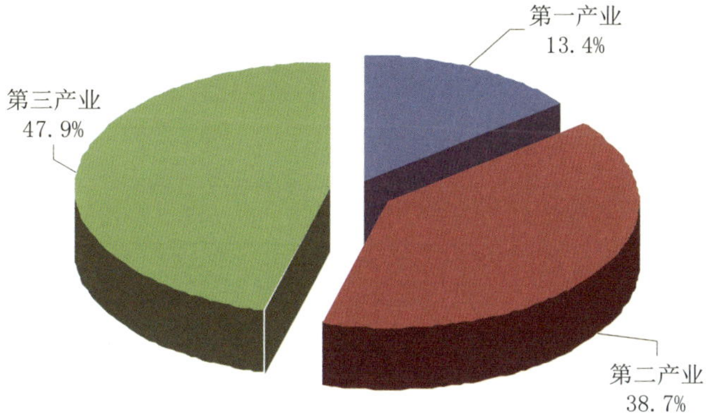

图2　2016年大丰区地区生产总值构成

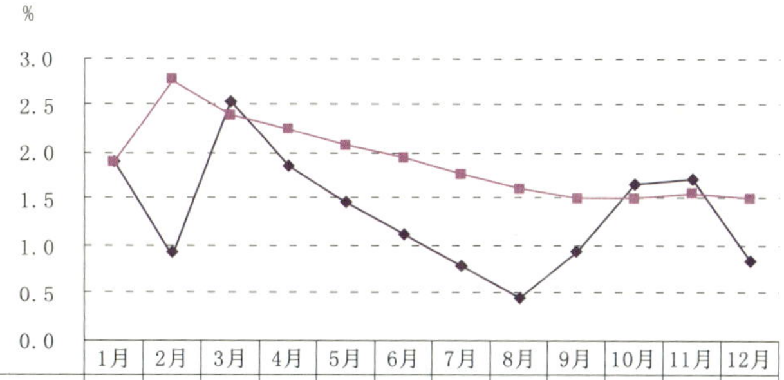

	1月	2月	3月	4月	5月	6月	7月	8月	9月	10月	11月	12月
月度同比	1.9	0.9	2.5	1.9	1.5	1.1	0.8	0.4	0.9	1.6	1.7	0.8
累计同比	1.9	2.8	2.4	2.3	2.1	1.9	1.8	1.6	1.5	1.5	1.6	1.5

图3　2016年大丰区居民消费价格涨跌幅度

2016年大丰区国民经济和社会发展情况

【概况】 2016年，大丰区坚持实干为先、项目为王、民生为本的“三为”导向，紧扣盐城领先、沿海当先、全省争先的“三先”目标，大力实施产业强区、沿海崛起、绿色发展、民生共享、开放带动、创新驱动“六大战略重点”，全区经济运行呈现出稳中有进的态势，实现“十三五”规划良好开局。

转型升级步伐加快。全年全区完成地区生产总值579.07亿元，同比增长9.5%。其中，第一产业增加值77.69亿元，增长1.3%；第二产业增加值223.77亿元，增长10.5%；第三产业增加值277.61亿元，增长10.8%。三次产业增加值比例调整为13.4∶38.7∶47.9，其中第三产业占比比2015年提高2.1个百分点。全年人均地区生产总值82412元。

人口总量略有减少。全区年末户籍人口71.65万人，比2015年减少662人，年末常住人口70.21万人。在

2016年大丰区农林牧渔业总产值和增加值构成表

表3

指标	产值			增加值		
	绝对值（亿元）	构成（%）	现价增幅（±%）	绝对值（亿元）	构成（%）	可比价增幅（±%）
合计	171.02	100.0	2.5	81.27	100.0	1.4
1.农业	81.83	47.8	0.6	44.67	55.0	1.9
2.林业	4.15	2.4	0.7	2.50	3.1	0.9
3.牧业	36.95	21.6	6.5	14.12	17.4	2.4
4.渔业	36.73	21.5	3.1	16.40	20.2	–0.8
5.农林牧渔服务业	11.36	6.6	2.9	3.58	4.4	2.2

2016年大丰区粮棉油生产情况表

表4

	播种面积（万亩）		单产（千克）		总产（万吨）	
	绝对数	±%	绝对数	±%	绝对数	±%
一、粮食	180.90	0.2	427	–3.6	77.20	–3.4
1.夏粮	92.94	–0.5	362	–6.9	33.61	–7.4
小麦	73.47	0.0	367	–7.6	26.99	–7.4
大麦	17.21	–1.1	360	–6.5	6.19	–7.5
2.秋粮	87.96	0.9	496	–0.8	43.59	–0.1
水稻	46.65	1.9	610	–0.8	28.44	1.1
玉米	30.56	0.2	437	–1.8	13.34	–1.7
二、油料	26.76	–2.9	191	1.6	5.11	–1.5
油菜籽	22.26	–3.6	200	2.0	4.45	–1.8
三、棉花	6.90	–49.9	73	15.9	0.50	–42.5

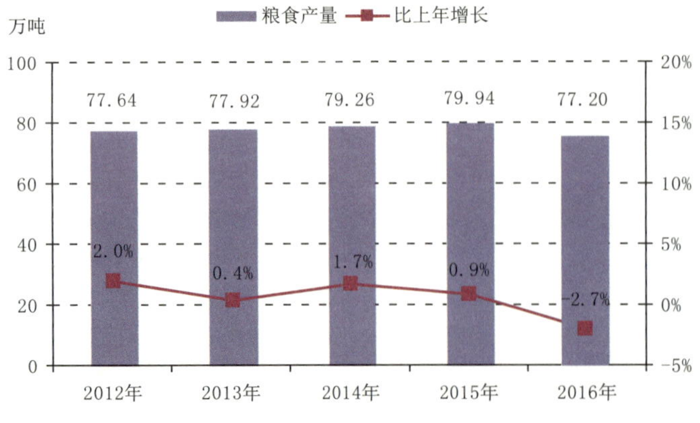

图4 2012~2016年大丰区粮食产量及其增长速度

户籍人口中，男性人口35.80万人，女性人口35.85万人；0~17岁人口8.35万人，18~34岁人口13.23万人，35~59岁人口32.36万人，60岁及以上人口17.71万人。全年人口出生率9.06‰，人口死亡率7.57‰，人口自然增长率1.49‰。人均预期寿命79.99岁。

城镇就业基本稳定。年末全区城镇登记失业人员1890人，同比减少20人，城镇登记失业率1.86%。全年新增城镇就业18695人，下岗失业人员再就业5682人。私营企业从业人员17.2万人。

价格指数温和上升。全年居民消费价格同比上涨1.5%，比2015年提升0.3个百分点。八大类商品"六涨两跌"：食品涨4.4%，生活用品及服务涨0.7%，交通和通信涨0.9%，教育文化和娱乐涨1.4%，医疗保健涨3.7%，其他用品和服务涨1.6%；衣着跌0.4%，居住跌2.5%。

【农业和农村】 农业经济总量稳中有升。2016年全区实现农林牧渔业总产值171.02亿元，按现行价格计算，增长2.5%；实现农林牧渔业增加值81.27亿元，按可比价格计算，增长1.4%。

粮棉油生产全面下滑。全年全区粮食播种面积180.90万亩（12.06万公顷），比2015年增加0.34万亩（227公顷），增长0.2%；单产427千克，比2015年减少16千克，下降3.6%；总产77.20万吨，比2015年减少2.74万吨，下降3.4%。油料作物播种面积26.76万亩（1.78万公顷），比2015年减少0.81万亩（540公顷），下降2.9%；单产191千克，比2015年增加3千克，增长1.6%；总产5.11万吨，比2015年减少0.08万吨，下降1.5%。棉花种植面积6.90万亩（4600公顷），比2015年减少6.86万亩（4573公顷），下降49.9%，连续9年减少；单产73千克，比2015年增加10千克，增长15.9%；总产0.50万吨，比2015年减少0.37万吨，下降42.5%。

主要畜禽生产喜忧参半。全年全区生猪出栏85.22万头，同比下降3.3%，存栏43.48万头，同比下降3.1%。

2016年大丰区畜牧业生产情况表

表5

指　　标	单位	2016年	2015年	比2015年±%
一、牛饲养量	万头	2.74	2.40	14.2
#出栏	万头	0.25	0.19	31.6
二、生猪饲养量	万头	128.70	133.05	-3.3
#出栏	万头	85.22	88.16	-3.3
三、羊饲养量	万只	44.37	54.10	-18.0
#出栏	万只	26.07	31.54	-17.3
四、家禽饲养量	万只	3594	4219	-14.8
#出栏	万只	2550	3049	-16.4
五、兔饲养量	万只	186.37	226.57	-17.7
#出栏	万只	69.66	96.23	-27.6
六、禽蛋产量	万吨	6.61	7.29	-9.3
七、肉类总产量	万吨	10.62	11.66	-8.9

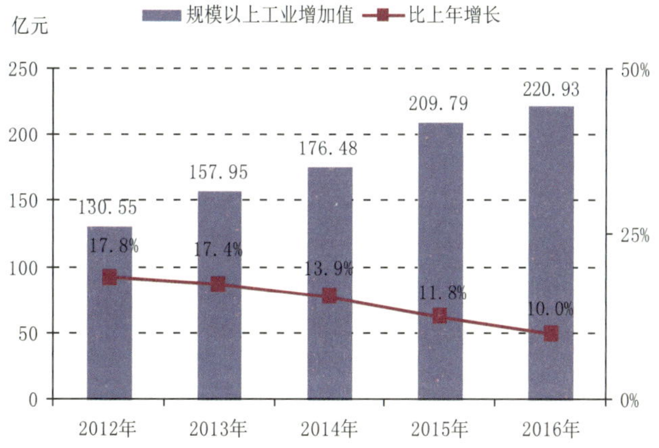

图5　2012~2016年大丰区规模以上工业增加值及其增长速度

2016年大丰区规模以上主导行业开票销售完成情况表

表6

	2016年累计开票销售收入（亿元）	增幅（%）	增长面（%）
规模以上工业	642.61	14.0	48.7
# 食品行业	95.72	43.3	62.2
机械行业	277.61	17.4	44.5
纺织行业	56.88	6.6	47.9
化工行业	142.00	-3.5	41.9

家禽出栏2550万只，同比下降16.4%，存栏1044万只，同比下降10.8%。

水产养殖稳中有升。全年全区水产养殖面积40.73万亩（2.72万公顷），与2015年持平，其中海水养殖面积26.63万亩（1.78万公顷），淡水养殖面积14.10万亩（0.94万公顷）；实现水产品总产量17.70万吨，同比增长1.1%，其中：海水产品7.53万吨，淡水产品10.17万吨。

蔬菜生产能力不断提升。全年蔬菜播种面积97.05万亩（6.47万公顷，含复种），同比减少1650亩（110公顷），全年蔬菜产量278.12万吨，同比增加0.86万吨，增长0.3%。

【工业和建筑业】 工业经济难中有进。全年全区实现规模以上工业增加值220.93亿元，同比增长10.0%，增速高于盐城市平均水平0.3个百分点；全口径工业开票销售收入739.89亿元，同比增长16.4%；规模以上工业总产值938.86亿元，同比增长8.1%。

主导行业形势向好。全年规模以上工业企业实现开票销售642.61亿元，同比增长14.0%。其中，四大主导行业实现开票销售572.21亿元，同比增长13.6%，增幅比2015年回升2个百分点。增长面为48.5%，比2015年增长1.9个百分点。除化工行业下降外，机械、食品、纺织3个行业增幅均有所上升。食品行业发展放缓，实现开票销售95.72亿元，同比增长43.3%，增幅比2015年回落29.7个百分点，增长面为62.2%，比2015年上升0.4个百分点；机械行业保持较快增长，实现开票销售277.61亿元，同比增长17.4%，增幅比2015年回升6.3个百分点，增长面为44.5%，比2015年上升5.3个百分点；纺织行业稳定运行，实现开票销售56.88亿元，同比增长6.6%，增幅比2015年回升5.4个百分点，增长面为47.9%，比2015年回升0.8个百分点；化工行业低位运行，实现开票销售142.00亿元，同比下降3.5%，增幅比2015年回落1.9个百分点，增长面为41.9%，比2015年回落16.2个百分点。

调轻调优稳步推进。2016年，全区规模以上工业中轻工业实现开票销售224.53亿元，同比增长24.7%，增幅比2015年回升0.8个百分点；重工业实现开票销售418.08亿元，同比增长8.9%，增幅比2015年回落12.2个百分点。轻工业开票销售同比增幅高出重工业15.8个百分点，高出全区开票销售增幅10.7个百分点。

建筑行业稳步发展。全年全区完成建筑业总产值91.19亿元，比2015年增长5.1%，其中市内产值

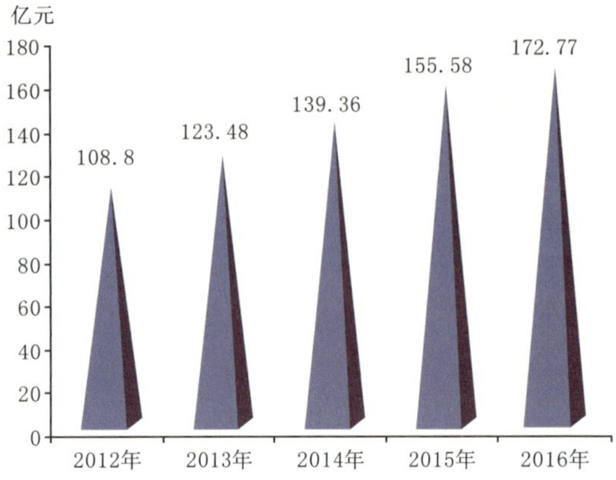

图6 2012~2016年大丰区社会消费品零售总额

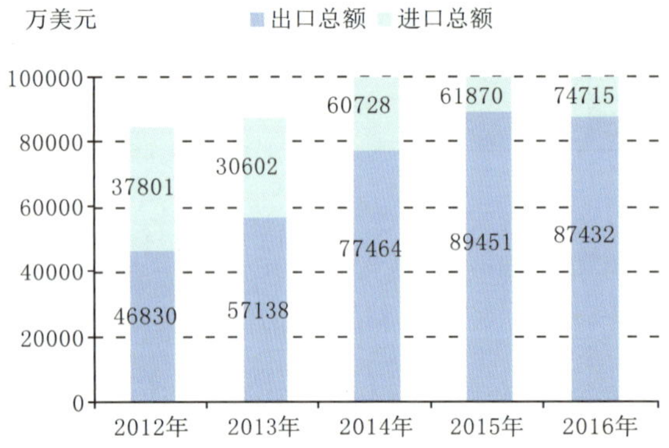

图7 2012~2016年大丰区进出口总额

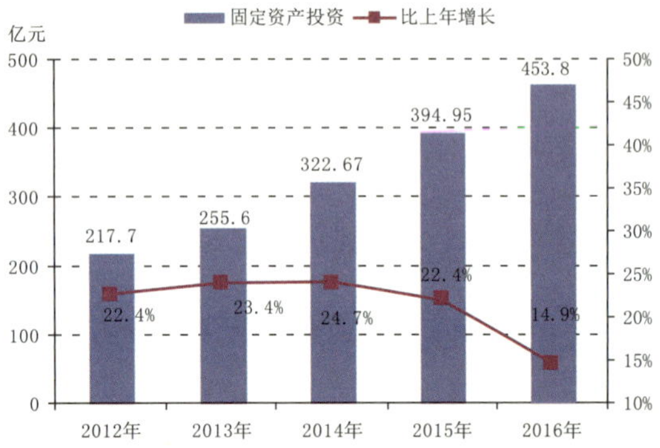

图8 2012~2016年大丰区固定资产投资及其增长速度

58.01亿元，外施产值33.18亿元。房屋建筑施工面积655.27万平方米，房屋建筑竣工面积354.65万平方米，其中住宅竣工面积195.12万平方米。

【服务业、旅游业和内外贸易】 服务业发展势头强劲。全年全区实现服务业增加值277.61亿元，同比增长10.8%，比规模以上工业增加值增幅高出0.8个百分点，比地区生产总值增幅高出1.3个百分点，居盐城各县（市、区）第四位；全年新增规模以上服务业企业44个，增量列盐城市第一。实现规模以上服务业企业营业收入90.55亿元，同比增长55.2%；服务业税收37.29亿元，同比增长2.7%；服务业用电量41232万千瓦时，同比增长20.9%。创意设计、电子商务、信息服务等新业态加速发展，东方1号建成省级科技企业孵化器，国际软件园、大数据产业园入驻企业150多个，为全区经济转型升级提供有力支撑。

旅游业发展亮点纷呈。2016年，全区主要景区接待游客超过1100万人次，同比增长10%；门票收入1.34亿元，同比增长21.8%；实现旅游业总收入80亿元，同比增长23.1%。成功创建全国旅游标准化示范城区，为全省唯一上榜城区；入选首批国家全域旅游示范区创建名单；新增江苏省四星级乡村旅游区1家，省级研学旅游示范基地1家。梅花湾通过国家AAAA级景区景观质量评审。恒北村获江苏省首批五星级乡村旅游区入场券。荷兰花海获2016年江苏省乡村旅游“四季赏花地”十大景点排名第一。恒北村被评为“最美百果园”。“麋鹿故乡、画里大丰”成为大丰城区形象新名片。

消费品市场缓中趋稳。全年全区实现社会消费品零售总额172.77亿元，比2015年增长11.1%。其中，城镇消费品零售总额162.64亿元，比2015年增长10.9%；农村消费品零售总额10.13亿元，比2015年增长13.5%。按消费形态分，批发零售业实现零售额156.9亿元，同比增长10.7%，其中批发业实现零售额13.5亿元、同比增长12.4%，零售业实现零售额143.4亿元、同比增长10.5%；住宿餐饮业实现零售额15.89亿元，同比增长14.6%，其中住宿业实现零售额0.4亿元、同比增长12.0%，餐饮业实现零售额15.4亿元、同比增长14.7%。

对外贸易业稳中有进。全年实现外贸进出口总额16.21亿美元，同比增长7.2%。其中，进口总额7.47亿美元，同比增长20.8%；出口总额8.74亿美元，同比下降2.3%。2016年有进出口实绩的企业210个，其中内资企业161个。全区生产企业出口7.3亿美元，外商投资企业出口1.45亿美元。

外商投资基本面良好。全年协议利用外资4.74亿美元，同比增长95.4%；实际利用外资1.45亿美元，同比下降22.8%。全年新批外资项目27个，比2015年增长42.1%。其中总投资3000万美元以上项目15个，比2015年增加8个。

【固定资产投资和房地产业】 投资结构继续优化。全年全区完成固定资产投资453.8亿元，同比增长14.9%。其中，一、二、三次产业分别完成投资7.9亿元、245.92亿元和199.98亿元，同比分别增长99.2%、12.2%和16.4%。全区5000万元以上项目197个，完成投资229.55亿元，占固定资产投资（除房地产投资）比重55.3%。

房地产业健康发展。全年全区完成房地产开发投资38.98亿元，其中住宅投资23.68亿元。新开工面积103.16万平方米，竣工面积32.50万平方米。实现商品房销售面积126.57万平方米，同比增长24.2%，其中住宅销售104.51万平方米，同比增长68.2%。商品房销售额66.63亿元，同比增长60.7%，其中住宅销售48.72亿元，同比增长70.8%。

【交通运输和邮政电信业】 交通运输平稳发展。全年公路客运量947.66万人次，公路货运量558.21万吨，内河港口货物吞吐量672.3万吨。年末公路里程3135.73千米，其中高速公路里程70.49千米。年末民用汽车拥有量93591辆，其中私人汽车拥有量85685辆。2016年港口货物吞吐量8533.73万吨，集装箱30.19万标箱。

邮政电信稳步发展。全区邮政支局33所，订销报刊1245.66万份，全年邮政业务收入9100.95万元。全年电信通信收入1.8亿元，手机用户超过15万户，宽带用户超过10万户。

【财政金融】 财政收支总量有所下降。因营业税改征增值税体制调整导致口径变化，全年实现财政收入（不含基金）77.9亿元，比2015年减少10%。其中，一般公共预算收入59.26亿元，同比下降14.5%，同口径下降2%。其中，税收收入47.55亿元，同比下降17.4%，税收占比80.2%。一般公共预算支出89.38亿元，比2015年减少5.7%，其中教育支出15.9亿元，医疗卫生与计划生育支出5.77亿元，社会保障和就业支出6.03亿元，科学技术支出3.6亿元。

2016年大丰区财政收入分项情况表

表7

指　标	绝对数（万元）	比2015年增长（%）
财政收入	779001	-10.0
#上划中央收入	186435	8.3
#消费税	7604	24.7
增值税	74267	-24.8
#一般公共预算收入	592566	-14.5
#增值税	55613	69.0
企业所得税（40%）	32197	6.3
个人所得税（40%）	11458	-21.8
营业税	165349	-34.8

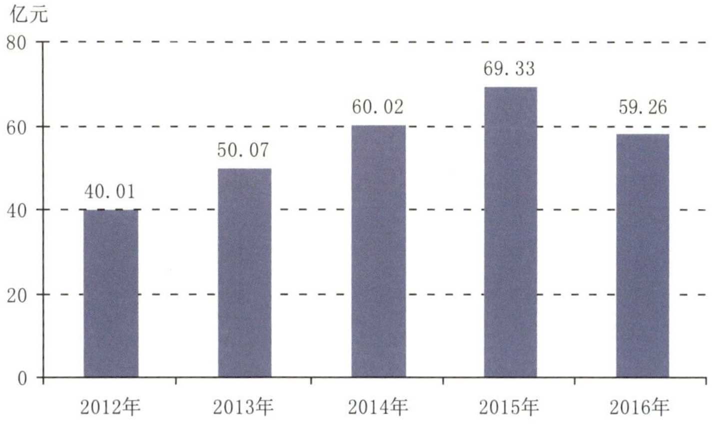

图9　2012~2016年大丰区一般公共预算收入

2016年年末金融机构本外币存贷款情况表

表8

指　标	年末余额（万元）	比年初增减（万元）
金融机构存款余额	6262333	1241215
企业存款	2525350	831538
储蓄存款	3388349	264540
金融机构贷款余额	4036518	686199
短期贷款	1803151	366951
中长期贷款	1572430	287425
票据融资	592480	-35979

金融市场规模持续扩大。2016年年末，全区金融机构本外币存款余额626.23亿元，比年初增加124.12亿元。其中，储蓄存款338.83亿元，比年初增加26.45亿元。年末金融机构本外币贷款余额403.65亿元，比年初增加68.62亿元。其中，中长期贷款157.24亿元，比年初增加28.74亿元。

【科学技术和社会事业】 科技创新能力持续提升。全区共有各类专业技术人员55818人，其中：农业技术人员2249人。全年专利申请受理量4002件，其中发明445件；专利申请授权量1478件，其中发明144件。全社会研究与发展（R&D）经费内部支出14亿元。全区从事科技活动人员5652人，其中研究与发展（R&D）人员4806人。

教育事业全面均衡发展。全区有普通中学31所，其中高中4所，少年体育学校1所。在校学生22451人，毕业学生7785人。中等职业学校1所，在校学生3242人，毕业学生1521人。小学33所，在校学生27080人，毕业学生4929人，入学率和巩固率均为100%。特殊教育学校1所，适龄残疾儿童入学率100%。幼儿园48所，在园幼儿16313名。另建青少年活动中心、教师发展中心各1所。全区在职教职工总数6854人。全区中小学专任教师4447人，其中普通中学2351人、小学1851人、中等职业学校245人。

公共文化服务水平提高。万人拥有公共文化设施面积1902.4平方米，公共文化设施覆盖率100%。全年开展各类公益性文化活动超过400场次，惠及农村及社区群众超过20万人次。全区有国家一级文化馆和公共图书馆各1个，博物馆1个，歌舞团1个，建有施耐庵纪念馆及书院、碑林。建有国家等级镇综合文化站12个，镇广电站13个。在苏北率先实现有线广播电视“户户通”，农村“大喇叭工程”全覆盖，有线数字电视覆盖率96%。

医疗卫生环境不断改善。全区有公立医疗卫生计生机构43个，其中区级医疗机构3个、卫生计生机构4个，镇卫生院17个（含城市社区卫生服务中心4个、防保所1个）、计生服务中心（办）19个。另有村卫生室215个，民营医疗机构19个。全区医疗卫生机构有职工3517人，其中卫生技术人员2915人，每千人拥有医生数2.98人，实际开放床位3701张，另有注册乡村医生593人。全区人均期望寿命79.99岁，5岁以下婴幼儿死亡率3.84‰，孕产妇死亡率为零。

体育事业全面协调发展。围绕完善提升“特色鲜明、覆盖城乡、功能完善、可持续发展”的公共体育服务体系，实施全民健身国家战略，全年开展全民健身运动150多场次，努力培养竞技体育人才，提升体育基础设施，提高场馆服务水平，在2016年全省县级体育重点工作督查中位列第15位，比2015年上升3位，被省体育局评为江苏省县级体育工作先进单位。全区有单项协会294个、社会体育指导员3126人。成立苏北首家职业足球队——盐城大丰队，举办10场中国足球乙级联赛；城市社区“10分钟体育健身圈”新增健身步道16.5千米；体育场馆在每月20日、全民健身日和特定时间对特定人群均实行免费开放，全年免费接待9000余人。

城市建设理念绿色科学。全年房地产固定资产投资38.98亿元，城市建成区面积28平方千米，城市化率59.64%。建成区绿化覆盖率42.5%，建成区绿地率40.6%。城市供水综合生产能力15万吨/日，全年城区供水总量3536万吨，售水量2900万吨，其中：居民生活用水量2200万吨；人工煤气、天然气供气总量1.22亿立方米，用气人口12万人；液化石油气供气总量8800吨，液化气用气人口60万人。

【环境保护、节能降耗和安全生产】 生态建设成效明显。科学划定生态红线区域1468.61平方千米，其中陆域1209.66平方千米，占全区国土面积的39.5%。全年空气质量良好以上天数258天，占总天数的70.5%，年平均PM2.5数值为47.6微克/立方米，比2015年下降2.1%；城区声环境达标率71.4%。镇级污水处理厂全覆盖，污水集中处理率84.5%；城区垃圾处理站4个，生活垃圾无害化处理率100%，林木覆盖率27.8%。在盐城率先建成省级生态县（市）。国家生态市、国家环保模范城市通过国家级考核验收。国家生态镇实现全覆盖，建成国家园林城市。

节能降耗任务艰巨。全年全区规模以上工业企业综合能源消费量164.04万吨标准煤，同比上升9.2%，增幅比2015年上升14.6个百分点，单位产值能耗0.18吨标煤/万元。涉及的五大高耗能行业能源消费量123.52万吨标准煤，占总能源消费量的75.3%。其中，非金属矿物制品业、黑色金属冶炼和压延加工业、有色金属冶炼和压延加工业、电力和热力生产及供应业等4个行业能源消费量比2015年分别增长17.2%、16.0%、8.0%和9.2%；化学原料和化学制品制造比2015年下降4.5%。

安全生产形势稳定。贯彻落实《中华人民共和国安全生产法》《江苏省安全生产条例》，健全责任体系，开展安全生产大检查，推进危化品安全专项整治和执法专项行动，排查整治事故隐患，筑牢安全生产基层基础，提升监管监察工作水平，未发生较大以上等级生产安全事故和其他有影响的生产安全事故。

【人民生活和社会保障】 城乡居民收入稳步增长。全年全区居民人均可支配收入25444.8元，同比增长9.3%，其中，工资性收入13547.4元，

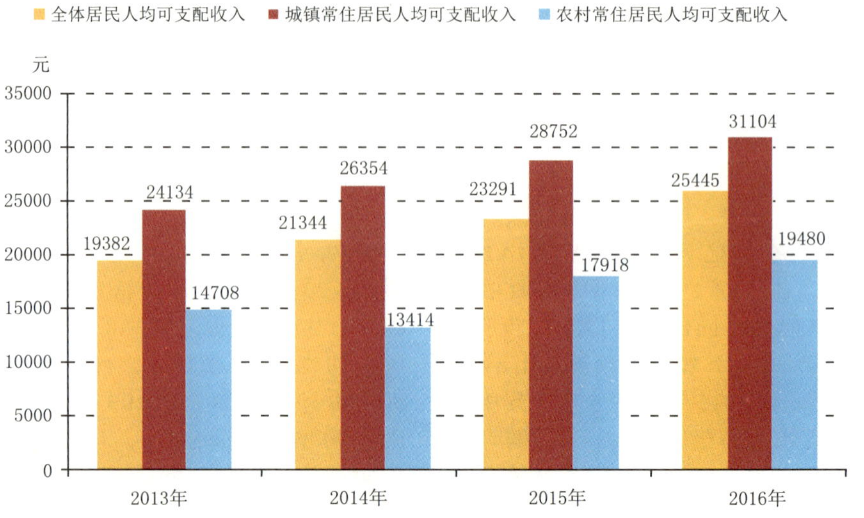

图10 2013~2016年大丰区居民收入

增长9.4%;经营净收入5952.2元,增长7.7%;财产净收入1146.2元,增长11.0%;转移净收入4799.0元,增长10.3%。城镇常住居民人均可支配收入31104.4元,增长8.2%,人均消费性支出17496元,同比增长6.0%,其中食品烟酒支出占比31.4%;农村常住居民人均可支配收入19480.3元,增长8.7%,人均生活消费支出13491.5元,同比增长11.4%,其中食品烟酒支出占比28.6%。城乡居民居住条件持续改善,年末城镇居民人均居住房屋面积45平方米,农村居民人均居住房屋面积57.37平方米。

社会保障水平稳步提高。城乡居民基本养老保险参保326307人,城乡基本养老保险覆盖率97.1%;城乡基本医疗保险覆盖率97%;失业保险参保78272人,增加3002人,城镇失业保险覆盖率97%。城乡居民社会保险基础养老金提高到每月125元,社会化发放率100%。保障性住房新开工7.56万平方米。新建农村公路140千米,改造危桥131座,新开通镇村公交线路5条。建成12家星级敬老院、14个镇(区)级标准化居家养老服务中心、262个居家养老服务中心站。

说明:1.地区生产总值、规模以上工业增加值及其分类项目增长速度按可比价计算,为实际增长速度;其他指标除特殊说明外,按现价计算,为名义增长速度

2."#"表示其中的主要项

(陈 玥)

组织机构及其领导人

中共盐城市大丰区委员会

书　记　倪　峰(~2016-05)
　　　　王　荣(2016-05~)
副书记　宋　勇
　　　　范大玉(~2016-12)
　　　　陈湘珍(女,2016-12~)
常　委　倪　峰(~2016-05)
　　　　王　荣(2016-05~)
　　　　宋　勇
　　　　范大玉(~2016-12)
　　　　陈湘珍(女,2016-12~)
　　　　袁国萍(女,~2016-12)
　　　　陈允春(2016-05~)
　　　　郭　超
　　　　蔡保生
　　　　蒋林明(~2016-12)
　　　　石根美
　　　　罗　强
　　　　董　坤
　　　　张守中(~2016-06)
　　　　陈德美(挂,~2016-09)
　　　　周小进(2016-06~)
　　　　韦应生(2016-12~)
　　　　陈　豪(2016-12~)

中共盐城市大丰区委办公室

主　任　韦应生
副主任　黄　磊
　　　　陈　明
　　　　姜华新

中共盐城市大丰区委研究室

主　任　顾　斌
副主任　陈小龙

盐城市大丰区国家保密工作局

局　长　黄　磊
副局长　孙卫东
　　　　卢红梅(女)

中共盐城市大丰区委全面深化改革领导小组办公室

常务副主任
　　　　韦应生(~2016-12)
副主任　张袁丰

中共盐城市大丰区纪律检查委员会

书　记　郭　超(~2016-05)
　　　　陈允春(2016-05~)
副书记　方启柏(~2016-05)
　　　　仲明恒
　　　　朱　薇(2016-05~)
常　委　陈允春(2016-05~)
　　　　方启柏(~2016-05)
　　　　仲明恒
　　　　张锦存(~2016-06)
　　　　朱　薇
　　　　周云冲
　　　　徐　俊
　　　　郁　峰(2016-06~)
　　　　杨　尉(2016-06~)

中共盐城市大丰区委组织部

部　长　蔡保生
副部长　唐亚标
　　　　吴桂荣
　　　　高新东

中共盐城市大丰区委组织员办公室

主　任　吴桂荣

中共盐城市大丰区委区级机关工作委员会

书　记　唐亚标
副书记　陈新江
工会主任　吴　兵

中共盐城市大丰区委企业工作委员会

书　记　高金荣
纪工委书记　耿忠清

中共盐城市大丰区委非公有制企业和社会组织工作委员会

书　记　吴桂荣
专职副书记　沈彬彬(女)
纪工委书记　张浩东

盐城市大丰区人才工作办公室

主　任　高新东
副主任　阮国华
　　　　顾剑锋(挂)

中共盐城市大丰区委宣传部

部　长　石根美
副部长　孙　杰
　　　　顾保荣

袁金荣
周　昕

中共盐城市大丰区委对外宣传办公室

主　任　孙　杰
副主任　沈　文（女）

盐城市大丰区精神文明建设指导委员会办公室

主　任　顾保荣
副主任　冯永义

中共盐城市大丰区委统一战线工作部

部　长　韦稳元（～2016–07）
　　　　董　坤（2016–07～）
副部长　刘兴乐
　　　　陈月华
　　　　周　兵

盐城市大丰区民族宗教事务局

局　长　陈月华
副局长　吴海丰

中共盐城市大丰区委农村工作办公室

主　任　潘　伟
副主任　孟　宇
　　　　周正群
　　　　周兴权

中共盐城市大丰区委政法委员会

书　记　袁国萍（女）
副书记　范大玉（～2016–07）
　　　　郭　超（2016–07～）
　　　　吴宏祖（～2016–01）
　　　　成　星
　　　　陈　林（2016–11～）

盐城市大丰区社会治安综合治理委员会办公室

主　任　吴宏祖（～2016–01）
　　　　成　星（2016–01～）
副主任　束必怀
　　　　骆　荣
　　　　朱同干（～2016–01）

中共盐城市大丰区委台湾工作办公室 盐城市大丰区人民政府台湾事务办公室

主　任　林　雁
副主任　许荣军

中共盐城市大丰区委老干部局

局　长　夏　寅
副局长　季顺龙
　　　　纪　丽（女）

盐城市大丰区机构编制委员会办公室

主　任　唐亚标
副主任　何建明

盐城市大丰区事业单位登记管理局

局　长　何建明

中共盐城市大丰区委党校

校　长　范大玉（2016–07～）
常务副校长　顾仲荣
副校长　李　燕（女）
　　　　徐建新（～2016–01）
　　　　杨爱萍（女）

盐城市大丰区行政学校

校　长　范大玉（～2016–07）
　　　　郭　超（2016–07～）
常务副校长　顾仲荣
副校长　王亚东
　　　　李　燕（女）
　　　　徐建新（～2016–01）
　　　　杨爱萍（女）

中共盐城市大丰区委党史工作办公室

主　任　曹　骅
副主任　茅永怀（～2016–01）
　　　　张　平（女，～2016–01）

盐城市大丰区地方志编纂委员会办公室

主　任　曹　骅

盐城市大丰区档案馆（局）

馆（局）长　戚月兰（女）
副馆（局）长　刘文萍（女）
　　　　　　徐　玲（女）

盐城市大丰区人大常委会

主　任　吴家祥（～2016–12）
　　　　范大玉（2016–12～）
副主任　江志坚
　　　　王周斌（～2016–12）
　　　　江　波（女）
　　　　朱国新（2016–12～）
　　　　赵晓庆

盐城市大丰区人大常委会办公室

主　任　陈爱华
副主任　黄　艳（女）

盐城市大丰区人大常委会研究室

主　任　黄　艳（女）

盐城市大丰区人大常委会人事代表联络工作委员会

主　任　黄　静（女）
副主任　金福华（2016–11～）

盐城市大丰区人大常委会内务司法工作委员会

主　任　曹　震

盐城市大丰区人大常委会财政经济工作委员会

主　任　杨海慧（女）
副主任　王晓聪（2016–11～）

盐城市大丰区人大常委会科教文卫工作委员会

主　任　李　勇

盐城市大丰区人大常委会农村工作委员会

主　任　王连军

盐城市大丰区人大常委会环境资源城乡建设工作委员会

主　任　王海滨
副主任　徐文忠

盐城市大丰区人民政府

区　长　宋　勇
副区长　范大玉（~2016-06）
郭　超（2016-06~ ）
黄正桂（~2016-12）
顾富昌（~2016-12）
韦　国（2016-12~ ）
赵玉霞（女）
董　毅
韦应生（~2016-12）
刘肖汉（挂，2016-11~ ）
张林海（2016-12~ ）
陆嘉昂（挂，~2016-09）
朱国新（~2016-12）
沈　阳（2016-12~ ）
从　斌（挂，~2016-12）
吴海和（挂，2016-12~ ）

盐城市大丰区人民政府办公室

主　任　张林海
副主任　沈旭峰
徐金宏（~2016-10）
陈　林（~2016-11）
柏传卫
施茂盛
茅曙峰
朱海东
陈　彤

盐城市大丰区人民政府法制办公室

副主任　黄海明

盐城市大丰区人民防空办公室

主任、党组副书记　顾培森
党组书记　陶　宇
副主任　蔡惠民

盐城市大丰区人民政府外事与侨务办公室

主　任　沈旭峰

盐城市大丰区人民政府金融与企业上市办公室

主　任　程　维
副主任　李生鹏
褚小慧（女）

盐城市大丰区信访局

局　长　陈　林
副局长　陈永华
顾建忠
葛玉贵

盐城市大丰区发展和改革委员会

主任、党委副书记　陆　斌
党委书记、副主任　严如鹏
副主任　黄　峰
王秋枫
陈　玲（女）
夏怀先（~2016-01）
肖忠楼（~2016-01）
杨新文（~2016-01）
陈雨晴
谢世平
陈　伟
杨一峰
孔晓荣
殷桂祥
纪委书记　俞　平

盐城市大丰区物价局

局　长　黄　峰

盐城市大丰区粮食局

局长、党委书记　王秋枫
副局长　刘正华

盐城市大丰区服务业发展办公室

主任、党委书记　陈　玲（女）
副主任　吴慧露
叶泽海
李晓平

盐城市大丰区沿海地区发展办公室

主　任　陆　斌
副主任　姚保平（2016-02~ ）
杨一峰
贾桂芬（女）
殷　昊

盐城市大丰区经济和信息化委员会

主任、党委副书记　程　维
党委书记　沈明智
副主任　沈明智
陈书岷
陶正明
王春梅（女）
朱红斌
周正云
丁　军（~2016-01）
纪委书记　李生鹏

盐城市大丰区教育局

局长、党委书记　成秋生
副局长　韦　国
何　钢
茅锦秀（~2016-01）
陈　林
王武驷
高智华
纪委书记　王武驷

盐城市大丰区体育局

局长、党组书记　王国平
党组副书记　奚　俊
副局长　奚　俊
　　骆晓娟（女）
　　宋春生（～2016–01）

盐城市大丰区科学技术局

局长、党组书记　陈苏萍（女）
副局长　陆卫红（女）
　　仇宏伟
　　陈　彬
　　陈　静
　　董　慧
　　殷蓓蓓（女）
　　黄永明（挂，2016–08～）
　　王　峰（挂，2016–08～）
纪检组组长　王　炳

盐城市大丰区地震局

局　长　陈苏萍（女）
副局长　王蓉华（女）

盐城市大丰区知识产权局

局　长　陈苏萍（女）
副局长　陈　茵（女）

盐城市大丰区公安局

局长、党委书记
　　顾富昌（～2016–12）
　　沈　阳（2016–12～）
政委、党委副书记　张　辉
党委副书记　张建忠
副局长　姜正平
　　陈寿松
　　吴建坤
　　张建忠
　　郑华金
　　赵建荣
　　顾建忠
副政委、纪委书记　练恒桃

盐城市大丰区监察局

局　长　方启柏（～2016–06）
　　仲明桓（2016–06～）
副局长　易　娟（女）

盐城市大丰区民政局

局长、党委副书记　孟祥龙
党委书记　王海涛
副局长　王海涛
　　吴汉钧
　　吴　淳
　　潘正忠
纪委书记　陆　标

盐城市大丰区司法局

局长、党组书记　宗兴荣
副局长　黄新袁
　　种修环
　　鲁丽霞（女）
　　张旭飞
纪检组组长　高　岭

盐城市大丰区财政局

局长、党组书记　卞松岭
副局长　黄　浩
　　曹锦平
　　吴育青（女）
　　曹　冰
纪检组组长　吴育青（女）

盐城市大丰区人民政府国有资产监督管理办公室

主　任　卞松岭
副主任　史　涛
　　李欣中
　　仇正阳

江苏大丰沿海开发集团有限公司

总经理　苏兴国
副总经理　沈文静
　　仇正阳

盐城市大丰区投资公司

副经理　史　涛

盐城市大丰区人力资源和社会保障局

局长、党委书记　王亚东
副局长　吴　卫
　　李如平（～2016–01）
　　张遇春（女）
　　王永新
　　徐安桂
　　周　健
　　丁祥友
纪委书记　丁祥友

盐城市大丰区专门办公室

主　任　张遇春（女）

盐城市大丰区住房和城乡建设局

局长、党委副书记　顾国华
党委书记、副局长　曹建伟
党委副书记　毛建东
副局长　石永明
　　周　俊
　　臧正明
　　王　政
　　卞爱和
　　徐永跃
　　管宏贵
　　陆一川
　　刘　宾
纪委书记　毛建东
工会主任　刘咏枫

盐城市大丰区城市管理局

局长、党委书记　石永明
党委副书记　何　宇
副局长　潘春海
　　丁宏生
　　杨　毅
　　陈卫东
　　陈　飞
纪委书记　何　宇
工会主任　吕晋升

盐城市大丰区交通运输局

党委书记　徐文新
副局长　徐文新
　　刘中海
　　陈　黎
　　仲海波
　　丁同权
　　胡德玉（女，~2016-01）
纪委书记
　　胡德玉（女，~2016-01）
工会主任
　　盛晓红（~2016-01）

盐城市大丰区水利局

局长、党委书记　季明珍
副局长　李　伟
　　季祥华
　　徐海峰
　　周　俊（~2016-01）
　　陈志兵
纪委书记　陈桂俊
工会主任　周淑兰（女）

盐城市大丰区农业委员会

主任、党委副书记　杨国峰
党委书记
　　丁仁俊（~2016-02）
副主任　许玉明
　　杨永涛
　　李城静
　　房仓耘
　　顾龙林
纪委书记　何承祥

盐城市大丰区林业局

局　长　杨国峰
副局长　徐金林

盐城市大丰区滩涂海洋与渔业局

局长、党委书记　朱晓扣
副书记　姚正坤
副局长　姚正坤
　　景　曙
　　沈文静
　　许　锋
　　肖龙泉
　　王树柏
纪委书记　王树柏

盐城市大丰区商务局

局长、党委书记　陈良忠
党委副书记
　　罗　星（~2016-02）
副局长　罗　星（~2016-02）
　　任美红（女）
　　许　峰
　　王　英（女）
　　陆　波（~2016-02）
　　徐　峰（~2016-02）
　　汪应明（~2016-02）
纪委书记
　　汪应明（~2016-02）
　　谢　颖（女，2016-02~　）
工会主任　陈同芳

盐城市大丰区文化广电新闻出版局

局长、党委书记　汤云庆
党委副书记　郭治中
副局长　郭治中
　　倪　红
　　卞寿海（~2016-02）
　　周立新
　　周正华
　　周汉忠
　　孙　平
纪委书记　周立新

盐城市大丰区卫生和计划生育委员会

主任、党委书记　徐向东
党委副书记、副主任　丁　扬
副主任　李　磊（~2016-01）
　　沙文彪
　　董迎庆（女，~2016-01）
　　葛　祥（~2016-01）
　　叶海涛
　　宣维群（~2016-01）
　　朱　慧（女）
　　常春贵
　　顾亚军（女，~2016-01）
纪委书记　常春贵
工会主任
　　顾亚军（女，~2016-01）

盐城市大丰区旅游局

局长、党组书记　陶　耸
副局长　周雪晴（女）
　　马　丽（女）
　　李　萍（女）

盐城市大丰区审计局

局长、党组副书记　孙志强
党组书记、副局长　杨进达
副局长　黄海峰
　　单德勇
　　季　辉
总审计师　吕金生

盐城市大丰区环境保护局

局长、党组书记　夏恒林
副局长　王继勇
　　韩小平
　　周啸尘
　　陈相前（~2016-01）
　　曹嘉庚
　　江建新
　　任仕明
总工程师　胡　俊
纪检组组长　曹嘉庚

盐城市大丰区统计局

局长、党组书记　张　强
副局长　李凤琴（女，~2016-01）
　　顾大华
　　周锐进
　　李桂荣（2016-11~　）

盐城市大丰区安全生产监督管理局

局长、党组书记　刘桂先
副局长　陈亚平（~2016-02）
　　冯天明
　　王兴珍
　　许建华（女）
总工程师　张　红（女）
纪检组组长　汤洪源

盐城市大丰区市场监督管理局

局长、党组书记　栾建军
党组副书记、副局长
　　姜正清
副局长　薛学斌
　　陈曙翔
　　汤建明
　　包红杰
　　肖　袁
　　王建华
　　王　钧
　　冯永进
　　金　军
　　晁心怡（女）
　　冯钧生
纪检组组长　张　利（女）

盐城市大丰区食品药品监督管理局

局　长　姜正清

盐城市大丰区行政审批局

局长、党委书记　张锦存
副局长　戴　珺（女）
　　蔡春雷
　　晁心华
　　唐月华（女）
纪委书记　裔春婷（女）

盐城市大丰区行政服务中心

主任、党委书记　戴　珺（女）
副主任　蔡春雷
　　晁心华
　　唐月华（女）
纪委书记　裔春婷（女）

盐城市大丰区招标采购管理办公室

主任、党组书记　戴　珺（女）
副主任　李欣中
纪检组组长　董学云
工会主任　管兆龙

盐城市大丰区盐务管理局

副局长　季　涓（女）
　　张秀松
纪委书记　张秀松
工会主任　季　涓（女）

盐城市大丰区供销合作总社

主任、党委书记
　明恒楼（~2016-01）
　周宏奎（2016-01~2016-10）
　徐金宏（2016-10~ ）
副主任　陈　海
　　韩翠萍（女，~2016-01）
纪委书记
　　倪志华（女，~2016-01）

盐城市大丰区口岸管理委员会

主　任　宋　勇
常务副主任　张锦生
副主任　施剑峰
　　袁建祥

盐城市大丰区港口管理局

局长、党组书记　褚国栋
党组副书记　施晓钟
副局长　江　波（女）
　　施晓钟
　　杨照兵

政协盐城市大丰区委员会

主　席　韦　新（~2016-12）
　　袁国萍（女，2016-12~ ）
副主席　汤小山
　　陈仕祥（~2016-12）
　　韦　国（~2016-12）
　　韦稳元（~2016-12）
　　褚国栋（2016-12~ ）
　　钱　江（2016-12~ ）
　　李志阳（2016-12~ ）
秘书长　肖　斌

办公室

主　任　肖　斌
副主任　王　路（~2016-11）
　　刘国钧（2016-11~ ）

提案委员会

主　任　朱　刚

科教文卫体委员会

主　任　王步中

经济委员会

主　任　季晓路（女）

港澳台侨委员会

主　任　陈新明

盐城市大丰区人民法院

院长、党组书记　朱　亮
副院长　徐远峰
　　吴汉国（~2016-11）
　　郑　刚
纪检组组长　韩云龙

盐城市大丰区人民检察院

检察长、党组书记　张春山
副检察长　朱梅芳（女）
　　许永进
　　李智祥
　　顾兴俊
纪检组组长
　　刘同清（~2016-01）
　　杨永娴（女，2016-01~ ）
工会主任　李智祥

群众团体

盐城市大丰区总工会

主　席　董　坤
党组书记　蔡　东
副主席　蔡　东
　　陈　梅（女）
　　张　成（~2016-01）
　　陈　辉（女）

共青团盐城市大丰区委员会

书　记　万　强
副书记
　　蒋真雅（女，～2016–10）

盐城市大丰区妇女联合会

主　席　冯晓晴（女）
副主席　李　兰（女）
　　　　蔡　雪（女）
　　　　申晓芸（女）

盐城市大丰区科学技术协会

主　席　赵　健
副主席　吴永健

盐城市大丰区文学艺术界联合会

副主席　王晓华（女）

盐城市大丰区归侨侨眷联合会

主　席　单　平

盐城市大丰区工商业联合会

主　席　汤小山
党组书记、副主席　刘兴乐
副主席　顾文广

盐城市大丰区总商会

会　长　汤小山
副会长　刘兴乐
　　　　顾文广

盐城市大丰区残疾人联合会

理事长、党组书记　蔡永兴
副理事长　潘俊山（～2016–01）
　　　　　周　勇
　　　　　刘凤堂

盐城市大丰区红十字会

会　长　赵玉霞（女）
副会长　王红宇（女）
　　　　刘正和
秘书长　刘正和

园、区、专业招商局

沪苏大丰产业联动集聚区

党工委书记　宋　勇
主　任　袁冬青
副主任　张四福
　　　　李实业（2016–03～　）

党政办（社会事业局）

主任、社会事业局局长
　　　　姜华新
副主任　施益新

安监环保局

局　长　冯天明

经济发展局

局　长　杨一峰

规划建设局、城市管理局

局　长　臧正明

财税审计局

局　长　黄　浩

监察室

主　任　沈旭峰

江苏大丰经济开发区

党委书记、党工委书记　赵晓庆
主　任　钱　江
党委副书记　钱　江
　　　　　　金桂华
　　　　　　葛中亚
副主任　金桂华
　　　　刘兴宏
　　　　刘晓敏
　　　　赵维海
　　　　郁　冰
　　　　徐　韡（女）
　　　　茅晓峰
　　　　徐忠良
　　　　周善余
　　　　马　琳（女）
　　　　蔡平伯
　　　　骆文富（～2016–02）
　　　　张亚华
　　　　顾剑锋（挂）
纪委书记　徐忠良
工会主席　陈　钧（女）

江苏大丰经济开发区管理委员会项目服务中心

主　任　金桂华
副主任　叶玉斌
　　　　蒋　峥
　　　　朱佩文
　　　　汤明涛
　　　　韩贵生
　　　　顾海荣

盐城市大丰区人民政府装备制造产业招商局

局　长　茅晓峰（2016–02～　）
副局长　陈惠娟（女）
　　　　丁　汉

盐城市大丰区人民政府汽配及热处理产业招商局

局　长　葛中亚
副局长　杨　艳（女）
　　　　顾汉东

盐城市大丰区人民政府泵阀及不锈钢产业招商局

局　长　刘晓敏
副局长　宗江亚
　　　　葛爱华
　　　　陈　勇

盐城市大丰区人民政府境外招商一局

局　长　林　雁
副局长　朱金瑜（2016–02～　）

常州高新技术产业开发区大丰工业园

党工委书记
　　　　潘仁山（2016–04～　）
管委会主任　潘仁山
常务副主任　赵维海
副主任　汤明涛
　　　　殷浩杰
工会主席　王瑞珍（女）

盐城市大丰区人民政府机电产业招商局

副局长 吴少平

江苏大丰港经济开发区

党委书记、党工委书记 罗 强
党委副书记 褚国栋
王周斌
程 功
姚保平
主 任 褚国栋
常务副主任 王周斌
程 功（2016-02~）
副主任 张锦生
程 功
陈高亚
沈 剑
周宏奎（~2016-01）
柏 健
朱庆祝
吴光辉
杜卫国
朱晓扣
韦桂和
邢 程（2016-01~）
王继勇
蔡 宁
袁 宏
杨一峰
张渊涛
蒋美萍（女）
田为兴（挂，~2016-08）
夏思宇（挂，~2016-08）
黄永明（挂，2016-08~）
纪委书记 陈军和
团委书记 邹 杰

江苏大丰港经济开发区管理委员会项目服务中心

主 任 褚国栋
副主任 蒋美萍（女）
沈卫兵
陈根生

盐城市大丰区人民政府新能源与新材料产业招商局

局 长 蔡 宁

大丰风电产业园

党工委书记 赵晓庆
常务副主任 陈雨晴
副主任 康 红
黄新袁

盐城市大丰区人民政府风电产业招商局

局 长 康 红
副局长 王 前

大丰电子信息产业园

党工委书记 范大玉
常务副主任 林 雁

盐城市大丰区木材产业园

常务副主任 张渊涛
副主任 史中军
陈丰来

盐城市大丰区人民政府木材产业招商局

局 长 张渊涛
副局长 吴卫平
史中军
陈丰来

盐城市大丰区海洋生物医药产业园

党工委书记、主任
袁冬青（~2016-02）
常务副主任 王继勇
副主任 沈卫兵
仲爱军

盐城市大丰区石化产业园

党工委书记、主任 朱国新
常务副主任 王继勇
副主任 智 捷
夏 伟

盐城市大丰区人民政府石化产业招商局

局 长 王继勇
副局长 智 捷
杨 俊

盐城市大丰区海洋科教城

主 任 韦 国
副主任 曹海忠

盐城市大丰区人民政府科技教育招商局

副局长 曹海忠

江苏海洋产业研究院

院 长 乔 旭
党工委书记、副院长
柏 健
常务副院长 陈集双
副院长 王桂兰（女）
陈 彬
郝圣响

盐城市大丰区华丰工业园

党工委书记、主任 王继勇
副主任 沈卫兵
包卫东

江苏大丰盐土大地海洋生物产业科技园

党工委书记、主任 罗 强
副主任 韦 峰（~2016-05）
张 莉（女）

盐城市大丰区人民政府海洋生物产业招商局

副局长 季明春
韦 峰（~2016-05）

盐城市大丰区重型装备产业园

副主任　单激文（女）
　　　　许　峰
　　　　王志军（~2016-08）

盐城市大丰区人民政府重型装备招商局

副局长　单激文（女）
　　　　王平生（~2016-01）
　　　　顾洪林
　　　　柏建荣

大丰港海晶创投中心

主　任　朱国新

盐城新能源淡化海水产业示范区

党工委书记、主任　罗　强
副主任　吴光辉
　　　　韦　峰（~2016-05）
　　　　陈　锋（~2016-05）

盐城市大丰区丰收大地现代农业示范区

主　任　席　刚
副主任　韩志勇（~2016-11）
　　　　李城静（~2016-02）
　　　　朱寿海
　　　　崔恒骏

盐城市大丰区人民政府现代农业招商局

局　长　席　刚
副局长　李城静（~2016-02）
　　　　刘荣根
　　　　朱寿海

盐城市大丰区专业市场集聚区

党工委书记、主任　宋　勇
常务副主任
　　　　邢　程（~2016-01）
副主任　管宏贵
　　　　潘春海
　　　　戴子朋

盐城市大丰区人民政府专业市场招商局

局　长　邢　程（~2016-01）
副局长　管宏贵

盐城市大丰区荷兰花海旅游度假区

党工委书记　李实业
主　任　仇　飞
副主任　潘　勇
　　　　胡　勇（2016-01~ ）

江苏大丰经济开发区上海光明食品工业园

党工委书记　吴家祥
主　任　王德民
副主任　马勇健
　　　　李国华
　　　　罗　星（~2016-02）
　　　　蔡惠民（~2016-02）

盐城市大丰区人民政府光明工业区招商局

副局长　罗　星（~2016-02）

盐城市大丰区高新技术区

党工委书记、主任　董　坤
常务副主任　陆卫红（女）
副主任　陶　成
　　　　孔晓荣
　　　　密　云（女）
　　　　管仁刚
　　　　骆　荣
　　　　孙守昌（挂，~2016-08）
　　　　王　峰（挂，2016-08~ ）

盐城市大丰区人民政府高新技术区招商局

局　长　陆卫红（女）
副局长　陶　成
　　　　管仁刚
　　　　骆　荣

盐城市大丰区麋鹿生态旅游度假区

党工委书记、主任
　　　　袁国萍（女）
常务副主任　袁　伟
副主任　储冬生
　　　　刘海丰（女）

盐城市大丰区人民政府旅游产业招商局

局　长　袁　伟

盐城市大丰区城东新区

党工委书记　石根美
主　任　周　俊
副主任　王　政
　　　　倪　红
　　　　孙　平
　　　　姜　华
　　　　刘卫东
　　　　顾　丰
　　　　刘亚和
纪工委书记　王　政

盐城市大丰区东方1号创意产业园

党工委书记　石根美
主　任　周　俊
副主任　孙　平

盐城市大丰区大丰港城

党工委书记　褚国栋
主　任　王周斌
副主任　杜卫国
　　　　杨建生
　　　　陈　飞

盐城市大丰区重大事项督查考核办公室

副主任　韦应生
　　　　张林海
　　　　方启柏（~2016-07）
　　　　唐亚标
　　　　黄　磊

盐城市大丰区重大项目招商引资办公室

主　任　董　坤
常务副主任　沈明智
副主任　奚晓平（女）
　　　　周传邦

各　镇

草堰镇

党委书记
　　夏红霞（女，~2016-07）
　　商明华（2016-10~ ）
副书记　商明华（~2016-10）
　　　　沈韶霞（女，2016-10~ ）
　　　　朱　高
人大主席　丁卫伟
镇　长　商明华（~2016-10）
　　　　沈韶霞（女，2016-10~ ）
副镇长　唐　军（~2016-02）
　　　　王怀珠
　　　　黄冬霞（女，~2016-11）
　　　　梅海江
　　　　金　晖（2016-02~ ）
　　　　李　萍（女，2016-11~ ）
组织委员　刘杏芬（女）
纪委书记
　　金　晖（~2016-02）
　　陈长青（2016-02~ ）
宣传委员　季自庆
统战委员　查晓程（女）
政法委员　陈长青（~2016-02）
　　　　　曹　蓉（女，2016-02~ ）
人武部部长　宗志祥
工会主席　查晓程（女）

白驹镇

党委书记　杨荣富
副书记　王志建
　　　　葛余柏（~2016-11）
　　　　黄爱华（女，2016-11~ ）
人大主席　刘汉权（~2016-11）
　　　　　葛余柏（2016-11~ ）
镇　长　王志建
副镇长　沈　辉
　　　　朱　锐
　　　　管蔚蓉（女）
　　　　朱　平（~2016-11）
　　　　宗圣勇（2016-11~ ）
　　　　陈小平（2016-11~ ）
组织委员
　　黄爱华（女，~2016-01）
　　陈小平（2016-01~ ）
纪委书记　宗圣勇（~2016-11）
　　　　　杨安波（2016-11~ ）
宣传委员　陈东平
统战委员　陈小平（~2016-01）
　　　　　王　丹（女，2016-01~ ）
政法委员　李　鹏（~2016-05）
　　　　　周生涛（2016-05~ ）
人武部部长　周　中
工会主席　李　鹏（~2016-01）
　　　　　周生涛（2016-01~ ）

刘庄镇

党委书记　冯银芳（女）
副书记　朱晓春
　　　　沈韶霞（女，~2016-10）
　　　　黄永健（~2016-11）
　　　　周　瑾（女，2016-10~ ）
　　　　黄　斌（2016-11~ ）
人大主席　陈安丰（~2016-11）
　　　　　黄永健（2016-11~ ）
镇　长　朱晓春
副镇长　曹永新
　　　　申友益
　　　　杨银珠（女，~2016-11）
　　　　葛余美
　　　　黄　斌（~2016-11）
　　　　杨丽华（女）
　　　　黄晓东（2016-11~ ）
组织委员　王　婧（女）
纪委书记
　　黄道平（~2016-01）
　　计晓红（女，2016-05~ ）
宣传委员　陆　锋（~2016-01）
　　　　　葛　栋（2016-01~ ）
统战委员　季顺吉
政法委员　顾兴东
人武部部长　蒋元林
工会主席　王　婧（女）

西团镇

党委书记　刘兴宏
副书记　郁　冰
　　　　姚日新（~2016-11）
　　　　吴君祥（2016-11~ ）
　　　　谷国超（挂，~2016-08）
　　　　刘东明（挂，2016-08~ ）
人大主席　赵业龙（~2016-11）
　　　　　王　路（2016-11~ ）
镇　长　郁　冰
副镇长　詹桂玉（女）
　　　　夏一涛（~2016-11）
　　　　吴君祥（~2016-11）
　　　　管卫兵
　　　　沈海涛（2016-01~ ）
　　　　杨银珠（女，2016-11~ ）
　　　　孙令贵（2016-11~ ）
组织委员　陈　刚（~2016-05）
　　　　　任　伟（2016-05~ ）
纪委书记　吉建平（~2016-05）
　　　　　张淞明（2016-05~ ）
宣传委员　顾海燕（女）
统战委员
　　孙令贵（~2016-11）
　　李蓉蓉（女，2016-11~ ）
政法委员
　　陈　刚（~2016-05）
　　殷亚萍（女，2016-11~ ）
人武部部长
　　周正华（~2016-01）
　　徐　俊（2016-05~ ）
工会主席
　　沈海涛（~2016-01）
　　殷亚萍（女，2016-05~ ）

小海镇

党委书记　骆　顺
副书记　陈杰峰（~2016-10）
　　　　韩志勇（2016-11~ ）
　　　　李桂荣（~2016-11）
　　　　吴守祥（2016-11~ ）
人大主席　顾松平（~2016-11）
　　　　　姚日新（2016-11~ ）
镇　长　陈杰峰（~2016-10）
　　　　韩志勇（2016-11~ ）
副镇长　景小俊（~2016-11）
　　　　金德斌（~2016-11）

吴守祥（ ~2016-11 ）
黄 翊
周普华（ ~2016-11 ）
单金华（2016-11~ ）
陆进红（2016-11~ ）
组织委员 陈秀芹（女）
纪委书记
郑建峰（ ~2016-03 ）
黄晓梅（女，2016-05~ ）
宣传委员
黄晓梅（女， ~2016-05 ）
唐林海（2016-05~ ）
统战委员 单金华
政法委员 赵桂存（ ~2016-11 ）
薛友龙（2016-11~ ）
人武部部长 陆进红
工会主席
施春香（女， ~2016-05 ）
唐林海（2016-05~ ）

大桥镇

党委书记 陈国军
副书记 徐中健
周 瑾（女， ~2016-10 ）
蒋真雅（女，2016-10~ ）
人大主席 金干生
镇 长 徐中健
副镇长 董建超（ ~2016-11 ）
卞天群
吴恒圣
罗卫东
胡业飞
组织委员 单春芳（女）
纪委书记
张凤鸣（ ~2016-05 ）
管佩均（女，2016-05~ ）
宣传委员 冷亚妍（女）
统战委员
冷亚妍（女， ~2016-01 ）
金文存（2016-01~ ）
政法委员 李宏斌
人武部部长 王小东
工会主席 单春芳（女）

草庙镇

党委书记 郁兴忠
副书记 钱锡军
张 津（ ~2016-11 ）
袁 军（2016-11~ ）
人大主席 王俊鸿（ ~2016-11 ）
张 津（2016-11~ ）
镇 长 钱锡军
副镇长 朱成安
袁 军（ ~2016-11 ）
吴少卿（ ~2016-11 ）
吴金星
单金华
邹小燕（女，2016-11~ ）
组织委员
吴少卿（ ~2016-11 ）
陶 琳（女，2016-11~ ）
纪委书记
管佩均（女， ~2016-05 ）
金 玫（女，2016-05~ ）
宣传委员 陈 慧（女）
统战委员 殷桂荣
政法委员 张英武（ ~2016-05 ）
李 鹏（2016-05~ ）
人武部部长
丁东升（ ~2016-05 ）
张凤鸣（2016-05~ ）
工会主席
金 玫（女， ~2016-05 ）

万盈镇

党委书记 仇兆华
副书记 薛文杰
陈纪忠（ ~2016-11 ）
吴少卿（2016-11~ ）
人大主席 宗汝干
镇 长 薛文杰
副镇长 席卫东（ ~2016-11 ）
陈邑新
刘正昌（ ~2016-11 ）
顾春林（ ~2016-11 ）
吕秀凤（女）
肖 华（2016-11~ ）
张静思（女，2016-11~ ）
组织委员 王卫东（ ~2016-01 ）
王学武（2016-01~ ）
纪委书记 张春枝（ ~2016-01 ）
王卫东（2016-01~ ）
宣传委员 王学武（ ~2016-01 ）
李小武（2016-01~ ）
统战委员
陈 敏（女， ~2016-01 ）
许秀平（女，2016-01~ ）
政法委员
李小武（ ~2016-01 ）
陈 敏（女，2016-01~ ）
人武部部长 金祎臣
工会主席 许秀平（女）

南阳镇

党委书记 夏文锦
副书记 杨正锋
陈 锋（ ~2016-11 ）
周红霞（女）
束伶俐（女，2016-11~ ）
人大主席 彭金明（ ~2016-11 ）
陈 锋（2016-11~ ）
镇 长 杨正锋
副镇长 丁志勇（ ~2016-11 ）
施云飞（ ~2016-11 ）
景仰列（ ~2016-11 ）
张冠华
束伶俐（女， ~2016-11 ）
夏一涛（2016-11~ ）
杨艳存（2016-11~ ）
刘永杰（2016-11~ ）
组织委员 朱 燕（女）
纪委书记 盛月华
宣传委员 刘永杰（ ~2016-11 ）
顾津仲（2016-11~ ）
统战委员 刘永杰（ ~2016-01 ）
刘海滨（女，2016-01~ ）
政法委员 何爱军（ ~2016-01 ）
王一平（2016-01~ ）
人武部部长 何爱军
工会主席 朱 燕（女）

三龙镇

党委书记 周宏奎（ ~2016-01 ）
韦桂和（2016-01~ ）
副书记 韦桂和（ ~2016-01 ）
邢 程（2016-01~ ）
王凤书（ ~2016-05 ）
单宏祥（ ~2016-05 ）
韦 峰（2016-05~ ）
人大主席 沈菊兵（女， ~2016-11 ）
陈纪忠（2016-11~ ）

镇　长　韦桂和（~2016-01）
　　　　邢　程（2016-01~　）
副镇长　张汉林（~2016-11）
　　　　韦　峰（~2016-05）
　　　　陈　兵（~2016-11）
　　　　杨艳存（~2016-11）
　　　　朱吉恺
　　　　朱一鸣（2016-05~　）
　　　　陆　锋（2016-11~　）
　　　　陈　刚（2016-11~　）
　　　　翟东芳（女，2016-11~　）
组织委员
　　丁　宇（女，~2016-01）
　　陈　刚（2016-01~　）
纪委书记
　　计晓红（女，~2016-05）
　　陆　锋（2016-05~2016-11）
　　董汉忠（2016-11~　）
宣传委员
　　朱一鸣（~2016-05）
　　翟东芳（女，2016-05~2016-11）
　　蔡　枫（女，2016-11~　）
统战委员
　　王　丹（女，~2016-01）
　　倪志华（女，2016-01~　）
政法委员
　　蔡　枫（女，~2016-11）
　　陈　烨（女，2016-11~　）
人武部部长
　　周长安（~2016-05）
　　成宝明（2016-05~　）
工会主席　成宝明

新丰镇

党委书记　李实业
副书记　仇　飞
　　　　马绍良（~2016-05）
　　　　潘　勇
　　　　徐　辉（2016-05~　）
人大主席　李南丰（~2016-11）
　　　　　马绍良（2016-11~　）
人大副主席
　　顾晓东（2016-11~　）
镇　长　仇　飞
副镇长　赵长春
　　　　周安保（~2016-11）
　　　　张来平（~2016-11）
　　　　钱　康
　　　　朱文勇
　　　　蒋同海（~2016-11）
　　　　沈　娟（女，2016-11~　）
　　　　胡　勇（2016-11~　）
组织委员　徐　辉（~2016-05）
　　　　　张建华（2016-05~　）
纪委书记
　　陈亦龙（~2016-05）
　　朱玲芳（女，2016-05~　）
宣传委员
　　朱玲芳（女，~2016-05）
　　沈　娟（女，2016-05~2016-11）
　　李晓娟（女，2016-11~　）
统战委员　吴海燕
政法委员
　　耿忠义（~2016-05）
　　施春香（女，2016-05~　）
人武部部长　沈　辉
工会主席　徐　辉（~2016-05）
　　　　　张建华（2016-05~　）

大中镇

党委书记　沈　刚
副书记　席　刚
　　　　邢　程（~2016-01）
　　　　陈寿松（~2016-05）
　　　　韩志勇（~2016-11）
　　　　杨建明（2016-05~　）
　　　　谭明谱（挂，~2016-08）
　　　　高　超（挂，2016-08~　）
　　　　许益龙（2016-11~　）
　　　　孙从亮（2016-11~　）
人大主席　孙素芳（女）
副主席　李惠娟（女，2016-11~　）
镇　长　席　刚
副镇长　管仁刚（~2016-11）
　　　　杨建明（~2016-05）
　　　　顾广荣（~2016-11）
　　　　许春华（~2016-11）
　　　　周荷凤（女，~2016-11）
　　　　李晓霞（女）
　　　　邓颖峰（2016-05~　）
　　　　褚国东（2016-11~　）
　　　　李凤玲（女，2016-11~　）
　　　　崔恒骏（2016-11~　）
组织委员　韩志勇（~2016-01）
　　　　　孙从亮（2016-01~　）
纪委书记
　　何　菊（女，~2016-05）
　　李云东（2016-05~　）
宣传委员　王小华（女）
统战委员　杨骐菲（女）
政法委员
　　邓颖峰（~2016-05）
　　褚国东（2016-05~2016-11）
　　周瑞祺（2016-11~　）
人武部部长
　　陈卫忠（~2016-01）
　　翟荣忠（2016-01~　）
工会主席
　　成晓驹（女，~2016-05）
（区委组织部）

垂直单位

国网江苏省电力公司
盐城市大丰区供电公司

总经理、党委副书记　金　海
党委书记、副总经理
　　魏　锋（2016-04~　）
　　葛华根（~2016-04）
副总经理　刘　亚
　　　　　景春明
　　　　　宋　毅
纪委书记、工会主席　李志勇

中国电信股份有限公司大丰分公司

总经理、党委书记
　　张苏军（~2016-04）
　　何晓昌（2016-04~　）
副总经理、纪委书记
　　程文娟（女）
副总经理　韩小明
　　　　　唐小晨
　　　　　何晓昌（~2016-04）

中国移动通信集团江苏有限公司
大丰分公司

总经理　刘　波（~2016-01）
　　　　冯桂书（2016-01~　）
副总经理　吴　骏
　　　　　周广明

中国邮政集团公司盐城市大丰区分公司

总经理、党委书记　徐采祥
副总经理、纪检书记、工会主席
　　蒋秀华（女）

中国人民银行大丰支行

党组书记、行长
　　朱达铭（～2016-02）
　　李　芸（女，2016-02～）
纪检组组长、副行长　刘爱民
副行长　韦斌元（2016-05～）

中国工商银行股份有限公司盐城大丰支行

行长、党委书记　赵文晖
副行长、副书记
　　彭毅霞（女，～2016-02）
副行长　袁双庆
　　钱　洁
　　王　震（2016-11～）
纪检员　李玉生

中国农业银行盐城市大丰区支行

行长、党委书记
　　江志宏（～2016-01）
　　徐　刚（2016-01～）
副行长、党委副书记
　　徐　刚（～2016-01）
　　柏劲松（2016-01～）
副行长　羊　文（2016-02～）
副行长、纪委书记
　　王　维（～2016-01）
　　管东平（2016-01～）

中国银行股份有限公司大丰支行

党支部书记、行长　魏懋疆
党支部副书记　江　舟
副行长　邵　斌（～2016-02）
　　沈浴波（2016-03～）
　　姚　华
　　尹卫华

中国建设银行股份有限公司盐城大丰支行

行长、党委书记　戴兢业
副行长　刘景复（～2016-07）
　　严　超
　　邵忠良（2016-06～）
纪委书记
　　吴雪梅（女，～2016-11）
　　邵忠良（2016-11～）

江苏大丰农村商业银行股份有限公司

董事长、党委书记　卞玉叶
行　长　李纪荣
监事长　孙海燕（女）
副书记　徐志庚
副行长　袁　涛（女）
　　张洪国
　　李俊峰
　　许　兵

中国农业发展银行盐城市大丰区支行

行　长　郑　彦
副行长　蔡卫萍（女）
　　沈小军

江苏银行股份有限公司大丰支行

行　长　顾海燕（女）
副行长　严春华

中国邮政储蓄银行股份有限公司大丰市支行

行　长　王国强（～2016-10）
　　费凤燕（2016-11～）
副行长　黄瑜萍（女）
　　姬祖光

交通银行股份有限公司盐城大丰支行

行　长　房鹏飞
副行长　施小敏（女）
　　丁耀东

江苏大丰江南村镇银行股份有限公司

董事长　陈廷华（2016-11～）
　　王玉冰（～2016-11）
监事长　王玉冰（2016-11～）
　　吴巧平（～2016-11）
行　长　钱仲伟
副行长　周　俊（～2016-11）
　　朱永芳（女）
　　葛　静（女）

上海浦东发展银行股份有限公司大丰支行

行　长　袁晓明

江苏太仓农村商业银行股份有限公司大丰支行

行　长　刘　洪
副行长　王春野
　　王利国（～2016-05）
　　胡　强
　　顾　玚（2016-06～）

苏州银行股份有限公司大丰支行

行　长　董　浩
行长助理　陈少鹏

中国人民财产保险股份有限公司大丰支公司

总经理、党组书记、盐城市分公司高级业务主管　钱洪达
副经理　杨金余
　　顾加强
　　陈林华

中国人寿保险股份有限公司大丰支公司

经理、党支部书记　李建明
副经理　冯金房
　　杨谢军（～2016-04）

中国太平洋财产保险股份有限公司大丰支公司

经　理　房　慧（女）
副经理　王春友

中国太平洋人寿保险股份有限公司大丰支公司

经　理　万丽丽（女，~2016-01）
　　　　周青树（2016-01~ ）

盐城市大丰区国土资源局

局长、党委书记　商明星
副局长　朱　曦
　　　　吴桂宏
　　　　朱兰云（女，~2016-04）
　　　　纪建军
土地储备中心主任　开启金
纪委书记　姜大松

盐城市大丰区气象局

局　长　蒋　伟
支部书记　赵　斌

盐城市大丰区国家税务局

局长、党组书记　王世华
副局长　康达国
　　　　黄晓冲
　　　　高　峰
　　　　卞松建
纪检组组长　张子东

盐城市大丰地方税务局

党组书记、局长　周克标
副局长　夏晓林
　　　　林　彬（~2016-12）
　　　　董江龙
纪检组组长　顾　宏

盐城市大丰区烟草专卖局

局长、党组书记　骆银海
副局长　徐银祥

盐城市烟草公司大丰分公司

经　理　骆银海
副经理　王　挺（2016-09~ ）
　　　　高宝华（~2016-09）

盐城海关驻大丰港办事处

主　任　高　原
副主任　崔克静（~2016-04）

盐城出入境检验检疫局大丰港办事处

主　任　钱　成

盐城大丰海事处

支部书记、副处长　惠　绘
副处长　陈海涛（~2016-03）
　　　　时兴业

盐城市住房公积金大丰管理部

主　任　陈月华（女）
副主任　秦　隽

（各部门　供）
〖编辑　丁彩前〗

2016年，大丰建成区绿化覆盖率42.5%，建成区绿地率40.6%

区委重要会议

【中共盐城市大丰区第十二次代表大会】 7月18~20日，中国共产党盐城市大丰区第十二次代表大会召开。大会充分肯定十一届区委的工作，提出今后五年的战略部署。王荣代表十一届区委作了《发展上台阶，建设新大丰，让人民群众的生活更加美好》的报告。报告着重讲了4个方面的工作：①过去5年发展的主要成就和基本经验。②今后5年工作的指导思想、奋斗目标和战略重点。③今后5年经济社会发展的主要任务和关键举措。④坚持全面从严治党要求，全面推进党的建设新的伟大工程。

【区委十二届二次全体（扩大）会议】 8月6日，区委召开十二届二次全体（扩大）会议。会议的主要任务是以习近平总书记系列重要讲话特别是视察江苏重要讲话精神为指引，深入学习贯彻中共十八大和十八届三中、四中、五中全会及省委十二届十二次全会、市委六届九次全会精神，按照区第十二次党代会部署要求，总结上半年工作，明确下半年任务，安排部署大丰区城市工作和新型城镇化建设，动员全区上下再接再厉、奋发作为，确保实现"十三五"规划发展良好开局，在"发展上台阶，建设新大丰，让人民群众的生活更加美好"的实践上迈出坚实步伐。区委书记王荣根据常委会讨论的精神，着重强调4个方面工作：①关于上半年工作。②关于城市工作和新型城镇化建设。③关于下半年重点工作。④关于全面从严治党。

【区委十二届三次全体（扩大）会议】 12月30日，区委召开十二届三次全体（扩大）会议。会议的主要任务是，认真学习贯彻中共十八届六中全会和中央、省、市经济工作会议精神，贯彻落实省、市党代会精神，围绕区第十二次党代会的部署要求，总结2016年工作，研究部署2017年任务，动员全区上下创新创业、富民兴区，奋力推进新大丰建设迈上新台阶。区委书记王荣作了题为《创新创业、富民兴区，奋力推进新大丰建设迈上新台阶》的报告。王荣着重讲了3个方面的工作：①2016年区委常委会的工作。②2017年工作目标、基本思路和主要举措。③奋力推进全面从严治党迈上新台阶。

（杨　波）

区委重要决策和工作部署

【中共盐城市大丰区第十二次代表大会召开】 7月18~20日，中国共产党盐城市大丰区第十二次代表大会召开。会议回顾总结第十一次党代会以来的工作，研究确定今后5年的目标任务，选举产生中国共产党盐城市大丰区第十二届委员会和纪律检查委员会，团结带领广大党员和干部群众，为发展上台阶、建设新大丰、让人民群众的生活更加美好而努力奋斗。盐城市委常委、大丰区委书记王荣作了题为《发展上台阶，建设新大丰，让人民群众的生活更加美好》的报告。报告明确今后5年的指导思想、奋斗目标、战略重点及经济社会发展的主要任务和关键举措，全面推进中国共产党建设新的伟大工程。陈允春作区纪委工作报告。

【区委十二届一次全会召开】 7月20日，中国共产党盐城市大丰区第十二届委员会举行第一次全体会议。会议以无记名投票方式，差额选举产生中共盐城市大丰区第十二届委员会常务委员会委员，王荣、宋勇、范大玉、袁国萍、陈允春、郭超、蔡保生、石根美、罗强、董坤、周小进当选。会议以无记名投票方式，选举产生中共盐城市大丰区第十二届委员会书记、副书记，王荣当选为中共盐城市大丰区第十二届委员会书记，宋勇、范大玉当选为中共盐城市大丰区第十二届委员会副书记。会议结束前，王荣代表新一届区委讲话，提出6点意见：①牢记使命，对党忠诚。②加强学习，提升能力。③真抓实干，奋发有为。④心系群众，执政为民。⑤同心同德，精诚团结。⑥严于律己，廉洁从政。

【区委十二届二次全体（扩大）会议召开】 8月6日，中国共产党盐城市大丰区第十二届委员会举行第二次全体（扩大）会议。盐城市委常委、大丰区委书记王荣代表区委常委会作工作报告和讲话。区委副书记、区长宋勇作会议总结并部署当前工作。会议审议通过《中共盐城市大丰区委十二届二次全体（扩大）会议决议（草案）》。全会要求下半年着力做好5项重点工作：①千方百计稳定经济增长。②深化供给侧结构性改革。③加快农业农村繁荣发展。④加大保障改善民生力度。⑤提高社会治理水平。

【区委十二届三次全体（扩大）会议召开】 12月30日，中国共产党盐城市大丰区第十二届委员会举行第三次全体（扩大）会议。全会由区委常委会主持，盐城市委常委、大丰区委书记王荣作讲话。全会听取和讨论王荣代表区委常委会所作的题为《创新创业、富民兴区，奋力推进新大丰建设迈上新台阶》的工作报告，审议通过《中国共产党盐城市大丰区第十二届委员会第三次全体会议决议》。全会强调，2017年全区经济社会发展主要举措是“七个着力”。①着力供给侧结构性改革，推动转型发展。②着力改革创新，增强发展活力与动力。③着力开放开发，建设沿海崛起新高地。④着力镇村经济发展，壮大镇域实力。⑤着力基础设施建设，打造宜居宜业现代化海滨城市区。⑥着力绿色发展，加强生态文明建设。⑦着力富民兴区，增强群众获得感。

【党风廉政建设】 1月23日，大丰区召开领导干部党风廉政建设警示教育大会。盐城市委常委、大丰区委书记倪峰出席并讲话，要求狠抓党风廉政建设，营造良好政治生态，为建设强富美高新大丰提供有力保障。2月17日，中国共产党盐城市大丰区第十一届纪律检查委员会第六次全体会议举行。盐城市委常委、大丰区委书记倪峰出席会议并讲话，要求深入学习贯彻习近平总书记在中央纪委六次全会上的重要讲话精神和中央、省及盐城市纪委全会精神，坚持管党治党不放松、正风肃纪不停步，坚决打赢反腐败斗争这场硬仗。6月12日，盐城市委常委、大丰区委书记王荣主持召开区委中心组学习会。会议要求要坚持把纪律规矩挺在前面，建设风清气正的政治生态。会议集中观看换届纪律教育片《镜鉴》，认真学习贯彻落实中央和省、市委精神，进一步强化换届纪律；学习“营改增”相关政策，推进供给侧结构性改革；学习毛泽东《党委会的工作方法》，全面加强党委（党组）领导班子的思想政治建设、作风建设和能力建设。

【“两学一做”学习教育】 6月21日，盐城市委常委、大丰区委书记王荣在新丰镇讲“两学一做”（学党章党规、学系列讲话，做合格党员）专题党课，要求全体党员不断增强“四种意识”（政治意识、大局意识、核心意识、看齐意识），认真践行“两学一做”，争当“讲政治、有信念，讲规矩、有纪律，讲道德、有品行，讲奉献、有作为”的“四讲四有”合格党员。8月25日，大丰区召开“两学一做”学习教育、“三解三促六帮助”（了解民情民意、破解发展难题、化解社会矛盾，促进干群关系融洽、促进基层发展稳定、促进机关作风转变，帮助农民增收致富、帮助落实惠民政策、帮助开展环境整治、帮助兴办为民实事、帮助维护社会稳定、帮助指导基层党建）暨“三服务”活动推进会。盐城市委常委、大丰区委书记王荣会上强调，要深入学习习近平总书记系列重要讲话精神，认真落实省、市委相关部署和要求，进一步增强宗旨意识，切实改进作风，联系服务群众，确保活动取得实实在在成效。9月3日，盐城市委常委、大丰区委书记王荣主持召开区委中心组学习会，传达学习中央、省、市有关文件精神。王荣要求要牢固树立“四个意识”，严守政治纪律规矩，大力弘扬担当精神，深入推进全面从严治党。10月26日，盐城市委常委、大丰区委书记王荣主持召开区委中心组学习会，学习习近平总书记在纪念红军长征胜利80周年大会上的重要讲话精神。会议要求要弘扬伟大长征精神，全面建成小康社会。

【扶贫攻坚】 2月17日，大丰区召开脱贫致富奔小康暨农村工作会议。盐城市委常委、大丰区委书记倪峰出席并讲话。他要求全区上下按照中央精神和省委省政府、市委市政府部署要求，认真落实创新、协调、绿色、开放、共享“五大发展理念”，全力以赴做好脱贫致富奔小康和农业农村工作，打胜脱贫致富攻坚战，建设强富美高新农村。

【领导变更】 5月31日，大丰区委召开全区领导干部大会，宣布盐城市委关于调整大丰区委主要领导的决定，王荣任中共盐城市大丰区委书记，倪峰不再担任中共盐城市大丰区委书记职务。

【招商引资和项目建设】 2月24日，大丰区在上海召开招商引资工作汇报会。盐城市委常委、大丰区委书记倪峰出席并讲话，要求全区上下以更大力度推进招商引资，全面提高招商组织化程度、专业化水平和落地效率，实现项目推进新突破，为大丰新一轮跨越发展提供项目支撑。4月18日，大丰区在上海举行投资环境推介会，借助上海这一国际平台，展示大丰独特的区位优势、良好的产业基础和优越的投资环境，扩大影响、推进合作，签约战略性新兴产业项目35个，协议总投资132亿元。5月10日，2016中国·大丰（首尔）客商恳谈会举行，签约10个战略性新兴产业项目，协议利用外资2.9亿美元。5月13日，在深圳举行投资环境说明会，签约战略性新兴产业项目25个，协议总投资47.8亿元。6月18日，召开“招商引资百日竞赛”动员大会，推动全区进一步解放思想，提高认识，坚持项目为王，突破招商引资，为经济社会持续健康发展提供强劲支撑。

会议明确竞赛期间全区竞赛目标。8月13日，盐城市委常委、大丰区委书记王荣主持召开全区“招商引资百日竞赛”汇报会，交流听取前一阶段百日竞赛开展情况，对下一阶段工作进行部署。10月29日，区委常委扩大会议通报全区招商引资百日竞赛考核情况，认定新开工项目26个，新签约项目112个。新增纳税超1亿元企业1个，新增纳税超1000万元企业2个，总数30个。新培植规模以上工业企业40个，开票销售超10亿元企业12个，新增开票销售超1亿元企业6个，总数达80个。9月13日，大丰区在上海举办投资环境推介会，展示城市形象，推进项目合作，签约战略性新兴产业项目24个，协议总投资180亿元。12月26日，大丰区举行重大项目集中开竣工活动，以实际行动贯彻落实全市产业园区项目载体建设现场推进会精神，展示大丰区招商引资项目建设推进成果。当天，全区有11个项目集中开竣工。

【“三通三千”重点工程】 7月5日，盐城市委常委、大丰区委书记王荣专题调研交通工作，强调要坚持交通基础设施先行战略，构建现代化综合交通运输体系，让百姓生活更加美好。9月1日，盐城市委常委、大丰区委书记王荣调研交通工作，要求要补齐交通短板，方便群众出行，是保障和改善民生的重要内容。要紧紧围绕“发展上台阶，建设新大丰”目标，按照区委区政府部署要求，以会战之势加强交通基础设施建设，让大丰路网更加完善，大力改善群众出行条件。10月15日，盐城市委常委、大丰区委书记王荣调研交通工程建设情况，要求要认真贯彻落实省、市部署要求，围绕区第十二次党代会和全区十项交通重点工程建设动员大会确定的目标，大力实施“三通三千”（区域通高铁、镇镇通一级、村村通公交和新建普通农路1000千米、提档升级农路1000千米、新建农桥1000座）工程，把为民实事工程办实办好，切实改善群众出行条件，为全面建成小康社会打牢基础。

2016年9月13日，大丰区在上海举办投资环境推介会　邱　鹏　摄

【绿色生态】 8月3日，大丰区召开城乡环境综合整治暨畜禽养殖污染专项整治动员部署大会，深入贯彻落实中央和省、市关于环境保护的重大决策部署，动员全区上下集中精力，迅速行动，扎实开展城乡环境综合整治和畜禽养殖污染专项整治行动。盐城市委常委、大丰区委书记王荣出席并讲话。12月8日，盐城市委常委、大丰区委书记王荣专题调研斗龙港生态组团规划建设工作，要求要积极策应盐城市委、市政府战略部署，合力推进斗龙港生态组团规划建设，做足水、森林、花海文章，打造生态旅游休闲度假宜居宜业新组团。

【旅游发展】 7月7日，盐城市委常委、大丰区委书记王荣调研全区旅游工作，要求立足新起点，坚持市场化、社会化、特色化方向，有力有序有效推动旅游产业发展，将大丰旅游事业提升到新的发展高度。8月31日，大丰区召开全区旅游工作推进暨国家全域旅游示范区创建动员会，动员全区上下重视和加强旅游工作，提升旅游工作水平，进一步做优做强旅游业，争创国家全域旅游示范区。10月1日，2016“大丰好玩呢”金秋旅游季暨荷兰花海百合花文化月开幕。盐城市政协主席、市旅委会第一副主任李驰宣布开幕。盐城市委常委、大丰区委书记王荣致辞。荷兰南荷兰省副省长安德瑞出席并讲话。盐城市副市长、市旅委会副主任邹毅实与部分荷兰友人及嘉宾代表为活动开幕浇花。

【民生实事】 6月3日，盐城市委常委、大丰区委书记王荣调研为民办实事工程建设运营情况，强调要牢固树立并认真践行新发展理念，坚持共享发展，顺应群众期盼，贴近群众实际，加快推进为民办实事工程，把实事办实、好事办好，不断增强群众的获得感和幸福感。

【沿海开发】 2月16日，大丰区召开沿海开发推进会暨大丰港经济开发区工作会议，动员全区上下进一步聚焦沿海、会战沿海、决胜沿海，聚合要素，举全区之力推进沿海开发，努力打造中国沿海中部经济增长极。6月6日，盐城市委常委、大丰区委书记王荣调研沿海发展工作，强调要认真贯彻落实全省加快推进沿海地区发展工作会议精神，聚焦沿海开发，加快培育新的动能，大力提升大丰港经济区综合实力和核心竞争力，勇做江苏沿海发展排头兵。6月20日，盐城市委常委、大丰区委书记王荣主持召开区委常委会，传达学习盐城市加快园区经济发展工作会议和发展镇村经济座谈会精神，研究有关事项。会议强调，加快港城经济区建设，培植

2016年，大丰区加强交通基础设施建设，大力改善群众出行条件

蓝色经济增长极，打造沿海中部崛起新高地。7月4日，盐城市委常委、大丰区委书记王荣主持召开大丰港城经济区建设指挥部第一次全体会议。会议要求深入贯彻落实盐城市关于大丰港城经济区专题会办会、加快园区经济发展工作会议精神，加快推进大丰港城经济区建设步伐，打造沿海中部崛起新高地、建设区域发展蓝色增长极。

【镇村发展】 6月11日，盐城市委常委、大丰区委书记王荣主持召开镇党委书记座谈会，听取各镇经济社会基本情况汇报，共同研究当前经济工作，征询镇党委书记对区委、区政府工作的意见和建议。要求坚持实干为先、项目为王、民生为本，努力形成镇村经济因地制宜竞相发展的新格局，为早日全面建成小康社会而努力奋斗。8月4日，盐城市委常委、大丰区委书记王荣主持召开区委常委会议，听取全区实施农村康居工程建设3年行动方案汇报，强调要明确目标，坚持建设原则，落实工作责任，严格督查考核，确保大丰区农村康居工程建设走在全市前列。9月18日，盐城市委常委、大丰区委书记王荣主持召开美丽村庄重点村建设专题办公会议，要求全面贯彻落实习近平总书记有关美丽村庄建设的重要讲话精神，按照区第十二次党代会的部署，集成资源要素，创新体制机制，打造对内示范对外开放的新农村建设新样板。9月20日，大丰区召开镇村经济发展工作会议，要求全区上下大力发展镇村经济，为建设新大丰奠定厚实基础。会议强调，发展镇村经济是富民强基的重要途径，全面建成小康社会必须补齐镇村经济短板，要以“一镇两园”（集镇、工业园区、现代农业园区）建设为重点做大做强镇村经济，要强化镇村债务化解，为镇村发展增添活力，要全面形成镇村经济发展的强大合力。

【党管武装工作】 7月28日，区委常委会召开议军会议，共议党管武装之责，共商融合发展之策，共解部队建设之难。会议要求要坚持以习近平总书记系列重要讲话精神为根本遵循，持续推动党管武装工作取得新发展。盐城市委常委、大丰区委书记、人武部党委第一书记王荣主持会议并讲话。区长、区国防动员委员会主任宋勇就扎实推进大丰区国防后备力量建设作部署。

（陈　炜）

信　息

【概况】 2016年，大丰区委办信息工作围绕党委工作大局，紧扣全区改革发展稳定中的大事、要事和社会各界关注的热点、难点，以提高信息服务的针对性和有效性为重点，不断增强信息服务的深度和广度，为省委、盐城市委和大丰区委提供了大量具有重要参考价值的信息，分别被江苏省委办公厅和盐城市委办公室表彰为全省党委系统信息工作先进单位、全市党委系统信息工作先进单位。

【信息报送】 年内，区委办围绕党委工作重点、特色经验亮点、互联网信息焦点，加强大丰本地信息、问题建议信息、市外动态信息、互联网信息报送，强化信息研判，提升报送质量。全年组织上报江苏省委办公厅信息2824条，被采用150条；组织上报盐城市委办公室信息3561条，被采用308条，获得省委、市委主要负责人批示11次。在党委系统信息工作考核中，位居全省前列。

【服务党委】 年内，区委办强化服务意识，积极发挥信息工作的参谋助手作用，编办内部刊物《每日快报》，及时反映全区经济发展、部门重要工作等综合情况动态、重要成绩经验，累计编发《每日快报》115期，获区委主要负责人批示3次，为区领导了解情况、掌握动态、及时部署相关工作提供了第一手资料。强化大局意识，密切关注全区面上稳定工作，对信访、安监、环保、公安、宣传5部门，分别实行信访稳定、安全生产、环境保护、社会治安、舆情每日上报制度，及时编发《维稳信息日报》，为区领导全面了解全区稳定形势、及时处置各类突发事件、维护社会大局稳定发挥了重要的“耳目”作用。

【大丰区情调研】 年内，区委办围绕产业提升、沿海开发、镇村经济、旅游发展、改善民生等方面，加强深层次信息的开发，研究报送综合型、调研型信息，突出了大丰发展新亮点新举措，关注了基层呼声建议。《大丰区全力打造沿海经济升级版》《大丰区三大举措助推全域旅游“加速跑”》《大丰区乡村医生签约服务被评选为江苏省2015年改革工作“百佳案例”》《大丰区构建基层党建“土智库”》《基层建筑企业对全面实施营改增有“四忧”》等21条综合调研信息，被省市重点刊物采用。

（顾　益）

督　查

【概况】 2016年，区重大事项督查考核办公室紧跟发展大局，坚持重点重抓、真督实查，不断提升督查工作水平和服务质效，较好地发挥了督促检查的职能作用，有力地推动了全区经济社会更好更快发展。

【督查推进】 年内，区重大事项督查考核办公室围绕经济发展的重要节点和重大事项推进的阶段目标，采取专项督查、联合督查、节点督查、“飞行”检查（不预先通知的突击检查）等方式方法，督查区委、区政府重要部署的落实情况、重大事项的推进情况、重点工作的进展情况和重点工程的推进情况，对区委、区政府关注的“主要经济指标、招商引资百日竞赛、镇村环境综合整治、为民办实事工程”等重点事项的进展情况实行随查随报，倒逼重点工作推进，全年组织各类重点督查20多项近50次，编发督查报告36期。

【督查考核融合】 年内，区重大事项督查考核办公室坚持以考核提升督查效果，印发各类督查考核文件近20份，做到日常督查、年中评估、年末考核有机结合，通过考核体现奖优罚劣，形成“事中督查推进、事后考核兑现”的有效机制。

【督查反馈】 年内，区重大事项督查考核办公室坚持在督查中发现问题，查找根源，通过督查报告提出解决问题的思路和建议，动真碰硬，督促整改，确保督查工作“实抓、抓实”，较好地体现了区委、区政府抓督查促落实的要求。

（丁虎翼）

纪检监察

【概况】 2016年，大丰区各级纪检监察组织按照中央、省和盐城市纪委全会部署，认真履行党章赋予职责，保持政治定力，坚守使命担当，始终坚持将纪律和规矩挺在前面，强化监督执纪问责，常态化推进作风建设，努力打造忠诚干净担当的纪检监察干部队伍，以监督执纪问责的实际成效全力服务中心大局，全区党风廉政建设和反腐败各项工作取得新的进展和成效。

【区纪委六次全会】 2月17日，中共盐城市大丰区第十一届纪律检查委员会召开第六次全体会议。出席会议的区纪委委员13人，列席273人。区纪委常委会主持会议。全会审议通过了郭超代表区纪委常委会所作的《全面从严治党，坚决挺纪在前，扎实推进新时期党风廉政建设和反腐败工作》的工作报告。区四套班子全体领导，区法院、检察院主要负责人，区纪委委员，各镇党委书记、纪委书记、专兼职纪检监察干部，各区（园）、区委各部委办、区各委局办、区各直属单位主要负责人及纪委书记（纪工委书记、纪检组长）和专兼职纪检监察干部，设纪委的非公有制企业纪委书记，驻丰场（厂）纪委书记，区纪委机关及各纪检监察工作室全体人员列席会议。会议对2015年全区纪检监察工作先进集体、先进个人和反腐倡廉宣传教育工作先进集体、先进个人进行表彰，并公布2015年度省、市、区三级廉政文化建设示范点创建情况。

【区纪委一次全会】 7月18~20日，中共盐城市大丰区召开第十二次代表大会，陈允春代表中共盐城市大丰区纪律检查委员会向大会作工作报告。7月20日，大会选举产生新一届区委委员和区纪委委员，陈允春受中共盐城市大丰区第十二次代表大会主席团委托，主持召开中共盐城市大丰区纪律检查委员会第一次全体会议，新一届纪委委员15人出席会议。全会通过了《中国共产党盐城市大丰区纪律检查委员会第一次全体会议选举办法》，选举产生中共盐城市大丰区纪律检查委员会常务委员会委员、书记和副书记。

2016年7月20日，中共盐城市大丰区纪律检查委员会第一次全体会议召开

（单位供图）

【管党治党责任落实】 2016年，区纪委坚持把落实党委主体责任、纪委监督责任作为推进党风廉政建设深入开展的重点，加强领导、统筹协调、压实责任。围绕严明纪律规矩、强化责任落实等主题，开展专题宣教活动，举办《中国共产党廉洁自律准则》《中国共产党纪律处分条例》电视抢答赛、组织纪律规矩知识考试、在“金丰廉韵”平台开辟专题专栏开展专题访谈、刊登体会文章，营造浓烈氛围。召开党委履行主体责任、纪委履行监督责任汇报会，年终由区委常委、党员副区长带队考核党风廉政建设责任制落实情况，强化基层党委、纪委主要负责人责任意识。印发《关于深入推进“两个责任”落实到支部工作的实施意见》，开展明确一张责任清单、牢记一组纪律要求、恪守一个廉政承诺、建立一份动态档案、开展一次廉政评估“五个一”活动，细化村（居）支部书记和纪检委员责任清单。认真落实《中国共产党问责条例》，严格执行党风廉政建设责任追究和“一案双查”办法，对24名党员干部实施提醒、诫勉谈话，以问责倒逼责任落实。

【权力运行监督】 年内，大丰区持续深化行政审批制度改革，结合大丰实际，取消25项部门行政审批中介服务事项。区纪委推行“制度+科技”工作机制，探索建设党风廉政信息管控预警平台和农村集体“三资”信息化监管系统。进一步规范党员干部操办、参加婚丧喜庆等事宜，全年收到科级以上干部操办相关事宜备案89人次，查办违规操办事宜2起。建立社会各界热心人、经济一线“弄潮人”、新闻媒体爆料人“三支队伍”，加强对党员干部的日常监督。从严把好党风廉政意见回复关，审核提拔任用、评先评优人选近300人次，回复征求意见7次。

【纪律审查】 2016年，区纪委坚持将纪律规矩挺在前面，抓早抓小，出台《全区纪检监察组织开展“咬耳扯袖、红脸出汗”工作实施办法》，对苗头性倾向性问题早发现、早提醒、早纠正。全年受理信访举报388件，发放函询通知书15份，实施诫勉谈话27次。加强反腐败工作协调，召开纪律审查工作会议，部署开展“十大专项行动”，对12个基层纪检监察组织负责人当面交责。加大纪律审查工作力度，实施信访调查、工作巡查、纪律审查“三查合一”机制，运用“系统查、查系统”办法，实施以案询案、以案促案，严查侵害群众利益的不正之风和腐败问题。全区纪检监察组织立案查处各类案件251件，其中科级干部案件5件，党政纪轻处分198人。

【机关作风建设】 2016年，大丰区部署开展“作风建设提升年”活动，聚焦中央“八项规定”、省市委“十项规定”及区委“六项规定”贯彻落实情况，加大对违规公款吃喝、违规使用公车、公款购买节礼、私设“小金库”、滥发奖金福利等问题的明察暗访力度。开展“三公”经费管理使用、作风建设“防隐身、防变异”、“为官不为、为官乱为”三大专项整治，全面梳理排查机关干部敷衍塞责、推诿扯皮、“庸懒散拖”等“不作为”和滥用职权、以权谋私、违规决策等“乱作为”问题，严防“四风”反弹回潮。开展深化“三风”（党风、政风、民风）建设“双百行”（走百村、访百企）活动，组织纪检监察干部深入村企一线，通过看、听、询、评，发现和查纠基层干部作风方面苗头性、倾向性问题。全年组织专项检查25次，发现问题85个，问责15人。

【党风廉政教育】 2016年，区纪委进一步健全完善宣教工作制度体系，加强工作考核，充分发挥“大宣教”工作合力。强化年关预警教育，年初召开全区领导干部警示教育大会，播放警示教育片《危墙》，剖析2015年全区民生领域腐败及“四风”问题典型案件，用身边的事教育身边人。部署“510”自警教育活动，组织观看廉政话剧《桥》、廉政电影《打开天窗说亮话》，开展反腐倡廉实景警示教育活动，全区各廉政教育场所共接待230多个单位13000多人次参观学习，增强了党员干部纪律意识。积极发挥新媒体优势，升级“六位一体”（报纸、电视、网站、微信、内刊、主题公园宣传栏）宣教平台，“金丰廉韵”微信公众号关注人数超过1万人。部署“珍爱亲情、回归家庭”家风建设活动，联合微型小说选刊杂志社举办首届“清正家风·梦美中国”全国微型小说征文大奖赛活动，征集包含20多位中国作协会员撰写的征文1092篇，收到较好社会效果。

【经济发展环境优化】 年内，区纪委全力服务中心，围绕“保证政令畅通、推动工作落实”的目标，整合督查资源，健全督查机制，形成督查合力，对信访维稳、秸秆“双禁”等工作中干部履职情况进行“飞行”检查。优化经济发展环境，印发《大丰区政府投资重大工程项目廉政建设问责办法（试行）》，选取30个企业作为“优化营商环境，提升机关效能”监测点；选聘30名民生作风建设监督员，定期督查全区领导干部挂钩服务企业情况，督查问责虚报业绩、推进不力，效率低下、无所作为的领导干部。做好政风行风热线上线工作，全年办理政风热线投诉件110件，做到件件有回复、有交代。

【纪律检查体制改革】 2016年，区纪委制定镇纪委书记、派驻纪检组组长及副组长、区属事业单位纪委书记、区属企业纪委书记四个“提名考察”办法。严格换届工作纪律，明确纪委书记、纪委委员条件，强化监督检查。结合镇、区两级党委换届，区纪委班子调整5人，镇纪委书记调整8人，配备镇纪委委员64人。加强机关队伍建设，职级职务提升5人，交流提拔4人，选调充实3人，优化了干部队伍结构。加大在区属国有企业建立纪检组织探索力度，成立沿海开发集团有限公司纪委，扩大全区纪检监察组织和纪检监察工作覆盖面。

【纪检监察队伍建设】 年内，区纪委按照上级部署，扎实开展“两学一做”

学习教育和“双争”（争做求真务实表率、争创一流工作业绩）主题教育活动，推进岗位练兵，安排34人参加上级纪委培训，抽调16名业务骨干到省纪委、市纪委和区纪委机关跟班培训，提升纪检监察干部政治素质和业务能力。部署纪检监察系统“责任落实年”活动，建立“机关+基层”联系点制度，加强基层业务指导，增强纪检监察干部群众观念、宗旨意识。出台《全区纪检监察干部“四个一律不得”》，严格执行《大丰区纪检监察系统工作人员问责规定》，规范约束纪检监察干部行为。

（丁卫军）

组　织

【概况】 2016年，大丰区委组织部围绕主业、聚焦主责，扎实推进“两学一做”学习教育，部署开展镇村党组织换届，实施“616”人才引进3年行动计划，探索统联式服务型基层党建模式，带头落实全面从严治党要求，各项工作取得新进展。

【“两学一做”学习教育】 2016年，大丰区委组织部按照中央和省委、市委、区委部署要求，不断强化“主体责任、指导责任、重点责任”，推动“两学一做”学习教育“抓在经常、严在平常、融入日常”。在《大丰日报》连载8篇系列评论员文章，刊登《认真开展“两学一做”推进全面从严治党》《学习系列讲话、强化“四个”意识》《新时期共产党员思想行为规范》《“两学一做”催生发展动能》4个学习专版。大丰党建微信公众号推送“两学一做”专题390多期，制作《身边的党员》系列微视频，创作完成《共产党员家风歌》。坚持“星期六党校”常抓不懈，强化经常性学习教育。举办5期“两学一做”骨干培训班，开展“三百行动”，选派100名科级干部、140名党建富民指导员和100名党员志愿者到非公有制企业担任党建指导员、到农村担任党课辅导员、到社区担任党建宣传员。建立“流动讲堂”，围绕17个专题，举办义务宣讲53场次。从基层遴选11名各行业党员代表，开展“四讲四有”（讲政治、有信念，讲规矩、有纪律，讲道德、有品行，讲奉献、有作为）先进典型巡回宣讲。制订“一把手”责任清单，发放学习笔记20000本、党支部工作指导手册3000本，设立20个基层党建监测点，组织20多次现场调研。结合省千组万支检查，强化点面督导，省委督查组对大丰区7项重点任务落实工作情况给予肯定。针对江苏高考指标外调引发家长维权事件，及时印发《关于组织开展“两学一做”专题学习的通知》，督导各基层支部落实《关于在高考招生计划调整集访问题应对处置中切实做好党员、干部和职工工作的紧急通知》和中组部《关于共产党员不能参与集体上访的通知》，取得党员群众的理解，避免上访事件的发生。组织机关党员干部向遭受龙卷风特大自然灾害的阜宁捐款380多万元。

【党组织集中换届】 2016年，区委组织部准确把握干部工作“规范性、科学性、导向性、严肃性”的总体要求，围绕班子运行、整体结构、优化方向、进退留转及干部储备等情况，开展镇村领导班子建设专题调研，超前分析研判班子状况，梳理可能影响换届工作的矛盾问题，制订应急预案。坚持把换届工作与基层领导班子和干部队伍建设、与消化超职数配备干部工作、与解决历史遗留问题等结合起来，统筹谋划推进。汇编《镇党代会组织工作资料手册》，提供镇党委换届64种文稿参考格式，加强对镇党委换届的业务指导。对12个镇的党代表候选人逐一过堂把关，严格资格条件，全面把好人选关。组成12个督导联络组、3个巡回督查组、2个信访查核组，全程指导镇党委换届工作。12个镇113名党委委员和64名纪委委员顺利当选。换届共配备4名35岁左右镇党政正职、50名35岁左右年轻干部、42名女干部，选拔镇事业单位人员3名、村书记2名、大学生村官1名，专业化干部163名，整体结构符合上级要求。218个村（居）采取“两推一选”（村党组织换届的选举办法，即在乡（镇）党委的领导和指导下，根据党员和群众推荐、乡（镇）党委推荐的情况，由村党组织研究提出候选人预备人选，报乡（镇）党委批准，再举行党员大会选举产生新一届村党组织委员会成员）的办法，选举产生书记218名、副书记263名、委员610名。村书记“五强”（思

2016年，大丰区完成镇党委集中换届工作。图为万盈镇党代表大会会场
（单位供图）

2016年大丰区党组织、党员基本情况表

表9

党组织	数量（个）	党　员		数量（个）	党　员		数量（个）
党　委	41	党员总数		51968	2016年发展新党员		430
党　组	23	其中	中华人民共和国成立前入党	440	其中	镇	340
党总支	321		女性	11434		女性	159
党支部	2314		35岁以下	7895		35岁以下	332
党小组	6095		高中以上学历	33468		—	—

（吴　兵　周辛欣）

想政治素质强、科学发展能力强、服务群众能力强、维护稳定能力强、组织建设能力强）配备率100%，其余村干部“五强”配备率93.8%。换届后，新一届镇村党组织班子的学历、年龄、性别、专业等结构进一步得到改善。坚持大稳定、小调整，统筹优化结构、增强活力、推进交流、消化职数等要求，做好镇人大、镇政府人事安排，镇人大班子配备14人，镇政府班子配备69人，其中新提拔7名30岁以下年轻干部。在区人大代表、镇人大代表推荐选举中，突出政治标准和道德品行，把符合法律规定，在本职岗位上发挥带头作用、得到群众广泛认同的代表选出来。做好区政协委员人事安排，从严衡量政协委员人选，注重人选政治素质、履职能力、群众认可，对列入失信被执行人员的一律取消资格。区、镇、村三级换届工作平稳有序，得到盐城市委的肯定。

【干部队伍教育培训】 年内，区委组织部强化十八届五中全会、六中全会和省、市、区党代会及区委十二届二次全会精神学习培训，把党员干部的思想和行动统一到中央要求和区委重大战略部署上。举办第十七期领导干部中国浦东干部学院能力培训班，帮助新履职科级干部夯实理论基础，提升党性修养，增强处置问题、化解难题的能力。结合换届，举办新任村党组织书记培训班，围绕岗位履职开展培训。组织45岁以下优秀村党组织书记赴浙江绍兴培训，通过专家授课、实地考察、交流研讨，进一步解放思想、提升能力。举办全区经济薄弱村（后进村）脱贫攻坚培训班，帮助村书记找准穷根，理清发展思路。举办清华大学“转型与创新”能力提升培训班，促使企业家开放思维、更新理念。围绕提升理论水平、能力素质和党性修养，在浙江大学举办“两新”（非公有制企业和社会组织）党组织书记“党建引领创新发展”专题培训班，提高“两新”组织党务工作者专业化能力。办好“星期六党校”，印发《关于丰富学习内容创新学习方式的建议方案》，引导参学单位联系工作实际，安排学习活动，激发参学人员学习兴趣。全年举办各类培训班56期，培训学员1.8万人次，基层干部参训率100%。

【干部队伍监督管理】 2016年，区委组织部坚持将纪律挺在前面，强化换届风气监督，制作换届纪律“九严禁”宣传卡片和换届风气监督名词解释卡片6200份，组织观看警示教育片《镜鉴》60多场次，观看人数3500人次。召开全区严肃换届纪律专题谈话会议，签订“严格遵守换届纪律承诺书”1498份。公布“12380”监督举报电话及短信号码，会同宣传、网监等部门建立换届风气舆情监控和应急处置机制。对符合继续提名的人选和可能进班子的人选认真审核，坚决把好政治关、作风关、能力关、廉洁关。认真落实推进领导干部能上能下规定，对有不良反映的干部及时交流，对涉及1名副科级干部的网络舆情，第一时间会同纪委调查，迅速做出组织处理，避免事态扩大。发挥干部监督联席会议作用，梳理纪检、司法、信访等部门相关档案信息，对涉及干部案件登记建库。选聘100名组织工作信息员，通过走访和函询，收集干部队伍建设各类建议和意见120多条。对全区1086名科级以上领导干部（含退二线）出国（境）证件情况进行排查，集中保管。完成750份干部档案专项审核，抽查核实领导干部个人有关事项，试行报告个人有关事项向股级干部延伸，努力从源头上防止干部带病提拔。

【优秀人才招引】 2016年，区委组织部大力招引“高层次、创业型、紧缺类”人才，参加盐城（东京）沿海发展创新创业环境说明会，与3家日本人才机构签订合作协议，新建大丰（东京）人才工作站。举办江苏大丰（深圳）海外人才项目专场对接洽谈会和江苏大丰海洋产业人才项目对接会，签约人才合作项目57个，成立东南大学国家级技术转移中心大丰分中心。组建省第九批科技镇长团。组团参加盐城创业大赛，2人获一等奖。认真落实各项人才政策，“616计划”实施以来，兑现人才补贴2160万元，全年组织企业申报省级以上各类人才项目81个，区“616”领军人才项目30个，各类人才项目申报数均位居盐城前列。其中，2016年入选省“双创团队”（创新创业）3个，实现历史性突破。入选省“双创计划”（高层次创新创业人才引进计划）5人，列盐城第一。大丰卯酉创客邦、东方1号、万创智联创成国家级创客空间，龙创空间创成省级众创空间，荷兰花海被认定为江苏省国外引智示范基地。全区累计设立国家级博士后工作站3家、省级博士后创新实践基地5家，总数列盐城第一。组织

开展先进典型评选推荐活动，“双创人才”徐新华获国家级专业舞台艺术最高奖文华大奖。《实施海智集聚工程打造国际化人才沃土》入选全国基层人才工作最佳创新案例。荷兰花海外籍专家宝贺深、尼可分别被授予“江苏友谊奖”、“最美新盐城人”称号。

【“统联式”服务型基层党建模式构建】 年内，区委组织部坚持问题导向，聚焦服务群众、服务党员、服务发展，以“大党建”思维，统筹整合党建资源，联动协调推进服务，构建统联式服务型基层党建新模式。优化基层组织设置，主攻薄弱阵地，拓展新兴领域，新增家庭农场党组织2家，农民专业合作社党支部6家，“两新”（新经济组织和新社会组织）党组织46家，成立首家外商独资企业党组织、首家公益类志愿性社会党组织和首家互联网企业党组织。建强服务队伍，注重从致富能人、农民经纪人、退伍军人、优秀大学生村官和机关事业单位干部中选拔党组织书记，选派第三批149名党建富民工作指导员，建立1000多人的村优秀人才后备库。开展“一名村干部＋一名骨干党员＋一支特色服务队伍”的村级“111微服务”，成立30个300多名党员参与的特色志愿者服务队伍，累计服务1700人次。实施社区办公用房集中攻坚行动，年底16家达标。建成并运行大华和东宁社区邻里活动中心，组织实施社区为民服务项目400个。结合村党组织换届和“两学一做”学习教育，组织村（居）党组织书记签订“‘两学一做’促发展目标承诺书”，盐城市委组织部对大丰的做法进行全市转发推广。

【干部作风建设】 2016年，区委组织部深入开展科级干部“三服务”活动，安排60个区直部门的426名在职科级干部挂钩服务426个规模以上工业企业，100名科级干部挂钩服务工业、农业、服务业、旅游、城市建设和基础设施等六大类100个重点项目，激励干部发扬“店小二”精神，当好企业情况的调研员、经营的服务员、难题的破解员。开通40个规模骨干企业“直通车”，实行“一企一策”，助力企业培大育强。建立了部门主要负责人牵头、“周联系、旬活动、月反馈”和困难问题收集梳理交办机制，构建常态化服务机制。扎实开展“六帮助”活动。12个镇和“两区”的215名镇（区）干部围绕扶贫开发、发展村级集体经济等内容，对基层群众反映问题进行汇总梳理，收集问题733项，帮助解决598项，落实帮扶资金164万元，帮扶项目20个，投资额2150万元，13个经济薄弱村实现村集体经济收入187万元。开展随机抽查和跟踪督查，推动党员干部真服务、真帮助。

（张国庆　汪　倩）

宣　传

【概况】 2016年，大丰区宣传思想文化工作围绕学习贯彻中共十八大和十八届三中、四中、五中、六中全会精神及习近平总书记系列重要讲话精神，紧贴区委、区政府中心工作，有的放矢，开拓创新，为“发展上台阶，建设新大丰，让人民群众的生活更加美好”提供强大的精神文化支撑。

【理论武装】 2016年，大丰区重点围绕中共十八届五中、六中全会和省、市、区党代会精神开展学习，全面构建以区委中心组为龙头、基层党委中心组为节点的学习网络，制定印发《2016年度全区党委（党组）中心组专题学习计划》《月度专题学习计划》，明确学习内容、学习重点和学习形式。组建“聚力大丰”微信群，每天推送最新学习内容，方便中心组成员学习交流。常态化开展区委中心组学习会、区委学习报告会，进一步加强理想信念教育，筑牢党员干部思想根基，有效提升党员干部的理论素养和工作能力。《大丰四措并举强化〈习近平总书记系列重要讲话读本〉学习》的经验做法，被省《建设学习型党组织、学习型领导班子工作简报》专题刊登。不断完善“督学、促学、考学、评学”制度体系，充分发挥“鹿乡学堂”微信公众号的作用，开设专题专栏，强化理论学习，普及马克思主义大众化。积极向《江苏大讲堂》投稿200余篇，大中镇、教育局被表彰为“盐城市学习型党组织建设先进单位”。2015~2016年度冬训冬学活动影响力不断增强，内涵不断丰富。训学活动中，坚持组织领导、调研谋划和试点带动“三个早”；坚持引入“互联网+冬训”新模式，实施分层专题训学；坚持开展“文艺助训”“以学促廉”等辅助活动。在省市宣讲团到大丰宣讲的基础上，成立区委十八届五中全会精神宣讲团，实现区、镇、村“三级联动”宣讲全覆盖。全区5万余名基层党员干部参加

2016年9月24日，大丰区委举办学习报告会　（单位供图）

冬训冬学活动，参训率97%。《盐阜大众报》、“盐城党员冬训专题”网站等媒体60余次报道大丰区冬训冬学活动。白驹镇、西团镇被评为“全省冬训工作示范镇”。

【对内宣传】 2016年，大丰区认真学习宣传中共十八届三中、四中、五中、六中全会精神和习近平总书记系列重要讲话精神，贯彻落实省委十二届十二次、十三次全会精神和盐城市委六届九次、十次全会及区委十一届九次全会等会议精神。区电视台、大丰日报社、政府门户网站开设专题专栏专版，大力宣传“最美党员”“最美职工”“最美少年”等先进个人和群体的典型事迹，充分发挥社会主义核心价值观凝神聚气、固本强基的重要基础性作用，在全社会营造人人知晓先进、人人学习先进、人人争当先进的良好舆论氛围。积极参与全区“十三五”规划纲要、沿海开发、项目建设、“两学一做”学习教育、旅游季、文明城市创建、秸秆“双禁”和“人才招引”等宣传工作，营造了良好的舆论氛围。做好全省推进沿海地区一体化发展工作会议大丰现场、盐城市重大项目督查推进项目观摩活动大丰现场等重大活动的沿途直播解说，进一步提升了大丰的知名度和影响力。加大“最美人物”“时代先锋”等重大典型的培树力度，大丰港门机操作手李飞被省委宣传部表彰为“全省最美职工”。江苏城市频道《江苏最美人物》栏目对李飞的“工匠”精神进行专题录制播出。《新华日报》、省电视台、《盐阜大众报》、盐城电视台等多家省市主流媒体报道李飞的先进事迹。区安监局副科级干部陈亚平被授予盐城市“时代先锋”称号，《盐阜大众报》头版刊登先进事迹。持续开展全民阅读活动，积极打造大丰全民阅读品牌，提高居民综合阅读率，在全社会营造人人读书、自觉读书、终身读书的氛围。

【对外宣传】 2016年，大丰区围绕区委、区政府中心工作，大力宣传大丰区经济社会发展中的新举措、新经验、新成就，新闻报道数量和质量都有新突破。全年纳入统计的中央、省级以上主流媒体共用稿165篇，位居盐城市前列。其中，《人民日报》7篇，《人民日报》海外版2篇，中央电视台15条，《农民日报》6篇，《新华日报》78篇，“江苏新时空”44条。在《新民晚报》《上海日报》等上海主流媒体用稿17篇。大丰麋鹿国家级自然保护区连续3天亮相《人民日报》（9月18、19、20日），央视新闻频道4次对麋鹿保护区进行报道，提高了大丰区知名度和美誉度。荷兰花海两次亮相《新闻联播》。央视《焦点访谈》《走遍中国》对大丰区乡村医生签约服务工作的成功经验和做法进行专题报道。《美丽乡村快乐行——走进江苏恒北》在央视七套军事农业频道播出，大丰区大中镇恒北村的新农村建设成就和美丽乡村景色引起广泛关注。江苏电视台、《新华日报》等省、市主流媒体多次报道大丰区“全国优秀党务工作者”李晓霞、省“最美职工”李飞、盐城市“时代先锋”陈亚平等的先进事迹。连续两年举办“洋眼看江苏——走进大丰美丽乡村、邂逅荷兰音乐花海”活动，来自美国、英国、荷兰、瑞典等11个国家的25名外国友人欢聚大丰，通过国外视角传播大丰美好形象。《大丰麋鹿》口袋书受邀参加英国伦敦书展，是盐城唯一一本亮相伦敦书展的中英文图书，并作为最具符号意义的江苏特色文化资源，向全球60多个国家的读者进行图文并茂的展示。参加由江苏省人民政府新闻办公室主办的“江苏城市形象英伦展”，大丰区代表江苏进行城市推介。成功举办荷兰花海中荷媒体见面会、中荷商旅媒体见面会两场涉外媒体见面会。荷兰花海中荷媒体见面会上，荷兰驻华大使凯罗、荷兰斯滕韦克兰德市市长玛亚应邀出席并答记者问，吸引了中国和荷兰30多家主流媒体参加。

【舆论安全】 2016年，区委宣传部组织区内媒体从业者认真学习贯彻习近平总书记的“2·19”“4·19”讲话精神，牢固树立“48”字新闻观，始终坚持正确的新闻舆论导向。围绕中央、省、市、区委决策部署和中心工作，运用网络传播规律，利用新媒体新手段，以网民喜闻乐见的方式，宣传十八届六中全会精神，宣传大丰区创新驱动、沿海崛起、产业强区、开放带动、绿色发展、民生共享战略重点，增强宣传的吸引力、感染力。针对网上出现的一些热点舆情，组织网评员在论坛上跟帖引导，回应网民关切。加强网上统一战线工作，引导网民理性发言，文明发声，纠正错误看法。在突发事件舆情应对过程中，及时指导相关部门统一口径，权威发声，让权威声音抢占“舆论场”。深入开展涉稳舆情专项整治行动，定期组织大丰当地网站、微信公众号等自媒体管理者学习习近平总书记系列重要讲话精神和上级网信部门的相关规定。加强对网络媒体的监督和指导，约谈区内自媒体管理者，对存在的问题及时纠正，并责令限期整改。严格执行24小时值班和“零报告”制度，增加网上巡查和舆情监测频次，舆情预警机制逐步完善。各单位相应建立舆情监测工作机制，明确专人负责，落实工作责任，确保监测监管工作落到实处，确保重要敏感舆情第一时间监测发现到位、研判分析到位。全年累计通报、交办涉情部门处理各类网民意见和建议735件，解决网民集中反映的问题251件。策划举办“办文明网站 做文明网民”“抵制网络谣言 规范网络言行”“争当网络文明传播志愿者”“拒绝危险驾驶 文明出行”等主题活动，广泛宣传和践行社会主义核心价值观，倡导网络文明新风，形成了文明办网、文明上网的氛围。在“大丰之声”网站建立党支部，充分发挥基层党支部的战斗堡垒作用。由区委宣传部指导、区检察院拍摄的微电影《风在说》在省委宣传部、省委网信办举办的“第四届江苏网络文化季”活动中，获优秀作品奖；获“全国检察机关第二届微电影专题片展播活动”优秀奖，全省检察机关二等奖。

【公民道德教育】 2016年，大丰区全面培育和践行社会主义核心价值观，常态化开展道德讲堂建设等主题系列教育活动，全面宣传社会主义核心价值观。举办“十佳大丰好人”颁奖典礼，大力弘扬道德领域先进典型，在全区掀起崇德向善的氛围。开展2016年度“众人携手 爱心助学”关爱贫困大学生活动，有63个单位参加，捐助善款28万余元，64名学子受到资助。召开诚信体系建设工作会议，区财政投入120万元筹建大丰区信用平台网，加强信用信息公开共享专栏建设，完善“红黑榜”制度。积极做好志愿江苏（大丰）平台各单位注册及活动登记、展示工作，全区注册志愿者5.72万人，占城镇人口15.34%。成立以党员干部为主体的志愿者队伍429个，组织实施“益呼百应、微爱传递”志愿服务项目2431个。举行第二届《行知剧场演礼仪》节目展演，推进“行知互动剧场”规范化、常态化、生活化。《精神文明导刊》到大丰专题调研采访“行知互动剧场”实践成效，并做深度报道。开通“96111”心理咨询热线，拓展未成年人活动领域，成功申报2016年度省级彩票公益金支持的乡村少年宫4个。

【文化建设】 2016年，大丰区加快“两馆一中心”（图书馆新馆、博物馆新馆和文化会展中心）建设进度，计划2017年全部建成并对外开放。建成国家等级综合文化站12个，其中一级站4个、二级站5个、三级站3个。组织开展“镇村（社区）文化设施提升工程”，初步实现村、社区示范文化室全覆盖，完成农家书屋纳入县级公共图书馆总分馆制升级试点和农家书屋提升省级试点任务。全区公共文化设施面积11.2万平方米，每万人拥有公共文化设施面积1827.4平方米，在盐城市位于前列，超过全省平均水平。开展新年音乐会、青歌赛、群众文艺汇演等春节系列文化活动，春季送戏下乡，庆“五一”系列文化活动，“百姓星光大舞台”周周演等公益性文化活动，掀起“人人参与文化、个个享受文化”的热潮。打造西郊梅花节、郁金香文化月、恒北梨花季等旅游文化品牌，举办特色文化活动，联合省摄影家协会、省作家协会举办专题采风和摄影征文大赛，举办特色音乐舞蹈大赛，吸引全国文艺爱好者到大丰采风、参赛。邀请荷兰阿姆斯特丹室内管弦乐团连续举办10场音乐会，为大丰带来精彩的文化节目。文艺创作精品迭出，摄影家杨国美获中国摄影金像奖，填补了大丰区文学艺术界取得国家最高奖项的空白。摄影《麋鹿·白鹭·海滩》、话剧《桥》、散文集《天边飘过温暖的云》等14部作品获盐城政府文艺奖，获奖数量居盐城各县（市、区）首位。中国作家雨花读者俱乐部落户大丰。话剧《桥》入选江苏艺术基金年度资助项目。诗集《美丽逆光》、散文集《清荷幽香》等多部文学作品相继出版。扶持高新技术区、大数据产业园，促进传统线下市场和线上市场共同发展，实现文化新业态的新突破。重点打造荷兰花海、恒北梨园风光、西郊梅园等文化旅游项目，推动文化旅游融合发展。积极组织东方1号创意产业园、荷兰花海等文化企业参加“南京文交会”，扩大大丰文创企业在全省的影响力。召开文化产业统计推进会议，扎实推进文化产业统计工作。拉网式摸底核查全区3000多个规模以下企业，对排查出的1072个规模以下文化企业认真做好数据上报工作，初步核算增加值6.95亿元。组织东方1号创意产业园、文广局、教育局、高新区、港区等30多家单位，参加江苏省第三届和盐城市首届文化创意设计大赛，有13件作品获奖，获奖数量居盐城各县（市、区）首位。

（韦　伟　洪　伟）

精神文明建设

【概况】 2016年，大丰区精神文明建设工作以培育践行社会主义核心价值观为主线，以提升社会文明程度为目标，以创建全国文明城市为重点，着力加强公民道德建设、志愿服务制度化、未成年人文明礼仪养成教育、群众性文明创建常态长效，为建设强富美高新大丰做贡献。

【公民道德建设】 2016年，大丰区全力打造“大丰人好呢”城市名片，各镇、区直单位结合自身实际建立完善“道德讲堂”，常态化开展道德讲堂建设等主题系列教育活动。开展“我推荐、我评议身边好人”活动，广泛设置“厚德大丰榜”，营造崇尚好人、好人有好报的社会氛围。开展各类先进典型评选表彰、学习宣传，激发正能量。大中镇八灶村村民王永忠入围1月、6月见义勇为类“中国好人”提名，当选1月“江苏好人”；6人当选“盐城好人”，45人当选“大丰好人”。8~12月，开展“十佳大丰好人”评选活动，营造学习好人、争当先进的氛围。利用“高炮”宣传牌、道旗、楼宇广告、工地围挡、宣传橱窗、大型电子显示屏、公交站台等载体和《大丰日报》、大丰电视台、幸福大丰官方微博等媒体，常年开展“讲文明树新风”公益宣传。

【学雷锋志愿服务】 2016年，区文明办实施“厚德迎春”“学雷锋日”等志愿服务十大行动。实施“益呼百应、微爱传递”志愿服务项目67个。供电公司“电奉善”活动被评为盐城市十佳志愿服务项目。发展壮大社会志愿组织，大丰义工联、汽摩协会“小水滴”爱心团队、大丰爱心联盟、西团山海志愿基金会等品牌效应得到放大。召开学雷锋志愿服务推进会，分批次、分专业对志愿者注册工作进行培训。做好志愿江苏（大丰）平台各单位注册及活动登记、展示工作。全区注册志愿者5.72万人，占城镇人口15.34%。党政机关带头，成立以党员干部为主体的志愿者队伍426个。开展“为美丽盐城加分”主题旅游活动，全面落实文明旅游志愿者制度，360位文明旅游志愿者在景点景区常态提供服务。

【未成年人道德建设】 年内，区文明办将“行知互动剧场”作为推进“八礼四仪”（仪表之礼、餐饮之礼、言谈之礼、待人之礼、行走之礼、观赏之礼、游览之礼、仪式之礼，入学仪式、成长仪式、青春仪式、成人仪式）的创新举措，举行第二届“行知剧场演礼仪”节目展演，推进“行知互动剧场”规范化、常态化、生活化。4月，《精神文明导刊》记者到大丰调研采访“行知互动剧场”实践成效，并做深度报道。开通“96111”心理咨询热线。申报成功2016年度省级彩票公益金支持的乡村少年宫4个，专项检查2015年获中央级、省级彩票公益金支持的11个乡村学校少年宫，规范运行和管理。启动“学党史、学国史，听党话、跟党走”主题教育活动，深入开展“我的中国梦”主题教育实践活动，开展“童心向党”歌咏比赛、中华经典诵读、美德少年评选、学雷锋网上签名寄语、向国旗敬礼等未成年人活动，引导未成年人立德树人。

【关爱贫困大学生】 2016年，区文明办连续第10年牵头开展“众人携手、爱心助学”关爱贫困大学生活动，有63个单位参与活动，捐助善款28万余元，资助64名贫困大学生。10年来，全区共有500多个单位、1200多名群众参与爱心助学活动，募集爱心助学金900余万元，资助1000多名贫困大学生。

【基层文明创建】 年内，区文明办组织开展大丰区级文明单位、村、社区推荐、评选工作，39个村（居）、181个单位、8个社区分别被授予“大丰区文明村”“大丰区文明单位（校园）”“大丰区文明社区”称号。与妇联等部门联合开展特色文明家庭评选活动，曹满进家庭被推荐为省级文明家庭候选。开展2013~2015年江苏省文明单位申报创建工作，21个单位、4个镇、8个村、2个社区、3所学校分别被授予“江苏省文明单位”“江苏省文明乡镇”“江苏省文明村”“江苏省文明社区”“江苏省文明校园”称号。全面推进“五美五福”农家、“最美乡村”建设，开展农村精神文明创建活动，34个盐城市级文明单位与12个重点村结对共建，投入108万元，实施158个实事项目，受到基层好评。

【文明城市创建】 年内，大丰区参与盐城大市区创建全国文明城市工作，抽调36人集中办公，成立12个专项工作组和6个督查组，实行领导挂帅、部门包保、属地负责、跟踪督查的工作机制。统一制作社会主义核心价值观大型宣传牌860张、道旗1200面、公益广告4300块，印发宣传画5万张、《市民文明手册》6万本，形成全方位立体式宣传格局。集中开展交通秩序、经营秩序、城乡结合部、集贸市场、老旧小区等五大专项整治行动，查处车辆违章行为1976起，规范出店经营770户，取缔流动摊点950个，拆除违章建筑164处，疏浚城区河道3条，清运暴露垃圾200余吨，改造提升城中市场。投入8亿元建成16类51个重点项目，金丰南路、育红西路、卫校巷、影视巷、健东小区、康平小区雨污分流以及新德中心河截污控源工程竣工，“五纵五横两河”（西康路、常新路、金丰路、人民路、康平路，通港大道、幸福路、健康路、黄海路、南翔大道，大四河、二卯西河）景观亮化工程加快推进，幸福路人行道全面出新，新增城市绿化面积80万平方米，新建二类公厕2座。

【诚信建设】 年内，大丰区调整区社会信用体系建设领导小组成员，召开诚信体系建设工作会议。区财政投入120万元，筹建大丰区信用平台网，加强信用信息公开共享专栏建设，完善“红黑榜”制度，建设公开、公正、公平的诚信透明平台。积极开展“诚信做人”“诚信做企业”等宣传活动，组织食品经营、食品生产、药店、餐饮服务“诚信四个十佳”评比活动，倡导诚信经营。

【老旧小区管理】 针对大丰城区154个无物业管理的老旧小区或成片居民点存在的乱堆乱放、毁绿种植、违章搭建、公共设施损坏等问题，2016年，区文明办牵头，城管、住建、大中镇等单位参与，组成4个调查组，对无物业管理的老旧小区进行实地勘察和走访调查，了解需求，排查问题，确定“政府主导、社会参与、志愿协力”的管理思路。明确以康宁小区（有153幢楼、4排平房，是老旧小区的典型代表）为先行试点，组织相关部门对小区基础设施、内外环境进行全面整治，并就整治后小区常态化管理工作向社会公开招标，小区面貌取得明显改观。11月，大丰区全面推广实施老旧小区常态化管理，实行“五个明确”（明确管理范围、明确管理措施、明确发包方式、明确考核奖惩、明确部门职责），通过政府购买志愿

2016年，大丰区参与盐城大市区创建全国文明城市工作。图为文明交通志愿者在街头协助交警维持秩序
（单位供图）

服务的方式，实现老旧小区制度化、常态化管理，小区面貌正常保持清洁、卫生、有序，受到居民的好评，得到盐城市创文办的肯定和推广。

（冯永义　陈　璐）

统一战线

【概况】 2016年，大丰区委统战部按照上级统战部门的部署要求，结合贯彻区第十二次党代会精神，扎实抓好各项统战工作，充分发挥统一战线人才荟萃、智力密集、联系广泛的优势，努力促进非公有制经济“两个健康”（促进非公有制经济健康发展和非公有制经济人士健康成长）发展，积极加强党外代表人士队伍建设，全力维护民族宗教领域和谐稳定，为建设强富美高新大丰提供广泛的力量支持。

【区委统战工作会议召开】 3月25日，区委召开全区统战工作会议，区领导范大玉、董坤、汤小山、韦国、韦稳元出席。会议要求，要深入学习贯彻习近平总书记系列重要讲话精神，切实增强做好统战工作的责任感和使命感。要狠抓重点任务落实，扎实有效做好新形势下统战各项工作。要加强和改善党对统战工作的领导，不断提高统战工作科学化水平，努力形成合力，推动全区统战工作开创新局面。会上表彰大丰区统战工作先进个人。

【基层统战工作组织体系构建】 年内，全区12个镇均配备专职统战委员，使各镇统战工作有人管、有人抓。加强基层商会、工商联分会组织建设，整合统一战线资源，建立健全基层业务工作网络。聘请民族宗教矛盾纠纷调解员、舆情社情信息员以及各类特约人员队伍，建立统战工作社会化网络，增大统战工作的辐射面。

【统战干部综合素质提升】 年内，区委统战部结合贯彻中央、省和盐城市统战工作会议精神，在全区统战系统中开展“两学一做”专题教育活动，进一步增强党员干部党性。开展统战干部业务轮训，做到凡进即培。全年组织30多人次参加省委统战部组织的学习培训活动。以“三解三促”“三服务”“进村入户”活动为契机，鼓励统战干部深入基层，领导带头服务挂钩企业，为企业排忧解难。

2016年6月17日，大丰区无党派知识分子联谊会赴宝应氾水镇调研新水源地引水工程　（单位供图）

【非公有制经济发展平台建设】 年内，全区12个镇、3区（园）都建立工商联商会组织，有商会会员企业总数1415个，建立行业商会18个。各行业商会建立完善商会组织管理制度，配备了专职秘书长。依托商会组织，200多个非公有制企业参加各类招聘会，提供就业岗位5000个以上。指导60多个非公有制企业参加“江苏省侨界专家大丰行”“百名海外博士江苏行”大丰洽谈会等活动，为企业转型升级和人才服务提供支持。

【非公有制经济代表人士综合评价工作】 2016年，按照中央统战部非公有制经济代表人士综合评价体系4个一级指标和16个二级指标的要求，区委统战部对全区300多家非公有制经济代表人士进行综合评价，建立起100人左右的非公有制经济代表人士队伍。在全区非公有制经济代表人士中开展评选“争当中国优秀社会主义事业建设者”的活动，树立了大丰区非公有制企业良好的社会形象。

【非公有制企业社会责任意识增强】 年内，区委统战部引导非公有制企业投身社会慈善事业，反哺社会。加强非公有制企业“五好”（科学发展好、诚信守法好、劳资关系好、支持党建好、社会形象好）出资人队伍建设。组织非公有制企业投身光彩事业。全区非公有制企业为遭遇龙卷风袭击的阜宁、射阳两地捐资捐物2000多万元。各类非公有制企业通过捐资助学、扶贫济困、助残慰问等公益慈善活动传递出社会的正能量，取得良好的社会效益。

【党外代表人士制度建设】 年内，区委统战部认真贯彻执行区委《关于加强新形势下党外代表人士队伍建设的实施意见》，通过情况通报会、四套班子工作例会、人大和政协年会向党外人士通报全区经济社会发展的情况。区委主要领导人带头与党外人士联系交友。组织无党派知识分子联谊会活动，为一批素质高、能力强、具有一定社会影响力的党外人士提供交流沟通平台。

【党外代表人士队伍建设】 2016年，大丰区高度重视对党外代表人士的选拔、培养、锻炼、使用，至年底，全区在岗党外处级干部4名；党外科级干部23名，分布在全区经济、监察、环保、卫生以及乡镇等多个部门。党外干部在人数配备和岗位安排上，均在盐城位居前列。安排盐城、大丰两级党外政协委员141人，其中盐城政协委员11人，大丰政协委员130人。

【党外人士作用发挥】 年内，区委统战部发挥党外代表人士智力密集的优势，坚持用“同心”思想增强党外代表人士的政治共识，在党外代表人士中开展践行社会主义核心价值体系主题教育活动。组织党外代表人士赴宝应氾水镇调研新水源地引水工程、到开发区调研大丰区经济发展情况，开展关于发展村镇经济、生态旅游和民生问题等方面的调研讨论，服务大丰经济发展。“两会”期间，组织党外人大代表、政协委员提交各类提案建议300余件。2016年，12名党外委员被大丰政协表彰为“三好”委员，5份党外委员提交的提案被表彰为优秀提案，4篇党外委员撰写的议政材料被表彰为优秀议政材料。会同检察部门，聘请6名党外代表人士担任第二届特约检察员，深入推进民主监督和政治协商。

（王　琨）

政策研究

【概况】 2016年，大丰区委办调研工作按照区第十二次党代会和区委十二届二次全会要求，紧扣创新驱动、沿海崛起、产业强区、开放带动、绿色发展、民生共享“六大战略”，围绕重大项目、沿海开发、生态建设、镇村发展、社会民生等工作重点，认真组织多项专题调研，服务领导决策、服务经济发展、服务基层工作。聚焦群众关心的热点难点问题，结合“三解三促六帮助”、“三服务”、大走访等活动，开展实地走访调研，收集问题，出谋划策，为领导决策提供参考。做好四套班子领导开展2017年工作思路调研的协调服务工作，精心组织2017年工作思路调研汇报会，为领导谋划2017年工作做好服务。

【调研成果有效转化】 年内，区委办坚持以文辅政，积极撰写调研文章，总结生态建设、旅游发展、沿海开发方面好的经验，主动向省、市推送，宣传大丰发展成果。积极将办公室调研成果转化为领导思想、领导文章，全年撰写调研文章30多篇，在《群众》《江苏通讯》等省级以上杂志发表调研文章8篇，在《盐城工作》《盐城通讯》《党的生活》等盐城市级刊物发表28篇。

【调研载体建设】 年内，区委办编印《大丰通讯》4期，传递政策资讯，交流发展经验，展示发展成果，着力服务大丰经济社会发展大局。坚持每天摘编《每日报摘》，分类收集外地的先进经验和做法，丰富领导信息来源，推动面上工作开展。全年共摘编《每日报摘》218期，获区委主要领导批示17次。

（陈　堃）

机构编制

【概况】 2016年，大丰区机构编制工作以开展相对集中行政许可权试点改革为重点，深入推进行政审批制度改革、政府机构改革和机构编制管理等各项工作，为进一步激发市场活力和社会创造力、提升政府治理能力提供了坚实的体制机制保障。

【“放管服”改革推进】 2016年，区编办围绕推进“简政放权、放管结合、优化服务”的改革任务，切实加强领导，督促推进。开展集中高效审批，将全区22个部门所承担的179项行政许可事项全部划转至审批局，由审批局集中履行相关行政审批职责，并承担相应法律责任。指导审批局开辟“联合评估”窗口，对全区重大项目开展包括项目实施可行性研究报告、环评、安评等内容的“五评合一”。利用搭建的区镇村三级便民服务平台，推进网上审批和代办服务，缩短审批时间，提高工作效率。推动权责一体化管理，全面开展责任清单编制工作，确定33个部门具体责任事项2234项，制定事中事后监管措施235条，着力构建与权力清单制度相配套的部门职责体系。加强政府部门权力事项责任清单二级清单建设，区政府出台《大丰区区级行政权力事项目录清单管理办法（试行）》，通过建立区级权力清单动态管理机制，推动清单管理信息化、动态化、标准化和透明化。规范中介服务事项，清理规范行政审批中介服务项目，梳理出28项需清理规范的行政审批中介服务事项；加强中介机构管理，引入竞争机制，打破行业垄断，实行末位淘汰，年内引进外地涉批中介机构1家；规范中介服务行为，治理中介服务收费，压降涉批中介收费项目13项；制定出台行政机关与“红顶中介”性质的下属事业单位脱钩方案，2016年完成脱钩改制涉批中介1家，查处不良执业行为1例，处理相关从业人员2名。加强事中事后监管，区政府印发《大丰区进一步深化行政审批制度改革加强事中事后监管的意见（试行）》、区政府办印发《大丰区建立“双随机”抽查机制加强事中事后监管工作实施方案》等文件，完成了《盐城市大丰区政府部门监管清单（试行）》和《盐城市大丰区政府部门职责边界及追责清单（试行）》两个清单的制订。开展全区行政许可和行政处罚等信用信息“双公示”工作，区政府办印发《大丰区行政许可和行政处罚等信用信息公示工作实施方案的通知》，累计归集全区37个部门行政许可信息7181条，行政处罚信息5319条，建立自然人和社会法人信用信息基础数据库，为行政许可、社会管理、行政执法提供信用依据。

【政府机构改革深化】 2016年，区编办在借鉴如皋、宜兴、丹阳等改革先行地区经验的基础上，结合大丰实际，研究拟定大丰区检验检测机构整合方案。经区编委会研究，将全区相关检验检测职能进行整合，组建盐城市大丰区综合检验检测中心。按照加强妇幼保健和计划生育技术服务工作的改革部署，将妇幼保健所和区计划生育指导站进行整合，组建盐城市大丰区妇幼保健和计划生育指导所，实现卫生、计生的优势互补，为最大限度地提高广大育龄妇女、儿童的健康"保驾护航"。

【机构编制源头管理】 2016年，区编办严格执行中央关于财政供养人员只减不增的规定，努力实现编制管理"严控总量、盘活存量、增减平衡"的目标。继续严把人员入口，认真执行机构编制实名制管理规定，继续健全和完善党政机关在编人员数据库、机构编制管理台账，做到编制数、实有人数的一一对应。加强联动监督机制，充分发挥编办、组织、人事、财政等部门的协同作用，以编制为基础，形成机构编制与财政预算、工资核定、人员调配整体联动又相互制衡的刚性约束机制，进一步规范机构编制管理。

【事业单位管理】 2016年，区编办继续做好事业单位登记管理工作，印发《关于做好2015年度事业单位法人年度报告公示工作的通知》，按期完成全区376家事业单位年度报告公示及换发新证工作。开展全区事业单位法人公示信息抽查工作，印发《关于开展事业单位法人公示信息抽查工作的通知》，在教育、卫生、交通、水利等涉及民生事业发展的部门各随机抽取两家事业单位进行实地核查，进一步规范全区事业单位法人登记工作，维护了事业单位登记管理工作的严肃性和真实性。

【不动产登记整合】 2016年，区编办围绕不动产登记整合工作，会同国土、住建等部门开展不动产登记工作专题调研，在认真听取相关部门的意见建议，充分汲取外地成熟做法的基础上，形成大丰区不动产登记整合改革方案。5月25日，举行大丰区不动产登记中心揭牌暨不动产权证书首发仪式，仪式上大丰区第一张"不动产权证书"正式颁发。

【信用代码赋码工作开展】 2016年，按照上级部署要求，区编办印发《关于开展全区机关、编办直接管理机构编制的群众团体统一社会信用代码赋码工作的通知》，在全区62家党群机关中开展信用代码赋码工作，明确赋码的工作任务、发证范围、职责分工、办理程序，为全区建立覆盖全面、稳定且唯一的法人和其他组织统一社会信用代码制度奠定基础。

2016年10月27日，省编办领导调研大丰区国家级相对集中行政许可权改革试点工作 （单位供图）

【服务经济社会发展】 2016年，区编办紧扣全区经济社会发展热点，优化配置机构编制资源，服务发展大局。围绕加快教育事业发展，成立大丰港实验幼儿园、大丰区城东实验初级中学；为响应打造国家级全域旅游示范区的号召，做好中华麋鹿园旅游经济区管理机构成立、荷兰花海旅游度假区管理机构建制升格的向上报批等相关工作；为加强全区环保监管能力，增加区环保局行政编制8名；策应全面深化农村改革，实现农村产权流转交易市场健康发展，将区农工办下属的农村土地流转服务中心更名为农村产权交易服务中心。继续开展"编制收回"工作，年内收回原保安服务公司、陈李收费站等撤销整合、职能弱化部门的编制156名。

（周　荣）

保密工作

【概况】 2016年，大丰区保密工作紧扣年初工作安排，认真贯彻落实上级保密部门的工作部署和要求，扎实推进各项工作，较好地发挥"保安全、保发展、保和谐、保稳定"的职能作用，取得了较好的工作成效。大丰区被盐城市委、市政府表彰为2015~2016年度全市保密工作先进单位。

【组织领导】 2016年，大丰区国家保密工作局（简称区保密局）根据人事变动，按照"配齐、配强、配优"的原则，及时提请区委调整区委保密委员会成员。将保密工作责任制落实作为推动和促进保密工作的重点，区委保密委与全区科级以上领导干部签订保密工作责任书，明确党政主要领导、分管保密工作领导、分管业务工作领导的保密责任。组织科级以上领导干部填写《领导干部履行保密工作责任制考核检查表》，报告2016年度落实保密工作责任制情况。对照《机关、单位自查自评表》要求，对各单位保密工作开展情况进行考核打分，有力保证了保密工作各项措施的落实。

【保密宣传】 年内，区保密局以《中华人民共和国保守国家秘密法》颁布纪念日、保密法制宣传月、“12·4”全国法制宣传日等为契机，以“保密法”“保密法实施条例”及其配套法规为主要内容，利用横幅、板报、宣传标语及门户网站、微信、微博等平台，深入开展保密法制宣传教育活动。联合各镇、各部门开展保密法制宣传，重点突出网络安全和技术防范，增强了各级领导干部、机关工作人员的保密意识和防范能力。

【保密监管】 年内，区保密局加强涉密载体管理，完成2015年度各类涉密文件资料集中清理、回收、销毁工作，回收涉密文件1100份。联合区市场监督管理局、公安局等部门检查城区废旧物品收购站，未发现有涉密文件资料交易现象。加强网络保密管理，重点抓好政府信息公开保密审查工作，规范管理制度、审批流程和审查机制。组织开展机关、单位互联网门户网站等保密检查，对全区机关、单位互联网门户网站等刊登信息进行拉网式排查，严防泄密事件发生。

【国家统一考试】 年内，大丰区及时调整区国家统一考试保密领导小组、应急处置领导小组成员，并制订了周密、翔实的国家统一考试保密工作应急预案。联合公安、教育等部门检查区试卷保密室和各考点，重点检查各考点国家统一考试标准化教室、试卷保管室安全防护及监控设施状况、保密规章制度落实情况等，确保了普通学业水平测试、中高考的顺利进行。

（王一波）

台湾事务

【概况】 2016年，大丰区按照中央、省、市决策部署，准确把握对台工作的新形势新任务，以深化大丰台湾经贸合作为重点，加快推进台资产业集聚，加强台商权益保护，协助台资企业转型升级，扩大各领域的交流合作。全年共接待台胞台商团组参观考察11批200多人次，为赴台开展经贸、旅游、农渔业等交流活动的3批15人办理公务赴台手续。全年新增台资5家，协议台资4528万美元，实际到账959万美元。年内，麋鹿保护区被省台办命名为江苏省对台交流基地。

【省台办杨峰到大丰考察】 5月25日，省台办主任杨峰一行到大丰考察，重点考察江苏省对台交流基地——中华麋鹿园、大丰港集装箱码头等现场，详细了解对台交流工作情况，对大丰对台交流工作给予肯定，希望大丰能充分利用中华麋鹿园等对台交流基地在旅游、文化等方面的资源优势，积极开展对台交流，为加快对台交流交往新高地建设，融洽盐丰台两地民众感情，促进两岸关系和平发展发挥积极作用。

【台胞台商到大丰参观考察】 3月22日，台湾芝柏集团顾问、农业博士、台北市体育总会秘书长林克谟一行到大丰，考察大丰林场、大丰沿海林场、荷兰花海等地，重点考察林业种植，并达成初步合作意向。4月10日，台湾工商协进会、工商企业联合会、中小企业总会一行48人到大丰参观考察荷兰花海和麋鹿保护区，表示将进一步加大投资。6月13日，新北市三峡区、新店区里长联谊会到大丰考察荷兰花海和麋鹿保护区等地。7月27日，台湾迪园农业科技公司董事长林渊熙一行4人，实地考察大丰港集装箱码头、大丰港木材检验检疫无害化处理中心、木材产业园堆场，并与木材产业园洽谈交流合作事宜。9月11日，台湾省渔会理事长黄一成一行18人到大丰参观考察，考察斗龙港渔村养殖业、渔村总体规划、江苏省对台交流合作基地（麋鹿保护区），对大丰优美的生态环境和良好的渔业资源表示赞赏，表示了加强合作的期待。10月31日，新北市树林区里长联谊会到大丰考察。

【“海外台商江苏行”一行到大丰考察】 6月11日，在省台办海外处处长王艳的陪同下，来自美国、澳大利亚、新西兰等国的台商一行26人到大丰参观考察。客人参观了荷兰花海和麋鹿保护区等地，对大丰超常规发展旅游业的理念和独特的生态环境优势表示赞赏。

【参加两岸（盐城）电子信息产业合作推介会】 5月22~25日，两岸（盐城）电子信息产业合作推介会在盐城举行。24日，大丰区委常委董坤参加了推介会。台办工作人员全程参与接待重要客商，并现场发放招商资料，向客商宣传推介大丰，取得了良好的效果。

【黄正桂一行赴台湾开展农业招商活动】 4月17~23日，副区长黄正桂一行6人赴台湾开展农业招商活动，并于4月18日，参加盐城市委、市政府在台北举行的两岸（盐城）现代农渔业合作推介会。活动现场，大丰签约2个项目。分别为：丰收大地现代农业示范区管委会与台湾旺豆食品股份有限公司签订总投资2000万美元，年产2万吨果脯、馅料及植物蛋白饮品项目；木材产业园管理委员会与台湾盘锦包装有限公司签订总投资3亿元，年产20万立方米实木多层板项目。代表团一行还考察台中的台一农场、苗栗的飞牛牧场、宜兰的水草、香格里拉农场及嘉义的育品科技等现代农业现场。

【大丰港经济开发区组团赴台湾开展经贸活动】 3月27日，大丰港经济开发区主任褚国栋等7人赴台湾开展经贸洽谈活动。其间，参观台北大稻埕码头、葆旺公司、内湖自行车旗舰店等，实地考察六福村园区等企业，与新竹中强光电集团、台中YMA源川公司等企业进行会谈。此次活动对加快大丰港产业升级、推动台湾碳纤维项目尽快落户大丰港提供有力支持。

2016年5月,"大丰瓷刻"参加在台湾举办的江苏省非物质文化遗产精品展演月开幕式。图为省非物质文化遗产"大丰瓷刻"代表性传承人陈银付介绍其瓷刻作品
（单位供图）

【大丰瓷刻作品亮相台湾佛光山】 5月16日,"吴韵汉风·精彩江苏"非物质文化遗产精品展演月开幕式暨江苏传统艺术专场演出在台湾佛光山举行。"大丰瓷刻"参加展出。省非物质文化遗产"大丰瓷刻"代表性传承人陈银付介绍其瓷刻作品《麋鹿王》《墨梅》《吴冠中肖像》《葫芦圆福》《翱翔》《年年有余》的创作过程和艺术特色。凿刻技法与刀法巧妙结合、作品物象机理生动再现于瓷刻表面的大丰瓷刻,让台湾观众流连忘返。

（沈　滢）

机关党建

【概况】 2016年,区级机关工委围绕区委、区政府确定的目标任务,立足区级机关工作实际,精心搭建工作载体,着力创新工作方法,使区级机关党建工作位居全区基层党组织的前列。积极做好民兵整组、假期战备执勤等工作。加强与区总工会的联系沟通,切实维护下属工会人员的政治、经济、民主等合法权利。3月,区委组织部、区级机关工委联合命名136人为2016年度区级机关"党员示范岗"。7月1日,区委表彰15个区级机关先进基层党组织、57名优秀共产党员、15名优秀党务工作者。下半年,按照程序和要求,选举了21名出席区第十二次党代会代表和13名区人大代表。年内,对7人违纪问题予以立案,给予党内警告处分1人,党内严重警告处分4人。

【服务型基层党组织建设】 3月,区级机关工委召开服务型基层党组织建设暨机关党建工作会议,对全区服务型党组织建设做出部署。结合实际,编制《村(居)"服务型基层党组织"建设情况督查了解表》,采取"村村到"的模式,实地查看,一线指导,与基层党员干部面对面交流,纠正少数村级党组织不规范的做法,形成了多方联动为群众服务的格局,催生"共振"效应。

【"两学一做"学习教育】 年内,区级机关工委集中摸排中共党员基本信息、组织关系转接、流动情况等,摸清"口袋"党员、长期与党组织失去联系党员情况,梳理出2名失联党员;对在职、退休、流动党员等分别建立管理数据库,实现全覆盖。督促机关党组织抓好集中学习、个人自学,引导运用网络媒体、微信等平台开展学习。精选学习内容,深入学习革命先辈和先进典型人物事迹,吸取反面典型的深刻教训。指导各机关党组织开展知识竞赛、手抄党章、主题征文等活动。区检察院、区教育局、区司法局等单位开展了专题党课、专题讨论会等形式多样的学习活动,深化党章学习。6月23日,组织区直机关干部职工向遭受龙卷风和冰雹袭击的阜宁县和射阳县受灾群众捐款,通过慈善总会把140多万元捐款及物资送到灾区。

【"星期六党校"活动】 年内,区级机关工委召开座谈会,征求意见,出台《关于进一步推进"星期六党校"的意见》,创新推行"星期六党校"模式。在各系统筛选出20家示范机关党组织,派专人进行一线指导,对每期的活动方式和内容进行把关,在课件资源上优先考虑倾斜,强化示范引导,促进整体工作开展,增强学习的实效性。在大丰电视台、《大丰日报》开设专题栏目,组织参学单位主要负责人进行访谈,宣传报道各单位学习动态,宣传典型,发挥舆论引导作用。建立"周六督查,周一反馈"制度,组成督查指导小组,每周都安排电视台记者跟踪全程督查。"星期六党校"办公室专人负责学习教育活动的组织、协调、督查、指导及简报编印工作。

【"三服务"工作】 3月,区级机关工委会同区经信委印发《关于进一步做好科级干部挂钩服务企业工作的通知》,安排60个区直部门的426名在职科级干部挂钩服务全区426个规模以上工业企业,8月,印发《大丰区区直部门科级干部"'三服务'百日竞赛"活动的方案》,把服务责任落实到人。建立部门主要领导牵头、"周联系、旬活动、月反馈"以及困难问题收集梳理和交办机制。9月,抽调6人,用3天时间,了解科级干部"三服务"、下访干部、镇干部"六帮助"以及担任"两委"正职的大学生村官在岗情况。10月,就全区面上情况向区常委会作专题汇报。按月向职能部门以及镇(区)发出交办单。抽调人员成立专门办公室,对组织人事部门牵头推进的重点工作、重大活动进行协调服务,对企业需要帮助协调解决的问题以及“六帮助”情况进行汇总梳理，梳理出基层群众反映的主要问题733项，挂钩服务干部已帮助解决598项；未解决，需要交相关部门研究解决的问题135项，企业问题44项。

【“机关+农村”党组织联建】 年内，68个机关党组织与68个农村党组织形成结对帮扶，联建共创。年初与联建村签订“联建协议书”，对联建目标、义务责任书面明确，量化集体经济、人均收入、村容村貌、党建工作等指标，对贫困群众实行“一对一”帮带，组织村民定向培训，帮助掌握技能、增加就业等，改善农村道路、危桥、排水沟等基础设施建设。全年增加集体经济120万元，化解村级债务100万元，修建农桥13座，铺设道路195千米，获取项目23个。

【发展党员工作】 年内，区级机关工委对新发展党员严把入口关、审查关、考察关和责任关，严格按照要求，做好《发展党员内审材料》的记录。5月，区级机关工委组织36名机关党员发展对象理论考试、集中谈话。全年直接发展新党员19名，预备党员转正36名。

（王文昕）

老干部管理

【概况】 2016年，大丰区委老干部局认真贯彻落实全国和省、市离退休干部“双先”表彰大会和老干部工作会议精神，及国家、省、市相关文件要求，把为党和人民事业增添正能量作为老干部工作的价值取向，以“新、实、优、活、严”五个字为落脚点，用心用情做好老干部工作，老干部服务管理工作取得新成效。

【老干部党支部建设】 2016年，大丰区委老干部局按照全面从严治党的要求，全区76个离退休干部党支部书记达到年纪相对较轻、党性原则较强、个人威信较高、有乐于奉献精

2016年，大丰区76个离退休干部党支部书记，均达到年纪相对较轻、党性原则较强、个人威信较高、有乐于奉献精神的标准。图为全区老干部党支部书记集中学习

神的标准。积极探索“一方隶属，多方管理”的党建工作新机制，有较多在市区安家的老干部的镇在市区设立党小组，协助零星分散在各社区的老干部在相关社区落实党组织关系，帮助易地安置的离休干部及时在当地落实党组织关系。各老干部支部常态化开展“三会一课”。七一前夕，各老干部党支部普遍开展“六个一”（召开庆祝中国共产党建党95周年和纪念长征胜利80周年专题支部会议；邀请单位负责人作一次形势报告；老干部支部书记讲一堂党课；开展一次忆往昔、看今朝、谈发展专题讨论；排演一台或观看一场颂党爱党的文艺节目；组织一次“重温入党誓词，铭记历史责任”宣誓活动）活动。帮助老干部老党员全面领会中央精神，准确把握省、盐城及大丰区的新部署新要求，及时了解经济社会发展的新形势，引导老干部老党员在思想上、政治上、行动上自觉与以习近平总书记为核心的党中央保持高度一致。及时组织召开全区老干部党支部书记学习十八届六中全会精神专题培训会。

【老干部政治生活待遇落实】 2016年，大丰区认真落实老干部的政治和生活待遇，老干部的节庆慰问、参观考察、医疗就诊、报刊订阅、参加会议等各项待遇落实到位。全年走访慰问离退休老干部426人次、离休干部遗属221人次，组织四套班子老领导、部分离退休干部、老干部党支部书记和老年大学学员参观考察活动682人次，帮助订阅《银潮》《离退休干部党支部学习参考》等报刊1126份，组织形势报告会和学习培训会5场。针对离休干部年龄越来越大，离退休干部进城下乡、易地落户越来越多的新情况，重抓以“五个延伸”（服务的基础设施向基层社区延伸，公共服务资源向基层社区延伸，老干部“两项建设”向基层社区延伸，文化养老理念向基层社区延伸，涉老社团组织向基层社区延伸）为主要内容的离退休干部“四就近”（就近学习、就近活动、就近得到关心照顾、就近发挥作用）服务工作。节庆慰问均由区领导和单位主要负责人带队，对全部离休干部“双无”（无工作、无固定收入）遗属落实医保，及时帮助协调解决老干部生活中的困难，做到精准帮扶。在市区居家养老服务中心签约的离休干部，做到呼叫信息及时接通，一般问题当日解决，特殊问题跟踪协调。新丰镇裕北社区和市区浦江名苑小区作为省级服务离退休干部精品社区和示范社区，服务水平进一步提高。全年慰问住院离退休老干部215人次，安排90岁生日祝寿11人，吊唁去世老干部35人。对异

地安置在外地的离休干部探视做到全覆盖。

【老干部文化体育活动开展】 年内，新建的老干部活动中心各项休闲、健身、娱乐、学习功能全面升级，全天候开放。老年大学从课程设置、教学计划的制订、教师选聘到教学设备调试、环境布置、室内外保洁等均做到标准规范。开通专线班车，定时定点接送，解决新中心搬迁后老干部到中心活动和上学的交通问题。按照"老有所学、老有所乐、老有所为"的要求，组织开展活动，帮助老干部定计划、组队伍，做好后勤服务工作，安排参观、学习、采风，展示作品，组织文娱表演，开展体育比赛等。组织全区老干部党支部书记和区老年大学学员开展西郊梅园踏青和赏梅、拍梅、写梅、咏梅、画梅活动，并将作品整理结集。正常与兄弟县市的老干部开展文体交流，除周活动和月比赛外，全年服务有老干部参加规模化门球比赛6次。

【老干部作用发挥】 年内，区委老干部局紧贴老干部的特点，组织老干部担当"五大员"（党委的宣传员、政府的参议员、社区的调解员、中小学生的辅导员、青年创业者的教导员），多渠道拓展，发挥正能量。组织开展"夕阳生金辉、厚德耀盐城、增添正能量"和"立家规、正家风"主题活动，征集"忆往昔、看今朝、谈发展"主题征文53篇，评选表彰"正能量之星"24名，《大丰日报》两次专版刊发。区退休干部协会组建的南山艺术团登上省电视台的老年春晚，应邀赴京参加全国中老年电视春节联欢晚会。新丰镇的银色年华艺术团结合政治时事、地方新事，编排表演弘扬主旋律的文娱节目。区老区开发促进会、区关心下一代工作委员会和区扶贫开发协会围绕农村经济社会发展，开展调查研究，积极建言献策。区委统战部离休干部夏桂林开讲革命传统教育20多场次，听众近万人，2016年被评为盐城市老干部"学习之星"；新丰镇老干部党支部组织老干部与大学生村官形成结对帮扶小组，为荷兰花海提供优质花卉苗木；许多老干部发挥经验丰富的优势，积极参与社区邻里的矛盾纠纷调处工作，共建和谐社会。

【老干部工作队伍建设】 年内，区委老干部局利用星期六党校和支部生活会，认真学习习总书记重要讲话精神，深刻认识新形势下做好老干部工作的重要意义，培养爱岗敬业精神。按照"讲政治、重感情、业务精、作风好、老同志信得过"的要求，开展教育培训、岗位练兵、实践锻炼，努力打造作风精良的工作队伍。年内，区委老干部局工作人员政治意识、责任意识、服务意识进一步增强，做到了让组织放心、让老干部满意。

（汪　锋）

党　校

【概况】 2016年，中共盐城市大丰区委党校深入学习贯彻全国、全省、盐城市党校工作会议精神及《关于加强和改进新形势下党校工作的意见》，紧扣区委中心工作，紧抓干部培训主业，扎实开展"两学一做"学习教育，开拓创新，进取担当，各项工作取得新进展。年底，区委党校被盐城市委党校授予全市党校系统工作创新二等奖、被区委、区政府授予服务发展创新创优和深化改革工作奖等。

【"两学一做"学习教育开展】 年内，区委党校按照中央和省、市、区委统一部署，科学谋划"两学一做"学习教育，突出深学实做。学校研究制订实施方案，组织开展"手抄党章百日行动"，围绕"新时期共产党员思想行为规范""学习系列讲话、强化'四个意识'"和"做'四讲四有'合格党员"开展大讨论。坚持问题导向，党员干部深入开展党性分析，做到边学边改、边做边改。通过常态化学习教育，增强了党员干部"四个意识"，夯实了理想信念。

【党员干部培训轮训】 年内，区委党校认真贯彻落实中共中央《关于加强和改进新形势下党校工作的意见》，严格执行党的理论教育和党性教育在教学安排中不低于总课时70%的要求，全年举办科级干部、村党组织书记学习十八届五中全会轮训班、浦东干部学院能力提升培训班等14期，培训党员干部2500人。成立"巡回宣讲小分队"，选拔优秀教师深入镇、部门、园区开展理论辅导近30场。与盐城市委党校联合开展"党校流动讲堂"义务宣讲进基层活动，走进金丰街道办、同德村、良好村、狮子口村和三新村，为基层党员干部送去"两学一做"主题党课。学校抓好现场教学基地建设，精心打造"红+绿+蓝+X"的现场教学特色模块，推进"五个一"（一个基地、一名老师、一个解说词、一个PPT、一笔经费）现场教学模式，全年接待坦桑尼亚革命党、苏丹全国大会党、省委党校、环保部等20多批1000多人次到大丰进行现场教学、参观考察，全方位、多角度宣讲"大丰经验"，传播"大丰名片"。

【调研科研成果】 年内，区委党校完善教科研一体化机制，以教学带科研，以科研促教学，形成良性互动，协调发展，整体科研实力不断提升。《新时期县级党校党性教育路径探讨》《大丰"十三五"规划下旅游发展战略研究》等4项课题顺利结项。围绕区委、区政府中心工作，组织申报省委党校《创新引领下的县域人才工作环境调研》、盐城党校《大丰区616人才工作环境调研》等4项课题，立项数量居盐城同行前列。区党代会结束后，根据省委第十三次党代会及大丰区"十三五"期间工作重点难点，分解党代会课题列表，着力开展对策性、应用性和前瞻性研究。

【人才强校】 年内，区委党校坚持人才强校战略，大力实施"三名工程"（名校、名师、名课）和"青蓝工程"（新教师、老教师结对）。选派多名教师赴中央党校、浦东干部学院、省委党校、清华大学、浙江大学等地学习进修，跟班观摩。开展教学研讨活动，组织教师围绕“两学一做”科学选题，备课试讲，形成教学新课题40个。组织教师到泰兴党校、昆山党校、白驹狮子口、丰收大地、同德村、大丰港等单位调研考察，增强才干。选派3名青年教师，参加盐城市党校系统现场教学比赛，取得较好成绩。

【农民培训】 2016年，区农业干部学校按照全区农村工作会议“大力培育新型职业农民，培养造就一大批农村生产、经营和管理等实用人才”的新要求。组织学员赴山东省寿光市、连云港东海县、上海奉贤等地参观学习。全年举办农业职业技能培训班47期，培训6904人，获培训项目资金198万元，超额完成培训任务。

（孟　凯）

党　史

【概况】 2016年，中共盐城市大丰区委党史工作办公室（简称区委党史办）认真履行党史调研、发掘、宣传等职能，充分发挥党史“存史、资政、育人”的作用，承办了江苏省党史系统“十三五”党史工作座谈会（盐城片）；与大丰区委党校等单位联合策划反映大丰拓荒兴垦滩涂开发历史的小说《拉开大丰帷幕》。区委党史办与相关单位联合摄制的电视纪录片《蛟龙出海——中共早期海上武装抗战风云》，获江苏省委党史工作办公室党史优秀成果奖、盐城市委党史工作办公室优秀党史成果一等奖；编纂的《中国人民海军初创时期海防史迹》，获盐城市委党史工作办公室优秀党史成果特等奖。

【《中国人民海军初创时期海防史迹》出版】 8月，区委党史办编纂的《中国人民海军初创时期海防史迹》出版。全书750页，约60万字，系统地甄别和梳理当事人的回忆、亲历者的自述、档案等历史资料，记载了抗日战争、解放战争以及建国初期3个时期南起杭州湾，北至胶州湾等21个中共早期海上武装力量酝酿、诞生、发展的历程，厘清了人民海军创建历程，填补了中国人民解放军海军史研究的空白。

【纪录片《蛟龙出海——中共早期海上武装抗战风云》评审会举办】 3月4日，区委党史办组织专家学者举办电视纪录片《蛟龙出海》评审会。该片由区委组织部、区委宣传部、区委党史办、区委党校、区人武部、区文化广电新闻出版局、区民政局联合摄制，主要反映新四军海防总队诞生在大丰区三龙镇的史实。评审会上，来自江苏省委党史工作办公室、中国人民解放军海军军事学术研究所、中国新四军和华中抗日根据地研究会、北京新四军暨华中抗日根据地研究会等单位的专家学者认为，此纪录片是一部主题鲜明、内容丰富、史料准确，融思想性、艺术性、观赏性于一体的精品力作，并提出了一些建议和意见。春节期间，《蛟龙出海——中共早期海上武装抗战风云》在大丰电视台播放，反响较好。

2016年3月4日，大丰区委党史办组织专家学者评审电视纪录片《蛟龙出海》

【省党史系统座谈会（盐城片）召开】 11月9日，江苏省党史系统党史工作座谈会（盐城片）在大丰区召开。江苏省委党史工作办公室副主任赵一心出席会议。盐城市各县（市、区）党史工作办公室负责人就“十三五”期间如何做好党史工作等问题进行深入探讨。与会人员一致认为：党史工作必须始终坚持“党史姓党”的原则，切实强化政治意识、大局意识、核心意识和看齐意识，充分发挥党史资源大省的独特优势，深化研究，深入挖掘和利用宝贵党史资源，打造出更多党史精品。

（谢竹青）

档　案

【概况】 2016年，大丰区档案局立足档案工作实际，以新馆建成启用为契机，着力夯实档案基础工作，加大全区到期档案进馆力度，提升档案服务水平，取得了显著成效。年底，区档案局被省档案局表彰为2011~2015年度全省档案工作先进集体、全省档案宣传工作先进集体一等奖，被盐城市委宣传部、市文明办、市总工会联合表彰为五一文明示范岗，被区委、区政府授予综合先进奖。

【档案馆新馆启用】 1月，档案新馆建成启用。新馆建筑面积12000平方米，总投资7500万元，设有查档服务中心、政务信息公开中心、机关文档中心、陈列展览厅、多功能厅等。馆内库房容积5500立方米，配有智能控制系统，可实现温湿度控制、安防监控、电子门禁管理、电源管理和消防控制。新馆配备现代化的机房和数字档案馆软硬件设备，可提供系统的档案管理和方便快捷的查档服务。

2016年12月8日，大丰档案馆通过省AAAA级数字档案馆测评，成为苏北地区首家以及唯一的一家省级数字档案馆

【档案进馆推进顺利】 针对大丰文字档案已有28年没有进馆的实际情况，2016年，大丰档案馆人员分成3个小组，对全区各立档单位进行档案规范整理和进馆指导工作。至年底，有71家立档单位的2003年之前的档案，完成档案整理、目录输入、全文扫描和全宗介绍的编制，并进馆；完成2004~2014年档案规范整理、全文数字化工作。

【档案业务指导】 2016年，区档案局进一步规范全区87家立档单位档案的管理，指导并建起了规范的档案室；培植了8家省档案星级工作单位。多次到企业进行档案业务培训，指导腾龙集团等27个企业建起规范的档案室。全年两次召开全区档案工作会议，并在会后组织档案员培训。组织"兰台杯"档案知识竞赛，邀请省档案局局长谢波等领导为嘉宾。大丰电视台全程录像并播出，增强了全民的档案意识。

【馆藏文书档案数字化】 2016年，区档案局以新馆搬迁为契机，进一步整理馆藏档案，并在新的档案管理软件中进行数据核对工作。至年底，共有馆藏档案189个全宗，文书档案87841卷、69973件，资料17321册，照片档案3211张，各种检索工具1264本，机读目录160多万条。馆藏文书档案全部实现数字化，共扫描900多万页。

【苏北首家省级数字档案馆建成】 在多年努力的基础上，2016年，区档案局进一步加大投入，强力推进，利用区政府政务网，搭建档案馆室一体化平台，年底有60多家单位开通馆室一体化网。12月8日，大丰档案馆通过省AAAA级数字档案馆测评，成为苏北地区首家以及唯一的一家省级数字档案馆，为大丰"智慧档案馆"和大丰"智慧城市"的建设奠定基础。

【库房安全管理】 年初，区档案局制定详细的库房管理制度，采用智能管理系统，对库房的温度、湿度、消毒、通风、防盗、消防等进行智能化管理，安排档案局和物业人员24小时值班，确保了档案资料的安全。

【档案服务创新】 2016年，区档案局以档案新馆启用为契机，开创档案"三二一"（三声、二站、一双手）服务模式，统一规范文明服务用语，作出公开承诺，预约服务365天、24小时。利用大丰档案网、触摸查询系统等平台，及时公布开放信息和工作动态，多渠道与群众互动并解答相关问题。借助新的查档接待系统，简化查档流程，提高了查档效率。全年接待查档人员3500多人次，调阅档案3800多卷（件），提供复印件5600多页；为社会弱势群体开辟查档绿色通道50多人次；为100多个单位编史修志、政务公开信息查阅等提供优质服务，赢得查档人的好评。

【档案征集编研】 年初，区档案局提请区委办、政府办印发《大丰区档案馆收集档案范围实施细则》，有重点向区委、区人大、区政府、区政协及区文广新局等单位发出征集珍贵档案资料函，征集到《吴王故里·我徕西团》等珍贵档案资料。完成或协助完成以"中国共产党在大丰"为主题的展厅招标、设计、制作、安装及纠错工作，完成3个视频素材的收集与制作，确保了展厅的顺利验收并启用。组织推荐上报了区政协、党史办、卫计委等单位近期的编研成果。4月，大丰区政协编撰的《施耐庵研究论文集粹》、《施耐庵研究资料汇编》、《大丰市文史资料》第十七集和党史办编撰的《新四军与大丰》分别获省档案文化精品奖三等奖，卫计委编撰的《大丰市卫生志》获省档案文化精品奖优秀奖。

【省级中小学档案教育社会实践基地创建】 3月，区档案局建成"中国共产党在大丰"主题展厅和"弘扬中华传统美德"主题文化长廊。全年积极做好争创省级中小学档案教育社会实践基地的各项准备工作，与教育部门及相关学校签订10多份协议，定期让中小学生到档案馆学习档案知识，感受档案文化，了解大丰历史，为中小学生和全区人民群众提供了爱国主义教育的场所和生动教材，为2018年创建奠定基础。

（冯永生）

〖编辑　刘洪芳〗

盐城市大丰区人民代表大会

综 述

2016年，盐城市大丰区第十四届人大常委会（以下简称区人大常委会）以中共十八大和十八届三中、四中、五中、六中全会精神为指导，深入贯彻落实习近平总书记系列重要讲话精神，紧扣区委工作中心，服务发展大局，忠实履行宪法和法律赋予的职责。全年听取和审议“一府两院”专项工作报告26项，作出决议、决定10项，组织视察、执法检查35次，任免国家机关工作人员36人次。

围绕中心，依法履行工作职责。区人大常委会紧扣区委中心部署，主动适应经济发展新常态，发挥职能作用，着力凝聚改革发展强大合力。围绕经济社会发展重点工作开展监督。围绕“十三五”规划纲要及全区经济工作目标，听取和审议国民经济和社会发展计划执行情况报告，持续关注新产业发展、沿海开发开放、重大项目招引；听取和审议区域合作共建园区、促进科技成果转化、生态休闲旅游发展、滩涂综合开发利用、农业龙头企业发展、农村土地确权发证、畜牧业生产等工作情况报告，组织委员代表开展视察；对政府投资项目绩效、农业加工企业发展等进行专题调研，积极献言献策，推动经济稳健增长。围绕预算审查开展监督，听取和审议财政预决算和审计工作情况报告，建立审计查出问题整改情况向常委会报告机制；深化全口径预决算审查监督，依法开展预算初审并在人代会上进行专题审议，实现一般公共预算、政府性基金预算、国有资本经营预算、社会保险基金预算全部提交人代会审查；强化镇级人大预决算审查监督指导，出台专门意见逐步规范镇级财政预算监督工作。围绕推进依法治区开展监督，持续跟踪推进《江苏省物业管理条例》《中华人民共和国农产品质量安全法》执法检查审议意见的落实整改，对《中华人民共和国老年人权益保障法》《大丰区生态文明建设规划（2015-2021）》贯彻实施情况进行执法检查，配合上级人大开展《中华人民共和国食品安全法》执法检查和湿地保护立法调研等活动，组织学习《中华人民共和国安全生产法》《畜禽规模养殖污染防治条例》等法律法规，举办《中华人民共和国消费者权益保护法》《中华人民共和国民事诉讼法》等法制讲座；听取和审议法院行政审判、检察院职务犯罪预防工作情况报告；审议出台《关于加强财政预算决算审查监督的暂行办法》《关于许可对区人大代表采取限制人身自由措施的办法》；依法对区交通运输局、地税局开展专项工作评议，备案审查区政府规范性文件，进一步推进依法行政、公正司法，维护法治统一。围绕民生热点难点开展监督，持续关注饮用水安全、社会老龄化等热点难点，推动政府办好实事工程；围绕美丽乡村建设、文化惠民工程推进、房地产市场和保障性住房建设、镇村公路网络完善、扶贫工作等开展监督，推动优质公共服务全民共享；做好群众来信来访工作，全年收到来信51件，接待来访50人次，促进社会和谐稳定。

强化服务，充分发挥代表作用。积极开展代表活动，全面推进“双联系”（常委会组成人员联系代表、代表联系选民）、“双接待”（主任接待代表、代表接待选民）活动的开展，组织代表访选民、听意见、提建议，发挥代表桥梁纽带作用；丰富代表小组活动，按照每季度至少一次的要求，确保各层级代表活动组织到位；开展“建设幸福大丰、争当模范代表”主题实践活动，激发代表服务企业、帮贫扶困、兴办实事的主动性、积极性；开展代表向选民述职活动和驻丰盐城市人大代表向区人大常委会报告履职情况，实现届内市区镇三级代表述职全覆盖；大幅增加代表列席常委会、参加常委会活动的频次和人次，推进常委会与代表双向互动。强化议案建议督办，组织代表开展会前培训和视察调研，开展优秀议案建议评选表彰活动，提高代表议案建议质量；完善提升常委会领导领衔督办、工委对口督办、整体面上督办“三维督办”机制，强化办前、办中、办后公示，采取召开催办会、听取办理大户情况汇报、电话抽查、代表视察等形式，督促承办单位提高办成率。依法组织换届选举，常委会成立区镇人大换届选举工作机构，及时作出决定，广泛发动宣传，全面依法登记核对，公开民主推荐确定候选人，规范组织介绍，依法投票选举，圆满完成各阶段工作任务，选举产生新一届区人大代表276名，镇人大代表939名，代表素质和结构进一步优化。

强基固本，努力提高履职水平。突出方式创新。探索专题询问与执法检查、部门评议相结合的新思路，拓展询问的深度和广度；转变工作评议侧重点，广泛听取意见，推动部门工作质效提升；扩大审议意见落实情况满意度测评结果公开范围，提高测评结果效用性。强化区镇联动。加强对镇级人大工作指导，每季召开一次例会，完善常委会领导联系镇（区）人大机制；实行执法检查、专项工作评议上下联动，提升镇人大对区人大常委会工作的参与度，带动镇级人大工作有效开展；注重镇级人大规范化建设，以规范"组织建设、工作机制、会议召开、工作开展"为切入点，促进镇（区）人大工作依法规范。规范制度建设。制定法制、财政经济专门委员会工作职责和议事规则，专委工作依法、规范、有序开展；对区人大常委会30多项制度进行回头看，整理汇编成册，形成一套内容全面的制度体系，使常委会在组织形式、议事方式、监督机制和程序运转等各个方面，都有法可依、有章可循。加强调查研究。通过调研了解民情、反映实际、提出建议，形成各类调研报告近50篇；以开展调研好成果、新闻好稿件、摄影好作品"三好评比"活动为载体，围绕产业层次提升、镇村经济发展等开展调研，多篇调研报告获区委、区政府主要领导批转；优化大丰人大网，加快更新"大丰人大发布"，精心策划《大丰日报》"人大之声"专版，编辑出版《大丰人大志》《使命》，扩大人大影响力。注重能力建设。认真贯彻落实中央、省市区委关于县乡人大工作和建设的系列文件精神，重点学习新修订的《中华人民共和国地方各级人民代表大会和地方各级人民政府组织法》《中华人民共和国选举法》《中华人民共和国全国人民代表大会和地方各级人民代表大会代表法》，围绕法治建设、新业态等主题邀请专家学者到大丰授课，组织常委会组成人员、镇区人大代表到先进地区学习预算审查监督、镇人大规范化建设，提升履职能力和水平；主动参与区委中心工作，做好服务企业、服务代表、服务群众、服务老干部等工作，增强服务发展的本领；深入开展"两学一做"专题教育，完善机关内部管理制度，严格执行作风建设的各项规定，树立勤政务实、廉洁高效的良好形象。

人大重要会议与活动

【大丰区第十四届人民代表大会第五次会议】 1月7~9日，大丰区第十四届人民代表大会第五次会议在城区举行。会议应到代表273名，实到263名，因事因病请假10名。应邀列席会议的有：出席区十三届政协五次会议的全体委员；不是区人大代表的区四套班子领导，区四套班子离退休人员，区人大常委会各委、室副主任，"两区"人大工作联络处负责人，区人民法院副院长、区人民检察院副检察长；区直党政部门党政主要负责人；垂直单位党政主要负责人；各区（园）主要负责人；镇人大负责人、镇长；驻丰厂场、部队及办事机构主要负责人；在大丰的省人大代表、部分盐城市人大代表。

会议听取和审议区人民政府代区长宋勇作的《政府工作报告》；审查和批准区国民经济和社会发展第十三个五年规划纲要；审查和批准区2015年国民经济和社会发展计划执行情况的报告与2016年国民经济和社会发展计划；审查和批准区2015年财政预算执行情况的报告和2016年财政预算；听取和审议区十四届人大常委会主任吴家祥作的《区人大常委会工作报告》、区人民法院代院长朱亮作的《区人民法院工作报告》、区人民检察院检察长张春山作的《区人民检察院工作报告》；审议区人民政府关于区十四届人民代表大会第四次会议期间代表议案及建议、批评和意见办理情况的报告；审议通过《关于设立盐城市大丰区第十四届人民代表大会法制委员会、财政经济委员会的决定》，审议通过大会《专门委员会组成人员人选的通过办法》和《选举办法》；审议通过关于接受夏继永辞职请求的决定，选举宋勇为大丰区人民政府区长，赵晓庆为大丰区第十四届人大常委会副主任，朱亮为大丰区人民法院院长，李勇、杨海慧为大丰区第十四届人大常委会委员。会议期间，大会秘书处组织部分

2016年1月9日，大丰区第十四届人民代表大会第五次会议进行投票选举　　李方然　摄

代表围绕“财政预算编制”开展专题审议。

大会预备会作了个别代表资格审查报告，表彰2014~2015年十佳模范代表、代表先进小组及优秀议案建议。全体代表投票推选2016年接受专项工作评议的区政府部门。

大会闭幕前，中共盐城市委常委、大丰区委书记倪峰作了题为《向着强富美高新大丰迈进》的重要讲话。

【区人大常委会会议】 2016年，区人大常委会共召开8次会议。

第35次会议于3月2日召开，会议通报区人大常委会2016年重点工作安排，进行有关人事任免事项。

第36次会议于3月25日召开，会议对区十四届人大五次会议代表议案（关于实施全民健身战略，提升群众健康水平）作出交办意见；听取和审议区政府关于文化惠民工程建设情况报告；听取和审议区政府关于农业龙头企业发展情况报告；听取区环保局、供电公司关于专项工作评议意见整改落实情况汇报，并进行满意度测评。会议举行《中华人民共和国消费者权益保护法》法治讲座。

第37次会议于5月27日召开，会议听取和审议区政府关于《大丰区生态文明建设规划（2015~2021）》推进落实情况报告；听取和审议区法院关于行政审判工作情况报告；听取和审议区政府关于滩涂综合开发利用情况报告；听取区政府关于《中华人民共和国农产品质量安全法》执法检查报告审议意见落实情况汇报，并进行满意度测评。

第38次会议于6月13日召开，会议传达区委常委扩大会议和区委中心组学习会精神，进行有关人事任免事项。

第39次会议于7月27日召开，会议听取和审议区政府关于上半年国民经济和社会发展计划执行情况的报告；听取和审议区政府2015年区本级财政决算（草案）的报告，并作出决议；听取和审议区审计局关于2015年区本级财政预算执行和其他财政收支情况的审计报告；听取和审议区政府关于大丰区十四届人大五次会议期间代表建议、批评和意见办理情况的报告；对区交通运输局、地税局专项工作进行评议；进行有关人事任免事项。

第40次会议于9月30日召开，会议听取和审议区政府关于大丰区交通基础设施建设的情况报告；听取和审议区政府关于区十四届人大五次会议代表议案办理情况的报告；听取和审议大丰区人大常委会执法检查组关于《中华人民共和国老年人权益保障法》执法检查的报告；审议通过区镇人大换届选举的5个决定；审议通过《盐城市大丰区人民代表大会常务委员会关于许可对区人大代表采取限制人身自由措施的办法（试行）》。

第41次会议于11月29日召开，会议听取区政府关于《大丰区生态文明建设规划（2015~2021）》推进落实情况、滩涂综合开发利用情况、区法院行政审判工作报告审议意见落实情况汇报；听取区交通运输局、地税局专项工作评议意见落实情况汇报，并进行满意度测评；听取和审议2016年区本级财政预算1~10月执行情况和预算调整情况的报告，并作出决议；听取2015年区本级财政预算执行情况和其他财政收支审计查出问题整改落实情况的报告；听取和审议区检察院关于职务犯罪预防工作情况报告；听取和审议区政府关于房地产市场和保障性住房建设情况报告。

第42次会议于12月29日召开，会议审议通过关于开展第七个五年法治宣传教育的决议；审议通过关于召开大丰区十五届人民代表大会第一次会议的计划，并作出相关决定；进行有关人事任免事项。

【区人大常委会主任会议】 2016年，区人大常委会共召开12次主任会议。

第52次主任会议于3月21日召开，会议听取区政府关于代表建议交办情况、建议交办会准备情况汇报；听取第36次常委会议题调查准备的情况汇报，研究确定常委会召开时间等事项；研究确定2016年接受区人大常委会专项工作评议的区政府部门。

第53次主任会议于4月28日召开，会议听取区政府关于完善镇村公路网络建设的情况汇报；讨论通过关于对区交通运输局、地税局专项工作评议的实施方案。

第54次主任会议于5月23日召开，会议听取区十四届人大常委会第32次会议议题调查准备工作的情况汇报，研究确定常委会召开时间等事项。

第55次主任会议于6月20日召开，会议听取区政府关于大丰区生态休闲旅游发展的情况汇报；听取重点建议督办情况的汇报；听取工委对口督办议案建设的情况汇报。

第56次主任会议于7月21日召开，会议听取区人大常委会第39次会议议题调查情况的汇报，研究确定常委会召开时间等事项；讨论通过关于开展《中华人民共和国老年人权益保障法》执法检查的实施方案。

第57次主任会议于8月24日召开，会议听取区政府关于农村土地确权发证工作的情况汇报。

第58次主任会议于9月21日召开，会议听取区人大常委会第40次会议议题调查情况的汇报，研究确定常委会召开时间等事项。

第59次主任会议于10月20日召开，会议听取区政府关于全区镇村债务控减情况、大丰区促进科技成果转化工作情况的汇报；听取区政府关于农业龙头企业发展和文化惠民工程审议意见的落实情况汇报；听取并研究优秀代表议案建议评选工作情况。

第60次主任会议于11月21日召开，会议听取区人大常委会第41次会议议题调查情况的汇报，研究确定常委会召开时间等事项；听取并研究人大“三好评比”（调研好成果、新闻好稿件、摄影好作品）的有关情况；讨论通过《关于加强镇级人大预算审查监督工作的指导意见》。

第61次主任会议于12月8日召

开，会议讨论通过关于接受吴家祥等61人辞去大丰区区镇选举委员会职务请求的决定。

第62次主任会议于12月16日召开，会议讨论研究区政府提请审议大丰经济开发区北区的建设工程项目资金列入政府体制内支出预算事项。

第63次主任会议于12月26日召开，会议听取区政府关于全区扶贫工作和城乡困难群众冬春生活安排情况的汇报；听取区十四届人大常委会第42次会议议题准备情况汇报，研究确定常委会召开时间等事项。

【人大换届选举】 2016年，区人大常委会依法规范开展区、镇两级人大换届选举工作。4月召开部署会，组织多轮次调研，了解基层实际，谋划区镇两级人大换届选举工作。逐层建立换届选举领导班子，召开全区动员会、各阶段转段会、区选举委员会和选举办公室会议，多层次开展业务培训，提高选举工作人员业务水平、责任意识。严肃换届纪律，层层签订责任书，确保责任落实"无盲点"。加强宣传，造浓换届选举工作氛围，依法规范开展选民登记核对，确保"不漏、不重、不错"。会同和配合党委组织等部门，严格代表候选人提名推荐、考察审查和协商确定工作，严把代表"入口关"。依照规范要求，组织代表候选人与选民见面和投票选举，区镇1700多名代表候选人均参加见面活动，所有区镇选区均一次选举成功。坚持审查"关口"前移，重点从各选区选举是否符合法律规定等6个方面组织代表资格审查活动。通过区镇联动、集中授课等方式，开展区镇新任代表培训工作，顺利召开区镇新一届人大一次会议。

这次换届选举，大丰区选举产生区第十五届人民代表大会代表276名、镇人民代表大会代表939名。大丰区第十五届人大一次会议依法选举产生区人大常委会组成人员35名，法制和财政经济委员会组成人员各7名，区政府领导班子成员7名，区人民法院、检察院主要负责人各1名，出席盐城市第八届人民代表大会代表52名；12个镇的新一届人大一次会议上依法选举产生镇级国家机关领导人员83名。

人大各专门委员会

【法制委员会】 2016年，区人大法制委员会以宪法和法律为依据，以维护司法公正和公正司法、促进全民守法为目标，围绕区委重大决策部署，依法履职，完成各项工作任务。组织调研讨论《江苏省实施〈中华人民共和国村民委员会组织法〉办法（修订草案）》《盐城市扬尘污染防治管理条例（草案）》《盐城市大丰区建筑业务工人员工伤保险实施办法》，提出"村民委员会成员、村务监督委员会成员和村民小组长连续两次被评议不称职的，其职务自行终止"等修改建议；开展《中华人民共和国老年人权益保障法》执法检查，推进审议意见贯彻落实，完善规范性文件备案审查流程，推进备案审查制度步入规范化轨道；9月19日，召开大丰区人大法制委员会第一次会议，专题讨论盐城市人大常委会2017~2021年立法规划及2017年立法计划项目建议。法制委员会注重引导、组织委员下基层、听民意，了解基层立法需求；注重拓宽委员参与立法途径，组织委员审议区人大常委会通过的对区人大代表采取限制人身自由措施许可办法的调研论证；组织业务学习，开展相关调查研究，多措并举增强委员履职能力。

【财政经济委员会】 2016年，区人大财政经济委员会针对新的机构设置，制定工作职责、议事规则等制度，定期召开全体委员会议，组织学习人大知识、财经业务知识以及《中华人民共和国预算法》等法律法规，审议计划预算监督有关事项，提升履职能力。在常委会听取审议全区国民经济和社会发展计划执行情况报告前，深入重点经济部门、镇、区园、企业开展视察，及时向常委会提交调研报告。策应区委推进镇村经济发展和化解镇村债务的工作部署，赴周边县市考察学习，积极提出建议。视察调研共建园区发展、新产业新业态发展等，为推动全区经济稳健发展献计献策。围绕《中华人民共和国预算法》的贯彻实施，完善审查监督机制，在学习调研基础上，提出加强财政预算决算审查监督暂行办法征求意见稿。开展预算初审，组建初审小组，审查区本级全口径预算及有关重点部门预算的初步方案。密切关注审计查出问题整改工作，听取审计查出问题整改落实情况汇报。根据《中华人民

2016年10月8日，大丰区召开区镇两级人大换届选举工作会议
李方然 摄

共和国预算法》和《江苏省乡镇人民代表大会工作条例》有关要求，起草加强镇级人大预算审查监督工作指导意见及镇人大预算审查监督办法建议稿，专题召开推进座谈会，促进镇级预算审查监督工作规范化开展。

人大常委会各委室

【人事代表联络工作委员会】 2016年，人事代表联络工作委员会创新工作机制，提升工作实效，较好地完成全年工作任务。开展代表活动，出台年度代表活动意见，指导各小组制订活动计划，定期组织督查。代表活动"围绕一项重点议题、形成一项成果、助推一项工作"，注重活动实效，各代表小组围绕镇村经济发展、旅游开发、农村畜禽养殖污染治理等形成调研报告20余篇。人大常委会领导带头示范、全体委员积极参与，推动常委会组成人员联系代表、代表联系选民活动定期化、常态化。发挥"建设幸福大丰、争当模范代表"载体作用，拓展"五个一"（服务一个企业、帮扶一个贫困户、办一件实事、接待一次选民、提出一条民生建议）活动内容，积极开展宣传，造浓代表履职氛围。注重代表作用发挥，扩大代表参加常委会活动次数，近130人次代表列席常委会会议、视察调研、执法检查等活动，全区40多名各级人大代表参加省市人大活动，60余名区代表被邀对"一府两院"（人民政府、人民法院、人民检察院）开展行风评议、案件评审；实施无固定收入代表参加常委会活动补助制度，为省市代表参加上级人代会搞好服务，协助代表提出议案建议、审议发言等准备，强化代表服务保障。通过以会代训、优秀议案建议讲评、会前组织和把关等方式，提升代表议案建议质量。健全常委会领导领衔督办、工委对口督办、整体面上督办"三维督办"机制，规范"办前、办中、办后"公示机制，先后邀请80多名代表视察办理现场，召开催办会，督促办理进度、提升办理实效，代表满意率98%以上。推进镇级人大规范化建设，在确保"四到位"（机构设置、人员配备、经费落实、活动阵地）基础上，围绕"五规范"（规范制度建设、规范会议召开、规范监督方式、规范代表活动、规范自身建设），召开镇区人大工作规范化建设现场会，制订下发乡镇人大制度样本，规范镇人代会和主席团会议流程，逐一明确规范化建设项目、到位时限；由常委会领导牵头的督查小组，定期深入挂钩镇区督查指导，镇区人大规范化工作取得阶段性成效，在省人大会议上作专题片交流，盐城在大丰区召开现场会。做好换届选举工作。坚持提前谋划、及早介入、精心组织。通过专题培训、以会代训、以老带新等方式提高选举人员业务水平、责任意识；广泛调研，多方征求意见，制订出台选民登记办法，起草换届选举决定、设立区镇选举委员会、代表名额分配等5个决定；组织好宣传动员、选区划分、选民登记、提名推荐、讨论协商预选、候选人介绍、投票选举等各环节工作，选出让人民群众满意的代表。依法进行人事任免事项。全年任免国家机关工作人员36人次、组织任前法律知识考试13人次，组织宪法宣誓21人次。常委会听取了19名盐城市第七届人大代表的履职报告。

2016年12月11日，大丰区人大代表候选人到选区与选民见面
李方然 摄

【内务司法工作委员会】 2016年，内务司法工作委员会注重增强内务司法监督效果，认真履行宪法和法律赋予的职责，完成各项工作任务，发挥应有的职能作用。4月，围绕交通安全管理工作情况组织开展专题视察，提出注重宣传加强教育，增强公民交通安全意识；加强沟通形成合力，不断优化道路交通环境；加大投入快速推进，完善交通基础设施建设；完善保障公正执法，强化公安交警队伍建设等建议。5月，常委会专题听取区人民法院行政审判工作情况报告，建议加大行政审判宣传力度、发挥行政审判职能作用，拓展审判职能，促进行政机关依法行政。6月，重点跟踪督办"关于将港区一村一居的户籍分两家派出所进行归口"等6件建议，召开办理推进会，相关单位现场答疑，第55次主任会议专门听取承办单位情况汇报，代表对建议的答复和办理满意率均为100%。7月，围绕《中华人民共和国老年人权益保障法》贯彻实施情况开展执法检查，采取听取汇报、查阅台账、集中视察、分组实地检查、区镇人大联动、开展问卷调查等形式。9月，常委会听取审议执法检查情况报告，提出营造良好氛围、增强维护老年人权益意识，完善保障体系、不断提升社会养老保障水平，加大工作力度、加快完善社会养老服务体系，发挥各方职能、积极维护老年人合法权益等审议意见。9月，常委会审议通过《关于许可对区人民

代表大会代表采取限制人身自由措施的办法（试行）》，规范区人民代表大会闭会期间依法许可地方国家机关对人大代表采取限制人身自由措施的工作程序。11月，常委会专题听取审议区人民检察院预防职务犯罪专项工作报告，提出加大宣传力度，营造预防工作良好氛围；完善工作机制，推动形成预防工作整体合力；强化工作措施，努力提升预防工作质量和效果；加强队伍建设，不断提高预防工作专业化水平等建议。12月，常委会专题听取审议全区"六五"普法实施情况和"七五"普法规划情况报告，作出《关于开展第七个五年法治宣传教育的决议》，明确大丰区新一轮法治宣传教育工作的主要任务和相关要求，为推进法治大丰建设夯实基础。全年受理群众来信51件，接待来访代表和群众50多人次，督促主管部门负责办理，全力化解社会矛盾，为维护大局稳定发挥积极作用。

【财政经济工作委员会】 2016年，财政经济工作委员会按照区委"发展上台阶，建设新大丰，让人民群众的生活更加美好"总定位，精心选择监督议题，积极发挥职能作用。3~6月，开展重点议案建议督办工作，对"加快农村电商产业发展"重点建议以及"加大小微企业扶持""强化人才管理""做大做强乡镇特色工业园区"等15件议案建议进行跟踪对口督办，有力推动相关建议办理。5月，围绕新产业发展，深入区科技局、高新区、东方1号创意园、新时代科技等单位、企业视察了解，听取情况汇报，就填实做满现有载体平台提出积极建议。5~8月，牵头组织对区地税局开展专项工作评议，成立工作小组，深入部分镇区、企业走访，召开镇、区园、企业、地税部门座谈会7场，向镇区、部门、人大代表、纳税人等4类群体发放调查问卷280余份，通过评议促进地税部门提升服务质效。6月，围绕共建园区发展，深入常州高新区大丰工业园、沪苏大丰产业联动集聚区、苏州盐城沿海合作开发园区、盐城经济技术开发区大丰港产业园区等4个园区开展调查，赴宿迁考察学习苏宿合作园区的成功经验，形成专题调查报告。7月，围绕实体经济发展、沿海开发开放、新产业发展等专题组织委员代表深入重点经济部门、镇、区园、企业开展视察调研。常委会听取和审议全区2016年上半年国民经济和社会发展计划执行情况报告，提出突出主体经济发展，重视培植规模企业、新特产业；强化项目建设，不断造浓招商引资氛围；整合优势资源，最大限度发挥投入产出效应；注重精准施策，全力营造良好发展环境等建议。10月，针对镇村经济发展和镇村债务化解深入开展调查，在主任会议上作专题汇报。

紧抓预算审查、调查等环节。5月，就制订《关于加强财政预算决算审查监督的暂行办法》开展调研，广泛征求意见建议。7月，围绕2015年区本级财政决算及2015年区本级财政预算执行和其他财政收支情况的审计工作开展调查，就审计查出问题整改工作提出审议意见。11月，视察调查全区1~10月预算执行情况，向常委会提出书面调查报告；深入审计部门及相关被审计单位实地察看了解审计查出问题整改落实情况，常委会专门听取相关情况报告。12月，组建由专业审计人员组成的预算初审小组，对区本级四本预算及水利、环保、安监、残联四个部门预算进行了重点初审，共审查出6个方面17条问题，为区十五届人大一次会议代表预算审查做好准备。注重镇级人大预算审查监督工作指导，组织召开镇级预算审查监督工作推进座谈交流会，推动各镇建立完备的预算审查监督制度。

【教科文卫工作委员会】 2016年，教科文卫工作委员会围绕区委工作大局和经济社会发展热点难点，严格履行宪法和法律赋予的职责，完成全年各项工作任务。3月，常委会听取和审议文化惠民工程建设工作情况报告，提出提高思想认识、强化共享发展理念，科学统筹规划、狠抓重点关键环节，坚持以人为本、提高文化惠民服务供给能力，加强组织领导、构建合力推进机制等建议。6月，围绕全区生态休闲旅游发展情况开展调研，形成调研报告向主任会议汇报，坚持"宜工则工、宜农则农、宜商则商、宜游则游"的发展理念，提出发挥政府引导作用，完善旅游发展规划；发挥旅游产业带动作用，发展壮大区镇村经济；加强旅游体系建设，不断完善旅游配套服务功能等建议。7月，开展全区基层医疗卫生体系建设情况调研，针对大丰区基层医疗中存在的医疗人才总量不足、全科医生不足、医护比例不足、村医补充困难及基层医疗卫生机构考核分配机制不明确等问题，提出加大扶持力度、对口支援和对口帮扶力度，提高重病大病报销比例和范围，建立健全基层人才激励和引进机制，提高村医定额补助标准等建议。8月，跟踪督办涉及文教卫生方面18件建议（1号议案除外）办理情况，召开承办部门与代表的建议答复会，面对面沟通，逐一答复，并现场进行满意度测评，代表委员满意、基本满意率达100%。10月，重点围绕促进全区科技成果转化工作，组织科技局等部门，先后赴西团、南阳、高新区等地，重点了解全区纺织行业、抛丸机行业等传统产业转型升级和科技成果转化情况，在主任会议上提出增强创新意识、强化政府引导，发挥载体平台作用、促进科技成果转化，提升服务能力、激发企业发展内生动力等建议。负责机关创建全国文明城市工作，充分发挥牵头部门作用。协助省市人大开展《中华人民共和国食品安全法》《中华人民共和国促进科技成果转化法》执法检查，对出入境旅游、民办教育事业发展开展视察调研，促进法律法规在大丰区的贯彻实施，推进旅游和教育事业的健康发展。

区十四届人大五次会议将徐建娟等10位代表提出的《关于实施全民健身战略，提升群众健康水平的议案》列为1号议案。根据主任会议要求，3月开展组织调研，在常委会上提出重视议案办理，研究制定《大丰区全民健身实施计划》，提出"加大全民健身战略宣传力度，积极实施全民健身系统工程，广泛组织开展系列体育健身活动”的交办意见。常委会领导高度重视1号议案办理，组织视察全区所有乡镇全民健身工作，组织部分委员代表赴扬州、无锡等地区学习经验做法等，并将该议案的办理与区政府为民办实事工程“公共体育服务体系工程”相契合，共同推进。实施“城市社区10分钟体育健身圈”工程，加密完善城区公园、河边风光带、健身步道等健身点；高标准建设设施先进、装备齐全的奥体中心、全民健身中心两大中心；完善城区公园，建成含篮球、健身步道、网球、游泳、垂钓等体育元素的日月湖公园、西郊生态公园、湿地公园三大体育公园；推进体育中心、体育公园和足球场在内的镇体育“三个一”工程，在各镇建成体育公园、多功能运动场、全民健身路径、体育活动中心四大健身阵地，基本实现全区行政村“两室一场一路径”和镇“三室一场一路径”全覆盖，改善乡镇老百姓的健身环境，推动大丰区全民健身战略落实和体育事业发展。

【农村工作委员会】 2016年，农村工作委员会围绕区委工作大局和服务“三农”主线，认真履行工作职责，积极建言献策。3月，开展农业龙头企业发展情况调研，组织委员代表深入相关部门、镇村、农业园区、农业规模企业等视察调研，赴启东、兴化等地考察学习，向常委会第36次会议作出调查报告，提出要聚集发展要素，加快木材产业、丰收大地等农产品加工园区建设，鼓励现有生产基地、专业大户发展农产品储藏、保鲜、加工、运销项目；制订农业产业化发展规划，完善推进机制，认真落实国家支农、惠农政策；大力招商引资，同时在企业重组上市、科技转化、品牌创建方面给予支持等建议。3~6月，对口督办农业农村方面27件建议，涉及农业结构调整、村级债务管理、土地流转、龙头加工企业发展、农产品质量安全、农村防洪体系建设等方面，积极组织承办部门与代表座谈沟通，开展专题调研和视察，相关部门前往草堰、小海等地与代表面对面沟通作答，为代表履职创造良好环境。5月，围绕沿海滩涂如何适应新形势、实现新突破，组织调研座谈，常委会第37次会议上，提出强化行政推动优势，积极发展水产加工业、三产服务业；完善发展规划，坚持绿色协调发展，建立高效渔业生产基地、海洋食品加工基地、滩涂旅游集散基地；加大项目投入，加快滩涂垦区交通、电力、水系、通讯等配套建设；实施科技兴滩战略，以“新品种、新技术、新工艺”开发滩涂、发展滩涂、提升滩涂等建议。7月，常委会听取和审议全区2016年上半年农业农村工作情况报告，在深入调研基础上，提出以农民增收为核心，大力发展高效农业；以项目建设为重点，构建现代农业产业体系；以规模养殖为目标，加快畜禽养殖业的转型升级；以土地流转为契机，盘活集体资源资产，增加集体经营收入等建议。8月，主任会议听取区政府关于农村土地确权登记发证工作情况汇报，提出强化组织领导，严格考核奖惩，形成工作合力；严格执行政策，规范确权程序，实现结果公开；建立调解机制，细化调处工作，钝化各类矛盾；建立档案台账，推进农村地籍信息系统建设，实现管理信息化等意见。10月，主任会议听取全区镇村债务控减情况的汇报，提出发展村级集体经济，建立可持续发展的积累增长机制；开展结对帮扶活动，增强经济薄弱村的造血功能；严格财经纪律，推进村级财务管理规范化等建议。12月，主任会议听取全区扶贫和城乡困难群众冬春生活安排情况汇报，提出要认真贯彻落实中央和省、市委有关会议精神和决策部署，深入研读上级各项扶贫开发政策，聚焦“精准”，突出重点，分类施策，进一步发挥社会力量的作用，开展帮扶活动，增强其脱贫致富的造血功能，推动精准扶贫工作取得更大成效。

【环境资源城乡建设工作委员会】 2016年，环境资源城乡建设工作委员会认真履行宪法和法律赋予的职权，通过调查研究、集中视察、上下联动、督办建议、开展专题询问等多种形式，认真开展监督。5月，常委会听取和审议《大丰区生态文明建设规划（2015~2021）》推进落实情况，深入调研，掌握情况并形成调查报告，提出拓展宣传形式内容，使生态意识深入人心；制订阶段目标任务，突出重点领域的治理；建立多元投入机制，确保项目运行的实效；落实各级责任，建立健全长效管理机制等针对性较强的审议意见。5月开始，组织对区交通运输局开展专项工作评议，成立评议小组，召开动员会议和座谈会，到部分镇实地考察，发放问卷调

2016年7月25日，大丰区人大常委会开展半年议政，视察丰收大地生态农场 李方然 摄

查，开展专题调研，及时与交通局沟通，要求按照反馈意见做好宣传、解释和整改工作，向常委会第37次会议作了评议工作报告，提出要完善交通建设规划、积极拓展筹资渠道、发挥部门牵头作用、加强基层管理队伍建设以及改进作风靠前服务等建议，将评议意见交政府及交通部门对照落实，并在11月的常委会上听取评议意见整改落实情况的汇报。11月，常委会第41次会议听取和审议区政府关于全区房地产市场和保障性住房建设有关情况工作报告，提出采取扎实措施，着力去库存；加强风险防控，保证社会稳定；优化服务引导，确保与时俱进；加强后续管理，做到建管并重的审议意见。全年重点围绕交通工作开展监督。4月，主任会议听取农村道路网络建设情况汇报；9月，组织委员代表对大丰区交通基础设施建设情况进行专题视察调研；常委会第40次会议听取和审议区交通运输局关于大丰区交通基础设施建设的工作报告，提出强化宣传引导营造浓烈建设氛围，突出项目建设全力组织抢工会战，坚持规划引领加大要素集聚力度，加强协调服务积极回应群众关切的审议意见。对2015年开展的《江苏省物业管理条例》执法检查审议意见落实情况进行回头看，对农村畜禽养殖污染综合治理、农业面源污染和水环境污染的防治，绿化建设和林业保护等群众关注度高、社会反响强烈的问题进行持续跟踪监督。大丰区吴家祥等代表提出的“清洁乡村行动”被盐城市人大常委会列为一号议案。根据盐城市人大常委会统一安排，积极配合盐城市人大环资委多次开展专题调研、组织相关活动，督查、推进大丰区清洁乡村行动的开展。对李南丰等代表提出的“关于加强大四河风光带长效管理”建议，作为重点建议跟踪督办，经过现场调研、与代表沟通和部门共同研究，提出针对性较强的意见，提升办理效果。对涉及环保、交通、城建等方面的21条代表建议跟踪督办，通过会议推进、登门督办、加强沟通，截至2016年年底，已解决或正在解决的有18条、暂时不具备条件解决的有3条。配合省人大开展《江苏省湿地保护条例》立法调研，结合实际提出修改意见，得到省人大相关委员会的肯定。积极参与盐城市人大常委会《大气污染防治和扬尘管理条例》的立法调研，组织开展盐城市2017年度立法计划及2017~2021年立法规划调研，并对2017年度立法计划中违法建筑的查处提出立法建议。

【研究室】 2016年，研究室围绕常委会工作重点，深入开展调查研究，推进人大宣传，为人大及其常委会依法行使职权服好务、履好职、尽好责。起草各类文稿，围绕服务“三会”（人民代表大会会议、人大常委会会议、人大常委会主任会议）和常委会重要活动，做好领导讲话、汇报交流、综合性文稿的起草工作，努力提高服务水平，积极发挥常委会参谋助手作用。完善制度建设，年初出台《盐城市大丰区人大常委会2017年宣传调研工作意见》，部署全年人大宣传调研重点，突出宣传计划性，增强调研实效性，进一步落实任务，细化要求。坚持统筹谋划，办好“两刊两网一专版”〔《人大工作情况》《常委会会报》；大丰人大网站、大丰人大发布（微信公众平台）；《人大之声》专版〕，提高宣传能力。编辑8期常委会《会报》，让代表及时准确掌握常委会重点审议、作出决定决议情况，强化代表知情知政；组稿11期《人大工作情况》综合版，增强开放性，全面展现区镇人大工作特色亮点；围绕农业龙头企业发展、生态文明建设、民生实事工程、区园建设、行政审判等课题组稿10期调研版，及时为区委区政府决策提供参考；编辑8期《选举简报》，及时传达关于换届选举的领导讲话、法律政策、各地做法，引导全民依法有序参与区镇两级人大换届选举；优化“大丰人大网”，督查指导镇区人大二级网页建设，加快更新“大丰人大发布”微信平台，充分发挥自媒体作用，提高人大工作透明度，加强与代表和人民群众的联系；加强与区新闻媒体合作，精心策划6期大丰日报《人大之声》专版、10期《代表风采》专栏和电视台专栏专题采访，对区镇联动、议案办理、专题询问、半年议政、执法检查、换届选举等常委会阶段性重点工作进行宣传报道。正式出版《大丰市人民代表大会志》，全面真实记录大丰人大60年光辉历史；编印完成《使命》画册，以建设、履职、创新、代表、强基5个篇章，图文并茂、生动形象地展示区十四届人大常委会的工作重点亮点；制作完成《唱响人大监督之声》专题片，纪实反映区十四届人大常委会的履职掠影；制作《春潮涌动茧化蝶》专题片，参加全省乡镇人大规范化建设展播，推介大丰区以“四个规范”（规范组织建设、规范工作机制、规范会议召开、规范工作开展）推动镇级人大工作的做法，得到省市领导肯定。打造品牌，不断深化“三好评比”活动，共征集调研好成果56篇，新闻好稿件68篇，摄影好作品100多幅，调动全区人大代表、人大工作者和社会各界关心关注人大工作的热情，涌现出一批精品力作。《关于区镇人大联动监督的实践与思考》被省人大《调查研究》录用，大丰区镇联动的创新做法得到省人大常委会副主任赵鹏的充分肯定，建议加以复制推广；《推进农业龙头企业发展的建议》《为民办实事调查报告》等10多篇调研报告得到区委区政府主要领导批转，促进调研成果的转化；《永不止步的“追梦人”》等5篇被《江苏人大发布》采用，在全省人大自媒体平台展现大丰区人大代表的风采。组稿《人民与权力》市县巡礼、《盐城人大》大丰专版通讯稿件，全年在《人民代表报》《人大研究》《人民与权力》《盐城人大》用稿50多篇，宣传人民代表大会制度，扩大大丰人大工作影响力。

（夏萍娟　李方然　程　曦）

〖编辑　朱晓华　谢竹青〗

区政府重要会议

【区政府召开十四届四次全体（扩大）会议】 1月16日，区政府召开十四届四次全体（扩大）会议，贯彻区委十一届六次全会部署要求，动员全区上下进一步改进作风，营造良好政务环境，扎实推进2016年各项工作，为加快建设强富美高新大丰提供有力保障。

【区政府召开十四届五次全体（扩大）会议】 7月22日，区政府召开十四届五次全体（扩大）会议，贯彻区第十二次党代会精神，认真总结上半年工作，正确分析经济形势，研究部署下半年重点任务，扎实抓好当前，确保圆满完成全年目标任务，为发展上台阶，建设新大丰奠定坚实基础。

【政府常务会议】 2016年，区政府共召开8次常务会议。

2月4日，区政府召开第50次常务会议，讨论研究《关于加强环境监管网格化建设的实施意见》《盐城市大丰区环境保护管理职责规定》《盐城市大丰区供给侧结构性改革方案》《关于进一步完善城乡居民基本养老保险的意见》，部署区政府当前重点工作。

4月6日，区政府召开第51次常务会议，学习国务院《政府工作报告》，传达学习国务院、省政府第四次廉政工作会议精神，研究城区违法建设执法权调整、国土资源管理相关事宜，听取在建项目抢工会战、招商引资、信访稳定、“营改增”改革等工作情况及下一步打算，部署区政府当前重点工作。

5月28日，区政府召开第52次常务会议，听取全区经济形势、区政府党组“守纪律、讲规矩”专题教育活动开展、全区禁毒工作及食品药品安全工作情况，部署区政府当前重点工作。

7月5日，区政府召开第53次常务会议，听取当前安全生产、教育、卫生工作和2016年中高考情况，讨论研究《大丰区2016年义务教育和高中阶段教育招生工作意见》《关于进一步做好新形势下就业创业工作的实施意见》，以及大丰人民医院高新区分院总投资额调整问题，部署区政府当前重点工作。

8月13日，区政府召开第54次常务会议，听取全区环境整治、粮食安全和收储情况；讨论《盐城市大丰区消防安全委员会成员单位工作职责》《盐城市大丰区政府投资重大工程项目廉政建设问责办法（试行）》《加快推进全区投资项目在线审批监管平台建设工作实施方案》《盐城市大丰区粮食安全责任制考核办法》《关于扶持镇工业园发展的意见》《盐城市大丰区畜禽养殖区域规划》，部署当前重点工作。

9月3日，区政府召开第55次常务会议，研究《盐城市大丰区生态文明建设环境保护重点任务行动方案（2016~2017）》《关于切实做好防范和处置非法集资工作的实施意见》《关于开展镇村债务化解工作的实施意见》《盐城市大丰区1000公里农村公路提档升级工程实施方案》《盐城市大丰区镇区环境整治提升三年行动方案》《关于完善困难残疾人生活补贴和重度残疾人护理补贴制度的实施办法》《关于加强农村留守儿童关爱保护工作的实施意见》和食品摊贩实行备案管理有关事项，部署当前重点工作。

10月14日，区政府召开第56次常务会议，学习法律法规，研究《关于加快推进生态文明建设的实施意见》《全区深化“放管服”改革工作要点》，传达学习全国卫生与健康大会及盐城市综合医改试点工作推进会精神并研究大丰区贯彻落实措施，听取大丰城市建成区违法建设治理工作情况汇报，部署当前重点工作。

12月21日，区政府召开第57次常务会议，学习《江苏省安全生产条例》，讨论区委全会及人代会上拟下发的相关文件，研究《关于建立以信用为核心事中事后监管机制的实施意见》《关于进一步加强城市工作和新型城镇化建设的意见》《关于在全区公民中开展法治宣传教育的第七个五年规划》，部署全区打击电信网络新型违法犯罪工作，传达学习全省人民防空会议精神并研究全区贯彻落实措施，研究自来水价格调整方案、《盐城市大丰区全民健身实施计划（2016~2020）》、提高部分社会救助标准事项，部署当前重点工作。

重要施政

【经济建设平稳推进】 2016年，大丰区主要指标运行良好，实现地区生产总值579.07亿元、增长9.5%，一般公共预算收入59.26亿元、达目标任务的107.7%，全口径工业开票销售739.9亿元、增长16.5%，固定资产投资453.8亿元、增长14.9%，注册外资实际到账1.45亿美元，进出口总额16.21亿美元，城镇和农村常住居民人均可支配收入分别为31104.4元、19480.3元，增长8.8%、9.8%，全口径工业开票销售、工业用电量、新增存贷款、注册外资实际到账、进出口总额等指标列盐城第一，主要经济指标增幅居全市前列。项目建设稳中有进，区级审批平台完成桥接改造，率先在盐城市实现与上级平台系统对接、数据推送和信息交换。区政府办印发《关于2016年百项重点工程的推进意见》，共实施重大项目和重点工程150个，总投资873.3亿元，超出2016年计划投资的244.8亿元。价格管理质效齐升，会同区财政局制定公布《盐城市大丰区行政事业性收费目录清单》，先后取消、停征或免征、降低各项行政事业性及经营服务性收费项目18个，其中取消（或取缔）1个收费项目、扩大免征范围14个收费项目、调整（或减半征收）2个项目的收费标准，经营服务性转行政事业性收费1个项目。向上对接成效明显，人民医院高新区分院、江苏道远规模化大型沼气工程、第二批国家海上风电产业区域集聚发展试点、大丰港现代粮食物流中心三期工程等成功申报国家、省各类支持项目，发改系统被落实资金1.6亿元，江苏省金风科技有限公司大型直驱永磁海上风电机组检测技术实验室列入国家地方联合工程实验室。

2016年年底，大丰城市防洪建设提升工程竣工

【为民办实事工程】 1月，区政府印发《关于实施2016年为民办实事工程的通知》，决定实施涉及城乡统筹、社会事业、基础设施建设等方面共16件为民办实事工程。具体为：（1）新水源地建设工程。总投资8亿元，工程实施期限2016~2018年，2016年计划投入2亿元，2016年实施的工程主要有：大丰支线管道全长41.27千米，其中大丰段面约11千米，新建调蓄湖1座，调蓄湖面积约10公顷。（2）城市防洪建设提升工程。总投资2亿元，城区加固圩堤13千米，改造泵站6座，新（拆）建泵站8座，改造闸涵28座，整治河道25千米；港区加固圩堤4.3千米，新建防洪墙12千米，改造闸涵14座，新建排灌站、封闭闸4座，拓浚河道5千米；农村加固圩堤251千米，新（拆）建圩口闸51座、圩口涵20座，配套排涝泵站14座。（3）农村路桥改造提升工程。总投资1.11亿元，新建或重建镇区内非等级公路的农用机耕及生产、生活用桥200座，建设乡村道路120千米、桥梁30座，建设村级水泥路50千米。（4）医疗卫生体系提升工程。总投资1.01亿元，新建二院精神卫生综合服务大楼，镇级卫生院改造项目实施期限2015~2017年，2016年重点实施草堰、小海、西团等镇卫生院整体搬迁工程，同期实施白驹中心卫生院异地新建和三龙、万盈、方强、大中等镇卫生院2015年延续改扩建扫尾工程。（5）城市绿化美化工程。总投资2.4亿元，计划实施公园绿化、道路绿化、节点绿化及花卉景观等四大类城市绿化美化工程。（6）停车场建设工程。总投资2500万元，建设机械式立体停车场2座，并结合城区道路建设施划地面停车位200个左右，新增单位庭院开放式停车位200个。（7）智慧城市建设工程。总投资5000万元，实现4G信号全覆盖，城市光纤进楼到户、农村宽带村村到；实现主城区、港城免费Wi-Fi全覆盖；无线网络带宽由10兆全部提高到20兆，实现主城区、港区内热点商圈、重要公共场所无线信号全覆盖；建成较为完善的信息化公共服务体系。（8）综治平安建设工程。总投资1900万元，项目实施期限2015~2017年，2016年实施区级社会服务中心提档升级和12个镇级社会服务中心规范化建设；完成西团、南阳、万盈、大桥4个镇平安法治示范社区建设；实施农村技防“村村通”，逐步加密高清探头；成立50人规模专职巡防和流动人口协管员队伍；实现综合信息系统共享共用。（9）老城区基础设施配套工程。总投资5000万元，西至西康路、东至东宁路、北至飞达路、南至大华路范围内，实施主次干道、慢车道、人行道及后街小巷路面路牙整治出新，城区公交站台增补、整治工程；对城中菜场、恒生市场及金都贸易城实施改造；实施城区主次干道路灯、绿化及城市家具综合整治；新建健东片区雨污管道，实现管道雨污分流和路面出新，更换健东片区内雨污水支干管和化粪池。（10）老年活

动中心工程。总投资1500万元，改建原行政服务中心，建筑面积7000平方米。（11）为民服务“一卡通”工程。总投资4000万元，以社会保障卡服务网络为基础，建设区、镇、村三级服务和网络信息平台。（12）省四星级高中创建工程。总投资6400万元，加强新丰中学、南阳中学硬件条件、设施装备和办学内涵建设，建成江苏省四星级高中。（13）镇村文化设施提升工程。总投资2500万元，实施镇村综合文化服务中心内外装潢、硬件改造提升、设备器材添置和优化服务等。（14）健康“三个一”工程。总投资1200万元，实施健康“三个一”工程，即每个家庭拥有一名合格的家庭医生，每个居民拥有一份动态管理的电子健康档案和一张服务功能完善的居民健康卡。（15）残疾人康复中心完善提升工程。总投资1450万元，实施残疾人康复中心大楼装潢，配备辅助器具及其他设备；新建2700平方米的残疾儿童康复训练中心大楼。（16）公共体育服务体系工程。总投资1.5亿元，新增3所国家布点的足球运动学校，建设具备国际水准、国内一流水平的田径足球训练基地；每个镇根据实际情况建设健身中心，配套健身设施、小型体育健身公园（多功能灯光球场、健身步道1000米）和1个足球场。截至2016年12月22日，城市防洪建设提升工程、城市绿化美化工程、老城区基础设施配套工程等基本完成，其余工程按时序推进。

【加强国土资源管理】 4月，区政府印发《关于进一步加强国土资源管理工作的通知》，进一步优化国土空间开发格局、健全土地节约集约利用体制机制，切实做好保护资源、节约集约、维护权益、改革创新工作。（1）强化土地利用规划计划管理，严格实施土地规划，深化用地计划差别化管理。（2）推进国土资源节约集约利用，严格执行土地供应政策，加强土地市场建设，加强土地利用监测监管，完善工业用地节约集约利用机制，建立完善节约集约用地考核评价机制。（3）严守耕地保护红线，全面落实耕地属地保护主体责任，严格耕地占补平衡、土地综合整治工作。（4）切实维护群众合法权益，进一步规范征地管理，加强农村宅基地管理，实施不动产统一登记。（5）构建国土资源管理新格局，落实共同责任机制，强化国土资源执法监管，加强国土资源依法行政能力建设。

【做好新形势下就业创业工作】 8月，区政府印发《关于进一步做好新形势下就业创业工作的实施意见》，实施更加积极的就业政策，以创业创新带动就业，培育大众创业、万众创新新引擎，催生经济社会发展新动力，为促进民生改善、经济结构调整和社会和谐稳定提供新动能。（1）突出创业带动就业，优化创业创新环境，推进创业载体建设，拓宽创业投融资渠道，支持创业担保贷款发展，落实创业创新税费优惠政策，加大创业扶持力度，支持电子商务创业，鼓励科技人员创业，营造大众创业氛围。（2）统筹重点群体就业，鼓励高校毕业生多渠道就业，加强对困难人员的就业援助，促进农村劳动力转移就业，做好退役军人的就业工作，健全失业保险、社会救助与就业的联动机制。（3）鼓励企业吸纳就业，加大援企稳岗力度，发挥小微企业就业主渠道作用，完善小微企业吸纳就业扶持政策，鼓励企业稳定用工。（4）优化就业创业服务，完善就业创业服务体系，推进就业服务信息化建设，加强人力资源市场建设，强化职业培训和创业培训，完善就业失业登记办法。（5）鼓励和吸纳外来人员就业创业，加强外来人员服务，提高外来务工人员就业素质，妥善解决外来务工人员子女入学问题，制定外来务工人员分类落户的政策。（6）健全就业创业工作机制，加强组织领导，强化考核奖惩，保障资金投入，加强统计监测，注重舆论引导。

【加快推进教育现代化建设】 9月，区政府印发《关于加快推进教育现代化建设努力办好人民满意教育的实施意见》。坚持教育优先发展，全面贯彻党的教育方针，以办人民满意教育为宗旨，以立德树人为根本，以提高教育质量为核心，以改革创新为动力，以促进教育公平为重点，全面优化教育的规模结构、资源布局和体制机制，进一步完善终身教育体系，不断提升各级各类教育现代化水平，全力打造与大丰经济社会“新常态”发展需求更适应、人民群众更满意的活力教育、优质教育、和谐教育和幸福教育。通过实施教育品质内涵提升、学前教育普惠发展、义务教育均衡发展、普通高中优质

2016年8月，大丰区政府印发《关于进一步做好新形势下就业创业工作的实施意见》，实施更加积极的就业政策 万成 摄

发展、职业教育配套发展、社区教育创新发展、教育信息化强化提升、师资队伍优化培养、教育治理水平提升、教育交流合作拓展等工程，到2017年年底，构建体系比较完备的终身教育，形成惠及全民的公平教育，建成更加先进的教育设施，提供更加丰富的优质教育，健全充满活力的体制机制，实施富有成效的社会服务，整合各类教育资源，推进数字化学习型城市和学习型社会建设，人民群众对教育的满意度≥90%，对照省定指标体系，综合得分在90分以上，总体实现省定教育现代化指标体系要求。

【开展造林绿化工作】 12月，区政府印发《关于2017年全区造林绿化工作的意见》，要求坚持绿化与珍贵化、彩色化、效益化相结合，以林木覆盖率增长、森林蓄积量增加、林业综合效益增强为核心，以重点工程为抓手，大力开展植树造林，着力建设绿色美丽家园，全面提升绿色大丰建设水平。提出“2017年，全区计划完成造林总面积4.3万亩，其中新造沿海防护林1.6万亩、改造2.3万亩，新增经济林果0.2万亩、花卉苗木0.2万亩；建设绿色通道432.6公里，新建完善农田林网8万亩，新增四旁植树80万株，新增集镇绿地180公顷，建设森林村庄12个，完成森林抚育面积1.5万亩，林木覆盖率达28%”的目标任务，并明确沿海林场防护林、港城高速绿色通道提升、351省道先导段绿色通道、川东港防护林带建设、“三化”（珍贵化、彩色化、效益化）示范基地建设等区级五大绿化重点工程和镇级“321”（每镇完成300亩以上河堤退耕还林、2000亩农田林网示范片、1个森林村庄示范村创建工程）绿化重点工程。

（杨金辉）

行政审批

【概况】 2016年，大丰区行政审批局认真贯彻落实中央、省、市关于推进“放管服”改革工作要求，深入推进相对集中行政许可权试点改革，进一步整合审批资源，创新审批方式，优化营商环境，基本实现“一枚印章管审批”。相对集中行政许可权改革工作顺利通过中央编办、省编办专家组的验收，被盐城市依法治市领导小组办公室、盐城市委宣传部、盐城市法治宣传教育领导小组办公室评为2015~2016年盐城市第二届法治事件，被盐城市全面推进依法行政工作领导小组办公室评为2016年全市优秀依法行政示范项目；在2016年盐城市政务服务综合考核中名列第一。中编办《中国机构改革与管理》、《新华社智库》、新华社《江苏领导参考》、江苏新时空等新闻媒体对改革工作进行报道。

2016年，大丰区行政审批局在盐城市政务服务综合考核中名列第一

【相对集中行政许可权改革】 年内，区行政审批局坚持真改革、抓融合，改变以部门设窗口、每个事项单独办理的模式，形成“经济、建设、社会”3个审批岛，并通过事项整合、流程再造，创建集成审批新模式，把基本建设项目审批分成服务指导、联合预审、集成审批、证照发放4个阶段。行政审批局出台《盐城市大丰区投资建设项目联合预审实施办法（试行）》，在立项备案前对产业政策、市场准入、环境评价、安全评估等进行预审。企业可凭评审意见书，先行开展各项评估，提前办理水、电、气等公共服务事项开户手续，提高了办事效率。优化审批流程和环节，建设工程项目审批取消环节17个，减少材料26个，优化流程8个，普通项目审批时间减少到50天之内，办理周期缩短20%以上；加强信息支撑，完成审批软件开发工作，通过系统软件，在盐城市首家实现与江苏省投资项目在线审批监管平台的实时对接，与卫计等部门实现审批监管信息双向推送。针对项目类别，编制不同的网上审批套餐，做到“一个套餐，一套服务”，确保审批全流程无障碍；实施标准管理，在审批服务过程中引入标准化，实施流程梳理、优化、再造，明确每个环节内容和流程。编制《盐城市大丰区审批服务套餐式办事指南》《盐城市大丰区审批服务100问》，推进了精准管控，让审批权力、行为、标准更加透明。

【行政审批服务创新】 2016年，区行政审批局推动服务下沉，按照区镇村三级联动的要求，将事项下放，把与群众生产生活密切相关的个体工商户经营许可、食品流通经营许可等事项下放到镇级便民服务中心办理。推行项目代理制，在镇、园区聘请48名项目代理员，每个园区配备2名项目代理员，分别负责代理重大项目以及全民创业项目，并定期组织培训，提高业务水平，全年共代理项目200多个，帮助解决项目难题60多个。推行项目领办制，区行政审批局出台《关于建立服务招商引资百日竞赛实施办法》，利用行政服务中心平台，开展项目服务，所有工作人员全部挂钩到园区，做到一个园区、一套班子、一个机制，将服务招商引资落到实处。

【区行政审批局党风廉政建设】 年内，区行政审批局认真开展“两学一做”学习教育活动，按照区委统一部署，制定《关于在全局党员中开展“学党章党规、学系列讲话，做合格党员”学习教育实施方案》，利用星期六党校、党员统一活动日等平台，召开专题党课，领导干部带头认真学习践行“两学一做”，并对专题教育作出安排部署；深入开展“三解三促六帮助”、科级领导干部“三服务”企业等活动，到基层访民情、解民意，知不足、受教育，将“两学一做”学习教育落到实处。实施党风廉政建设“两个责任”落实到支部，坚持构建立体式、全覆盖责任体系的理念，着力夯实党组织“一把手”的第一责任和纪检委员的监督职责，紧盯审批服务过程中的廉政风险，加强对党员干部的教育、管理和监督，有效遏制审批服务中的违纪违法问题；开展“510”专题教育、“领导干部立家规、共产党员正家风”、“两学一做”心得体会演讲比赛等活动，参观知青纪念馆教育基地，收看廉政微电影《镜鉴》《打开天窗说亮话》，增强了全员的廉政意识。

（李亚进）

信　访

【概况】 2016年，大丰区认真贯彻中央和省、盐城市关于信访稳定工作的决策部署，牢固树立稳定压倒一切、稳定是第一责任的意识，主动把握和积极适应新常态，立足解决问题，创新工作机制，强化责任落实，依法规范秩序，越级上访明显下降，信访秩序显著好转，全区信访形势平稳向好。全年接待来访群众721批2448人次，受理人民来信430件，办理网上信访191件，受理复查事项38件。按照“挑头必查、非访必拘、违法必处”的要求，全年处理违法上访人员35人，规范了信访秩序。全区信访稳定工作考核位居全省前列、盐城第一，被省人力资源和社会保障厅、省信访局联合表彰为全省信访系统先进集体。

【信访制度改革】 2016年，区信访局全面推行依法逐级走访权益保障卡制度，全程记录信访事项受理办理情况，促进信访问题及时就地解决，引导群众依法逐级走访，有效实现“双向规范”。深入推进依法分类处理信访诉求工作，协调推动职能部门全部出台法定途径清单，依法分类分流处理信访诉求，促进信访问题依法高效解决。着力打造“阳光信访”，使群众足不出户就能反映诉求、解决问题，通过让数据多跑路、让群众少跑腿，有效减少了走访的发生。

【完善信访工作机制】 2016年，区信访局强化问题导向，立足补短板，建立健全信访制度，有效提高整体工作水平。进一步规范信访联席会议制度，协调联动化解能力逐步加强。建立形势分析研判制度，及时向区委、区政府和有关部门提出意见建议，超前预防和化解矛盾。各镇各部门坚持重心下移、关口前移，及时对倾向性、苗头性矛盾隐患超前介入，处置在早、化解在小，提高了工作的主动性、前瞻性。推行律师参与信访工作制度，通过采取聘请法律顾问、引入律师参与接访、会办案件等措施，为信访群众讲法明理、解疑释惑，增强了信访干部依法解决信访问题的能力，有力提升了全区信访工作法治化水平。

【信访积案化解】 2016年，区信访局按照“清仓见底”的要求，全面排查梳理信访积案，建好积案数据库，用好信访专家库，对积案统一管理、逐案过堂。各责任单位树立“问题有解”导向，逐案研究化解办法，通过采取领导包案、协调会办、公开听证等措施，一案一策攻坚化解。对涉及全区层面的重大信访事项，通过区委常委会由区领导协调推动解决；对区域性疑难复杂事项，实行领导包案化解。省交办的2件和盐城市交办的11件重点信访问题，全部按期办结，化解率列盐城第一，被盐城市信访局通报表扬。区联席办交办的77件重点信访件，规范处理率100%，实体化解率61%。

【重要时期信访稳定】 年内，大丰区认真做好全国“两会”、G20峰会等重大活动时期的信访稳定，精心谋划组织，超前制定工作预案，对重点信访事项进行集中整治，对重点人员落实稳控责任，最大限度减少矛盾隐患。强化信访风险预警防控，深入开展矛盾纠纷排查化解，实行信访信息零报告制度，及时梳理通报重要信息，有效预防了集体访和极端行为的发生。

【信访干部队伍建设】 2016年，区信访局深入开展“两学一做”学习教育，以“建设一流队伍、完善一流机制、取得一流成效”为目标，着力加强思想政治建设，强化信访干部的“四个意识”，全区信访干部的精气神明显提升。强化分层分类培训，坚持需求导向，举办4次专题业务培训，信访干部业务能力得到提升。

（陈　炜）

外事、接待

【概况】 2016年，大丰区人民政府外事与侨务办公室围绕区委、区政府提出的“实干为先、项目为王、民生为本”的发展方向，积极履行外事部门和接待部门的职责，主动谋划，靠前服务，被盐城市外事办评为全市外事工作先进单位。全年接待来宾246批4920人次，办理因公出国（境）团组23批58人次。

【刘小群一行到大丰调研】 1月12日，江苏省人社厅副厅长刘小群一行在盐城市人社局局长王娟的陪同下到大丰督查工作，受到区领导宋勇、范大玉等的热情接待，并在大丰召开完善机关事业单位工资制度和县以下机关实施职务与职级并行制度调研督查工作座谈会。

【刘华伟一行到大丰考察】 1月20日，盐城供电公司总经理刘华伟一行到大丰开展“服务发展全市行”活动，受到区领导倪峰、宋勇、朱国新等的热情接待。刘华伟一行走访森威精锻、明进机械等地。

【史和平一行到大丰调研】 2月18日，江苏省人大常委会副主任、党组副书记史和平一行，在盐城市副市长葛启发的陪同下到大丰调研，受到区领导倪峰、宋勇等的热情接待。史和平一行调研新能源淡化海水工作，并听取大丰区有关情况汇报，对项目进展情况表示充分肯定，并希望有关部门进一步加大项目扶持力度，合力促进项目可持续发展，切实发挥示范作用。

【童玉祥一行到大丰调研】 2月25日，江苏省盐务局局长童玉祥一行到大丰调研新能源淡化海水工作，受到区领导倪峰、宋勇等的热情接待。童玉祥一行考察江苏丰海新能源淡化海水发展有限公司等地，并召开座谈会，听取项目情况汇报。

【兴化市党政代表团到大丰考察】 3月2日，兴化市市长李卫国率党政代表团一行到大丰考察，受到区领导倪峰、宋勇等的热情接待。代表团一行考察明进机械、金风科技、荷兰花海、东方1号创意产业园、新能源淡化海水产业示范园等地。

【张坚勇一行到大丰调研】 3月11日，江苏省农委副主任张坚勇一行，在盐城市农委主任乐超的陪同下，到大丰调研指导春季农业生产和结构调整工作，受到区领导宋勇、范大玉等的热情接待。张坚勇一行考察西郊梅园、荷兰花海等地。

【李国忠一行到大丰调研】 4月20日，镇江市政协主席李国忠，在盐城市政协主席李驰的陪同下，到大丰调研旅游业发展情况，受到区领导倪峰、宋勇、韦新等的热情接待。李国忠一行考察荷兰花海，并听取情况介绍。

【李明耀一行到大丰调研】 5月9日，江苏省政府驻京办主任李明耀一行，在盐城市政府副秘书长陈斌的陪同下到大丰调研，受到区领导宋勇、范大玉等的热情接待。李明耀一行考察金风科技、荷兰花海、滚装码头等地。

【全省休闲渔业建设工作推进会召开】 5月19~20日，全省休闲渔业建设工作推进会在大丰召开。江苏省人大常委会原副主任、江苏省休闲垂钓协会顾问张艳，江苏省海洋与渔业局副局长张建军等70人应邀参加，受到区领导宋勇、黄正柱等的热情接待。参会人员考察观摩大丰港海洋馆、荷兰花海、西郊梅园等地。

【郑焱一行到大丰调研】 5月26~27日，江苏省政府研究室主任郑焱一行，在盐城市政府研究室副主任武正华的陪同下，到大丰调研沿海开发重大载体平台建设，受到区领导范大玉、蔡保生等的热情接待。郑焱一行考察大丰港规划展示馆、滚装码头、新能源淡化海水产业示范园、沪苏大丰产业联动集聚区等地。

【周健民一行到大丰调研】 6月16日，江苏省政协副主席、农工党江苏省委会主委、中科院南京分院院长周健民一行，在盐城市政协副主席孙长春、王锦胜的陪同下到大丰调研，受到区领导王荣、宋勇等的热情接待。周健民一行考察九州田园家庭农场、荷兰花海等地，并召开农业供给侧结构性改革调研座谈会。

【毛里求斯共和国驻华大使一行到大丰考察】 7月31日，毛里求斯共和国驻华大使李淼光一行到大丰参观，受到区领导宋勇、罗强等的热情接待。李淼光一行参观江苏丰海新能源淡化海水发展有限公司、新能源淡化海水工程技术研究中心、麋鹿保护区等地。

【马太建一行到大丰考察】 8月4~5日，省政府法制办副主任马太建一行到大丰区开展行政执法体制改革工作调研，受到区领导宋勇、郭超等的热情接待。马太建一行考察区城市管理行政执法局、区行政审批局。

【王炳松一行到大丰考察】 8月9日，宝应县委书记王炳松一行，在盐城市政协副主席王锦胜的陪同下到大丰考察，受到区领导王荣、韦新等的热情接待。王炳松一行参观金风科技、江苏中车电机、风电产业园研发中心等地。

【马晓伟一行到大丰调研】 9月28~29日，国家卫计委副主任马晓伟在盐城市政府市长戴源的陪同下到大丰调研，受到区领导王荣、宋勇、范大玉等的热情接待。马晓伟一行考察南阳镇祥北村卫生室、南阳镇卫生院，并在东苑书香酒店召开国家卫计委基层卫生工作座谈会。

【曹新平一行到大丰考察】 10月21日，苏州市政协党组书记、副主席曹新平，在盐城市政协副主席王锦胜的陪同下，到大丰考察苏州盐城沿海合作开发园区建设情况，受到区领导韦新、范大玉等的热情接待。曹新平一行考察荷兰花海、知青纪念馆等地。

【俞军一行到大丰考察】 10月24日，江苏省编办主任俞军一行，在盐城市委常委、市政府常务副市长庄兆林的陪同下到大丰考察，受到区领导王荣、宋勇等的热情接待。俞军一行考察区行政审批局审批大厅，并召开座谈会，听取情况汇报。

【王荣率队赴美国、日本进行经贸招商暨招才引智活动】 11月1~8日，区领导王荣、赵晓庆、韦应生率领相关单位和公司主要负责人赴美国、日本，参加2016年盐城（洛杉矶）沿海发展产业投资说明会和盐城（东京）沿海发展人才创新创业环境说明会，举办2016年江苏大丰海港控股集团海外合作项目签约活动，并拜访美国硅谷英特尔公司、先锋公司、US MOTOR WORKS公司以及日本IHI、东方株式会社、高周波热炼株式会社等企业。

【李闽一行到大丰调研】 11月17日，江苏省国土资源厅副厅长李闽一行，在盐城市国土资源局局长徐增产的陪同下，到大丰调研国土资源“四全”（以“一张图”工程为基础，以全流程优化审批、全区域便民服务、全业务网上办理、全节点效能监察为目标体系的国土资源行政审批服务）服务及行政审批制度改革工作，受到区领导宋勇、郭超等的热情接待。李闽一行考察区不动产登记中心、区行政审批局等地，并召开座谈会，听取情况汇报。

【赣榆区党政代表团到大丰考察】 11月25日，赣榆区委书记孙爱华、区政协主席杨淑之率党政代表团一行到大丰考察，受到区领导王荣、韦新、郭超等的热情接待。代表团一行考察新韩汽配、荷兰花海、集装箱码头等地。

【李亚平一行到大丰调研】 12月15日，江苏省水利厅厅长李亚平一行，在盐城市副市长吴晓丹的陪同下到大丰调研“三农”工作，受到区领导王荣、范大玉、黄正桂等的热情接待。李亚平一行调研艾伦特农场、荷兰花海、恒北村、丰收大地现代农业示范区等地。

【建湖县党政代表团到大丰考察】 12月20日，建湖县委书记、县人大常委会主任陈平率党政代表团一行到大丰考察，受到区领导王荣、宋勇、吴家祥等的热情接待。代表团考察明进机械、金风科技、恒北村、大中镇全民创业园、幸福湖公园等现场。

（高　嵩）

地方志、年鉴编纂

【概况】 2016年，盐城市大丰区地方志编纂委员会办公室（简称区地方志办）围绕修名志佳志，创精品年鉴工作目标，开发利用地情资源，提高年鉴、地方志编校质量，宣传推广年鉴、地方志成果。1~4月，向各镇、各部门及学校、规模企业等赠送年鉴1000册。4月，精心筹划，周密部署，组织承办第十七次全国地州区县年鉴年会。10月，完成盐城市地方志办公室交办的1983~2005年大丰籍将军资料上报。

【第十七次全国地州区县年鉴年会】 《大丰年鉴（2014）》获全国第五届年鉴编纂出版质量评比综合特等奖。4月21日，由中国版协年鉴工作委员会主办、大丰区地方志办承办的第十七次全国地州区县年鉴年会在大丰召开，来自全国地州区县140个地方志、年鉴编纂单位262名代表参加会议。大丰区副区长赵玉霞出席并致欢迎辞，中国版协年鉴工作委员会主任许家康作《地方年鉴的功能与作用》主题报告，苏州市地方志办等6个单位作交流发言。会议总结全国地州区县年鉴工作情况，对当前年鉴工作的特点和下一步努力方向进行探讨。会议要求各年鉴编纂部门要强化精品意识，加强学习、借鉴和研讨，努力提高编纂质量。

【《大丰年鉴（2016）》编纂出版】 2016年，区地方志办提请区政府办印发《关于进一步做好〈大丰年鉴（2016）〉编纂工作的通知》，区地方志办印发《关于〈大丰年鉴（2016）〉栏目设置与撰稿分工的通知》《关于报送先进集体、先进个人材料的通知》，推动《大丰年鉴（2016）》编辑、出版的制度化、规范化。优化栏目框架设计，在2015年框架的基础上，吸收学习外地年鉴的做法，完善《大丰年鉴（2016）》整体框架，将人大各工作委员会、政协各专门委员会分目进行调整，将各银行、保险分目调整为条目，增加电商和物流条目，调减劳动力转移等分目，使年鉴框架更具时代性，更加规范。精心编排封面、书前彩图，封面选题为“范公筑堤”，进一步彰显大丰区历史文脉；书前彩图由国家环保模范城市、国家生态市、主体经济、科技创新、生态旅游等8个板块组成，增强年鉴的年度性和资料性。11月，《大丰年鉴（2016）》出版，全书95万字，设39个类目、304个分目，收录条目1647条、表格74个，编有索引

2016年4月21日，第十七次全国地州区县年鉴年会的与会人员在浏览各地年鉴

2305条，随文图片145幅。

【志书评审】 2016年，区地方志办利用以会代训、面对面、电话答疑、邮件往来等形式指导各镇、各部门开展志书编纂，提高各镇、各部门修志者的业务水平。按照《大丰市地方志书审查验收及出版办法》的要求，从篇目、内容、特色、编校等方面评审《新丰镇志 》《大桥镇志》《草庙镇志》《万盈镇志》。年内，《大中镇志》《万盈镇志》《新丰镇志》《江苏大丰经济开发区志》4部志书公开出版，《大桥镇志》《草庙镇志》完成初审和复审。

（谢竹青）

机关事务管理

【概况】 2016年，区机关事务管理局围绕区委、区政府的中心工作，严格执行中央“八项规定”，认真落实《机关事务管理条例》《党政机关厉行节约反对浪费条例》，全面履行“管理、保障、服务”职能，不断完善管理机制，夯实服务基础，提升管理水平，取得成效。

【服务保障】 年内，区机关事务管理局积极做好会务服务，狠抓质量，注重效果。全年服务区委、区政府赴外地招商推介、重点项目考察等大型活动12次，服务大丰“两会”、党代会、旅游季、项目观摩等会议480余场次。协调监管后勤服务，要求机关物业公司贯彻“低成本运行、高质量服务”的理念，做好办公区域车辆停放管理、绿化亮化，为优化政务环境提供保障。机关食堂在坚持“包管分离”的原则上，探索新型管理模式，安排专人加强监督管理，确保了食品卫生监管无盲区。财务管理从严规范，坚持“按进度控制使用，科学调剂有限资金，确保重点工作完成”原则，控制行政运行成本，从严从紧编制各部门预算，提高预算资金使用的计划性、科学性。规范经费的审批、报销等财务行为，组织盘点固定资产情况，避免国有资产流失。

【办公用房长效管理】 自2013年清房工作开展以来，区机关事务管理局按照上级文件要求，落实清理整改工作。2016年，提请区委办、区政府办制定出台《盐城市大丰区党政机关办公用房管理暂行办法》，组织专人，开展全覆盖、拉网式督查，杜绝回潮。加强对腾退办公用房的跟踪督查和指导协调，采取统筹调度、优化配置、转变功能、盘活资产等方法，实现腾退办公用房的二次利用，避免闲置资源的浪费。截至2016年年底，大丰区清理腾退的办公用房管理良好，调剂使用闲置办公用房15284.2平方米。以产权过户工作为契机，对全区党政机关办公用房的权属情况、使用情况进行调查摸底，分类登记，初步建立基础信息数据库，为实行资产变化动态管理提供依据。

2016年5月29日，大丰区机关事务管理局会同区国资办对公车改革中取消的车辆进行专场拍卖

【公务用车管理】 2016年，区机关事务管理局全面深化机关公务用车改革成果，会同区国资办按照相关处置程序，通过调剂、拍卖、报废等途径，在规定时间内完成车改中257辆封存车辆的处置工作。完善保留公务用车的使用管理，建立“大丰区公务交通服务中心”集中管理平台，对保留后的应急机要、接待调研等车辆进行统一调度管理；并结合大丰区实际，采用“派驻服务”和“直接管理”相结合的管理模式，确保公务出行保障灵活有序。区机关事务管理局制定《大丰区公务用车使用管理暂行办法》《公务交通服务中心车辆日常管理制度》《公务交通服务中心驾驶员日常管理制度》等规章制度，对保留车辆安装北斗定位系统，粘贴“公务用车”标识，与各派驻单位签订车辆管理协议书，全方位、立体式地做好车辆使用管理。

【公共机构节能】 年内，区机关事务管理局做好公共机构节能管理工作，强化基础数据统计，加大数据核查力度。2016年人均能耗61.87千克标煤/人，单位建筑面积能耗3.03千克标煤/平方米，比2015年同期分别下降2.3%和1.9%；人均水耗15.73吨/人，比2015年同期下降2.5%，完成预定节能目标任务。开展“节能宣传周”活动，通过电子显示屏、报纸、宣传画板等载体进行宣传，促进节约型机关建设。组织相关单位到无锡等地学习“省节能示范单位”的经验，促进示范单位创建。积极与区水利局开展合作，做好“大丰区节水型载体”创建工作，年内大丰港经济开发区水利管理服务站等6个单位创建成功。

（陈雯婷）

〖编辑　刘洪芳〗

政协盐城市大丰区委员会

综述

2016年，政协盐城市大丰区委员会在中共大丰区委的正确领导下，以习近平总书记系列重要讲话精神为指导，深入贯彻中共十八大和十八届三中、四中、五中、六中全会精神，认真落实中共中央《关于加强社会主义协商民主建设的意见》要求，策应区委区政府决策部署，把握团结民主两大主题，围绕建设有为型、亲民型、创新型、文化型、和谐型“五型政协”工作主线，履行政治协商、民主监督、参政议政职能，履职水平不断提高，工作成效不断彰显，社会影响不断扩大，为全区转型升级、科学发展做出积极贡献。

建设有为型政协。2016年，大丰区政协坚持服务中心，着力建设有为型政协，助推经济社会转型升级科学发展。围绕区委区政府决策部署，专题建言创新驱动战略，委员深入了解创新工作进展，积极借鉴先进地区经验，从构建创新体系、培育创新主体、建设创新平台以及传统产业改造升级等方面，广泛协商建言，提出《关于加快形成以科技创新为主要引领和支撑发展模式的建议案》。围绕沿海崛起、共建园区发展、旅游业发展等协商建言。6月，策应区委区政府“补短板、促发展、惠民生”决策部署，用3个多月时间，就镇村经济发展，连续开展20多次视察调研和座谈协商活动，提出“坚持规划引领、明确产业方向、聚焦项目推进、提升载体功能、强化要素支撑、大力控减债务、落实政策扶持、加大争取力度、完善推进机制、加强班子建设”等十条建议。区委书记王荣到会听取建议，肯定政协工作成效，赞扬委员们关注发展、建言献策的热忱和智慧。

建设亲民型政协。2016年，大丰区政协坚持履职为民，着力建设亲民型政协，促进人民群众获得感不断增强。关注民生热点，围绕食品药品安全工作、老年服务业发展开展调研，提出建议。反映社情民意，加强社情民意信息工作规范化、制度化建设，征集社情民意信息300多条，编辑《社情民意》信息简报12期，多条社情民意信息被盐城市政协采用。助推民生工程，专题视察协商区政府为民办实事工程和社会保障体系建设，了解情况，监督进程。9月，举行“送温暖、献爱心”慈善月系列活动，捐资助学、结对帮扶、关爱残疾人、支持敬老院建设，取得良好的社会反响。阜宁射阳“6·23”风灾发生后，广大委员情牵灾区，通过义卖、捐款等形式，捐款捐物30多万元。

建设创新型政协。2016年，大丰区政协坚持开拓进取，着力建设创新型政协，推动协商民主重要渠道作用充分发挥。加强提案办理协商，十三届政协五次全会以来，广大委员提交提案232件，审查立案232件，在各承办单位的共同努力下，所有提案均已办复，委员满意和基本满意率达99%。推进对口协商，组织委员到对口单位视察调研，在城乡环境治理、交通条件改善、工作作风改进等各个领域，开展面对面协商，促进了解互信，推动工作开展。同时，寓监督于协商之中，组织委员对民生关注度较高的法院、住建局等热点部门开展政风行风监督和民主评议监督。活跃界别协商，各界别围绕服务项目助推发展、服务民生促进和谐等主题，突出界别特色，发挥优势和专长，积极开展界别活动。组织界别委员，就文化建设、体育工作、教育改革等经济社会发展各个领域的课题开展协商。

建设文化型政协。2016年，大丰区政协坚持涵养文化，着力建设文化型政协，激发社会文明正能量加速传播。围绕中共十八届六中全会精神、协商民主、国学常识、经济金融、保健养生、地方历史文化等主题，举办各类讲座11次。开展“委员读书月”活动，以赠阅一本书籍、读一本好书、写一篇读书笔记、开展一次读书交流和汇编一本读后感专辑等为主要内容，征集读后感120多篇，汇编《政协书香》专辑。为委员订阅《江苏政协》《盐城政协》杂志，为政协常委、联络组工作组组长订阅《人民政协报》。丰富文化活动，围绕纪念孙中山先生诞辰150周年等主题，举办专题书画展。推进文化传承，精心编撰出版《元末盐民起义领袖——张士诚》《大丰启海人》等文化书籍，继续编印

《大丰文史资料》《耐庵学刊》《大丰诗草》等文史刊物。

建设和谐型政协。2016年，大丰区政协坚持团结民主，着力建设和谐型政协，广泛汇聚建设新大丰智慧和力量。团结各界人士，走访新阶层代表人士，帮助解决生产经营中遇到的困难，激励他们为促进地方经济社会发展贡献智慧和力量。关心少数民族群众生产生活，加强与港澳台同胞和海外侨胞联系，服务台资侨资企业，积极参与赴台招商活动。扩大对外交流，接待全国政协副主席韩启德、刘晓峰及省政协、贵州省政协、陕西省政协等领导到大丰调研。先后接待省内外市县政协领导百余批（次）到大丰考察交流，积极扩大大丰影响。组织赴外地政协学习考察，调研发展经验，交流政协工作。深化“三联系”（主席会议成员联系常委、常委联系委员、委员联系界别群众）工作，政协主席会议成员结合走访调研联络组工作组，深入了解“三联系”工作开展情况，与委员和界别群众面对面交流。完善制度建设，开展主席会议成员之间谈心交流，主席会议成员与常委和机关干部之间谈心交流，了解思想动态，听取工作建议。每月1日召开月度工作例会，15日召开常委会或主席会，每半年召开一次议政大会，定期不定期召开党组书记办公会、党组扩大会、民主生活会。

加强自身建设。2016年，大丰区政协坚持把加强自身建设放在重要位置。坚持正确政治导向，按照中共大丰区委部署，区政协党组、机关党支部深入开展“两学一做”学习教育。发挥委员主体作用，举办常委述职演讲、委员事迹报告会，继续开展“三好委员”评选。增强委组工作活力，定期召开联络组、工作组组长会议，沟通情况，总结经验，部署工作，全年各委组开展各类活动100多次，创新政协的活力进一步增强。加强机关调研，组织多个调研组，就土地流转、养老服务等课题开展调研，形成多篇调研报告。加强机关服务，《大丰政协》杂志全面改版，大丰政协网站常态化运行，宣传政协理论，传递工作动态。8月，开展“为委员企业服务月”活动，帮助委员企业和机关挂钩服务企业协调解决问题100多项。积极完成区委区政府交办的各项任务，参与盐城新水源地与引水工程建设、阜宁灾后重建。深入挂钩镇、村、企业，开展“三解三促六帮助”“进村入户”“精准扶贫”“三服务”等活动。

区政协重要会议与活动

【政协盐城市大丰区十三届五次会议】 1月6~8日，政协盐城市大丰区第十三届委员会第五次会议在新词大酒店举行，区十三届政协全体委员参加会议。会议期间，委员们听取和讨论了区委书记倪峰在会议开幕式上所作的《发挥优势、主动作为，合力共建强富美高新大丰》讲话，审议通过了区十三届政协常务委员会工作报告和提案工作报告；列席区十四届人大五次会议，听取并讨论了区人民政府区长宋勇所作的《政府工作报告》；举行议政大会。大会通过了《中国人民政治协商会议盐城市大丰区第十三届委员会第五次会议决议》。

【区政协常委会议、双月协商座谈会】 2016年，区十三届政协召开常委会议5次，双月协商座谈会1次。

3月25日，区政协召开十三届二十三次常委会议暨双月协商座谈会，专题协商社会文明程度提升工作，会议听取了区文明办关于提升大丰文明程度有关情况的汇报和区政协科教文卫体委关于赴张家港等地考察文明城市工作的调研报告，并开展协商建言。

5月17日，区政协召开十三届二十四次常委会议暨双月协商座谈会，专题协商科技创新工作，会议听取了区科技局关于区科技创新工作的专题汇报；区政协科教文卫体委关于赴常熟市、苏州高新区和上海市浦东新区等地考察科技创新工作的调研报告，并开展协商建言。

7月21日，区政协召开十三届二十五次常委会议暨双月协商座谈会，专题协商“一府两院”（人民政府、人民法院、人民检察院）工作，会议传达贯彻了区第十二次党代会精神，听取了上半年全区经济社会发展情况和下半年安排的通报，党风廉政建设情况的通报，上半年审判、检察工作情况和下半年工作安排的报告，并开展半年议政。

9月19日，区政协召开十三届二十六次常委会议暨双月协商座谈会，专题协商大丰区镇村经济发展工作，会议听取了区经信委关于全区镇域经济发展情况汇报和区委农工办关于全区村级经济发展情况汇报；区政协经济委和科教文卫体委分别作了区内外调研发言，部分委员开展了

2016年9月19日，大丰区政协召开十三届二十六次常委会议暨双月协商座谈会，专题协商大丰区镇村经济发展工作 （单位供图）

协商建言。

10月28日，区政协召开十三届二十七次常委会议，会上，举行了题为《大数据时代的互联网思维浅析》知识讲座，传达学习了习近平总书记在纪念长征胜利80周年大会上的讲话和中国共产党十八届六中全会公报主要精神，部分政协常委就“三联系”工作作了交流发言。

11月28日，区政协召开双月协商座谈会，专题协商如何加快全区现代物流业发展，会议听取了区服务业办关于物流业发展情况汇报。区发改委、区商务局、港区、开发区、服务业集聚区介绍了物流业发展情况，大丰海港港口有限公司、锦程物流园作了交流发言，部分委员进行了协商建言。

【区政协主席会议】 2016年，区十三届政协召开主席会议12次。

1月7日，区政协召开十三届第39次主席会议，协商讨论《政协盐城市大丰区第十三届委员会第五次会议决议（草案）》，协商决定2015年区政协工作先进集体、先进个人名单，协商确定区政协领导成员2016年分工。

1月22日，区政协召开十三届第40次主席会议，专题协商讨论区政协2016年协商议题、工作要点、重点工作、“三联系”工作及专题调研课题分工等内容。

2月24日，区政协在常州高新区大丰工业园区召开十三届第41次主席会议，会议听取全区共建园区发展情况和常州高新区大丰工业园区发展情况汇报，并专题协商讨论共建园区发展工作。

3月15日，区政协召开十三届第42次主席会议，会议听取万盈镇关于城镇化建设情况汇报，观看该镇创建国家卫生镇的专题介绍片，并就城镇化建设工作进行协商建言。

4月18日，区政协召开十三届第43次主席会议，专题调研视察旅游产业发展工作，会议听取区旅游局关于大丰旅游业发展情况的汇报，新丰镇关于景区建设情况汇报，政协科教文卫体委关于赴浙江绍兴市、湖州市南浔区考察旅游业发展工作的调研报告，并开展协商讨论。

5月30日，区政协召开十三届第44次主席会议，专题协商大丰区沿海开发工作，会议听取区发改委关于大丰区沿海开发情况的汇报，并开展协商讨论。

6月15日，区政协召开十三届第45次主席会议，专题协商讨论大丰区现代农业园区建设工作，会议听取全区现代农业园区建设工作情况汇报，并开展协商建言。

7月25日，区政协召开十三届第46次主席会议，专题视察并协商讨论大丰区社会保障体系建设工作，会议听取区人社局关于全区社会保障体系建设工作情况汇报，并开展协商建言。

8月15日，区政协召开十三届第47次主席会议，专题协商讨论大丰区老年服务工作，会议听取全区老年服务工作情况汇报，并开展协商建言。

9月5日，区政协召开十三届第48次主席会议，调研视察大中镇工业园区建设情况，会前视察盐城民力机械有限公司、全民创业园标房拓展区和大学生创业园服务中心等现场，听取大中镇关于工业园区建设情况，并开展协商讨论。

10月14日，区政协召开十三届第49次主席会议，专题协商全区为民办实事重点工程建设工作，会议通报2016年为民办实事工程建设情况及下一阶段工作安排，并开展协商建言。

11月17日，区政协召开十三届第50次主席会议，专题协商讨论大丰区食品药品安全监管工作，会议听取区市场监管局关于2016年以来全区食品药品监管情况和2017年主要工作思路的汇报，并开展协商建言。

区政协各专门委员会

【提案委员会（社会法制委员会）】 2016年，区政协提案委（社会法制委）注重创新提案工作方式，优化提案办理协商，开展社会法制工作，助推法治大丰建设。优化提案办理协商。注重提案工作“提、立、办、督、评”五个关键环节，健全提案的征集、立案交办、办理协商、督查考核、评议提高等五种工作机制，探索完善重点提案办理主席领衔高端协商、类似提案办理赴部门集中协商、综合提案办理主协办部门联合协商、专题提案办理专委会对口协商、累积提案办理持续跟踪协商等五种提案办理协商方式。十三届五次会议以来，区政协征集并审查立案232件，截至3月，所提问题已解决和所提建议已采纳的A类提案148件（占63.8%）；列入计划拟解决或拟采纳的B类提案79件（占34.1%）；所提问题一时难以采纳、留作参考的C类提案5件（占2.1%）。社会法治工作以推进民生福祉为着力点。承办区政协十三届第46、47次主席会议，分别就覆盖全区城乡的社会保障体系建设工作和养老服务工作开展专题视察和协商讨论；专题调研并形成《关于做好老年优待和服务工作的建议》。重视社情民意信息的收集和整理，组织好每月1次委员反映社情民意接待日活动，编印社情民意信息12期。委组活动活跃有序。提高活动质量和实效，先后就档案馆建设和档案工作、电商产业园和大数据产业园建设、旅游业发展、城市建设、律师权益保障、人力资源产业、人防体系建设、物价调控体系建设等工作开展专题视察和协商建言。

【科教文卫体委员会（学习文史委员会）】 2016年，区政协科教文卫体委员会承办区政协十三届二十三次常委会议，专题赴张家港市和常州新北区、南通港闸区考察调研文明城市创建工作。承办区政协十三届第43次主席会议，专题协商旅游业发展工作。承办区政协第二十四次常委会议，专题协商科技创新工作。做好区政协第二十六次常委会议有关工作，成立调研组，对全区12个镇的镇村经济工作进行拉网式调研。召开2016年文史工作会议，举行《大丰历史文化

2016年5月4日，大丰区政协调研交通工程建设　（单位供图）

丛书》发行式。征编出版《元末盐民起义领袖——张士诚》和《大丰启海人》。《魅力大丰》获盐城市政府文艺奖纪实文学类三等奖，《大丰市文史资料第17辑》《施耐庵研究论文集粹》《施耐庵研究资料汇编》等获江苏省档案文化精品奖。围绕科技成果转化工作、旅游服务标准化示范区建设、生态环境建设、草堰镇文化创意产业的发展、文明城市等工作，组织科技组、教育组、文体组、医卫组开展调研视察。完成原江苏人酒厂地段（东至人民北路，南至北兴路，西至大四河，北至通港大道）有关拆迁任务；做好招商挂钩的江苏森丰木塑科技有限公司、江苏建兴电子有限公司、江苏金羚纸业有限公司和盐城耀升阀门有限公司等企业的服务工作，赴上海、苏州等地招商引资。参与接待省政协副主席周健民开展农业供给侧改革工作调研、省政协医卫体委副主任史明一行、湖北省仙桃市开展化工产业污染治理和绿色发展工作专题视察等活动。

【经济委员会】 2016年，区政协经济委围绕经济建设中心和区委区政府重大决策部署，加强调查研究，着力资政建言。承办区政协十三届第42次主席会议，专题协商讨论城镇化建设工作；承办第44次主席会议，专题协商讨论沿海开发工作；承办第45次主席会议，专题协商讨论现代农业园区建设工作；牵头承办区政协第二十六次常委会议暨双月协商座谈会，专题协商镇村经济发展工作，会前，成立调研组就全区12个镇镇村经济发展情况开展专题调研，分两个工作组赴浙江、苏南、苏中等镇村经济发展先进地区考察学习，形成区外考察报告和区内调研报告；会后形成建议案提交区委、区政府供决策参考。组织相关工作组委员围绕大丰区农业新型经营主体建设、休闲观光农业发展、现代农业园区建设、海丰农场现代养殖业发展、土地资源集约节约利用、重点工程项目建设、城市管理工作、人防体系建设、滩涂资源整合及运行情况等内容开展视察调研。开展为委员企业服务月活动，强化调查摸底、深入调研、会办落实、跟踪督查等四大举措，了解企业发展诉求，围绕制约企业发展的重点、难点问题，组织召开专题协调会办会，并做好督办工作，确保为企业排忧解难的各项措施落到实处。

【港澳台侨委员会（委员联络委员会）】 2016年，港澳台侨委（委员联络委）立足单位职能，发挥自身特点，组织好委组活动，做好委员履职考核、联系委员、活跃委组工作。组织委组活动。组织民族宗教工作的调研和视察，帮助呼吁解决民族宗教工作的困难；赴天津、山东等地调研经济形态，开阔委员的眼界，增强经济发展的决心；组织外向组调研视察城市公交的现状及发展，形成议政报告，为民生呼吁；组织商贸组委员赴浙江湖州、宁波、嘉兴等地考察现代休闲观光农业，视察草庙镇现代农业示范园。规范委员考评工作。建立健全委员履职台账，逐一登记每位委员参加区政协活动的出席、请假情况，委员参加政协会议发表议政建言和撰写议政材料、提案、调研报告等情况，以及受到区委区政府领导批示或表扬的情况，把相关履职情况作为评选“三好委员”（本职工作好、参政议政好、公众形象好）的重要依据，为委员换届提供参考。给2015年“三无”委员（无故不参加会议、无提案、无社情民意信息）寄提醒函，提醒这些委员珍惜荣誉、不辱使命、履职尽责。密切联系委员。积极开展“三联系”工作。制定并印发《关于进一步深化大丰区政协“三联系”工作的通知》，通过走访、座谈、电话等多种形式，进一步加强主席会议成员与常委、常委与委员、委员与界别群众的联系。印发《关于继续开展交叉视察活动的通知》，在全区14个镇（区）联络组中开展了交叉视察活动。指导小海等镇布置委员活动室，完善基层委员活动阵地。积极帮助弱势群体。开展“捐资助学”“关爱残疾人”“敬老爱老”“精准扶贫”等系列活动，先后资助51名高中特困生，慰问70多名残疾人，91名孤寡老人，登门走访21名生活困难的老党员、老村组干部，共捐赠帮扶资金15万余元。努力做好“进村入户”和结对帮扶工作，帮助小团村解决困难资金数万元；为永跃村争取四级水泥路一条，资助12户贫困户近万元。加强委员宣传工作。组织召开委员先进事迹报告会，改版提升全新的《大丰政协》杂志，进一步建好宣传大丰区及政协、政协委员的平台。

（张　慧）

〖编辑　朱晓华　谢竹青〗

群众团体·工商联

大丰区总工会

【概况】 2016年,区总工会认真贯彻落实区委工作部署,坚持围绕中心、服务大局,突出工会"改革、创新、转型"重点,省总工会、市总工会主要领导专程到大丰调研,充分肯定区总工会工作成果。各项工作取得新进展、新成效,区总工会推进机构改革的做法刊登在《工人日报》内参上,得到了全国总工会、省总工会、市总工会的充分肯定。工会宣教、"互联网+"、信息报道、劳动争议调解等工作在省总工会相关会议上作交流发言。区总工会获评盐城市工会工作综合先进单位、大丰区综合先进单位。

【职工队伍思想建设】 2016年,区总工会通过党组学习会、机关学习小组学习会、举办全区工会干部培训班等形式,组织近20次学习贯彻习近平总书记在知识分子、劳动模范、青年代表座谈会,庆祝中国共产党成立95周年大会,党的十八届六中全会等会议上的重要讲话精神,筑牢思想根基。

【弘扬劳模精神】 2016年,区总工会深入开展劳模先进评选活动,评选产生8名省劳模、19名市劳模、2名"盐城工匠"、50名大丰区"最美劳动者"和37个大丰区"工人先锋号",同时授予"最美劳动者"大丰区五一劳动奖章。拍摄省劳模吴丽芳、市劳模李飞的专题纪录片。创建完善陶莹、李晓霞、杨应忠等3个江苏省示范劳模创新工作室。在区总网站、微信平台开辟《劳动者之歌》、《大丰工匠风采》等弘扬劳模精神、劳动精神的常态化宣传栏目。开展两期优秀职工疗休养活动,涉及劳模、先进职工代表100多人。

【技能、创新竞赛】 2016年,区总工会联合区直有关部门、镇(区)组织开展职工职业技能大赛。港区、教育、农委、人行、万盈、电信等11个镇(区)、部门单位承办26个项目(工种)的竞赛,评出"盐城市大丰区五一劳动奖章"26枚,"盐城市大丰区五一竞赛能手"荣誉称号52个,活动得到上级工会和社会各界的充分肯定,取得良好成效和积极的社会反响。与区科技局联合举办的大丰区职工"万众创新促发展"竞赛活动,收到小发明、小革新、小改造、小设计、小建议等成果40项,评选出优秀成果11项。

【和谐劳动关系构建】 2016年,区总工会大力推行区域性(行业性)职代会建设,全区职代会建制率95.4%。开展"要约行动"(工资集体协商春季集中要约行动),全区签订工资专项集体合同634份。组织全区300多个企业3.2万职工开展安康杯竞赛,组织80多个企业800多名职工开展"安全隐患随手拍"征集活动。开展"两项责任"大检查,全面推进工会安全生产监督、劳动关系预警责任的落实,累计检查企业300余个。

【工会帮扶】 2016年,区总工会在市区街道交汇处改建"爱心驿站"11个,为户外劳动者提供遮风挡雨、避暑保暖、热饭热菜、饮水休息的场所。常态化开展"春送岗位、夏送清凉、金秋助学、冬送温暖"活动,全区工会系统发放帮扶资金88.94万元,走访慰问困难职工915人次。全区132个企事业单位自发开展"大病大家帮"活动,筹集资金81.2万元,惠及198名重病职工。在区总工会、农商行、移动公司、电信公司等四处新建"爱心母婴室"。

【企业职工文化建设】 2016年,区总工会扩大职工书屋建设的覆盖面,创建省级职工书屋1个,新增市级职工书屋3个。承办第七届"盐城职工读书月"活动启动仪式,组织各类读书征文活动,收到征文72篇。开展各类职工趣味体育活动13次。实施职工技能、学历提升计划,创建"全国职工教育培训示范点""中国劳动关系学院大丰MPA研究生实习基地"。举办全区规模以上企业工会主席300多人的培训班,邀请省总工会民管部部长殷同喜和宣教部副部长潘峰到大丰授课。

【区总工会依法换届】 9月29~30日,

2016年9月29~30日，大丰区工会召开第十二次代表大会，依法选举新一届大丰工会领导班子，审议通过有关报告和决议　（单位供图）

大丰区工会第十二次代表大会召开，盐城市政协副主席、总工会党组书记、主席沈洪清，大丰区四套班子主要领导出席开幕式。盐城市政协副主席，市总工会党组书记、主席沈洪清，大丰区区长宋勇作重要讲话，对工会工作提出新要求。大丰区各条战线的310名代表参加会议，选举产生新一届大丰工会领导班子，审议通过区总工会第十一届委员会工作报告、经费审查委员会工作报告、财务工作报告的决议。审议通过《关于大丰区总工会第十二届委员会委员和经费审查委员会委员实行替补办法的决议》。

【基层工会组织建设】 2016年，区总工会持续推进基层工会组织建设和农民工入会工作，新建独立工会61个，吸收会员3185人，其中农民工2657人。开展基层工会“亮点”建设，大中镇恒北村联合基层工会、草庙镇川东居委会联合基层工会建成“六有五化”（“六有”即：有依法选举的工会主席、有独立健全的组织机构、有服务职工的活动载体、有健全完善的制度机制、有自主管理的工会经费、有会员满意的工作绩效；“五化”即：工会组建普遍化、职工活动多元化、帮扶活动优质化、工资集体协商科学化、农民工维权联动化）示范单位。江苏正大丰海制药有限公司、江苏多为泵业股份有限公司建成盐城市厂务公开民主管理示范基地。2016年创建盐城市五星级职代会6个、工资协商三星级企业105个。

【工会工作者队伍建设】 2016年，区总工会对照《省委关于加强和改进党的群团工作50条意见》，按照规范、节俭、高效的原则，重新规范工会工作者配备和管理，镇（区）全面推行兼职工会工作者，通过调整，镇（区）专职工作者由19人降低为3人，同时按条件聘任22名兼职工作者，通过调整既增强了镇（区）工会能力又减少了支出。

【工会改革】 2016年，区总工会加快提升新部室履职能力，重点在融合与成效上下功夫。基层管理部组织开展创新、技能大赛，充分发挥基层工会的主体作用；职工服务部整合各类先进表彰、弘扬劳模精神；宣教中心建设网上工会、传播正能量、凝聚职工向心力；职工服务中心履行安全生产监督与劳动关系矛盾预警两项责任、依法维护职工合法权益；综合办公室（财务部）和工会经费结算中心综合协调、增收节支、推进活动阵地建设、保障重大活动开展。

【“互联网+”工会运作新模式】 2016年，区总工会着力打造“网上职工之家”。重建区总门户网站，网站主体职能由以信息为主调整为以服务职工为主。做“活”微信平台，发布内容从工会本位向职工本位转变，全年发布微信300多期，信息900多条，对宣传工会、推进工作发挥了巨大作用；全面制定和发放工会实名制会员卡，发挥会员卡在工会会员动态管理、普惠制服务等各项工作中的基础性作用，9月完成实名制会员管理系统和会员卡的招标采购，12月完成2.2万张会员卡的制作工作。

【工会阵地建设】 2016年，区总工会投资近600万元与万盈镇党委政府合作共建大丰区劳模林，集教育、观赏、疗休养等多功能于一体，截至2016年年底，一期工程已完工。区总工会投资4000万元购建7800平方米的工人文化宫，内设职工服务中心、职工培训中心、职工文化中心、职工活动中心、多功能厅和工会工作情景教学室等。

【“两个走进（近）”活动】 2016年，区总工会开展“走进企业、走近职工”活动，定期组织区总机关工作人员深入镇（区）、企业、职工，掌握了解企业运行情况和职工思想动态，帮助企业、职工解决实际困难和问题，开通联系企业、服务职工的直通车，实现“五个一批”（建一批职工之家、办一批好事实事、交一批职工朋友、创一批服务品牌、形成一批调研报告）的工作成果。

【服务能力提升】 2016年，区总工会组织人员赴宁波、临安、太仓、江阴、靖江等先进地区考察学习，开阔眼界、解放思想，提升创新理念、强化服务意识；组织机关工作人员开展国学、书法、公文写作、太极拳、健身操、乒乓球等学习班，全面提升机关工作人员服务职工的能力。

（夏光河）

共青团大丰区委员会

【概况】 2016年，大丰团区委深入贯彻落实中央和省委党的群团工作会议精神，坚持问题导向，紧紧扭住“脱离群众”这一突出问题，坚决转变作风，用心联系群众，在克服“四化”的实践中努力增强政治性、群众性和先进性，改革探索实践，各项工作走在盐城市前列，团结带领广大团员青年为“发展上台阶、建设新大丰”贡献青春力量。

【青少年思想引领】 2016年，团区委开展“低碳慢生活，青商我先行”环城单车骑行、学雷锋、集体植树等活动，倡导积极正能量。与义工联等社会组织合作帮扶农村留守儿童、孤儿、“被孤儿”等弱势群体，联合大丰承德青少年事务服务中心等新青少年事务社会组织举办关爱行动，关注青春期青少年思想健康教育。阜宁、射阳龙卷风冰雹灾难发生后，大丰青商会成员和团干代表自发捐助29774元，组织志愿者关爱到大丰治疗的灾民。学校团组织开展十八岁成人礼仪式，2000多名学生与家长参加活动，学生通过集体宣誓、配乐诗和给父母的一封信等形式，表达自己勇于担当和对父母的感恩之情。

【新媒体工作新突破】 2016年，团区委立足于传递“青春、奋斗、奉献、励志、拼搏”正能量，推出13期《大丰青年故事汇》，将镜头聚焦在基层一线辛勤工作的青年人。树立农村创业电商刘春香、音乐发烧友“桔子乐队”、勇救5名落水市民的青年工人曹明等一批青年典型。今日头条和微信公众号平均每期点击量超3000次，收集网友留言230多条。提出“无大丰不新闻、无青年不新闻、无视频不新闻”理念，把微电影、微动漫、微视频作为传播价值观的重要文化产品。自制《病假条》《遇见另一个自己》《一路狂奔》等“大丰人好呢”系列微视频、微电影，综合浏览量超5万次，进一步扩大共青团引领价值宣传的影响。推出5期“一分钟微动漫解读”系列文化产品，用动漫形象“丰丰”，解说党代会工作报告、六大战略、十大举措，及区委区政府重大民生实事。该系列动漫作品被区内媒体广泛转载，综合阅读量超10万次，网友留言数百条。

【“为爱益起跑”全民公益长跑活动】 “五四”青年节前夕，团区委以社会化动员的方式，以运动和公益为主题，举办“为爱益起跑”全民公益长跑活动，从奥体中心到西郊梅园，全程9千米，400余名青年、70余名志愿者报名参加此次活动，17个单位主动参与，并募集公益基金3万元，以选手的名义捐赠给“被孤儿”群体，帮助缺乏父母关爱的青少年。活动受到社会广泛关注，《盐城晚报》头条整版报道，《大丰日报》头版刊发吴石的署名文章《心中有阳光，脚下有力量》。大丰之声网站刊播新闻，点击量超3万次，点赞超千次，网友留言数百条，此次活动对唤起全社会公益责任，汇聚青春正能量起到积极作用。

【服务青年创业】 2016年，团区委通过打造青创空间卯酉·创客邦，全面提升服务青年创新创业能力。2015年，卯酉·创客邦注册青年创业项目65个，截至2016年年底，在孵项目23个，已孵化项目8个，集聚创业青年100多人，被列入江苏省苏青C空间，被科技部认定为国家级众创空间。大丰农商银行创业支行发放青年创业贷款2765.3万元，苏州银行向青商会会员单位发放创业贷款8317万元。团区委被评为省金融挂职团干部工作先进单位，东方1号创意产业园创意团队创成国家级青年文明号。团区委联合科技局举办的“创赢未来·创新时代”首届大丰区创新创业大赛在卯酉·创客邦成功举办，其中“模块温室——改变中国农业”获得盐城市科技创新大赛环保组一等奖，田园居家庭农场项目获得省创青春大赛农业初创组三等奖，碳纤维材料项目获得省创青春大赛工商组三等奖等表彰，“我是邦女郎”项目获省创青春大赛互联网组优胜奖。参与拍摄并制作的青春创业短剧《我是邦女郎》，一经上线就引发网友的一致好评，腾讯视频客户端点击量过百万，先后得到创业大咖苏药、喜剧明星郭冬临的亲情加盟，卯酉·创客邦微信公众号涨粉万余名，在大丰掀

2016年4月28日，大丰团区委举办“为爱益起跑”公益长跑活动
（单位供图）

起一股创业就去卯西·创客邦的热潮。

【帮扶困难青少年群体】 2016年，团区委以青年扶贫帮困、助学育才为己任，把对弱困群体的帮扶作为办实事的重点工作。争取各方面资源，实施“希望工程·圆梦助学”“匠心独运·诚爱助学”“点亮未来·诚爱助学”“希望工程·阳光助残”“希望工程·暖冬行动”和挂钩扶贫等帮扶项目。筹集帮扶资金32万元，263名弱困群众获得帮扶，受助者由各基层团干进行实地走访慰问，团区委干部每人挂钩一户贫困户，做到“周有电话、月有走访、季有效果”全年走访贫困户57次，团干深入到大丰区第二人民医院、大丰区特殊教育学校、弱困群众家庭和学校对困难群体进行实地帮扶。大丰团区委获评“江苏省阳光助残服务基地”。

【“四进四联”主题教育实践活动】 2016年，团区委扎实开展“四进四联”主题实践活动，进学校联系学生青年，进镇村联系农村青年，进社区联系社会青年，进网络联系青年网民，该实践做法被团中央网站刊登。对困难群体进行逐个摸排，实行进村入户的形式走访，与青年面对面交流沟通。实现服务基层“接地气”，服务青年“涨人气”。密切挂钩服务大桥镇江岸村、西团镇新中村、大丰市戈泰针织服饰有限公司、大丰市海俊铸造有限公司等村居和单位，深入基层一线开展支部联建、扶贫攻坚、挂钩服务等工作，专职团干每周至少1天深入基层一线。团干部先后深入基层130人次，完成工作日志100余篇。

【基层团建】 2016年，团区委通过走下去调研部署全区团建工作。在学校，控制团员增量，严格团员标准和入团程序，提高团员发展质量，重点实施好“六个一团建”（“一课一月一员，一室一角一档案”为主体的团建项目。一课即以团课为主的团员教育、一月即青春五月、一员即团支部校内外辅导员、一室即团员成长教育室、一角即班级团队角、一档案即学生成长档案。）6月20日，在全区中学开展“佩团徽、唱团歌、学团章”主题活动，统一开展全区新团员入团仪式，突出仪式感，提升先进性。探索实施“3+1”团建改革，推进区镇部门团的组织互动联动，增强基层团干部队伍建设，基层团组织战斗力得到一定提升，大丰区第二中学获评全省“六个一”团建项目示范校创建单位，区义工联团委被表彰为省五四红旗团委，裕北村团支部被表彰为省五四红旗团支部，地税局团支部被表彰为全国五四红旗团支部。

（洪大伟）

大丰区妇女联合会

【概况】 2016年，大丰区妇联以建设服务型妇联组织为目标，认真贯彻群团部门改革要求，联系活跃全区妇女组织，整合运用社会资源，打造特色品牌，在妇女创业就业、权益保护、文明提升、组织建设等方面取得新进展，服务能力不断增强，被人社部、全国妇联联合表彰为“全国妇联系统先进集体”，被大丰区委、区政府授予“综合先进奖”。

【妇女创业】 2016年，区妇联按创业女性的不同需求，因人施策，培树典型、强化宣传。针对返乡女性务工人员，相继召开回乡创业恳谈会、茶话会、推介会等活动，宣传大丰创业政策和创业环境，鼓励回乡创业；针对创业积极分子，主动谋划，参与盐城市巾帼创业创新大赛，丰龙大地电子商务有限公司总经理刘春香获评盐城市十大巾帼创业创新之星；大丰元泰蛇业有限公司总经理景明红、大丰白驹镇朱舍村农村淘宝服务站负责人李杰珍获评盐城市十大巾帼创业创新能手，发挥以一个带动一片的典型示范作用。放大常规动作引领作用，联合区人社局举办2016年新春服务企业引才用工招聘会，现场有近千名女性求职者与企业达成就业意向。全年举办两场大型女性创业就业培训班，分别针对农村淘宝以及家政服务进行专门培训，600余名妇女直接受益。全年，各镇（区）妇联举办各类技能培训班23期，培训妇女近2500人，拓宽贫困妇女的就业门路。持续推进妇女小贷工作，形成扶持妇女发展品牌。将小贷额度从原来的5万元提升至10万元，全年发放妇女小贷1917万元，发放额环比提升90%，直接帮助255名妇女成功创业，带动近千名妇女就近就业，8月，

2016年6月28日，大丰区女企业家协会成立　（单位供图）

因小贷工作成绩突出，获得省妇联表彰奖补。深化万名妇女发展现代农业活动品牌，大力培植、扶持一批“巾帼创业示范基地”和“巾帼创业培训基地”，引领更多女性自强不息、艰苦奋斗，争做经济发展的推动者。草庙镇麋鹿路农家乐饭店被评为省级巾帼农家乐示范基地，白驹镇狮子口村电商服务站被评为省级巾帼电商服务基地，江苏锦丰生态食品集团有限公司董事长冯井兰被评为“江苏省十大农业创业女状元”，白驹镇农村淘宝朱舍村服务站负责人李杰珍和丰龙大地电子商务有限公司刘春香被评为“江苏省百名电商创业女能人”。

【妇女宣传创新推进】 2016年，区妇联进村入户寻找最美家庭，并在“三八”妇女节举行深化寻找最美家庭活动启动仪式，联合大丰电视台采访、报道、展播典型家庭，造浓舆论氛围。在寻找最美家庭过程中发掘胡守兰家庭40年如一日对患病弃儿不离不弃的故事，改编成微电影《永不言弃的爱》，获得社会热烈反响。推荐的单德凤家庭获“全国最美家庭”称号。与区委组织部联合举办全区女党员女干部“晒家风”暨“我眼中的最美家规家训”征文演讲比赛，推动广大党员干部把合格党员要求融入家庭建设。演讲选手赵越赴盐城参加比赛获一等奖。探索巾帼志愿者组队发展模式，各志愿队根据定位和需要开展活动。旗袍协会下设“霓裳”巾帼志愿队依托自有传媒公司拍摄多部公益微剧、微视频，走进花海拍摄关爱重症女性短片，在母亲节策划“当你老了”主题活动等，号召感恩母亲，关爱女性。“微爱”巾帼禁毒志愿队主动参与公安局禁毒宣传活动，以统一标识走上街头宣传“珍爱生命，远离毒品”。区直与女性创业就业有密切联系的部门组成“丰帆”巾帼创业服务队，致力于服务女性创业就业，为女企业家发展保驾护航。其他各志愿队在关爱留守儿童、空巢老人等方面身体力行，积极捐赠四季平安盒和母亲邮包，认领爱心公益储蓄罐等。妇联宣传工作更加注重社会影响力和群众美誉度。召开庆祝“三八”国际劳动妇女节106周年纪念大会暨文艺演出，表彰一批三八红旗手（集体）、巾帼文明岗等先进典型。阜宁“6·23”龙卷风灾害后，区妇联捐资捐物，联合旗袍协会组织巾帼志愿者开展“伸出援手，让爱传递”主题赈灾义演募捐活动，现场募集善款11183元。组织200余名巾帼志愿者开展《明天会更好》公益“快闪”活动，以新颖的形式号召人们关爱贫困儿童。申请成立“大丰女性”微信公众号，作为宣传妇女儿童发展事业的专用平台，在活动后第一时间组稿展示现场情况，扩大社会影响，点击率、转发率、好评率均有提升。

【妇女维权】 2016年，区妇联抓住“三八”妇女节、反家暴法宣传日、国家宪法日等特殊节点，开展普法维权活动，发放资料6000余份，接受咨询上千人次，进一步增强广大妇女的法律意识和依法维权能力。加强妇联信访窗口建设，全区妇联全年接待处理来信来访126起，12338热线电话183个，做到件件有落实，事事有回复。办好区妇儿工委确定的10件实事项目，为19名“两癌”（宫颈癌、乳腺癌）农村妇女患者申请到救助资金。与南京爱德基金会对接联系，实施《爱德基金会e万行动》项目，资助大丰地区38名孤儿直至大学毕业。联合区司法局组织8名法律援助中心工作人员和律师，赴盐城监狱开展法律知识讲座、法律援助宣传等服务活动，维护女性服刑人员合法权益。与常州监狱女子监区结成帮扶共建单位，及时了解狱内女犯服刑改造情况，赴监区探望，用真心真情感化她们。鼓励妇联机关全体工作人员申请报名政法机关人民陪审员、合适成年人等辅助岗位，在涉及妇女、未成年人的案件中，积极参与庭审，全力争取合法权益。

【基层妇女组织建设】 2016年，区妇联深入非公企业开展组织建设情况调研，鼓励公司负责人在党组织的领导下建立妇女组织。与区委组织部、区民政局联合，专题部署村（社区）妇代会改建妇联工作，举办村（社区）妇代会改建妇联工作培训班，截至2016年年底，改建工作圆满完成。创新组织形式，成立大丰区义工联妇联暨大丰之声网络妇联，标志着盐城首个社会组织中妇女组织和首家网络妇联建成。找准社团发展症结，助力社团独立规范发展。建成女企业家协会，凝聚全区广大女企业家为大丰经济社会发展贡献力量，指导注册汇心助爱儿童协会、“今世缘”婚姻家庭服务中心等女性社会组织，服务妇女儿童力量壮大。组织女作家协会会员常态化开展采风互动，协会会员吴瑛加入中国作协。建成女性社会组织孵化基地，建立入驻社团联席会议制度，引导社团共建共享共发展。女作家协会、女企业家协会、旗袍协会、汇心助爱儿童协会等4家女性社团入驻基地。组织申报妇女儿童公益社工服务项目，“彩虹桥·幸福路”项目被省妇联立项，争取到项目扶持资金4万元，帮助妇女100人。

（王翼飞）

大丰区科学技术协会

【概况】 2016年，盐城市大丰区科学技术协会（以下简称区科协）认真学习贯彻全国“科技三会”（全国科技创新大会、两院院士大会、中国科协第九次全国代表大会）精神和习近平总书记系列重要讲话精神，围绕区委、区政府中心工作，以贯彻落实《科协系统深化改革实施方案》为契机，按照省科协《关于组织实施2016年度“县级科协创新发展能力提升计划”的通知》要求，发挥优势、打造特色，提升质量、创新形式，团结带领全区广大科技工作者，提升区域自主创新能力，建设创新型城市。

【产学研对接活动】 2016年，区科协以平台建设、科技招商、科技对接等活动为载体，以点带面推进政产学研

2016年9月，大丰区科学技术协会举办"全国科普日"活动（单位供图）

合作。上半年，邀请华东理工大学、上海应用技术大学、东华大学、苏州大学、苏州专益自动化设备有限公司等高校院所、企业相关专家团队（郭卫红、王磊、赵圣印等）到大丰进行考察、指导、洽谈。视频联系上海交通大学、上海师范大学、上海大学、上海电力学院、上海第二工业大学、南京工程学院和常州大学的专家教授（路林吉、黄继凤、沈希忠等），帮助破解企业技术难题，为江苏博敏电子有限公司、江苏杰工机电设备有限公司等9个企业的20余项技术难题和需求提出解决方案（内容涉及智能管控、化工、有色金属、新材料、装备制造、电子信息等），达成一批合作意向项目。与江苏省企业发展工程协会合作，帮助江苏优斯特节能科技有限责任公司建立省级科技服务站，助力该公司开发节能照明产品；为21个企业成功申报"江苏企业网"产品展位。

【企业专利信息应用服务】 4月28日，中国科协企业工作办公室副主任、中国科协企业创新服务中心主任郑浩峻一行到大丰区调研企业专利信息应用情况，对区科协服务企业科技创新工作给予肯定。9月8日，盐城市科协在大丰区召开企业科技信息项目推广暨企业工程师培训会，中国科协企业服务创新办公室处长刘倩、盐城市科协主席徐瀚文、江苏省科技咨询中心副主任崔峰参加会议，区委常委、组织部部长蔡保生到会致辞。会议推动90余个企业注册使用专利信息数据库网络1.0版，开展引进吸收再创新服务工作。江苏丰东热技术股份有限公司等10个企业在消化吸收国外专利后新申报专利17件，帮助企业增加效益1300多万元。大丰区专利信息推广数量和效益居盐城市各县（市、区）前列。

【海智计划】 2016年，区科协组织创业、创意类6名选手参加第四届中国江苏创新创业大赛初赛海智创新创业分赛。其中，港区李浩杰项目获得优胜奖。深入重点规模以上企业对接省科协海外高层次人才项目24个，组织留学人员产业园等园区及5个企业参加中国（昆山）国际创新创业大会项目洽谈，会上10余个项目达成深入洽谈的意向。5月8~9日，组织园区、企业参加苏州工业园区"首届'卡尔斯鲁厄理工学院（KIT）创新日'活动"，与德国卡尔斯鲁厄理工学院联系建立合作关系，洽谈智能合作项目，将国外高端创新资源引向大丰，为企业发展营造良好的环境。

【科技兴农】 2016年，区科协集成农村各类农业科技资源，推动形成专家、专职科普工作者、农村基层科普组织和农科带头人共同构成的农村科普大军，农村科普服务网络不断扩大。实施兴农富民工程，做好培训指导、跟踪服务等工作，全区新建兴农富民工程示范基地项目14个，组织6户家庭农场主、合作社成员参加省农技协无人机植保创业培训，组织5个农业企业入驻京东商场—江苏农产品馆。大中镇红花村苗木花卉专业技术协会、同德村经济合作社科普示范基地获批省级"科普惠农兴村计划"奖补，奖补资金12万元。加强科普惠农服务站建设，三龙镇斗龙港村科普惠农服务站被命名为"江苏省科普惠农服务站"。

【科普活动创新】 2016年，区科协提出"月月有科技周，天天是科普日"的活动理念，确立科普宣传、高科技产品展示、企业研发机构开放、科普志愿者行动等内容并行的活动思路，丰富科普活动内涵。利用网站、微博、微信等平台推广活动信息，组织在线互动。创新开展第28届科技周、2016年科普日等重点活动，带动全区300余项基层活动开展，近10万人次参与各类科普活动，在全区掀起科学普及的热潮。5~9月，对接省"三百行动"进基层活动，邀请国家、省科普专家报告团成员黄明豪、任祖平、佟薇芝三名教授和张晶、李梅两名副研究员作客"大丰科协大讲堂"，助推科技知识的普及和大丰新兴产业的发展。9月20日，举办"全国科普日"启动仪式暨主场"光年游乐园"科普展，500余人参与主场活动。邀请北京索奇会展有限公司到大丰区布展，展厅面积1000多平方米，分为体验、游戏和实验区三部分，融会光学、物理学、信息学的游戏类、原理类、实验类等全互动式展示项目20余项，4000多人次前来参观、体验。区科协被中国科协评为"2016年全国科普日活动优秀组织单位"，成为全省获此荣誉称号最多的两县（市、区）之一（4次）。

【科普示范创建】 2016年，区科协为实现"十三五"末大丰区公民科学素质达标率超14%的目标，建立区科协与镇全民科学素质提升共建机制。将科普示范镇（村、社区）的创建纳入全区文明城市（镇）创建工作，做到统一规划、部署、检查，科普示范创建覆盖面不断扩大。全区新增注册科普志愿者1222人，总数5872人。1月21日，省流动科技馆大丰巡展暨赠送仪式在区青少年活动中心举行，弥补了大丰区科普资源短缺、科普阵地薄弱的现状，吸引数批次外地科协组织到大丰区调研、学习。6月30日，全省全民科学素质工作电视电话会议召开，区长宋勇作了题为"加强统筹、打造特色，着力推进全民科学素质工作迈上新台阶"的交流发言。2016年，大丰成为盐城唯一获得中国科协命名"2016~2020年度全国科普示范县（市、区）"的县（市、区）。大中镇新东苑社区被中国科学技术协会、财政部命名为"全国科普示范社区"，获奖补资金20万元。区科协赵健被中国科协等9部委联合表彰为《全民科学素质行动计划纲要》"十二五"实施工作先进个人，区教育局获省《全民科学素质行动计划纲要》"十二五"实施工作先进集体。大中镇滨河社区被命名为江苏省科普示范社区，大中镇育红社区、朝阳社区被命名为盐城市科普示范社区。

【科普信息化】 3月21日，省科协党组成员、副主席冯少东一行到大丰区调研、指导科普信息化建设工作。5月底，"江苏科普云"终端在全区54个社区全部安装到位，成为全省科普信息化首批试点单位。6月，对原"大丰科普"微信公众平台进行升级改版，从省科普影视中心购进60套科普光盘配送给全区54个社区及部分村。9月，从上海科技发展基金会引进新版《科普新说》系列电视节目，在区电视台开办定时定量的科普专栏，加之已有的"科普大篷车"栏目，在主流媒体上建立起科普宣传阵地。尝试科普数据资源开发，区科协组织拍摄的《大丰麋鹿》《大丰郁金香》4集电视科教片在上海教育电视台连续播出，加盟上海《科普新说》栏目在全国推广播放。大丰港海洋世界被中国科协评为全国科普教育基地科普信息化工作优秀基地，获奖补资金10万元。区城东实验小学拍摄的科学探究纪录片《机器人啥时候最聪明》获第七届全国青少年科学影像节三等奖。

【科技交流与合作】 2016年，区科协组织师生参加"省青少年科学调查体验活动省级骨干教师培训班""增材制造（3D打印）技术深度应用省级高级研修班""省青少年科技创新大赛科技辅导员培训班""省STEM教育试点项目首期培训班"和"世界教育机器人大赛（WER）2016赛季中国赛区华东地区公开赛"等多项活动，促进大丰区青少年科学教育工作的深入开展。组织园区、部分企业和学校参加"第十九届中国北京国际科技产业博览会""第二届中欧（南京）生命科学论坛""国际STEM教育论坛""中国科协2016年科普人员培训班"和"苏台科技交流培训团"等活动，拓宽科技工作者的视野和学术水平，洽谈部分合作项目。

【科技人才队伍】 2016年，区科协落实区人才工作领导小组成员单位职责，推荐大丰区科技工作者参加省"双创人才"（有创新精神和创业能力的人才）项目评选，江苏辉丰农化股份有限公司范锦龙等5人成功入围，推荐参加省、市优秀科技工作者评选，1人入围。11月25~26日，邀请中国工程院院士袁渭康、上海海洋大学科技处处长谢晶、重庆大学生物工程学院教授王伯初等专家到盐城参加第六届沿海发展人才峰会、大丰海洋产业人才项目对接会，签订合作协议。11~12月，联合区委组织部、区人社局表彰第三届大丰区优秀科技工作者（10名），奖励合计2万元。

【区科协队伍建设】 2016年，区科协把加强学习宣传全国"科技三会"等会议和中央、省关于《科协系统深化改革实施方案》的文件精神作为重要任务，将会议精神和文件内容传到基层、学到基层。结合"两学一做"学习教育，查找、克服和防止科协组织行政化、机关化等方面的倾向和问题，加强与科技工作者的联系，把广大科技工作者紧紧团结在党和政府的周围。6月，开展企业科协情况专题调查，以规模、战略性、新兴产业企业科协组织建设为重点，探索在不同区域、不同类型、不同规模的企业建立科协组织的新途径，新成立3个企业科协。

（吴永健）

大丰区文学艺术界联合会

【概况】 2016年，大丰区文联扎实开展文艺活动和精品创作，在实施"文艺大发展大繁荣"目标上迈出新步伐，全区文艺事业呈现出队伍壮大、创作繁荣、团结和谐、充满活力的良好局面。年内，有1人加入中国书法家协会，1人加入中国美术家协会，1人加入中国作家协会，2人加入中国摄影家协会，1人加入省书法家协会，1人加入省美术家协会，1人加入省音乐家协会，3人加入省摄影家协会，2人申请加入省作家协会，20人加入盐城市级文艺家协会，全区文艺人才队伍形成合理的梯队结构，呈现出持续发展壮大的势头。

【文化活动丰富】 2016年，区文联围绕元旦、春节、五一、国庆等重大节日，与区委宣传部、区文广新局联合举办元旦晚会、新春团拜会、国庆群众游园、韩国歌星演唱会等文化活动。策应郁金香文化月、梨花节、梅花节等旅游文化活动，与大中镇联手举办"梅花报春 画里大丰"征文摄影大赛，与新丰镇联手举办文学摄影大赛、文化交流会、郁金香音乐节交响乐音乐会等主题文艺活动，为大丰区人民带来精彩的文化盛宴。

【文艺创作成果】 2016年，杨国美获中国摄影金像奖，填补大丰区文学艺术界取得国家级最高奖项的空白。陈曙文作品《温暖的海风》入选第十一届全国水彩、水粉画展览。卢群《军号嘹亮》获全国征文优秀奖。电影《打开天窗说亮话》获首届"江苏电影奖"二等奖。微电影《风在说》获第四届江苏网络文化季优秀作品奖。话剧《桥》入选江苏艺术基金年度资助项目。严正东作品《你是我眼里的风景》在江苏省文联和江苏省摄影家协会联办的"光辉的旗帜"纪念建党95周年摄影图片展中获银牌奖。摄影《麋鹿·白鹭·海滩》、话剧《桥》、散文集《天边飘过温暖的云》等14部作品获盐城政府文艺奖，获奖数量居盐城各县、市（区）首位。陈桂艳作品《书韵飘香》获盐城读书月征文一等奖，朱传辉作品获两岸书画联展二等奖；大丰瓷刻亮相第六届江苏书展，《美丽逆光》《魅力大丰》《清荷幽香》等多部文学作品相继出版。

【文艺平台服务水平】 年内，区文联编发《鹿乡文艺》杂志4期，邀请部分重点作者进行座谈，对杂志内容、形式进行深入交流研讨，提高杂志的品位和档次，打造本土文艺新品牌。更新维护文联网站，定期更新文艺新闻、文学园地、通知公告等栏目，多方面宣传反映大丰发展建设成果、人民精神风貌的最新文艺作品，重点展示大丰区文艺名家风采，进一步推进全区文艺繁荣发展。充分利用"百姓星光大舞台"平台优势，鼓励各类原创文艺节目上台展演，为广大群众和草根文艺爱好者提供展现自我的舞台，打造好惠民文化品牌。设立大丰文艺微信公众号，及时推送文艺信息、加强互动交流，真正将文艺"微服务"做到无微不至。

【杨国美获第十一届中国摄影金像奖】 2016年，大丰区摄影家协会名誉主席杨国美获中国摄影金像奖，成为盐城市首位获得这一中国摄影界最高殊荣的摄影家，填补了大丰区文学艺术界取得国家最高奖项的空白。省文联第九届三次全委（扩大）会议上，杨国美凭借其作品，获得省文联嘉奖。杨国美专业拍摄麋鹿30年，先后出版多套麋鹿题材摄影集，300多幅作品在全球62个国家及地区展出，被誉为"中国麋鹿摄影第一人"。

【大丰瓷刻作品获省"迎春花奖"】 由省文联主办、省民间文艺家协会承办的第四届江苏省民间文艺"迎春花奖"2016年民间工艺美术作品奖评选结果揭晓。省非遗"大丰瓷刻"传承人陈银付创作的瓷刻作品《如歌》获2016第四届江苏民间文艺"迎春花奖"。其瓷刻作品《燃不尽的乡愁》获2016"艺博杯"江苏省工艺美术精品奖金奖。陈银付的作品相继亮相"苏风艺品"澳门国际文化艺术品展览会、第六届江苏书展等重大展览会现场。大丰瓷刻作为传统美术类项目入选第四批省级非物质文化遗产代表性项目名录。

【电影《打开天窗说亮话》获首届"江苏电影奖"二等奖】《打开天窗说亮话》由盐城冉冉文化传媒有限公司、南京明博文化传播有限公司出品，新华网股份有限公司江苏分公司、江苏大丰港经济开发区管理委员会联合拍摄。影片讲述一位铁面无私、秉公执纪的县纪委书记时刻铭记党员职责，在复杂的社会环境中，坚守党性，与贪腐势力做斗争的故事。剧中反派人物对金钱、权力、美色等不加修饰的渴望，代表着社会价值的扭曲，是观众或憎恶或偷偷羡慕的一种现实人生立场。该片获得首届"江苏电影奖"二等奖，是大丰区电影类节目目前获得的最高奖项。

【14件作品获盐城市政府文艺奖】 在2015年度盐城市政府文艺奖的评审活动中，大丰区14件作品获奖，获奖数量居盐城各县、市（区）首位。杨国美摄影作品《麋鹿·白鹭·海滩》获一等奖；戏剧《桥》、吴奇篆刻、严正东摄影《蛟龙戏海》、冯晓晴散文集《天边飘过温暖的云》获二等奖；周汉忠歌曲《梦想起飞的地方》、吴振林剧本《晚景》、何绍丰摄影《向往》、席宏江摄影《荷韵》、韦伟小说《梦的翅膀》、吴瑛散文集《生命是场博弈 过程便是奖赏》、张汉林纪实文学《不能忘却的记忆——追寻新四军杰出的青年戏剧家李增援》、韦江荷诗集《美丽逆光》、纪实文学《魅力大丰》获三等奖。

【中国作家·雨花读者俱乐部落户大丰】 2月2日，中国作家·雨花读者俱乐部落户大丰揭牌仪式暨2015年度区女作家协会年会在区图书馆举行。中国作家·雨花读者俱乐部的成立，深化了全民阅读的精神，是建设"书香中国"、开展"深入生活、扎根人民"主题实践活动的重要举措。到2016年年底，中国作家·雨花读者俱乐部在全国成立70多个。它的落户，将为全区广大文学工作者阅读交流、激扬文字、抒写人生提供更加广阔的舞台。

【专题采风活动】 3月16日，省作家协会采风团齐聚西郊梅园，开展以咏梅、写梅为主题的采风创作活动。省作协举行赠书仪式，向西郊梅园赠送《老作家文集》等书籍，增添梅园的文化内涵和旅游亮点。3月28~30日，江苏省摄影家协会牵头组织60名左右的省知名摄影家到大丰采风创作，在大丰召开第八届四次理事会。摄影家们用作品展示大丰区美丽的自然环境和浓厚的人文情怀。两次专题采风活动，文艺家们为大丰创作了100多件精品佳作。

（张素萍）

大丰区归侨侨眷联合会

【概况】 2016年，盐城市大丰区归侨侨眷联合会（以下简称区侨联）学习贯彻中国侨联九代会精神，围绕区委十一届六次全会精神，围绕中心，服务大局，充分履行侨联四项基本职能，即群众工作、参政议政、维护侨益、海外联谊，积极开展参政议政和联谊工作，为侨服务，为经济建设服务，各项工作取得较好成绩。被盐

2016年9月28日，大丰区侨联组织基层侨联负责人到南通市崇川区学习（单位供图）

城市侨联表彰为全市侨联工作先进单位，获全市侨联信息宣传量化工作金奖。

【参政议政】 2016年，区侨联围绕党委政府中心工作组织开展视察调研、参政议政工作。组织开展调研视察活动。3月，组织侨界政协委员赴山东、天津等地考察中韩自贸区建设情况。组织外向型经济组全体委员视察、调研侨资企业及区重点百项工程佛教文化园。委员们实地察看部分侨资公司，了解企业生产经营情况，与企业负责人进行深入交流，通过视察、交流，委员们进一步了解大丰侨资企业发展的情况。提出建议、意见。4月，组织侨界政协委员视察大丰经济开发区和荷兰花海。6月，参加政协视察政府为民办实事工程。7月，深入侨资企业及重点侨眷开展调研活动。组织委员开好政协十三届四次会议。发动委员撰写提案并商讨集体提案及联名提案。“两会”期间，外向型经济组委员9人共撰写提案15件。研究、制订2016年外向型工作组的工作计划。做好议政发言。本组的议政材料《关于养老服务业发展的调查与思考》得到区政府领导的充分肯定，被评为优秀议政材料。做好委员联系界别群众的工作及社情民意工作。本组每位委员至少联系10名群众并能保持经常性联系与沟通，做好收集、了解有关情况，帮助群众协调解决问题并及时向政协汇报情况，并将联系界别群众的情况认真汇总并填写“联系界别群众反馈表”，同时将群众反映的情况进行整理，向政协提交社情民意信息。

【为侨服务】 2016年，区侨联开展扶贫济困活动，组织开展春节慰问、扶贫济困、爱心助学等慰问帮扶活动，走访、慰问归侨、侨眷、在侨联工作过的老干部及困难群众60余人次，并送上慰问金及慰问品。动员和发动侨界人士为阜宁灾区捐款献爱心，配合侨联委员何俊成做好义卖所得奉献灾区。维护侨眷合法权益。为华侨徐群平与区法院执行局协调相关事宜。配合侨联委员做好中秋节慰问敬老院老人工作。为开发区留学生创业园2个新侨企业申请参加中国侨联在南京举办的新侨成果展。为新侨企业“大丰格雷特科技有限公司”牵线盐城奥新新能源汽车合作项目。关爱侨界空巢老人，开展“一对一”结对帮扶活动。对生病的空巢老人，登门看望慰问，送去党和政府对他们的关心和爱护。

【区侨联服务全区中心工作】 2016年，区侨联深入开展“两服务”活动。坚持每月3次以上深入挂钩企业大丰万达纺织有限公司调研，掌握企业发展动态，与相关部门沟通，为该企业协调解决残疾人保障金相关事宜。按照区委统一部署，认真开展“两学一做”“讲纪律、守规矩”等专题教育活动及“星期六党校”活动。走访、慰问挂钩扶贫户，送去慰问金，开展“向最可爱的人献爱心”活动，多次走访、慰问困难复员军人，体现党和政府的温暖和关怀。圆满完成上级侨联部署的各项工作。组织新侨李臣、蒋昊参加中国侨联举办的新侨成果展活动。推荐大丰籍人士参加盐城欧洲同乡会。推荐5名侨界青年拟任盐城市首届侨青委理事。参加省侨联在广东举办的第七期干部培训班。根据省侨联的要求做好侨眷贫困户摸底工作，为做好精准扶贫奠定基础。认真宣传《江苏省保护和促进华侨投资条例》，努力维护华侨的合法权益。组织侨界摄影人士参加市侨联举办的摄影讲座等活动。大丰区摄影爱好者、盐城市侨届摄影协会副会长杨国美获国家摄影金像奖。圆满完成接待省侨联领导到大丰调研工作。完成江苏省双“五有”（有组织、有队伍、有经费、有阵地、有活力；服务侨胞有真情、凝聚侨胞有载体、团结侨胞有骨干、活跃组织有品牌、维护侨益有能力）侨联组织申报工作。

【联络联谊活动】 2016年，区侨联开展侨联委员交流视察活动。组织基层侨联工作人员赴南通崇川区学习考察基层侨联工作。做好海外社团、华侨、华人接待工作。在春节、清明节、端午节和中秋国庆期间，接待美国、英国、日本、加拿大、新加坡等国家华侨华人60批200多人次。在春节前，向海内外侨界人士寄送贺年卡、电子邮件300多份。

（朱爱凤）

大丰区工商业联合会

【概况】 2016年，大丰区工商业联合会（以下简称工商联），团结带领全区非公有制经济人士，认真学习贯彻中共十八大和十八届三中、四中、五中、六中全会精神以及习近平总书记系列重要讲话精神，紧紧围绕区委、区政府中心工作，依照章程，坚持“团结、服务、引导、教育”的八字方针，突出“两个健康”（非公有制经济健康发展、非公有制经济人士健康成长）主题，深入开展非公有制经济人士理想信念教育实践活动，认真履行职能，主动适应经济发展新常态，积极为全区经济社会健康发展做贡献。2016年，在盐城市工商联系统年度综合评比考核中，位列第一。

【非公有制经济人士理想信念教育实践活动】 按照中共中央、江苏省委、盐城市委关于非公有制经济人士理想信念教育实践活动的部署要求。认真组织全区非公有制企业家代表、行业商会负责人参加江苏省、盐城市举办的理想信念教育实践活动各2次，组织参加理想信念教育主题学习，增强对中国特色社会主义的信念、对党的信任、对企业发展的信心和对社会的信誉。

【“五好”工商联创建】 按照省工商联、盐城市工商联要求，2016年继续推进开展以领导班子好、会员发展好、商会建设好、作用发挥好、工作保障好为主要内容的“五好工商联”创建工作，着力加强和巩固“五好工商联”创建成果，为大丰非公有制企业健康发展和非公有制经济人士健康成长做出积极贡献。

【服务会员企业】 2016年，区工商联发挥工商联、总商会网络优势，及时向会员企业提供政策、法规和经济信息服务工作，全年共向会员提供各类服务信息152条、印发学习材料、读本1500册（份）。对接挂钩企业，开展“三服务”活动。深入服务挂钩企业，了解企业生产开工情况，协调要素，及时出谋划策，帮助解决有关问题，有力地推动项目进度，为企业科技创新，转型升级打下基础，增强企业的市场竞争力。全年走访调研民营企业108个。联合区总工会、人社局、经信委等单位对企业《中华人民共和国劳动法》执行、企业工会制度、职代会制度、工资集体协商制度、厂务公开、女职工保护等制度的落实进行监督和帮扶，推动和谐劳动关系的建立。帮助小微企业解决实际问题，全力帮助他们求生存、谋发展、促转型。按照江苏省工商联、盐城市工商联部署，进一步加强大丰区中小微企业监测直报点建设工作，做好中小微企业动态监测，做好与相关政府部门的沟通协作，确保监测直报点工作取得良好效果。全年各项数据采集、监测联系、信息上报工作得到较好开展，率先完成全年中小微企业信息直报点的网上调查工作。

【参政议政与调查研究】 2016年，区工商联组织引导担任各级人大代表、政协委员、工商联执委的非公有制经济代表人士、民营企业家开展调查研究活动，撰写提案、议案、建议。提交提案、议案、建议42件。提交《积极营造“大众创业、万众创新”的良好环境，激发全民创业和民营经济活力》议政材料。开展民营企业相关调查工作，完成大丰民营企业履行社会责任的统计报表28份；完成《2016第十二次私营企业调查表》22份；完成上规模民营企业调查表38份；完成非公经济人士年轻一代调查摸底；开展2016民营企业科技创新人才推荐工作和引导民营企业创新驱动发展调研工作。

【银企对接】 5月，区工商联与农商银行、江南村镇银行、苏州银行、民生银行等商业银行搭建对接平台，推动银企良性互动，增加相互了解，增进相互信任，加大相互支持力度，实现企业发展、项目建设与金融部门的紧密结合，帮助缓解会员企业资金问题。举办银企对接，邀请大丰农商银行营销负责人逐一解答企业融资中的疑虑、问题，同时向企业推出服务小微企业融资的金融产品，协助解决小微企业“发展难、资金难”问题。

【百企帮百村】 按照省工商联部署要求，2016年，区工商联认真开展“百企帮百村”活动，结合区内企业特点，制订帮扶计划，选择帮扶对象，确保帮扶工作做到实处，做好建档立卡工作。

【商会企业公益事业】 “6·23”阜宁、射阳风灾后，区工商联组织区民营企业商会、特产商会、抛丸机商会、汽摩协会、江苏枋健生命科技发展有限公司、江苏辉丰农化股份有限公司、江苏丰山集团股份有限公司、大丰水星家纺等商会、企业，第一时间到达灾区，开展帮助慰问、捐资捐物，协助灾民共渡难关，江苏枋健生命科技发展有限公司捐助资金物品1000多万。

【商会活动】 4月，区工商联组织会员企业参加省工商联在盐城举办的法律大讲堂及企业安全知识培训。10月，组织会员企业和机床商会企业共同参加上海工博会。12月上旬，组织会员中地方特产企业和食品加工企业赴苏中、苏南考察对接，寻求全省地方特产合作平台。12月下旬，与高新区共同主办2016大丰希望小镇-杭州梦想小镇项目对接推介活动，项目推介涵盖智能家居、机器人、大健康产业、在线教育、后汽车市场、互联网+等新业态产业，全区行业组织、商会及有关会员企业120多个参加活动。

（陈永斌）

〖编辑 朱晓华 谢竹青〗

工业

综　述

2016年，大丰区工业经济在高位基础上实现平稳运行，全口径工业开票销售收入、工业用电量总量、工业增加值增幅等指标在盐城市名列前茅。实现全口径工业开票销售收入739.9亿元，比2015年增长16.5%，总量列盐城市第一，增幅列盐城市第五；工业用电量43.65亿千瓦时，比2015年增长5.7%，总量列盐城市第一，增幅列盐城市第二；规模以上工业增加值220.93亿元，比2015年增长10.0%，增速高于盐城市平均水平0.3个百分点，总量列盐城市第三，增幅列盐城市第二；规模以上工业总产值944.76亿元，增长12.4%。四大主导行业（化工、机械、食品、纺织）实现开票销售收入572.21亿元，比2015年增长13.6%，增幅比2015年回升2个百分点。增长面为48.5%，比2015年增长1.9个百分点。除化工行业下降外，机械、食品、纺织3个行业增幅均有所上升。食品行业发展放缓；机械行业保持较快增长；纺织行业稳定运行。骨干企业支撑增强。规模以上工业企业中开票销售收入前40强企业（集团）实现销售收入503.74亿元，比2015年增长19.8%，高出全部规模以上工业企业开票销售收入增幅5.8百分点。

【工业经济平稳增长】 2016年，大丰区规模以上工业实现利税总额77.55亿元，利润总额56.24亿元。工业增加值220.93亿元，比2015年增长10%；开票销售收入642.61亿元，比2015年增长14%，企业增长面48.7%；工业总产值（当年价）944.76亿元，比2015年增长12.35%；工业销售产值934.82亿元，比2015年增长13.78%；主营业务收入920.18亿元，比2015年增长17.1%；用电量37.1亿千瓦时，比2015年增长5.4%。工业经济保持稳定发展的态势。

【工业重点企业支撑有力】 2016年，大丰区40个规模骨干工业企业〔大丰海聆梦家纺有限公司、大丰恒卫针织品有限公司、百威英博大富豪（盐城）啤酒有限公司、江苏焕鑫新材料股份有限公司、盐城市大丰创意工艺品有限公司、江苏腾龙生物药业有限公司、江苏丰山集团股份有限公司、大丰万达纺织有限公司、江苏辉丰农化股份有限公司、无锡庆丰（大丰）纺织有限公司、江苏金丰纺织有限公司、大丰市明进机械有限责任公司、江苏丰东热技术股份有限公司、江苏中车电机有限公司、江苏金风科技有限公司、江苏正大丰海制药有限公司、江苏森威精锻有限公司、盐城理研精密锻造有限公司、大丰奥泰机械有限公司、现代（盐城）工程塑料有限公司、上海纺织（集团）大丰纺织有限公司、江苏劲力化肥有限责任公司、江苏丰泰流体机械科技有限公司、纽威工业材料（大丰）有限公司、盐城市大丰区橡塑制品有限公司、江苏佳丰粮油工业有限公司、上海新型建材岩棉大丰有限公司、江苏博汇集团、盐城市联鑫钢铁有限公司、江苏大丰海港控股集团有限公司、大丰海嘉诺药业有限公司、大丰港华燃气有限公司、龙源大丰风力发电有限公司、江苏金羚纤维素纤维有限公司、江苏北大荒油脂有限公司、中电大丰风力发电有限公司、江苏兄弟维生素有限公司、大丰跃龙化学有限公司、江苏谷登工程机械装备有限公司、迪皮埃风电叶片大丰有限公司〕实现开票销售收入521.3亿元，比2015年增长16.3%，占大丰区规模以上工业企业比重81.1%，拉动工业增长12.9个百分点；增长面60%，高于面上10.7个百分点。大丰区列入盐城市“百强重点工业企业”的17个企业（大丰海聆梦家纺有限公司、江苏腾龙生物药业有限公司、江苏丰山集团股份有限公司、江苏辉丰农化股份有限公司、大丰市明进机械有限责任公司、江苏丰东热技术股份有限公司、江苏中车电机有限公司、江苏金风科技有限公司、江苏正大丰海制药有限公司、江苏森威精锻有限公司、江苏博汇集团、盐城市联鑫钢铁有限公司、大丰海嘉诺药业有限公司、江苏金羚纤维素纤维有限公司、江苏北大荒油脂有限公司、江苏盛川材料科技有限公司、迪皮埃风电叶片大丰有限公司），实现开票销售收入411.4亿元，比2015年增长16.7%。

【开票销售收入】 2016年，大丰区工业开票销售收入超1亿元的企业有80个，其中超10亿元的14个、20亿元的8个、30亿元企业4个、50亿元企业1个，超100亿元企业（集团）1个。江苏博汇集团有限公司开票销售收入102亿元，盐城市联鑫钢铁有限公司开票销售收入80.5亿元，比2015年增长59.2%；江苏中车电机有限公司开票销售收入38亿元，江苏金风科技有限公司开票销售收入32.5亿元，江苏北大荒油脂有限公司开票销售收入44.9亿元，江苏大丰海港控股集团有限公司工业开票销售收入43.1亿元。纳税超1000万元的工业企业27个，其中超1亿元企业3个，分别是江苏金风科技有限公司（纳税1.35亿元）、江苏正大丰海制药有限公司（纳税1.31亿元）、江苏中车电机有限公司（纳税1.12亿元）。

【传统工业行业】 2016年，大丰区机械、化工、纺织、农产品加工等传统行业有规模以上工业企业361个，实现开票销售收入425.5亿元、入库税8亿元、工业用电33.9亿千瓦时，比2015年分别增长10.3%、7.5%和4.3%，分别占大丰区工业的比重66.2%、48.5%、91.4%。

【新兴工业产业】 2016年，大丰区新能源及装备、海洋生物、智慧产业等新兴产业有规模以上工业企业57个，实现开票销售收入217.1亿元、入库税6.9亿元、工业用电量3.2亿千瓦时，比2015年分别增长21.6%、40.4%和17.9%，分别占大丰区工业的比重33.8%、51.5%、8.6%。

【工业新增长点】 2016年，大丰区120个重点新增长点工业项目中，60个规模以上工业项目新增长点新增开票销售收入56.2亿元，完成全年目标的97%。60个重点规模以上工业后备项目实现开票销售收入10亿元，完成全年目标的64.2%。

【工业投资】 2016年，大丰区经济和信息化委员会备案工业技改项目90个，比2015年下降41.94%；总投资42.52亿元，下降60.62%，技改项目备案数和计划总投资呈现双降趋势。大丰区列盐城市考核的重大工业项目有12个、重点技术改造项目12个、智能制造项目7个。大丰区列入盐城“百项重大工业”项目有12个，计划总投资92.86亿元，2016年计划投资34.4亿元，实际完成投资27.6亿元，完成全年目标任务的80.23%。列入盐城市“百项重点技术改造”项目12个，计划总投资35.27亿元，2016年计划投资19.75亿元，实际完成投资19.55亿元，完成全年目标任务的98.99%。列入盐城市“智能制造”重点项目7个，计划总投资9.6亿元，2016年计划投资7.1亿元，实际完成投资7.1亿元，完成全年目标任务的100%。列入盐城市“技改升级”项目61个，计划总投资70.72亿元，2016年计划投资39.43亿元，实际完成投资39.43亿元，完成全年目标任务的100%。

【两化融合与创建品牌】 2016年，大丰区智能车间改造成效显著。江苏金风科技有限公司、江苏辉丰农化股份有限公司、盐城理研精密锻造有限公司、江苏博敏电子有限公司、江苏森威精锻有限公司、江苏大洋精锻有限公司6个企业的7个项目列入盐城市“智能制造”重点工业项目。江苏丰海新能源淡化海水发展有限公司万吨级新能源淡化海水智能生产车间被江苏省经济和信息化委员会认定为江苏省示范智能车间，江苏大洋精锻有限公司精密锻造及模具智能生产车间被江苏省经济和信息化委员会认定为江苏省优秀示范智能车间。

品牌创建突破明显。江苏辉丰农化股份有限公司技术中心被确认为2016年国家企业技术中心，江苏中车电机有限公司技术中心被认定为2016年江苏省级企业技术中心，江苏创一精锻有限公司、盐城理研精密锻造有限公司、江苏丰海新能源淡化海水发展有限公司、大丰和顺科技有限公司、上海新型建材岩棉大丰有限公司、江苏金色工业炉股份有限公司、江苏云马农机制造有限公司7个企业被认定为盐城市级企业技术中心。

江苏丰东热技术股份有限公司被工信部认定为两化融合管理体系评定企业；江苏森威精锻有限公司被工信部认定为两化融合管理体系贯标试点企业；江苏辉丰农化股份有限公司、江苏正大丰海制药有限公司、江苏谷登工程机械装备有限公司、大丰海纳机械有限公司4个企业被江苏省经济和信息化委员会认定为江苏省两化融合管理体系贯标试点企业；江苏丰山集团股份有限公司、江苏辉

2016年，盐城市联鑫钢铁有限公司开票销售收入80.5亿元

丰农化股份有限公司2个企业被江苏省经济和信息化委员会认定为江苏省互联网与工业融合创新试点企业；江苏丰山集团股份有限公司被认定为江苏省级两化融合试点企业。

江苏金色工业炉股份有限公司RQ-1000×8000-JS型细长杆状工件悬挂井式可控气氛渗碳炉被列入《江苏省重点推广应用的新技术新产品目录》。江苏丰东热技术股份有限公司智能活性屏等离子渗氮炉关键技术开发及示范应用项目被认定为2016年盐城市新技术新产品推广应用示范工程。江苏丰山集团股份有限公司、江苏丰海新能源淡化海水发展有限公司2个企业被认定为2016年盐城自主创新示范企业。江苏丰山集团股份有限公司、盐城理研精密锻造有限公司2个技改项目列入盐城市“四新”（新技术、新工艺、新设备、新材料）技改示范项目。

【镇村工业经济】 2016年，大丰区以项目建设为重点，推进镇工业园建设，培育特色经济，推动镇村工业经济发展。大丰区政府出台《大丰区镇村工业经济发展三年行动方案》，明确目标任务，指明发展方向，助推镇村经济发展。镇村工业开票收入不断攀升，全年大丰区镇村实现全口径工业开票销售收入200.52亿元，比2015年增长11.95%，占大丰区工业开票销售收入27.1%。骨干企业支撑明显，镇村开票销售收入1亿元以上企业24个，其中超5亿元企业4个。盐城中德精锻股份有限公司、江苏金色工业炉股份有限公司成功登陆新三板。推进技术创新，精心实施专精特新产品、科技小巨人企业培育计划，成功申报盐城市级科技小巨人企业5个和专精特新产品7件。民力阀门、丰特抛丸机等8个企业被江苏省中小企业发展中心评为江苏省级科技型中小企业。

加大招商引资力度，注重条块化跟踪服务，推动新产业项目快落户、落户项目快开工、开工项目快建设早投产。大丰区镇村竣工1000万元以上工业项目34个，新丰镇德洋精锻、万盈镇雷金过滤设备等一批重点项目投产达效。建立技改项目库，推动纺织、阀门、抛丸机等传统产业提档升级，引导企业依托基础，围绕新工艺、新产品、产业链配套，主动挖掘争取项目。全年实施500万元以上技改投入项目45个。

大丰区政府制定《关于扶持镇工业园发展的意见》，设立5000万元专项资金，重点支持基础设施建设、产业培育、企业发展；启动园区规划修编工作，明确园区定位、空间和产业布局，实行分类指导；重点推动大中镇园区道路改造工程、草庙镇静脉产业园能源大道新建工程、南阳镇园区工业天然气管道工程等建设，提升园区项目承载能力；积极引导各类资本参与园区标房建设，推进园区集中连片开发，提升园区形象，新建标房33万平方米，其中大中镇全民创业拓展区17幢标准厂房，统一规划、统一设计，年底建成9幢，建筑面积8万平方米。

镇村经济不断壮大。大中镇家纺产业规模进一步扩大，大丰海聆梦家纺有限公司开票销售收入7.7亿元、舒润床上用品开票销售收入2亿元；西团镇以技改扩能和回乡创业项目为重点，全年实施产业项目9个，提升产业层次，壮大产业规模，巩固抛丸机在全国销售市场的份额；小海镇化纤纺织产业园新增规模以上工业企业2个，园区有喷水织机3000台，形成涤棉混纺2万纱锭、仿真丝服装面料5亿米、形态记忆功能性服装面料1.1亿米的生产规模。

【节能降耗】 2016年，大丰区推进绿色发展，强化重点耗能企业节能管理，开展“万家企业低碳行动”，加大节能专项执法。通过向上争取政策资金扶持、采取法律、行政手段推动等方法，在纺织、化工、水泥等行业淘汰一批高能耗、高物耗、高污染、低效益的生产工艺和生产设备。工业用电43.65亿千瓦时，比2015年增长5.72%。规模以上工业综合能源消费量为164万吨标准煤，比2015年增长9.2%；单位产值能耗为0.175吨标准煤。

【企业信用建设】 1月，大丰区公共信用信息系统通过江苏省专家组组织的验收，正式上线运行。2016年，采集大丰区46个部门各类有效信用信息数据169万条，其中社会法人类信息23万条、个人类信息146万条，基本实现部门及其业务全覆盖。培养国家助理信用管理师5人，中级信用管理师4人。新增江苏省信用管理贯标企业15个，盐城理研精密锻造有限公司、大丰和顺科技有限公司、江苏迪赛诺制药有限公司、江苏驷博电气有限公司、江苏多为泵业股份有限公司5个企业建成盐城市信用管理示范企业，江苏丰山集团股份有限公司建成江苏省信用管理示范企业。

【绿色发展】 2016年，大丰区严把产业政策关，加强行业规范管理。组织江苏辉丰农化股份有限公司、江苏丰山集团股份有限公司、江苏腾龙生物药业有限公司3个企业成功申报农药企业生产资格延续核准。帮助江苏丰山集团股份有限公司获得2016年第一批监控化学品生产特别许可证，做好江苏辉丰农化股份有限公司第二类、第四类监控化学品生产设施建设申报工作。做好禁止化学武器组织（OPCW）对辉丰股份民用化工《关于禁止发展、生产、储存和使用化学武器及销毁此种武器的公约》规定的其他化学生产设施（DOC）现场视察的接待工作。指导盐城市联鑫钢铁有限公司做好钢铁行业规范企业2015年自查工作。

推进新能源汽车推广应用。做好2015年新能源汽车推广应用省级补贴资金申报和兑现工作。联合区财政局，开展大丰区新能源汽车推广应用核查工作。贯彻落实盐城市新能源汽车推广应用工作推进会有关精神，拟定2016年大丰区新能源汽车推广应用方案，全面分解落实目标任务。

推动转型发展品牌创建。组织沪苏大丰产业集聚区申报国家产业转移合作示范园区。大丰经济开发区被认定为江苏省高端装备制造业特色产业基地。帮助江苏金色工业炉股份有限公司细长杆状工件悬挂井式可控气氛渗碳炉获得2016年江苏省首台(套)重大装备及关键部件认定。帮助江苏丰东热技术股份有限公司齿轮热处理的虚拟仿真建模及应用研究项目获得江苏省经济和信息化委2016年江苏省重点领域共性技术公关招标项目认定，是盐城市唯一入选项目。

鼓励淘汰落后产能，促进产业结构调整升级。帮助完成2015年淘汰落后产能目标任务的江苏腾龙纺织有限公司成功申报江苏省、盐城市化解过剩和淘汰落后产能专项资金30万元。

【经贸活动】 2016年，大丰区围绕产业创新，精准对接盐城市组织的招商引资活动。积极参加盐城“5·18”活动，拟定活动方案、分解目标任务、布置展板，组织海洋经济产业园、风电产业园、汽车2.5产业园3个产业创新重点园区邀请的5个客商参加推介活动，签约项目1个，完成盐城市下达大丰区的目标任务。组织大丰经济开发区、大丰港经济开发区、高新区3个重点园区邀请9个客商参加2016盐城(深圳)新兴产业投资说明会，大丰经济开发区与深圳某公司成功签约芯片测试、软件加注项目，协议总投资3.18亿元，完成盐城市下达大丰区的目标任务。组织纺织服装、机械、建材等行业10个企业参加伊犁州盐城招商引资暨旅游推介会。组织智能制造、环保、消费品类60余个相关企业参加2016中国(昆山)品牌产品进口交易会，推动大丰区企业依托交易会平台引进国际智能制造、环保先进技术、开展国际交流合作。组织江苏今达纺织实业有限公司、江苏金掌纺织有限公司、江苏维迅纺织实业有限公司、江苏新丝路纺织科技有限公司4个服装面料企业参展第十八届江苏国际服装节。组织江苏森威精锻有限公司、江苏华尚汽车玻璃工业有限公司、江苏创一精锻有限公司、盐城理研精密锻造有限公司汽车零部件企业参加2016年江苏中小企业汽车产业协作配套对接会。

【工业技改】 2016年，大丰区经济和信息化委员会备案工业技改项目90个，比2015年下降41.94%，总投资42.52亿元，下降60.62%。大丰区政府制定《关于进一步加大技术改造支持力度的意见》《大丰区工业企业技术改造工作三年行动方案》，引导和督促企业积极采用新技术、新工艺、新装备、新材料提升工艺装备水平，全面提升制造业水平。江苏金色工业炉股份有限公司项目被列入江苏省重点推广应用的新技术新产品目录，江苏丰东热技术股份有限公司智能活性屏等离子渗氮炉关键技术开发及示范应用项目被认定为2016年盐城市新技术新产品推广应用示范工程；江苏丰山集团股份有限公司、盐城理研精密锻造有限公司2个技改项目列入盐城市“四新”(新技术、新工艺、新设备、新材料)技改示范项目。2016年大丰区实施1000万元以上技改项目61个，计划总投资70.72亿元，2016年计划投资39.43亿元，实际完成投资39.43亿元，完成全年目标任务的100%。

【服务企业】 2016年，大丰区安排60个区直部门的426名科级干部挂钩服务426个重点企业、99名科级干部挂钩服务100个重点项目，指导企业加强党建工作、推动企业降本增效、引导企业开拓市场、帮助企业协调要素、助推企业创新发展、督促企业安全生产。坚持以解决问题和转变作风为导向，成立中共大丰区委组织部重点工作督导室，加强对科级干部挂钩服务企业工作的指导和督查。突出对20个大企业大集团和40个规模骨干企业重点挂钩服务，实行“一企一策”个性化服务，效果明显，保证重点企业的稳定运行。建立困难问题收集梳理和交办机制，实行企业问题分级会办、集中交办机制，强化跟踪服务，使问题逐条逐项得以解决。426名挂钩服务企业干部走访企业4462人次，汇总上报矛盾问题296件，其中，资金短缺需要融资的问题61个，用工和技术人才不足的问题125个，手续办理的问题32个，涉及基础设施建设的相关问题26个，用地困难的问题15个，其他问题37个。

纺织行业

【概况】 2016年，大丰区纺织行业有规模以上企业94个。传统纺织行业实现开票销售收入62亿元、入库税1.6亿元、工业用电4.2亿千瓦时，比2015年分别增长6.5%、-17.9%和5.3%。主要设备有环纺纱锭95万锭、气流纺2万头、布机12000台、各种缝纫机1万多台。主要产品产量情况：全年产纱16万吨、布4亿米、短纤3.5万吨、服装2000万件、坯绸350

2016年，大丰区纺织行业开票销售收入1亿元以上的企业有14个。图为海聆梦家纺有限公司生产车间 万成 摄

万米、家纺产品1亿套。

【重点企业】 2016年，大丰区纺织行业开票销售收入1亿元以上企业有14个。重点企业有江苏海聆梦纺织品集团（开票销售收入7.7亿元）、江苏金羚纤维素纤维有限公司（开票销售收入9.5亿元）、大丰万达纺织有限公司（开票销售收入2.2亿元）。

【江苏海聆梦纺织品集团】 江苏海聆梦纺织品集团下辖大丰海聆梦家纺有限公司、大丰海聆梦织造有限公司，大丰海聆梦塑料包装有限公司、大丰中福织造有限公司、大丰海聆梦服饰有限公司、大丰和合家纺有限公司。其核心企业大丰海聆梦家纺有限公司始建于2004年11月，地处大丰区大中镇工业园区内，系中外合资经营的家用纺织品生产企业，为盐城市百强企业。2016年年末江苏海聆梦纺织品集团有员工1900余人。有工业缝纫机1200台，喷气、剑杆织机120台，拥有先进的全自动化家纺生产流水线。产品远销美国、德国、加拿大、澳大利亚、新西兰、荷兰等国家。

机械行业

【概况】 2016年，大丰区机械行业有规模以上企业159个。传统机械行业实现开票销售收入185.3亿元、入库税3.7亿元、工业用电量13.8亿千瓦时，比2015年分别增长16.4%、6.1%和19.1%。主要产品产量情况：年产空压机25万台、齿轮3000万只、热处理设备500台套、抛丸机4000台套、水泵总成180万套、阀门1.3万吨、铸件15万吨。

【重点企业】 2016年，大丰区机械行业开票销售收入1亿元以上企业有15个。重点企业有盐城市联鑫钢铁有限公司（开票销售收入80.5亿元）、大丰港鑫铜业有限公司（开票销售收入42.8亿元）、大丰明进机械有限责任公司（开票销售收入20.4亿元）。

【明进机械公司】 大丰明进机械有限责任公司是韩国明进TECH于2007年3月独立出资组建的外商独资企业，注册资本2000万美元。位于大丰区经济开发区南翔路北侧，丰东工业园以东，占地10.99万平方米。有员工285人，其中管理人员45人，一线工人240人。主要从事汽车零部件及汽车车身外覆盖件冲压模具设计与制造销售，是现代、起亚等汽车企业的零件配套生产厂家。

化工行业

【概况】 2016年，大丰区化工行业有规模以上企业16个。传统化工行业实现开票销售收入73.4亿元、入库税0.9亿元、工业用电14.1亿千瓦时，比2015年分别增长-10.8%、26.5%和-8.5%。主要产品产量情况：己二酸14万吨、环氧氯丙烷15万吨、精喹1191吨、毒死蜱6435吨、原药8万吨、土盐4000吨、蒽醌1000吨、咔唑300吨。

【重点企业】 2016年，大丰区化工行业开票销售收入1亿元以上企业有6个。重点企业有江苏海力化工有限公司（开票销售收入43.4亿元）、江苏海兴化工有限公司（开票销售收入16.8亿元）、江苏劲力化肥有限公司（开票销售收入3.3亿元）。

【江苏海力化工有限公司】 江苏海力化工有限公司由山东博汇集团于2011年1月投资成立。公司成立之初即引进国内外先进的精细化工生产技术和设备，自动化程度及生产工艺达国际领先水平。公司坚持以"绿色环保、循环经济、可持续发展"为宗旨，结合企业优势，拉长产业链条，具有年产30万吨烧碱、13万吨环氧氯丙烷、30万吨己二酸、20万吨己内酰胺、30万吨硫酸铵的生产能力。公司主导产品己二酸、己内酰胺、环氧氯丙烷、烧碱等在国内市场具有较强的生命力和竞争力，占有较大的份额。2016年，江苏海力化工有限公司实现开票销售收入43.4亿元。

食品行业

【概况】 2016年，大丰区食品行业有规模以上企业29个。传统食品行业实现开票销售收入50.4亿元、入库税0.5亿元、工业用电0.3亿千瓦时，比2015年分别增长24.7%、6.5%和8.7%。主要产品产量情况：啤酒10万吨、植物油25万吨、麦芽3万吨、龙虾5000吨、大米22万吨、饲料30万吨。

【重点企业】 2016年，大丰区食品行业开票销售1亿元以上企业有2个。重点企业有江苏佳丰粮油工业有限公司（开票销售收入11.8亿元）、盐城温氏畜牧有限公司（开票销售收入10.1亿元）、通威（大丰）饲料有限公司（开票销售收入8.1亿元）。

【北大荒米业公司】 江苏北大荒米业有限公司是黑龙江省北大荒米业有限公司于2004年投资1亿多元设立的大型稻米加工企业。2005年年初正式投产运营，公司占地20.46万平方米，建筑面积6万平方米，自建年吞吐量30万吨的专用粮食码头一座，拥有国际先进的精制米生产线，13万吨仓容的国家标准粮库。

新能源及装备产业

【概况】 2016年，大丰区新能源及装备产业有规模以上企业22个，实现开票销售收入106.8亿元、入库税3.6亿元、工业用电量0.3亿千瓦时，比2015年分别增长18.5%、63.8%和10.1%。

【重点企业】 2016年，大丰区新能源及装备产业开票销售1亿元以上企业有11个。重点企业有江苏中车电机有限公司（开票销售收入37.98亿元）、江苏金风科技有限公司（开票销售收入32.5亿元）、迪皮埃风电叶片大丰有限公司（开票销售收入9.69亿元）。

【江苏中车电机公司】 江苏中车电机有限公司位于大丰区经济开发区，是中国中车电机公司全资子公司。2010年10月注册成立，总投资10亿元，主要产品为风力发电电机。2016年生产1.5兆瓦整机263台，2.5兆瓦整机152台，2.0兆瓦整机542台。全年实现开票销售收入37.98亿元。

2016年，江苏辉丰农化股份有限公司开票销售收入19.4亿元

海洋生物产业

【概况】 2016年，大丰区海洋生物产业有规模以上企业26个，实现开票销售105.9亿元、入库税3.1亿元、工业用电量2.7亿千瓦时，比2015年分别增长25.7%、21.9%、19.6%。

【重点企业】 2016年，大丰区海洋生物产业开票销售收入1亿元以上企业有13个，重点企业有江苏辉丰农化股份有限公司（开票销售收入19.4亿元）、正大丰海（开票销售收入8.3亿元）、江苏丰山集团股份有限公司（开票销售收入8.1亿元）、大丰海嘉诺药业有限公司（开票销售收入4.9亿元）。

【海嘉诺药业公司】 大丰海嘉诺药业有限公司位于大丰港经济开发区，创办于2006年6月，是上海创诺医药集团下属子公司。拥有国内领先的维生素H和维生素B6产品的合成技术。2016年年末有289名员工，其中中高级技术人员50余人。2016年实现开票销售收入4.9亿元。

规模企业

【概况】 2016年年末，大丰区工业企业（含个体私营企业）7800多个，一般工业纳税人企业3000个，从业人数12万人，总资产725.8亿元。全年实现全口径工业开票销售收入739.9亿元，比2015年增长16.5%，总量列盐城市第一；工业用电量43.65亿千瓦时，比2015年增长5.7%。2016年年初有规模以上工业企业419个，年内新增规模以上工业企业3个，年底新增规模以上工业企业44个，退出42个。年末有规模以上工业企业424个。

【重点企业】 2016年，大丰区开票销售收入超1亿元的企业有80个。其中开票销售收入超10亿元的企业有14个，超20亿元的企业有8个，超30亿元的企业有4个，超50亿元的企业有1个，超100亿元的企业（集团）有1个。江苏博汇集团有限公司开票销售102亿元；盐城市联鑫钢铁有限公司开票销售80.5亿元，比2015年增长59.2%；江苏中车电机有限公司开票销售38亿元；江苏金风科技有限公司开票销售32.5亿元；江苏北大荒油脂有限公司开票销售44.9亿元；海港控股（工业）开票销售43.1亿元。纳税1000万元以上的工业企业27个，其中超1亿元企业3个，分别是江苏金风科技有限公司（1.35亿元）、江苏正大丰海制药有限公司（1.31亿元）、江苏中车电机有限公司（1.12亿元）。

（吴　洋）

2016年大丰区“江苏名牌产品”名录

表10

序号	企业名称	产品名称
1	江苏丰山集团有限公司	丰山牌毒死蜱、氟乐灵、精喹禾灵、烟嘧磺隆原药
2	江苏宝龙集团有限公司	宝龙牌淡水小龙虾
3	盐城市丰特铸造机械有限公司	丰特牌通过式抛丸清理机
4	江苏腾龙生物药业有限公司	威力士牌稻丰散原药、50%稻丰散乳油、晶体乐果、40%乐果乳油

续表10

序号	企业名称	产品名称
5	大丰市裕华镇大蒜生产协会	裕华牌（青蒜、蒜薹、蒜头）
6	江苏正大丰海制药有限公司	丰海能牌果糖注射液、新海能牌混合糖电解质注射液
7	江苏劲力化肥有限责任公司	劲力牌尿素
8	江苏北大荒米业有限公司	喜登门牌大米
9	江苏龙城铸造机械科技有限公司	龙城牌辊道式抛丸机
10	江苏东方创意文化产业有限公司	东方创意牌创意产品
11	大丰万达纺织有限公司	万盈牌普梳涤与棉混纺本色纱线
12	大丰市大龙铸造机械厂	丰远牌抛丸清理机
13	盐城市联鑫钢铁有限公司	黄海牌热轧钢筋
14	大丰海港港口有限责任公司	港口装卸服务
15	盐城海瑞食品有限公司	条斑紫菜
16	江苏辉丰农化股份有限公司	“辉丰”牌咪鲜胺原药
17	上海海丰米业有限公司	海丰牌优质大米
18	江苏丰东热技术股份有限公司	“FengDong”可控气氛热处理设备

2016年大丰区“盐城名牌产品”名录

表11

序号	企业名称	产品名称
1	盐城市建龙机电设备制造有限公司	艾路斯牌空压机
2	盐城南翔食品有限公司	南祥牌辣根片
3	大丰市三川麦业有限公司	鹿缘牌麦仁
4	大丰市神王天然食品厂	神王牌黄泥螺
5	大丰市福到乐水产食品有限公司	福到乐牌麻虾酱
6	大丰市宏丰米业有限公司	宏丰牌大米
7	大丰市泰和水产有限公司	兜天下牌素毛肚
8	江苏凯嘉胶带有限公司	凯志牌输送带
9	江苏固德建筑机械有限公司	TRC牌不锈钢钻尾
10	江苏腾龙建材有限公司	山海牌通用硅酸盐水泥
11	江苏久昌机械有限公司	久昌牌履带式抛丸机
12	大丰市气流纺厂	金丰牌气流纺棉本色纱
13	大丰市水泥制造有限公司	斗龙牌硅酸盐水泥
14	大丰市麋鹿早酥梨专业合作社	乡村旅游

2016年大丰区“中国驰名商标”名录

表12

序号	企业名称	商标	注册证号	商品类别	核定使用商品或服务	备注
1	江苏丰山集团有限公司	丰山	667271	5	农药	行政认定
2	江苏辉丰农化股份有限公司	辉丰	708820	5	杀虫剂	行政认定
3	大丰市佳丰油脂有限责任公司	恒喜	1942432	29	食用油	行政认定
4	江苏大丰海港控股集团有限公司	大丰港及图	4388983	39	卸货、货物传送等	行政认定
5	江苏超力机械有限公司	大力	342475	7	空压机	司法认定
6	江苏光普太阳能工业有限公司	光普	3623844	11	热水器	司法认定
7	江苏丰东热技术股份有限公司	丰东	1137581	11	污水处理设备	司法认定

2016年大丰区“江苏省著名商标”名录

表13

序号	企业名称	商标	注册证号	商品类别	核定使用商品或服务
1	江苏丰山集团有限公司	丰山	667271	5	农药
2	江苏超力机械有限公司	大力	342475	7	空气压缩机
3	江苏森威集团有限责任公司	森威	780560	12	飞轮
4	江苏劲力化肥有限公司	劲力	874062	1	尿素
5	江苏人酒业江苏有限公司	斗龙	121764	33	酒
6	江苏丰东热技术股份有限公司	丰东	1634090	11	加热元件.电加热装置
7	江苏腾龙生物药业有限公司	威力士	661156	5	农药
8	江苏绿州米面厂	碧绿	981533	30	米面
9	江苏辉丰农化股份有限公司	辉丰	708820	5	杀虫剂
10	大丰市佳丰油脂有限责任公司	恒喜	1942432	29	食用油
11	江苏银都集团有限责任公司	银都	1144003	22	棉花、棉纤维
12	大丰市橡塑制品有限公司	凯志	1625728	7	机用皮件等
13	江苏正大丰海药业有限公司	丰海能	3135062	5	药品
14	盐城市丰特铸造机械有限公司	丰特	4340794	7	铸造机械
15	大丰市添寿禽蛋专业合作社	添寿	3867543	29	蛋、咸蛋、干蔬菜
16	江苏人酒业江苏有限公司	江苏人	4012424	33	酒
17	江苏龙城铸造机械科技有限公司	龙城	4916016	9	铸造机械等
18	江苏申川种业有限公司	申川	4130560	31	谷种；植物种子等
19	大丰海聆梦家纺有限公司	海聆梦	4038290	24	床单等
20	江苏大丰海港控股集团有限公司	大丰港及图	4388983	39	卸货、货物传送等
21	大丰市气流纺厂	金丰	1045694	23	纺织用纱；丝线
22	盐城市联鑫钢铁有限公司	黄海	3883019	6	钢铁钢板等
23	江苏丰收大地投资发展有限公司	丰收大地及图	7672936	31	鲜水果、新鲜蔬菜、鲜食用菌等
24	盐城海瑞食品有限公司	黄海东沙	4984348	29	紫菜，干蔬菜等
25	江苏腾龙生物药业有限公司	腾龙	1552408	5	杀害虫剂

2016年大丰区“盐城市知名商标”名录

表14

序号	企业名称	商标	注册证号	商品类别	核定使用商品或服务
1	江苏丰山集团有限公司	丰山	667271	5	农药
2	江苏超力机械有限公司	大力	342475	7	空气压缩机
3	江苏森威集团有限责任公司	森威	780560	12	飞轮
4	江苏劲力化肥有限公司	劲力	874062	1	尿素
5	江苏人酒业江苏有限公司	斗龙	121764	33	酒
6	江苏丰东热技术股份有限公司	丰东	1634090	11	加热元件.电加热装置
7	江苏腾龙生物药业有限公司	威力士	661156	5	农药
8	盐城丰环饲料有限公司	丰环	895355	31	饲料
9	江苏绿州米面厂	碧绿	981533	30	米面
10	江苏辉丰农化股份有限公司	辉丰	708820	5	杀虫剂
11	大丰市气流纺厂	金丰	1045694	23	气纺棉纱

续表14

序号	企业名称	商标	注册证号	商品类别	核定使用商品或服务
12	大丰市佳丰油脂有限责任公司	恒喜	1942432	29	食用油
13	江苏银都集团有限责任公司	银都	1144003	22	棉花、棉纤维
14	大丰市橡塑制品有限公司	凯志	1625728	7	机用皮件等
15	江苏正大丰海药业有限公司	丰海能	3135062	5	药品
16	大丰市神王天然食品厂	神王	4006363	29	水产罐头等
17	盐城市丰特铸造机械有限公司	丰特	4340794	7	铸造机械
18	大丰市添寿禽蛋专业合作社	添寿	3867543	29	蛋、咸蛋、干蔬菜
19	盐城市久昌机械有限公司	久昌	4057401	7	铸造机械
20	江苏省华天机电设备有限公司	天利涞	3092905	7	铸造机械
21	江苏人酒业江苏有限公司	江苏人	4012424	33	酒
22	大丰市宏盛抛丸设备有限公司	大龙神	3385855	7	铸造机械等
23	江苏正大丰海制药有限公司	新海能	5336736	5	人用药
24	大丰市鑫利太阳能有限公司	鑫利	1356864	11	太阳能热水器
25	江苏龙城铸造机械科技有限公司	龙城	4916016	9	铸造机械等
26	江苏宏兴铸机有限公司	宏兴	3806114	7	铸造机械等
27	江苏焦点农业科技有限公司	雪麋	6997037	30	谷类制品；米等
28	江苏申川种业有限公司	申川	4130560	31	谷种；植物种子等
29	大丰市沪艺美容发型有限责任公司	沪艺	1647696	42	美容院、理发店
30	大丰市龙发铸造除锈设备有限公司	龙发	3074986	7	电动清洁机械和设备等
31	盐城市春江机械制造有限公司	春江	4934397	7	铸造机械等
32	大丰海聆梦家纺有限公司	海聆梦	4038290	24	床单等
33	江苏双科电气有限公司	双科电气	7899430	9	开关等
34	江苏腾龙生物药业有限公司	图形	4057405	5	杀虫剂等
35	大丰市一方生活用品厂	一方	3062561	24	洗澡巾
36	大丰市紫叶有限公司	桃源	5248122	29	鸡蛋等
37	江苏江淮种子公司	江淮	1662618	31	种子等
38	大丰市福到乐水产食品有限公司	福到乐	3485399	29	水产罐头等
39	盐城杉童玩具有限公司	SHANTONG	3385859	28	玩具等
40	大丰市鸣球车业有限公司	鸣球	3053353	12	自行车配件
41	盐城市双龙机械制造有限公司	双龙	4999195	7	铸造机械
42	大丰市宏丰米业有限公司	宏丰	1958218	30	大米
43	大丰市飞腾铸造机械有限公司	大丰飞腾	6216783	7	铸造机械；铸铁丸设备
44	江苏兄弟维生素有限公司	brother	3270461	5	空气净化剂
45	江苏珍鹿纺织有限公司	珍鹿	5859026	23	纱、线、毛线等
46	江苏大丰海港控股集团有限公司	大丰港及图	4388983	39	卸货、货物传送等
47	江苏丰收大地投资发展有限公司	丰收大地及图	7672936	31	树木等
48	大丰市海达纺织有限公司	海悦及图	4397700	23	纱、落丝等
49	大丰市万达纺织有限公司	万盈及图	7726330	23	纱、棉线和面纱等
50	江苏怡卡莲纺织品有限公司	怡卡莲	9696591	24	布、纺织品毛巾等
51	大丰市巨龙铸造机械有限公司	巨龙丰达及图	4934363	7	铸造机械等

续表14

序号	企业名称	商标	注册证号	商品类别	核定使用商品或服务
52	盐城市兴谷米业有限公司	永裕及图	3473094	30	谷类制品、面粉等
53	上海黄海农贸总公司	申河及图	1642657	31	谷种、棉花种子、玉米种子、黄豆种子、麦种、油菜种子、青菜种子、西瓜种子
54	大丰市海纳机械有限公司	海纳图形	1642657	7	引擎气缸盖等
55	盐城市联鑫钢铁有限公司	黄海	3883019	6	钢条、钢板等
56	大丰市川麋海产食品厂	川麋	1291545	29	水产罐头
57	大丰市亿达铸造机械有限公司	奥驰	3633135	7	机械
58	江苏东越生物技术发展股份有限公司	步叶	10064062	31	新鲜蘑菇
59	盐城海瑞食品有限公司	黄海东沙	4984348	29	紫菜等
60	大丰市强丰纺织有限公司	斗龙	6008742	23	纱
61	盐城恒昌汽车配件有限公司	云马	1589717	7	农业机械等
62	大丰市添寿禽蛋专业合作社	添寿	4395190	29	家禽（非活）
63	大丰市大龙铸造机械厂	丰达	4916015	7	机械
64	江苏久禾生物科技发展有限公司	九青禾	11673774	31	新鲜蘑菇
65	大丰市盛力佳空压机有限公司	ZUNLI	6086609	7	空气压缩机
66	江苏腾龙生物药业有限公司	腾龙+图形	1552408	5	杀害虫剂；杀昆虫剂；烟精（杀虫剂）等
67	大丰市正华饲料科技有限公司	沐鹿+图形	1590714	31	饲料；非医用饲料添加剂
68	江苏大丰华丰种业有限公司	华丰农化	4232730	31	未加工谷种；植物种子；植物种子等
69	江苏焦点农业科技有限公司	JSJDKJ+图形	10214370	31	未加工谷种；植物用种菌；谷种等
70	大丰市麋鹿早酥梨专业合作社	恒北HENGBEI+图形	12390424	39	观光旅游；安排游览；商品包装等
71	盐城大丰半岛温泉酒店有限公司	图形	10371888	43	住所（旅馆、供膳寄宿处）；咖啡馆；餐厅等
72	江苏英达机械有限公司	YINGDA+图形	12565856	7	铸造机械；铸模（机器部件）；铸模机等
73	江苏凯嘉橡胶科技股份有限公司	凯志+图形	1625728	7	平行胶带（包括运输带、传送带、不包括陆地车辆引擎传送带）
74	盐城市宇晨家纺有限公司	纬烨+图形	6329688	24	布；床罩；被子等
75	江苏谷登工程机械装备有限公司	Goodeng	7738210	7	钻机；打桩机；夯锤（机器）
76	大丰市申达机械制造有限公司	中申+图形	9628735	7	铸造机械；铸铁丸设备；冷室压铸机等
77	江苏丰东热技术股份有限公司	Fengdong	4203800	11	加热元件；加热装置；焚化炉等
78	江苏金色工业炉股份有限公司	KINGKIND	4945864	11	加热装置；焚化炉；锅炉（非机器部件）等
79	江苏金大丰种业有限公司	金大丰	12283545	31	未加工谷种；植物种子；树木等

（盐城市大丰区市场监督管理局）

〖编辑　周剑飞〗

沿海开发

综 述

2016年，大丰区抢抓“一带一路”、江苏沿海开发、中韩盐城自贸区建设等战略新机遇，坚持发挥沿海优势，主动适应经济新常态，推动项目建设，沿海开发工作不断向纵深推进。沿海开发主阵地大丰港经济开发区，实现一般公共预算收入17.5亿元；规模以上工业开票销售收入291.1亿元；新增定报工业企业7个；外贸进出口总额9.1亿美元。港口、临港产业、港城“三港”联动持续升温。滚装码头正式启用，深水航道一期工程疏浚工程竣工，完成货物吞吐量8533.7万吨、集装箱30.2万标箱。5月24日，江苏省省长石泰峰率江苏省加快推进沿海地区发展工作会议与会人员观摩荷兰花海、中国汽车技术研究中心盐城试验场，充分肯定大丰沿海开发成果。10月11日，江苏省委书记李强到大丰区考察调研，充分肯定大丰港口发展。

【港口能级】 2016年，大丰港深水航道一期工程疏浚工程竣工。新开通上海港—大丰港—大连港的内贸滚装航线、大丰港—上海港每周3班的集装箱直达航线，班轮密度每月56班次。大丰港成为中国沿海第二个进口粮食海进江减载口岸。完成货物吞吐量8533.7万吨、集装箱30.2万标箱。国家进口木材检验检疫处理区投入运营，保税物流中心（B型）一期通过南京海关预验收。大丰港电子口岸门户网站上线试运行。港城高速公路建成通车，大丰港支线铁路列入中国铁路总公司2017年开工建设项目计划。

【临港产业】 2016年，举办大丰海洋经济、石材、木材、石化等产业专题招商活动6次，签约项目57个，协议总投资460亿元。新开工英茂糖业、星泉发电、金壳医药、辉丰石化仓储等1亿元以上项目20个；达伯埃纸业、联鑫钢铁年产120万吨高强度建筑用钢、广发木业等10个项目竣工；明月海藻（二期）等53个在建项目加快建设。

【产城融合】 2016年，大丰港城配套功能不断完善。日月湖南岸湖滨绿化景观工程、港城幼儿园建成投入使用，大丰港公共租赁房一期工程、大丰港实验小学竣工交付，中港大道、青岛港路、迪拜路等道路绿化、亮化工程加快推进。日月湖旅游度假区总体规划通过专家评审，中国汽车技术研究中心盐城试验场的汽车工业旅游项目正式启动，海洋世界三期、动物园三期建成开放，蓝色旅游吸引境内外游客突破200万人次，实现旅游总收入3.5亿元。中韩盐城产业园大丰主体区启动建设，大丰港跨境电商孵化中心投入运营，入驻进出口企业20个。

【区域合作】 2016年，大丰区整合大丰港经济开发区及沪苏大丰产业联动集聚区、苏州盐城沿海合作开发园区、盐城经济技术开发区大丰港产业园区规划建设大丰港城经济区，成立由中共大丰区委、大丰区政府主要领导挂帅的港城经济区建设指挥部，委托国家发改委产业经济与技术经济研究所编制《大丰港城经济区发展规划》，打造沿海中部崛起新高地、建设区域发展蓝色增长极。沪苏大丰产业联动集聚区2平方千米启动区初具规模，集聚区消防监管权属得以明确。苏州盐城沿海合作开发园区总投资1亿美元的维德木业项目开工建设，总投资2亿元的锦海润丰粮油项目主体工程竣工。

【沿海政策对接】 2016年，大丰区沿海开发工作注重精准对接，主动与江苏省、盐城市有关部门沟通联系，拓展大丰区沿海发展空间。江苏省委、江苏省政府《关于新一轮支持沿海发展的若干意见》（苏发〔2016〕28号）中提及大丰港现代物流中心、大丰港深水航道、沪苏大丰产业联动集聚区、大丰港申报综合保税区及汽车整车进口口岸等重要事项10处。《江苏省“十三五”沿海发展重点专项规划》（苏政办发〔2016〕119号）中提及大丰港区10万~15万吨级航道、大丰港区疏港铁路支线等大丰区重要事项、重大项目15个，数量居江苏省沿海各县（市、区）之首。

（陈 刚）

港城建设

【概况】 盐城市大丰区大丰港城管理委员会坚持“实干为先、项目为王、民生为本”的理念，突出产城融合发展，全力打造现代化宜居宜业生态新港城。2016年完成一般公共财政预算收入4760万元，新开工项目1个，竣工项目1个，完成外资200万美元，服务业定报企业开票销售收入3.3亿元，新增服务业定报企业1个。

【港城规划】 2016年，盐城市大丰区大丰港城管理委员会着眼于城乡统筹发展目标，发挥规划引领作用，创新规划理念，服务经济发展。修编《大丰港经济开发区总体规划暨区镇一体化规划》，编制完成《盐城大丰港支线铁路工程可行性研究报告》《盐城大丰通用航空机场建设工程项目选址报告（航空分析）》《江苏大丰日月湖旅游度假区总体规划》《大丰港城给水专项规划》《大丰港工业用水专项规划》《水资源利用规划》《能源专项规划》等；完成上海港路背景林、日月湖南岸景观等景观工程设计，日月湖北大道、深圳港路、石化南拓区“一横三纵”规划、重装园区纵十五路等市政道路施工图设计；完成大丰港85平方千米的测绘；完成大丰港地图编制工作。

【功能配套】 2016年，盐城市大丰区大丰港城管理委员会围绕建设现代化宜居宜业生态港城的发展思路，完善功能配套，打造海滨城市。建成盐淮高速公路大丰港区连接线交通工程及亮化工程、日月湖南岸英伦风情湖滨绿化景观工程。锦城110千伏变电所工程、大丰港城幼儿园、垃圾中转站、直饮水、港城污水处理膜系统等民生工程建成投入使用。公共租赁房项目一期工程、港城小学工程竣工。12月，大丰港城通过江苏省住房和城乡建设厅、江苏省财政厅组织的绿色节能和绿色建筑示范区专家组验收评估工作。

【城市管理】 2016年，盐城市大丰区大丰港城管理委员会推进城市管理常态化，实施“周、月、季”三级考核制度，定期派出督查组对管护保养情况进行日常巡查，畅通信息共享渠道，及时互通检查信息。推行城市管理服务标准化，建立健全城市综合管理标准体系，制订并细化完善市容市貌、户外广告、店招标牌、景观绿化、城市公共设施配置等标准，规范管理流程，实现城市管理标准化全覆盖。

2016年，大丰港城管理委员会加快日月湖项目建设，改造提升慢城系统，打造特色湖景

加快城市管理市场化改革进程，推进建管分开、管养分离，实施政府购买公共服务，把400万平方米道路环卫保洁、80万平方米绿化养护、4000盏路灯维护等推向市场，通过考评和淘汰机制，不断提高管理水平。推行社区化管理模式，社区管理在海港、海湾两个社区的基础上，延伸到企业宿舍区、工人集聚地，实现社区管理全覆盖。

【旅游发展】 2016年，盐城市大丰区大丰港城管理委员会以“苏东水城、商旅福地、海洋慧谷、宜居家园”为定位，围绕年内创建江苏省级日月湖旅游度假区为目标，加快日月湖东岸水上娱乐项目二期建设，启动日月湖低空休闲运动项目论证设计，改造提升慢城系统，打造特色湖景。举办第六届大丰港雪花啤酒美食节、第二届中国量产车性能大赛、日月湖秋季垂钓联谊等活动。

（任婷婷）

大丰港口

【概况】 2016年，盐城市大丰区港口管理局围绕建成“盐城沿海龙头港、中国中部沿海中转港、上海港的喂给港、中韩贸易干线港”的目标定位，坚持以码头建设为龙头，提升港口发展质效、发挥港口对临港产业发展和港城建设的引领拉动作用，推动大丰区经济社会的发展。全年完成货物吞吐量8534万吨，比2015年增长20.3%；集装箱30.2万标箱，比2015年增长49.54%。10万吨级深水航道一期工程完工，滚装码头投入运营，新开通至上海港集装箱直达航线，港口安全形势持续稳定。

【港口转型升级】 2016年，大丰港电子口岸门户网站试运行，港口生产综合管控平台基本建成，实现港口生产的对外服务、管理调度、码头作业等各环节自动协同和共享。集装箱码头高压岸电系统建成投入使用，集装

2016年，大丰港获得进口粮食减载资质，成为中国沿海第二个进口粮食海进江减载口岸

箱岸桥安装电能回馈装置，LNG（液化天然气）集散两用内河船舶投入使用，集装箱生产智能化和能源自动化管理系统正在建设。

【海洋监测预报】 大丰港海洋监测预报中心是全国首家港口海洋监测预报中心，为海上交通、航道建设、港口工程、码头装卸、临港工业等提供海洋潮汐、波浪、能见度、洋流监测数据和港口气象预报服务。2016年为港口海上作业企事业单位人员发送预警报10万余条，为港口安全生产、防灾减灾提供坚实保障。

【引航站阳光引航】 2016年，盐城港大丰引航站继续推行"阳光引航"，强化调派管理，加强安全指导，配合码头生产需求，科学安排引航计划，提高引航效率，提升服务能力。全年引领船舶1360艘次，比2015年增长5.8%，其中船长超过180米以上的大型船舶492艘次，危险品船舶121艘次，安全引航无事故发生。

【大丰港滚装码头正式运营】 1月1日，大丰港滚装码头举行首航仪式，100多辆东风悦达起亚汽车通过滚装运输船舶"世源"轮直抵大连港。滚装码头于2014年9月开工建设，总投资1.6亿元，可年中转汽车22万辆。该码头的建成通航是大丰港积极策应"一带一路"战略和融入中韩盐城产业园建设的重大举措，将降低东风悦达起亚及大丰港腹地汽车企业的远途物流成本，对完善大丰港的货运功能，提升大丰港的客货运层次，推动大丰港转型升级具有重要意义。

【大丰港多式联运项目入围江苏省首批示范工程】 3月，江苏省交通运输厅、江苏省发展和改革委员会、江苏省经济和信息化委员会联合公布江苏省首批多式联运示范工程项目名单，大丰港多式联运项目被列入江苏省首批15个多式联运示范工程项目名单。大丰港多式联运项目计划投资7.95亿元，由大丰港海港港口有限责任公司承办。该项目将通过加强基础设施建设，做好港口规划和铁路、水路、公路规划的衔接，发展海铁、江海联运等多式联运方式，推进港口和铁路、水路、公路系统的互联互通。并通过建立公共物流信息平台，促使大丰港逐步发展成为中部沿海地区乃至全国重要的港口多式联运中心。

【大丰港成为沿海第二个进口粮食海进江减载口岸】 大丰港是华东沿海和江苏省粮食物流通道的重要出海口，是联结周边沿海城市、粮食主产区及国外粮食产区的粮食集散中心。2016年大丰港获得进口粮食减载资质，成为中国沿海第二个进口粮食海进江减载口岸。4月1日，一艘装载巴西大豆的"昆娜"外轮靠泊大丰港，2万吨大豆被减载至"新林海7"与"金兆22"货轮。4月4日下午过驳完成，3条货轮驶向泰兴港卸货。进口大豆减载顺利完成改变以往国内只有浙江舟山-宁波港可以减载的局面。

【引航费调整调研分析报告验收评审会召开】 5月6日，中国引航协会在大丰港召开"我国引航费调整调研分析报告"项目验收评审会。与会专家一致表示，该项目在广泛深入调研的基础上，分析现行引航费的收支情况，对引航费的现状进行系统全面的评估，借鉴国外引航费收费惯例，提出符合实际的引航费调整改革建议。与会专家一致同意该项目通过评审验收，为港口价格改革提供有力支撑，对进一步完善港口价格形成机制具有重要意义。

【大丰港与上海港集装箱直达航线正式通航】 5月17日，"集海钟山"货轮靠泊大丰港，标志着江苏大丰海港港口公司新开辟的大丰港至上海港集装箱直达航线正式通航。该航线具有航班密集，服务面广等特点，航线1周3班，同时可开通上海港外高桥港区的班轮服务，并为世界排名前20的干线船公司提供服务。该航线的正式通航，实现大丰港与上海港的无缝对接。

【大丰港国家级进口木材检疫处理区正式投入运营】 6月18日，大丰港国家级进口木材检疫处理区一期工程正式投入运营。大丰港国家级进口木材检疫处理区是国内首个示范性全封闭式木材熏蒸除害处理项目，项目创新应用中国检验检疫科学研究院研究设计的熏蒸系统、浓度自动检测系统、气体回收装置等6项国家新型专利，实现检疫处理高效、安全、环保的要求，检疫处理工艺技术达到国内领先、国际先进水平。该项目设计年处理能力300万立方米木材，实际处理能力350万立方米。项目运营后，所有进口原木、集装箱原木均可进入大丰港，经过检验检疫处理和加工后，运往全国各地。

【大丰港至韩国群山港集装箱航线开通】 8月26日，由韩国南星海运株式会社、大丰海港港口有限责任公司携手打造的大丰港至韩国群山港集装箱航线正式通航。这是大丰港继韩国釜山、平泽集装箱班轮航线后，开通的第三条至韩国的集装箱航线。该航线的开通，降低盐城地区企业的综合运输成本，促进中韩贸易及大丰港集装箱业务的发展，进一步提升大丰港的港口地位，配合大丰港在韩国新万金群山经济自由区投资的多功能仓库和加工基地建设，促进大丰港海外电商产业的发展。

【网上丝绸之路运营中心建设】 5月，大丰港与国内交易额最大的B2B跨境电子商务交易平台敦煌网签订协议，合作建设“网上丝绸之路江苏省运营中心”。该项目总投资3500万元，建筑面积1686平方米，利用敦煌网在美国洛杉矶等地建设海外仓及海外展示中心等资源，为大丰企业提供海外仓储服务，降低海外业务成本刺激出口，带动线上交易增长，扩大江苏沿海进出口企业海外营销渠道，促进企业及外贸转型升级，提升大丰对外经贸合作水平，实现经济提质增效发展。

【大丰港保税物流中心（B型）通过预验收】 11月3日，由南京海关、江苏省财政厅、江苏省国税局、国家外汇管理局江苏省分局、盐城海关组成联合验收组，对大丰港保税物流中心（B型）进行预验收。预验收组进行实地勘查、评审、验收，认定大丰港保税物流中心（B型）海关监管范围内的隔离设施、卡口设施及相关配套设施，基本符合国家标准，原则同意向海关总署报告，请海关总署进行实地核查，组织正式验收。大丰港保税物流中心（B型）的设立对促进盐城市乃至苏中苏北地区产业聚集，推动盐城地区加工贸易转型升级和服务业发展，具有重要意义。

【大丰港深水航道一期工程疏浚完工】 2016年，大丰港深水航道一期工程建设5万吨级散货船全潮单向通航、兼顾10万吨级散货船乘潮单向通航航道疏浚完工。该航道全长79.9千米，总投资约12亿元，2015年9月开工建设。深水航道建成后，将提高航道通航能力和港口吞吐能力，实现大丰港通航船舶从“巴拿马船型”到“好望角船型”的转变，降低物流成本。

（卞俊成　吴　荣）

滩涂资源开发利用

【概况】 2016年，大丰区滩涂资源开发坚持以服务沿海开发、推动沿海现代农业发展为目标，以保证粮食生产安全和沿海生态安全为重点，精心规划布局实施农业综合开发项目。组织开工建设沿海滩涂开发项目1个，计划总投资1026.17万元，其中财政投资1000万元，配套滩涂面积666.7公顷。

【大丰区王港垦区2016年现代农业示范项目开工建设】 大丰区王港垦区2016年现代农业示范项目计划总投资1026.17万元，其中省级滩涂开发专项资金1000万元，项目建设单位自筹26.17万元，配套滩涂面积666.7公顷。在大丰港区王港居委会、南新村进行农田基础设施配套建设，实施旱改水，建设水稻、二麦种植生产基地。项目建设单位为大丰港经济开发区管理委员会。项目工程开工时间2016年10月，计划2017年6月完工。

（高书龙）

海洋渔业

【概况】 2016年，大丰区海水养殖178平方千米，海洋捕捞产量1.3万吨，海水养殖产量6.3万吨，产值17.5亿元。近海捕捞船134艘，养殖船83艘。

【近海养殖】 随着沿海生态环境变化，加之近海资源逐渐枯竭，大丰区海洋渔业逐步向高涂养殖、紫菜生产转移。尤其是东沙岛海域，无污染，水质肥，生产的紫菜黑、亮、韧劲足，具有独特的风味，成为国内优质的条

2016年，大丰区紫菜苗种培育面积1.25万平方米，生产干紫菜7.2万箱，产值约1.2亿元

斑紫菜养殖区。2016年紫菜苗种培育面积1.25万平方米，年产干紫菜7.2万箱，产值约1.2亿元。高涂养殖面积0.5万公顷。

【斗龙港配套工程建设】 斗龙港位于大丰区斗龙港闸下游，是国家一级渔港，由江苏省大丰区斗龙港渔港开发有限公司承担建设。2016年渔港建设配套工程总投资168万元，包括投资80万元用于650米码头清淤工程。

（高书龙）

海监与海洋综合管理

【概况】 2016年，大丰区滩涂海洋与渔业局以“世界海洋日”为契机，组织海洋知识进校园、进社区、进镇村的活动，推进海洋生态文明建设。按照“碧海行动”方案要求，加强入海排污口监督检查，海洋部门、环保部门协同行动，联合巡查，严格执法。组织开展打击违法用海洋执法检查146次，检查用海项目86个，立案查处非法占用海域案件3起。强化伏季休渔管理，按照“船进港、人上岸、网入库、证集中”“应休尽休”的要求，做到所有休渔渔船在休渔前回到港口、码头停泊。

【海洋执法】 2016年，大丰区滩涂海洋与渔业局查处渔业违法违规案件178起，处理和没收电捕器78台。年审、发放海洋捕捞许可证68本，淡水捕捞许可证183本，水域滩涂养殖证7本。开展水产养殖执法检查220人次，海洋执法检查146次，检查用海项目86个。查处非法占用海域案件3起，处以罚款24.95多万元。征收各项规费715.5万元。

【海域动态监管】 2016年，大丰区滩涂海洋与渔业局对大丰港散货码头项目，杂货码头项目、滚装码头等重点用海项目开展监视监测51次；疑点疑区监测10次，形成监测报告10份；开展典型岸段空间资源监视监测6次，监测点位200个，取表层样品50份。完成大丰区的县级海域动态监管能力建设，项目资金375万余元，配置监测专用车，建成移动监测平台，全面提升大丰区的海域动态管理能力。

【领海基点巡查】 3月，中国海监盐城市大丰区大队动用中国渔政32530执法船，对盐城海域的麻菜珩（大丰）、外磕脚（东台）两个领海基点实施专项执法巡查1次。巡查中对基点塔顶导航和海洋观测系统、钢筋混凝土塔身、碑塔桩柱及周边海况等进行仔细察看检查，拍摄大量的巡查影像资料，明确专人负责记录每次巡航的实际情况，如实填写检查情况表，及时上报巡查情况，确保国家沿海安全。2016年5月起江苏省海洋与渔业局委托盐城市海洋与渔业局中国渔政32521执法船巡查。

【养殖用海海域使用金征收】 2016年，大丰区滩涂海洋与渔业局根据《中华人民共和国海域法》和《江苏省海域使用管理条例》征收养殖海域使用金1267万元，其中新确权征收58万元，年审征收1209万元。确权发证率、使用金征收率、使用权登记率、年检率均100%。

【养殖用海资源市场化配置】 大丰区滩涂海洋与渔业局依法对到期养殖海域公开招投标。2016年大丰区出让东沙贝类海域使用权9宗，面积3000公顷，征收海域使用金58万元。

【电力捕鱼清理】 2016年，大丰区渔政大队组织人员采取水、陆检查相结合、正常检查和重点检查相结合的方式，实行24小时值班制度，组织打击电捕鱼执法检查227次，出动执法车辆241车次、执法艇25艘次、执法人员1156人次，查处电力捕鱼案件24起，收缴电力捕鱼工具78台套，处以罚款7.8万元。

【违规渔具整治】 2016年，大丰区渔政监督大队制订清理整治违规渔具专项行动实施方案，对大丰区管22条河道中设置的违规渔具进行全面排查。查处非法设置的拦河罾93处、渔簖164处。川东港扩建工程建设期间，取缔在川东港河设置的所有渔罾、渔簖。

【水产食品安全监管】 2016年，大丰区制定水产食品安全专项执法方案，成立水产食品安全工作领导小组。全年利用广播、电视等媒体宣传养殖执法和水产食品安全政策8次，发放宣传资料750余份，举办渔民培训班2次。检查养殖企业和养殖户162家、苗种生产企业8个，出动执法车辆45次，参加执法检查人员220人次。

【渔业船舶检验管理】 2016年，大丰区渔政大队严格按照检验程序和检验指南进行渔船检验，做到渔船100%登船检验，确保航行安全，组织三、四等职务船员参加培训、审证等工作。配合江苏渔船检验局盐城分局对辖区内三兴船厂和永新船厂等渔业船舶修造企业的资质进行申报、评估。全年检验各类渔船327艘次，受检率98%。

【渔业柴油补贴发放】 2016年，大丰区滩涂海洋与渔业局会同大丰区财政局依法执行柴油补贴政策规定，确保渔业船舶检验证记载的渔船主机功率与档案资料、数码照片所记载的主机功率数三者相吻合。对大丰区2015年依法从事渔业生产登记在册的370艘机动渔业船舶主机功率进行登记、审核、公示和确认，发放油价补助资金503万元。

【海难救助】 7月6日，大丰区人民政府在大丰港救助码头开展了2016年海洋渔业安全应急救援演练活动。8月9日，辽宁籍一艘乡镇船舶在大丰区斗龙港外海作业时发生安全事故后，大丰区渔政监督大队在第一时间赶赴现场，成功救出4名船员，并协助船籍港单位做好事故调查处理工作。

（高书龙）

海事管理

【概况】 2016年，盐城大丰海事处(简称海事处)以水上安全监管为工作中心，以服务地方经济作为工作重点，安全监管严要求，扎实推进阳光执法、服务创优、廉洁海事建设，先后开展内河船舶参与海上运输整治活动、平安船舶专项行动，为水上交通安全保驾护航。全年海事处办理船舶进出港手续6344艘次，比2015年增长97.7%，其中，进出港签证5415艘次，增长217%，进出口岸查验929艘次，增长4.3%；征收港口建设费4579.59万元，比2015年增长25.3%。

【海事服务】 2016年，海事处服务大丰港经济发展，主动作为，为港航单位提供海事优质服务。实施业务预约制。业务办理时间急或是逢节假日，可以提前预约，避免排队等候，节省船方和货主的时间。提升电子政务环境。为方便船舶电子签证申报，海事处实施政务大厅Wi-Fi全覆盖，并设置一台电子申报专用电脑，指导遇有申报难题的申报人操作。实施信息发布机制。通过QQ群、短信、电话和政务公开栏等平台发布通知和提示，实现政务等信息第一时间传达到所有相关单位及船员。开辟“绿色通道”。港口大型船舶装载木材、风力大件设备、铁矿等货物时，一路绿灯进港，特事特办，务实高效地为大丰港区木材园区、风力发电和联鑫特钢等企业提供服务。

【无休工作制】 2016年，海事处面对港口规模不断扩大，到港运输船舶、施工船舶、渔业船舶数量不断增加，人命救助和安全保障工作日趋繁重的局面，克服搜救装备短缺、搜救值班人员不足等不利因素，实行“365天24小时无休工作制”，主动延长在岗时间，常年保持1名处领导、1名执法人员在岗值班，全年365天无休，一天24小时待命。全年接收各类海上险情报警4起，均及时救助到位，救助遇险人员2人、受伤渔民1人，救助遇险船舶4艘，未发生有监管责任的水上安全事故，无因救助不当造成人员伤亡及群体性事件，水上安全形势持续稳定。

【船舶安全保障】 2016年，海事处立足超前防范，加强与气象、水利、航道等部门的协调沟通，建立和完善气象预警信息通报协调机制，确定重要天气、重要时段的监管重点，特别关注春运、两会、清明、端午等特殊时段的监管要点，利用信息化手段建立与港、航、货协同机制，提前部署监管措施。全年实施大风防范38次，发布预警信息4000余条，疏散船舶197艘次，抽查船员值班值守46艘次，确保在恶劣天气影响下港航单位的人员无伤亡、财产无损失。

【安全大检查】 2016年，海事处将水上交通安全监管工作前移，对辖区全面实施水上安全大检查，排查安全隐患，建立水上交通安全隐患排查整改报告制度，对排查出的安全隐患，即时送达安全隐患整改通知书，责令整改，并进行动态跟踪监管。以安全检查为契机，加大船舶适航、适运、船员适任检查力度，确保船舶适航，船员适任。加大对水工作业现场检查，杜绝内河船舶参与海上施工作业，使水上交通安全监管管理工作制度化、经常化，保障大丰港深水航道工程施工过程中航道的正常使用和过往船舶的安全。

【海事监管】 2016年，海事处结合辖区实际，以危险品船舶安全为监管重点，加大危险品船舶现场检查力度，对影响船舶安全及货物适装的隐患，坚决要求整改合格后才能开航，督促船舶做好防火防爆等事故预防工作，要求船方严格遵守货物装卸、运输等环节安全操作流程。完善船舶安全检查目标船选船制度，提高工作效率。每日由专门人员实时在港船舶动态中筛选目标船舶，后开展登轮监督检查活动。对船名标识、船舶安全配员等专项进行重点治理，检查中发现的问题及时处理，形成高压态势，维护大丰港水上安全良好态势。

(顾　丽)

〖编辑　周剑飞〗

综　述

2016年，大丰区主动把握经济发展新特点、新要求，强化开放带动，推进供给侧结构性改革，加大外资招引、优进优出、外经合作、业态创新力度，开放型经济呈现出克难求进、质效提升、稳中向好的积极态势，实现“十三五”良好开局。对外贸易业稳中有进。全年实现外贸进出口总额16.21亿美元，比2015年增长7.2%。生产企业出口7.3亿美元，外商投资企业出口1.45亿美元。外商投资基本面良好。协议利用外资4.74亿美元，比2015年增长95.4%，实际利用外资1.45亿美元，下降22.8%。新批外资项目27个，比2015年增长42.1%。其中总投资3000万美元以上项目15个，比2015年增加8个。在2016年盐城市综合考核中大丰区被表彰为园区发展和开放型经济工作先进单位。

对外贸易

【概况】 2016年，大丰区积极推进供给侧改革，优化产品结构，创新贸易方式，加大对重点外贸任务主体、龙头外贸企业的跟踪服务力度，支持企业巩固传统市场，拓展新兴市场，扩大出口规模。实现外贸进出口总额16.21亿美元，在盐城市各县（市、区）排名第一，比2015年增长7.2%。其中进口总额7.47亿美元，增长20.76%；出口总额8.74亿美元，下降2.26%。有进出口实绩的企业210个，出口超1000万美元的企业15个。出口总额中，机电类占35.6%，纺织类占14.14%，化工类占31.4%，农产品占2.81%，其他占16.05%。

【国际市场开拓】 2016年，大丰区组织企业参加第119届、第120届广交会、德国杜塞尔多夫管线材展、俄罗斯家用及商用纺织品展、美国芝加哥国际家庭用品博览会、法兰克福春季消费品展等国内外展会，巩固传统市场，开拓新兴市场。深入对接“一带一路”战略，积极推进出口企业供给侧改革，在提升纺织、玩具、化工等传统出口产品层次和附加值基础上，优化产品结构。支持大丰港申报跨境电子商务产业园区和公共海外仓；组织中小微企业参加中国出口信用保险公司出口信用保险，30多个企业获江苏省政府、盐城市政府统一投保，享受免费的出口信用保险；加强自主品牌建设，6个企业新获得质量和品

2016年大丰区出口超1000万美元企业名单

表15　　　　单位：万美元

序号	企业名称	出口	出口同比（±%）
1	江苏辉丰农化股份有限公司	11471.6	-6.6
2	迪皮埃风电叶片大丰有限公司	9922.5	31.8
3	晨泰物流大丰有限公司	4317.9	15126.6
4	江苏兄弟维生素有限公司	3724.5	56.8
5	江苏海力化工有限公司	3705.0	44.9
6	大丰市舒润床上用品有限公司	2972.9	-3.0
7	江苏丰山集团股份有限公司	2763.2	3.9
8	江苏宝龙集团有限公司	1998.4	-2.8
9	大丰海聆梦家纺有限公司	1907.1	-21.6
10	江苏大丰和顺电子有限公司	1645.5	—
11	大丰恒卫针织品有限公司	1281.2	-15.7
12	江苏焕鑫高新材料科技有限公司	1128.4	-11.5
13	大丰市创意工艺品有限公司	1069.1	-45.5
14	江苏博汇纸业有限公司	1057.0	-17.6
15	江苏瑞克医药科技有限公司	1048.2	363.7

2016年，江苏兄弟维生素有限公司实现出口3724.5万美元，同比增长56.8%

牌认证；帮助企业申报国家、江苏省进口贴息资金、盐城市级商务发展资金692万余元。

【外贸新业态发展】 2016年，大丰区推进外贸新业态发展。跨境电商取得突破。3月，占地3000平方米的大丰港跨境电商孵化中心正式运营。海聆梦家纺在接入美国亚马逊平台的基础上，拓展北美地区沃尔玛在线电商渠道，链接澳大利亚、日本、及欧洲等发达国家和地区亚马逊平台。外贸综合服务不断创新。大丰海城实业与敦煌网合作在美国洛杉矶建设海外仓和商品展示中心。

利用外资及港澳台资

【概况】 2016年，大丰区不断创新利用外资及港澳台资方式，委托国际咨询机构招商，密切联系台湾资策会、上海外商投资企业协会、韩国中小企业委员会等机构，挖掘外商投资信息，成功招引一批项目落户。强化驻外招商，加强驻中国台湾、中国香港等地招商机构力量，招商实效稳步提升。利用外资及港澳台资保持良好势头，全年实际到账外资1.45亿美元，总量在盐城市各县（市、区）排名第一。

【对外招商】 2016年，大丰区深化委托招商，在与第一太平戴维斯等世界知名企业签订全面合作协议的基础上，积极与仲量联行、世邦魏理仕、戴德梁行、高力国际等五大行合作，同时拓展与普华永道、毕马威、德勤、安永四大会计事务所，埃森哲、麦肯锡、罗兰贝格、翰威特、通用咨询国际、毕博、科尔尼、波士顿、美世咨询、凯捷咨询十大国际咨询机构的合作，密切联系上海外商投资企业协会。与第一太平戴维斯合作在上海举办专题推介活动，参加第一太平戴维斯召集的世界500强企业信息发布会。与上海市外商投资协会合作招商，上海外商投资协会在《上海外资》期刊上宣传推介大丰，带领诺基亚通信（上海）有限公司、迪堡金融设备有限公司、帝斯曼中国投资有限公司、德勤、高田（上海）汽配制造有限公司、上海新进半导体制造有限公司、东京计装（上海）仪表有限公司、上海新进半导体制造有限公司、上海康茂胜自动控制有限公司、三菱电机上海机电电梯有限公司、上海德尔福汽车空调系统有限公司等知名外商投资企业客商到大丰实地考察。开展以商引商，编制《在大丰外商名录》，发放宣传资料。加强对接服务，通过在大丰外商帮助引进配套企业和合作伙伴到大丰投资，新引进韩国SIT、光星金属、丰元电子等项目。发挥专业招商局和驻外招商机构的优势，成功招引启航未来、和顺源景碳纤等一批高科技智能终端、新材料项目落户。加强活动招商，组织和参加美国、韩国等地招商活动，签约项目22个，协议利用外来资金16.5亿美元。

【外资项目】 2016年，大丰区新批外资项目27个，其中总投资3000万美元以上项目15个，协议利用外资及港澳台资4.74亿美元。总投资1.5亿美元、协议利用外资5123万美元的中电风力发电（二期），总投资9000万美元、协议利用外资3000万美元的启航电子科技，总投资6000万美

2016年，大丰区积极推进供给侧改革，优化产品结构，实现外贸进出口总额16.21亿美元，同比增长7.2%，在盐城市各县（市、区）排名第一

2016年大丰区实际到账外资及港澳台资情况表

表16　　　　单位：万美元

国家或地区	实际到账外资及港澳台资	占实际到账外资及港澳台资总额（%）
中国香港地区	9473	65.53
中国台湾地区	959	6.63
韩国	2060	14.25
美国	125	0.87
日本	626	4.33
其他国家或地区	1213	8.39

元、协议利用外资2000万美元的帝融实业等一批项目落户建设。利用外资领域不断拓展，韩资汽车配套产业链向汽车排气管生产、汽车零配件表面处理和汽车座椅加工延伸；新材料领域利用外资及港澳台资取得突破，碳纤维运动器材项目落户建设。组织区（园）、企业参加第15次泛黄海经济技术交流会、中韩商务洽谈会，7个区（园）和企业对接配对成功22个项目；参加江苏省对韩国经贸交流活动，2个项目成功落户。帮助具备条件的企业申报盐城市重大外资项目资金，达伯埃纸业项目获得批准。组织区（园）招商人员参加江苏省商务厅在盐城市组织的服务业利用外资专场培训，组织外资企业参加江苏省外资协会税务知识培训，提升项目招引和企业管理水平。

对外经济技术合作

【概况】 2016年，大丰区加大服务力度，促进境外投资企业发展壮大。引导和鼓励有条件企业在境外设立加工贸易企业和贸易窗口，加强国际产能和装备制造合作，促进产业提质增效升级。积极发展国际服务外包。发展数据中心和软件外包等服务外包产业集群，提升企业承接离岸外包能力，组织重点企业参加中国国际服务外包大会等服务外包展会，进一步开拓国际服务外包市场，在商务部业务系统统一平台登记注册的服务外包企业22个。

【对外合作项目】 2016年，大丰区“走出去”步伐进一步加快，新批中方协议投资5088万美元的大丰港（印尼）和顺镍业有限公司项目、投资10万美元的韩国罗格朗曙光空压机项目和中方协议额1074万美元的新西兰丰聚房地产项目。江苏国安建筑安装工程有限公司获对外承包工程（总包）经营资格。丰海非并网风电海水淡化项目取得新进展，与斯里兰卡、苏丹、毛里求斯、马尔代夫4个国家达成意向。4月14日，由中国对外承包工程商会、江苏省商务厅主办的江苏省新能源海水淡化产业推介会在北京举行。12月15日，太平洋岛国及加勒比英语国家驻华使节代表团到大丰专题考察新能源海水淡化项目。

（王文献）

招商引资和项目建设

【概况】 2016年，盐城市大丰区重大项目招商引资办公室（简称大丰区重大项目办）贯彻“实干为先、项目为王、民生为本”理念，开展招商引资百日竞赛、抢工会战观摩等活动，组织上海、香港、台湾等招商推介会，加强督查考核，招商引资和项目建设成效较为明显。

【招商引资】 2016年，大丰区组织上海、深圳、佛山、台湾、香港及韩国招商推介活动10次，签约1亿元以上产业项目206个，其中5亿元以上产业项目36个，协议引资额744.7亿元，协议利用外资16.8亿美元。按产业分，集中签约的1亿元以上项目中工业项目94个，战略性新兴产业项目46个，现代服务业项目29个；按投资规模分，5亿元以上项目33个，10亿元以上项目15个，50亿元以上项目4个；按主体分，港经区47个，开发区33个，高新区18个，大中镇8个。招商氛围浓。大丰区主要领导多次召集专题会议，部署招商工作，亲自带队拜访大企业大集团，洽谈项目。招商方式进一步创新。突出领导招商、专业招商、驻点招商、以商引商等方式。招商人员外出招商频率增加，驻点招商站作用得到发挥。开发区、港经区、高新区等单位不断强化委托招商。综合招商活动不断创新，由原先的大活动改为中小型活动，增进客商与大丰区领导互动交流。开发区、港经区、高新区、刘庄镇、商务局、石化园、海洋生物产业园等单位开展专题招商活动，成效较好。

【招商引资百日竞赛活动】 大丰区招商引资百日竞赛活动2016年6月20日开始，9月30日结束，活动成效明显。各单位上报百日竞赛期间新开工项目81个，新签约项目150个，经严格审核，认定新开工项目26个，其中5亿元以上项目7个；新签约项目112个，其中5亿元以上项目13个，10亿元以上项目3个。新开工项目中，工业项目24个；服务业项目2个（3000万元以上）。新签约项目中，工业项目82个，服务业项目26个，农业产业化项目4个，工业项目中战略性新兴产业项目15个。

【项目建设】 2016年，各区（园）、镇围绕新开工1亿元以上项目80个，竣工1亿元以上项目35个的目标任务加快建设。大丰区领导分别牵头挂钩服务，重点跟踪21个5亿元以上重特大项目信息，其中10亿元以上项目14个，50亿元以上项目5个。年内签约或签订框架性协议12个，实质性开工1个。百项重点工程62个工业类项目，开工54个，竣工19

个，完成投入74.2亿元，占年计划的80.0%。全年组织集中开竣工活动6次，新开工1亿元以上项目69个，竣工1亿元以上项目39个。组织各类会审协调活动16次，对涉及72个项目的38个事项进行协调会办，90%以上的问题得到解决。组织抢工会战观摩活动5次，倒逼和督促在建项目快建设，早竣工，早投产。大丰区主要领导经常深入镇、区（园）重点项目建设现场调研情况、督查指导，大丰区分管领导定期对所有开竣工项目进行过堂督查，重大项目办每半月组织一轮新开工项目和在建项目现场督查，动态化推进项目建设。在抢工会战中，培耘电子、明进模具、非寻手机整机制造等在建项目形象进度较快，博敏电子、达伯埃纸业、和顺电子、联鑫钢铁年产120万吨高强度建筑用钢等项目顺利竣工投产。

【招商考核】 2016年，大丰区重大项目办以鲜明的考核导向推进招商引资项目建设工作。对招商局、站，坚持每季度开展一次现场督查，了解专业招商局、驻点招商站招商人员在岗情况和敲门招商进展情况，听汇报，看实绩，对照时序目标促进度。对开工和在建项目，坚持一旬一次电话沟通，了解具体建设进度，半月一次实地督查，每月底定期揭晓全区招商引资项目推进情况。6月底进行阶段考核，12月底对大丰区35家主体完成年度招商引资项目建设任务情况进行审计考核，评选“大丰十佳招商功臣”和一批招商引资项目建设工作先进集体和先进个人。在2016年盐城市招商引资考核中，核定大丰新开工1亿元以上项目60个，竣工1亿元以上项目43个，大丰招商引资项目工作列盐城市第二名。

（顾鹏贵）

区域合作及接轨上海

【概况】 2016年，大丰区主动融接上海，推动沪丰科技、人才、金融等全方位合作，加快沪苏大丰产业联动集聚区建设，提升规划水平，完善基础配套，承接重大项目，申报国家产业转移合作示范园区。深化与常州、苏州等地合作，常州高新区大丰工业园重点突破真空热处理炉、电池线、电工机械等产业项目，继续走在江苏省南北共建园区前列；苏州盐城沿海合作开发园区加快设立产业扶持基金，引进苏州大型国有公司参与园区开发，促进更多产业链与配套项目转移。组织各单位和企业参加3月昆山进出口洽谈会、5月“西洽会”、10月成都中国西部博览合作洽谈会。加强支援等工作，构建与陕西省宜君对口扶贫工作通道，筹备对口扶贫工作规划制定。财政援助湖北秭归6万元。协助万达等6个企业申请棉花配额，总量4500吨。

【融接上海】 2016年，大丰区继续加强驻点招商。15个驻上海招商站紧紧围绕特色产业和战略性新兴产业全力招引重特大项目，签约新能源、海洋生物、重型装备和电子等一批重大项目和新兴产业项目。驻点招商站完成新开工1亿元以上项目9个，签约项目28个，在手5亿元以上项目信息16个。有计划、有目标对外资企业（含驻沪世界500强）、大型国企、优势名企和各类开发区进行攻关，加快新特产业项目落户步伐。全面加强接轨上海，组织重点活动。开发区、大中镇等主要经济体强化上海考察学习，开拓视野，升华理念，拓展加快产业发展的思路和措施。组织上海大丰招商推介会和金秋经贸洽谈会，吸引100名中外客商参会。牵头推动上海与江苏各级层面推进上海大丰产业联动集聚区商洽会和落实会。召开大丰新闻发布会和参加上海旅游节，组织大丰旅游推介会，推荐大丰特色旅游。适应新常态，深化合作，加速与上海一体化。中共大丰区委、大丰区政府领导赴上海开展的对接拜访活动。邀请上海市党政领导到大丰考察。全年组织大丰区领导赴上海的各项拜访考察活动30余次，对接联络上海市领导赴大丰的考察活动20多次。

【合作共建园区发展】 2016年，常州高新区大丰工业园、沪苏大丰产业联动集聚区、苏州盐城沿海合作开发园区和盐城经济技术开发区大丰港产业园区等合作共建园区坚持创新驱动，转型发展，园区建设平稳发展。常州高新区大丰工业园完成一般公共预算收入1.50亿元，超额完成全年目标任务；完成增值税2334万元，比2015年增长26%；工业企业实现全口径开票销售收入19.5亿元，增长63.14%，规模以上工业企业完成开票销入售17.2亿元，增长44.53%。新招引1亿元以上工业项目6个，新开工1亿元以上工业项目4个。服务业定报企业完成开票收入6亿元，招引1亿元以上项目1个。沪苏大丰产业联动集聚区完成全口径工业开票销售收入18.81亿元，比2015年增长262.2%，占任务数的102%；规模以上工业开票销售收入12.16亿元，增长16.6%，占任务数的100.05%，规模以上企业增长面50%；现价工业总产值1.67亿元，增长29.6%，占任务数的108%。签约1亿元以上项目6个，其中10亿元以上项目1个，开工1亿元以上项目2个，竣工1亿元以上项目1个。盐丰工业园新开工工业项目4个，占目标任务的100%。竣工项目3个，占目标任务的150%。协议利用外资2000万美元，实际到账外资165万美元。实现一般公共预算收入1600万元。苏州盐城沿海合作开发园区主要经济指标完成序时要求。

【合作共建园区项目建设】 2016年，常州高新区大丰工业园开展产业招商，组织苏州市光电缆协会、上海光电缆协会、常州孟河商会等专题招商活动4次，发展上海新材料协会、常州铸造协会等战略合作伙伴4个。新招引1亿元以上项目6个，其中新开工1亿元以上工业项目4个、大型技改项目1个。沪苏大丰产业联动集聚区进入实质建设启动阶段，催生项目建设效应。双胞胎饲料、大川食品、光明饲料理想海洋食品、江苏人酒业等项目加快建设。苏州盐城合作园区高要求招引项目，以承接苏州产业转移为重点，招商引资、项目推进保持良好发展势头。

【合作共建园区基础设施建设】 2016年，常州高新区大丰工业园按照区城融合的理念，总投入近1600万元，实施污水管网工程、防洪排涝工程、广告牌和绿化改造工程等，新增绿化面积约6000平方米，建成泵站3座、涵闸2座、配电站2座和其他相关附属设施。沪苏大丰产业联动集聚区（光明工业区）继续完善3平方千米食品启动区的绿化、亮化、道路、涵闸、水电的配套，完善功能，提升水平。苏盐园区基础设施投入7.1亿元，高标准建设3平方千米启动区内“三横三纵”15千米道路框架，实现“八通一平”。5600平方米研发中心、7000平方米商业广场、3万平方米集体宿舍楼、16幢6万平方米标准厂房等配套项目建成投入使用。盐丰工业园启动区完成水电、通信、亮化、道路、排水、标准厂房等生产要素配套工程，基本具备承载重大项目落户的条件。

（李亚庆）

出入境检验检疫

【概况】 2016年，盐城出入境检验检疫局大丰港办事处以绩效考核为主线，紧密围绕江苏出入境检验检疫局和盐城出入境检验检疫局的年度工作目标，服务地方外向型经济发展，较好地完成各项任务。被江苏省口岸办评为先进部门，被大丰区评为目标任务绩效考核综合先进单位。

【作风建设】 2016年，盐城出入境检验检疫局大丰港办事处加强作风建设，以“领导带头、党员带领、全体带动”推进“两学一做”学习教育，在“共谱党建共建之歌，共谋和谐发展之路”的主题下，盐城出入境检验检疫局大丰港办事处党支部与大丰海港港口有限责任公司党支部、上海海丰米业有限公司党支部共同开展“党建为先导，业务为驱动”结对共建活动，形成检验检疫、物流企业、进出口企业全链条的互帮互助。党支部被江苏出入境检验检疫局评为江苏省系统先进基层党组织。

【发展内涵拓宽】 2016年，盐城出入境检验检疫局大丰港办事处注重服务质量，拓宽发展内涵。帮助大丰港在进口粮食指定口岸成功获批的基础上2016年1月又取得进口粮食减载口岸资质，为江苏省第一家、华东地区第二家进口粮食减载口岸，并于4月首次在江苏省开展进口粮食减载业务。受江苏出入境检验检疫局委派起草全国进口粮食减载业务检验检疫工作规范，扩大大丰港进口粮食指定口岸的影响力。扩大业务范围，首次办理进口货物残损鉴定业务，帮助进口大豆企业北大荒索赔70万元。高效优质推进进境木材检疫除害处理区的建设，12月顺利通过国家质检总局的验收，得到专家组的好评。积极应对寨卡病毒，对来自寨卡疫区的集装箱、货物严格实施检验检疫和卫生处理，确保港口的安全。主动对接大丰港保税物流中心（B型）的建设，及时提供相关检验检疫要求，提高保税物流中心项目设施设备的完整性。做好口岸卫生许可、外轮船舶代理等各种行政许可、备案工作和ECIQ企业培训等检验检疫工作，提升口岸效率，规范口岸秩序。

【业务水平提升】 2016年，盐城出入境检验检疫局大丰港办事处整合资源，优化人员配置，促进检验检疫业务工作与实验室工作高度融合，植物检疫实验室的“科带室”新模式正式运转，形成双促进、双提高的新机制。在进口澳大利亚木片中全国首次截获葬甲科昆虫（*Ptomaphila lacrymosa*（Schreibers））。在盐城口岸首次截获齿裂大戟、美丽猪屎豆和南部松齿小蠹三种检疫性有害生物以及尖孢镰刀菌、热带火蚁、半裸镰刀菌、蒙栎象、东方蝼蛄、酱曲露尾甲、白雪灯蛾、玉带郭公虫、落叶松毛小蠹、红松干小蠹、中穴星坑小蠹、黑毛皮蠹、禾谷镰刀菌、黄曲霉、榆叶甲属、刺结蚁属、湿薪甲、米扁虫等非检疫性有害生物。3月，盐城出入境检验检疫局大丰港办事处对一艘装载进口大豆的船舶实施检疫时，发现熏蒸剂磷化氢的浓度严重超标，根据有关工作规程及时进行处置，将情况第一时间上报江苏出入境检验检疫局。江苏出入境检验检疫局就该情况发布警示通报（2016年第3号）。3月底至4月初，针对集装箱班轮“海洋之龙”出血性大肠杆菌疫情，启动应急预案，与大丰港卫计委采取联防联控措施，有效地应对这一突发应急事件，疫情防控举措和工作成效得到江苏出入境检验检疫局与地方各级领导的肯定。9月，以较高的分数通过江苏出入境检验检疫局专家组卫生检疫核心能力的考核验收。植检实验室、卫检实验室分别参加中国国家认证认可监督管理委员会组织的“柑桔溃疡病菌检疫鉴定”“重要医学媒介蚊类形态鉴定”能力验证试验，均获满意结果。

【岗位培训】 2016年，盐城出入境检验检疫局大丰港办事处加强新进人员的培养管理，主动将卫生检疫人员送至各个不同的岗位进行系统培训，提高他们的综合能力。组织人员相互学习，互帮互助，共同提高，强化人员的综合素质和业务能力，推动“一岗为主、多岗能干”的综合查验模式。开展岗位培训，将最新规定和最新要求及时宣传贯彻，提高协检员工作的针对性。定时组织集中查验，提高现场查验的有效性。发挥协检员工会小组作用，做好沟通的桥梁纽带。

【口岸检验检疫秩序】 2016年，盐城出入境检验检疫局大丰港办事处严格执法，强化口岸的检验检疫秩序。根据江苏出入境检验检疫局通报的信息，集中精兵强将查处江苏北大荒油脂有限公司违规销售进口阿根廷大豆事件，并移交盐城出入境检验检疫局法制和风险处进一步查处。对巴哈马籍装载进口美国大豆“达娜”轮违规排放未经卫生处理压舱水的行为进行现场处罚。

（梁　杰）

海关监管

【概况】 2016年，盐城海关驻大丰港办事处（简称“办事处”）以服务地方外向型经济为重点，提高服务质量，推进大丰港一类口岸建设。监管进出境运输工具1010航次，比2015年增长11.23%；监管内支线船舶198航次，增长3.13%；征收船舶吨税1242.08万元，增长23.19%；监管进出境货物936.43万吨，增长34.38%；监管进出境集装箱39382标箱，增长6.07%；入库税收16.05亿元，减少9.02%。

【“关员大讲堂”活动开展】 2016年，盐城海关驻大丰港办事处开展“关员大讲堂”活动，提升关员的业务技能，在办事处形成“比、学、赶、超”的良好学习氛围 。办事处关员详细解读跨境电商政策、海关总署公告等知识，全体关员结合业务现场的工作实际展开交流、讨论。

【“三互”大通关建设】 2016年，盐城海关驻大丰港办事处加强“三互”（口岸管理相关部门信息互换、监管互认、执法互助）大通关建设，帮助企业对接上级部门，解决安装和录入中存在的问题，加强与地方检验检疫部门的联系沟通，建立关检协助的具体措施。2016年开展一次查验272票，一次查验率100%。以船舶“单一窗口”建设试点工作为切入点，与辖区船舶代理企业开展业务座谈，部署推进“单一窗口”建设试点。2016年通过系统完成进境确报398票，离境确报389票。

【优惠贸易协定落实】 2016年，盐城海关驻大丰港办事处多次就优惠贸易协定实施情况展开调研，举办专题政策宣讲会宣讲优惠政策，邀请辖区内近20个报关企业和主要进出口企业参加，帮助企业最大限度享受协定红利。并向上级海关和职能部门反映协定实施在通关过程中存在的问题，提出有效建议。全年优惠贸易协定减免税收2805万元，其中，中国—澳大利亚协定减免1174万元，主要商品为牛皮、大麦；东盟协定减免956万元，主要商品为天然沥青、木薯淀粉、苯；中韩自由贸易协定减免662万元，主要商品为汽车零配件；中国—秘鲁协定减免13万元。

【汇总征税推进】 2016年，盐城海关驻大丰港办事处开展汇总征税业务，将传统的“逐票审核、先税后放”税收征管模式改变为“先放后税，汇总缴税”，缩短通关时间，提升通关效率。企业从申报到放行提货可以在24小时内完成，通关效率显著提高，通关成本下降，同时减少进口企业缴税频率，提高企业资金使用效率。采用汇总征税模式后，企业总担保账户在缴税后担保额度自动恢复，企业的资金使用效率成倍提升。2016年接受汇总征税报关单申报90票，税单金额3523万元。

【自报自缴报关单通关】 11月15日，大丰明进机械责任有限公司向盐城海关驻大丰港办事处申报从韩国进口货物。该单货物采用“自报自缴”的方式，从企业端录入申报到报关单放行结关，用时10分钟，通关效率大幅提高。该单是盐城海关驻大丰港办事处推进全国通关一体化改革进程中完成的首票企业自报自缴报关单。“自主申报，自行纳税”是海关税收征管方式的一项重要改革，是海关通关一体化改革重要组成部分，在保证税收审核质量的前提下，货物通关时间进一步缩短。

【加工贸易实现创新发展】 6月23日，大丰区首份电子化手册通过南京海关加工贸易监管一体化管理信息化系统顺利设立。该本手册备案进口料件总额9200万美元，出口成品总额1.45亿美元。企业只需通过互联网就能直接办理手册，真正做到足不出户。加工贸易监管一体化改革是南京海关简政放权的一项重要举措。以信息化手段实现作业无纸化，以集中管理、专业审核实现集约化，通过风险参数实现监控智能化，最终实现加工贸易监管的一体化。2016年大丰区企业备案手册39份，备案金额1.41亿美元，备案金额比2015年增长216.09%。

【“预约加班”服务】 2016年，盐城海关驻大丰港办事处推行“预约加

2016年6月17日，盐城海关驻大丰港办事处对首票方钢出口进行查验

（单位供图）

班”服务。提前从港口、代理公司和港务部门了解假日期间船舶进出境调度安排，根据船期妥善安排好集中加班时间，解决大丰港口岸进出境的货物“节日拥堵”问题。全年办事处为企业节假日预约加班近100人次。

【政策宣讲】 2016年，盐城海关驻大丰港办事处召开政策宣讲会10余次，讲解行政审批网上办理平台操作、2016年关税政策调整以及中韩中澳FTA原产地政策、跨境电商政策、新《报关单填制规范》的专题培训、报关单修订内容、总署发布的公告条文解读以及企业实际问题剖析等。宣讲会受到报关单位和进出口企业的一致好评。

【知识产权宣传活动开展】 2016年，盐城海关驻大丰港办事处围绕南京海关“提升海关保护能力，促进企业创新转型”知识产权工作的整体目标，开展“知识产权宣传周”活动，提升进出口企业知识产权保护意识。对江苏新大奇金属材料科技有限公司等进出口企业开展送政策下企业活动，提供面对面咨询服务，签署《加强知识产权海关保护合作备忘录》，指导企业办理知识产权海关备案的程序，帮助权利人企业完成知识产权海关保护备案手续。

【服务保税物流中心（B型）建设】 2016年，盐城海关驻大丰港办事处加强与上级海关职能处室沟通，准确把握大丰港保税物流中心（B型）的建设要求；积极保持与地方政府的沟通联系，就大丰港保税物流中心的建设工作交换意见；多次实地勘察，对照海关监管要求，对布局规划提出合理意见，并专程与智能卡口和视频监控建设单位座谈，宣讲海关监管政策和要求，高标准定位，夯实监管基础。大丰港保税物流中心（B型）于11月3日通过南京海关、财政部驻江苏省财政监察专员办事处、江苏省国家税务局和国家外汇管理局江苏省分局组成的联合验收组的预验收。保税物流中心的建成，将为大丰港及周边外贸进出口企业提供保税仓储、口岸物流等服务，对完善沿海集疏运体系，优化对外开放载体平台，加速临港产业集聚发展具有积极的推动作用。

【企业减负】 2016年，盐城海关驻大丰港办事处做好减免税工作，帮助辖区企业充分享受政策红利，为大丰区企业减免关税、增值税超过700万元。会同大丰区财政、物价部门调研“免除查验没有问题外贸企业吊装移位仓储费用”工作，及时向有关部门反馈推进情况，并通过信息等渠道向地方政府呼吁推进政策落地。2016年大丰港口岸符合免除吊装移位仓储费用的查验报关单有227票，涉及集装箱321个，通过财政拨款帮助企业节约成本12万元。

（朱天乐）

口岸管理

【概况】 2016年，盐城市大丰区口岸管理委员会（简称大丰区口岸委）以口岸扩大对外开放和特色口岸申报为工作中心，创新工作机制，加强对口岸的调研和信息共享工作，与海关、检验检疫、海事、边检等联检部门加强沟通、通力合作，优化口岸通关环境，全面完成年初制订的各项目标任务，促进口岸经济的快速、持续、健康发展。

【口岸智能化水平提升】 2016年，大丰区口岸委推进大丰港电子口岸建设速度，加快大丰港口岸大通关建设，加强协调关检合作“一次申报、一次查验、一次放行”通关模式，完善“信息互换、监管互认、执法互助”合作机制，提升港口智能化服务水平，加快口岸通关效率，降低企业通关成本。10月底，大丰港电子口岸正式上线运行。

【特色口岸建设与申报】 2016年，大丰区口岸委多次赴海关总署、国家质检总局、财政部、国家税务总局、国家外汇管理局、工信部等相关部委和江苏省政府办公厅、口岸办等相关部门对接汇报大丰港特色口岸的建设申报工作。11月4日，大丰港保税物流中心（B型）通过南京海关、江苏省财政厅、江苏省国税局、国家外汇管理局江苏省分局组织的预验收。12月8日，大丰进境木材检验检疫除害处理区通过由国家质检总局、环保部、国家林业局、中科院组织的正式验收，并投入运行。5月23日，江苏省人民政府关于在大丰港口岸开展汽车整车进口业务的请示（苏政发〔2016〕68号）报至国务院，等待海关总署牵头征求相关部委意见。

【码头吞吐量快速增长】 2016年，大丰港建成并对外开放一期码头、二期码头、大件码头、石化码头、集装箱码头、通用码头等6座码头，17个生产性泊位，开通至韩国仁川港、釜山港、光阳港等集装箱班轮航线，至日本的门司港、博多港等航线，至俄罗斯海参崴的木材航线，与中国台湾基隆港直航，经上海港、宁波港直达东南亚和欧美各大港口，以及大丰港至宁波港、上海港、青岛港的外贸内支线。全年大丰港码头货物吞吐总量8534万吨，比2015年增长20.3%，集装箱30.2万标箱，增长49.54%，外贸货物吞吐量1269.3万吨，增长32.69%。

【口岸管理与服务】 2016年，大丰区口岸委牢固树立服务理念，定期召开联检单位联席会议，与海关、检验检疫、海事、边防等相关部门加强沟通、通力合作，积极做好为大丰进出口企业的服务工作，组织口岸联检单位定期或不定期走访党政机关、企事业单位，汇报工作情况，宣传政策法规，主动征求地方对口岸查验单位的意见和建议，为企业排忧解难。联检单位根据企业实际情况，调整工作思路，为进出口企业提供优质、高效、快速的通关服务。

（管存艺）

〖编辑　周剑飞〗

江苏大丰经济开发区

【概况】 2016年，江苏大丰经济开发区完成一般公共预算收入12.92亿元，增值税5.18亿元；新开工1亿元以上项目13个，竣工1亿元以上项目7个；规模以上企业开票销售176.3亿元，固定资产投资81.7亿元，新申报规模以上企业9个。服务业规模以上企业开票销售16亿元，规模以上服务业营业收入4亿元，限额以上批零住餐企业零售额12亿元，新开工服务业项目3个，新培植服务业规模以上企业5个。在江苏省省级以上开发区考核中排名第30位，比2015年上升13位，在江苏省省级开发区中排名第8位，在苏北同类开发区中排名第1位。

【招商引资】 2016年，大丰经济开发区继续推行招商局局长认标竞聘上岗，副局长、招商人员按照双向选择的制度，部分有志于招商工作的机关人员申请专职招商，招商工作积极性得到调动。组织参加境内、境外专题招商活动10多次，积极参加“招商引资百日竞赛”活动，全年接待客商220批次，洽谈项目60余个，新签约红星美凯龙、金风科技实验中心、万向森威10万吨锻造等1亿元以上项目20多个，提升了开发区发展的后劲。配合区行政审批局、重大项目办等部门，通过“绿色通道”加快项目手续报批，保障项目加快推进。组织金韦尔机械、安泰金属表面处理、正大特医食品等项目参加全区集中开工活动，组织新韩汽配和培耘电子参加盐城市产业园区项目载体建设现场推进会。

【企业运行】 2016年，大丰经济开发区对照开票销售目标任务，针对有序时缺口的企业，全年发放交办单50多份，全力督促挂钩领导深入相关企业，做好企业生产销售协调，激励企业多产多销，企业增长面55%以上。加大规模以上企业培植力度，明确企业发展目标，加大政策扶持，支持企业科技创新，积极申报国家高新技术企业。全年培植创一汽车零部件、盛安汽配、中沃印染、特思克阀门等9个规模以上企业。服务企业，建立挂钩分工制度，不定期走访企业，为企业解决各类难题。帮助龙胜不锈钢协调解决贷款，缓解资金困难问题；协调解决金风科技、明进机械等企业汛期排水问题；帮助解决华尚玻璃、联丰机电等企业管理人员子女入学问题。加强税收征管的协调服务力度，主动适应“营改增”新形势，着重研究税收结构，围绕年初既定目标任务，通过企业服务、开发速效税源、重点骨干龙头企业协调等措施，增加税收收入。全年纳税超1000万元企业12个，其中江苏金风、江苏中车、正大丰海纳税超1亿元。

【科技创新】 2016年，大丰经济开发区获得省经信委“江苏省高端装备制造业特色产业基地”称号；经省知识产权局、省商务厅批准确定为“省级知识产权示范园区”；在第九届长三角投资发展论坛上开发区被评选为“长三角最强中国制造产业集聚区”；创建省级生态工业园区通过考核验收。风电产业园获得科技部火炬中心“海上风电装备特色产业基地”称号。科技创业园成为盐城唯一列入A类的国家级孵化器。留创园全年引进留学人员6个，引进创业团队7个，大丰双创人才2个。江苏金风、丰泰流体2个企业成功申报省“双创”团队，实现大丰区省“双创”团队零突破；正大丰海、海纳机械、蓝科减震等6个企业通过“大丰双创”评审，占全区的50%。在江苏金风工作的博士李晔、张新刚和在江苏中车工作的博士李进泽被列为省社会发展科技领域专家。企业知识产权意识不断增强，全年完成专利申请500件，20个重点企业建立专利墙。现代大丰工程塑料有限公司等5个企业新申报国家高新技术企业，双菱、广茂、锦辉建成省科技型中小企业。丰东公司获“中国热处理技术创新示范基地”“江苏省优秀企业”称号，森威精锻获“国家两化融合管理体系贯标试点企业”“省两化融合网络信息安全试点企业”“科技小巨人企业”称号。江苏中车、理研精锻建成国家企业知识产权管理标准化示范企业。爵格工业移动式抗暴庇护所项目入选2016

年国家安监总局安全生产重大事故防治关键技术科技项目。蓝科减震获江苏省科技创新创业大赛二等奖。

【园区特色】 2016年，风电产业园的金风科技海上风电机组检测技术国家地方联合工程实验室获得国家发改委批复、柔性智能生产项目建设、6兆瓦直驱永磁海上风机正式并网发电；海工塔筒制造及海上基础承载平台项目厂房竣工，首条塔筒制造生产线投产，首套塔筒成功下线；丰能海服国内首艘海上风电双体运维船建成投运；润龙试验风场项目道路和桩基工程基本完成；辉丰微电网、鉴衡认证项目推进。电子信息产业园立足博敏电子、双展电子、明微电子等企业，紧盯线路板上下游配套企业。培耘电子厂房陆续封顶；博敏电子产能不断扩大，新上1条生产线；盐城国投投资建设的标准化厂房建设正式启动。园区配套不断完善，污水处理厂污水输送管网安全等级达到全国前列，固废处理厂危废处理项目获省环保厅批复。韩资集聚区。新签约的光星金属、丰元新材、SIT汽配等项目开工建设；明进模具、培耘电子、友信汽配等一批落户项目加快建设，争取早日投产达效；东洋活塞、科玛保健品等项目紧密跟踪。大丰生命科学产业园。以省商务厅批复省级生命科学产业园为契机，发挥权健集团等骨干企业的带动作用，加快项目和平台建设。权健水果酵素项目厂区改造，办公大楼桩基完成；权健肿瘤医院主楼桩基全部完成。盐城鼎立足球俱乐部成立，成为苏北地区第一个职业足球俱乐部。中医药文化历史博物馆建成，中华医药主题公园对外开放，全国政协副主席刘晓峰题词"中医药宣传教育基地"。

【城市建设】 2016年，开发区新开工11幢安置房，竣工12幢小高层并分房到户。实施长安南、灶圩北、新民北已竣工的18幢安置房的绿化施工，完成所有小区路灯工程、消防工程验收。新竣工的16幢安置房大证同步办理。邻里中心主楼竣工，附属、配套设施逐步完善；韩资服务中心、科创园厂房改造完成施工图设计；留创园项目完成基础验收。完成张謇东路东延、常丰路、科技孵化园绿化提升工程；常态化推进祥丰路、金海路、黄海西路、西康南路等主要道路的道路保洁，道路环境进一步提升。昌平路改造工程和南环东路工程竣工通车，污水处理厂尾水改造工程竣工。斗龙港沿岸防洪墙、疏港航道护坡等水利工程完工。完成职工公寓、16幢农民安置房居配电工程，新架设和改造线路8.32千米，新安装变压器3台、路灯213盏。完成技防"村村通"系统工程，实现社会治安防控体系向农村延伸。

【社会建设】 2016年，开发区完成6个村的城乡供水一体化工作，修建农桥9座，硬化村级道路12千米，新铺纬三路、昌平路等自来水管网8千米。疏浚村级大中沟塘土方36万立方米，新增水位、降雨量观测站3个，新建排涝泵站4座、封闭闸8座。完成开发区2017年冬春水利规划和防洪排涝工程实施方案。组织机械、人员抢收抢种，减少秋收秋播因恶劣天气造成的损失。通过省农村产权交易平台，成功流转土地200公顷。"双禁"工作实现全年零火点，秸秆还田率80%。正常化开展结对帮扶活动，机关人员定时定点到挂钩贫困户走访调查，切实帮助脱贫。组织开展农村环境综合整治工作，结合文明城市创建，全力打造和谐卫生的城乡环境。开展畜禽养殖污染专项整治，专门成立整治工作小组，制订2年行动方案，营造良好生态文明。全力配合中央环保督查整改，要求涉事企业立即整改到位，坚决杜绝环境污染。加大城乡居民保障、新农合和老年人意外伤害险的宣传工作，大幅度提升参保率；文化、卫生、教育、民政、计生、残联等社会工作全面落实。

【经济开发区党建工作】 2016年，开发区通过机关"星期六党校"和基层党组织统一活动日，组织开展"两学一做"专题教育活动，展开相关专题交流研讨。开展"千组万支"督查工作，全面宣传贯彻落实习近平系列重要讲话和中央系列重大会议精神。完成村（居）、社区党组织、两委会换届选举工作；完成大丰区、开发区两级党代表换届选举，选举产生大丰区党代表11人、开发区党代表105人，推荐产生盐城市党代表3人，省党代表1人；完成区人大代表换届选举，分6个选区选举产生10名区人大代表。成立开发区企业党委，按照大党委统管、分区域管理模式，下设风电产业园、电子信息产业园、中小企业、

2016年，江苏大丰经济开发区洽谈项目60余个，新签约1亿元以上项目20多个。图为大丰经济开发区一角

规模企业、服务业企业等5个党建工作站，负责指导基层党组织开展党建工作。推动党建工作逐步由传统工业产业领域向新兴领域延伸，明进机械党总支的成立实现外商独资企业组建新突破，新成立权健科技党委、汇坚置业党支部。开展廉政教育，扎实开展“守纪律讲规矩”、510警示教育、“双争”学教等活动，进一步强化党章意识和党员意识。学习宣传贯彻落实十八届六中全会精神，组织学习关于新形势下《党内政治生活的若干准则》《中国共产党党内监督条例》。开展“珍爱亲情、回归家庭”家风建设活动，营造“树清廉家风、建幸福家庭”氛围。

（陈新华）

江苏大丰港经济开发区

【概况】 2016年，江苏大丰港经济开发区（以下简称港区）坚持“三为”导向（实干为先、项目为王、民生为本），树立“三先”追求（沿海当先、苏北领先、盐城率先），适应经济新常态，抢抓发展战略机遇，加快产业集聚转型，完成全年各项目标任务。2016年完成一般公共预算收入17.5亿元，增值税2.28亿元，改征增值税1.68亿元；规模以上工业开票销售291.1亿元，其中博汇集团开票102亿元，联鑫钢铁60亿元，为港区保持快速发展奠定坚实基础；新增定期报送工业企业7个；利用外资到账6220万美元；外贸进出口总额9.1亿美元，其中：出口3.58亿美元，进口5.52亿美元；港口货物吞吐量8534万吨，集装箱30.2万TEU（标准集装箱）。1月15日，大丰蓝色旅游开发有限公司获农业部渔业局“2015年度全国休闲渔业示范基地”称号，全省9个单位获此称号，盐城市2个单位获此称号。3月22日，在CAC2016—全球农化展览大会上，丰山集团获大会主办方授予的“2015海外市场拓展奖”“CAC2016推荐供应商”2项奖项。

【港口码头能级提升】 2016年，滚装码头建成投入运营，深水航道一期疏浚工程竣工；二期杂货码头改扩建工程建成投产，15万吨级散货码头完成水工结构，启动集装箱码头南侧新增10万吨级泊位的前期工作。开通至大连港的内贸滚装航班，实现汽车整车海上运输；开通大丰港至上海港每周3班的集装箱直达航线，进一步融入上海国际航运中心；与韩国群山港签订集装箱航线开辟协议。大丰港成为全国沿海第二个进口粮食海进江减载口岸，汽车整车进口口岸申报至国务院，中韩陆海联运口岸由省交通厅转报交通部，木材除害中心通过省级验收，推进保税物流中心、进境木材指定口岸和活牛进口口岸等申报工作。

【临港产业发展】 2016年，港区招商引资成果明显，全年参加盐城市、大丰区组织的韩国及香港、台湾、上海、深圳等地招商活动11次，举办大丰海洋经济、石材、木材、石化等产业专题招商活动6次，签约项目57个，协议总投资460亿元，利用外来资金4.98亿美元，在区招商引资百日竞赛中获第一名。新开工英茂糖业、星泉发电、金壳医药、辉丰石化仓储、金圆等1亿元以上项目20个，竣工达伯埃、联鑫钢铁年产180万吨炼钢、广发木业、大丰港工业水厂等1亿元以上项目10个。

【港城建设】 2016年，港城绿化、亮化、美化水平不断提升，日月湖南岸湖滨绿化景观工程建成并投入使用，中港大道、青岛港路、迪拜港路等道路绿化、亮化加快推进。港城幼儿园建成并投入使用，大丰港公共租赁房一期工程和大丰港城实验学校主体工程竣工交付，盐淮高速大丰港段建成通车，日月湖旅游度假区总体规划通过专家评审，中汽盐城试验场的汽车工业旅游项目正式启动，日月湖东岸旅游项目、海洋世界三期、动物园三期建成开放。

【改革创新】 2016年，海晶创投中心匀升、匀耀、匀艺、匀金等投资基金企业运营顺利，加快推进集团公司上市进程。新能源淡化海水产业园成功创建江苏省海洋经济创新示范园区，马尔代夫、海南三沙项目取得突破，苏丹项目持续推进。海洋产业研究院成功创建江苏省滩涂植物与秸秆工业化利用工程中心，揭牌运行浙江万里学院大丰技术转移中心。

【民生福祉】 2016年，区政府投资900万元，区水利局牵头负责实施大丰港城乡供水一体化工程，惠及港区农村7000多人，饮用上安全水。区财政投资40万元，实施600多座改厕工程，改善农村卫生环境。港区财政投入资金50万元，新建一批农村公路，实现农村户户通水泥路。省财政投资1000万元，实施2016年度大丰区王港垦区现代农业示范项目，项目区面积666.67公顷，2016年10月开工建设，计划于2017年5月竣工。项目建成后每年新增粮食产量60万千克，每年净增经济效益160万元，吸收富余劳动力90人，增加工资性收入180万元。

【科技创新】 2016年，港区主动开展上门服务，围绕生物化工、环保、自动化等领域，联合高校院所深入企业一线开展技术服务，促成东南大学与辉丰农化开展产学研合作项目3个。积极申报专项计划，完成申报省级科技专项计划13个、人才项目5个，发动企业申请专利303件，其中发明专利85件，海瑞食品引进中科院段德麟教授团队成功入选江苏省创新团队项目。全年签订产学研合作项目12个，东南大学国家技术转移中心大丰分中心成功挂牌。10月21日，由盐土大地承担的国家科技支撑项目东海淤进型海涂高效利用技术集成与示范课题，在北京专家评审会上获验收通过。

【招才引智】 2016年，港区围绕海洋生物产业成功举办江苏海洋产业人才项目对接会，签订各类项目33个。推进海洋研究院与中国药科大学、厦门大学以及盐土大地与南京农业大学在大丰港设立各类研发机构的建设，招引刘煜、陈海峰、刘兆普、隆晓华等教授领衔的研发团队。组织北大、清华专场，深圳海外高层次人才对接。申报省“双创”人才计划4人，博士计划2人，“616”名校优生近200人。海嘉诺药业、华丰种业、中汽汽车试验场等单位建立企业自主研发中心，新招引硕士研发人才40多人。

【大丰港经济开发区党建工作】 2016年，港区推进“两学一做”，组织开展领导干部“深化两服务”、机关干部挂钩扶贫村居和“三解三促六帮助”等活动。选派村（居）党建富民指导员，完善“机关+农村”联建机制，提升服务实效。利用“统一活动日”等学习载体，创新方式方法，多层次、多类别、多专题对基层党组织书记、党务工作者、普通党员进行培训。严格“三会一课”制度和双重组织生活会制度，定期开展党员集中活动。贯彻《干部任用条例》和从严管理干部“五个要”要求，出台港区干部人事管理工作规范，严格选拔工作程序，培养任用优秀基层干部。

【大丰港滚装码头通航】 1月1日，大丰港滚装码头举行竣工通航活动。滚装码头位于集装箱码头南侧，由4个靠船墩、4个系缆墩、3个便桥墩和1个艉跳平台组成，2014年9月开工建设，总投资1.6亿元，年转泊汽车40万辆、转运集装箱2.6万标箱。滚装码头的建成通航是大丰港策应“一带一路”倡议和融入中韩盐城产业园建设的举措。

【首艘进江减载外轮靠泊大丰港】 4月1日，装载巴西大豆的“昆娜”外轮靠泊大丰港减载2万吨大豆。大丰港是国家进口粮食指定口岸，是华东沿海和江苏省粮食物流通道的重要出海口，投入营运的粮食码头和筒仓项目，把大丰港打造成联结周边沿海城市、粮食主产区及国外粮食产区的粮食集散中心。“昆娜”的靠泊，吸引泰州益海粮油、泰州汇福粮油、南通嘉吉、南通来宝油脂等企业到大丰港观摩，改变只有舟山、宁波可以减载粮食的局面。

2016年，大丰港滚装码头建成投运，深水航道一期疏浚工程竣工，二期杂货码头改扩建工程建成投产

【江苏省首届无人机摄影大赛暨盐城市机器人科技嘉年华正式启动】 4月30日，江苏省首届无人机摄影大赛暨盐城市机器人科技嘉年华在大丰港海盗王国乐园拉开序幕，标志着大丰港正式成为“中国素质体育机器人运动人才培育基地”“中国素质体育机器人运动员资格认证中心”“全国学校联盟（机器人）人才培训基地”。

【大丰港国家级进口木材检疫处理区正式投运】 6月18日，大丰港国家级进口木材检疫处理区一期工程正式投入运营。该区是国内首个示范性全封闭式木材熏蒸除害处理项目，项目创新应用了中国检验检疫科学研究院研究设计的熏蒸系统、浓度自动检测系统、气体回收装置等6项国家新型专利，实现检疫处理高效、安全、环保的要求，检疫处理工艺技术达到国内领先、国际先进水平。该项目设计年处理能力300万立方米木材，实际处理能力350万立方米。

【省委书记李强到大丰港考察调研】 10月11日，省委书记李强到大丰港考察调研。要求大丰港要发挥好深水良港的作用，利用腹地广阔的优势，进一步辐射带动周边园区产业加快发展，不断扩大港口影响力。

【2016年第四届中国大丰沿海滩涂摩托车场地赛在港拉开帷幕】 11月6日，2016年第四届中国大丰沿海滩涂摩托车场地赛在大丰港拉开帷幕。区领导王周斌、韦国出席。该活动由大丰港经济开发区管委会、大丰海港控股集团有限公司、区体育局主办，区汽车摩托车运动协会承办。比赛吸引新西兰、法国等世界各地100多名选手报名参赛，近300名自驾游爱好者观战。经过预赛、半决赛的角逐，63名选手进入决赛。邓连松和魏玉行分别获得国产组和进口组冠军，邹长海获得UTV（农夫车）冠军。

【首届大丰港木材博览交易会拉开帷幕】 11月16日，首届大丰港木材博览交易会在大丰港会展中心开幕。中国木材与木制品流通协会会长刘能文、香港维德集团董事局主席庄启程等应邀出席开幕式。区领导郭超、罗强、倪向荣、赵晓庆、陈仕祥出席活动。300多名来自全国各地的木材产业领军企业代表和技术专家参加活动。区委常委、常务副区长郭超在致辞中表示，区木材产业园到“十三五”末，将建成华东最大的木材贸易加工基地和国家级木材产业示范园。

（孙　勇）

常州高新区大丰工业园

【概况】 常州高新区大丰工业园是按照江苏省委、省政府关于南北挂钩、合作共建苏北开发区的统一部署，于2006年11月批准挂牌，由常州国家高新区与大丰区共建的合作园区。园区总体规划面积10平方千米，紧邻沿海高速大丰出入口，以建设南北共建示范区和苏北一流、宜居宜业的现代精品园区为目标，产业定位为机械、电子和新材料，重点发展高端装备制造、新能源新材料、电子信息产业，是大丰区“双核一带”产业空间布局的起点。2016年，园区克服宏观经济发展不利因素影响，不断扩大产业链招商、推进项目建设、做优对企服务，实现园区经济平稳发展。园区全年完成一般公共预算收入1.57亿元，占年度目标任务的113.48%；完成业务总收入80.76亿元，同比增长15%；完成工业销售收入64.87亿元，同比增长15%；实际到账外资1611万美元。6月8日，上海沪菲电线电缆项目进区协议签约仪式在园区举行，园区班子成员参加。11月3日，盐城市委市政府组织的“中国盐城沿海发展产业投资说明会”在美国洛杉矶举行，园区党工委书记、管委会主任潘仁山代表园区参加活动。在盐城市2016年度综合考核中，园区首次被盐城市委、盐城市政府授予沿海开发和基础设施建设工作奖；在大丰区2016年度综合考核中，园区被区委、区政府授予综合先进奖、招商引资和项目推进工作奖、财税贡献奖、开放型经济工作奖、人力资源和社会保障工作先进集体等8个奖项。

【基础设施】 2016年，按照区城融合的理念，园区投入4000万元，实施污水管网工程、防洪排涝工程、广告牌和绿化改造工程等，新增绿化面积6000平方米，建成泵站3座、涵闸2座、配电站2座和其他相关附属设施。

【项目建设】 截至2016年年底，粤强电子项目、新衡艾尔派工业衡器项目实现开票生产；沪菲、缪斯2个项目办理土地出让金，艾锑威项目挂牌公示，办理用地手续。

【招商引资】 2016年，园区突破重特大项目。在区委、区政府开展的“招商引资百日竞赛”活动中，排名第三，被区委、区政府表彰为招商引资百日竞赛先进集体。开展产业招商，组织苏州市光电缆协会、上海光电缆协会、常州孟河商会等专题招商活动4次，发展上海新材料协会、常州铸造协会等战略合作伙伴4个。全年新招引1亿元以上项目6个，其中新开工1亿元以上工业项目4个，大型技改项目1个。

2016年6月18日，上海光和光学制造大丰有限公司开业

【安全生产】 2016年，园区安全管理人员持证上岗率100%，园区所有定报企业、小微企业在2013年全部通过三级安全标准化申报、验收，通过率100%。园区各企业自查、自报隐患673条，投入34.08万元整改隐患，截至2016年年底，隐患全部整改，相关整改情况及时报入系统。

【科技创新】 2016年，园区国家级高新技术企业6个，市级高新技术企业4个，其中富奥电梯大丰股份有限公司在上海股权交易中心（E板）挂牌上市。截至2016年年底，园区企业申请专利854项，授权专利295项，其中发明专利32项；申报认定省级高新技术产品42个，盐城市知名商标1个，盐城名牌产品4个，盐城市地方名产品2个。

【上海光和光学开业】 6月18日，上海光和光学制造大丰有限公司开业典礼暨校企合作签约仪式在园区举行，股份公司高为彪先生主持仪式。股份公司董事长钟永源、日本显示株式会社调达部本部长矢岛元文、上海黑田贸易有限公司来住野、吉奥马科技（无锡）有限公司总经理菅原、园区班子成员及中层干部等参加签约仪式活动。

【艾锑威材料科技项目签约】 8月23日，艾锑威材料科技项目进区协议签约仪式在园区举行，艾锑威（上海）材料科技有限公司董事长樊广志，园区党工委书记、管委会主任潘仁山代表双方签订项目进区协议。该项目由艾锑威（上海）材料科技有限公司投资，生产疏浚耐磨耐腐管道，占地3.33公顷，注册资本2000万元，总投资1.3亿，项目建设周期为2年，计划于2017年12月一期实现竣工投产。项目投产后，将实现开票销售1.5亿元。

【谷登机械被认定为省级工程中心】根据苏发改高技发〔2016〕1401号文件，江苏谷登工程机械装备有限公司江苏省非开挖智能化装备开发及测试工程中心被认定为省级工程中心；根据苏经信企信〔2016〕190号文件，江苏谷登工程机械装备有限公司被认定为2016年江苏省两化融合管理体系贯标试点企业。

【园区5个企业获批高新技术企业】11月30日，经省科学技术厅、省财政厅、省国家税务局、省地方税务局认定，园区江苏鸿基金属制品有限公司、江苏驷博电器有限公司、江苏华尚汽车玻璃工业有限公司、上海光和光学制造大丰有限公司、盐城澳斯科特矿用设备有限公司成为新一批盐城市级高新技术企业。

（英 俐）

苏州盐城沿海合作开发园区

【概况】2011年9月，苏州盐城沿海合作开发园区成立，是苏州盐城贯彻省委、省政府推进沿海开发与实施南北挂钩战略，促进区域互动融合发展的重要举措，是加快沿海开发的载体与深化南北合作的平台。园区围绕建成"产业升级的新标杆，园区经济的新高地，绿色发展的示范区"目标，各项工作有序进展。截至2016年年底，园区完成基础设施投入7.1亿元，完成全口径财政收入3540万元，招引1亿元以上项目11个，计划总投资超40亿元，部分项目投产或进入试生产阶段。

【基础建设】至2016年年底，园区3平方千米启动区内"三横三纵"（三条横向三条纵向）15千米道路框架全部高标准建成，实现"八通一平"（水、电、气、网、路、灯、绿化、监控通畅、土地平整）。5600平方米研发中心、首期16栋6万平方米标准厂房、7000平方米苏盐商业广场建成并投入使用，一期1.4万平方米苏盐青年公寓、创业大厦全面竣工。启动区绿化总面积40万平方米，污水处理设施、供气、供热等配套项目全部建成并投入使用，园区监控网络实现全覆盖。

2016年，苏州盐城沿海合作开发园区的研发中心、标准厂房、苏盐商业广场建成并投入使用 （单位供图）

【招商引资】2016年，园区高要求招引项目，以承接苏州产业转移为重点，开展专业招商、以商引商。其中，康源印版项目正式投产；金川新材料、锦海润丰粮油进入设备调试阶段；总投资6亿元的维德木业项目开工建设，一期1.8万平方米标准厂房竣工，二期2万平方米标准厂房开工建设并接近竣工，预计2017年上半年正式投产；汉宜新材料、熙瑞新能源、久王多氨盐、阳山新能源等企业租赁园区标房生产；总投资50亿元的英伦倍健绿色食品项目抓紧前期筹备工作，预计2017年上半年开工。在手洽谈项目10多个，涉及装备制造、电子信息、冶金新材料等，为园区"十三五"加快发展奠定基础。

【苏盐对接】2016年，园区按照苏州、盐城市相关会议要求，全面加强和苏州、盐城、苏州高新区、大丰区有关部门对接协调，协商解决园区开发建设中遇到的重大问题。12月，盐城市委常委、大丰区委书记王荣到园区调研，强调要主动加强与苏州后方单位对接合作，发挥好两地优势，积极承接苏州产业转移，聚焦重大项目，深化区域合作，努力打造全省南北共建的示范园区。园区加强与省有关部门对接沟通，申报省级开发区，争取相关政策支持。苏州、盐城市组织部门加强沟通交流，完成二批次干部选派交接工作，配优配强园区干部队伍，为园区持续发展提供组织保障。

（高 宇）

盐城经济技术开发区大丰港产业园区

【概况】盐城经济技术开发区大丰港产业园区是国家级盐城经济技术开发区管委会与大丰区政府合作合资创建的共建园区。园区规划面积50平方千米，选址采取"一园两区"的模式，北区24.8平方千米，其中启动区6.5平方千米；南区25.2平方千米。2016年，园区打造临港新材料产业基地、韩资临港产业基地、临港航空产业三大产业基地。

【规划设计】2016年，园区委托苏州规划设计研究院、无锡园林绿化设计公司完成道路、桥梁、给排水、亮化、绿化、管线等生产要素配套设施工程的建设设计。园区为适应园区航空产业项目的发展需要，委托空军工程设计研究局完成《大丰通用航空机场建设工程选址报告》文本，委托上海飞程院完成《大丰通用机场建设工程选址报告——飞科程序设计和飞机性能分析》文本。

【招商引资】 2016年，园区参加盐城市政府、盐城经济技术开发区及大丰区9次推介会，邀请与会客商76名。外出拜访企业55个，邀请接待客商到园区考察46批263人次。挖掘重点项目信息29个，其中安瑞通用航空、港华燃气、盈东粮仓、海远新能源、海运物流等重大项目取得实质性进展。

【基础设施】 至2016年年底，启动区基础设施建设完成投入3.6亿元，实施了8大类137项工程。场地平整533.33公顷，鱼塘征收420公顷，建成亮化工程4.8千米，道路工程12千米，完成大桥1座，泵站2座，桥涵3座；建成标准化厂房供电系统配套工程及变电房室外20千伏双回路接入线工程；完成启动区内部道路20千伏双回路电力线路工程；开挖常年通行500吨内河航道4.55千米，排水河驳岸3.7千米，给水管道4.2千米；建成一期标准厂房面积3.6万平方米，绿化面积4.4万平方米，具备承载重特大项目落户的条件。

【通用机场】 通用机场位于大丰港产业园区北区，一期占地33.33公顷。2014年6月，园区开展大丰通用机场的项目申报工作。2016年1月，江苏省人民政府原则同意大丰设立通用机场并发函至东部战区空军，向华东民航局和空军航空大学申报。2016年9月和2016年12月，大丰通用机场分别获华东民航管理局和空军航空大学将大丰港产业园北区作为机场建设的主选场址的审查意见。

（姜　健）

大丰风电产业园

【概况】 大丰风电产业园是江苏省级产业园，是国家发改委批准的战略性新兴产业（海上风电）集聚发展试点区，是科技部批准的海上风电装备特色产业基地。园区总规划面积10平方千米，3平方千米核心区道路、给排水、路灯、绿化全部到位。2016年，风电产业园全年完成财政总收入3.54亿元，同比增长81.8%；规模以上工业开票销售89.1亿元，同比增长20.5%，新培植规模以上工业企业2个；新开工1亿元以上项目3个，竣工1亿元以上项目2个；工业项目投入8亿元、基础设施工程投入1亿元、平台项目投入1亿元。

【招商引资】 2016年，风电产业园领导带头招商，挂钩招商，优化和充实招商力量。参加北京跨国企业、上海专题招商活动，加强与中国风能协会、江苏风能协会及荷兰、丹麦大使馆的合作交流。金风科技实验中心项目签约，无锡宝诚发电机零部件。接待客商超40批次，拜访企业超100个，洽谈靠实项目信息20余个。

【项目推进】 2016年，园区帮助金风科技实验中心项目办理立项、规划设计、审图监理、土地挂牌等手续。帮助海工塔筒协调施工许可证、土地证办理及消防审查等手续。完成金风科技对金锋佳特重组，为金风科技实验中心调整土地规划、争取用地指标。金风科技柔性智能生产项目建设中、6兆瓦直驱永磁海上风机正式并网发电，丰能海服国内首艘海上风电双体运维船建成投运，润龙试验风场项目道路和桩基工程基本完成。

【企业运行】 2016年，园区帮助企业排工期、排订单、排税源。帮助企业提升排水管网等基础配套设施，协调用工、贷款等难题，帮助企业争取国家、江苏省、盐城市战略性新兴产业、转型升级专项、技改补助等各类资金3500万元，组织企业参加产学研合作对接会、两化融合及专利培训活动，解决企业技术难题。

2016年，大丰风电产业园完成财政总收入3.54亿元，新开工1亿元以上项目3个　　宋金鑫　摄

【平台建设】 2016年，风电产业园获科技部认定国家火炬海上风电装备特色产业基地。江苏金风承建的大型直驱永磁海上风电机组检测技术国家地方联合工程实验室获国家发改委批复，具有国际领先水平的企业实验中心建设中，省博士后创新实践基地挂牌；江苏中车申报的企业技术中心获省经信委批复，国家高新技术企业复审通过，获得国家企业知识产权管理标准化示范企业、江苏省管理创新示范企业。

【科技创新】 2016年，园区全力推进高新技术企业建设、知识产权投入力度，申请国家高新技术企业2个、建成省科技型中小企业6个、获省高新技术产品7个，实现规模以上企业研发投入3.1亿元，完成专利申请96件，其中发明专利申请33件，授权专利69件，其中发明专利授权18件；全力招揽人才，帮助江苏金风申报成功江苏省“双创”团队，推荐博士李晔、博士张新刚、李进泽列为省社会发展科技领域专家，推荐中国可再生能源学会风能专委会秘书长秦海岩当选为盐城市政府产业发展经济顾问。

【配套建设】 2016年，园区新建的8幢多层灶圩安置小区开工建设，完成小区内绿化、路灯、消防工程。邻里中心主楼竣工，内部功能规划设计方案初步确定，各项附属、配套设施建设中。职工公寓完成配电工程，新安装万众路、邻里中心路灯106盏。

（宋全鑫）

大丰电子信息产业园

【概况】 大丰电子信息产业园于2010年4月获盐城市人民政府批准成立，是省环保厅批准的专业印制电路板产业园区，被中国印制电路行业协会（CPCA）授予中国电子电路工业园示范基地奖牌。总规划面积4.5平方千米，其中起步区面积2.02平方千米。2016年，园区财政一般预算收入0.4亿元，同比增长15%，企业开票销售2.5亿元，同比增长30%。新培育规模以上工业企业1个。园区入驻工业企业9个，投产企业3个，在建企业6个。

【招商引资和项目建设】 2016年，园区创新招商方式、努力突破项目瓶颈，加大招商引资力度，加快项目推进速度。2016年，园区新签约项目4个，分别是：韩国光星金属、苏州亿荣金刚石切割线项目、中国台湾创久电子、深圳昊扬微电子；竣工项目2个，分别是：台湾富双元电子、广东好山水环保；培耘电子一号厂房封顶。

【基础设施建设】 2016年，园区专业配套总排放量3.3万吨/日的污水处理厂运行正常，水质处理达标。园区专业配套的固废处理厂，其危废处理项目获得省环保厅批复，园区内企业危废可在园区内直接处置消化。园区污水输送管网全面通管使用正常，其管道采用聚四氟钢管材料，建有3个5000吨共1.5万吨尾水停留池，此管网的配套安全性在国内属于首例。园区高标准电子厂房启动，规划图纸完成。

【项目服务】 2016年，园区促进企业加大技改投入，提升产品核心竞争力，协助企业对接发改委、经信委等部门，为企业向上争取国家、省、市的技改资金和科技资金，提高企业技术改进的积极性和创新性。帮助企业化解在筹建、开工、投产等过程中遇到的问题，通过建立“大丰电子信息产业园”微信群，第一时间得到企业反馈的问题并及时处理，对需要领导协调的问题及时上报会办解决。

【发展目标】 2016年，园区在环保生产、清洁发展的前提下，加快发展印制线路板产业，引进龙头企业。提升单/多层、柔性、刚挠等线路板产品规模和层次，形成产业集聚。以印制线路板为基础，引进SMT、半导体制造、芯片开发、封装、组建制造以及PC产品、IT产品、移动通信设备、家电成品及配套制造等电子产品制造项目。园区依托与各类电子行业协会以及大型电子产品生产企业和大型电商企业合作，发展目标为：最终建成华东地区规模较大的电子产品组装生产基地及家电成品及配套制造生产基地，将园区打造成百亿级电子信息产业园。

（臧鹏程）

大丰区木材产业园

【概况】 盐城市大丰区大丰木材产业园位于江苏大丰港经济开发区核心区域，规划面积8平方千米，以疏港四级航道为界，分为南区（启动区）和北区（精深加工区）。园区以贸易带动产业，以产业壮大港口，初步形成从原木集散、物流到木材初、精加工的全产业链，全力建设华东地区最大的木材贸易加工基地。全年，落户1亿元以上规模企业11个，小型木材加工户60多个，年进口加工木材与木制品量超过100万立方米。园区全年工业开票销售42亿元，其中规模以上工业开票销售40.7亿元；服务业开票8.9亿元，其中限额以上服务业开票2.1亿元；财政总收入1.42亿元，其中一般公共预算收入9800万元；增值税251万元；营改增7000万元；完成固定资产投资6.82亿元；在建1亿元以上项目5个；新开工1亿元以上项目3个，竣工1亿元以上项目3个；新签约10亿元项目1个，50亿元项目2个；完成外资507万美元；新增工业定报企业1个，限额以上服务业企业2个。

【招商引资】 2016年，园区成功举办“进口原木除害处理中心竣工试运营仪式和大丰港木材产业供给侧改革招商会”“2016江苏大丰港（临沂）木材产业招商推介会”“首届大丰港木材博览交易会”等大型招商活动。新签约1亿元以上项目3个：一期投资10亿元，占地26.67公顷，江

2016年6月18日，大丰港进口原木检验检疫除害处理中心正式竣工试运营

苏冉鑫木业有限公司年产60万立方米中（高）密度纤维板；总投资50亿元，占地32.26公顷，江苏博汇纸业有限公司年产75万吨高档包装纸二期项目；总投资50亿元，占地约166.67公顷，江苏匠神新材料科技有限公司年产300万平方米酒店及住宅木制装修新材料项目。

【基础设施完善】 2016年，围绕达伯埃纸业供热、供电和污水管网事宜，全力加强跟踪衔接，该项目9月进入试生产阶段。为改善造纸产业园道路条件，积极向省相关部门争取产业扶持资金，尽快推进纵十七路建设。加强园区环境综合整治，对河道周边垃圾进行清运，与园内各企业落实卫生包保责任。启动园区路灯光伏化改造工程，迅速改善园区亮化条件。博汇220千伏送电线路工程恢复施工。

【项目建设】 2016年，总投资3.5亿元，占地10公顷的江苏绿地置业有限公司日产5万张新型板材项目；总投资3亿元，占地13.33公顷的江苏国艺实业有限公司现代仓储物流项目；总投资2亿元，占地8.67公顷的江苏兴华工贸有限公司高档实木家具项目；总投资5亿元，占地66.67公顷的江苏海华环保三期日处理污水5.3万吨项目；总投资10亿元，占地26.67公顷的江苏冉鑫木业有限公司年产60万立方米中（高）密度纤维板项目等5个项目年内开工建设。进口原木检验检疫除害处理中心项目6月18日正式竣工试运营，达伯埃纸业年产3万吨高档生活用纸项目于9月12日正式投产试运行，江苏广发木业有限公司新型建材项目第一条生产线于10月中旬试生产，江苏万山木业有限公司的第一条木刻楞生产线试生产。江苏森丰木塑、江苏榕榕木业、江苏保源木业等3项工程在建设中。

【经济工作】 2016年，园区按照供给侧改革要求，根据企业情况，实施一企一策。广发木业、万山木业、保源木业、榕榕木业、森丰木业抓投产、抓扩能、抓达效，神州建材城发展公司、九鑫木业等企业促转型、促调整、促规范。协调海融贸易公司和园区平台公司为园区企业办理进口代理业务，降低企业运行成本。园区与上海民生银行集团金融事业部合作，建立木材产业发展基金，为园区企业发展做贡献。

（柏 桦）

大丰区海洋生物医药产业园

【概况】 2010年2月，大丰区海洋生物医药产业园（以下简称园区）正式设立。园区毗邻国家一类开放口岸——大丰港，南起华丰七中沟，北止华丰八中沟，西起老海堤，东止海堤公路，规划面积4.74平方千米。园区基础设施全面拉开主框架，建成“四纵二横”道路格局，水、电、气等配套基础设施功能齐全。园区重点发展生物医药、医药化工，配套发展医药研发、孵化，打造生物医药产业深加工基地，创建医药化工生态示范园。2016年，园区实现开票销售8亿元，完成财政收入1亿元，公共财政收入0.6亿元，其中100%增值税0.3亿元。

【项目推进】 2016年，园区围绕上级下达的工业经济运行全年目标任务开展工作。严格落实服务企业制度，充分发挥企业服务职能，提供优质服务，强化规模企业服务，引导企业加强管理并转型升级，帮助企业协调生产要素，督促企业满负荷生产。加大在建项目及跟踪项目的服务力度，促进项目早开工、早竣工、早投产、早达效，重点服务好企业技改项目，盐城金穗高档涂料项目和盐城华丰环保废旧塑料资源综合利用项目的开工；推进富美实农药、安徽海德、新明精细化工重组等项目；跟踪服务印度农博项目、金羚纤维素短纤项目；密集跟踪湖北山东利华益、湖南心连心、上海高桥等重特大项目，实现临港重特大项目的突破。

【安全监管】 2016年，园区以安全隐患整改为重点，持续开展安全生产大检查工作。认真学习新安全生产法和“两高”司法解释，按照上级安监部门及园区领导的要求，开展安全大检查工作。全面广泛动员发动，扩大检查覆盖面，对园区所有企业、所有岗位开展全面系统的排查，将安全大检查和隐患整改落到实处。以监控中心提升为手段，切实提高安全监管科学化水平。在已有安全监控中心初步建成的基础上，加强企业全景监控、园区高空瞭望监控、园区道路卡口监控建设，增加广播语音功能，增强对人的不安全行为、物的不安全状态及环境的危害因素的监督管理。

【环境治理】 2016年，园区不断提升企业综合治理能力，帮助企业攻坚克难提升治理水平，加强检查督查力度，确保环境管理水平再上台阶，推进清洁能源生产平台建设、实现园区危废“二维码”管理，打造智能化、绿色高端园区。服务企业优化生产工艺，减少废气排放；通过互助委员会平台，企业与企业之间相互交流经验，邀请专家诊断并提供建议，提升废气治理能力。督促企业加大废水设施投入，确保达标排放；加强对园区周边水系的抽查力度，掌握水系的状态趋势，对发现的问题及时汇报，找出原因并改善；要求企业加大废水设施投入，杜绝废水超标现象，确保废水达标排放。强化危废监管，规范贮存转移，试点推进危废“二维码”管理平台；通过先进的技术提升对园区内企业的危废监管，确保危废规范贮存、转移、处置。

（陈玮罗）

大丰区石化产业园

【概况】 盐城市大丰区石化产业园是江苏省委、省政府支持苏北发展“一市一策”重点支持发展的园区，位于大丰港石化码头后方，园区规划面积38.5平方千米，2016年以落户园区大型石化企业为核心，实现产业向上游重油、凝析油、石脑油、天然气、液化气加工等基础原料生产，下游烯烃、苯产业链延伸，并拓展至化工新材料、合成纤维、合成塑料、合成橡胶等；远期根据港区条件的提升，适度布置炼油化工项目。年内完成财政总收入9500万元，完成工业开票销售60亿元，新开工1亿元以上项目1个。5月，园区被中国石油与化工联合会评为中国十大最具潜力发展化工园区。

【招商引资】 2016年，园区分别在北京、上海、福建设立3个驻外招商工作站，分别由班子成员带队常年驻外招商。组织召开上海世界500强石化产业招商会，吸引50多个世界500强客商参与会议。投资120亿元新加坡新浦化学年产100万吨乙烯及配套项目、投资50亿元无锡双象年产10万吨甲基丙烯酸甲酯、投资20亿元太仓旭川化学聚氨酯等一大批重特大项目在手跟踪，洽谈进展顺利，全年接待各类客商300余人次。积极开展招商引税，分别引进物流企业3个、贸易公司3个。

【规划建设】 2016年，园区推进规划建设，为企业落户提供政策空间。园区规划环评、产业规划均获省级批复。2016年年底，达标尾水排海工程7个专题全部通过专家验收，通过省海洋局组织的公众听证程序，上报省海洋局待批。

【基础设施】 2016年，园区基础设施配套完善。完成园区封闭管理、消防管网、污水管网、热电厂、变电站、管廊、消防站、污水处理厂等配套建设。启动园区南拓工程总投资2.4亿元道路、绿化及排水工程建设，工程抓紧实施。

【项目建设】 2016年，全年新开工1亿元以上项目1个。海力化工年处理3200吨己内酰胺燃料油和5700吨己内酰胺回收料项目，海兴化工年产1.13万吨二氯丙烷、1220吨顺二氯丙烯、1553吨反二氯丙烯项目办理前期手续。博汇集团总投资27.7亿元年产30万吨己内酰胺及配套产品生产线项目，取得立项批文，编制环评报告书。

【服务管理】 2016年，园区创新管理体制机制，实行园区封闭管理，按照“资源共享、责任共担、安全共管”的原则，实行统一管理，防范安全风险。建立健全管理制度，完善园区安全生产、环境保护、信访稳定、监管巡查等一系列制度，编制安全、环保、维稳等预案，防范突发事件发生，协调发展。建立管委会统一领导、环保科统一监管、各科室协调配合，企业落实主体责任、群众广泛参与监督的环保工作体系。开展送法入企、专场宣讲、办班培训等宣教活动，企业法人和职工整体环境保护、安全生产意识、法制观念得到提升。

（蒋　龙）

大丰区海洋科教城

【概况】 大丰区海洋科教城规划面积18平方千米，突出“教育培训、研发实验、产业孵化、文化旅游”四大功能。截至2016年年底，南阳中学、职教中心、中汽中心盐城汽车试验场落户园区。2016年，完成一般公共财政预算收入4520万元，新增服务业定报企业1个。汽车2.5产业园全域旅游规划通过评审。德国大陆集团盐城试验中心项目落户盐城汽车试验场。海洋科教城与东北财经大学、南京理工大学继续教育学院等院校分别开展本科、专科的联合办学。与上海大学科技发展研究院签署在大丰共建纳米技术转移中心大丰分中心的意向协议。

【汽车2.5产业园全域旅游规划通过评审】 7月5日下午，大丰汽车2.5产业园全域旅游规划及汽车试验场工业旅游规划评审在半岛温泉酒店进行。评审由南京财经大学工商管理学院副院长、博士生导师万绪才任组长，评审组成员包括复旦大学旅游系教授沈祖祥、孙云龙，马特汽车运动咨询（上海）有限公司董事长及高级顾问温弗里德·马特，以及盐城市规划局局长、市规划局总规划师宋迎春。大丰区区委常委、大丰港经济开发区党工委书记罗强、大丰港经济开发区管委会主任褚国栋、大丰区人大常委会副主任王周斌、大丰区政协副主席、海洋科教城管委会主任韦国出席评审会。评审会邀请大丰区发改委、环保局、旅游局、沿海办、城乡规划设计院、中汽中心盐城汽车试验场等单位的负责人。该规划由北京来也旅游规划设计有限公司负责编制。

【德国大陆集团盐城试验中心开业】 德国大陆集团（Continental AG），创始于1871年，是具有百年历史的跨国性企业集团，为全球500强企业，是世界领先的汽车配套产品供应商之一。7月8日，德国大陆集团盐城试验中心在中汽中心盐城汽车试验场举行开业仪式。大陆集团执行董事会成员底盘与安全事业部总裁Frank Jourdan、大集陆团底盘与安全事业部中国区负责人汤恩、中国汽车技术研究中心党委书记于凯以及100多位嘉宾出席开业仪式。大陆集团盐城试验中心由大陆集团与中国汽车技术研究中心共同投资建设。该试验中心建筑面积2500平方米，功能主要是整合先进测试设备和大陆集团全球化的知识体系，为新技术和新产品提供系统化测试和车辆应用开发，包括先进的电子制动系统，高性能的轮胎等产品。该试验中心于2015年开始建设，2016年7月正式投入使用。

【2016中国量产车性能大赛（大丰站）在港区举行】 10月27~29日，2016中国量产车大赛（CCPC）在中汽中心盐城汽车试验场举行。中国量产车大赛（CCPC）是国内唯一由未改装量产车参赛，全面考验汽车性能、反应最真实汽车数据的国家级专业汽车赛事，2015中国量产车大赛（CCPC）是第一届大赛，2016中国量产车性能大赛比2015年大赛在参赛规模和项目设置上有较大提升，参赛车型涵盖国内主流品牌核心在销车型，覆盖率85%以上，有34个汽车整车企业的车队和赛手到大丰参赛。在决赛地点的选择上，2016年CCPC大赛考虑天气和场地因素对于车辆性能的影响，选择在克拉玛依、大丰、牙克石三大特殊环境中比赛，全面考验量产车的全方位性能。在3站的比赛中，大丰站的长距离经济性测试赛最为引人瞩目。继CCPC首站播放的60分钟赛事录播后，大丰站的比赛央视播出强势升级，CCTV5黄金时段设置90分钟的实况转播。

（陈 伟）

2016年7月8日，德国大陆集团盐城试验中心在中汽中心盐城汽车试验场开业

南京工业大学大丰海洋产业研究院

【概况】 南京工业大学大丰海洋产业研究院占地9.93万平方米，规划区由南至北分为三大功能区，南侧以科研及公共绿地为主，中部以办公、人才培训、产业孵化为主，北侧以专家公寓、商住休闲、商业配套为主。2016年，南京工业大学大丰海洋产业研究院按照“建平台、引人才、创品牌”的工作思路，大力实施创新驱动战略。加快推进省级海洋生物产业研究院建设，打造全国沿海地区一流的“政产学研创新平台、沿海发展科技引擎、人才培养交流基地”。获大丰港经济开发区科技创新工作奖、党风廉政建设奖及综合先进集体奖。

【产学研活动】 2016年，研究院参加在深圳举办的第十四届中国国际人才交流大会和大丰（深圳）投资环境推介会；参加在上海举办的大丰（上海）投资环境推介会；参加在北京举办的北大、清华专场招才引智招聘会；参加在大丰举办的盐城市海洋经济投资环境推介会以及江苏大丰海洋产业人才项目对接会等一系列产学研对接活动。进一步接触海内外高层次人才，扩大研究院在省内外海洋生物领域内知名度和影响力。

【高层次人才】 2016年，研究院全年入驻各类团队5个，引进各类高层次人才50多名。与“千人计划”中的广州医科大学中法霍夫曼免疫研究所所长彭涛，国家“青年千人计划”、福建省“百人计划”厦门大学教授肖能明，江苏省“青蓝工程”中青年学术带头人、中国药科大学教授刘煜签订合作意向。跟踪联系中科院院士、著名生物学家、清华大学生命科学学院教授翟中和，“千人计划”中的清华大学深圳研究生院海洋学部教授陈道毅、中国科学院植物生理生态研究组组长曹坤芳等一批著名学者，争取尽快建立紧密型合作关系，引进建立实验团队，提升研究院研发能力。

【平台建设】 2016年，研究院重点建设以下几个平台：江苏省滩涂植物与秸秆工业化利用工程中心，以研究院为依托载体建立，重点解决滩涂生物质和农业秸秆资源高效综合利用，保护生态环境，带动上下游产业发展。中心获省发改委授牌，加快建设，建成后为沿海滩涂植物和秸秆的工业化利用开展服务；海洋生物制品联合研发中心，与厦门大学签订合作协议，引进厦门大学药学院教授陈海峰团队，合力开展海洋生物制品产业化项目，主要围绕海洋生物制品营养及功能、活性物质提取及加工、保健品资源与综合利用等领域，与研究院着力推动研发成果转化及产业化；纳米研究中心，与上海大学达成初步合作意向，引进上海大学纳米科学与技术研究中心教授施利毅团队，围绕纳米功能材料形态控制技术、天然矿物纳米化、海水淡化关键材料及装备等方面开展研究，推进纳米科技成果在大丰区企业的产业化；海洋生物育种研究中心，与清华大学无锡应用技术研究院生物育种研究中心董事长隋澎达成初步合作意向，尽快建立紧密性合作关系，就海洋生物育种技术、菌株改造、菌株生产工艺方面开展服务；生态环境修复研发中心，该中心由上海海洋大学水产与生命学院教授于克峰带队，重点围绕海洋环境生态与修复、水域环境生态与修复等前沿技术领域开展技术研究，着力推动研发成果在大丰区实现产业化，实地考察并签订合作协议。

【科技成果与企业对接】 2016年，研究院探索科技与经济结合新模式，形成“一手抓科研、一手抓转化”的科技工作新格局。厦门大学药学院教授陈海峰领衔的海洋生物制品联合研发中心研发的藻类活性物质提取及加工技术，在盐城海瑞食品有限公司转让，投资100万元，增加技术专线2条，为企业新增利润860万元；教授蒋继宏领衔的药用植物生物技术国家重点实验室，研发出紫花大白芨的种植与推广技术，在江苏丰收大地种业发展有限公司有效利用，为企业带来新的产品销售，出口6万吨，推动企业创汇17.2万美元；近海生物资源研发中心与乐清市云坤水果种植专业合作社合作，研发出中药材金线莲及半夏的种植及种植后的管理技术，为后期大规模产业化奠定坚实基础。江苏海洋药物研发协同创新中心教授孙雅泉就《提高中间体氢化物收率》项目在盐城苏海制药有限公司进行技术攻关，该项技术成熟。国家海洋局生物遗传资源重点实验室教授陈建明团队与盐城天邦饲料科技有限公司合作，在东方绿洲成立水产养殖动物药敏实验中心试点，就《病原生物的药物敏感性和耐药性变化规律》项目进行产业孵化，项目一期总投资200多万元，2月开工建设；研究院专家与企业实行“点对点”服务模式，与东方绿洲、丰收大地、道诚国际、苏海制药有限公司等20多个企业合作开发新技术、新产品，解决企业技术瓶颈，并投产达效，为企业新增利润1.3亿元，节省投资成本近400万元。

2016年，大丰区华丰工业园企业实施技改项目17个

【项目品牌申报】 2016年，研究院申报省级以上科研项目4项，其中自然基金面上项目1项、社会发展支撑项目1项，与南京工业大学合作申报国家自然科学基金项目1项，与湖南大学等院校合作申报国家科技支撑项目1项。申报盐城师范学院教授孙雅泉为江苏省及大丰区“双创”人才。申请发明专利5项，授权发明专利16项。发表论文6篇（其中美国《科学引文索引》收录1篇，中文核心期刊收录5篇）。成功申请盐城市科技创新券2项，并获得资金支持。

（吴静秋）

大丰区华丰工业园

【概况】 大丰区华丰工业园（以下简称园区）建于2003年，园区规划面积5.1平方千米，位于国家一类开放口岸——大丰港南侧，紧邻332省道，临海高等级公路穿境而过，水、电、汽、污水处理及道路、绿化等配套设施功能齐全，综合环境整治取得实效。2016年，园区有各类企业30个，其中化工生产企业23个，园区配套企业4个，其他企业3个，基本形成农药化工、精细化工（含医药）、化纤为主的产业格局。2016年，园区完成开票销售61.24亿元，完成财政收入3.9亿元，公共财政收入2.5亿元，其中100%增值税1.04亿元，到账外资50万美元，新增定报企业1个，限额以上服务业企业1个。2016年，园区被区委、区政府表彰为综合先进单位。

【基础设施】 2016年，园区不断完善和加强基础设施建设。投入750万元用于沟倒虹吸工程、主泄洪河道东西两侧强排站工程及道路下水道清淤，有效提升园区的防洪排涝能力。开展“绿色园区”建设，在实现公共区域绿化全覆盖的基础上，投入200万元用于园区背景林、集点绿化等工程建设。

【招商引资】 2016年，园区围绕生物医药、石化新材料等战略性新兴产业及园区产业链延伸、产业配套等领域，在长三角区域驻点专业招商人员通过上门拜访、实地考察企业，联系石化相关行业协会，参加各类展会及招商活动的方式建立广泛的招商网络和招商平台，在大丰区委举办的“招商引资百日竞赛”中取得优异成绩。

【项目推进】 2016年，园区执行“开工项目进展情况周报表”制度。园区企业实施技改项目17个，总投资15.49亿元，其中1亿元以上项目5个。新建1亿元项目3个，分别为盐城迪赛诺抗病毒原料药项目、盐城新宇辉丰危险废物集中焚烧处理设施及其他配套辅助系统、江苏辉丰农化年产5000吨草铵膦原药生产线技改项目，副产氯化镁、氯化铵、乙醇项目。竣工1亿元项目1个，江苏瑞科医药抗艾原料药项目二期、年产300吨索非布韦项目。跟踪服务项目2个，江苏伟杰环保废旧化工产品包装桶回收循环利用项目、盐城富源再生资源动物无害化收集处理体系建设项目。

【安全环保】 2016年，园区加强外来施工队伍管理，通过建立外来施工队伍安全管理制度，从严把资质审查关、强化施工人员的培训及施工现场的监管等方面，扎牢安全监管网。消防战士进企对接。经过理论学习与逐企对接，使每位战士均熟知企业危化品的种类、位置及灭火方法等关键信息。推进各企业建立“扣票子、挪位置、丢饭碗”的追责体系，实行企业内部追责，园区建立企业“黑名单”制度，通过相关部门的协同监管、联合惩戒，不断提高企业环保自律和诚信意识。园区实施环境监管网格化管理制度，按照属地管理要求、分级负责、全面覆盖、无缝衔接、责任到人的网格化监管体系。

（陈玮罗）

江苏大丰盐土大地海洋生物产业科技园

【概况】 2016年，江苏大丰盐土大地海洋生物产业科技园以“突破项目，建立平台，打造全国一流海洋生物产业集聚区”为目标，全力推进各项工作。园区全年完成一般公共预算收入2420万，新开工1亿元以上项目5个，竣工1亿元以上项目2个。

【盐土农业】 2016年，特色产业成为园区经济新增长点。海水蔬菜、耐盐蔬菜、特种蔬菜生产规模不断加大，向外推销力度不断加强。成功定植五彩番茄、水果黄瓜、细叶苦苣、番杏、海芦笋等多种耐盐及特种蔬菜，保持了蔬菜供应的连续性。栽培非洲冰草、香椿、芦笋、紫金保健菜等新品种，产品销往苏州、山东、连云港等酒店。耐盐苗木成功培育海桐150万株，耐盐草坪年产能力40万平方米。全年生产草花80万株，实现订单式生产。园区积极参加各类展销活动，不断提升园区在外影响。1月14~17日参加南京紫金生态园内科技服务超市农产品展销活动；9月22~25日参加连云港国际展览中心内举办的江苏农业国际合作洽谈会；9月28日~10月1日参加江苏国际农业展览中心（南京）举办的盐城名特优农产品展销会，取得良好的社会及经济效益。

【蓝色旅游】 2016年，园区旅游产业发展壮大。在“元旦、春节、五一、中秋、国庆”等重大节假日，策划举办“全民奥斯卡、宝贝奥斯卡”“明星陪你过大年、俄罗斯乐队驻唱”“江苏省无人机摄影大赛暨盐城市科技嘉年华”“江苏省未来之星少儿才艺大赛总决赛”“大丰港首届国际马戏节”“第二届动漫节”等一系列互动娱乐活动，让海洋世界、动物园·海盗王国走进大众视野。全年接待游客47万人次，实现旅游总收入1260万元，新签约合作旅行社53个，合作单位174个。

【项目推进】 2016年，园区实行“四服务”（全天候、全过程、全方位、全覆盖），为企业稳健发展提供保障。明月海藻生物制品深加工项目。前期环评、能评、土地证等相关办证手续服务到位，项目厂房主体完成，设备进场，在安装中。三期C1污水处理项目基础出土，C3仓库基础出土。年产200亿片固体制剂项目。B1厂房框架建设中，一、二层建设完毕。环球卡拉胶、琼脂项目。前期立项、环评、能评、土地证等相关办证手续服务到位，厂区道路、管网、门卫室施工建设。甲壳生物多糖提取项目。车间二和车间三主体结构封顶，车间一和公用工程楼接近封顶。碧青园菊芋颗粒饲料加工项目。前期立项、环评、能评、土地证等相关办证手续服务到位，厂区围墙施工结束。江苏润华酒店管理有限公司宾馆餐饮项目。酒店外墙整改粉刷，客房内部装修，新增建筑框架建设。

【招商引资】 2016年，园区坚持“项目为王，服务当先”理念，围绕全年目标任务，加大招商引资力度、创新招商方式，针对海洋生物产业特点拉网式招商，全年，拜访企业210多个，搜集有投资意向项目信息26条，重点跟踪项目信息5条。新签约1亿元以上项目3个（江苏润华酒店管理有限公司宾馆餐饮项目、江苏海钜海洋生物科技有限公司海洋生物新材料项目、江苏碧青园新能源开发有限公司年产4.5万吨海菊芋粕颗粒饲料加工项目）。

【农业、科技等项目争取】 2016年，园区加强与上级部门的对接，争取农业、科技等项目。全年申报2项苏北专项项目，江苏省科技服务超市奖补易购资金项目。全年累计到账资金150万元。

【被农业部评为“全国休闲渔业示范基地”】 2016年，园区以“突破项目、提升人气、融合产业”为发展方向，融合港区、港口、港城风景，形成以滩涂生态湿地为主题的观光休闲与科普互动的黄海特色旅游。1月22日，被农业部评为“全国休闲渔业示范基地”。全省9个单位获此称号，盐城市2个单位获此称号。

（胡连芳）

大丰区重型装备产业园

【概况】 大丰区重型装备产业园于2011年由大丰区人民政府批准设立，分为规划区和启动区，规划区位于一期码头的北部，濒临规划中的挖入式港池岸线，面积10平方千米；启动区面积2平方千米，东至城东路，西至工业二大道，南至南港路，北至四级航道，道路规划二纵二横。启动区下设：核心地块、工程机械、海工装备、大型特种安装设备、重型钢结构、风电设备、冶金机械、港口机械、船用部件、数控机床等功能区域。2016年园区完成财政总收入2311.83万元，一般公共预算收入1716.95万元，其中增值税203.8万元，营改增完成1328.57万元，外贸进出口完成1.7亿美元。

【招商引资】 2016年，园区在深圳设立深圳驻点招商站，进行驻点招商，结合敲门招商、委托招商、以商引商和产业链招商等方式，主攻高端装备制造产业项目。全年竣工项目2个，签约1亿元以上项目4个，重点跟踪1亿元以上项目3个。

【项目建设】 2016年，园区强化项目服务，对每个项目明确专人跟踪，力促签约项目早落户、开工项目早投产、投产项目早达效。总投资6.5亿元的和顺电子项目和总投资1.76亿的工业水厂项目竣工投产；总投资1.2亿元的和顺食品项目开工建设；总投资15亿元的华电重工重装基地项目签约；重点跟踪红叶风电、工业机器人等重大项目。

【基础设施建设】 2016年，园区主要围绕启动区基础设施建设，启动区的路网架构基本完成设计，计划总投资1.2亿元，重点建设园区防汛、防洪、排涝，道路和绿化、亮化等工程。开展南排河整体疏浚，纵十五路建设，启动园区工业三大道、工业三路和南排河驳岸的绿化、亮化等工程，招商环境进一步优化。

（于利涛）

大丰港海晶创投中心

【概况】 大丰港海晶创投中心由大丰港经济开发区管理委员会出资设立，位于大丰港海港新城国际商务大厦，是集生态办公、创业投资、金融配套、专业服务于一体的综合性投融资服务平台。中心坚持政府引导和市场化运作相结合的原则，发挥政府投入调动全社会资源配置的能力，整合政策和资金资源，推动中小科技型企业加快科技成果产业化，形成金融创新活跃、服务功能齐全、支持重点突出的创新型金融服务体态。

【入驻机构】 2016年，入驻大丰港海晶创投中心的机构有基金和基金管理机构20个；担保公司、证券公司、融资租赁公司、小额贷款公司等金融机构6个；律师事务所、会计师事务所、产权交易中心、财务顾问公司等中介服务机构8个。海晶创投中心发起设立股权基金11个。

【交易信息共享】 2016年，大丰区政府与上海股权托管交易中心结成战略合作伙伴，出台《关于推进企业进入场外市场挂牌的意见》，在中心设立上海股权托管交易中心大丰联络服务代表处，直接与上海股交中心同步共享交易信息。发挥创新、高效、灵活的融资服务功能，促进企业规范运作，转型升级，发展壮大。登记、签约、股权转让等交易活跃。

【金融创新】 2016年，海晶创投寻求合作伙伴到大丰港设立投资基金，成功与国家开发银行所属的开远基金管理公司达成协议，在海晶创投中心设立开远大丰港基金，资金规模为10亿元，资金投向为大丰海港港口有限责任公司，用以支持其港口码头建设。该基金由盐城市政府和大丰区政府会办同意，区国资办批复，投资资金预计2017年到账。

（仲玥蓁）

大丰丰收大地现代农业示范区

【概况】 2016年，大丰丰收大地现代农业示范区紧扣“科技创新、产业升级”总基调，坚持“一个核心、两个支撑、三大载体、四大产业”建设思路，走内涵发展、绿色增长道路。围绕“实现财政收入3400万元，新开工1亿元以上项目2个，竣工1亿元以上项目1个”的全年目标任务，以园区促产业、以科技促创新、以招商促投资，抓项目推进，加大招商引资、项目推进及品牌争创力度，实现开工1亿元以上项目1个，竣工1亿元以上项目2个，完成财政收入3418万元，经济指标顺利完成。元一农业三产融合研究院入驻办公，“丰大农服”组建成功，并正式投入运营。

【招商引资和项目建设】 2016年，园区重视停产停工企业的盘活，带着地块和项目招商。成立3个专业招商小组，落实工作责任，明确考核奖惩，主攻农产品加工和健康养生食品生产的产业集聚区域，拜访企业43个，客商到园区考察论证19批次72人。与上海全孝实业有限公司、江苏天赋生物科技有限责任公司和大兴安岭权润寒带生物科技有限公司正式签约。开工1亿元以上项目1个：上海全孝实业有限公司投资的滋补堂保健食品项目，总投资1.2亿元，占地约3.33公顷。竣工1亿元以上项目2个：总投资1.2亿元，占地7.33公顷的江苏闽丰生物科技有限公司项目；总投资1.2亿元，占地4公顷的金鹿科技水产饲料项目。园区成立项目服务中心，确保项目尽快落户，提高项目服务水平，对入园项目实行全程服务。

【特色产业发展】 2016年，种苗产业创新突破。完成苦瓜、黄瓜、辣椒嫁接苗等技术准备，完成100万株冬瓜苗、50万株西甜瓜嫁接苗，为大丰地区乃至“长三角”地区培育了大量的优质种苗。完善圣地红景天的组培苗研发技术，建立从研发、生产到市场的良性循环。有机生态农场、研发中心、网络营销和微店开始运行，市场能力和品牌知名度得到提升。

【农业现代服务业】 2016年，成立全国第一家农业创意产业园，合作创意团队100多个，入库专家200多名。成立“丰收大地农业现代服务第一站”，完善数据库。截至12月底，“第一站”构建大丰“县（区）—乡镇—新型农业经营主体”三级信息网络，新型农业经营主体数据库采集本区信息1206户，其中20公顷以上规模种植196户，66.67公顷以上43户。企业库成员100多个，涉农企业和农业协会135个，科技成果库新成果220项，陆续引进孵化蔬菜新品种100多个，专利81项。加强业务推广工作，承接编制了盐都区、滨海县及大丰区草堰等镇高效设施农业示范区规划10多个，编制完成《草堰镇甘霖雨露现代农业示范园》总体规划。农业三产融合研究院入驻办公，专注研究如何发挥农业第一产业的引领作用，树立农业在消费价值链中的关键地位。创刊并出版7期关于农业前沿信息、决策参考的农业杂志《农经前沿》。元一农业微信平台正常运营。创办“丰收大地农业大讲堂”，开讲6期，围绕现代农业、农业产业园、农业科技创新，以及生态农业、创意农业、智慧农业、乡村旅游等主题开讲，每月举办1~2期，首场开讲150人参加。12月21~22日，“农业大讲堂”走进南京农业大学和金陵科技学院。

【实业发展】 2016年，丰收大地加快筛选名优名牌，整合地方特色产品，拥有“丰收大地”自主品牌和原有品牌产品近200个。与天猫、拼多多、苏宁、淘宝、折八百、京东建立战略合作关系，初步形成线上与线下、直营与加盟、本地与外地经营相互补充、互动发展的格局。丰收大地线上月均销售3000件，线上月均成交额近100万元。年初的阿里年货节，淘宝企业店的丰收大地椰汁销售量4万件，销售金额400万元。6月16日，丰收大地和苏宁易购合作运营的苏宁易购盐城馆正式上线，上线首日销量破1000单。盐城馆整合盐城地区具有影响力的农民经纪人和企业135个，合作的大型餐饮酒店50多个，整合线上产品519种，在市内布设电商网点17个。与顺丰快递等合作，将丰收大地的有机健康蔬菜及粮油等通过公司自身配套，对区域较近地段的客户做到“当天下单，当天送达”。会员100多位，单位客户50多个，并与上海、苏州、南京等地的高端餐饮公司签订生鲜配送合同。注册维护江苏丰收大地、丰收田园等微信公众号，拓宽宣传渠道，加速园区新产品和新服务的推广。

2016年，大丰丰收大地现代农业示范区完成农产品的有机认证和质量体系认证，提升旅游采摘的内在层次

【旅游业发展】 2016年，加大对旅游工作的投入力度，加强旅游基础建设，丰富旅游活动内容，做美旅游环境。新建旅游公厕等旅游配套设施，新建民宿2座，增加床位近30个。园林设施完整率80%以上。围绕果蔬采摘，增加采摘面积和种类。其中，由园区企业汪氏生态农业公司聘请专业团队打造无花果采摘基地，在其20公顷范围内产业转型，种植无花果12公顷、枇杷4公顷、车厘子1.33公顷。完成农产品的有机认证和质量体系认证，提升旅游采摘的内在层次。成功举办“2016首届华东旅游商品交易博览会”等节庆活动。全年园区吸引游客12万人次。

【社会民生事业】 2016年，园区不断提升项目落户承载能力，重点实施区域集中供热、污水处理2个项目的建设工作，加大金鹿水产服务力度，确保培植规模以上定报企业。对园区困难家庭职工提供人文关怀，对敬老院、公安消防大队官兵实施送清凉慰问，针对2016年受台风影响较大的阜宁地区，园区组织员工捐款并送去相关生活物资进行慰问。截至12月底，园区招引各类人才200多名，其中博士3名，硕士20多名。

【丰收大地获奖情况】 1月，江苏省农委授予园区“农村信息化应用示范基地”称号。5月，盐城市农业化工作领导小组授予园区“盐城市龙头企业”称号。10月，园区获科技部首批星创天地认证。11月，农业部、中国旅游协会授予园区“全国五星级休闲农业与乡村旅游景区”称号。12月，园区通过国家农业综合标准化项目验收。

（朱海燕）

大丰专业市场现代服务业集聚区

【概况】 大丰区专业市场现代服务业集聚区规划面积15平方千米，区内依托通港大道，建成常新路、上川路、东宁路北沿、人民北路拓宽、西康路、金丰路北延、春柳路、纬二路、纬一路等“八纵四横”道路框架。建设专业市场园、现代物流园、创意产业园、西郊生态园等四大产业园，配套建设公共服务区、商贸服务区、商务休闲区、配套住宅区等四大功能区。2016年，集聚区完成财政总收入15100万元，占全年任务的112%；新开工1亿元以上服务业项目1个，签约1亿元以上服务业项目3个，规模以上服务业企业营业收入3600万元，服务业定报企业开票收入3800万元，服务业定报企业营业收入1800万元，限额以上批零住餐营业收入6亿元。新增规模以上服务业企业1个，限额以上批零住餐企业1个，全面完成各项经济指标任务。被区委、区政府授予“服务业发展工作奖”称号。

【招商引资】 2016年，围绕现代物流园和疏港航道港池码头项目，重点招商，专人到长沙、青岛、上海、深圳等地，主动和企业对接，邀请各地客商到园区考察项目20余批。园区邀请上海黄浦区工商联合会60位企业家到园区考察，并持续跟进联系，获得一批项目信息。港池码头项目、物流广场项目和新能源电动车仓储等3个项目签订投资协议。

【项目推进】 2016年，电商产业园二期竣工投入使用，正式入驻经营“阿里巴巴”农村淘宝、京东商城、农一网等电商企业58个，达成入驻协议10个，网络销售额5亿元，成功创建为“盐城市级创业孵化示范基地”。总投资1.2亿元的汽车城项目试桩结束，施工队伍进场施工。五金建材市场项目协调土地先行供应问题；数码城项目与区国土局、区农商行等沟通协调，尽快启动。丰尚国际商务中心、瑞丰商贸城竣工待验收。

2016年，电商产业园二期竣工投入使用，有58个电商企业正式入驻经营，达成入驻协议10个，网络销售5亿元

【旅游产业】 2016年，梅花湾（西郊生态风貌区）举办了首届梅花文化节、五一端午节亲子活动，国际垂钓中心举行首届垂钓大赛、水立方水上乐园蜡人展等系列活动，游客70万人，旅游综合收入300万元。梅花湾景区旅游主要景点有：精品梅苑约13.33公顷，梅苑内种植各类梅树3700余株，其中有800多年的宋梅，约500年的梅王和梅后，建有茶室、清音阁、静雅轩、望梅亭和咏梅亭等景点；垂钓中心约20公顷，东西长1.1千米，临水建有环循的木栈道和33座仿古式休闲木屋；梅花湾假日酒店建筑面积7000平方米，供游客吃住游购娱；咏梅阁高26米，为苏州园林三层六角式古典风格；国际垂钓中心休闲钓区竣工、竞技钓区设计，组织项目招投标；梅文化展示馆主体封顶；南广场绿化景观竣工，西侧停车场施工；游客服务中心主体二层封顶。11月，新栽植朱砂梅、宫粉梅、美人梅、绿萼梅、垂枝梅等梅花8000株，景区梅花品种140余种。梅花湾景区获农业部、国家旅游局授予的“全国四星级休闲农业与乡村旅游星级企业（园区）”称号，创全国休闲渔业示范基地12月底公示。参加“第三届盐城最具魅力休闲景点”的评选，名列第一。梅花湾申报AAAA级景区景观质量评审通过省级评审。

【民生保障】 2016年，集聚区建设2个安置小区5幢楼，德惠花园4幢、万和花园1幢，总投资7000万元，可安置拆迁户240余户。12月，德惠花园交付，万和花园进行交付前手续完善。

（汤　静）

沪苏大丰产业联动集聚区

【概况】 沪苏大丰产业联动集聚区是上海市政府和江苏省政府主导建设，比照省级开发区管理，是上海唯一以市级层面与其他省份合作的产业开发区，位于盐城市大丰区的上海农场境内，规划面积33平方千米，先期开发12平方千米。2016年，全年完成全口径工业开票销售194667万元，同比增长100.2%，占任务数的105.6%；规模以上工业开票销售13433万元，同比增长64.7%，占任务数的111%；规模以上企业增长面50%；现价工业总产值19440

万元，同比增长51.1%，占任务数的125.4%；签约1亿元以上项目6个（其中10亿元以上项目1个），开工1亿元以上项目2个，竣工1亿元以上项目1个。被大丰区委、区政府表彰为综合先进集体。

【沪苏大丰产业联动集聚区开发建设有限公司注册成立】 2016年，由上海临港经济发展（集团）有限公司、光明食品（集团）有限公司、江苏省沿海开发集团有限公司、盐城市国有资产投资集团有限公司、大丰区金茂国有综合资产经营有限公司等国有企业共同投资成立沪苏大丰产业联动集聚区开发建设有限公司，注册资本金5亿元（出资比例为4:3:1:1:1）。

【规划编制】 2016年，集聚区委托美国AECOM公司对集聚区33平方千米区域进行概念性规划编制；委托上海同济大学规划设计院编制总体规划，11月30日，规划通过专家组评审；12月底获大丰区政府批准。

【产业定位】 2016年，集聚区确定“2+2+5+1”的产业定位，即2大产业主导（安全食品、高端装备制造业），2大产业辅助（科技农业、特色旅游），5类机会产业战略预留（物联网、智能装备、新能源汽车、新能源、新材料），1体化发展（生产服务、生活服务）。

【消防监管权属】 7月28日，江苏省委常委、副省长徐鸣对省公安厅《关于上海（大丰）农场境内消防监督管理工作情况的请示》作批示：同意省公安厅提出的办理意见，由盐城市大丰区公安局承担沪苏大丰产业联动集聚区消防行政许可及监督管理事项，请省公安厅、省消防总队加强指导督促，为产业集聚区消防工作提供保障服务。明确沪苏大丰产业联动集聚区管委会其公安管理职能由盐城市大丰区公安局承担，其公安机关消防机构对消防工作负责实施监督管理，包括实施消防行政许可工作。

2016年，沪苏大丰产业联动集聚区完成全口径工业开票销售19.47亿元，同比增长100.2%

【大丰区政府专题会办沪苏大丰产业联动集聚区财政体制】 8月15日，区委常委、常务副区长郭超，沪苏大丰产业联动集聚区管委会主任袁冬青，召集区财政、国土、人行、国税、地税等部门负责人，就进一步明确沪苏大丰产业联动集聚区财政体制等有关事项进行专题会办。会议明确对沪苏集聚区设立金库及税收分成政策原则上按照《沪苏大丰产业联动集聚区开发建设合作协议》执行。会议对集聚区建立一级财政、一级预算，设立独立金库等事宜进行会办，确定税收分成、征收范围以及土地出让金征收等相关规定。

【上海市经信委、国资委领导到沪苏大丰产业联动集聚区考察】 3月4~5日，上海市经信委副主任马静、上海市国资委副主任林益彬、上海临港集团董事长刘家平到沪苏大丰产业联动集聚区考察，盐城市委常委、大丰区委书记倪峰及宋勇、吴家祥、范大玉、袁冬青等区领导陪同考察。考察组一致表示，参与沪苏大丰产业联动集聚区建设，是沪苏两地政府对临港集团的信任，是临港集团实现跨区域布局发展的内在需求和历史机遇。集聚区的开发建设必须立足大丰自身吸引力和核心竞争力，在规划上充分体现国家战略、体现上海优势、体现上海水平，体现临港集团的整体形象，沪苏大丰产业联动集聚区开发建设公司要组建一支专业化团队，努力将沪苏产业联动集聚区建成符合高起点战略定位、具有可持续性的产城融合示范区。

【工信部调研组到沪苏大丰产业联动集聚区调研】 4月8日，工信部调研组到沪苏大丰产业联动集聚区调研产业转移合作示范园区建设情况。区领导宋勇、袁冬青、朱国新陪同。调研组一行对大丰区产业转移合作建设取得的成绩给予肯定，认为大丰区抢抓战略机遇，吸引国内知名企业入驻，有力推动了产业结构转型升级，为区域经济发展提供了支撑。希望大丰区进一步发挥沪苏大丰产业联动集聚区优势，强化政策扶持，加快载体建设，完善功能配套，突出专题招商，承接国际国内优势产业转移，为打造产业转移合作示范园区打牢基础。

【上海市企业联合会到沪苏大丰产业联动集聚区考察】 4月17日，上海市企业联合会会长、上海市企业家协会会长胡茂元率30多个会员企业负责人到沪苏大丰产业联动集聚区考察，寻求投资合作良机。盐城市市长王荣平，盐城市委常委、大丰区委书记倪峰，江苏悦达集团董事局主席、党委书记王连春，大丰区领导宋勇、袁冬青、韦应生陪同考察。考察团一行表示，将围绕集聚区重点发展的高端装备制造、健康食品、运输设备制造、电子信息制造等重点产业，加强产业对接，共同打造长三角区域产业合作示范区、上海先进制造业域外产能基地、新兴产业创新成果产业化生产基地。

【国家发改委地区司到沪苏大丰产业联动集聚区调研"飞地经济"】 11月9~10日，国家发改委地区司处长黄少斌一行到沪苏大丰产业联动集聚区开展"飞地经济"调研。黄少斌对盐城发展"飞地经济"的经验做法给予肯定，同时表示，国家正在研究出台支持飞地经济的政策措施，希望盐城在这方面进一步进行体制机制创新，探索出一条独特的"飞地经济"发展之路。

（施益新　曾国付）

大丰区高新技术区

【概况】 大丰区高新技术区位于大丰城市主轴线上，地处大丰新城区核心位置，规划面积18平方千米。以"发展科技大丰、打造未来大丰"为出发点，着眼于现实的产业转移机会和未来的新兴产业培育，重点发展大数据软件、智能终端、生命健康、新能源等产业。区内有1亿元以上企业20个，其他各类企业200多个，其中国家级高新技术企业2个。2016年，全年实现财政收入1.5亿元，同比增长76.5%；完成固定资产投资16亿元，同比增长113.3%；新增注册外资1.2亿元，实际到账外资1000万美元；新开竣工工业和现代服务业项目10个，其中1亿元以上项目8个。连续第四年被大丰区委、区政府表彰为综合先进单位，并获得特色区园所有奖项14个。

【招商引资】 2016年，园区围绕"高精新"，紧盯"北上深"，开展招商引资工作。2016年，高新技术区完善招商竞争机制，出台《2016年招商引资考核意见》《2016年招商局长（站长）认标竞聘上岗方案》等，实行招商局（站）长负责制和阶梯化年薪制。选聘招商局（站）长4名，局（站）长按双向选择原则聘用专业招商人员，全年不少于200天时间在外收集项目信息、拜访洽谈。在驻点招商、委托招商、以商引商的基础上，坚持领导带头招商，带着整体规划图、地块红线文本及产业招引政策，找准双方共赢点，实现快速化、扁平化的登门招商，成功签约启航未来智能终端产业园、云彩锂电池、世贸天阶"宜真通"3个100亿级产业项目。在深圳、大丰3次举办专题招商投资环境恳谈会，成功签约非寻SMT手机贴片、苏视光电、盛锐光电、玮创达科技、晶亚汇电子、仁泰电子等1亿元以上工业项目近10个。在大丰区2016年"招商引资百日竞赛"和年度招商引资项目推进考核中均列特色园区第一。

【希望小镇】 2016年，园区为打造苏北地区互联网创业首选地和创新资本集聚高地，建设希望小镇，小镇位于高新技术区核心区域，规划面积3平方千米，分为互联网村、天使村、创业集市和生活配套区四大板块。希望小镇与杭州梦想小镇运营团队——浙江菜根科技公司全面合作，整合各方资源，构建服务创业企业、创业人才、创投机构、运营机构的创新创业生态圈，激发一批"小而美"创业活力。希望小镇一期工程全部建成投入使用，入驻50个创业企业。

【项目建设】 2016年，园区简化操作流程，改进服务手段，提高工作效率，为企业和项目提供便利、做好服务。总投资20亿元启航未来智能终端产业园项目一期工程主体厂房封顶；总投资20亿元丰盈锂电池项目正式开工建设；总投资10亿元道诚生物科技大厦和总投资3亿元鸿基科技大厦等项目主体工程封顶；非寻SMT手机贴片项目正式投产；海斯特液压泵、仁泰电子、玮创达电子等项目设备进场调试。

【配套设施】 2016年，维城国际双语幼儿园、大丰区城东实验初级中学2016年秋学期正式投入使用；碧桂园、印象康桥、碧水豪庭等社区地产陆续交付使用；万裕嘉苑37、39~43号楼建成交付使用，新增安置面积6万多平方米；明日科技园景观绿化全面完成。

【金融与科技创新】 2016年，园区拓宽融资渠道，推进盐城市大丰区高鑫

2016年9月，大丰区高新技术区卯酉·创客邦众创空间被科技部批准为国家级众创空间

投资有限责任公司AA级融资平台创建和盐城市大丰启航高新产业投资基金设立工作，新注册江苏高鑫供应链管理有限公司，募集更多社会资金用于发展高新区实体。推进科技创新，高新技术区创业服务中心被科技部认定为国家级科技企业孵化器；国际软件园被省经信委认定为江苏省级软件和信息服务产业园、江苏省三网融合试点园区，园区被省科技厅批准为江苏省级众创集聚区；卯西·创客邦众创空间被科技部批准为国家级众创空间。

（刘　刚）

大丰区麋鹿生态旅游度假区

【概况】 2016年，大丰区麋鹿生态旅游度假区坚持“实干为先、项目为王、民生为本”的理念，开展项目建设、品牌创建、招商引资等工作，全年招引1亿元以上旅游项目1个；建成省级品牌1个。

【招商引资】 2016年，麋鹿生态旅游度假区开工项目2个：安泰金属表面处理项目，总投资10亿元，落户开发区电子信息产业园。实施厂房建设，一期项目预计2017年年底投产运营。格林东方精品酒店项目，总投资8000万元，落户市区恒达世纪城，拟建设单间、标间、套房200余间，配套健身、会议、餐饮、商务等设施。完成公司注册和房产购置，办理内部装修设计和安全、消防等手续，预计2017年建成运营。跟踪项目信息4个：通用机场项目，总投资30亿元，拟由华洮上海通用航空有限公司投资建设；精品旅游酒店项目，总投资1亿元，由无锡客商投资，建筑面积1.5万平方米，建设各类客房280间；低空旅游项目，总投资1亿元，由中国航空工业集团投资，建设低空飞行设施，利用低空飞行器进行空中旅游观光；森林骑游项目，总投资5000万元，集骑游、森林探险、森林养生为一体的综合性森林旅游项目。

【项目建设】 2016年9月，区委、区政府将麋鹿小镇项目列入区2017年重点项目。度假区16次实地踏勘、现场会办，公司组建、发展定位、规划编制等相关工作加快推进。项目选址于草庙镇东灶村及林场，规划占地360公顷，总投资约20亿元，主要依托麋鹿、森林、湿地资源，打造集旅游观光、健康养生、休闲度假、精神文化于一体的特色旅游小镇。前期工作启动，区成立麋鹿风情小镇项目指挥部；完成盐城市麋鹿风情小镇旅游发展有限公司名称核准，确定董事、监事、总经理、财务负责人；完成麋鹿风情小镇相关商标的初选工作；对广州长隆、海南海花岛、上海迪斯尼等国内部分大型旅游项目和浙江特色旅游小镇规划设计调研摸底，选择3个国内外资质高、有丰富经验的知名规划设计单位，通过发邀请函、听取初步规划方案等程序，完成最终规划设计。

【载体建设】 2016年，度假区持续开展品牌创建工作，集中优势力量，重点研究省级研学旅游示范基地、国家级生态旅游示范区、国家级风景名胜区等品牌创建的标准，与省、市旅游部门沟通、对接，准备台账资料。7月，知青纪念馆成功创牌，被省旅游局授予“省级研学旅游示范基地”称号。

（冯　剑）

大丰区东方1号创意产业园

【概况】 东方1号创意产业园是国家级工业设计中心，是省区共建的重点工业设计园、文化科技示范园，是苏北首个高端创意产业集聚区，由江苏东方创意文化产业有限公司运营、东方1号创意产业园管委会与江苏东方创意文化产业有限公司共同管理。一期建筑面积1.5万平方米，是国内知名的工业设计示范基地，二期初步命名为创意小镇，总建筑面积21万平方米，有22个企业完成注册。园区以科技创新为动力，推动创意产业发展、扶持创新创业。截至2016年年底，获得国家级荣誉4项、省级荣誉22项。

【宣传推介】 2016年，东方1号创意产业园举办、参加各类宣传推广活动10场，接待国家、省、市各级党政领导调研团170批2572人。7月，园区举办全国青年创客工作营、“东方1号”杯工业设计大赛等活动，邀请省市领导及知名院校嘉宾出席，活动吸引众多青年创客和优秀设计师汇聚大丰，推进青年设计师与江苏制造的交流、对接与合作，推动文化创意与产业的融合发展；4~12月，园区参加第五届苏州文博会、江苏产品万里行太原展销会、世界工业设计大会暨中国优秀工业设计奖颁奖典礼、第八届清华国际艺术·设计学术月暨2016年第六届中国工业设计北滘（jiào）论坛等活动，第五届苏州文博会开幕式现场省市领导亲临东方1号展位，对园区顶层设计、基层扎根、打造经济新生态的发展思路给予充分肯定；园区通过举办、参加各类宣传推介活动，促进大丰与创意产业发达地区的行业互动与交流，加快大丰文创产业的发展，扩大园区影响力和知名度。

【业务拓展】 2016年，园区利用东方1号3D打印技术中心，挖掘市场，为徐工集团、奥新汽车、悦达起亚等高端品牌提供产品研发设计服务，协助大丰区经信委设计网站标志，协助大丰宣传部制作旅游宣传手册。园区为改变大丰旅游产品单一，市场前景受限等问题，全面开发以工业设计和智慧旅游为主要载体的“嗨·盐城”项目。将单一的旅游商品开发，转向深层次的挖掘用户需求，由智慧旅游领域切入，以用户体验为核心，以市场化运作为主导，进一步扩大品牌市场的认知度，建立高效的营销渠道，线上与线下结合发展，做真正适合大丰的互联网项目。

【创意小镇】 东方1号·创意小镇（东方1号创意产业园二期项目）被列为全国文化产业重点项目、江苏省现代服务业重点项目，总建筑面积21万平方米，计划总投资12.6亿元，将围绕智能开发、众创空间、教育培训、台湾美食、影视传媒等产业，打造集设计、智能、教育、休闲于一体的特色小镇。截至2016年年底，9–2#综合创意楼筹备局部开园，确定22个企业入驻，其中，一、二层展厅部分完成室内装修及布展，三、四层入驻企业办公区进行室内装修；9–7#国际创意城项目强势推进，9–8#创意研发楼项目完成主体验收、进行装修的前期准备工作，其余楼栋全力推进。

（陆海玥）

2016年，盐城新能源淡化海水产业示范园深化政产学研合作，加快载体平台建设，提高企业自主研发能力

盐城新能源淡化海水产业示范园

【概况】 盐城新能源淡化海水产业示范园规划总面积10平方千米，其中启动区面积1平方千米，是国家“973”计划大规模非并网风电产业化示范基地。产业示范园区位于江苏大丰港经济开发区临港大道东侧、创世纪大道北侧、盐丰园河河畔。园区产业布局为物流区、工业生产区、综合服务中心、海水淡化工厂等功能区。主导产业为：海水淡化装备制造、智能化控制装备制造、浓盐水综合利用、物流等。

【规划编制】 2016年，作为中国首个新能源淡化海水产业示范基地，园区按照高起点、高标准的规划编制要求，委托天津海水淡化研究所编制《盐城新能源淡化海水产业示范园“十三五”产业发展规划》。

【招商引资】 2016年，园区围绕关键技术、装备研发、海水淡化成套设备集成、工程服务和海水淡化产品水应用展开招商工作。利用丰海公司股东单位央企资源，推进哈尔滨电气集团的成套装备制造项目取得突破。与国家海洋局天津海水淡化所签订委托招商协议，邀请该所拜访时代沃顿、上海凯泉、双良集团等企业，推进招引核心装备制造企业的突破。

【项目建设】 2016年，海水淡化园区建成日产5000吨的非并网风电淡化海水工厂1座，工厂采用的兆瓦级非并网风电淡化海水装置为世界首台套，申请国家专利2项，“海露”牌海淡水成功申请注册商标，成为南京APEC会议唯一指定用水。加大由海水淡化工程示范向装备制造转变发展的力度，按照模块化、小型化、集成化的要求，加大设备推进力度。三沙市100T/D智能微电网—海水淡化集成系统项目出水。马尔代夫项目的设备援助项目，马外交部公文上报总统府，省商务厅联系企业帮助推进援外事宜，加快项目推进。毛里求斯项目，完成现场考察选址，提交2套设计方案，毛方将首批资料递交丰海公司。北苏丹项目，实地考察，起草《新能源海淡设备援助需求函》。沙特项目，签订《框架协议》《保密协议》，业主方计划建设1万吨风光互补海淡项目。

【政产学研】 年内，园区坚持高端引领，深化政产学研合作，加快载体平台建设，拓宽拉长产业链，提高企业自主研发能力。与南京医科大学合作研制的无汽无糖苏打水和运动饮料完成中试和产品的检验，全部符合相关规定。确定产品标签内容和要求，初步确定饮料加工运水方案，做好上市前的各项准备工作。余电上网项目与龙源集团达成一致意见，风机由龙源购买，龙源自行入网，保留丰海与风机的电缆连线，每年龙源向丰海免费提供50万度电。打井取水科研项目，完成打井工程，打井取水科研实验、井水与海水的对比研究有序开展。重抓研发平台建设，用好“江苏省新能源淡化海水工程技术研究中心”和“江苏省海洋经济创新示范园区”2个省级品牌，与哈电工程研究中心、中盐技术研究中心、常州华科锂电池公司等单位的研发项目纷纷签约、启动。积极与天津大学、哈电工程研究中心、中盐技术研究中心等高校、科研单位开展产学研合作，与江南大学食品学院等高校科研院所开展高端系列功能水开发合作，进行功能水开发的立项与委托研究合同洽谈工作。

（朱　彤）

【编辑　陈琴琴】

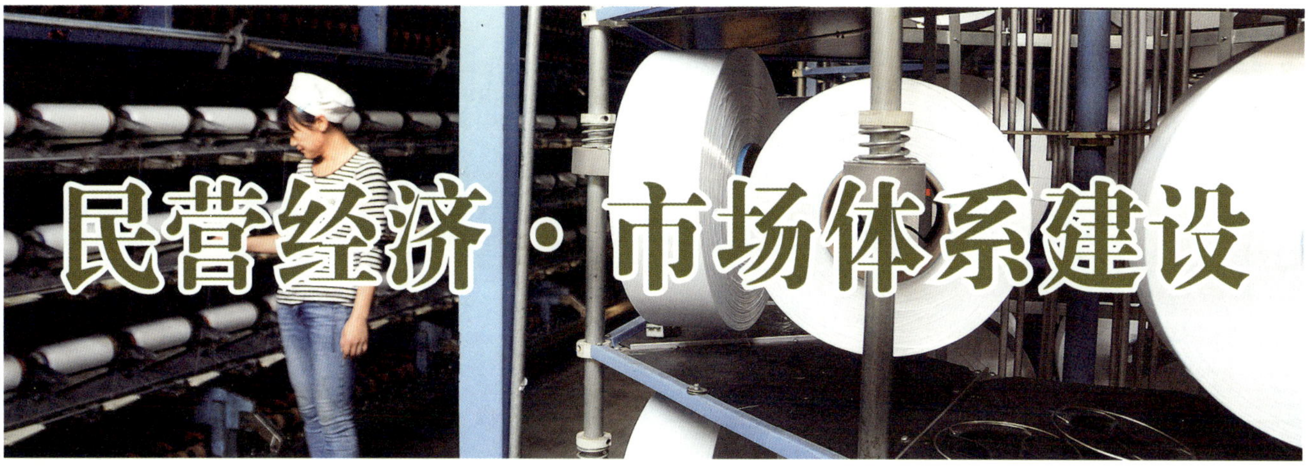

民营经济·市场体系建设

民营经济综述

2016年，盐城市大丰区按照“增加主体数量、提升创业质量”的要求，突出创业主体培育、创业载体拓展、服务平台提升，加强组织推进，培育发展民营经济。全区新登记个体工商户12565户、新注册私营企业3558个、新增家庭农场100个；各镇全民创业园新建标准厂房33万平方米，新入驻创业主体105个；发放创业担保贷款3175万元、开展创业培训7000人次。

【全民创业氛围浓】 2016年，大丰区通过电视、报纸、微博、微信等媒体宣传创业政策、经验做法和典型事迹，激发广大群众的创业热情和创业冲动。标语宣传。通过全民创业标语进行广泛宣传，利用春节、中秋等特定时段在城区主干道设置全民创业道旗600多面。各镇（区）在交通要道、主要干道设置固定标语300多条、道旗1500多面、高炮灯箱20多个；各镇集镇范围内及每个村主要干道设置横幅标语2500多条；各镇（区）和相关部门制作90多块戗牌在人员密集场所展出，营造创业氛围。典型宣传。通过村、镇、区三级推荐筛选，在全区创业成功人士中，筛选20名创业实绩显著、影响力强的创业典型，由区委、区政府授予“创业之星”称号，区主要领导亲自为创业之星颁发证书并披戴红围巾，组织“创业先进典型巡回宣讲团”，深入镇村、社区、企业巡回宣讲16场次，5000多人参加，发放创业宣传材料1万多份，通过创业典型的宣传，形成“以一带十、以十带百”的群体倍增效应。媒体宣传。在《大丰日报》开辟“全民创业进行时”专栏、大丰电视台开设“全民创业访谈直播间”栏目，宣传各镇（区）开展全民创业工作的成功做法、先进典型和特色亮点工作，《大丰日报》和大丰电视台全年采用全民创业方面的宣传报道130多篇，做到周周有声音。

【全民创业载体打造】 2016年，大丰区把创业载体建设作为全民创业工作的重要环节，重抓全民创业园、特色创业小镇、众创空间等，实行分类指导，重点拓展，夯实全民创业土壤。打造“12+4”全民创业园（12个镇全民创业园加留学生创业园、外来投资者创业园、高新技术产业园和大学生创业园4个特色创业园）。12个镇全民创业园加快基础设施建设，完善生产生活配套，提升园区形象，全面提高园区项目承载能力，全年镇全民创业园新建标准厂房33万平方米，新入园企业105户，大中镇中小企业园成功创建国家小型微型企业创业创新示范基地。按照建设开发区的模式，加大特色创业园建设力度，推动项目落户、创业主体入驻。留学生创业园（大丰经济开发区）引进留学人员53名、企业21个，建成省级留学生创业园。外来投资者创业园（常高区大丰工业园）建成省小企业创业示范基地。高新技术产业园（大丰高新区）围绕软件产业，建设大丰国际软件园。软件园获批首批省级试点众创集聚区。大学生科技创业园（大中镇）一期竣工，建成面积5万平方米，签约入驻创业主体14个，建成国家级科技孵化器。重点打造特色创业小镇（希望小镇、创意小镇）。依托高新技术区软件产业园和总部经济园蓬勃的产业前景和良好的创业环境，全力打造互联网创业集聚新高地——希望小镇。首期4栋写字楼、展示大厅投入使用，入驻各类创业团队和创业企业47个。借助东方1号的设计资源，吸引创客入驻，建设具有鲜明特色的创意小镇，总投建筑面积21万平方米，通过整合资源，形成以工业设计、智能开发、工艺美术、众创空间为主导的特色创业小镇。建设众创空间。顺应网络时代大众创业、万众创新的新趋势，发展众创空间新业态，构建面向大众的“众创空间”创业服务体系，先后建成东方创客、卯酉·创客邦、万创智联等3个国家级众创空间，龙创空间建成省级众创空间。打造农业农民创业载体。在丰收大地农民创业园壮大的同时，鼓励各镇新建各类农民创业园。新丰镇荷兰花海带动近2000户农户从事关联行业。大中镇恒北村“梨园风光”、草堰镇三元农庄、大桥镇“丰禾大地”等一批农业创业载体陆续建

2016年，高新技术区全力打造互联网创业集聚新高地——希望小镇。图为客户线下看货

成，促进了当地农民创业致富，全年新增家庭农场100个。

【全民创业服务能力提升】 2016年，大丰区以注册审批、培训引导、资金扶持为重点，引导各类服务资源向服务创业一线，营造良好的创业生态环境。深化商事制度改革，全面推行私营注册“五证合一”（营业执照、组织机构代码证、税务登记证、社会保险登记证和统计登记证）、个体工商户注册“两证合一”（指由工商行政管理部门核发营业执照、税务部门核发税务登记证，改为一次申请、由工商行政管理部门核发一个营业执照的登记制度），优化登记审批流程，实行“一表申请、一窗受理、一站服务、并联审批、限时办结、核发一照”登记审批模式，建立“无障碍创业绿色通道”，提供帮办、代办服务，提高行政服务效能。依托区全民创业培训中心师资力量，在全区12个镇成人教育中心开设全民创业技能培训课程，重点开展电子商务、现代农业、家政服务等“菜单式”培训，提升创业能力，全年开展各类创业技能培训3000多人次。以市场和创业主体需求为导向，先行先试，在全省率先成立全民创业专业金融机构——创业银行，专门办理全区创业类贷款。有针对性地推出“青年创业贷”“大学生创业贷”，各类创业贷款做到当天申请、当天审批、当天发放。并在全区16个全民创业园设立创业支行服务窗口，每个窗口统一标识标牌，安排专人负责创业项目融资前期工作。全年发放创业贷款1.5亿元，服务各类创业主体700多户。

个体私营企业

【概况】 2016年，大丰区加大对私营企业的扶持和服务力度，营造有利于私营发展的良好氛围，因地制宜，因势利导，使个体私营经济迅速由小变大，由弱变强，加快向先进制造业、现代服务业和新兴产业领域拓展，私营经济集约发展水平显著提升，成为全区最具生机和活力的经济增长点，推动了大丰经济社会的发展。

【私营企业规模总量增长】 2016年，大丰区新注册私营企业3558户，累计私营企业户数1.6万户，带动城乡近20万人就业。总体来看，私营经济的总量增加，企业规模扩大，产业结构优化，市场竞争意识增强，竞争能力提高，涌现出辉丰股份、丰东热处理、丰山集团等一批经营上规模、产品上档次、管理上水平的大户。同时，私营企业的发展呈现明显的地域特色，如大中镇家纺行业年产值突破20亿元，拥有规模企业18个，培育海聆梦家纺、舒润床上用品、恒卫针织等一批重点骨干企业；小海镇以差别化纤维生产、喷水织造为主导产业，吸引近20个化纤织造私营企业落户，打造化纤织造产业链，形成年产8万吨化纤丝、5亿米仿真丝服装面料、1.1亿米记忆性服装面料的生产能力，小海镇被中国长丝织造协会认定为“中国长丝织造基地”；草庙镇围绕新能源产业，集聚科技资源，转化一批新能源技术成果，招引一批科技含量高的新能源项目，打造“静脉产业园”（指建立以静脉产业为主导的生态工业园，通过静脉产业尽可能地把传统的“资源—产品—废弃物”的线性经济模式，改造为“资源—产品—再生资源”闭环经济模式，实现生活和工业垃圾变废为宝、循环利用）。

【私营企业管理】 2016年，大丰区通过引进消化吸收再创新，私营企业技术管理水平有较大提高。为提高经济效益和国内与国际两大市场的竞争能力，大丰区引导私营企业面向全国、面向全社会引进先进管理人才和专业技术人才，据统计，全年大丰区引进各类人才3000多人，通过人才引进，提高了企业技术和管理水平，提升了企业档次，增加了企业活力。同时，大丰区注重私营企业管理水平提升，引进“目标成本考核制”“成本包干制”“千分考核制”以及其他一些先进的管理办法，规范销存管理、财务管理、生产管理等企业内部管理制度，推动私营企业逐步由起步阶段的作坊式、家族式向现代企业制度转变，全区先后有300多个企业通过ISO9000系列体系认证，企业走上健康发展轨道。

【私营企业品牌建设】 2016年，大丰区加强品牌建设指导，促进私营企业转型升级。重点指导“腾龙”“丰收大地”2件商标申报中国驰名商标，“黄海东沙”等6件商标申报省著名商标；指导“西团青椒”等4件商标申报国家地理标志证明商标；指导正大丰海申报省质量奖，辉丰公司和大丰海港港口公司申报盐城市质量奖；指导丰东公司等6个企业申报省名牌产品。丰山集团生产的丰山牌烟嘧磺隆和辉丰公司生产的辉丰牌咪鲜胺原药获得省名牌产品称号。全年引导商标国内注册申请300件，国际注册申请12件，"大丰大米"获批国家地理标志证明商标，"腾龙""黄海东沙""凯志"等3件商标获批省著名商标，"金色""英达""中申"等8件商标获批市知名商标，"大丰港"商标获得盐城市首届十佳服务品牌商标。截至2016年年底，大丰区有中国驰名商标7件，省著名商标25件，市知名商标79件，国家地理标志证明商标6件，拥有省名牌产品18个、市名牌产品14个。

【私营企业行政绿色通道】 2016年，大丰区以国家相对集中行政许可权改革试点为契机，深化行政审批制度改革，优化基层政府治理模式，推进简政放权、放管结合、优化服务，构建完善私营企业行政审批流程绿色通道。清理审批事项。围绕国家、省、市取消下放的行政许可事项，对照下发的4批次文件，清理行政审批事项，取消事项18个，合并事项37个，将227项行政审批事项整合为179项。实施流程再造。对进入审批局办理的许可事项，在依法行政的基础上，一律重新梳理审批环节，再造审批流程。同时固化审批模式，简易事项采取一审一核现场办结制；复杂事项采取一审一核集中会办制；重大事项采取一审一核会办备案制。创新审批方式。推行集成式审批模式，依法进行同类项合并，变多个部门多个窗口分散式审批，为一个部门集中式流水线审批，实行"分类受理、独立审批、联合审查、集中出证"。

个体工商户

【概况】 2016年，大丰区深化商事制度改革，优化登记程序，创新服务举措，帮扶小微企业发展，促进个体转型升级，为各类市场主体"增量提质"提供良好的政策支持和发展动力，全区个体工商户保持健康发展态势。全年新增个体工商户12565户，年末，个体工商户4.5万户。

【个体工商户引导】 2016年，大丰区个体工商户在扩大社会就业、致富城乡居民、增加财政收入、促进经济社会发展等方面发挥作用明显增强。大丰区创新工作思路，通过找准"三个结合"助推个体私营经济发展。与发展农村经济，加速群众脱贫致富相结合。利用农村的资源优势和劳动力优势，鼓励和扶持农民开发荒沟、荒滩，发展种植业、养殖业等劳动密集型产业，吸收消化剩余劳动力，增加农民收入，以个体私营经济发展带动群众脱贫致富；与培育支柱产业、优化产业结构相结合。鼓励群众走"一村一品"〔在一定区域范围内，以村为基本单位，按照国内外市场需求，充分发挥本地资源优势、传统优势和区位优势，通过推进规模化、标准化、品牌化和市场化建设，使一个村（或几个村）拥有一个（或几个）市场潜力大、区域特色明显、附加值高的主导产品和产业，从而大幅度提升农村经济整体实力和综合竞争力的农村经济发展模式〕、"一镇一业"的专业村、专业乡的发展道路，形成农、工、商一条龙，产、供、销配套的区域性规模经济和特色经济；与加快小城镇建设相结合，以商品市场为基础，要素市场为重点，按商品流通的需要，建成一批大中小相结合、各种经济形式和经营方式并存、功能完备、相互配套的批发市场和零售市场网络，推进流通现代化，为个体工商户提供快速发展的载体。

2016年，大丰区新注册私营企业3558户，累计有私营企业1.6万户，带动城乡近20万人就业。图为白驹酱醋厂

【个体工商户规范管理】 2016年，大丰区为创造健康有序的市场经济环境，在个体工商户服务管理工作中，坚持法律宣传教育和日常监管相结合，提高个体工商户的守法经营意识。利用"3·15"等重要节日，为群众、个体工商户提供法律法规咨询服务，帮助他们解决在登记注册和经营方面存在的问题。针对大丰区企业和个体工商户生产经营的现状，为增强经营者的法律意识，举办企业法定代表人和个体工商户业主参加的法律法规培训8个班次，参训人员300多人。通过学习培训，既宣传法律法规和政策，解决他们在企业个体管理方面的疑惑，又提高思想认识，进行法律"充电"，促进企业个体管理工作的顺利进行，收到良好的效果。加强日常监管，主动适应商事制度改革宽

2016年，大丰区新增个体工商户12565户，年末全区共有个体工商户4.5万户

进严管新要求，转变监管方式，通过广泛发动落实企业年检改年报制度、公示信息抽查制度。始终把执法主攻的方向锁定在关系国计民生、群众普遍关注的热点、难点问题上，开展儿童用品、食品及相关产品、汽车及配件、家用电器、成品油、电商产品等专项执法行动，着重查处公用企业及其他垄断性排除、限制竞争行为，严厉打击传销、违法广告、商标侵权、合同欺诈等违法行为，全面净化市场环境和维护市场秩序。

【个体工商户服务环境优化】 2016年，大丰区实施个体工商户“两证合一”登记制度，降低市场准入条件，有效降低创业主体的创业门槛；为市场主体准入提供延时服务和事前指导、事中协办、事后提醒的“导航式”服务以及申请、受理、审批一站式服务；开设绿色通道，对下岗失业人员、返乡农民工等弱势群体，优先受理、优先发照，扶持创业。同时放宽市场主体的住所（经营场所）的登记条件，产权证明的出具人除房屋登记部门外，扩大到园区管委会、镇政府，在特殊阶段可以为社区、居委会。同一地址可登记为多个住所（经营场所）；落实经营范围“前置改后置”工作。制订《前置改后置事项登记提醒函》，对所有涉及前置改后置审批项目的申请人发放提醒函，告知哪些项目需要审批后方可经营，全年发放提醒函343份。支持电商登记和网络创业，主动服务电商产业发展，对于个人利用第三方交易平台创办网店，申请办理注册登记的，提供办照绿色通道，全年办理电商类个体工商户登记1872件。

（徐佳庆）

商品交易市场

【概况】 2016年年底，大丰区有各类集贸市场35个，市场占地21.33万平方米，建筑面积16.20万平方米，经营面积16.08万平方米，市场建设总投资额3.20亿元，设有门店1699个，摊位4200个，实际入市经营4337户，其中门店经营1241户，摊位经营3096户，市场管理人员278人，市场总成交额14.7亿元。按市场类型分，其中农副产品综合市场32个，工业消费品综合市场3个；按交易方式分，其中零售市场33个，批发市场2个；从建筑类型分，其中棚顶市场30个，室内市场5个；按地域分布分，其中大中镇范围内15个（含大丰城区），草堰镇1个，白驹镇2个，刘庄镇2个，西团镇2个，小海镇1个，大桥镇2个，草庙镇1个，南阳镇2个，三龙镇3个，新丰镇1个，大中农场1个，方强农场1个，上海农场1个。

【集贸市场规范化管理】 2016年，盐城市大丰区市场监督管理局（以下简称大丰区市场监管局）组织各基层市场监管分局与辖区内市场主办单位签订安全经营责任状，各市场主办单位与场内经营者签订守法经营责任书，明确各自职责和义务。统一制作农贸市场监督台，公示监管责任人员联系电话及监督电话，完善集贸市场监管工作规范，推行“五定”（定人、定岗、定责、定时、定标）日常监管模式，印制宣传标语5000份，经营户基本信息台账3000本，检查台账3000本，进货登记台账3000本，督促指导市场经营户如实登记所购肉类、家禽制品，严格执行进货查验、索证索票制度，对市场存在的突出问题及时通报，限期整改。

【集贸市场信用分类管理】 2016年，大丰区市场监管局对全区35个集贸市场开展市场信用分类监管工作，围绕市场开办者管理制度是否健全，管理行为是否规范，管理措施是否落实，场内经营者经营行为和重点商品状况等评价标准，将市场信用确定为A、B、C三级，并实施相应监管措施，推动市场开办单位建立完善信用管理制度，加强入市商品检查，落实索证索票和台账建立等制度，督促场内经营者自觉遵守质量管理等制度，加强市场经营设施建设和维护。

【农贸市场快检室建设】 2016年，大丰区政府常务会议专题研究确定，在原有幸福菜场、城中农贸市场、荣海农贸市场、恒生农贸市场、富民农产品批发市场、新丰海峡商城6个农产品快检室的基础上，采取以奖代补的形式，投入36万元，在全区新建农贸市场农产品快检室12个。为保证农产品快检室规范运行，确保农产品安全可靠，大丰区市场监管局加强对农产品快检室的管理，完善《食品安全检测管理制度》《检测人员岗位

2016年，大丰区市场监管局对全区35个集贸市场开展市场信用分类监管工作，将市场信用确定为A、B、C三级，并实施相应监管措施。图为港区菜市场

职责》《检测室工作规范》《检测流程图》《不合格农产品处理规程》等规章制度，统一制作公示上墙，并对检测人员考核发放绩效工资。18个农产品新建快检室投入后，均正常开展检测活动，做到检测规范、上传及时、台账齐全、信息公示，对检测不合格的农产品，及时通知下架退市并作无害化处理。2016年，农产品快检室抽检农产品12500个批次，合格率95.8%。

【农贸市场专项整治】 2016年，大丰区市场监管局组织开展计量器具专项治理，对全市农贸市场逐一实地检查，督促市场主办单位公平秤设置到位，全区32个农贸市场公平秤设置率100%，同时加强日常检查，及时受理并处理消费者关于经营者短斤少两的投诉举报。开展食用农产品交易市场质量安全专项检查，检查食用农产品经营摊贩340余家，下发整改意见7份，发放《食用农产品市场销售质量安全监督管理办法》单行本100余份。开展集贸市场非法经营野生动物行为专项整治，出动检查人员532人次，检查集贸市场217个次，检查经营户1072户次，责令整改38户。开展打击销售病死猪肉集中整治行动，重点排查清理未经检验检疫或检验检疫不合格的猪肉及其制品，打击猪肉生产经营企业购进、销售、使用无合法来源、无“两证两章”（肉品品质检验合格证明、动物产品检疫合格证明、肉品品质检验合格验讫印章、动物产品检疫合格印章）和腐败变质猪肉、病死猪肉等行为，全年检查经营户153户，整改完成2户，抽检猪肉6批次。

【农贸市场文明创建】 2016年，大丰区市场监管局紧扣全国文明城市创建农贸市场验收标准，对标找差，排查不足。创建期间，该局执法人员每天逐户检查，明确摊位摆放地点和要求，落实市场秩序员和保洁员，清理活禽宰杀区、水产区、柜面、墙面、地面、下水道等。落实各市场分管负责人、具体责任人、消防责任人、食品安全责任人，并在市场内公示。印制张贴“社会主义核心价值观”为主要内容的宣传标语2000张。建立卫生知识宣传栏、复秤处、场内经营户公示栏等。对健康市场、城北市场投入维修改造资金近4万元，对市场环境、设施进行改造，并购置安放40只垃圾桶。组织人员督查各市场，发现的问题及时通知市场主办方整改，市区集贸市场顺利通过全国文明城市创建检查验收。

（梅景舜）

〖编辑　丁彩前〗

商贸服务业

商贸流通

【概况】 2016年，大丰区推进商贸流通发展，深入开展消费促进活动，引导电子商务等新业态加快发展，增强消费动能，做大网络消费，推进品牌消费，繁荣服务消费，促进消费市场繁荣。扎实推进市场秩序监管，为群众提供良好的消费环境。

【商贸流通业】 2016年，大丰区突出规模培植，深入开展消费促进活动，实现社会消费品零售总额172.77亿元，同比增长11.1%；新增限额以上批零、住餐企业24个，限额以上批零、住餐企业零售总额43.73亿元，同比增长22.5%。市场建设水平不断提升，中交美庐城综合商业体投入使用。开展“消费促进月”活动，倡导商家诚信经营，开展各类展销促销活动30余场次。组织参加2016盐城市名特优产品展销会，5个企业参展，展位6个，展销产品30多种。开展寻找“最美商务人”活动，盐城市大丰区幸福市场有限公司职工陈慧被表彰为盐城市最美商务人。加强行业监管，开展成品油市场、再生资源回收经营、单用途商业预付卡等监管执法行动，深入开展安全生产检查，确保商贸企业健康发展。加强运行分析，严密监测市场运行情况，及时对市场运行分析研判和预测预警，落实相关措施，保障市场平稳运行。

【商务发展相关法律法规宣传】 2016年，大丰区组织开展“法制服务质效提升年”活动，加强依法行政宣传教育，利用大丰商务期刊、大丰商务局工作群和“安全月”“质量月”“3·15宣传日”等活动，宣传商务发展相关法律法规，向外商投资企业、外贸企业发放商务发展政策汇编，推进依法行政，提高服务水平。根据行政审批改革的有关要求，将有关审批事项向行政审批局移交，对权力清单进行调整，加强事中事后监督。深入商务执法检查、巡查，强化日常监管，保障人民群众消费安全，查处1例违规加油站建设项目。建立健全与其他相关部门的信息通报、联合检查、案件移送等工作联动机制。

（王文献）

供销合作

【概况】 2016年，盐城市大丰区供销合作总社（以下简称区供销合作社）贯彻落实国家、省关于深化供销合作社综合改革精神，围绕“改造自我、服务农民”目标，大力创建“网上供销社”，探索大田托管一条龙服务新模式，建办“智慧乡村”服务站，开启“合作社+电商+农户”精准扶贫模式。

【诸葛彩华到大丰调研】 5月19日，中华全国供销合作社监事会主任诸葛彩华一行到大丰调研。省、市供销合作社负责人，大丰区委副书记、区长宋勇陪同。在大丰期间，诸葛彩华一行察看了裕华供销社绿丰大蒜专业合作社、农民资金互助合作社、苏果超市等现场。诸葛彩华对区供销合作社不断深化改革、服务“三农”工作中取得的成绩给予肯定，希望大丰区继续推进“生产、供销、信用”三位一体建设，更好地服务一方经济发展。

【“智慧乡村”服务站增多】 6月10日，盐城市首家“智慧乡村”服务站在新丰镇龙堤社区成立。截至2016年年底，全区城乡建站21个，建办数量为盐城市各县（市、区）最多。“智慧乡村”服务站是省供销社苏农集团与区供销合作社联合兴建的智慧生活平台，基于互联网O2O（在线离线/线上到线下）平台，为提供优质工业品下乡、农产品进城、开展科普服务、奠定乡村智能化基础。

【“供销网城”投运】 8月1日，大丰区“网上供销社”建成投运，建立供销e站和供销联宇农资2个电商平台，开通“一网四馆”（供销网城、大丰特色馆、地平线大丰特色馆、淘宝店、微信小店），拓展经营网络，发挥农村流通主渠道作用。

【大田托管一条龙】 5月中旬，由洋心洼供销社牵头，联合农机合作社、农资合作社、农民资金互助合作社等开展的横向联合，向种田大户、家庭农场提供从育苗、栽插、播种、统防统治、农资采购配送、收割烘干、加工销售全产业链、一条龙经营等多种服务。全年，大田托管一条龙服务模式覆盖到3个镇、9个家庭农场，有社员1000人，为探索加快推进农业供给侧结构性改革提供支撑。

【扶贫新模式】 2016年，区供销合作社采取“合作社+电商+农户”的办法，将万盈镇文达村、三合村2个村的66户低收入农户吸纳到万盈供销社创办的聚盈杂粮专业合作社，根据各农户在种植、收购、分拣、包装、网上销售等能力进行合理分工，让低收入农户都有合适的工作，都能取得合理的报酬，在年内精准脱贫。

【为农服务】 全年，区供销合作社围绕目标任务，抓住省、市对经济薄弱村（居）综合服务提档升级契机，加快推进农村“两超一院”（农资超市、生活超市、庄家医院）、电子商务、物流服务、金融服务等建设速度，扩大有效供给，对小海镇海居综合服务中心、裕华供销社“五部一室”扩建、新丰供销社龙堤社区庄稼医院、三龙镇龙东村“智慧乡村服务站”等10个农村综合服务功能升级改造，提升了综合服务水平。

【“供销扶贫林”项目启动】 11月初，由区供销合作社牵头，同区农工办、区农委、区水利局、区海洋局、区检察院、区市场监管局等部门，联合投资130万元，在万盈镇文达村建造了一片占地7.33公顷，种植5万株大叶女贞苗木基地。扶贫林项目计划三年收益80万元，其中50%用于化解村级债务，40%用于村公共事业，10%用于低收入农户脱贫。

（蔡根青）

粮食经营

【概况】 2016年，全区粮食工作紧扣全年工作目标，把握各项重点工作的时间节点，创新创优，在夏、秋粮收购、安全生产、信访稳定、粮食流通监督检查工作、机关作风建设以及“两学一做”学习教育等方面取得成效。

【夏、秋粮收购】 2016年，粮食系统主动应对大丰区夏、秋粮种植面积增加的情况，国有粮食收储企业腾并仓容18万吨，去库存工作有效落实。组织多批次骨干企业负责人到南方销区开拓市场，巩固老客户，发展新业务，落实5万多吨小麦购销意向。整合区域资源，缓解仓容压力。主动与境内上海海丰米业、江苏北大荒米业、良友集团沪丰粮油收储公司等一批国企沟通协调，创造条件参与托市收购。维修改造13个重点骨干粮库外的库点，达到储粮条件参与收购。及早启动地储小麦轮换工作，在顺价销售的基础上，启动稻谷轮换计划。“去库存”工作为区财政节约补助资金500余万元，促进夏、秋粮收购工作顺利开展。

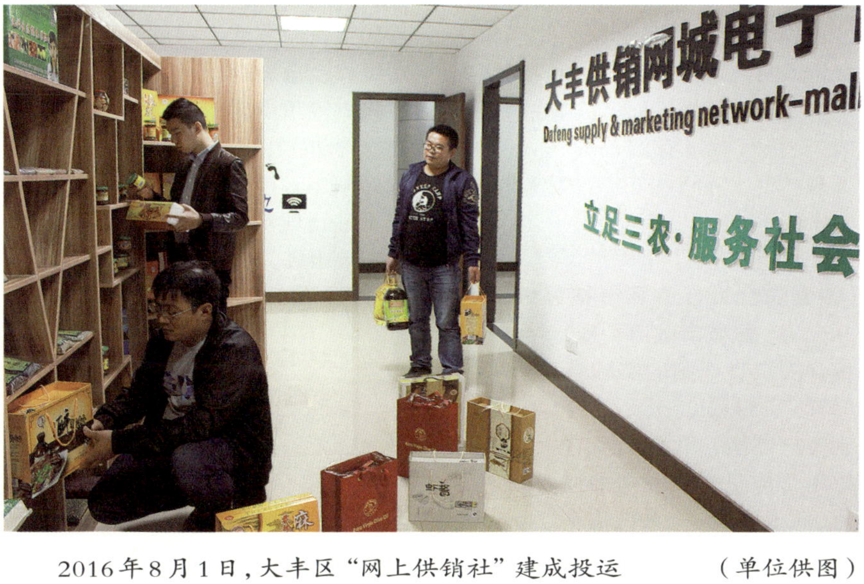

2016年8月1日，大丰区“网上供销社”建成投运 （单位供图）

【化解农民“卖粮难”】 2016年的夏粮收购，粮食部门在仓容紧张、粮食市场低迷、小麦受灾严重、种粮农民期望值高的情况下，全系统把等外粮销售放在首位，利用即购即销、委托收购、代收代储等经营方式，发挥国有收储企业主渠道作用，购销等外小麦13万吨，政策性收购及地方储备2.85万吨。在秋粮收购形势复杂的情况下，动员系统内各收储企业灵活采取经营方式收购农民手中余粮。夏、秋粮收购准备工作充分，应对措施有力，组织工作严密，执行政策到位，大力整合境内国有粮食企业的仓容资源，有效化解了农民卖粮难的问题。继省、市夏秋粮收购电视电话会议后，区粮食局立即召开国有收储企业负责人会议进行动员部署，重申上级主管部门“四个严禁”“两个严格”，与各收储企业签订“七项收购纪律”责任书，在相关收购工作会议上反复指出，各库点主要负责人是粮食收购工作第一责任人，确立责任主体意识，出现损农、坑农、害农事件的将严肃追究主要负责人和当事人责任。严格要求全区粮食系统干部职工准确把握要领，让农民卖“明白粮”“放心粮”。夏、秋两个收购季节，局机关搭建专门工作班子协调指挥，由主要领导带队，分管领导各司其职，分设监督检查、宣传报道、综合协调、业务审核、收储核验、安全监督6个小组，机关人员分片挂钩到托市点开展服务指导和督查工作，及时处理和解决收购过程中的问题，把问题和矛盾排除在现场，随时掌握收购的进度。夏、秋粮登场前，组织人员对全区种粮大户和一批农民经纪人开展社会调查，重点采集种粮大户售粮意向。明确专人通过政风行风热线栏目和

2016年，大丰区在夏粮、秋粮登场前，对全区种粮大户和一批农民经纪人开展社会调查，引导粮农有序售粮。图为大桥镇家庭农场收购粮食

政府12345热线解难释疑，及时回复售粮农民提出的问题，做好宣传解释工作，利用区内媒体和大丰粮食网站及时公布全区托市库点分布、联系方式以及主管部门设立的咨询、投诉电话，利用短信平台、微信对全区种粮大户及时发布全区库点收购信息，引导粮农有序售粮。

【粮食系统招商引资】 2016年，粮食局为圆满完成年度招商任务，搭建专门班子。组成2个精干小分队，以广东、上海、浙江为重点，精准招商。坚持以粮油深加工、现代粮食仓储物流和农副产品精深加工项目为主攻方向。出台奖励办法，全员招商。对提供有效项目信息并成功签约落户的人员予以奖励。紧盯在手有价值的项目信息。对梳理出的5条1亿元以上的项目信息明确专人跟踪。在招商引资百日竞赛期间，成功招引富鸿（香港）贸易有限公司投资的盐城大丰沛百伦实业有限公司，总投资2980万美元的皮革机械设备制造项目，落户大丰港石材产业园，7月份签约，年底开工建设。

【粮食流通监督检查】 2016年，大丰粮食局被表彰为全国粮食流通监督检查示范单位，是盐城获此称号的唯一县（市、区）。截至2016年年底，区粮食局连续5年保持全省、连续3年保持全国示范单位称号。全局提出监督检查工作只有起点，没有终点，要自加压力、抬高定位。加强学习培训，组织全体执法人员认真研读《粮食流通管理条例》《粮食流通监督检查暂行办法》等法规。主动到工商、物价、质监等部门跟班学习，探讨执法技巧。邀请区政府法制办工作人员授课，对监督检查中发现的疑难问题进行探讨、交流。监管能力大提升、全覆盖，净化粮食收购市场。上半年，局市场监管科、执法大队历时近45天对全社会各类粮食经营主体资格审核，审核各类粮食经营持证户173户，占发证总数98%，对8户不能履行经营者责任和义务的给予行政处罚，对23户不具备粮食收购条件的经营户注销收购资格。除局机关挂钩人员点对点监管外，确保每天有一、二班次的执法人员巡查在收购一线，对执行政策有偏差的，第一时间发现，第一时间纠正，坚决采取"零容忍"。

【粮食安全责任制及考核办法出台】 2016年，盐城市政府《关于建立健全粮食安全责任制的实施意见》（以下简称《实施意见》）及《粮食安全责任制考核办法》下发后，大丰粮食局组织班子成员和机关业务骨干认真学习，深入研究，充分认清《实施意见》出台的重要意义，把握贯彻落实《实施意见》的精神，梳理汇总《实施意见》中涉及政策优惠及争取资金扶持等条款，向区政府分管领导作专题汇报，提升粮食流通产业发展水平，对考核办法中涉及的考核内容和分值分类，与区相关部门沟通协调，区粮食安全责任制及考核办法在盐城各县（市、区）率先出台。

【放心粮油工程建设】 2016年，盐城市政府将放心粮油创建工作列为为民办实事工程之一，要求大丰区年底前完成12个放心粮油店（柜）创建目标任务，区粮食局明确专人逐个乡镇实地勘察，与相关超市、油米店负责人沟通协调后，列出备选单位19个，通过对门店负责人短期培训和店面环境反复筛选，选定14个超市（油米店）作为全区放心粮油创建单位，10月将统一制作的店牌标识、工作制度布置到位，迎接2017年的验收。

【作风建设深化年活动】 2016年，大丰粮食局做到三结合：与粮食工作的新要求、新任务相结合；与增强业务技能、提升服务水平相结合；与建设学习型、服务型、创新型机关相结合。扎实开展"三严三实""两学一做"学习教育等活动。组织机关干部及部分库点负责人到全国粮食系统先进单位——河北柏乡粮库考察学习，邀请盐城市粮食系统"两学一做"先进事迹报告团到大丰做专场报告等。提高行政效能，全局把服务"零投诉"作为考量服务能力的重要标准，在库所维修改造、粮食收购、安全保粮、库存检查等重点工作上，机关工作人员急事急办、特事特办，缩短解决问题的时间。对社会上的粮食经营户，实现服务管理一体化，定期与不定期上门指导服务。

（夏志荣）

盐业专营

【概况】 2016年，大丰区盐务局围绕年度工作目标，加强食盐专营管理，依法监管盐业市场，落实消除碘缺乏危害工程，全面正确履行盐务局各项职能。全年查处盐业违法案件67起，查获各类涉案盐产品6.05吨，没收盐产品2.51吨，罚没款55545元。

【食盐专营管理】 2016年，大丰区盐务局严格执行食盐价格管理和计划管理，督查进货检查验收、索证索票、台账登记和不合格产品召回等制度的落实，第一时间现场处置消费者投诉的盐产品质量问题。全面加强食盐零售终端的服务与维护，建立和完善全区1400个食盐零售有效终端信息网络，大力培植诚信度高、食盐安全意识强的零售终端体系。

【盐业市场监管】 2016年，大丰区盐务局将日常检查与专项治理相结合，以"春雷行动""制贩假盐专项治理"等专项行动为契机，与公安、卫生等部门联合执法，强化食盐零售终端和学校、工地、企事业单位集体食堂、家宴食盐安全的日常监管，规范宾馆、饭店和腌制、卤制品等食品加工用盐行为，依法打击使用非碘盐和不合格碘盐行为。

【盐政宣传】 2016年，大丰区盐务局全面实施盐政宣传一线工作法，组织开展食盐安全访万店和食盐安全访万家活动，深入食盐零售终端和居民家中，面对面宣传食盐专营政策法规，解读国家盐业体制改革方案，发放宣传资料，现场检测辨别真假碘盐，增强经营户的守法经营意识和居民食盐健康安全意识。全年未发生食盐安全事件，碘盐合格率、碘盐覆盖率、合格碘盐供应率95%以上。

【盐品购销】 年内，购进各类盐产品10132吨，其中食盐6087吨、工业盐4045吨，碘盐小包装2826吨，同比分别为-2.8%、-11.6%、14.2%、-9.4%；销售各类盐产品10322吨，其中食盐6324吨、工业用盐3998吨，食盐小包装3055吨，同比分别为-1.2%、-6.8%、9.2%、-1.8%。人均碘盐供应量4.35千克。全年实现营业收入2566万元、利润296.96万元，同比分别下降18.2%、10.1%。

（谭　芳）

烟草专卖

【概况】 2016年，大丰区烟草专卖局（以下简称区烟草局）设有客户服务科、专卖监督管理科等5个职能部门，下设三龙、草庙、刘庄、城区4个基层服务站。区烟草局围绕"行业楷模"发展战略（战略统揽发展，规范护航发展，创新驱动发展，质效推动发展，管理支撑发展，文化引领发展，队伍保障发展），坚持市局整体发展思路及"三有三先一横一纵"（"确保'三有'、定位'三先'、实现'一横一纵'"。"确保'三有'"即贯彻落实楷模战略要确保有追求、有基础、有人才。"定位'三先'"即"苏北率先、全省争先、行业领先"。"实现'一横一纵'"即江苏烟草发展战略体系落地落实在广度上要实现横向到边的"全面开花、年年结果"，在深度上实现纵向到底的"贯彻到基层、落实在岗位"）具体举措，立足"争第一、扛红旗、当楷模"目标定位，统筹协调好战略、规范、创新、质效、管理、文化、队伍7个方面，各项工作在新的平台上取得新成效，获得"市安全文化（诚信）建设示范企业"称号。

【卷烟销售】 全年销售卷烟22098箱，销售收入52654万元，实现税利16291万元，同比增长5.73%，社会存销比由2016年春节后的3.21降为1.35，圆满完成目标任务，市场状态走势趋好。坚持面向消费、面向客户、面向品牌，从"十个视角"（从消费、状态、价类、价位、品规、客户、区域、进度、流动、政策等十个方面来进行合理性的分析）出发，扎实推进"消费者在哪里，我们就到哪里"主题营销活动。在市场状态监测上力求"看得透、辨得清"，在卷烟销量结构上谋求"稳销量、提结构"，在品牌培育上追求"有重点、出成效"，强化精准营销，提升服务水平，实现与客户共创成功。

【烟草专卖局专卖管理】 2016年，区烟草局查处案件299起，查获卷烟4628.1条，案值122.18万元，其中1万~5万元案件33起、5万元以上案件5起。"2016.11.01"网上贩假售假卷烟案件，被公安部正式挂牌督办，这是盐城烟草近10年第一起公安部挂牌督办案件。

【烟草专卖局基础管理】 2016年，区烟草局以"行业楷模"发展战略为指导，按照"紧扣楷模战略，注重补齐

2016年，大丰区烟草专卖局强化精准营销，全年销售卷烟22098箱，实现销售收入52654万元、税利16291万元　（单位供图）

短板，突出创新提优，实现全面发展”工作思路，制订“三联三带”全面创优方案（以县级局、分公司、基层党组织创新高，带动“基层站标准化建设、示范中队创建、机关综合事务”三支队伍同提优），明晰战略施工图、任务书、时间表和军令状，进一步明确践行楷模战略的具体目标、实现路径、保障措施、时间进度、方法步骤等内容。

【烟草专卖局队伍建设】 2016年，区烟草局深入开展“两学一做”（学党章党规、学系列讲话，做合格党员）学习教育活动。建设机关廉政文化小公园，基层站点廉政文化角，注重“家风建设”，组织职工家属参观廉政教育基地、发放《廉政倡议书》、亲情寄语、“家风四问”等一系列活动；扎实推进创新项目，进一步激发全员创新意识；严把选人用人推荐提名关，组织双向选岗活动，做到人岗匹配；落实“一岗双责”要求，制订安全应急预防措施，开展“安全生产月”、应急演练等活动，推进安全文化建设。

（姚　祥）

石油经营

【概况】 2016年，中国石化销售有限公司江苏盐城大丰石油分公司（以下简称石油公司）围绕省、分公司“三年奋斗目标”，积极对标奋力赶超，深化改革创新，努力提质增效，较好的完成年度各项目标任务，实现“十三五”开门红。全年实现成品油销售量8.63万吨，销售非油品近1336万元。全年HSE（健康、安全、环保）和数质量管理无重大责任事故，公司总体和谐稳定发展。

【经营质量提升】 2016年，石油公司深入内部挖潜，注重油、非、气、卡互动及客户的开发与维护，经营质量稳步提升。资源保供体系日趋完善，有效支撑经营。统筹优化经营，确定“直分销做量、零售增量增效”的经营思路，适时调整经营策略，实施精准营销。深化“一站一策”“一户一策”措施的落实，从“进站率、加满率、通过率及回头率”入手，逐一突破，市场控制力稳中有升。加强直分销市场的开发，调查成品油市场，梳理客户信息，完善客户档案，挖掘潜在客户，落实客户经理分级管理的责任。强化加油卡营销，客户忠诚度提高。根据加油卡客户持卡省外消费比例不断上升的情况，设立1名专职加油卡客户经理，通过对区域内钻金银客户的维护，客户持卡省内消费比例稳步提升。开展“五进”（进机关、学校、企业、社区、车展和4S店）活动，积极引导客户现金转卡消费，提高加油卡消费比例。推进轻资产项目，支撑零售扩量增效。根据省公司“他有我营、他有我管”经营模式的要求，年内发展2座轻资产加油站。与大丰港华公司进行天然气销售业务，销售天然气775吨，实现天然气业务“零突破”。

【安全管理】 2016年，石油公司注重安全责任制的落实，重新梳理并明确各岗位安全职责，注重安全风险防范，提升员工安全意识及应急处置能力，以每年6月的“全国安全生产月”活动为契机，开展员工灭火实战演练，进一步提高员工灭火实战技能。注重“加油现场、卸油现场、施工现场”的安全管理，严格日常检查和适时监督检查“四不两直”（不发通知、不打招呼、不听汇报、不用陪同接待，直奔基层、直插现场。）检查相结合，开展安全管理专项整治活动，发现问题，严肃问责。注重安全闭环管理，充分发挥安全监管职能，强“三基”（基层建设、基础工作、基本功训练），反“三违”（违章指挥、违章操作、违反劳动纪律），全面推行“三标”（标准化班组、标准化岗位、标准化操作）工作，全年实现安全生产无事故。

【基础管理】 2016年，石油公司调整完善考核办法，持续优化绩效考核机制，零售实现全额联量挂钩；直分销统一吨油挂钩标准，激发员工拓市增效积极性。零售损溢管理取得成效。推广地罐交接、液位仪取数，落实双赔付责任制，对落后加油站精准帮扶，加油站损溢管理水平提升。市场净化工作得到加强，同区商务局、区市场监督管理局、区公安局取缔非法加油站点4个，同区市场监督管理局清理商标侵权加油站1个。

【企业改革】 2016年，石油公司根据省、分公司的统一部署，公司管理机构职能整合，管理更加精细，职责更加明确。开展优化用工工作，按照标准定员定编，进一步优化加油站岗位设置和人员编制，提高人均劳效。通过5000吨以下加油站的委托管理，提升经营活力。

【加油站网点建设】 2016年，石油公司以新建（迁建）和改造加油站为导向，加强统筹协调，强化责任落实和有效沟通，优公制定“一站一策”的有效方案，细化时间节点，倒排施工工期，从严考核，新建的东宁路加油站通过验收并投入运营。新建的申丰路加油站年底开工。和上海农场联营的加油站项目完成项目申报工作。第二和第七加油站整体改造方案获相关部门审批，进行开工前准备工作。倡导绿色环保建设，加油站油气回收改造工作进展顺利。

【石油公司党建工作】 2016年，石油公司健全党员学习制度，坚持“三会一课”制度，深入开展“两学一做”主题教育活动。加强党风廉政建设，层层签订党风廉政责任书，强化监督机制。坚持从严治党，强化“两个责任”落实。开展“党员联系油站”和“党员示范站”活动，站站有党员，员工学有榜样，赶有目标。认真开展“比学赶帮超”活动，鼓励员工进位争先。强化加油站“家文化”建设，让员工在加油站上班有“家”的感觉。加强群团建设，工会开展“走基层、访万家”活动，把企业的关心送到每一位员工的家中，增强员工的荣誉感，团支部组织团员青年开展向贵州贫困地区捐赠衣物活动。

（刘　森）

现代服务业

【概况】 2016年，大丰区现代服务业实现服务业增加值270亿元，同比增长11.2%；实现服务业投资增幅21.1%，新开工项目20个，竣工项目20个，新招引项目31个（含1亿元以上项目10个），实现规模以上服务业营业收入87.9亿元，同比增长68.7%；净增服务业定报企业47个。

【重点项目建设】 2016年，大丰区50个服务业重点项目完成投资60亿元；6个盐城市八大类重点工程完成投资28亿元，占年计划的125.6%；14个盐城市服务业重点项目完成投资35亿元，占年计划的112.5%。大丰港进口木材除害处理中心一期建成运营；权健生命科学产业园、道诚科技大厦、荷兰风情街等项目推进顺利，红星美凯龙项目签约，希望小镇投入使用。电商产业园入驻电商企业80个，实现电商交易额20亿元。大丰港口物流服务业标准化试点项目通过国家验收，大丰港现代物流中心辉丰固化仓储物流、B型保税物流中心、粮食仓储二期、悦达汽车物流园一期等项目建设顺利，跨境电商孵化中心入驻孵化企业30个，对外贸易额超1亿美元；大数据产业园入驻中兴通讯、航空互联、运盛医疗、亿阁优志愿、菁采电子等100多个大数据软件企业，实现产值超8亿元；东方1号创意产业园集聚50个企业和30余个产学研合作基地。3个盐城市级以上服务业集聚区全年完成投资14.78亿元、实现营业收入70.26亿元、税收2.6亿元。

【转型升级】 2016年，大丰区实现电子商务交易额120亿元，同比增长30%，工业企业应用电子商务3000多个，农村淘宝村级服务站开业224个，实现全覆盖。全国首家农资电商平台农一网上线销售额近4亿元，设立站点100个。大丰区被认定为江苏省农村电子商务示范县，三龙镇被认定省级电商示范镇，南阳镇东旺村被认定为第四批江苏省省级电子商务示范村，辉丰股份等3个企业被认定为盐城市级电子商务示范企业。大数据产业园云计算数据中心入选江苏省信息基础设施试点项目，为盐城市各县（市、区）唯一入选项目。创意产业对接项目600多单，拉动产值近1亿元。传统服务业提档升级，城市综合体建设取得突破，中交美庐城综合商业体投入运营，城东新区万佳城市广场加快建设。

【创牌工作】 2016年，江苏裕丰旅游开发有限公司申报的“大丰花卉文化生态旅游服务业标准化试点项目”获省质监局、省发改委批准建设，“大丰港口物流服务业标准化试点项目”通过国家评审。

【招商引资】 2016年，大丰区组织举办中国大丰（香港）新产业及现代服务业项目签约活动、上海汽车服务业招商推介会等服务业专题招商活动6次，各类招商活动签约服务业类招商项目31个，总投资85亿元，涉及电子商务、现代物流等现代服务业领域和新兴业态。

【物流】 2016年，大丰有港口、公路、铁路等多种运输方式，综合交通运输体系成为大丰物流业发展的重要支撑。国家一类口岸大丰港距盐城机场45千米；沈海高速大丰港段竣工通车，盐城至大丰港轻轨项目在筹划之中；新长铁路大丰港支线列入国家规划，大丰现代物流中心所需的交通网络基本形成。“数字大丰”建设为社会提供快速、系统、简便的信息服务。大丰电子商务平台的信息基础设施，为大丰加快物流业发展奠定基础。大丰有各类货运、集装箱运输、仓储、货代、速递、船务公司、物流管理咨询及投资公司等各类物流企业近500个，传统物流企业开始向现代物流企业转型。大丰港现代物流中心大力发展港口物流业，初步形成以木材、煤炭、矿石、粮食、石化等为重点的物流体系，保税物流中心（B型）建成运营，进口粮食指定口岸获批，大丰港智慧港口建设有序推进，大丰港口物流服务业标准化试点项目通过国家验收。年内，以城市配送物流和电商物流为主的专业市场集聚区物流园招商工作加紧推进。

（张　鑫）

【电子商务】 2016年，大丰区成功创建江苏省电子商务进农村综合示范县，三龙镇被确定为首批“江苏省农村电子商务示范镇”、江苏省2016年度农村电子商务十强镇，南阳镇东旺村被确定为江苏省农村电子商务示范村，盐城市大丰区电商产业园被确定为2017~2018年度江苏省电子商务示范基地，江苏辉丰农化股份有限公司被确定为2017~2018年度江苏省电子商务示范企业。江苏丰收大地实业有限公司、盐城市丰龙大地电子商务有限公司、江苏辉丰农化股份有限公司被确定为盐城市2016年度电子商务示范企业，白驹镇肖坳村、大中镇红花村、新丰镇全心村、草庙镇川东居委会被确定为盐城市农村电子商务示范村。区电商产业园、大丰港跨境电商产业孵化中心、大数据产业园工业企业网络营销中心、丰收大地农产品网络营销中心等电商产业园建设不断推进。丰收大地应邀在第三届全国县域电商峰会参展，成为苏宁易购盐城馆的建设运营商，苏宁易购“中华特色馆·盐城馆”正式上线。农一网电子商务交易额超4亿元。电商服务不断推进，阿里巴巴“农村淘宝”、京东商城、苏宁易购、大润发飞牛网、农一网等在大丰布点425个，实现村级站点全覆盖。开展电子商务专题培训活动，组织电商培训1.5万多人次。区电子商务协会会员单位75个。

（王文献）

【编辑　陈琴琴】

旅游景点

【概况】 2016年，大丰实施绿色发展战略，坚持市场化、社会化、特色化方向，整合资源要素，加快做优做强，有力、有序、有效推动旅游产业发展。大丰区首批入选国家全域旅游示范区创建名单，创建成“全国旅游标准化示范城市”，全年新增江苏省四星级乡村旅游区1家、江苏省级研学旅游示范基地1家、江苏省工业旅游区1家、江苏省三星级旅行社2家。

【中华麋鹿园】 中华麋鹿园为国家AAAAA级旅游景区，2016年有麋鹿3223头，是世界上最大的野生麋鹿放养地，拥有世界上最大的麋鹿种群，建立了世界上最大的麋鹿基因库。该园是全球唯一以“湿地生态、麋鹿文化”为主题的旅游景区，集生态旅游、休闲度假、科普教育、科研保护于一体，园内建有电教馆、野生麋鹿园、中国南黄海湿地馆、百鸟园、动物园、农家乐园、海洋生物标本馆、珍禽异兽标本馆、蝴蝶标本馆、打靶场、麋鹿塔、观鹿台等10多个旅游景点，设有接待游客的高档宾馆、培训中心，获得“中国十佳湿地旅游目的地”“中国生态旅游15个精选项目”之一、“世博之旅”推荐线路、首批“江苏自驾游基地试点单位”、五星级“江苏最美的地方”和首批“中国低碳旅游景区”等称号。

【大丰上海知青纪念馆】 大丰上海知青纪念馆为国家AAAA级景区，建成中国知青主题馆、纪念馆主馆、文史院、海丰少年馆、北上海历史展览陈列馆等多个景点，是国家级青少年爱国主义教育基地、省级影视基地。馆内展有当年知青生活、生产的实物资料2万多件。纪念馆主馆分6个展区，分别为：历史印痕、知青名录、生活实景、农场建设、人物春秋、文明记忆。馆内有17个小景点：主馆、知青会所、元华浴室、老虎灶、护馆河、橘园、息壤元华、稻香村、渔家坳、桃花源、知青劳动体验区、老树、老井、西池塘、伙食房、菜田和职工俱乐部。其间的电视剧《硝烟散尽》拍摄基地，真实再现20世纪50年代村庄原始景象，是国内唯一的一个反映当时建筑风格的影视基地。主馆北侧的是以20世纪70年代建筑风格为背景的知青影视一条街，复制了20世纪70年代农场的12幢标志建筑，打造国内唯一的知青题材为背景的专业影视区，电视剧《硝烟散尽》《两个女人的战争》在这个区域拍摄。大丰青少年教育基地，作为国内首座大型知青文化主题馆，通过8000平方米的知青年代建筑群，在了解中国知青运动概况同时，以曾经为大丰沿海开发做出突出贡献的知青故事为创意基础，对知青年代人、事、物，进行生活再现和史实互动。随着《北上海三部曲》的拍摄，这里将逐步建成华东唯一、全国最具规模和影响的知青影视文化基地。

【大丰港海洋世界】 大丰港海洋世界为国家AAAA级景区，是国内首个以海洋为主题的情景式互动体验馆。景区占地33.33公顷，一期工程建成2万平方米中国·大丰海洋科技馆、3000平方米热带植物馆、12万平方米明月湖、3万平方米连栋大棚（耐盐特种蔬菜高效栽培）、3万平方米智能温室（耐盐苗木扩繁基地）、1.2万平方米海洋生物产业孵化区观光带、1万平方米盐土大地商务酒店等。二期工程占地3.33公顷，着重打造海洋乐园旅游新亮点。

【新丰荷兰花海】 荷兰花海位于新丰镇，2013年创建成江苏省四星级乡村旅游点，2015年创成国家AAAA级旅游景区，是盐城市统筹城乡发展的试点、江苏省智慧旅游和电子商务示范基地。项目深度挖掘中华民国村镇规划第一镇的历史底蕴，依据原有地形，在不变动原有地貌的基础上加以修整，以“田园、河网、木质建筑、风车、花海”为设计元素，以荷兰名花郁金香为特色，打造集观光、娱乐、餐饮、种植于一体的颇具荷兰风情的花海。建有游客服务中心、咖啡屋、风车情侣馆、洋家乐休闲中心、购物中心，并配备旅游观光车、游艇、皮划艇、快艇等旅游设施。

【东方湿地公园·东方1号创意产业园】 东方湿地公园在2011年创建成国家AAA级旅游景区，是一座集休闲、娱乐、创意于一体的现代城市公园，公园分为南园和北园。南园以湖、果林和绿化为主要特色，北园是以湖、景观、建筑、假山、喷泉和水幕电影、广场为主的综合性公园。公园入口是儿童乐园，建有摩天轮、滑行龙、仿古火车、弹跳、摇头飞椅、恐怖城等儿童娱乐设施。公园内的东方1号创意产业园，是江苏省首个旅游商品研发基地，是大丰确立的首个创意产业项目，也是苏北地区首个文化创意产业园。楼内一层是创意设计展示中心，建有蓝馆、红馆和综合展览馆。红馆为创意生活馆，蓝馆为工业设计馆，主要展示国内外创意设计的最新成果和世界工业、生活领域的高端前沿产品。二楼和三楼是创新产品生产区，吸引了包括上海木马、苏州斑马等中国顶尖创意团队入驻。

【大丰港动物园】 2013年，大丰港动物园创建成国家AAA级景区。该园位于海港新城启动区西侧，主要分三个区域，北区为麋鹿苑，主要有麋鹿等食草动物；中区为珍禽园，以各种珍稀鸟类为主要看点；南区有大熊猫乐园、虎狮熊豹猛兽馆、动物表演场和亲子动物区等景点。园内有各种珍稀鸟类300余种、6000多只，有熊猫、麋鹿、丹顶鹤、东北虎等10多种国家一类保护动物，更有法国黑天鹅、南美金刚鹦鹉等10多种世界珍稀野生动物。

【中华水浒园】 中华水浒园为国家AAA级旅游景区，位于白驹镇的花家垛，四面环水，是依托《水浒传》作者施耐庵故里这一独有资源新建的主题文化园。该项目总规划面积48公顷，一期规划面积14公顷，逐步建成施家垛水浒主题文化体验区、花家垛核心文化展示区、古镇历史文化保护区等特色旅游文化景点。首期工程水泊桥、水浒街牌坊、施耐庵书院、碑廊、停车场、亲水平台、快活林客栈等工程建成对外开放。优化硬件配套设施建设，加快旅游商品一条街、游客服务中心、浔阳楼、快活林客栈、聚义桥等十大工程建设，完善文化旅游产业基本要素，以展示“施公故里、水浒原乡”不一样的文化魅力。

【丰收大地现代农业示范区】 丰收大地现代农业示范区位于通港大道199号，是省四星级乡村旅游区、全国休闲农业与乡村旅游示范点。建成以现代农业展示馆、孙桥现代农业科技馆、花卉超市、种苗世界及有机蔬菜生产展示、种子种苗农资一条街为景点的现代农业展示风光带，以农家乐丰收园、金品苑观光采摘、葡萄长廊、农庄垂钓、农家生活体验、有氧沐浴、有机食疗为特色的城市氧吧休闲度假区。园内建有农业科技服务中心、游客中心、现代农业展示中心、花卉交易中心、种苗世界、有机蔬菜生产展示中心，以及丰收游园、三星级绿岛生态园餐厅、精油加工车间等休闲、餐饮、购物场所，是游客感受乡村旅游魅力的旅游休闲度假目的地。

【恒北村梨园风光】 位于大中镇的恒北村梨园风光为江苏省四星级乡村旅游区，占地7.5公顷，设有入口广场、果品展示中心、文化活动中心、体育活动中心、健身氧吧、晨练功能区、亲子乐园儿童天地、映像恒北展示馆、湖边茶室等。中央为湖光景色区，沿湖周围设有钓鱼台、葡萄长廊、湖畔广场等。

【希望的田野】 希望的田野为江苏省四星级乡村旅游区，位于草庙新镇区西侧，规划面积667公顷，核心区200公顷。园区采取客商投资、能人入股、农户参与的总体运行模式，并以优惠政策鼓励当地农户创业，是一个集农业观光、垂钓休闲、珍禽养殖、乡村农家乐于一体的新型生态农业示范基地。园区包含庄稼乐园、垂钓中心、无土养殖示范区、孔雀观赏园、牙獐养殖园、姜尚美食坊、果品采摘园、草庙红名贵植物园、QQ农场和现代农业展示馆十大功能区。各功能区别具特色，各有亮点，在各大功能区之间有休闲观光小径贯穿相通，连成一幅“树在园中、园在绿中、姹紫嫣红、交相辉映”的乡间美景。

【东方桃花洲】 东方桃花洲位于大桥镇，为江苏省四星级乡村旅游区，主要围绕农业观光旅游、果品采摘、文化旅游商品品牌运营等三大功能定位，打造集文化旅游商品品牌中心、果品仓储物流中心、农业科技展示中心等为一体的乡村旅游景点。规划

2016年1月，中华水浒园被评为国家AAA级旅游景区。该园位于白驹镇花家垛，是依托《水浒传》作者施耐庵故里这一独有资源新建的主题文化园

建设有小南湖公园、千亩桃园、花卉苗木种植区、“桃花源”农家大院、“桃花岛”休闲渔舍、“桃花潭”温泉酒店等。

【七彩花田】 七彩花田位于草堰镇，为江苏省四星级乡村旅游区，是一座集观光、休闲、娱乐等功能为一体的现代观光农业花卉主题园。以“田园、河流、木屋、鲜花”为设计元素，以玫瑰为特色，并引进薰衣草、波斯菊、月季、红枫等各种花木，打造颇具浪漫风情的七彩花田。园内设有一帘幽梦廊道、玫瑰剧场、花田萌宠园、农具展示馆、梦幻乐园、梦田花圃、花田里咖啡馆等特色景点，游客徜徉其间能感受“景中有景”“园中有园”的绚丽花韵，体验自然生态的乡村慢生活。

【施耐庵公园】 施耐庵公园位于大丰城区，为国家AA级旅游景区，建有纪念褒扬区、中心大道主景区、滨水区、水浒文化区、体育活动区、宣传演艺区、运动草坪区、绿色丛林区、老年活动区、儿童游乐区以及革命烈士纪念馆、施耐庵史迹馆、博物馆。园内山、水、湖、树木花草、音乐喷泉等，形成红色氛围与绿色生态为一体、革命历史与人文活动相交融的特色景观。

【银杏湖公园】 银杏湖公园位于大丰城区，为国家AA级旅游景区，该园以20世纪50年代形成的长约1.5千米的银杏林带为依托向东拓展而建，整个公园占地约19公顷，由两个部分组成：跃进河东侧是占地约14万平方米的公园主体；跃进河西侧是占地约5万平方米的银杏林带。公园以绿化为主调，配以广场、桥梁、钢膜结构、灯光等公园景观元素，实现自然景观与都市氛围的有机结合。公园内以银杏为主题，有海浪舞台、露天舞池、观景平台、灯柱广场、儿童天地、蛙声十里、烟花九月、苇荡风情、花海麦浪及现代风格的桥梁等20多个景点，可供市民休憩游玩，是集观赏、游览、娱乐、健身于一体的开放式公园。

【姜尚公园】 位于草庙镇的姜尚公园为国家AA级旅游景区。公园以苏州园林为主体风格，分为“湖光春色、历史凝晖、田园风光、长卷如画”四大景区，以《封神演义》为历史背景，姜尚文化为主题，把江南古桥、苏式古亭、钓鱼台、船舫、长廊等元素浓缩在8公顷的公园内，倾力建设以江南水乡为背景的生态文化公园，是全国仅有的以姜子牙命名的主题文化公园。公园规划展示厅、陈列室、太公书画社等，为广大游客介绍有关姜子牙传奇的一生。实物展示、名家字画鉴赏、现代声光特技将会引领观众穿越3000年时空，领略历史上杰出的政治家、韬略家、军事家的神奇风采。

【刘庄净土院】 位于刘庄镇紫林路南首西侧的刘庄净土院于2013年创建成国家AA级旅游景区，分为山门殿、天王殿、玉佛 、大雄宝殿、念佛堂、斋堂、寮房等区域。该院成为全国著名女众净土道场，香火旺盛，声名远播。按照刘庄镇“发展旅游业，打造西街古典特色”的城镇建设理念，该院于1994年恢复重建，2007年改扩建，正常对外开放。

【江苏丰海新能源淡化海水发展有限公司】 江苏丰海新能源淡化海水发展有限公司为江苏省工业旅游示范区，位于大丰区临港大道东侧、盐丰河畔；是世界上首个1万吨非并网式风电海水淡化产业化示范基地，是研发、生产、销售、全国示范推广海水淡化集成技术的专业公司。企业配备多名专业讲解人员负责介绍企业状况，并根据参观要求设计不同的参观路线，参观途中由相关负责人和讲解员解答问题；配备有专门的游客咨询服务中心、中英文等多种语言的标识牌，设计了中英文宣传手册和宣传折页以供参观人员参考；中控室可播放9分钟的汇报片，3分钟的工艺流程等视频，详细介绍项目情况，让参观人员更直观地了解海水淡化的相关内容。

【江苏大丰和顺电子有限公司】 12月创成江苏省工业旅游区，其位于盐城市大丰区疏港路与盐厂路交界处，是一家集研发设计、生产制造、销售服务于一体的高档电子产品加工企业，主要产品为高清液晶电视机、互联网广告一体机、裸眼3D显示器、数码机顶盒和高效能空气净化器，95%以上的产品出口欧美为主的国外市场，公司的目标是全力打造“长三角”地区乃至全国知名的液晶产品系列等制造基地。

【巴厘岛温泉俱乐部】 温泉俱乐部坐落于大丰港城风光秀美的日月湖畔，建筑面积9800平方米，温泉养生特色氛围浓郁。俱乐部温泉取自地下基岩深处1580米，出水表层温度52℃，泉水中富含锂、锶、溴、氟、镭等微量元素，配有东南亚顶级的水疗SPA、专业的中医保健、豪华的KTV包厢，配有薰衣草池、人参池、玫瑰池、牛奶池、红酒池、鱼疗池等十多个汤池和十多间VIP室内养生池及恒温游泳池、瀑布冲淋等特色项目，是顾客养生休闲的好去处。

【梅花湾】 梅花湾位于226省道和通港大道交汇处向北1千米，占地约200公顷，是一座集生态园林、旅游观光、健身休闲为一体的综合性旅游景区，为苏北地区最大规模的梅园。绿化面积占园林面积80%，基本实现四季常绿，季季有花。梅花湾和浙江东方梅园合作建立13.33公顷的“精品梅苑”景点，引进1万余株梅树，以全国各种梅花为主体景观，有骨红、朱砂、绿萼、美人梅、宫粉梅、江梅、垂枝梅等珍贵品种，并配置传统的岁寒三友（松、竹、梅）和花中四君子（梅、兰、竹、菊）等多种植物群落。

【中华麋鹿园自驾游营地 】 “江苏最具特色乡村露营休闲基地”——中华麋鹿园自驾游营地坐落在风景秀丽的草庙镇，位于临海高等级公路（国道228）东侧，国家AAAAA级旅游景区中华麋鹿园西首，距离中华麋鹿园3千米。自驾游营地项目总面积66.67公顷，总投资5亿元。作为国家

AAAAA级景区——中华麋鹿园的配套服务区，自驾游营地内重点打造乌邦寺商业小镇、五星级汽车野营基地等核心功能区，为旅客提供游览、餐饮、住宿、购物、休闲、娱乐、信息咨询、租赁、旅游品集散、汽车营地、主题酒店、商业配套等综合服务，着力打造华东地区独具特色的集野外露营、户外运动、休闲娱乐等功能于一体的自驾游基地。

旅游设施建设

【景点基础设施建设】 中华麋鹿园景观提升、梅花湾钓鱼台、威尔士巧克力坊等7个项目开工建设；梅花湾精品梅苑、中华水浒园、荷兰花海假日酒店、郁金香客栈一期、丰收大地有机采摘基地、权健华东国际会议中心等10个项目建成运营；荷兰风情街、千亩荷花岛、日月湖旅游度假区提升工程、佛教文化园等项目加快建设。旅游招商取得突破，掌握重大旅游项目信息6个，签约旅游项目7个，总投资5亿元恒北原乡温泉度假村、总投资20亿元麋鹿风情小镇等项目成功签约。

【直饮水点亮相大丰荷兰花海】 4月9日，直饮水点正式亮相荷兰花海，它的建成使用不仅为市民和游客带来了方便，也能起到环保作用，减少瓶装饮料的饮用及饮料瓶乱扔现象，体现了低碳旅游理念。

【东方桃花洲温泉度假村正式开工】 9月17日，东方桃花洲景区的温泉度假村正式开工。东方桃花洲温泉度假村项目计划总投资1.5亿元，占地2.3公顷，建筑面积6000平方米。由温泉SPA馆、会议馆、客房、健身休闲区和主景台组成，拥有60套客房和大小会议室，集商务会议、疗养健身、活动娱乐、休闲度假于一体。

旅游管理

【大丰入选首批“国家全域旅游示范区”创建名单】 2月5日，国家旅游局发布首批创建“国家全域旅游示范区”名单，江苏省8个市县列入名单，大丰区榜上有名，成为盐城市唯一入选创建名单的县（区）。

【知青纪念馆被认定为首批省级研学旅游示范基地】 2016年，省旅游局会同省教育厅邀请教育、旅游规划、旅游策划等相关专家对125家申报单位进行审核、初评及现场考评，认定其中52家单位成为首批省级研学旅游示范基地，盐城地区有3家单位入选，大丰上海知青纪念馆就是其中之一。大丰上海知青纪念馆为国家AAAA级景区，建成中国知青主题馆、纪念馆主馆、文史院、海丰少年馆、北上海历史展陈馆等数个景点，是国家级青少年爱国主义教育基地、江苏省省级影视基地。

2016年4月9日，直饮水点正式亮相荷兰花海

【大丰获“全国旅游标准化示范城市”称号】 12月26日，国家旅游局在官方网站公布第三批全国旅游标准化示范城市名单，大丰是全省唯一入选的城市。大丰自2014年8月获得创建全国第三批旅游标准化示范城市入场券以来，按照国家、省、市旅游局关于全面推进标准化工作要求，坚持以标准化建设推动旅游业转型升级、推动服务业跨越发展，通过标准制定与贯彻标准，支撑和引领旅游业率先发展、科学发展。

【区举办《江苏省旅游条例》培训会】 3月15日，区旅游局组织开展《江苏省旅游条例》专题培训会。南京旅游职业学院副教授印伟受邀授课，大丰区旅游局全体人员，区直各部门分管负责人，各旅游景区、旅行社负责人参加培训。

【旅游系统消防安全知识培训会】 6月24日，区旅游局召开全区旅游系统消防安全知识培训会。区消防大队防火处参谋叶凡授课。通过培训，旅游企业增强对旅游消防安全工作的认识，掌握旅游消防安全所涉及的有关知识和操作技能，有利于提高旅游系统企业安全生产管理水平，从而稳定全区旅游安全生产的良好局面。

【2016年导游（讲解员）职业技能大赛】 7月25日，大丰区举办2016年导游（讲解员）职业技能大赛，来自全区各景区（点）的35名选手参加比赛。活动展示大丰导游形象风采，有利于导游素质、服务质量的提升，为大丰旅游发展挖掘导游人才，培养一支高素质，高水平的导游人才队伍，服务游客提供了平台。

【日本福冈县议会议员到大丰考察】 8月23日，日本福冈县议会议员中村诚治一行到江苏省大丰麋鹿国家级自然保护区考察。江苏省人大外事委委员郭敏文、盐城市人大常委会副主任肖紫英、麋鹿保护区主任孙大明陪同调研。

【省委书记李强考察荷兰花海】 10月11日，省委书记李强考察调研大丰荷兰花海，对新丰镇荷兰花海风情小镇利用资源优势、挖掘历史底蕴拓展打造特色产业的探索实践给予肯定。

【国家旅游局组织中央媒体记者到大丰调研】 10月31日，由国家旅游局组织，《中国青年报》《经济导报》《中国旅游报》及旅游卫视、新华网、央视网等中央媒体记者组成的采访组，到大丰对全域旅游创建情况进行实地调研和采访报道，区长宋勇，区委常委、宣传部部长石根美陪同。

旅游推介

【中国·大丰西郊梅园首届梅花文化节】 3月4日，中国·大丰西郊梅园首届梅花文化节开幕。区委副书记、区长宋勇，中国梅花协会秘书长李庆卫出席活动并分别致辞。活动期间举办了品茶听曲、赏灯猜灯谜等娱乐活动，全面诠释梅文化，增添游客游玩兴致。

【2016年首届华东旅游商品交易博览会】 4月8日，由江苏省旅游协会、盐城市大丰区人民政府共同举办的2016年首届华东旅游商品交易博览会，在大丰区丰收大地农业示范园盛大开幕。区委、区政府主要领导，大中镇、旅游局主要负责人，区直各部门负责人，华东六省一市旅游行协会主要负责人，华东地区知名媒体，华东地区以及云南、内蒙古自治区等地130多个参展商和来自全国各地的2万多名游客参加活动。

2016年4月8日，首届华东旅游商品交易博览会在大丰区丰收大地农业示范园开幕

【旅游活动推介】 3月29日，2016年中国大丰麋鹿文化旅游季暨荷兰花海第三届郁金香文化月活动新闻发布会在上海报业集团举行，《新民晚报》社领导及近80个旅行社、自驾游团队和媒体代表出席活动。4月8日，2016中国大丰麋鹿文化旅游季暨荷兰花海第三届郁金香文化月开幕，盐城市委常委、大丰区委书记倪峰，荷兰驻华大使凯罗出席并致辞，共同为荷兰花海“中国荷兰村”揭牌。荷兰驻中国大使馆、荷兰贸促会、江苏省旅游局、江苏省旅游协会、盐城市旅游局、中国摄影家协会的领导、专家，近200名“长三角”地区的旅行社负责人，近30家媒体记者，大丰各旅游企业负责人出席活动。

【东方桃花洲首届油桃采摘季开幕式】 5月7日，“东方桃花洲”首届油桃采摘季开幕式在桃香流韵广场盛大举行，活动提高了大桥镇知名度、美誉度，促进绿色消费、乡村休闲，推进田园风光旅游发展。

【大丰（首尔）旅游推介会】 5月10日，2016年中国·大丰（首尔）旅游推介会召开，一批旅游合作项目签约。盐城市委常委、大丰区委书记倪峰致辞，中国驻韩国大使馆领事部总领事董敏杰、韩国首尔市厅组长崔荣熏、中国国家旅游局驻首尔办事处主任李保荣、首尔市观光协会国外旅游业委员会委员长赵秦淑，首尔市观光协会组长金东叶、韩国《中央日报》中国研究所所长韩友德等嘉宾应邀出席。

【鹿王争霸赛电视现场直播】 6月3日，江苏省大丰麋鹿国家级自然保护区2016年鹿王争霸赛直播在中华麋鹿园游客中心广场举行开机仪式。大丰旅游局局长陶耸主持，江苏电视台广电新闻中心党总支副书记周泳，中共大丰区委常委、政法委书记袁国萍，江苏省大丰麋鹿国家级自然保护区管理处主任孙大明等领导出席。

【大丰花车获上海旅游节“色彩效果奖”】 9月10日，大丰第4次受邀参加上海旅游节花车大巡游活动。来自世界各地的25辆花车在上海这座不夜城尽显迷人风情。经过专家评审与市民投票评选，大丰花车获“色彩效果奖”。

【2016年金秋旅游季暨荷兰花海百合花文化月】 10月1日，2016年“大丰好玩呢”金秋旅游季暨荷兰花海百合花文化月开幕。盐城市政协主席、

市旅委会第一副主任李驰宣布开幕。盐城市委常委、大丰区委书记王荣致辞。荷兰南荷兰省副省长安德瑞出席并讲话。盐城市副市长、市旅委会副主任邹毅实与部分荷兰友人及嘉宾代表为活动开幕浇花。区长宋勇主持开幕式。区人大常委会主任吴家祥、区政协主席韦新、区委副书记范大玉参加活动。

旅游饭店

2016年，半岛温泉酒店（五星级旅游饭店）被评为“江苏精品休闲度假饭店”

【半岛温泉酒店】 半岛温泉酒店2013年创成五星级旅游饭店，2016年评为“江苏精品休闲度假饭店”。酒店集商务会议、休闲度假、温泉养生为一体，酒店占地10.8万平方米，建筑面积50639平方米，是大丰海港新城的精品工程、标志性工程。该酒店全程委托业内享誉盛名的太湖高尔夫酒店管理团队专业管理。酒店整体环境以温泉、园林和湖景为主要特色，装饰设计采用现代西式表现手法，创造出一个既豪华富丽、典雅别致，又自然清新、美轮美奂的怡人空间。酒店设有各类标准房、行政套房和总统套房206间，各类会议室和餐厅规格齐全，可同时接待1500余人会议及就餐。休闲娱乐区设有温泉SPA、温泉泳池、健身房、棋牌室、斯诺克、美容美发和KTV等配套设施，商务中心、购物中心、票务中心和综合服务中心为顾客提供全方位的贴心服务。

【新词大酒店】 新词大酒店为四星级旅游饭店，毗邻沿海高速，交通便捷。酒店外观宏伟、环境高雅，房间布置幽雅舒适，拥有总统套房和各类高级行政套房、双人房、大床房278间，内有中央空调、24小时热水供应、卫星电视、烟感消防报警器、自动喷淋系统等现代化设施。酒店配有各式中餐厅、西餐厅（咖啡厅）及风格迥异的宴会厅和包房30间，可同时容纳313人入住和1500人用餐。酒店附设商务中心、商场、美容美发厅、大型桑拿中心、KTV包房、棋牌室、台球室、票务中心等多项服务设施，是宾客休闲、旅游、度假、会议的理想首选。

【银都大酒店】 银都大酒店是大丰首家三星级旅游饭店，建筑面积10000平方米，拥有豪华套间、普通套间、标准间118间，中西餐厅18个，餐位700个，菜肴以淮扬、川、粤为主，有大小会议厅6个，还拥有歌舞厅、KTV、桑拿中心、棋牌室等娱乐设施，同时提供商务、旅游、购物、洗衣等服务。

东方湿地

【概况】 大丰拥有亚洲东方最大的一块湿地，面积7.8万公顷。湿地由林地、芦荡、草滩、沼泽、盐裸地组成，孕育着种类繁多的珍稀动植物。生活着鸟类315种、兽类12种、两栖爬行类27种、鱼类150种、昆虫599种、植物499种。其中，丹顶鹤、黑嘴鸥、天鹅、白尾海雕、牙獐等国家一、二级保护动物30多种，列入《中日候鸟保护协定》的鸟类93种。1999年，大丰被国家湿地项目办确定为中国四大湿地项目示范保护区之一。2002年，联合国开发计划署的《中国湿地生物多样性保护与可持续利用》项目在大丰实施。在大丰人的保护下，湿地的生态系统日趋完善，生物圈逐年扩大，生物数量不断增加，丹顶鹤、黑嘴鸥、震蛋鸦雀等珍稀鸟类栖息数量增长近10倍。同年，大丰又被联合国湿地保护组织列入《国际重要湿地名录》，成为永久性保护地。

【东沙岛】 有天然海上博物馆之称的东沙岛位于大丰海岸线外侧，距大丰陆地海岸最近距离12千米，称其为岛，但实际上只能算是沙洲，涨潮是海，落潮为滩，这一奇观就是东沙的最大特色。东沙历史上是由长江和黄河从南北两个方向夹带泥沙汇聚沉积而成，东沙海图零米以上面积7万公顷，最高海拔5.8米。四周散布着亮月沙、毛竹沙、外毛竹沙、竹根沙、牛角沙、河豚沙、太阳沙等多个沙洲。东沙岛的特殊成因构成丰富的海洋生物链，是鱼、贝类等海洋生物繁衍生长的场所。据勘察统计，这里沿海浮游动物有桡足类、水母类、栉水母类、樱虾类、糖虾类、毛鄂类等98种。沿海底栖动物183种，其中腔肠动物4种，环节动物31种，软体动物78种，腕足动物2种，甲壳动物62种，棘皮动物6种。其中的泥螺、香螺、螃蟹、条虾、文蛤、青蛤、四角蛤、蛤蛏、牡蛎等等，是人们常吃的美味。

（朱舒捷）

麋鹿保护

【概况】 江苏省大丰麋鹿国家级自然保护区(以下简称保护区)位于江苏省东部大丰境内的黄海之滨,总面积2667公顷。保护区以保护麋鹿及黄海湿地生态系统为主要职责,生物多样性丰富,栖息着麋鹿、丹顶鹤等400多个动物家族,生长着近500种海边植物,是一所天然的海滨博物馆。保护区是世界上面积最大的麋鹿自然保护区,拥有最大的野生麋鹿种群、最大的麋鹿基因库。2016年年末,麋鹿种群发展到3223头,占世界麋鹿总数1/2,其中野生麋鹿数量325头,麋鹿的繁殖率、存活率、年递增率均居世界之首。保护区这片湿地的生态系统日趋完整,保护区的生物圈逐年扩大,生物量不断上升,鸟类的种类和数量不断增多。保护区遵循"以科研促保护、以旅游促发展"的方针,以拓展生态旅游为重点,构筑旅游经济高地,以获得的效益推动自然保护事业,形成一个良性循环发展的局面。年游客量近30万人次,旅游综合收入1000多万元。2016年,获盐城市旅游工作先进奖,保护区创建成苏北首批国家AAAAA级旅游景区。

【野生麋鹿遇险获救】 2月17日,保护区内32只野生放养的麋鹿跑进附近沿海林场,不慎走进一处1000多米长、4米宽,2.8米深的水槽。水槽的水位没过麋鹿后背。险情发生后,保护区工作人员找来水管抽水,让水位降到麋鹿膝盖以下,同时从附近请木工,做浮桥,让麋鹿通过浮桥上岸。经过5个多小时的紧急营救,鹿群安全脱险。

【保护区获"全国科普教育基地"称号】 3月2日,保护区被中国科协命名为2015~2019年全国科普教育基地。保护区在科普工作中,立足实际,精心组织、合理安排、周密部署,将绿色、低碳、环保理念落实到科普载体上,用实际行动感召大众,保障各项科普活动的高质量开展;并依托多渠道传播,充分发挥广播、电视、报刊、互联网、新媒体等作用,加大科普受众群体,实现创新科普在身边,根据《全国科普教育基地认定与管理试行办法》,麋鹿保护区再次获得全国科普教育基地称号。

【16头大丰麋鹿野放洞庭湖】 3月3日,是世界野生动植物日,上午11点多,由国家林业局、世界自然基金会、中国绿化基金会牵头组织推动,江苏省大丰麋鹿国家级自然保护区与东洞庭湖国家级自然保护区等多方共同实施的首次麋鹿野放宣传活动在湖南东洞庭湖国家级自然保护区举办。野放的16头大丰麋鹿(5雄11雌)均携带GPS卫星追踪系统,科学家们将根据传回的信息,追踪、研究这一源于中国,流落海外又回归故土的珍稀物种,在回到家园后的野化足迹,积累相关科学数据。这将有利于对野外栖息地实施更具针对性的保护。

【保护区被国家林业局表彰】 12月8日,国家林业局组织开展全国范围内的保护森林和野生动植物资源保护及疫病防控工作评选活动,保护区管理处获国家林业局颁发的"保护森林和野生动植物资源先进集体"称号。保护区发挥科研保护作用。发展壮大了国家一级保护动物麋鹿种群,麋鹿数量位居世界第一。良好的保护理念使得保护区内生物多样性十分丰富,有兽类14种,鸟类182种,爬行两栖类27种,昆虫299多种。其中国家一级保护动物有麋鹿、白鹳、白尾海雕、丹顶鹤;二级有河鹿等23种,除了动物外,保护区植物种类也十分丰富,有高等植物240多种,主要为禾本科、菊科、莎草科、豆科、藜科植物,植被为盐生草甸、盐土沼泽、水生植被,还有人工林、人工牧草及半熟土抛荒地。

【《大丰麋鹿》亮相英国伦敦国际书展】 2016年,江苏推出具有城市文化遗产特色的"符号江苏"口袋书系列丛书参加伦敦国际书展,《大丰麋鹿》口袋书作为最具符号意义的江苏特色文化资源之一,亮相4月12日开幕的世界第二大国际图书版权交易会——英国伦敦国际书展,成为盐城第一个入选参加伦敦书展的口袋书。该书由大丰区首届麋鹿文化奖章获得者杨国美、马连义分别负责图片和文稿的筛选和编撰,选取了132幅不同年代、不同季节的麋鹿照片,结合若干翔实的数据和资料,向读者介绍

2016年,大丰麋鹿国家级自然保护区麋鹿种群发展到3223头,占世界麋鹿总数1/2

了麋鹿从古至今的繁衍历史和当下的生存状态。

【保护区被7部委联合表彰】 5月22日，“国际生物多样性日暨中国自然保护区发展60周年大会”在北京人民大会堂召开。保护区管理处主任孙大明出席大会。会上，保护区凭借在生物多样性保护、自然保护区建设与管理方面做出的突出贡献，被环境保护部、国土资源部、水利部、农业部、国家林业局、中国科学院、国家海洋局7部委联合表彰为全国自然保护区管理先进集体，保护区是江苏唯一获奖的自然保护区。孙大明被表彰为全国自然保护区管理先进个人。

【麋鹿数量稳步增长】 截至2016年5月麋鹿产仔期结束，大丰麋鹿数量3223头，占全球麋鹿种群数量的一半，其中野生麋鹿295头。大丰麋鹿种群之所以能够健康发展壮大，得益于近年来采取的保护措施。具体包括：采取青贮饲料喂养麋鹿，提高了麋鹿食物营养水平；加强野外监测工作，一旦野外食源缺乏，立即人工补足；在麋鹿妊娠期内调整营养结构，使胎儿能够健康发育、顺利生产；通过湿地改造项目优化水系，保证麋鹿饮用水源干净无污染；及时处理自然死亡个体，避免疫病流行，将种群死亡率控制在5%左右。

【麋鹿宣教中心破土动工】 6月16日上午9点18分，亚行贷款盐城湿地保护项目——保护区宣教中心建设工程在中华麋鹿园景区新大门外举行开工仪式。此项目是利用亚洲开发银行贷款资金，开展生态保护的重要工程。自2009年项目建议书批复，经过可行性研究报告批复，再到2015年项目初步设计批复，通过正规招投标，最终到开工建设，历时7年。宣教中心工程建筑总面积2000平方米，两层结构，总投资约2000万元，宣教中心建成之后，将通过生物标本、缩微景观、展板等传统手段和声光电多媒体、4D影院、人机互动等高科技手段给人们宣传麋鹿知识、湿地保护知识，让人们感受到巨大的视觉震撼。同时宣教中心将会向中外游客集中展示保护区自然生态系统、动植物资源以及盐城市深厚的人文历史，对提高广大群众的科学普及水平、加强生态环境的保护与研究、促进盐城市文化旅游事业发展等发挥重要作用。

【央视直播湿地保护成效】 6月20日，中央电视台新闻频道在《绿色中国》系列报道“湿地·览夏篇”中着重报道了大丰南黄海湿地：黄海之滨，呦呦鹿鸣。直播中，央视在麋鹿保护区现场的出镜记者与北京直播间主持人连线，用多角度的镜头向观众展示了保护区麋鹿栖息地优良的自然环境以及保护区内生物多样并和谐相处的场景。

【大丰投稿参加中国自然保护区生态摄影比赛】 2016年，国家林业局野生动植物保护与自然保护区管理司、中国绿色时报社、中国国家地理杂志社、鸟网联合主办中国自然保护区生态摄影比赛。参赛作品要以中国林业系统自然保护区为拍摄地，作品内容反映自然保护区的自然景观、生态系统、野生动物、野生植物、保护工作等。主办单位收到参赛作品组照1270组、单幅100余张，总数13540张。3名参赛者获金奖，其中大丰杨国美拍摄的《滩涂上的麋鹿》获金奖。

【麋鹿回归30周年纪念活动】 10月16日，大丰麋鹿回归30周年暨野生放养仪式在麋鹿野生放养区举行。国家林业局、江苏省林业局、盐城及大丰区各级领导以及相关方面研究专家，国内麋鹿保护机构和输出地代表等出席大会，江苏电视台新闻频道、中央电视台新闻频道、新华社等媒体进行跟踪报道。仪式上盐城市委常委、大丰区委书记王荣致辞，国家林业局野生动植物保护与自然保护区管理司司长张希武宣布麋鹿放归，30头麋鹿（雄14，雌16）一齐奔向野外生存。16日下午，举办大丰麋鹿回归30周年保护管理工作座谈会，与会领导观看麋鹿回归30周年成果汇报宣传片，邀请专家教授等从野生动物的保护利用和疾病预防等方面提出宝贵意见。

【全国政协副主席刘晓峰到保护区调研】 11月8日，全国政协副主席、农工党中央常务副主席刘晓峰到保护区调研生态文明建设情况。省政协副主席、农工党江苏省委主委周健民，盐城市政协主席李驰、大丰区政协主席韦新陪同。刘晓峰详细了解麋鹿种群繁育、湿地生态修复工程等实施情况，对保护区卓有成效的生态保护工作给予肯定。同时，他希望保护区坚定不移走生态优先、绿色发展之路，把生态文明建设和绿色发展理念融入经济、政治、文化、社会建设各方面，不断提高生态文明意识，努力打造良好生态环境，将生态优势转变为发展优势，让广大人民群众共享生态文明建设成果

（侯立冰）

〖编辑 陈一青〗

农　业

综　述

2016年，大丰区委、区政府贯彻落实中共十八大、十八届三中、四中、五中、六中全会精神和习近平总书记系列重要讲话，特别是视察江苏时的重要讲话精神，深入实施农业现代化工程，不断深化农村改革，着力破解难题，增强活力，促进农民持续增收。做好统筹城乡发展、农业产业化经营、农村土地流转、农村政策落实、农业保险、扶贫开发等工作，农业和农村经济持续、健康发展。大丰以转方式、调结构为主线，以项目建设为重点，现代农业得到长足发展，新增设施农业面积2033公顷，农业现代化工程在全省进2位，创成省现代高效农业发展成效显著县。全年饲养生猪126.8万头，其中出栏93.22万头，生猪大中型规模养殖比重78.2%；饲养家禽3594.1万羽，其中出栏2550.1万羽；饲养山羊23.1万只，其中出栏14.4万只；大牲畜存栏2.49万头。全区创成1个部级生态养殖示范场、6个省级生态养殖示范场。大丰加强农产品质量安全建设，成功申报创建国家级农产品质量安全县，实现区镇检测室联网联检常态化，建立健全区、镇、村、企业（基地）四级监管网络；蔬菜农药残留、畜禽产品违禁物残留、生鲜乳违禁物残留例行监测合格率分别为99.17%、100%和100%，“三品”（无公害农产品、绿色食品、有机食品）认证数量继续保持全省领先。2016年，全区实现农业总产值171.02亿元，农业增加值81.27亿元，农村居民人均可支配收入19480.3元，分别比2015年增长2.5%、1.4%和8.7%。

农村经营管理

【概况】 2016年，全区农村经营管理坚持以促进农民持续增收、加快农村土地流转、全面推进村务公开、落实农村政策为重点，开展农村经营管理工作，为农民增收和农业农村经济发展发挥作用。

【农民收入增长】 2016年，全区上下始终坚持以农民增收为中心，推进政策落实和改革创新，不断拓宽农民增收新渠道，挖掘农民增收新潜力，培育农民增收新动能。稳定工资性收入增长势头，坚持工业化致富农民的方针，推进全民创业，加大农民职业技能培训，加强劳务用工对接，千方百计扩大农民就业机会，巩固农民增收主渠道作用。挖掘经营性收入增长潜力，加快农业结构调整和产业化经营，有效挖掘农业内部增收潜力。积极稳妥推进农业适度规模经营，最大程度释放财产性收入增长红利。壮大集体经济，盘活集体闲置资产，加大村级债务化解力度。拓展转移性收入增长空间，落实各项农业补贴政策，加大政策性惠农力度，使农民真正在涉农补贴中得益受惠。2016年实现农村居民人均可支配收入19480.3元，比2015年增长8.7%。

【农村土地有序流转】 2016年，全区新增农村土地流转面积6667公顷，发展农业适度规模经营面积8000公顷，兑现农村土地连片规模流转奖补资金554.5万元。2016年，全区新发展家庭农场100个，总数285个，家庭农场经营面积7587公顷，新创建省级示范家庭农场5个、盐城市级示范家庭农场7个，兑现2015年度省级23个家庭农场奖补资金158万元，区级示范家庭农场奖补资金120万元，有效改善了家庭农场水利、交通、供电等基础设施条件。

【村务公开全面推进】 2016年，全区218个村（居）都建成统一的村务公开栏，公开内容、公开时间统一，公开形式多样，农村综合信息服务平台全面建成投入使用，实现村务公开栏标准化、村务公开格式统一化、村务公开时间固定化、村务公开程序规范化的“四化”要求，村务公开工作走上常态化、规范化、制度化的轨道。

【农村政策落实】 2016年，全区推进农村土地确权登记颁证工作，及时引入第三方，对技术服务外包单位的入户调查、测绘制图等工作开展全程监理，启动农村土地确权登记颁证档案管理工作，完成信息平台服务器的采购安装、业务培训、联网使用等工作。全区206个村（全区218个行政村，其中开发区10个村和港区2个村已经区政府批复同意并报盐城市确权领导小组备案，暂缓确权）开展土地确权登记颁证工作，全年完成登记颁证的行政村175个。2016年，全区实施村级一事一议财政奖补项目，涉及全区12个镇、2个区、42个村，项目修建水泥道路43条、总长57千米，投资1818.05万元，其中村级筹资172.89万元、筹劳折代金234.77万元、省配套奖补资金1352万元、镇（区）财政投入4.9万元、其他资金53.49万元。2016年，全区落实农村公共服务运行维护经费1744万元，其中管护人员报酬1019.66万元、公共设施维修费724.34万元。

【村组干部报酬提高】 2016年，全区按照“基本报酬+考核报酬+岗位补贴”的工资报酬管理制度、基础报酬和岗位补贴按季发放、考核报酬根据年终工作考评审核发放的工作要求，对全区1696名村组干部，分配工资报酬总额5585.91万元，比2015年增加555.71万元，增长11.05%，其中村党组织书记人均工资报酬45312元，比2015年增长19.1%。

【村级集体经济发展迅速】 2016年，全区围绕村级集体经济发展、村级债务化解五年行动计划，鼓励各村结合自身实际，依托资源、产业、区位优势，挖掘潜力，因地制宜，一村一策，探索多渠道、多元化发展路径。发展资源开发、资产经营、合作共享、为农服务、入股分红、休闲观光“六型”经济。盘活农村存量资产，有效利用农村闲置或低效利用的资源、资金，支持利用“拾边隙地”资源发展集体林带，促进资产增值增效。在杜绝一切新增不良债务的基础上，通过政策扶持、结对帮扶、强化管理等有效措施推进村级债务化解，探索土地整理、土地流转、新建标房、购置物业用房、资源开发等方式方法，不断增强村级集体经济造血功能。2016年全区村级集体经营性收入比上年增长10.7%，新增集体经营性收入超百万元的村5个。全面推进村级债务化解工作，在锁定旧债的基础上严控新债，多措并举积极化债，对全区债务多的60个重点村实行结对帮扶，由区四套班子领导、区直部门、国有平台公司、重点规模企业挂钩包干帮扶。全区村级债务下降9542万元，比上年锁定债务数下降24%，新增无债村48个，无债村总数70个。

【农民合作组织有序运行】 2016年，全区强化对816个农民专业合作社的规范化建设，提升合作组织服务能力。建立2016年政府优先扶持的农民专业合作社名录，列入名录的合作社141个，成员数12.13万人。开展市级龙头企业申报和监测工作，40个企业被认定为2016~2017年度农业产业化市级龙头企业。积极申报省财政扶持项目，组织4个市级以上龙头企业申报农业产业化引导项目，申请省级扶持资金300万元；3个合作社申报省级农民专业合作组织项目，申请省级财政扶持资金95万元。新增农村社区股份合作社6个，总数45个。2016年，全区15个农民资金互助合作社，发展社员4.92万人，吸纳社员互助金4.11亿元，投放资金2.91亿元，为农民增收、农业增效、农村经济发展发挥作用。为规范管理农民资金互助合作社，有效防范风险，落实区镇双重监管责任，强化审计监管，实行网上实时监控，全面推行会计委派制，在所有权、使用权、收益权不变的前提下，对备付金实行区、社“双印鉴”集中管理，全区集中管理备付金3110万元。

【政策性农业保险推进】 2016年，全区实现政策性农业保险保费总收入8559万元，其中高效设施农业保险保费收入4340万元，占总保费的50.7%。全年先后兑付理赔资金6430万元，赔付资金全部通过财政一折通发放到位。全区农业政策性保险实现了“三个基本涵盖”，即：保险险种基本涵盖种植业养殖业主要品种，保险责任基本涵盖发生较为频繁和容易造成较大损失的灾害风险，参保对象基本涵盖从事农业生产的各类主体。做到“五公开、四到户”，即：惠农政策公开、承保情况公开、理赔结果公开、服务标准公开、监管要求公开，承保到户、定损到户、理赔到户、收费凭证到户。

【农村“三资”管理】 2016年，全区完善村级财务管理制度，建立健全村级资金预算决算管理体系，强化农村“三资”（资金、资产、资源）管理，加强农村财务队伍建设，做到农村财务管理制度化、规范化，有效维护农村经济社会稳定。配合区纪委，开发大丰区公职人员履职用权信息化监管系统，在大中镇裕华居委会和白驹镇三里树村进行试点运行，强化农村“三资”管理。

【“十三五”扶贫开发开局良好】 2016年，大丰区召开全区脱贫致富奔小康千人动员大会，调整充实区扶贫开发领导小组及办公室，健全新一轮扶贫开发工作体制，明确各镇（区）党委、政府扶贫开发工作的主体责任，建立“区统筹、镇推进、村落实”的扶贫开发管理体系。按照“一个不少、一户不落”的要求，精准锁定全区经济薄弱村13个（其中省定3个），低收入人口11216户、20417人。落实党员干部结对帮扶工作，精准锁定“一有三缺”（有劳力；缺资金、缺技术、缺项目）低收入农户4086户、8099人，区四套班子领导和65个区直部门、14个镇（区）的4100多名党员干部按照“一对一”或“几对一”形式，深入开展党员干部结对帮扶牵手致富工程，落实2016年度精准扶贫项目，从帮助购买意外险、新农合补助、购买公益性岗位和教育资助等方面入手，精准发力，扶志扶技扶资，2016年全区实现脱贫的低收入人口4880人，占“十三五”扶贫任务的24%。组建13支区委帮扶工作队，开展“第一书记”（党建富民指导员）驻点、区直部门挂钩、规模骨干企业结对“三位一体”帮扶活动。编制完成省定3

2016年，大丰区强化对816个农民专业合作社的规范化建设，提升合作组织服务能力。图为恒北麋鹿早酥梨专业合作社收购早酥梨

个经济薄弱村村级集体经济发展项目，每村100万元，其中省扶持资金60万元、区配套资金40万元。经济薄弱村帮扶项目实施20个、总投入2150万元，直接帮扶资金到位315万元，省定经济薄弱村新丰镇金西村成功脱贫。

统筹城乡发展和新农村建设

【概况】 2016年，全区统筹城乡发展工作以新型农村示范社区和盐丰通港大道生态特色经济发展示范带为重点，坚持规划引领，牢固树立项目为王理念，以项目为重点，重点重抓，打造亮点，在产业发展、基础设施、公共配套、环境整治等方面取得新成效，展现具有历史记忆、文化特色、地域特点和记得住乡愁的城乡面貌新形象。

【项目建设加快】 根据盐城市统一要求，为加快新型城镇化和城乡一体化建设步伐，2016年，全区24个盐城市级新型农村示范社区在完善提升社区规划的同时，结合实际，精心编排了涵盖产业发展、基础设施、公共服务、社区改造等类别项目96个。编排盐丰通港大道生态特色经济发展示范带工程（大市区统筹城乡发展示范带工程），包括新丰镇的多彩荷兰村、太兴社区、郁金香客栈，大中镇的西郊生态风貌区、黑五类食品加工、闽丰食用菌加工，大丰港区的碧青园海菊芋深加工等项目7个。新型农村示范社区和盐丰通港大道生态特色经济发展示范带工程沿线的责任主体坚持项目为王理念，成立专门班子，明确时间节点，有计划、有步骤、有重点地实施年初确定的项目，24个盐城市级新型农村示范社区全年完成投入6亿元，完成项目建设数量96个。盐丰通港大道生态特色经济发展示范带工程项目按照序时实施建设，完成投入10.3亿元。

【特色亮点打造】 2016年，24个盐城市级新型农村示范社区，坚持因地制宜、彰显特色，立足农村社区经济基础、文化底蕴、民俗传统等实际，融入现代元素，发挥自身资源、产业、文化等禀赋优势，形成一社区一景、一社区一业，一社区一特色。斗龙港社区展示出浓郁的渔家风情特色。恒北社区打造了梨园风光、生态宜居、乡村旅游特色。狮子口社区彰显出深厚的水浒、红色文化特色。众心社区展示风格高雅、错落有致、环境舒适的新型社区特色。太兴社区坚定不移围绕花卉产业，立足区域特色，开展创建美丽乡村活动。三元社区实施七彩花田、三元农庄乡村旅游景点建设。东灶社区打造了“中华麋鹿第一村”特色。盐丰通港大道生态特色经济发展示范带工程成为全区统筹城乡发展项目建设的精品工程。

【美丽村庄示范效应放大】 7月，全区各镇结合2016年大力推进24个盐城市级新型农村示范社区的实际，充分考虑基础条件、发展成效、示范效应、特色亮点等因素，根据有特色产业、有配套设施、有公共服务、有宜居环境、有新型社区的“五有”标准，经区委、区政府专题会议研究确定草堰镇三元村、白驹镇狮子口村、西团镇众心村、大中镇新团村、新丰镇太兴村、三龙镇斗龙港村为大丰区首批美丽村庄重点村。美丽村庄重点村按照“村庄建设形态美、村容整治环境美、村民增收生活美、造林绿化生态美、乡村文明心灵美、各具风采特色美”的目标和方向，重点突破“基础设施和功能配套建设、农村土地连片整理、农村环境集中整治、农业结构调整、农村村民居住点建设、发展乡村旅游、加强农村党的建设和精神文明建设”七个重点，编制提升发展规划，学习先进地区成功经验，集成资源要素，创新体制机制，全力打造对内示范、对外开放的新农村建设新样板。

【基础公共设施配套建设】 2016年，牢固树立共享发展理念，坚持民生为本，加强基础公共设施配建。按照“交通便捷、环境整洁、服务配套”的要求，完善社区基础公共服务设施。健全社区生活消费服务网点，保障社区群众基本生活服务需求。加快新型农村示范社区公共交通和田间机耕道建设，切实改善群众出行条件。加快社区生活垃圾和农作物秸秆收集处理体系建设。坚持新型农村社区配套公共设施同步设计、同步建设、同步投运。24个盐城市级新型农村示范社区大力实施社区民生实事工程，不断增强社区群众的获得感。

（刘晓生）

农村环境综合整治

【概况】 2016年，盐城市大丰区开展镇村环境综合整治行动，持续提升镇区环境卫生、镇容镇貌，率先通过盐城市人居环境评星定级考核。启动村庄环境整治“五年提升行动”，巩固落实农村环境管护长效措施。按照“环境整治、产业支撑、文化特色、乡村文明”的要求，围绕“宜居、宜业、宜游”目标，持续推进美丽乡村创建，通过实施外墙出新、道路硬化、亮洁绿美等改造提升工程，使村容村貌发生深刻变化。严格对照省美丽乡村创建验收标准，突出抓好规划编制、项目实施、基础设施建设、绿化、村庄标识等重要节点，力争美丽乡村建设创特色、创精品、争一流。集中力量打造大中镇新团村、西团镇众心村、新丰镇太兴村、三龙镇斗龙港村、草堰镇三元村、白驹镇狮子口村6个美丽村庄重点村，实现对内示范、对外开放。邀请高资质的规划编制单位编制美丽乡村专项规划，全方位提升美丽乡村规划水平，并因地制宜，结合大丰的生态、文化和产业优势，深挖特色，有机融合到建设之中。不断完善工作措施，突出抓好农村基础设施建设，改善农村生产生活环境。在省级专项补助资金的基础上，按照“区配套一点、条线支持一点、镇村自筹一点、社会投资一点”的模式，不断加大美丽乡村创建的资金投入力度。在筹措配套资金的同时，抢抓时间节点，逐项落实具体项目，确保按时完成所有既定项目，同时及时收集整理资料，确保如期验收。发挥政策激励作用，形成上级扶助、财政补助、群众自助等多渠道投入机制，做深做透美丽文章，真正实现由美丽乡村向美丽经济转变。充分利用各种宣传平台，借助电视、广播、报纸、网络等媒体，着力宣传美丽乡村创建的重要性和必要性以及示范项目创建典型。同时，引导群众主动、自觉参与美丽乡村建设，为美丽乡村建设营造浓厚的宣传氛围。做到广泛发动，激发群众建设热情，动员村民积极参与，在自力更生、共创共富中提升获得感和幸福感。同时，突出市场导向，围绕消费需求，深度挖掘资源，努力把“风景”变成“产业”，带动农民增收致富。

【镇区环境整治提升行动】 开展绿地行动。2016年，全区各镇集镇区消灭镇区裸土5万平方米，地被植草9万平方米，新增绿地面积6万平方米，集镇绿地行动效果比较明显。规范停车秩序。集镇划设机动车辆和非机动车辆停车场（点）142个，其中新建停车场31个，施划停车位1852个，集镇主要道路拓宽改造全部黑色化，集镇停车秩序有明显改善。加强环卫保洁。全区各镇配备卫生保洁人员514人，对集镇164条街道，69条河道，178座公厕全部落实了保洁责任，签订保洁合同，集镇环卫保洁得到了明显的加强。建立垃圾收运体系。全区集镇区现有垃圾压缩中转站17座，垃圾运转车17辆。集镇区配备垃圾收集车40辆。集镇垃圾收集清运基本达到了日产日清。提升镇区绿化水平。对镇区道路和河道两侧10.4万株绿化树木全部进行了养护，对30座公园内的绿化进行提档升级，其中新建公园9座，新增绿化面积15公顷，集镇绿化水平得到了提升。整治单位庭院环境。全区对集镇的466个单位庭院开展清理卫生死角、健全卫生设施、提升庭院绿化为重点的整治行动，433个单位庭院完成整治，其中有155个单位庭院达到了园林式标准。强化日常管理。镇区新建道路22条，修复路面24万平方米，更换破损路灯346盏，整治店招店牌1620处。各镇区都建立了集镇长效管理制度，强化对集镇容貌、卫生、秩序等方面的标准化、精细化、常态化管理。

【村庄环境整治】 2016年，大丰区开展村庄环境综合整治。整治疏浚农村河道1201千米，土方920万立方米；整治农村生活垃圾6万多吨，送发电厂焚烧垃圾5.5万吨；整治农村生活污水，全区有50个村建设了生活污水处理设施，管网铺设近100千米；整治自然村庄822个，乱堆乱放5万多处；整治农村道路1650千米，其中拓宽改造120千米，新铺农村水泥路150多千米；专项整治畜禽规模大户4420户，90%以上养殖大户建设和改造了畜禽粪便处置设施，村庄环境综合整治效果明显。实施农村环境长效管理，全区配备农村保洁人2059人，建立区、镇、村三级联动长效管理机制，区按季督查考核、镇按月督查考核、村按周督查考核，考核结果既建档立卡，又作为年度考核的奖补依据。全区将1272个自然庄点、1921条农村河道、2101条农村道

2016年，大丰区开展村庄环境综合整治，整治疏浚农村河道1201千米，土方920万立方米

路、4万多个垃圾池、1.2万只垃圾桶、280座农村公厕，800多万株绿化树木等全部列入长效管理范围。

（葛顺明）

种植业

【概况】 2016年，农业结构调整开创新局面，形成新丰花卉苗木、大桥油桃、南阳韭菜、大中旱酥梨、万盈蓝莓、西团薄壳核桃、白驹瓜果蔬菜等一批特色产业基地。“双草线”（草堰至草庙江界河沿线）现代农业示范带初具规模，现代农业示范园区建设取得新突破，全区区镇两级已建特色农业示范园区21个，其中国家级农业科技园1个，省级现代农业园区1个，盐城市级现代农业园区19个。丰收大地创成全国休闲农业与乡村旅游五星级示范园区，梅花湾、东方桃花洲创成全国休闲农业与乡村旅游四星级示范园区，3条休闲农业与乡村旅游线路入选农业部精品景点线路。

【大丰被列为全国农业信息进村入户试点县】 2016年，大丰在全省信息进村入户推进会上作典型发言。全区建成140个益农信息社，开展代购农业生产资料、代销农副产品、代办农村各种涉农服务事项的“三代”服务，农业信息化覆盖率64%；推进农村电商，全区新增1家省农村电子商务示范村，总数4个；新增智能农业示范点26个。

【农产品质量提升】 实现农业标准化生产全覆盖，全年新增无公害农产品65个，绿色食品11个，无公害产地34个。截至2016年年底，大丰有农业“三品”（无公害农产品、绿色食品、有机农产品）总计329个，其中无公害农产品277个，绿色食品52个。全区新增食用农产品“三品”产量28.143万吨，农业“三品”产量227.83万吨，农业“三品”产量占比57.23%。“丰收大地”商标获评省著名商标，“大丰大米”获评地理标志商标。

【“大丰大米”获国家地理标志证明商标】 “大丰大米”按照绿色无公害标准化栽培技术规程生产，销往苏、沪、浙、徽、粤等20多个省市。全区有11个企业加工生产的“大丰大米”被认定为“无公害农产品”，有10个企业的大米被认定为“绿色食品”，有5个企业加工生产的大米被认定为“有机食品”。由大丰区稻米协会申报的“大丰大米”，11月，经国家工商总局商标局正式核准注册，获国家地理标志证明商标。由本地企业江苏焦点农业科技有限公司与江苏省农科院粮作所联合育成的“南粳0212”通过江苏省审定。

【大麦生产及加工】 大丰是全国大麦种植的主产区之一，为“大丰麦仁”产品提供了大量优质原料。20世纪80年代大麦种植面积3.3万公顷，年产量约25万吨，用于加工成麦仁系列产品（麦仁、麦片、大麦面等）的有15万吨。大丰现有麦仁加工企业18个，年生产能力20万吨。产品销售遍布全国各地，主要销地为福建、浙江、北京、上海、广东等。十多年来，大丰麦仁加工企业一直是“娃哈哈”“银鹭”两大八宝粥生产企业麦仁原料的主要供应商，供应量占到两企业需求量的70%以上，“大丰麦仁”的品质和质量深受食品加工企业和广大消费者的信赖。

林果业

【概况】 2016年，全区围绕年度目标任务，重抓重点工程，超额完成成片造林、农田林网、四旁植树、村庄绿化示范村、森林抚育等工作，分别占任务数的103.3%、102.8%、107.6%、100%和150%，通过盐城市级核查和省级抽查验收。完成区级重点工程5项：沿海林场新增成片造林133.6公顷，建设30米宽的江界河防护林带20千米，打造刘庄镇万亩农田林网示范片，完善提升盐丰高速绿色通道118.7公顷、疏港航道防护林带143.3公顷；各镇重抓绿化重点工程，完成41条大沟以上河堤退耕还林279.5公顷，建设农田林网示范片2353.3公顷，村庄绿化示范村12个。大丰被盐城市委、市政府表彰为2016年度绿色盐城建设综合先进县（区）、农村绿化工作优秀县（区）；大丰区林业局被盐城市委、市政府评为绿色盐城建设优秀单位。

【盐城市绿化建设现场推进会在大丰召开】 3月31日，盐城市绿化建设现场推进会在大丰召开，盐城市委书记朱克江专门作出批示，市长王荣平出席并讲话。会议要求全面践行绿色发展理念，创新工作思路，主攻薄弱环节，统筹推进造林绿化工作，让绿色生态成为盐城发展的靓丽底色。盐城市委副书记戴元湖，盐城市委常委、大丰区委书记倪峰，盐城市副市长吴晓丹、李逸浩出席。大丰区区长宋勇作大会发言，从强化行政推动，凝聚造林合力；会战重点工程，增加城乡绿量；创新体制机制，提升栽管水平等三个方面，介绍了大丰绿化工作经验。与会领导集中观摩大丰区江界河防护林工程、天边湖公园等多个绿化工程建设现场，一致认为大丰的造林绿化工作，无论是栽植标准、品种选择，还是管护方式、运行机制，都做得相当成功，效果明显，为各地提供借鉴。

【国有林场改革推进】 2016年，大丰贯彻落实《省政府关于推进国有林场改革的实施意见》《盐城市人民政府办公室关于切实推进国有林场改革的通知》等相关文件精神，成立大丰区国有林场改革工作领导小组，区委副书记任领导小组组长，领导小组办公室设在区农委（林业局），承担全区国有林场改革日常工作。在全面调查摸底、多次考察学习、广泛征求意见的基础上，组织制定了《盐城市大丰区国有林场改革实施方案》，经区政府专题研究会办同意，按照省国有林场改革工作领导小组初审意见修改完善后，报送盐城市政府审定，并转报省国有林场改革工作领导小组审批。11月25日,《盐城市国有林场改革工作领导小组关于转发〈江苏省国有林场改革工作领导小组关于盐城市大丰区国有林场改革实施方案的批复〉的通知》,批复同意大丰区国有林场改革实施方案。方案明确,改革后大丰区林场定为从事公益管理二类事业单位(财政差额拨款),正科级建制,由区农委(林业局)管理,主要承担保护和培育森林资源、维护国土生态安全和提供生态公益服务职责,核定事业编制101名,实现人员平稳过渡,加强森林资源管护,剥离场办社会职能,创新国有林场经营机制,加强林场基础设施建设,实现生态功能显著提升、生产生活条件明显改善、管理体制全面创新的目标。

【美国白蛾疫情防控】 2016年,全区加强美国白蛾等林业有害生物监测防控工作,与各镇签订目标责任状,落实防控责任,区政府专门印发《关于切实加强美国白蛾监测防控工作的通知》,区林业局组织开展防控技术培训,发放美国白蛾防控知识宣传册2000余份。6月份在刘庄镇斗龙港河南岸与盐都交界处首次发现美国白蛾疫情,区林业局立即召开全区美国白蛾监测防控紧急会议,组织对主要道路、周边农庄及相关苗圃进行拉网式排查,对204国道、沈海高速、斗龙港河等沿线统一实施防治,应用高射程车载喷雾机实施化学防治3次、投放周氏啮小峰1400只实施生物防治1次,防治面积373公顷,剪除网幕810余个,有效控制美国白蛾疫情的发生。

【全国林业专业合作社示范社创建】 1月,大丰区麋鹿早酥梨专业合作社被国家林业局认定为全国林业专业合作社示范社。大丰区麋鹿早酥梨专业合作社,是盐城市重点农民专业合作组织,省级"四有"示范农民专业合作经济组织,成立于2004年,依托大中镇恒北村早酥梨基地,辐射带动周边6个镇及2个农场,拥有成员3369个,生产的早酥梨先后取得绿色食品认证、有机食品认证、ISO9001质量体系认证,并获得国家农业博览会名牌产品、国家地理商标、全国名特优新农产品等荣誉,产品畅销国内外。

【林业信息宣传】 3月1日专门组织开展以"法耀盐阜·绿色盐城"为主题的《盐城市绿化条例》广场宣传活动,展示绿色大丰建设成果,播放盐城市绿化专题宣传片,发放《盐城市绿化条例》单行本、《绿色大丰建设图册》等宣传资料1000余份,并解答广大市民关心的绿化问题。绿化造林期间,在大丰电视台、《大丰日报》开辟绿化造林宣传专栏,报道林业信息60余篇,开展各镇镇长绿化造林工作电视访谈;组织编印"绿色大丰建设简报"18期;向盐城林业网报送信息160余条,被江苏林业网、中国林业网刊登信息100余条。7月,区林业局被盐城市林业局评为"盐城林业信息工作先进单位"。

【恒北村获两项全国称号】 6月,大中镇恒北村被中国生态文化协会授予"全国生态文化村"称号,9月被中国林业产业联合会授予"中国慢生活休闲体验村"称号。恒北村是果树种植专业村,以盛产早酥梨而闻名全国,"麋鹿"牌早酥梨产品先后取得无公害食品、绿色食品、有机食品、欧盟食品、国家地理标志等多项认证。恒北村不断加大生态文化和森林休闲旅游建设力度,发挥梨园资源优势,开展形式多样的生态文化旅游活动,举办"恒北国际梨花节"、"采摘节"等活动,吸引全国各地游客观赏梨园风光、品尝生态梨果,有力地促进了当地经济社会发展。

【果树生产】 2016年,大丰区水果产量为6.9万吨,年末实有果园面积4852.7公顷,其中新建72.3公顷。引进栽植布鲁克斯、美早、红鲁化等樱桃新品种,5个甜柿新品种,引进推广密植主干型丰产栽培新技术、梨液体授粉新技术,推广标准化梨园建设与配置技术。实施农技推广"三点"工作法,建立"大丰区果树之家"微信群,邀请南京农业大学、江苏省农科院、盐城市果树站等专家教授到丰进行培训授课,培训人数550人,组织观摩3次,有力促进全区果树产业的发展。

畜牧业

【概况】 2016年,大丰围绕建设现代畜牧业的总目标,以保障畜产品有效供给、促进农民增收为重要任务,以畜牧业转型升级为工作重点,以抓好畜禽基础免疫为保障,以强化检疫监督执法为手段,发展高效、生态、环保畜牧业,全区畜牧业保持高效、健康发展的良好态势。

【生态健康养殖示范创建】 2016年,盐城市大丰区欣运家庭农场养殖有限公司通过农业部标准化养殖场示范创建验收,6个养殖场通过省畜牧生态健康养殖示范创建验收,源源养殖场通过农业部标准化养殖场示范创建复检,9个养殖场通过省级畜牧生态健康养殖示范创建复检。

【生猪养殖规模化】 2016年,盐城温氏畜牧有限公司母猪扩繁场正式投产,2000头原种母猪年提供繁殖母猪1万头和商品肉猪3万头,计划规模存栏母猪7000头的温氏三场开工建设,温氏公司年养殖规模40万头;2015年下半年落户的天邦公司发展合作养猪户50户,年饲养量10万头;江苏梅林公司新建核心种猪场1个和规模5万头现代化猪场1个;新建茗盛家庭农场生猪养殖规模3万头;全区新发展规模猪场110户,生猪大中型规模养殖比重78.2%。

【注重规划管控】 2016年,大丰区编制《大丰区畜禽养殖区域规划(2016~2020年)》,进行"三区"(禁养区、限养区、适养区)划定,禁养区规模养殖场一律关闭搬迁,限养区不得新建、扩建畜禽规模养殖场,适养区新建、扩建养殖场严格执行农委、环保、国土等并联审批制度,加强限适养区养殖场的规范整治。

【禁养区养殖场关闭搬迁】 2016年，全区禁养区内的19个省定规模畜禽养殖场及通榆河一级保护区内的8个蛋鸡养殖场全部关闭搬迁。禁养区内132个县级以上规模畜禽养殖场关闭搬迁。

【畜禽粪污综合利用】 2016年，整体推进发酵床利用模式。向盐城温氏畜牧有限公司324户肉禽合作养殖户普及推广粪污降解床处理模式，有效实现垫料的重复使用，节本增效；温氏种禽场24万套种禽推行室内粪污发酵床处理利用模式；温氏、天邦等400多户合作养猪户全部建成异位粪污处理发酵床，进行雨污分流改造，环保设施改造覆盖率100%。有效推进生态立体循环种养模式。江苏梅林畜牧有限公司年饲养80万头生猪、江苏申牛牧业有限公司饲养的2万头奶牛已全面推行“畜—沼—种”立体生态模式。推进畜禽粪污收集处置模式。江苏苏港和顺生物科技有限公司的蛋禽粪污集中处理中心运行，公司与600多户蛋鸡规模养殖户签订粪污收集处理合同；其他7个猪粪集中处置点开工建设。

【限适养区养殖场规范整治】 2016年，围绕畜禽养殖污染专项整治行动方案，限适养区所有畜禽养殖场（户）逐一制定规范整治方案，按照“四到位”（排粪沟封闭到位、收集池封闭到位、干湿分离到位、粪污处置到位）推进。5月27日全省畜牧业绿色发展示范县暨畜禽养殖标准化示范创建会议和8月12日盐城市畜禽养殖污染专项整治现场推进会在大丰召开。

【生猪屠宰行业清理整顿全面完成】 4月，大丰区在盐城市率先全部完成27个不合格生猪屠宰场的关闭工作，建成2个合格生猪屠宰场，全面完成生猪屠宰行业清理整顿工作任务。

【畜产品质量安全监管】 2016年，实行痕迹化管理，从源头禁止违禁药物添加。强化投入品质量全程监管，饲料、兽药抽检合格率95%以上，畜禽产品兽药残留检测合格率99%以上，生猪定点屠宰检疫合格率100%。

【饲料管理规范化】 2016年，江苏兄弟维生素有限公司、大丰海嘉诺药业有限公司、金鹿渔业专业合作社等3家饲料企业获评“江苏省饲料企业三十强”；浙象生物科技实现全省首家动物源性饲料生产许可零突破；金鹿渔业新上膨化生产线通过省级验收；盐城恒兴饲料有限公司、通威饲料有限公司分别通过部、省饲料质量安全规范化管理创建。

蚕桑业

【概况】 2016年，大丰蚕桑（种）生产坚持以市场为导向，以科技养蚕为重点，克服春季低温、多雨，桑树生长不良等不利因素的影响，引导广大蚕农管好桑、多养蚕、产优茧、增效益。全区投产桑园448公顷（其中蚕种场20公顷），生产蚕种4万张，农村丝茧发放蚕种1.95万张，生产蚕茧975吨。全年平均亩桑饲养蚕种2.9张，亩产茧145千克，全年平均张种单产38.5千克，平均张种产值1625元。

【大丰区被列入国家蚕桑产业技术体系试验范围】 大丰从2011年开始连续6年被列入国家蚕桑产业技术体系苏北综合试验站试验范围，在桑树病虫害测报工作中积累了大量的第一手资料，为桑树病虫害的防治工作提供宝贵的基础资料。

【科技入户项目实施】 2016年，大丰区实施科技入户7年，培养蚕桑科技示范户2000户，推广桑树新品种育71-1，蚕品种为箐松×皓月，主推技术五项即小蚕自动化加温补湿、省力化大棚养蚕、方格蔟自动上蔟、桑树病虫害综合防治、桑园复合套种技术。通过科技入户工程，对科技示范户进行技术培训、指导，提高示范户的科技应用水平和蚕桑生产水平，提高蚕茧产量和质量，使示范户“三新技术”入户率和到位率95%以上，年收入较上年增长10%以上。

（朱玉淋）

渔　业

【概况】 大丰区水产养殖有异育银鲫、斑点叉尾鮰、脊尾白虾等十多个品种。2016年实现水产品总产量17.5万吨，渔业经济总产值68.64亿元，同比增长了6%；新增设施渔业面积1067公顷，水产品年出口创汇3400万美元，新建成盐城市级渔业现代渔业园区1个。新增高效设施渔业面积1333公顷，无公害基地面积占比93.8%，改造标准化池塘1333公顷，新增池塘工业化养殖系统示范点1个，新增生态健康水产养殖面积1067公顷，创建省、市级渔业园区1个，新培植规模龙头企业1个，新增家庭渔场8个，新增物联网示范基地3个，创建品牌1个，新发展电商平台1个，新增休闲渔业基地1个。

【标准池塘改造】 2016年，大丰区在海北垦区、竹川垦区万亩高效养殖区标准池塘建设项目，其中华辰渔业专业合作社在苇鱼养殖场养殖区和春之苑农场养殖区完成改建标准化池塘667公顷，在竹川垦区、新竹垦区改造标准化鱼池667公顷，提前完成年初目标任务。

【新增家庭渔场8个】 2016年，通过培育示范典型，引导组织有条件的养殖户申报家庭渔场，发挥辐射带动作用，全区申报家庭渔场8个。

【大丰港日月湖垂钓中心建成】 2016年，大丰港农业公司合作建成大丰港日月湖垂钓中心。大丰港日月湖水域面积133公顷，是江苏沿海地区最大的城市人工淡水湖，湖底有矮珍珠、艾克草、百叶、灯芯草、苔藓等植物，水草丰美，是鱼类的天然牧场。

2016年，大丰区引导有条件的养殖户申报家庭渔场，全年申报8个

湖内有鲢鱼、草鱼、鳙鱼、青鱼、桂花鱼、刀鱼等十几种淡水鱼类，日月湖"我所欲也"生态有机鱼获2016年第十六届（上海）国际有机食品和绿色食品博览会金奖。该中心每年不定期组织各类垂钓活动，打造集休闲、垂钓、体验、观光等为一体的休闲中心。

【东方绿洲现代农业产业园建成】 东方绿洲现代农业产业园地处大丰市东南部沿海，位于疆界河以南、川东港以北、大丰林场以东、海堤公路以西。2016年，大丰沿海开发集团对该区域2800公顷进行科学规划和高标准开发，对原淡水养殖区域进行高标准农田改造，总投资1.8亿多元，使水系进排分明，泵站、渠道、涵闸、桥梁、道路高标准配套，变电设施和供电线路全面升级，地下水管网全覆盖，交通以两纵两横为骨干形成道路网络。

【规模龙头企业培植】 2016年，大丰区在大丰港紫菜加工集中区紫菜深加工区内，由东尚诚品食品有限公司总投资2000万元，完成新建仓库1座，新上压榨机一台，夹心小包装产品2个，建成紫菜深加工企业并实现投产。

【"物联网"养殖技术推广】 2016年，大丰沿海开发集团现代渔业精品园在大丰率先引进水产养殖物联网技术，试验并推广循环流水生态养殖新模式，生态环境提档升级，完善基础设施，增建38套库房、建设16千米高标准塘口砂石路等。养殖技术人员在水质监测过程中，在目标水域设置溶解氧、水温、盐度、pH值等传感器，对水产养殖各个阶段水质主要参数进行实时监测预警，发现问题及时自动处理或短信通知相关人员。根据数据记录对监测区域实施针对性管理，从而达到"养殖不下水"的效果。通过物联网系统，渔业管理部门和控制平台对各监测点水环境进行监控指导，实现智能科技"物联网"管理技术应用的全覆盖。

（高书龙）

农业机械

【概况】 2016年，全区农机化各项工作稳步提升。全区农机总动力86万千瓦，主要农作物机械化水平87%。全年新增大中型拖拉机、联合收割机、插秧机等各类农机具2800余台套，其中推广水稻插秧机202标准台套，机插率78.7%；报废淘汰农机具900余台；新增大中型拖拉机配套秸秆还田机380台套，主要农作物秸秆机械化还田率80%，秸秆综合利用率98%；新增农机合作社8个。

【农机购置补贴】 2016年，全区实施中央及省级财政农机购置补贴资金2456.6万元，带动农民投入资金8000余万元。补贴各类农业机械1830台（套），其中：步进式水稻插秧机16台，乘坐式插秧机53台，育秧播种机18台，各类大中型拖拉机315台，粮食烘干机99台，秸秆粉碎还田机93台，旋耕机483台，各类联合收割机437台（其中玉米联合收割机12台），穴播机1台，田园管理机90台，开沟机108台，动力喷雾机45台，自走喷杆喷雾机18台，秸秆切碎、抛撒装置11台，撒肥机2台，农用抓草机32台，水产养殖环境智能设备5台、激光平地机2台、起垄机1台、翻转犁1台。

【秸秆机械化还田和综合利用】 5月21日、10月15日，区政府分别召开全区夏季、秋季秸秆综合利用和双禁工作会议，编制了2016年秸秆综合利用实施方案，出台了《2016年秸秆综合利用工作意见》。区巡回举办了粮食生产全程机械化技术暨秸秆还田机插秧技术培训班14期，培训1500余人。召开了全区秸秆机械化还田及水稻机插秧集成技术现场演示推进会。印发秸秆机械化还田和水稻机插秧技术宣传资料8万余份。区农委成立3个督查组到各镇、区进行督查指导。省级财政投入1602万元，区级财政投入1500万元以上。新建5000吨以上规模化收贮中心1个，秸秆集中收贮利用10万吨。二麦、水稻秸秆机械化还田面积分别为5.4万公顷、3.1万公顷。

【粮食生产全程机械化】 2016年，区政府成立由分管领导任组长的领导小组，区政府办出台了《关于大力推进粮食生产全程机械化的实施意见》，细化大丰区粮食生产全程机械化整体推进示范区创建实施方案。推进麦秸秆机械化还田集成机插秧、稻秸秆还田集成小麦精量播种、高效植保机械化、烘干机械化四大技术。举办粮食烘干技术培训班9期700人次，新增粮食烘干机143台套。发展高地隙自走式喷杆喷雾机、无人机等高效植保机械110余台。新增乘坐式插秧机62台、步进式插秧机16台、

2016年，大丰区完成机耕面积13.02万公顷，主要农作物机耕率99%

育秧流水线18台。举办全区玉米生产全程机械化技术培训班，玉米生产全程机械化技术集成推广项目通过省级验收，玉米（适宜机械化作业面积）机播、机收及秸秆还田率分别为86%、83%、88%。新建12个优质稻米、小麦生产全程机械化示范基地。

【农机社会化服务】 2016年举办各类农机培训班30期，培训各类农机从业人员1141人，其中培训拖拉机、联合收割机驾驶员578人，职业技能培训并且通过技能鉴定500人。加强驻丰农场合作，培训大中农场、方强农场驾驶员54人，并给大中农场培训农机从业人员职业技能70人。核发跨区作业证605张，农机跨区作业年收入8000万元。举办了“农机‘3·15’送政策、送科技、送技术、送服务”活动，有300余人参加现场活动。

【农机安全生产管理】 2016年，区政府办印发《关于进一步做好农机安全生产工作的通知》，强化安全责任，实行责任到镇、村、到人头，层层签订安全生产责任书（状）15000余份。广泛开展宣传教育活动，印制发放各类宣传资料15000余份。区、镇开展驾驶人安全培训班36期，受教育机手群众8000余人。检查农业机械7300余台次，排除各类农机事故隐患480个。牌证管理数量和年检数均列盐城市各县市（区）之首，农机安全监理业务工作综合考核得分保持在盐城各县市（区）第一。未发生农机道路外亡人事故，农机安全生产形势平稳可控。农机综合保险投保率94%。组织参加全市农机安全检验检测技能竞赛，大丰区选手获得团体、个人双第一。

【农业机械保有量】 2016年，大中型拖拉机、联合收割机保有量分别为3864台和3730台，小型拖拉机保有量7783台，大中拖配套秸秆还田机保有量3552台，各类播种机保有量8578台，机动（电动）喷雾（粉）机保有量80210台，插秧机保有量1632台，粮食烘干机275台。

【农机化作业水平】 2016年，全区完成机耕面积13.02万公顷，主要农作物机耕率99%；机播面积10.99万公顷，主要农作物机种率83.3%；机收面积11.29万公顷，其中：机收二麦面积6.05万公顷，机收水稻面积3.5万公顷，玉米机收面积0.98万公顷，油菜机收面积0.44万公顷，主要农作物机收率87%；主要农作物秸秆机械还田面积9.65万公顷。

（朱玉淋）

农业资源综合开发

【概况】 全面完成2015年度农业综合开发项目建设任务，通过盐城市级验收。2015年度农业综合开发土地治理项目5个，完成项目建设总投资5252万元，其中财政投资5200万元，建设高标准农田2667公顷。组织实施2016年度土地治理项目4个，项目建设总投资3768万元，其中财政投资3750万元，将建设高标准农田1793公顷。实施滩涂垦区配套项目1个，即王港垦区现代农业示范项目，总投资1026.17万元，其中财政投资1000万元，配套滩涂面积667公顷，10月初开工建设。

【农业综合开发项目通过上级检查】 2015年度农业综合开发土地治理项目5个，完成项目建设总投资5252万元，其中财政投资5200万元，建设高标准农田2667公顷。2016年7月下旬，大丰区2015年度土地治理项目通过市级验收，盐城市在大丰区召开现场会，介绍推广大丰区农业综合开发工作中的经验和做法。8月下旬，国家检查组对大丰区2013~2015年农业综合开发土地治理、产业化项目进行了综合验收，给予较好的评价。

【2016年度项目建设工作有序推进】 2016年实施土地治理项目4个，总投资3768万元，其中财政投资3750万元，将建设高标准农田1793公顷。存量资金项目——小海镇667公顷高标准农田建设项目于10月初开工建设，2016年年底前完成项目建设任务的35%；3个增量资金项目完成招标工作。争取并组织实施滩涂垦区配套项目1个——王港垦区现代农业示范项目，总投资1026.17万元，其中财政投资1000万元，配套滩涂面积667公顷。10月初开工建设，年底前可以完成项目建设任务的30%。

【项目管理平台建设】 2016年，盐城市农业资源开发局与软件公司合作，开发了农业综合开发项目管理平台软件。主管部门通过项目管理平台建设，构建了全程、全面、全员“三全”质量管理模式。一方面，主管部门通过项目管理平台及时发布相关文件、资料；另一方面，要求各县区项目建设单位、监理单位、施工单位通过项目管理平台及时报送项目建设信息、资料，了解项目建设情况。2015年度项目实施过程中，大丰区通过项目管理平台上报各类工程信息、资料12500多份，为盐城市局及时掌握项目建设动态情况、推动项目建设规范化、精细化管理起到作用。

【中介机构管理规范】 2016年，对农业综合开发中介机构，勘测设计、监理服务、第三方检测等单位的选择，一律通过招标的形式择优确定。注重管好中介机构，在招标文件、合同条款中，明确中介机构服务的内容、责任与要求，在项目实施过程中，通过网络平台建设、现场检查等方式，对中介机构的工作进行监督，提高服务工作质量。建立诚信档案，由区开发局、区财政局以及项目镇对中介机构的服务质量进行综合考评，将考评结果与服务经费挂钩，与下年度招标业绩评分挂钩，建立黑名单制，把不称职的中介机构逐出管理队伍。

（高书龙）

农业科学技术研究

【概况】 2016年，农业科学技术研究工作以农作物绿色高产高效创建工作为重点，在大中镇创建1个玉米万亩示范片；春夏播期间，在华丰农场和刘庄镇各实施2个万亩示范片，在稻麦原种场创建1个水稻万亩示范片，在白驹镇创建1个万亩示范片；在大中镇和华丰农场创建2个小麦万亩示范片。经联合测产验收，全部达到创建目标。开展了“工厂化集中育秧集成技术研究”“玉米控释肥筛选及一次性施肥技术试验”“玉米板茬直播与机械全程培管技术”等新技术的研究与推广；承担国家产业技术体系项目中玉米、小麦、大麦等作物的基地县任务。

【优质农作物新品种引进】 2016年，全年引进品种比较试验的麦子、玉米、油菜、水稻等新品种50多个，掌握各种作物品种的品质、产量、栽培特性等，对品质优、产量高、有市场需求的品种加大宣传推广。开展全区春、秋季新品种试验、示范观摩活动，形成小麦以宁麦13、扬麦16为主；油菜以秦油10号、丰油737为主；水稻以南粳9108、淮稻5号为主；玉米以苏玉10号、蠡玉16为主的品种布局。

【棉花种植新技术推广】 2016年，全区棉花面积缩减为195公顷，围绕快乐植棉，继续推广棉花轻简育苗移栽技术，加大棉花穴盘基质育苗移栽技术的推广力度，全年示范推广棉花轻简育苗移栽技术67公顷，育苗成活率97.8%。

（朱玉淋）

农村经贸

【概况】 2016年，大丰区从招引培育农业龙头企业、培植农业龙头企业、做大休闲观光农业等方面着手，农业产业化经营水平稳步提高，农村经贸健康有序发展。

【农业招商引资积极开展】 2016年，全区坚持项目为王理念，组织开展多形式的招商引资活动，发挥企业、园区、基地招商主力军作用，采取专业招商、以商招商等方式，招引落户建设了一批规模农产品加工项目。全年完成“三资”（资金、资产、资源）投资农业29.78亿元，新办规模农业龙头企业项目9个，其中1亿元以上项目5个，项目总投资16.47亿元。组织参加两岸（盐城）现代农渔业合作说明会和盐城（杭州）现代农业合作推介会，成功签约项目4个，其中1亿元以上项目3个。组织开展农业招商引资百日竞赛活动，新开工农业龙头企业项目10个，签约项目12个。

【农业“接二连三”工程推进】 2016年，全区大力促进农村一二三产业融合发展，围绕区域化布局、规模化生产、一体化经营、项目化推进，把产业链、价值链、利益链等现代产业组织方式引入农业，着力在粮油、畜禽、水产品、特经蔬菜、林木、食用菌、海洋生物等七类产加销、贸工农一体化产业体系上求突破。对一批规模大、实力强、具有创新潜质的龙头企业，采取“一企一策”给予重点扶持。列入市“百家”农业产业化重点龙头企业全年实现销售92.8亿元，列入市2016年农产品加工重点项目建设的6个项目，完成投资3.2亿元。休闲农业加快发展，组织各类节庆文化活动，荷兰花海、恒北梨园、丰收大地、盐土大地、七彩花田、丰禾大地等一批休闲农业景点景区竞相绽放；郁金香文化月、恒北梨花节、油桃采摘节、菌菇美食文化节、梅花文化节等各类节庆活动竞相上演。推进阿里巴巴“农村淘宝”、农一网、丰农网等电商平台和站点建设，全年农产品线上线下销售额突破12亿元。

【农业产业化经营水平提高】 2016年，全区依托现有规模农业龙头企业，大力开展培植提升行动。全区年销售额500万元以上的农业龙头企业255个，全年实现销售收入420.13亿元，利税23.5亿元，带动农户25.15万户，其中超1亿元的企业30个、超5亿元的8个、超10亿元的4个、超20亿元的2个。温氏公司全年销售首次超10亿元，北大荒油脂全年销售突破40亿元，继续列盐城农业龙头企业之首。2016年，全区“一村一品”实现产业全覆盖。发展具有一定规模和产业特色的专业村116个、专业镇3个。“一村一品”实现产业全覆盖，涵盖种植业、养殖业（畜禽、水产）、三产服务业等产业，先后发展新丰花卉苗木、大桥油桃、南阳韭菜、大中早酥梨、万盈蓝莓、西团薄壳核桃、白驹瓜果蔬菜等一批特色产业，有力地推动了现代农业发展。

（刘晓生）

〖编辑　陈一青〗

水利

综述

2016年，大丰区水利局按照“节水优先、空间均衡、系统治理、两手发力”的新时期治水思路，科学规划，精心组织，大胆改革，强势推进，圆满完成年度各项目标任务。实施城市防洪排涝提升工程、川东港工程、三里闸拆建工程、2015年中央小型农田水利重点县工程、2016年中央小型农田水利重点县工程、江界河中型灌区节水配套改造项目、2016年新增千亿斤粮食产能规划田间工程、农村河道疏浚整治工程等项目，改善全区水利基础设施条件，提升全区防汛抗灾能力，成功抵御“尼伯特”等强台风袭击；推行“河长制”，建立健全农村河道长效管护体制机制，加大投入，扎实措施，强化考核，确保全区城乡水环境持续好转；实施通榆河取水口提升工程及强化预处理、深度处理、膜处理等工程，积极配合盐城市政府做好新水源地建设项目各项工作，不断提升城乡供水一体化的能力和水平；强化法制宣传教育，规范执法行为，加大水事违法案件查处力度，确保全区水事秩序持续稳定。2016年，大丰区小型农田水利工程管理、农村河道长效管护等工作在省级考评中均位列第一等次，大中镇获全省“水美乡镇”称号，新丰镇太兴村等6个村获全省“水美乡村”称号。

水利建设

【川东港工程】 2016年，大丰重点实施丁溪河段设计变更增加的砼预制块护坡施工和老川东港段、车路河段河道拓浚工程。丁溪河段设计变更项目，完成设计变更增加的15.08千米砼预制块护坡施工和1368米砼矮挡墙。工程永久征地67.45公顷、临时占地119.38公顷，拆迁各类房屋139户，拆迁企事业单位6个。6月11日，丁溪河影响工程通过盐城市水利局组织的影响工程水下工程阶段验收，护坡工程通过盐城市大丰区川东港工程建设处组织的安全度汛技术性检查。老川东港工程，完成河道拓浚32.5千米，新（拆）建川港桥、姚灶大桥、红卫桥、大桥桥、川东大桥、川东闸桥和大东桥等7座跨河桥梁以及14座影响建筑物、设计变更增加62.1千米坡式防护等，除大桥桥南接线和川东大桥接线，以及大东桥上部结构未完成，其余全部完成。工程永久征地316.29公顷、临时占地492.68公顷，拆迁各类房屋142户，拆迁企事业单位19个。5月24日和6月11日，老川东港段土方及桥梁和11座影响工程下部结构工程分别通过盐城市水利局组织的通水验收和阶段验收。车路河工程，拓浚河道3.2千米，总土方99.5万立方米，完成22.4万立方米，占总量的22.5%；加固204国道桥1座，以及2座水文设施的土建部分。工程永久征地18.61公顷，临时征地30.9公顷，房屋拆迁签订协议84户，占总量81.6%，拆迁企事业单位1个，占计划数33.3%。

【三里闸拆建工程】 2016年，三里闸拆建工程概算3143万元，其中，省级以上补助1886万元，占总额60%，其余由大丰区政府筹措解决。建设内容为原址拆建新闸3孔，单孔净宽8米，闸孔总净宽24米。新三里闸为Ⅲ等中型水闸，主要建筑物为2级，次要建筑物3级。排涝标准10年一遇设计，挡潮标准100年一遇设计，对应高潮位分别为4.52米和4.93米。最大过闸流量255.1 立方米/秒，设计日均流量122立方米/秒。该工程于2015年11月11日进场施工，2016年4月30日前完成水下工程，2016年5月21日通过水下工程阶段验收，2016年12月底，工程全部完工。

【防洪排涝提升工程】 2016年，防洪排涝提升工程是大丰区政府为民办实事工程之一。工程于3月开工，12月完工，总投资19900.96万元。其中，城区加固圩堤12.28千米，改造泵站6座，新（拆）建泵站8座，改造闸涵28座，整治河道24.6千米，增加排涝流量72 立方米/秒；港区加固圩堤4.3千米，新建防洪墙11.6千米，改造14座涵洞，新建排灌站、封闭闸4座，拓浚河道5千米；农村加固251.8千米圩堤，新建、拆建圩口闸51座、圩口涵20座，配套排涝泵站14座，增加排涝流量30.6 立方米/秒；整治农村河道221条。项目实施后，有效提升全区的防洪排涝能力，在2016年汛期发挥作用。

【2015年中央小型农田水利重点县工程】 大丰区2015年中央财政小型农田水利重点县工程涉及大桥、西团、刘庄等镇27个行政村，工程总投资4000万元，2015年10月开工建设，2016年3月底竣工。项目新拆建各类泵站29座、排涝闸29座、排涝涵16座、桥梁5座、防渗渠20.28千米及配套渠系建筑物313座，新增高效节水灌溉示范片2处246.67公顷。项目实施完成后，项目区可新增节水灌溉面积1443.33公顷，恢复灌溉面积113.33公顷，改善灌溉面积1120公顷，改善排涝面积12200公顷。

【2016年中央小型农田水利重点县工程】 2016年，大丰区小型农田水利重点县工程涉及三龙、小海、草庙等镇26个行政村，工程总投资4000万元，2月开工，8月中旬完工。项目区内新拆建各类泵站58座、封闭闸9座、涵洞7座、防渗渠34.17千米及渠系配套建筑物859座，改造封闭闸1座，新增高效节水低压管灌1处93.33公顷，管道铺设17.1千米，新建机耕桥1座，机耕路0.26千米，安装量水设施43套。项目实施后，项目区可新增灌溉面积953.33公顷，恢复灌溉面积93.33公顷，改善灌溉面积933.33公顷，改善排涝面积1760公顷。

【中型灌区节水配套改造项目】 2016年，大丰区江界河中型灌区节水配套改造项目涉及大桥、草庙、小海等镇18个行政村，工程总投资2200.19万元，9月1日开工建设，计划2017年3月底完工。2016年，新（拆）建泵站13座、配套建筑物633座、桥梁48座、衬砌防渗渠30.9千米，铺筑水泥路0.95千米，占总工程量的80%。项目区建成后，将新增灌溉面积1033.33公顷，改善灌溉面积853.33公顷，新增节水灌溉面积1426.67公顷，灌溉水利用系数0.67，年均增产粮食3425吨。

【千亿斤粮食田间工程】 2016年，大丰区新增千亿斤粮食产能规划田间工程涉及刘庄、白驹镇等镇的5个行政村，工程总投资3000万元，9月开工，计划2017年3月底竣工。2016年，完成管道铺设26.1千米、浇筑水泥路7.5千米，完成29座灌溉站土建部分，新建8座渡槽、3座桥梁。项目建成后，项目区农业生产条件改善，种植结构合理，效益明显，新增和恢复灌溉面积953.33公顷、改善灌溉面积933.33公顷、预计年新增粮食生产能力2684.9吨、年新增粮食作物产值805.47万元。

【农村河道疏浚整治工程】 2016年，大丰区继续实施农村河道疏浚整治三年行动，2015年12月开工，对70个村进行"整村推进，连片治理"，2016年4月底全面竣工，完成大中沟土方820万立方米，其中：疏浚大沟26条，长度118.8千米，疏浚土方201.3万立方米；疏浚中沟195条，长度503千米，土方618.7万立方米。总投资6500万元。

【农田水利设施日常维护支出项目】 2016年3月底，完成大丰区2014年"中央统筹资金"用于农田水利设施日常维护支出项目，项目主要位于刘庄镇东联村等17个村（居），维修水闸96座、泵站123座、涵洞119座、防渗渠34.77千米，补助总额140万元。2016年5月底，完成大丰区2015年农田水利维修养护项目，项目涉及40个村（居），维修水闸214座、泵站214座、涵洞210座、防渗渠113.2千米，总投资300万元。大丰区2016年度农田水利设施维修养护中央补助资金项目，总投资570万元，涉及全区13个镇（区）111个村（居），维修养护闸（涵）841座，其中闸465座、中沟涵376座；管理养护圩堤886.97千米；维修养护泵站277座、安装量水设施8套；维修养护防渗渠34.1千米。

【小型水利工程管理体制改革】 2016年，大丰区专题召开小型水利工程管理体制改革座谈会，成立领导小组，印发改革实施方案，以西团镇为试点，经过分类定性、建章立制、确权颁证，以村为单位颁发农村小型水利工程登记证211本，保证改革工作有序推进。创新投入机制，坚持财政资金为引导，通过承包、租赁等形式，多方筹集小型水利工程管护资金，推进小型水利工程产权制度改革。2016年，大丰区河道长效管护资金投入2313万元，其中镇级以上投入1664万元，农村基础设施维修养护经费投入1728万元，区财政配套444万元，平均8万元／村，主要用于农村小型水利工程等基础设施的维修养护支出。

2016年，川东港工程大丰段通水

【农业水价综合改革】 2016年，大丰区在大桥、草庙、小海、白驹等镇试点农业水价综合改革工作，涉及川南、江界河2个中型灌区，组建农民用水户协会41个，安装用水计量设施106套。

防汛防旱

【水情雨情旱情】 2016年7月8日，大丰区普降大暴雨，内河水位陡涨，全区平均降雨量288毫米，其中大中镇、新丰镇、刘庄镇、三龙镇、城区日降雨量均超过300毫米，防汛抗灾形势严峻。城区外围水位最高2.71米，草堰镇、新丰镇、三龙镇、港区、开发区均超过警戒水位。面对暴雨，大丰区防汛防旱指挥部办公室迅速启动防汛预案，科学调度沿海各闸、城防排涝站、农村排涝站，实施大开大排，降低河道水位。此次降雨，防汛应急措施及时，仅部分区域短时间积水，未造成严重灾情。8月，大丰区持续高温，长达40多天，最高温度38度。8月1日~9月10日，大丰区平均降雨量仅40.1毫米，仅占常年222毫米的18%。区内河道水位持续下降，农业灌溉供水不足，部分乡镇农作物受灾，大型牲畜饮水困难。

【台风】 2016年，大丰区受3次强台风外围影响，分别是7月10~12日的第1号台风“尼伯特”、9月15~17日的第14号台风“莫兰蒂”和9月30日~10月1日的第17号台风“鲇鱼”。3次台风使大丰区普降暴雨，造成短时间内全区水位快速上升。暴雨前后，沿海各闸守潮开闸，大开大排，抢排除涝。区防汛防旱指挥部办公室第一时间落实相关工作人员分组分片挂钩到镇、服务到村、指导到户、督查到田，重点察看农作物倒伏受灾情况，开展灾后技术指导工作，全力控减农业损失。

【汛前检查】 2016年2~3月，大丰区防汛防旱指挥部办公室重点对内地、沿海、城区、园区、旅游景区的防汛责任制、险工患段、在建工程、各类预案、防汛物资、河道清障、抢险队伍等情况进行汛前检查，及时发现问题，下发整改通知，确保各类度汛隐患在汛前处置到位。

【防汛责任制】 2016年，按照防汛防旱行政首长负责制的工作要求，及时根据区、镇两级防指成员单位人员变动情况，对各级防指、重点水利工程防汛责任人进行调整和充实，进一步细化相关单位和负责人的职责，落实防汛防旱工作责任。

【防汛物资储备和抢险队伍建设】 2016年，大丰区防汛防旱指挥部办公室不断扩充防汛物资储备，储备本级编织袋23.7万条、树棍木材50立方米、块石13000立方米、土工布4000平方米、铁丝2773千克、抢排泵418台、6寸潜水泵60台、12寸潜水泵19台、柴油机25台、发电机组10台套、移动防汛泵车5辆。物资储备严格管理制度，合理确定仓储地点，对抢险物资实行专库储存、专人负责，确保应急调用快速到位。加大地方防汛机动抢险队伍建设，在沿海组建堤防抢险队10个2150人；内地组建抢险队406个12310人；城区组建抢险队12个2040人。

【防汛预案修订】 2016年，区水利局根据情况变化，总结往年防汛防旱经验教训和2015年防汛工作中暴露出来的问题，结合汛前检查中发现的问题，修订完善防汛、抗旱、防台应急预案11个，加大对涉河建设项目安全监管力度，按照分级管理的原则，督促相关部门和单位认真整改项目实施过程中存在的问题，落实施工导流方案和安全度汛措施。

水利工程管理

【沿海港道观测】 2016年，大丰加强沿海各闸闸下港道监测，及时掌握回淤情况，加大港道冲淤力度，最大程度延迟关闸时间，以清顶浑，及时组织人员清理港道中的渔船、张网捕鱼等阻水障碍物，确保汛期排水通畅。

【水利工程项目争取】 2016年，区水利局向上争取维修养护、中央水利建设基金、防汛岁修、度汛急办和防汛抗旱等项目，上级落实资金644万元，解决了大丰区大部分度汛隐患。

【完成大丰闸等单位考核和安全鉴定】 2016年，区水利局完成大丰闸省二级管理单位的复核工作和白驹水浒园省级水利风景区现场评价验收工作。6月，完成四卯酉节制闸、老斗龙港节制闸、三十里河闸、五十里河闸的安全鉴定。

2016年9月17日，大丰区受第14号台风“莫兰蒂”外围影响，普降暴雨

【河道及水利工程确权划界】 2016年，大丰区编制了河道及水利工程确权划界实施方案，组织全区河湖和水利工程管理范围划定工作技术设计书审查并实施确权划界工作。年内，埋设桩2922个、告示牌498个，技术设计书、控制点（放样起算点）成果表、已知点检测校核表、移位界桩点之记、界桩身份证成果等整理到位。

【四卯酉闸下移工程前期工作】 2016年，大丰区完成四卯酉闸下移工程勘察设计招标工作，编制了可行性研究报告，委托南京大学环境规划设计研究院有限公司编制了工程生态影响专题报告。

【水利系统安全工作】 2016年，区水利局对全区水利系统安全生产工作进行了细化分解和落实，与各单位签订《2016年度安全生产目标责任状》。对水利系统安全生产情况采取定期和不定期检查的方式，重抓在建工程的安全，对各类安全生产隐患限期整改到位。加强平时安全工作的宣传，确保时时抓安全，人人抓安全。2016年，重点开展了安全生产月活动、建筑施工专项检查和安全生产百日行动安全大检查。

【绿化工作】 2016年，区水利局完成绿化面积54.97公顷，成片造林47.97公顷，补植7公顷，植树6.28万株。其中通榆河完成种植面积22.33公顷，海堤完成种植面积32.63公顷。

水资源管理

【最严格水资源管理制度贯彻落实】 2016年，全面落实《大丰区人民政府办公室关于对全区最严格水资源管理制度落实情况进行考核的通知》，明确最严格水资源管理制度的考核主体、考核内容、考核方式及考核责任，明确各目标年用水总量、用水效率和水功能区限制纳污3条红线的考核指标。2016年，大丰区用水总量6.89亿立方米，单位GDP用水量下降率6.44%，万元工业增加值用水量下降率4.9%。严格执行建设项目水资源论证和取水许可制度，规范水资源论证和入河排污口论证工作，按照审批权限和规定程序，2016年完成4个项目水资源论证，2个企业的取水许可审批和4个入河排污口审批。严格取水许可审批管理，促进计划用水和产业结构优化升级，保障经济社会的合理用水需求。

【地下水资源管理】 2016年，大丰区为更好地实施最严格水资源管理制度，涵养宝贵的地下水源，削减开采量，实现地下水采补平衡。按照《盐城市大丰区深井处置方案》《盐城市大丰区地下水压采方案》提出的深井封填、保留和封存等措施，对大丰区域内的深井合理处置。2016年，封填深井30眼、封存深井22眼。开展浅层地下水资源论证工作，对本区域浅层地下水合理开发利用进行探索，促进地下水资源的可持续利用。

【饮用水源地建设】 2016年，大丰区在完成饮用水源地达标建设工作任务的基础上，进一步强化措施，落实责任，以水源保护为核心，以长效管理为手段，以饮水安全为宗旨，努力推进饮用水源地保护工作的常态化、制度化和规范化，确保城乡饮水安全。通过实施取水口提升工程及强化预处理、深度处理、膜处理等工程措施，提高全区饮水保障水平。

【推进节水型社会建设】 2016年，大丰区全面完成盐城市下达的节水型载体创建任务。其中，创建省级节水型学校1所，省级节水型企业1个；盐城市级节水型学校1所，盐城市节水型单位1个，盐城市节水型园区1个，大丰区级节水型载体6个。开展八大行业节水行动，完成节水技改3项。做好节水跟踪服务工作，巩固创建成果，完成3个单位水平衡测试工作，通过三年一次的省级节水型载体复查考核。

【新水源工程建设】 2016年，区政府为民办实事项目之一是盐城新水源地及引水工程，由盐城市政府统一组织实施。2016年，大丰区成立新水源地工程建设领导小组和工程建设项目办公室，具体负责征地拆迁和工程管理等工作。2016年，大丰支线工程投资5748.63万元，其中项目沿线房屋搬迁费用3537万元，大丰调蓄水池的征地费用1810.2万元，完成大丰支线红线范围内45户房屋、691穴坟墓、5户蔬菜大棚、7个鱼塘的征迁工作。

水政执法

【法制宣传教育】 2016年，大丰区水利局利用“世界水日”“中国水周”纪念活动，围绕“落实五大发展理念，推进最严格水资源管理”主题，重点对防洪保安、水土保持、水环境保护、水生态文明建设、农村饮水安全、城乡河道疏浚整治、节约用水等开展了宣传，投入宣传经费6万元，张贴和悬挂宣传标语1100条，印发宣传资料3500份。

【规范水政执法行为】 2016年，大丰区水利局进一步规范执法行为，健全完善内部管理、层级监督、执法巡查、案卷评查、重大案件会审等制度。制定《盐城市大丰区河道日常巡查工作细则》，明确责任划分、巡查内容和巡查方式。采取“走出去、请进来”的方式，到连云港、徐州铜山、邳州等单位学习水行政强制、“两法衔接”的先进经验和好的做法。

【水事纠纷行政调解】 2016年，大丰区水利局始终以涉水事务工作为重，对涉水事务中存在的隐患和重大矛盾及时排查和处理，妥善处理群体信访事件，化解矛盾、维护稳定。全年协调处理水事纠纷15起，立案查处水事违法案件3起。

【防汛清障】 2016年，大丰区水利局

2016年汛期，大丰区斗龙港河道清障工作通过盐城市防汛防旱指挥部组织的验收。斗龙港河道再次被命名为“防汛清障免检河道”

出动执法艇18次，执法人员140人次，对斗龙港河、通榆河等主要行洪骨干河道进行拉网式检查、清障，督促设障户自行清除鱼罾、鱼簖26处，鱼坞子30多处，强制清除各类阻水障碍物80多处。2016年，斗龙港河道清障工作通过盐城市防指组织的验收并受验收组的好评，斗龙港河道再次被命名为“防汛清障免检河道”。

【法治水利】 2016年，大丰区水利局以盐城市唯一一个省法治水利示范点建设单位为契机，推进草堰通榆河水政执法基地建设工作，前移执法关口，完善执法网络。通过加强通榆河巡查管理，打击破坏饮用水安全行为，为保障全区饮用水安全提供支撑。

城乡水务一体化

【城乡供水一体化工程】 2016年，大丰区城乡供水一体化工程总投资1300万元，重点围绕提升运行管理水平、做优供水水质等方面加快推进。其中，大丰港区南新村等单位供水管网铺设工程投资800万元，对港区南新村、王港居委会等相关单位进行供水管网改造，铺设各类管道131千米，其中二级管道24千米，三级管道107千米，解决南新村等相关单位4000多户的饮水问题；西康路DN800管道安装的道路、绿化恢复工程投资150万元，主管道通水，道路恢复和绿化移栽全部完成，其中道路恢复4500平方米，绿化移栽3000平方米，解决西团、刘庄、白驹、草堰、小海等乡镇的供水需求；城乡供水一体化零星工程总投资32万元，对刘庄分公司和小海分公司的泵房、配电房、围墙等设施改造，保障乡镇安全供水；双草线管道移位工程总投资260万元，沿线需要实施位移的供水管道13.2千米，其中：一级管道de500长0.5千米，de400长3.2千米，安置房接水2.5千米，三级管道长7千米，主要解决草堰、大桥、万盈、白驹、草庙、小海等镇以及麋鹿保护区的供水需求；启动信息化工程、142口备用深井改造工程设计工作。

【城市供水】 2016年，大丰区自来水公司秉承“公益为先，勇于担当”经营理念，优化制水工艺，加强水质监测，全年未发生1起供水安全和供水水质事故，出厂水达到直饮水标准。在上级部门的18次抽检和每月卫生监督部门水质检测结果公示中，全区各项指标均优于国家标准。二水厂在2016年省城市供水安全保障考核中位列苏北、苏中第一，建成盐城市科普教育基地。5月31日，通榆河取水口强化预处理工程成功投运，全面建成“预处理+常规处理+深度处理+膜处理”的制水流程，工艺最全，技术领先，运行智能化。深化“心怀谦恭，水润万家”的服务理念，“淼淼水务”微信公众号5月开通运行，建成客户服务系统，为用户提供更为快捷、高效、方便的供水服务，全年处理用户咨询、求助、投诉3500次，用户满意率98.5%。出台居民生活用水阶梯价格制度，推行城乡用水同网同价政策。

【镇村供水管理】 2016年，大丰区镇村供水按照“专业、安全、负责、高效”的标准逐步规范运行，服务镇村用水户21万户，全年实现安全供水无责任事故，水量应抄尽抄，水费应收尽收，抄收率100%。服从总公司对各加压站的供水调度，保证最科学的供水配置，最大限度满足用水需求。拟定镇村供水运营方案的框架和主要条款。完成城乡供水一体化区域供水经营情况2011~2015年审计工作。配合物价部门完成成本认证、成本监审等基础性工作，保证城乡供水同网同价政策顺利出台。

【城市污水处理管理】 2016年，大丰区城北和开发区污水处理厂按照省建设厅污水处理厂运行管理考核标准，强化工艺管理、设备管理、水质管理、成本管理，高标准通过2015年度省建设厅的考核。开发区污水厂获得“优秀污水处理厂”称号，是盐城地区唯一获此称号的污水处理厂。2个污水厂全年安全稳定运行，达标排放，在各级环保部门的监管考核中都符合相关要求。全年处置污泥5370吨，实现污泥处置资源化利用。全面启动污水处理厂提标改造工程建设，截至12月底，开发区污水厂一级A提标工程完成臭氧接触池、中间水池、曝气生物滤池“三大池”土建施工，占工程量70%；城北污水厂迁（扩）建工程完成环评、可研、土地立项、设计招标等工作。

（石伟丰）

【编辑　陈琴琴】

建筑市场

【概况】 2016年，盐城市大丰区把建筑业作为发展国民经济的基础产业，以建筑业转型升级为主线，以发展绿色建筑为方向，以住宅产业现代化为重点，以新型建筑工业化生产方式为手段，优化建筑产业结构，推进建筑产业现代化。实施外向开拓、规模经营战略，从严执行工程建设强制性标准，严格市场准入管理，规范招投标、施工许可、质量安全监督、竣工验收备案等制度，严厉查处违规发包、恶意拖欠工资等行为，构建健康开放、竞争有序的市场秩序，建筑业发展各项工作取得新成效。建筑企业在巩固内蒙古、苏州、南京、秦皇岛等规模市场同时，新开拓辽宁、新疆等市场，以点带面，逐步推广，培植新的经济增长点。全区完成建筑业总产值91.19亿元，比2015年增长5.08%，其中市内产值58.01亿元，外施产值33.18亿元；实现增加值25.3亿元，比2015年增长9.56%。加大外埠建筑市场开拓力度，培植北京、河北、辽宁等总包产值5亿元以上规模市场3个。培植产值超10亿元总包企业2个，新增或升级施工企业18个。建筑业从业人数2.65万人，其中外出施工从业人数1.67万人。创江苏省标准化工地3项，省级优质工程1项，盐城市标准化工地11项，盐城市优质工程3项。

【外埠建筑市场】 2016年，盐城市大丰区建设主管部门主动适应国家建筑经济的发展趋势，引导建筑企业实施"走出去"战略，外埠建筑市场开拓取得实质性突破。全年建筑行业出区施工人数1.67万人，完成施工总产值50.6亿元。大丰区在外埠建筑市场开拓方面，以北京、内蒙古、苏州、南京等传统市场为中心，加快辐射周边地区，拓展市场份额。北京市场在建面积16万平方米；在巩固内蒙古、苏州、南京、秦皇岛等规模市场同时，新开拓辽宁、泰州、石家庄等市场。江苏东远建筑公司以湖北省大冶市为龙头，新开辟内蒙古、辽宁开原等市场，公司在建工程项目合同造价超18亿元，外出施工在建项目合同造价额15亿元。江苏国安建筑安装工程总公司加强内部管理，实行结构经营性调整。江苏丰泽建筑公司在竞争较激烈的镇江建筑市场上实施在建工程15万平方米，在深圳市承接5.9亿元的深圳华纳长岭别墅工程项目，在太原市承接4.6亿元的杏花岭高新村工程项目。江苏三圩建筑工程有限公司在新疆承接近6000万元的开发项目，是大丰区在新疆第一个建筑项目。盐城阳达建筑公司在北京劳务从业人数2740人，达成协议劳务合同额1.5亿元，该公司在站稳北京劳务分包市场同时，与大丰区重点龙头企业合作，工程承接的形式上取得新的突破，一改过去以分包和劳务形式的施工格局，分别在辽宁，秦皇岛，内蒙古包头、呼和浩特市等市场上以总承包的方式独立承接了工程造价3.2亿元的工程项目。

【建筑产业结构调整】 2016年，盐城市大丰区住房和城乡建设局引导全区建筑企业坚持"一业为主，多种经营"的发展方针，突破工程施工的单一模式，延伸产业链，扩大企业经营规模，做大建筑业。全区通过改变建筑业房屋建筑偏大的经营格局，鼓励和支持企业由传统的房屋建筑为主向路桥、水电等专业建筑业拓展，由建筑业一业为主向房地产、新型建材、制造业延伸，由传统的工民建向钢结构、市政工程、建筑装修装饰工程、道路工程、桥梁工程、水电设备安装工程、环境工程和智能建筑等领域进军。从而拓展大丰区建筑企业的经营服务领域，有效保证大丰区建筑业稳定、持续、快速发展。截至2016年年底，全区拥有一级资质企业4个、二级资质企业21个、三级资质施工企业67个、劳务企业14个，设计与施工一体化企业5个。新申报企业8个，增项申请4个。大丰区建设主管部门根据建筑企业结构的实际情况，按照"施工总承包企业做强，专业承包企业做精，劳务分包企业做专"的原则，鼓励和引导施工总承包企业通过兼并、重组、改制等方式，形成一批资产规模大、技术力量雄厚、管理先进、跨行业经营、具有核心竞争力的大型、领头羊式的企业集团。同时专业承包企业和劳务分包企业结合自身优势，加快经营结构调整，拓宽服务领域，做精做专，突出主业，形成特色。形成以总承包企业为龙头、专业承包企业为骨干、劳务分包企业为基础的企业集群，构筑起分工明确、配套协作、整体优势明显的队伍结构，推动建筑企业转型升级。

【清理拖欠工程款和农民工工资】 2016年，盐城市大丰区认真做好治理建设领域拖欠农民工工资问题的工作，依法维护农民工合法权益，有效遏制发生群体性讨薪事件，保障了全区经济社会稳定、和谐发展。大丰区建设主管部门在全区范围内开展建设工程项目摸底大检查，通过属地排查和企业自查上报有关信息，及时梳理和分析清欠有关数据，结合平时受理接待拖欠信访情况，向全区各经济板块反馈有关情况数据及预警风险指数提示。重点排查工程款支付不到位的企业，建立房地产企业和施工企业信用档案，加强建设工程承发包管理，严格规范建筑业企业农民工用工，实行农民工保证金制度，落实专款专账户、实现专款专用，定期或不定期检查房地产开发企业和建筑企业，检查结果作为评定其市场信用度的主要依据，发现问题，立即下发整改通知，限期整改，督促及时支付工程款和农民工工资，对发现拖欠农民工工资的行为及时采取措施，督促企业落实资金及时解决，对拒不解决的房地产开发企业和建筑企业依法依规给予从严处理。同时畅通投诉渠道，认真受理农民工来信来访，引导农民工通过合法渠道反映诉求，做到“有诉必接，接诉必查”。从2016年8月至年底，该局处理拖欠工程款和农民工工资矛盾126起，解决拖欠工程款1.84亿元，农民工工资2800万元。

【建筑市场秩序整顿】 2016年，盐城市大丰区建设主管部门组织开展建设领域综合大检查，加强行业行政监督管理，整顿规范建筑市场秩序。全年查处建筑工程类案件11起。重点检查建设工程三方责任主体项目负责人履职情况，工程违法发包、转包、违法分包、挂靠，施工企业无资质承接工程等违法行为。从建设、勘察、设计、施工、监理各方主体，从工程合同、施工许可、施工图审查、竣工验收各环节，从企业资质、安全许可和个人注册执业资格审批、日常监督等各项工作入手，及时发现建筑施工各类非法违法行为，同时综合运用法律、经济、行政等手段，采取暂停施工、约谈主要负责人、安全生产许可证动态管理和经济处罚等措施，打击建筑施工各类非法违法行为。对全区建筑施工企业开展年度资质动态核查工作。严格执行施工许可、工程竣工备案和勘察设计合同备案管理制度。区建设主管部门与招投标办公室、法院等部门建立了建筑工程施工现场与招投标有形市场“两场联动”机制，工程信息化监管有效推进，继续对建设工程项目现场的施工企业项目部关键性管理人员实行LBS无线定位系统动态考核。通过打击非法违法建筑施工行为，健全完善建筑安全生产相关管理制度，将打击非法违法建筑施工行为纳入了制度化、规范化、经常化的轨道。同时注重发挥建筑业协会作用，继续督促企业履行建筑企业自律公约，规范企业生产经营行为。

【建筑节能与绿色建筑】 2016年，盐城市大丰区加强对绿色建筑和建筑节能的有效监管，推进绿色建筑与建筑节能管理工作，加快建筑产业化步伐。全区新通过绿色建筑设计方案审查的工程项目合计149个单体，建筑面积109.07万平方米，其中：公建项目62.05万平方米，居住项目47.02万平方米；执行绿色二星方案设计标准的居住项目20个单体，建筑面积18.17万平方米，公建项目14个单体，建筑面积28.6万平方米。全区新取得省级以上绿色建筑设计标识项目8项，合计建筑面积62.15万平方米（其中一星标识4个，面积31.03万平方米；二星标识4个，面积31.12万平方米）。在可再生能源建筑应用上，通过绿色建筑设计方案审查的居住建筑全面执行应用可再生能源（太阳能光热），合计建筑面积38.58万平方米，新建公共建筑应用可再生能源项目面积37.39万平方米，其中太阳能光热10.5万平方米，太阳能光电项目4.38万平方米，地源热泵（浅层地能）22.51万平方米。在建筑节能运行监管和建筑能效测评方面，大丰区完成建筑能耗统计项目13个。其中3个项目完成能耗分项计量安装工程验收工作，相关能耗监测数据上传省住房和城乡建设厅科技发展中心。推进墙改和散装工作，大丰区有新墙材企业7个，年生产新墙材5亿块。新建新墙材企业1个，年设计生产能力300万立方米，实际生产能力150万立方米，获得省级新墙材证书。关闭窑厂一个，节约土地约10公顷。全年生产水泥65.4万吨，其中散装

2016年12月30日，大丰港经济区省级建筑节能和绿色建筑示范区通过验收 葛顺明 摄

58.2万吨，完成盐城市下达的年度目标任务；水泥散装率89%以上，完成盐城市下达的目标任务。截至2016年年末，全区有17个预拌混凝土企业，年设计生产能力850万立方米。全市12个镇中，有5个镇建成设计生产能力60万立方米以上的预拌混凝土生产企业，全市所有镇的镇区建筑工程全部使用预拌混凝土，全年生产商品混凝土140万立方米以上，预拌砂浆生产量1.3万吨，完成盐城市下达的全年任务。

【盐城市预拌砂浆推广现场会】 3月24日，盐城市预拌砂浆推广现场会在大丰区召开。与会人员参观了大丰区中交美庐城预拌砂浆使用建筑工地示范点和江苏银丰新型建筑材料有限公司生产现场，详细了解预拌砂浆的生产、使用情况。会议的召开，提高了建筑施工企业使用预拌砂浆的积极性。各建设单位和施工企业积极主动做好预拌砂浆推广使用工作。质量监管加强，全区的预拌砂浆产业链健康有序，预拌砂浆企业按规程严格生产预拌砂浆，从源头上确保产品质量。建设主管部门将预拌砂浆推广工作与生态文明建设、环境综合整治、标准化文明工地创建、质量安全专项治理行动等工作结合起来，纳入诚信体系考核平台，营造使用预拌砂浆的良好社会环境，促进预拌砂浆推广应用工作。

【大丰港经济区通过省级建筑节能和绿色建筑示范区验收】 12月30日，省住建厅、财政厅组织专家在大丰港经济区召开省级建筑节能和绿色建筑示范区验收评估工作会议，一致同意通过验收。大丰港经济区成功申报省级建筑节能和绿色建筑示范区，示范面积19平方千米。示范区坚持高标准，落实申报的各项指标任务。示范区实施建筑节能和绿色建筑、绿色施工、城市绿色照明、绿色交通、住宅全装修、节水型城市建设等节约型城乡建设工程。新开工项目10个，总建筑面积90.1万平方米，全部获得绿色建筑设计标识证书，均按照绿色建筑标准进行建造，二星及以上绿色建筑比例50.2%。与会专家听取大丰港经济区建筑节能和绿色建筑示范区的规划建设、能效评测、资金管理等情况汇报，审查台账资料，并实地察看星湖花园、国际商务中心、海水淡化工程、日月湖湿地公园等项目。

（葛顺明）

工程建设管理

【概况】 2016年，盐城市大丰区住房和城乡建设局确立"质量第一、安全发展、预防为主、综合治理"的理念，把质量安全作为工程建设管理工作的重点，通过完善管理体制、严格行业监管、规范市场秩序、落实各方责任、加强专项治理等多种手段，探索新形式下新的监督管理模式，充实和完善监督方式、监督手段，履行监管责任，推行工程巡检制度、差别化管理制度等新监督方法，使监督工作与经济发展相适应，最大限度地发挥监督效能。突出寓服务于监督之中，采取集中约谈、集中交底、质量例会等方式，引导企业健全质保体系、提高质量安全意识，着力提高全区建设工程质量安全监管水平，实现工程质量稳步提升，全区安全生产形势持续好转。

【建设工程质量管理】 2016年，盐城市大丰区住房和城乡建设局创新工程质量监管方式，不断提升监管水平。严格按照国家标准，规范、规程组织监督，着重质量巡查和抽查监督。做到实行抽查与巡查相结合，行为与实物监督相同步，加强巡查力度，特别是加强建筑节能、村镇建设、商品混凝土生产企业的质量控制工作。采取"差别化"管理模式，对质量信誉差的企业实行重点监督。在行为监督上，在办理质量受监手续时，对各责任主体、项目班子责任人及从业人员的资质资格把关；对施工图纸与图审报告把关；监督方案中对各责任主体的质量行为、责任、工程信息传递、监督检查方式及违反法律、法规问题的处置原则以书面形式作详细交底；施工过程中对责任主体履行质量职责的情况跟踪督查。发现问题及时纠正，以保证质量行为符合法律、法规要求。开展住宅工程质量通病专项治理活动，加大日常巡查力度，建立健全整治住宅工程质量通病制度，全区住宅工程质量整体水平提高。推行分户验收制度，加强建设、施工、监理方的责任，提高工程实体质量，使用户住上放心房、满意房。突出建筑节能专项验收，全面执行建筑节能规范。全区在住宅工程、公共建筑等工程中全面推行保温节能措施。对擅自变更和施工中任意降低标准的工程，坚决整改到位。严抓主体结构质量和使用功能质量。严把商品混凝土质量关。对全区所有商品混凝土企业进行拉网式检查，发现问题逐一发出检查整改通知，督其整改到位。坚持桩基工程、钢结构工程、幕墙工程专项验收制度，加强对装修工程的质量管理。2016年，全区工程监督覆盖率100%，工程质量合格率100%，无重大质量安全事故。

【建设工程安全管理】 2016年，盐城市大丰区住房和城乡建设局以落实工程建设各方参建主体安全责任为重点，形成安全监管的长效机制，保持全区建设领域安全态势平稳。城区受监率100%，各镇公建与住宅工程受监率100%，各镇其他项目受监率80%，事故频率控制在指标范围内。全区新受监项目210个，建筑面积284.84万平方米，受监项目245个，受监面积358.46万平方米。出具监督报告110份，竣工面积158万平方米。开展建筑安全专项治理，抓好建筑安全监管工作，推进建设工程安全生产管理水平的提高，全市建筑安全生产形势总体平稳，开展建筑施工起重设备专项检查，重点检查各起重机械设备的产权登记、检测、验收、使用登记及维护保养情况，设备使用单位全面整改存在隐患。以安全生产强制性标准作为工期、造价等管理的底线，确保强制性标准在安全生产过程的全面落实。开展建设工程标准化工地创建工作，召开样板工程现场会，引导标准化工地的创建工作。建立安全生产巡查制度。规范建筑施工安全生产监督行为，重点监控建筑安全生产各方主体职责的履行情况，促进建筑施工企业、项目部安全生产管理工作科学化、规范化、长效化。

【城建档案管理】 2016年，盐城市大丰区住房和城乡建设局坚持“依法管档”的原则，加强城建档案管理和资源建设、档案信息化建设和档案队伍建设，探索声像档案、地下管线建设档案资料收集管理，改善建设档案工作环境和保管条件，硬件设施日益完善，档案管理和利用服务水平提升。全年审核接收378个工程档案资料，组织整理编制工程档案4258卷；开具建设工程档案接收证明书378份；接待查档200多人，档案利用900多卷，拍摄工程项目照片3376张，摄像3724分钟，数字化扫描36233份，著录4563卷。开展城建档案利用服务，友情接待社会查档，对事关重点工程、招商引资等特殊情况利用的，建立查询“绿色通道”，节假日照常提供查询服务，全年接待查档200多人，提供利用档案900多卷，为房屋改扩建、产权证办理、旧城改造、工程评优、企业资质评定、司法鉴定等提供有价值的凭证，取得良好的社会效益。

【住建职工教育培训】 2016年，盐城市大丰区住房和城乡建设局制订住建系统安全培训工作实施方案，对全区建设行业相关人员的实现月月安全培训。利用工程施工淡季，组织质量、安全继续教育培训。对工程建设中易发生的问题，有针对性地培训全区质量安全管理人员、一线施工人员，全年培训建筑施工企业安全生产“三类人员”（施工企业负责人、项目负责人、专职安全员）812人，钢筋工、木工、瓦工等工种152人，并取得国家职业技能鉴定证书。开展送安全教育到工地活动5次，免费向农民工发放《江苏省安全生产条例》《建筑工地消防安全常识》等相关学习资料6000多份，并在工地现场组织农民工学习法规及施工安全知识。

2016年，大丰区建设工程监督覆盖率100%，工程质量合格率100%，无重大质量安全事故 葛顺明 摄

【建设工程造价管理】 2016年，盐城市大丰区住房和城乡建设局审核427个工程招标控制价，招标工程总造价18.97亿元，提出审核修改意见75份，出具招标控制价备查表226份。围绕市场需求，实地调研材料价格，扩大采集范围，对每种材料的价格均从网络、经销商及采购方等多方面进行调研，提高了发布材料信息的准确性。根据市场实际需求，发布12期指导价，每期有55种主要建筑材料价格，为全区工程招投标和竣工结算提供参考依据。参与区国有投资项目施工过程中的造价控制，指导和监控咨询企业在政府重点工程中全过程造价服务的质量，引导企业和执业人员严格按照指导的程序、内容、方法和要求规范服务于建设工程，为政府投资工程把好工程造价关。全年接受电话答疑30余次，参与协调重大造价纠纷3次，主持造价争议调解8起。

【“安全生产月”活动】 2016年6月，盐城市大丰区住房和城乡建设局在建筑施工领域开展“安全生产月”活动，全面落实施工安全责任，推进建筑工地标准化管理。通过采取发放宣传资料、悬挂宣传横幅、举办安全培训班等形式，开展安全生产教育。活动期间，该局向全市建筑工地发放《建筑工人安全手册》等建筑安全生产宣传资料8000多份，在建筑工地悬挂安全生产宣传横幅460多条，展出各类安全宣传展板850块。

【建筑施工人员安全培训】 4月20~21日，盐城市大丰区住房和城乡建设局举办建筑施工人员安全培训班，全区建筑企业负责人、项目负责人、专职安全生产管理人员480多人参加安全培训。培训班由盐城市城乡建设局建筑施工安全方面的专家，对大丰区建筑施工人员进行了建设工程安全生产法律、法规及标准规范等方面的培训。授课专家围绕建筑施工企业安全生产工作的实际情况，运用丰富的理论知识和实践经验，对典型安全事故案例，现场说法，深刻剖析，总结教训，提出规范安全生产的管理办法及应采取的应急措施。通过此次培训，全区建筑施工人员系统地掌握了建设工程安全生产法律、法规及标准规范，增强了质量安全意识。

【两镇村镇建设档案室通过省特级考评验收】 12月20日，盐城市大丰区大桥镇、小海镇创建省特级村镇建设档案室通过省住房和城乡建设厅专家组的考评验收，成为大丰区第一批晋升为省特级村镇建设档案室的镇。大桥镇、小海镇在区住建部门的业务指导下，对照《江苏省村镇建设档案室目标管理评估办法》，将村镇建设档案工作纳入村镇建设工作规划、管理范围和考核评比内容，落实人员、经费和库房，收集、分类村镇建设类的所有工程建设档案资料，整理并装订成册，将档案信息全部录入村建档案管理系统，加强档案信息化、数字化建设，为新农村建设提供优质高效服务。江苏省住房和城乡建设厅考评组专家听取大桥镇、小海镇对创建工作的情况汇报，并对照省村镇建设档案室评估内容和评分标准，实地考察和抽查档案库房、案卷内容、台账资料以及档案室的软硬件设施。对照验收标准，考评组确认大丰区大桥镇、小海镇村镇建设档案室达到省特级村镇建设档案室标准。

（葛顺明）

房地产管理

【概况】 2016年，盐城市大丰区住房和城乡建设局围绕“去库存、稳增长、促销售”的工作思路，推进房地产去库存，规范市场监管秩序，改善窗口服务质量，房产管理工作水平提升。严格从商品房预售许可条件、现场查勘、预售事项公开等方面依法强化商品房预售许可证发放。加强商品房合同备案注销管理，对所有取消商品房合同备案登记的全部实行网上公示，从合同登记备案管理规范商品房市场交易秩序。加大物业企业、中介企业规范化管理，推行物业服务企业等级服务收费制度。通过举办物业服务现场经验交流会等形式，组织和支持物业服务企业开展物业管理示范小区和平安小区创建活动。考核物业服务企业，将业主评价纳入到目标考核和企业信用管理内容。建立物业市场日常巡查和专项检查制度，严肃处理服务质量低、服务态度差、乱收费、侵占和损害业主利益的行为，规范服务行为，落实物业小区长效管理的办法措施，做到问题在一线发现，隐患在一线排查，矛盾在一线解决，维护了小区和谐稳定。

【房地产业发展】 2016年，盐城市大丰区住房和城乡建设局以“保发展、稳房价、去库存”为主线，规范房地产开发行为，房地产市场平稳有序发展。全年完成房地产固定资产投资38.98亿元，同比增长5.9%；新开工面积107.15万平方米，同比下降20.56%；竣工面积142.42万平方米，同比增长39.14%；商品房批准预售面积106.87万平方米，同比增长1.19%；商品房合同销售135.82万平方米，同比增长61.38%；商品房合同销售71.58亿元，同比增长77.79%；商品房销售均价为5270元/平方米，同比增长10.17%，其中住宅销售均价为4644元/平方米，同比增长2.66%。商品房入网库存面积约176.1万平方米，去化周期（商品房的销售周期）16.2个月。其中商品住宅入网库存面积约96.3万平方米，去化周期10.9个月。

【房地产市场管理】 2016年，盐城市大丰区住房和城乡建设局创新管理模式，实现房地产市场监管的科技化、信息化、网络化。按照省住房和城乡建设厅要求，每日按时上报商品房预售合同备案数据，并及时调整上报系统，使数据与省住房和城乡建设系统无缝对接。升级改造大丰网上楼市，公示相关数据，增加商品房买卖合同自助查验功能，为市民买房提供翔实的第一手资料。做好48家房地产开发公司资质年检工作。开展房地产开发经营行为专项检查，共检查68个项目，净化全区房地产市场环境，维护房地产和中介市场秩序，房地产市场平稳健康发展。

【产权产籍管理】 2016年，盐城市大丰区住房和城乡建设部门推进权属登记与房地产交易的规范化管理和标准化服务。房屋登记中心多措并举，提升服务水平，实行服务承诺制、政务公开工制、限时服务制、责任追究制等规章制度，开设产权办证“绿色通道”，对行动不便困难群众提供上门服务。对重点项目及龙头企业，开展特事特办的贴心服务。1~6月，房屋登记中心发放房屋权属证书、证明14767份。其中预购商品房预告登记、预购商品房抵押预告登记证明5862份；房屋所有权证6571份；房屋他项权证2334份。7~12月，大丰区按照权责一致、分工合理、运作高效、便民利民的原则，加快推进不动产登记中心窗口建设，规范不动产登记行为，维护不动产交易秩序，保护不动产权利人合法财产权益，更加方便企业、方便群众。7~12月，办理核定不动产登记业务18255件。

【直管公房管理】 2016年，盐城市大丰区住房和城乡建设局做好直管公房安全管理、房租收缴、维修养护等工作，实行安全管理责任制，工作人员分片包干、任务明确、落实责任，做好安全防范和维修工作，有效防范和控制各类事故的发生。坚持巡查制度，工作人员有计划地制订整修直管公房措施，从房屋安全、用电安全、用气安全以及排水设施等方面，及时排查房屋使用过程中的不安全隐患。对存在安全隐患的公房及时修缮整复，完成修缮房屋347户，修缮房屋面积9560平方米。对租户进行安全知识教育，要求租户提高安全防范意识，掌握一定的安全防范知识。对于直管公房的使用安全专门制订季节性检查要求，引导租住户春季以防雷、防漏电为重点，夏季以防暑降温、防台、防汛为重点，秋季以防火、防爆为重点，冬季为防火、防冻、保暖、防滑为重点，确保直管公房的安全使用。全面清理转租、转借的公房，重新签订租赁合同，确立租赁关系。清理和整顿陈欠租金，房租收缴率100%。

【评估、测绘服务】 2016年，盐城市大丰区住房和城乡建设局指导大丰区房地产评估公司、大丰区房地产测绘有限公司以服务重点项目建设为重点，不断提高房地产评估和房地产测绘工作水平。全年房产评估出具抵押、存量房上市评估报告83宗，评估建筑面积1.12万平方米，征收拆迁评估私有房屋118户、公房38户、企业3户，征收拆迁评估建筑面积3.2

万平方米。房产测绘出具商品房面积核定书57份，测绘面积168.12万平方米；预测报告书60份，预测面积125.29万平方米，房产配图2612份，服务企事业单位61个。

【白蚁防治监管】 2016年，盐城市大丰区住房和城乡建设部门坚持以防为主、防治结合、综合治理的原则，加强白蚁防治从业人员管理，统一施工器械，规范标准化施工和档案管理，加强工程质量检测，建立工程质量考评制度，建立白蚁防治管理网络系统，开展白蚁防治工作。宣传白蚁防治科普知识，拓展新开发住宅小区、工业厂房、新建房屋、园林建筑和老旧房屋等领域的白蚁预防与综合治理工作，严格执行国家住房和城乡建设部《城市房屋白蚁防治管理规定》，抓好药物的储存、进出库、药物运输、工程施药等每一个环节，加强安全责任，落实防控措施，遏制白蚁危害及蔓延，确保房屋居住安全。全年白蚁预防施工206万平方米，施药覆盖率100%，收缴白蚁防治费304.7万元。

【房屋安全鉴定服务】 2016年，盐城市大丰区住房和城乡建设局受理房屋安全鉴定110宗，其中私房翻修鉴定105宗，鉴定面积10100平方米；企事业单位鉴定5宗，鉴定面积6309平方米。房屋安全鉴定办公室每季度及汛期均巡查危旧房屋，并记录在案，形成详细的图文资料。在受理鉴定申请后，安排工作人员现场查勘、鉴定、拍照取证，并将原定为7个工作日缩短至3~5个工作日。

【房产档案管理】 2016年，大丰区房产档案管理工作围绕以法治档的目标，抓好档案基础建设，加大产权产籍档案管理力度，为社会提供全方位、多功能、高效优质的房产档案服务。全年整理、拍摄、编号、上架产权产籍档案约5879卷，他项权档案约3214卷，预告登记及预告抵押登记档案6265卷，预告及预告抵押注销313卷，他项权注销档案约1870卷，整理拆迁注销档案约74卷，当年档案整理、录入、归档入库率100%。为服务对象办理缴纳税费、办理土地证、二手房买卖、抵押登记、户籍迁移等提供5892人次的房产档案查档服务。在做好日常的立卷归档、查档、库房管理的同时，注重房产档案的规范化、制度化、现代化管理，严格按照《中华人民共和国档案法》、国务院《城市房地产权属档案管理办法》、建设部《房屋权属登记信息查询暂行办法》等法律法规的要求，建立健全档案整理、管理、利用和保密制度。分类整理房产实物档案，录入扫描和建库房产档案信息数据，建立高质量标准化的信息数据库。

【省老旧建筑安全排查整治督查组到大丰区检查】 12月6日，江苏省住房和城乡建设厅督查组到盐城市大丰区，调研督查老旧建筑安全排查整治工作。大丰区全年排查整幢危险平房7处、建筑面积9570平方米，整幢危险楼房3处、建筑面积1990平方米，局部危险房屋9处、建筑面积13720平方米，老旧房屋15处、建筑面积104240平方米，均落实整改和防护措施。省住建厅督查组一行先后到大中镇危旧房拆建停车场、大中食品站危旧房拆建停车场等现场，听取大丰区老旧建筑安全排查整治工作情况，查看相关工作台账材料。省住建厅督查组对大丰区老旧建筑安全排查整治工作给予肯定，要求大丰区继续做好老旧建筑排查“回头看”工作，以更加有效的措施，把危房整治工作落实到位，推进房屋安全管理工作迈上新台阶，确保人民群众生命财产安全。

【春季房地产汽车博览会】 4月30日~5月2日，“印象康桥”2016年盐城·大丰春季房地产、汽车博览会暨美食嘉年华活动在区奥体中心举行。此次博览会历时3天，由区房地产业协会、区阳明广告信息中心主办，通过协会搭台、企业唱戏，集中展示广大市民关注的房产、汽车等商品。活动期间各房地产商和汽车经销商以多形式展示销售，商家和广大消费者亲密互动，呈现出一派热闹的交易场面。3天的博览会有22个房地产企业、24个楼盘、15家汽车经销商、35个汽车车型、26家餐饮经销商参展。由于宣传发动到位，配套服务到位，吸引了大批群众去观展和品尝美食，接待观展人数15万人次。博览会分发各类宣传资料30万多册。房地产楼盘现场签订合同178套，总面积1.96万平方米，总销售额9300万元，现场认购306套，面积3.3万平方米。汽车成交226辆，成交额3500万元。该届房地产汽车博览会参展楼盘众多，活动丰富，有房展、有车展、美食餐饮，同时还穿插文艺演出，现场观众抽奖等活动，营造良好的展位环境，满足了市民消费的需求。活动现场还设有各地精致美食，供广大市民品尝，聚集了人气，拉动了房地产和汽车消费。

【秋季房地产汽车博览会】 10月1~3日，“碧桂园·翡翠东郡”2016盐城·大丰秋季房地产暨汽车博览会在区奥体中心举行。此次博览会由区房地产业协会、区阳明广告信息中心主办，通过协会搭台、企业唱戏，集中展示广大市民关注的房产、汽车等商品。活动期间各房地产商和汽车经销商以多形式展示销售，交易成果丰硕。3天的博览会有22个房地产企业、25个楼盘、16家汽车经销商、30多个汽车车型、26家餐饮经销商参展，展区面积5000多平方米。接待观展人数3万多人次，发放各类宣传资料30多万册，现场签订合同145套，总面积1.7万平方米，总销售额8700万元，现场认购56套，面积0.7万平方米。汽车成交138辆，成交额3000万元。

（葛顺明）

物业管理

【概况】 2016年，盐城市大丰区物业管理行业围绕“强法治、惠民生、促发展、抓长效”的工作定位，以整顿规范物业管理市场秩序为重点，转变工作作风，加强行业监管，提升服务水平，全面完成全年工作任务。加大小区基础设施改造投入力度，开展停车位改造、道路维修、绿化提升、环卫设施改造、安全隐患整改等工程，全面提升小区配套服务功能。截至2016年底，有物业服务企业59个，其中当地企业34个，外地企业25个，当地二级资质企业5个。行业从业人员近2万人，行业服务项目278个，服务面积5842万平方米，其中住宅项目70个，服务面积719万平方米，办公厂房、公园游园等非住宅项目208个，服务面积5089万平方米。

【物业企业资质管理】 2016年，盐城市大丰区住房和城乡建设局对物业资质申报条件、审批流程及审核要点严格把关，规范物业企业的资质管理。根据住建部《物业服务企业资质管理办法》及江苏省和盐城市行业主管部门有关资质管理的相关规定，精简收件流程，审查申报人员、企业信息、项目信息等材料的真实性、有效性。要求企业的管理和技术人员一律提供社保部门出具的社保证明材料，不定期抽查企业各类人员数量，人员兼职情况，以确保企业人员符合相关规定。全年受理17个企业资质申报，其中二级物业企业资质复验2个，三级物业企业资质复验5个，新增物业企业三级资质1个，新增物业企业暂定三级资质9个。

【物业管理规范化】 2016年，盐城市大丰区住房和城乡建设局物业管理以规范化为重点，组织物业管理项目“月月家家到”观摩活动，观摩活动由物业企业项目经理介绍概况、参观现场、相互交流。成立由大丰区住建局、城管局、公安局、质监局、消防大队、物价局等部门组成联合检查小组，对全区物业小区的技防及安全巡查、电梯、消防设施设备管护、小区环境及绿化养护、规范收费等方面进行检查，对检查发现的问题要求责任单位限期整改，逾期不改或整改不到位的则由区住建局牵头实施帮助整改，年内均落实整改措施。规范物业用房的移交，审核物管用房的面积、位置、功能是否符合标准，办理10起物管用房确认。

【前期物业招投标】 2016年，盐城市大丰区住房和城乡建设部门按照《中华人民共和国招投标法》《物业管理条例》《前期物业招投标管理暂行办法》等法律法规的要求，要求所有的住宅项目必须通过招投标方式选聘物业服务企业。完善前期物业招投标，指导开发单位规范招标行为，凡建筑面积在10万平方米以上的住宅物业必须公开招投标，10万平方米以下、3万平方米以上的住宅物业原则上要求公开招投标。从招标文件、招标公告、招投标程序、前期物业合同签订等程序入手，严格监管前期物业招投标全过程，保证招标投标过程公正、公平、公开。全年完成前期物业招投标项目6个。

【住宅专项维修资金归集】 2016年，盐城市大丰区住房和城乡建设部门扩大住宅专项维修资金归集的覆盖面，完善住宅专项维修资金自动化管理系统，畅通住宅专项维修资金的使用渠道，使住宅专项维修资金的缴存、管理、使用、核算等各个环节更加系统化、规范化、合理化，维护了业主的合法权益。全年收取新老小区业主维修基金3100户，收缴维修基金2939.04万元，房屋维修基金归集率100%。做好维修基金日常管理工作和维修基金发票管理工作。同时受理小区居民公共部位维修动用房屋维修基金的申请33起，金额94.68万元。

【物业行业职工技能比赛】 4月30日，盐城市大丰区物业服务行业职工劳动技能、执业体能比赛活动在区奥体中心举行。全区30家物业公司的400名选手参加比赛。比赛紧扣物业管理工作的实际，分为队列实操、消防演练、楼道保洁、水电工实操、拔河比赛和100米负重水带比赛。经过激烈角逐，3家物业公司分获队列实操、消防演练、楼道保洁一等奖，2家物业公司分获男子组、女子组拔河比赛第一名，1名选手获水电工实操比赛第一名，1名选手获得100米负重水带比赛第一名。通过这次技能比赛，激发了全区物业服务从业人员学知识、练技能的热情，达到“以赛提技、以赛增才”目的，营造比、学、赶、超的良性行业发展氛围，物业服务质量和服务水平得到提高。

【消防安全培训举办】 4月26日，盐城市大丰区住房和城乡建设局举办消防安全培训班，全区建设工程、物业管理、城市燃气安全管理人员150多人参加培训。培训班邀请江苏苏安防火教育培训中心教员周岩辅导消防安全知识和技能。消防专家结合全国各地发生的火灾案例，列举大量的事故现场实例影像和图片，就消防安全基本知识、火灾扑救、火场疏散逃生、特殊施工场所防火、高层建筑防火、消防器材的正确使用方法等进行了详细地讲解。培训中消防专家提醒参训人员要认清火灾危害，加强消防宣传教育，排查建筑工地、住宅小区、燃气经营场所火灾隐患，确保将火灾隐患消灭在萌芽状态。通过此次消防安全知识培训，增强了住建系统人员的消防安全意识，提升了应急措施防范的能力和水平。

【物业服务项目观摩活动】 10月9日，盐城市大丰区住房和城乡建设局组织物业服务项目观摩活动。全区物管小区的物业企业负责人和项目经理参加此次活动。为促进全区物业服务行业健康发展，提高物业服务质量，该局组织全区物业企业管理人员观摩悦城华府、海洲花园、香颂园、香榭丽、翰林华府等小区物业管理项目，观摩交流小区保洁、绿化、秩序维护、设施设备维护、车辆管理、小区安全管理等先进物业管理经验和管理模式。该局落实物业服务企业认真学习借鉴先进经验，坚持以人为本，精心服务，创新物业管理模式，推进诚信体系建设，建立健全长效管理机制，积极投入文明小区和优秀小区创建，突出小区消防安全管理，为广大业主提供更加宜居的生活环境。此次观摩活动，全区物业企业达到了互相交流、互相学习、共同提高的效果。
（葛顺明）

住房制度改革

【概况】2016年，盐城市大丰区住房和城乡建设局贯彻落实国家、省、盐城市住房保障政策，深化城镇住房制度改革，稳步推进住房商品化、社会化，建立适应社会主义市场经济体制要求的城镇住房制度。完善城市住房保障体系，形成包括经济适用住房、公共租赁住房、限价商品住房、棚户区危旧房改造安置住房在内的面向不同收入群体的多层次、差异化的住房保障体系，加大棚户区改造力度，加快解决低收入家庭的住房困难，群众居住条件不断改善。

【保障性住房工程建设】2016年，盐城市大丰区加大政策支持力度、资金支持力度和融资平台支持力度等举措，按照国家法律、法规和强制性规范实施保障性住房工程建设。加强对保障性安居工程建设的管理、调度、督促，按照基本建设程序和标准推进。全区保障性安居工程质量合格率100%，全年未发生一起安全事故，各类保障性住房建设完成开工546套，基本建成1216套。其中公共租赁住房（含廉租住房）基本建成440套。新增租赁补贴102户。棚户区危旧房改造安置住房开工546套，基本建成776套。

【保障性住房分配】2016年，盐城市大丰区公共租赁住房入住率91.81%，住房保障体系健全率89.4%。盐城市大丰区住房和城乡建设局在黄海、金丰两个街道办事处及所辖社区分别设置保障性住房受理窗口，方便群众申请保障性住房。完善保障对象基础数据的录入，抓好审批管理办法的业务培训和政策宣传指导工作。执行《大丰区经济适用住房分配销售管理办法》和《大丰区公共租赁住房建设管理实施办法》，结合实际完善管理制度、细化操作流程、严格审批权限、规范审批流程，加强工作纪律教育，实施有效的监督手段，并会同区民政、人社、公安、交通等多个部门对保障对象的资格认定开展联合审查，做到“公正、公平、公开”，严把准入关、审核关、配租配售关。加大住房保障信息公开力度，扩大住房保障信息公布范围，实现住房保障政策、保障房源、保障对象、审批流程和分配结果“五公开”。2016年分配经济适用住房56套、公共租赁住房325套，促进了公共资源合理配置。

2016年，大丰区公共租赁住房入住率91.81%，住房保障体系健全率89.4%。图为保障对象现场摸房号　葛顺明　摄

【棚户区改造工程】2016年，大丰区通过实物安置和货币安置等方式实施城市棚户区改造，保障棚户区居民家庭547户1645人，其中实物安置203户610人，货币安置344户1035人，货币化安置比例62.89%。对于符合城市总体规划和土地利用规划的城市棚户区改造项目，通过土地出让，引进有实力的房地产开发企业，采取由住建部门负责制订房屋征收方案和补偿办法并进行征收，开发企业筹集资金开发建设项目，政府回购部分商品房用于安置被征收棚户区居民。

【住房保障政策宣传活动】3月11日，盐城市大丰区住房和城乡建设局在城区施耐庵公园开展住房保障政策宣传活动。为使城市住房困难群众更好地享受到政府住房保障惠民政策，扩大住房保障覆盖面和知晓率，该局设立宣传咨询点，开展住房保障政策宣传活动。宣传活动吸引了不少市民。现场工作人员一边发放宣传资料，一边介绍经济适用住房、公共租赁住房申请条件等方面的政策和申请办理流程，为市民群众现场答疑解惑。宣传活动针对性强，让许多城市住房困难群众知晓住房保障政策和申请办理流程，为群众提供方便。据统计，宣传活动当天发放住房保障宣传资料400多份，接受现场咨询130多人次。

【住房保障工作业务培训】10月10日，盐城市大丰区住房和城乡建设局召开住房保障工作业务培训会。大中镇金丰街道办、黄海街道办及相关社区住房保障工作人员参加培训。为提高全区社区窗口住房保障工作人员对住房保障工作相关政策的理解力和执行力，推动住房保障各项工作全面开展，该局负责人对住房保障工作的相关规定、要求、程序进行了业务辅导，详细讲解经济适用住房申购、公共租赁住房及租金补贴申请条件、保障标准、实施保障过程、保障后期管理等具体内容。并针对街道和社区工作人员结合工作中的实际情况所提出的问题，进行一一解答。培训会要求参训人员吃透住房保障相关政策，严格按程序办事；加大宣传力度，多层次、全方位营造有利于住房保障工作的舆论氛围，做到应保尽保；严明工作纪律，严把受理关，在坚持"公开、公平、公正"原则的前提下，完成2016年住房保障受理分配工作。

（葛顺明）

住房公积金管理

【概况】 2016年，盐城市住房公积金大丰管理部（以下简称大丰住房公积金管理部）围绕"住有所居、住有宜居"目标，较好地完成了住房公积金各项工作，个贷比、扩面增幅、归集增长率等主要业务指标均位居盐城市前列，连续四年获盐城市住房公积金管理中心"目标管理与绩效考核先进集体"，同时，被大丰区委、区政府评为2016年目标任务综合考核先进集体。

【住房公积金归集扩面】 2016年，大丰区归集住房公积金5.4亿元，同比增长35%，完成全年计划的121%，住房公积金归集余额11.22亿元。新增开户单位141个，新增缴存职工12502人，同比增长36%，创历史新高。全区登记开户单位1564个，建立住房公积金账户10.7万人，正常缴存单位1060个、缴存职工5.6万人。管理部将全年的扩面任务指标分解到个人，与每位职工签订责任状，排出进度时序表，做到人人肩上有担子、个个身上有指标。成立3个扩面工作小组，保证每天都有工作组在外征缴扩面。截至12月底，发出开户通知书161份，催建通知书92份，责令通知书10份，走访165个企业，上门到企业321次，为职工提供政策咨询服务，引导企业树立长远观念，提高职工维权意识，得到广大职工的认可。

【住房公积金贷款】 2016年，大丰区提取住房公积金9860人次，2.73亿元。发放个人住房贷款1997笔，5.92亿元，完成全年计划的281%。贷款余额14亿元，个贷率127.6%。为满足广大职工贷款需求，促进房地产市场最大化去库存，通过实行"公转商贷款"一站式服务，提高贷款办结效率，为1208户家庭发放"公转商贷款"3.5亿元，累计贴息280万元，有效缓解了资金供需矛盾。降低贷款门槛，放宽贷款政策，取消二套房首付60%的限制，落实异地缴存当地贷款和自由职业者贷款政策。为异地缴存职工发放贷款64笔，1831万元，尽力满足每个职工购房的资金需求。定期召开受托银行、房地产开发企业贷款政策培训等专题会议，对各楼盘资金安全、楼盘进度、他项权证办结等情况逐一梳理汇总，确保资金运行安全。8月，召开全区房地产形势调研分析座谈会，落实各开发企业如何加强楼盘项目管理、防范贷款风险等具体办法。

【住房公积金建制】 2016年，大丰区注重住房公积金建制工作，全方位开展政策宣传，通过媒体报道、上门动员、举办讲座、召开推进会等方式，宣传建立住房公积金制度的意义和扩面工作的紧迫性，形成全社会关心、支持和主动参与建立住房公积金制度的良好氛围。大丰住房公积金管理部与通过与经信委、园区沟通联系，取得重点企业名单，建立企业扩面进度台账，对重点建制企业及时跟踪督促。联合督查办下发《住房公积金扩面推进情况自查表》，排查行政、事业单位非在编人员建制情况，促成公安系统、城管系统计1004名非在编职工设立账户。通过与人社部门核对养老保险缴纳信息，督促江苏丰山集团股份有限公司、盐城迪赛诺制药有限公司等企业实现全员建制。坚持政策的柔性操作。为减轻企业负担，先后为博汇集团、万达纺织等7个符合条件的困难企业申请降低缴存比例。

【住房公积金业务管理】 2016年，大丰住房公积金管理部拓展服务新领域，履行公积金取之于民，服务于民的职责，坚持"五零五心"工作法，即"零超时"让客户省心，"零距离"让客户安心，"零差错"让客户放心，"零违章"让客户称心，"零障碍"让客户暖心。推行"店小二"服务模式。始终保持业务大厅干净整洁，将业务流程、办事指南、最新政策、样表示范公布上墙，将窗口服务指南、业务须知、材料清单印制成办事明白卡发放。执行领导代班制度，在大厅设置咨询台，详细记录缴存职工的热点问题。建立QQ服务群，接受缴存单位文件资料，解答相关政策咨询，年底有170个单位加入，为缴存单位和职工提供了便捷的服务。鼓励窗口人员学习技术、钻研业务，坚持每周组织理论、操作学习，打造出一支业务知识熟练、操作技能高超、服务水平过硬的综合性人才队伍，在盐城市综合业务技能（政策部分）知识技能竞赛活动中获优秀团体奖，同时被盐城市住房公积金管理中心授予"最美服务窗口"称号。

【住房公积金队伍建设】 2016年，大丰住房公积金管理部开展"两学一做"学习教育活动，定期创新方式讲党课，组织全体党员进行党性分析。开展"三走进三服务"（走进校园、走进农村、走进社区，服务发展、服务基层、服务学生）行动，为三龙镇富强村道路整修提供资金支持2万元。拜访三龙镇富强村空巢老人、残疾人、困难老党员、困难群众为主的贫困家庭，了解实际困难，送去慰问金1万元。利用党员活动日组织党员前往上海知青纪念馆，体会知青生活，了解历史，感受历史。组织开展"品读廉文、深思廉行"读书月活动，通过购置廉政阅读材料，定期组织党员干部交流心得体会，营造多读书、读好书氛围。组织党员每周末进社区发放创建宣传材料，清除小种植、小广告，制止乱堆乱放现象，参加文明创建活动，在大厅主要位置悬挂文明创建、道德建设公益广告，营造良好创建氛围。

（毕筱筱）

〖编辑 丁彩前〗

城镇建设综述

2016年，盐城市大丰区城镇建设工作围绕建设宜居宜业现代化海滨城市的目标定位，推进新城市和新型城镇化建设。全年组织实施功能完善、旧城改造、基础设施、安居工程、绿化生态等5大类42项城建重点工程，完成投资98.67亿元，占年度投资计划的101%，比2015年增长35.8%。市区建成区面积28.5平方千米，城市化率60.1%。新建和修复城市道路面积65万平方米，完成金丰南路、育红路等主次干道，林牧业巷、影视巷等背街小巷工程，以及新德中心河等城市河道的截污控源改造，城市防洪排涝提升工程竣工运行，老城区基础设施配套全面整治出新。图书馆、博物馆主体工程竣工，东方1号创意园二期、丰华国际商务大厦建成开放。新建公交站台14处、机械式立体停车场2座，新增公共停车位400个、城市公共自行车450辆，城中市场完成改造提升。新增城市绿化面积80万平方米。推进新型城镇化和城乡一体化建设，实施集镇基础设施建设重点工程66项，完成集镇和新型农村示范社区项目投资14.6亿元。实施农村康居工程建设，完成D级危房改造1123户，以船为家渔民上岸居住28户。

（葛顺明）

城市、村镇规划

【概况】 2016年，盐城市大丰区重视城乡规划工作，在规划编制、审批、实施、验收等环节，提升规划管理和服务水平。以“高起点规划，高标准定位”为原则，突出规划的引领调控作用，科学拓展城乡发展空间。启动城市控制性详细规划、海绵城市规划、斗龙港生态组团概念性规划等编制工作，完成城市抗震防灾规划、新型城镇化与城乡发展一体化规划、镇村布局规划等专项规划。加强城市特色和个性塑造，聘请知名专家团队，对城市天际线、核心街区、建筑立面、重要道路节点的形象进行设计。

【专业规划编制】 盐城市大丰区住房和城乡建设局着眼未来城市发展方向，高起点开展专业规划编制。年内委托高资质规划设计单位编制完成了《大丰区城市抗震防灾规划》，并通过专家评审。同时，大丰城市控制性详细规划、大丰海绵城市规划编制已经启动，进入现场调查阶段。

【城市规划管理】 2016年，盐城市大丰区住房和城乡建设局核发城市规划选址意见书30份，用地面积82.67万平方米；建设用地规划许可证18份，用地面积38.75万平方米；建设工程规划许可证162份，总建筑面积105.8万平方米；小型工程规划许可证20份；居民个人建房规划许可证17份；补办建房证明2份；建设用地规划设计要点及用地红线图22份，规划验收核实证157份。发放行政许可428份，发证合格率100%，按时办结率100%。规划展览馆接待各类团队21批，接待参观总人数615人次。规划测绘完成沉降观测项目162项，工程放样项目70项，竣工测量100万平方米。规划设计完成《丰收大地现代农业示范园污水管网规划》等160项规划设计项目。

【村镇规划编制】 2016年，盐城市大丰区各镇在完成城镇总体规划、部分控制性详细规划的基础上，委托南京大学城市规划设计研究院编制完成《盐城市大丰区新型城镇化与城乡发展一体化规划（2016—2020）》；《盐城市大丰区镇村布局规划》经大丰区政府批准实施，并报省住房和城乡建设厅备案。大丰区新一轮镇村布局规划范围包含大中、三龙、新丰、刘庄、南阳、西团、白驹、小海、万盈、草庙、大桥、草堰12个镇及大丰港区、大丰经济开发区。规划目标为积极稳妥推进新型城镇化建设，综合整治新农村居民点人居环境，加快农村基础设施和公共服务设施建设，改善村容村貌，增强乡村特色，促进城乡一体化发展。规划涉及的主要内容包括现状村庄特色价值评估、人口迁移与村庄集聚趋势、村庄布点规划、土地整理、产业布局规划、村庄特色、配套设施规划等。在现状分析与上一轮规划实施评估的基础上，对自然村庄进行了分类，合理确定规划发展村庄，优化镇村布局，促进土地集约利用，统筹安排各类基础设施和公共服务设施。镇村布局规划确定重点村庄368个，特色村庄10个，重点特色村庄6个，一般村庄888个。全区发放村镇建设工程选址意见书18份，用地规划许可证55份，建设工程规划许可证190份，建设工程规划核实验收合格证66份。

【村镇建设】 2016年，盐城市大丰区各镇实施集镇基础设施建设重点工程66项，完成集镇和新型农村示范社区项目投资14.6亿元。4月初，大丰区率先通过盐城市人居环境评星定级考核。全区农村环境综合整治完成五年目标任务，高分通过省级全域考核验收。全区1763个自然村庄的整治工作全面完成，创建三星级康居乡村11个，二星级81个，一星级367个，环境整治村1304个。整治及提升期间，整治乱堆乱放30多万处，统一规范废品收购点650处，拆除破旧空心房260处。新增绿化树木1600多万株，新建水泥道路680多千米、桥梁900多座，老村庄墙面出新9.5万户。有76个行政村在主要农庄集聚点或交通干线道口及小游园周边布置了景观栅栏，总长128千米。实施农村康居工程建设，大丰区住房和城乡建设局委托专业机构评估鉴定全区农村危房。经鉴定，大丰区农村危房总数5183户，其中D级危房改造任务1123户，C级危房改造任务3202户，B级危房改造任务858户。从2016年起分3年改造实施到位，2016年完成D级危房改造1123户，以船为家渔民上岸居住28户。

【规划建设综合执法】 2016年，盐城市大丰区住房和城乡建设局创新执法理念，改进执法方式，注重业务练兵，规划建设综合执法工作不断加强。大丰区规划建设综合执法大队推行“说理式执法”和“执法预警”制度。建立健全《执法过错责任追究办法》《违法建设日报告制度》《综合执法工作导则》等规章制度，做到有规可依、执规必严、违规必究。全面推进执法队伍规范化建设，实行举报、投诉等事件处理的自动化，立案、处理、案件管理等执法程序标准化、规范化，确保执法管理过程的透明性和公正性。2016年，全区住房和城乡建设领域立案查处违法违规案件71件，其中涉及规划47件，建筑工程20件，燃气4件；办结各类信访和投诉事项238件；拆除各类违法建筑290处，拆除违法建筑面积15420平方米。

【规划公示制度】 2016年，盐城市大丰区住房和城乡建设局贯彻落实《城乡规划法》《江苏省城乡规划条例》和《江苏省城市规划公示制度》，创新工作制度、工作机制和公示方式，推进规划公示全覆盖，拓展、丰富规划公示形式、方式，重点打造“阳光”规划，提升公众参与度和满意度。创新规划公示制度。建立健全公示制度。建立健全信息公开工作制度，制订实施《大丰区城市规划公示制度》，从规划的制订、实施、监督和政务管理公示等方面对规划公示工作提出具体要求。推行“阳光规划”，引导公众参与，扩大政务公开范围。完善城乡规划公示、公告、听证制度。在重要规划编制项目报送审批前，采取评审会、座谈会、听证会等方式，广泛听取专家、相关职能部门和公众的意见；在规划实施管理过程中，执行“批前公示、批后公告”制度，通过建设工程项目现场规划公示（告）牌、网上公示（告）、公布监督电话等措施，搭建公众参与城乡规划、监督城乡规划工作的平台，拓宽收集群众意见的渠道，维护相关利益人的合法权益，保障公众参与权和监督权。建立健全信息公开制度。贯彻落实《政府信息公开条例》，实行部门权力运行网上公开。建立实施政府部门信息主动公开制度、年度报告制度、首问负责制度和责任追究制度等政府信息公开制度等，扩大公众对城乡规划工作的知情权。建立健全信访与网络舆情处置制度。建立《大丰市住建局来信来访制度》《大丰市住建局网上舆情监控处置办法》，实行规划矛盾领导包案负责制，确保社会稳定。创新规划公示机制。在建立健全并落实相关工作制度的同时，该局着眼于提升公众对城乡规划工作的参与度与满意度，坚持开展规划进社区、进乡村活动。开展15次规划进社区、进乡村活动，公示公开各类规划成果20多项，发放宣传材料1万多份，收集各类建议和意见80多条。全面开展规划服务全覆盖工作。组织规划办、

2016年，大丰区实施集镇基础设施建设重点工程66项，完成集镇和新型农村示范社区项目投资14.6亿元。图为大桥镇龙桥东郡小区

村建办的工作人员进社区、进镇村开展规划服务，将规划服务的触角延伸到城市社区、各镇村，发挥城市社区、各镇村建服务中心、各村农房员在规划编制、规划实施等管理工作中的参与作用，充分发挥公众在城乡规划工作中的主体作用，增强规划公示工作实效。创新规划公示方式。该局充分考虑不同层面公众了解信息的渠道，着眼于不同群体全覆盖，努力实现规划公示方式、宣传载体多样化。不断扩大固定宣传阵地，通过规划展示馆等固定公示公开场所，加大对重点项目规划的公示力度，及时公示规划实施等情况。创新公示媒体，在大丰住房和城乡建设信息网站等网络窗口，开展规划网上公示，并与政府网站《中国大丰》、网络媒体《大丰之声》等合作，扩大网上公开的影响力，提高规划公示的透明度和公众对城乡规划工作的满意度。

【规划执法检查】 2016年，盐城市大丰区住房和城乡建设局加强城乡规划监督检查，维护规划严肃性。建立项目规划管理巡查制度，对经批准的建设项目做好跟踪管理，并结合建设工程领域突出问题专项治理活动对建设项目进行排查，及时发现和纠正问题，确保建设项目按规划实施。推进规划行政执法工作的制度创新、机制创新，建立起一整套规范执法行为和执法流程的规章制度，制订《规划管理巡查制度》《行政执法过错责任追究办法》等，实现规划管理行政执法没有发生一起违法行政的案件，没有因适用法律不当和违反法定程序导致的行政复议和诉讼案件。加大对城乡违法建设的防控力度，对规划批后项目实行跟踪监督，建立区（即职能部门）、镇、村（社区）三级联动管理违法建设的机制。加大执法工作力度，对影响城乡规划的违法建设坚决予以拆除。

【规划服务效能提升】 2016年，盐城市大丰区住房和城乡建设局提升规划服务效能，为城乡建设科学发展提供保障。完善规划决策机制。建立专家咨询、部门会审制度，对一些重大项目、精品项目、专业项目等特殊项目先行咨询，征求专家意见，再由部门集中会审，努力提升项目品质，打造精品工程。充实城市规划咨询委员会专家库，并完善城市规划咨询委员会议事机制，定期召开专题会议，加强对规划方案论证、审查环节的技术把关，提高规划的民主性、科学性。区住建局指导各镇在编制镇总体规划、镇村布局规划、镇区控制性详细规划、村庄规划时注重与上位规划的衔接。完善规划管理制度。建立健全《大丰城市规划建设项目规划管理暂行办法》《大丰区城市规划建设管理办公室事项办理相关规程》等规章制度，做到法律法规与实际操作相对照。实施规划评审制度，所有上报审批的城市规划区开发项目和镇总规、控规、村庄规划、修建性详规均实行专家评审制。考虑到城镇总规的重要性，在城镇总规评审时，邀请盐城的知名专家参与评审，提高各镇总规评审水平。在提高规划编制质量的同时，区住建局将规划评审会安排在各镇、村，提升服务镇村、服务一线的水平。加强规划建设项目审批管理。依据城市总体规划、城市控制性详细规划及建制镇总体规划和大丰区的相关要求对建设项目进行审核，确保以规划指导建设。创新和完善审批运行机制。实施“窗口前移”，将规划许可和服务事项集中进入市行政服务中心，实行“一站式”办理。通过“流程再造”，整合内容相近、重复设置的环节，减少不必要的审批步骤和申报材料，提升项目审批效能。

【刘庄集镇违法建设拆除行动】 3月6日，盐城市大丰区规划建设综合执法大队对刘庄镇204国道东侧家具卖场违法搭建的活动板房实施了依法拆除。此次行动，拆除违法建筑343平方米。该大队按照“零容忍、严打击、停增长”的工作要求，开展违法建筑集中清理整治工作，助力新型城镇化建设。健全城镇片区中队管理责任制，实行网格化管理，严格落实巡查制度，建立对违法建设从防控、发现、制止、查处直至拆除的全过程责任体系。实行拆违重心前移，组织执法人员做好法律法规宣传工作，促使违法建设当事人自行拆除。对逾期未自行拆除的，依法组织拆除，确保清理整治工作实效。

【依法行政培训讲座举办】 9月3日，盐城市大丰区住房和城乡建设局举办依法行政培训讲座，以提高全局工作人员依法行政能力和行政执法水平。该局邀请大丰区政府法制办公室的负责人就依法行政和行政执法进行授课。授课专家结合住房和城乡建设领域法律、法规、规章和行政执法特点，全面深入地阐述了如何依法行政，并重点讲解依法行政基本要求、行政许可程序、行政执法要求、适用法律、时限问题、文书规范等内容。培训班要求，认真贯彻落实国务院《依法行政实施纲要》，坚持依法行政，加强行政执法监督，致力让行政权力在阳光下公开透明运行。通过培训，全体工作人员更清楚了肩负的住房和城乡建设工作责任，认识到依法行使法定行政执法职权的重要性。

（葛顺明）

城市建设

【概况】 2016年，盐城市大丰区组织实施功能完善、旧城改造、基础设施、安居工程、绿化生态等5大类42项城建重点工程，完成投资98.67亿元，工程开工率98.5%，竣工率96%，招投标率、工程质量一次性验收合格率均100%。

【路桥工程】 2016年，大丰城区新增道路面积65万平方米。加快实施道路工程建设，增强通行能力。港城高速大丰连接线及金丰南路、育红西路、幸福路人行道改造等工程竣工通车。加快民生建设，增添城市亮点。康宁小区一期、康平小区、卫校巷及健东片区、林牧业巷及周边片区、影

2016年，大丰城区新增道路面积65万平方米。港城高速大丰连接线、金丰南路改造等工程竣工通车

视巷及周边片区、新德中心河等截污控源工程竣工。完善环境基础设施建设。人民路彩虹桥亮化改造工程、人民医院和育红广场机械式立体停车场竣工投入使用，完善了城市功能，增强了城市承载能力。

【城市房屋征收拆迁】 2016年，大丰区实施主城区酒厂地块、大新一至七村地块、城东新区东方创意园二期、开发区河口汽配产业园等拆迁项目，完成征收拆迁772户，拆除面积15.27万平方米。盐城市大丰区住房和城乡建设局通过在征收拆迁现场张贴宣传标语、悬挂宣传横幅、播放房屋征收补偿方案、现场发放宣传材料等方式宣传房屋征收拆迁政策。征收拆迁人员到征收拆迁现场与被征收拆迁人沟通交流，解答群众提出的各种问题，讨论实施过程中具体的操作方法和流程，确保动迁工作合法、合情、合理。大丰区邀请盐城市的评估专家及相关部门业务专家围绕房屋征收评估实务、住房保障政策、房屋征收补偿的计算依据及方法、档案资料的收集整理等内容，对征收拆迁实施单位、评估单位的工作人员进行业务培训。通过培训，提高动迁水平，确保政策执行不走样。在拆迁安置房产权调换补偿安置方式的基础上，侧重推行征收拆迁补偿货币化。房屋征收拆迁的稳步推进，为城市建设和项目建设提供了用地保障。

【城建融资】 2016年，大丰区城建国有资产经营有限公司不断创新融资模式，拓宽融资渠道，完善融资平台的运行机制，做好项目申报的前期工作，采取多种措施加强贷款和融资项目管理，确保贷款和融资到账和使用进度。通过城镇化基金、银行贷款、委托贷款、金融租赁等渠道融资26.5亿元。其中城镇化基金10亿元、金融租赁4亿元、委托贷款3.036亿元、各类银行贷款9.464亿元，融资业务利率均不超过8%，各类银行贷款平均利率不超过7%。城建融资为大丰区城市项目建设和房屋征收拆迁提供了有力的资金支撑。

【房屋征收工作经验借鉴】 4月17~19日，盐城市大丰区赴南通市、镇江市、昆山市和盐城市建湖县、射阳县、盐都区等地考察学习房屋征收工作。大丰区考察组重点学习了房屋征收部门设置、运行机制、征收数字信息化平台建设、征收项目实施及征收货币化补偿工作等方面的内容。通过座谈交流和察看征收项目现场，南通、镇江、昆山等地和盐城市部分县区推进房屋征收及征收货币化补偿工作的先进经验，给考察组留下深刻印象。大家表示要学习借鉴先进地区的经验，按照《国有土地上房屋征收与补偿条例》和相关法律法规要求，创新机制体制，加大工作征收力度，破解征收项目推进过程中的难题，坚持公开、公平、公正征收，实行阳光征收，为城市建设和项目建设提供保障。同时，稳妥地推进征收货币化补偿工作，为加快棚户区改造和房地产去库存提供保障。

【港城高速大丰北连接线拓宽改造工程】 港城高速大丰北连接线拓宽改造工程起点为盐丰高速匝道与S226交叉口，终点至德丰大桥北首，路线全长4.64千米。建设标准为一级公路，设计车速100千米/小时，合同造价约4200万元。该工程利用老路拓宽改造，在原有道路基础上两侧各拓宽2米侧分带和5米人行及非机动车混合车道，原机动车道沥青路面出新后改为双向六车道通行，路基总宽度38.5米，包括拓宽改造桥梁两座，涵洞11道以及绿化分隔带、路灯、标志标线等工程。该工程由区住建局负责建设，大丰恒昌交通建设工程有限公司中标施工。在工程建设过程中，建设单位和施工单位一直坚持把绿色施工放在与工程安全、质量、进度同等重要的工作来做，做到车辆冲洗、洒水控尘、路面保洁、封闭围挡、画廊宣传到位。按照绿色施工和创建省建筑施工标准化文明示范工地的要求，加大人员、设施和经费投入，将工地建成展示城市形象的窗口。该工程2016年12月底全线竣工通车，被省住房和城乡建设厅授予江苏省建筑施工标准化文明示范工地。

【金丰路截污控源改造工程】 盐城市大丰区金丰路截污控源改造工程实施黄海路至南翔路段，长1430米，宽55米，路面结构为沥青混凝土面层，总投资约5200万元，截污控源与道路改造同步实施，实行雨污分流。该工程由区住建局负责建设，苏州市政园林工程集团有限公司中标施工。在工程建设过程中，区住建局针对该路段地处老城区、施工环境复杂的特点，组织施工单位科学制订标准化文明示范工地施工方案，坚持“方便人民生活、有利生产发展、保护生态环境”的原则，以“便民、利民、为民”为宗旨，从源头抓起，标本兼治，做好文明施工管理，实现封闭围挡，控制扬尘。在保证绿色施工的前提下，加快工程进度。该局抽调技术人员跟班作业，实行全过程监控，加大巡查抽检力度，对关键工序实行道道把关，确保文明规范施工，提升城市形象。该工程于2016年12月底竣工通车。

【数字地形图测绘城市地下管线普查探测工程获奖】 11月21日，根据《国家科学技术奖励条例》和《中国测绘地理信息学会科学技术奖励办法》，中国测绘地理信息学会进行了2016年全国优秀测绘工程奖评选工作，全国有401项工程参加评审，盐城市大丰区1:500全野外数字地形图测绘城市地下管线普查探测工程获“2016年中国地理信息产业优秀工程银奖”。此项工程由区住建局负责实施，总投资3000万元，主要包括城市规划区全野外数字地形测绘、城市地下管线探测普查、管线信息平台建设等方面，对城市规划区约170平方千米范围的地形图进行全野外数字测绘，探测普查建成区约30平方千米范围的城市地下管线，建立地下管线信息平台。经过招标，由江苏煤碳地质物测队、江苏省地质勘查技术院承担管线探测、地形图测绘工作。经过测绘和建设，搭建了通用的地理信息公共平台，建立起完整的数字城市地形图及地下管线档案和实用的管线信息系统，为城市规划、建设、管理提供更加准确翔实的基础资料，有利于合理利用城市地下空间，规范城市开发建设行为，及时处置突发事件，保障居民群众生命财产安全。

（葛顺明）

城东新区建设

【概况】 盐城市大丰区城东新区地处东宁路以东，南翔路以北，五一河以西，通港大道以南，总规划面积15平方千米。2016年，城东新区围绕打造“宜居、宜业、宜游的现代化城东新区”的要求，实施项目10个，新开工建设1000万元以上项目2个，竣工1000万元以上项目4个，投入建设资金23.6亿元，实现财税收入5553万元。

【城东新区工程建设】 2016年，城东新区基础设施更加完善，占地3.3万平方米的文化广场建成并对外开放；五一河风光带绿化提升段竣工；大华路防洪闸竣工。景观绿化力度加大，全长1800米、占地3.5万平方米的团结路背景林带工程竣工；幸福广场绿化提升完成；大华路、春柳路、鹿鸣路等4.1万平方米背景林带工程竣工。重点工程抢工会战，丰华国际商务大厦交付投入使用；文化会展中心幕墙施工；宝达大酒店外立面施工；万佳城市广场（城东新区城市综合体）风情室内步行街、生活超市、儿童主题乐园三层结构封顶。民生工程进展显著，图书馆新馆竣工；博物馆新馆主体竣工；城东卫生服务中心完善前期手续；城东菜场进行选址。房地产开发快速推进，荣润理想城、望园·莱茵城、宝达·香格里拉等12个房产项目销售良好。

2016年，大丰城东新区占地3.3万平方米的文化广场建成并对外开放，图书馆新馆竣工

【城东新区拆迁安置】 2016年，城东新区按照拆迁攻坚行动方案，科学谋划、加强调度、严格考核，向拆迁群众做好政策宣传解释工作，加大群众思想疏导工作力度，坚持“一把尺子量到底”，坚持“阳光拆迁”，通过公开、公平、公正执行政策，真正做到依法拆迁。全年实施4个项目，完成102户、2万平方米的拆迁工作。同时，加大与相关职能部门工作协调配合力度，加快安置房建设相关手续的办理进度，加快要素协调，加大安置房建设力度。聚丰家园二期安置房10幢、约7万平方米，前期手续完成，年底基础完成50%；阜南农民公寓5号楼，约3800平方米，前期手续完成，年底桩基工程施工完成。

【城东新区资金筹集】 2016年，城东新区筹集资金，为发展提供保障。研究相关金融政策，抓住金融政策稍微宽松的有利时机，进行低成本债务置换，将以往高成本的资金有效降低，提高了资金使用效益。围绕目标，科学融资。通过多元化的资金筹措方式，加强与券商、信托公司、银行、融资租赁公司等各类金融机构的合作，丰富融资手段，拓宽融资渠道，缓解资金压力。

【城东新区管理】 2016年，大丰城东新区完善规划设计方案，优化提升东区面貌。优化东区建设布局，对东区范围内的楼宇、景观亮化进行整体提升设计，不断细化完善设计方案，着重对楼宇尤其是立面方案设计和品位的提升以及主干道与绿化的提升和优化，城市形象和品位层次得到有效提升。提高环卫保洁标准，加大巡查执法力度。各个路段（区域）实行全天候不间断保洁，延长作业时间，提高保洁标准，及时做好路面冲洗及降尘工作，确保无泥土、无垃圾、无杂物。同时，成立城东新区市容管理执法中队，安排专人每天巡查督促，确保道路、公共用地、学校、住宅小区等周边无违章建筑、乱堆乱放、占道经营等现象，全力营造一个整洁美观的环境。

（陈梦影）

城市管理

【概况】 2016年，大丰区城市管理局（以下简称区城管局）以创建全国文明城市为重点，健全完善"网格管理，三级考核，社会监督，综合执法"管理模式，改善城市面貌，提升城市形象。2016年，区城管局获江苏省城市环境综合整治办公室表彰的城市环境综合整治先进集体、盐城市城管局表彰的综合先进、区年度目标任务绩效考核综合先进，连续两年获区委、区政府，盐城市城管局表彰。

【全国文明城市创建】 2016年，大丰区积极配合盐城大市区创建全国文明城市，开展"五大专项整治"活动。整治交通秩序。招募100多名志愿者，着统一标识，规范管理人民路、健康路、幸福路、金丰路等14条主干道非机动车停放，划定二轮车停放线。整治集贸市场。规范城中、幸福菜场以及飞达路便民市场。整治经营秩序。依法取缔流动占道经营摊点950多个，查处出店经营770多户，查扣移动广告牌700余块。集中整治益民路违章搭建，拆除92户，计9700多

2016年，大丰区城管局加强环卫保洁考核，提升城乡环境卫生水平

平方米。整治"老、旧、破"小区。集中排查、整治小区路灯、绿化、化粪池及环卫设施，清理陈年垃圾1000余吨，刷白出新楼道面积34万平方米。整治城中村及城郊结合部。指导、督促大中镇、开发区、高新区等责任单位做好垃圾清运、流动摊点、绿化亮化等工作。通过整治，环境面貌得到较大改善。

【市容秩序】 2016年，区城管局按照《大丰区户外广告和店牌店招设置专项规划》要求，全年受理办结户外广告、店牌店招、标志牌设置等422件。发放整改通知316份，整治市区破旧损坏户外广告牌127块，维修亮化183处，更换高炮广告宣传版面256块，灯杆道旗8500杆。完成金都贸易城基础设施维修，临海高等级公路荣誉牌亮化，健康东路创建省级市容管理示范路整治。春节、国庆期间制作大型花灯花坛18座。以"零容忍"姿态实施拆违攻坚，成立防控违中队，拆除新增违章180处，面积14083平方米。规范渣土运输秩序，60余辆渣土车安装GPS、170辆混凝土搅拌车辆安装防滴漏装置。

【环境卫生】 2016年，区城管局严格环卫保洁考核。实行"四级考核"体系：环卫处班子成员抽查、考核科督查、所长每日检查、管理员巡查，开展环卫保洁诚信评价，结果与保洁公司中标金额挂钩。主城区实行"10分钟保洁圈"，主干道两侧采用"三桶三分"果壳箱收集垃圾，镇新增垃圾中转站2座、果壳箱240只，新建、改建厕所26座。加强垃圾终端处理设施监督管理，对大吉焚烧发电厂每周检查不少于2次，接入称重数据、磅房视频，安排专人定时监控。完善城乡垃圾一体化收运体系，全年收集压缩转运生活垃圾10.8万吨，市区、镇垃圾无害化处理率分别为100%、90%以上，城乡环境卫生水平得到提升。

【园林绿化】 2016年，区城管局加强绿化巡查管养。对包括主城区各板块绿化养护情况实行周巡查、月考核、双月通报制度。做好时令花草更换和植草行动，主城区栽植木本海棠2000株，新增时令花卉5000平方米，绿化补植32000平方米，种植草花26000平方米。

【景观亮化】 2016年，区城管局对城区2万盏功能照明和6万余盏景观照明设施开展巡查、检修，实现24小时值班制，一般故障4小时内修复到位，复杂故障24小时内维修到位。全年维修路灯、景观灯10000余盏、更换电缆5000余米，城区亮灯率、设施完好率99%以上。

【城市绿化亮化等工程建设】 2016年，城市绿地扩绿增量，新增城市绿

化面积80万平方米。环卫设施建设加快，道路机械化作业率80.8%，新建和改造二类公厕12座、维修三类公厕57座，环卫作业车辆全部安装GPS，开工建设废弃有机物处理中心、垃圾填埋场。城市照明步入绿色快车道。实施市区“二河”（大四河、二卯西河）滨河景观、“五纵”（西康路、常新路、金丰路、人民路、康平路）、“五横”（通港大道、幸福大街、健康路、黄海路、南翔大道）沿线主要楼宇景观亮化，完成7.5千米长滨河景观，新增160幢楼宇亮化，安装路灯400杆。数字化城管系统通过江苏省住建厅验收。城市环境整治。全区城市环境整治投入8.4亿元，整治16大类51个项目（其中拓展整治项目26个）。36个老旧小区全面推行长效化管理。公共自行车扩容增量，新增30个换乘点，投放450辆自行车。完成城中市场四星级标准的改造提升。

【城管服务】 2016年，区城管局完成中央、省、市、区重大活动保障80次，市容秩序、环境卫生、绿化亮化水平有所改善和提升。简化城管行政审批程序，缩短办件时限，全年办理行政审批事项442件，服务对象反响较好。

（顾　蓉）

公共设施建设

【概况】 2016年，大丰区加快市政公用基础设施建设，不断改善人居环境。开展城市环境综合整治，完成整治项目51个。完善“路长”“河长”负责制，开展交通秩序、集贸市场管理、小区管理、经营秩序、城中村及城郊结合部环境等五大专项治理。加快天然气工程建设步伐，为市民提供清洁、安全、优质的天然气。规范地下管线工程建设，对城区主干道施工统一审批管理，避免“马路拉链”现象，城市形象和美誉度得到提升。

【市政设施管养】 2016年，大丰区住房和城乡建设局建立市政设施巡查制度，对巡查发现的问题和各方反映的事项，根据责任分工要求，及时落实到相关责任单位，加强整改落实，做到件件有落实、事事有回音，处置及时率和满意率均100%，保证了行人与车辆的出行安全。2016年，先后投资约500万元，完成城区市政道路、人行道、盲道900多处计2万平方米的破损道路修补工作，完善盲道约3000米；投入50多万元，对城区道路隔离栏杆、公交站台、道路指示牌等各类公益广告整体出新3次；投资约150万元，疏通各类道路、片区排水管道75千米；投资30万元，维修、更换及新建各类窨井350座。开展老小区基础设施维修工作，完成全区82个老旧小区、生活片区内的3万平方米道路、1000多处窨井等基础设施的维修工作。

2016年8月1日，大丰区人民路彩虹桥出新工程竣工

【燃气供气工程】 2016年，大丰区优化燃气产业结构，在稳定液化石油气供给的基础上，发展管道天然气。全年新增天然气管道53千米，累计建设燃气管网长度780.6千米；新增天然气工商业用户70家，累计487家；新增居民通气用户5104户，新增配套用户4700户，累计通气用户44574户。全年天然气供应总量1.16亿立方米，液化气供应总量8700吨。新增天然气加气站1座。

【燃气安全管理】 2016年，大丰区住房和城乡建设局对照《江苏省城镇燃气安全检查标准》的要求，对全区1个天然气管输企业、2个天然气经营企业、8个瓶装燃气经营企业、3个加气站开展燃气安全检查9次，发放安全隐患限期整改通知书76份，均整改到位。开展燃气安全执法检查，加大对无证照经营或销售瓶装液化气、违章存放钢瓶、利用钢瓶转充液化气等违法行为的查处力度，严厉打击瓶装液化气无证经营的违法违规行为，保证瓶装液化气安全供应和群众用气安全。查处无证液化气经营点和非法存储点9个，开具查封（扣押）清单9份，暂扣倒气枪头3套、电子秤1台、液化气钢瓶149个。

【健东片区排水工程】 健东片区排水工程是大丰区2016年为民办实事工程老城区基础设施配套工程的子项目，总投资约800万元。其中卫校巷（幸福路—健康路）道路工程，总长度391.88米，道路雨污主管道为直径600毫米的双壁缠绕管与健康路雨污水管网相接。小区采用直径200至400毫米的双壁缠绕管进行雨污分流，连接健东社区居民的生活污水及低洼地区的雨水至市政雨、污水管网。该工程的实施可解决健东社区居民排水难、行路难问题。在施工过程中，大丰区住房和城乡建设局协调矛盾，排除障碍，克服雨季施工影响，科学组织工期，加快改造工程进度，工程于2016年11月底竣工。

【育红西路截污控源工程】 2016年，大丰区育红路截污控源工程实施主城区常新路至开发区新民中心河段，全长600米，总投资870万元。该工程采取道路与污水、雨水管道同步施工，彻底解决道路下水道雨污合流问题，实行雨水管道和污水管道各行其道。工程实施过程中，盐城市大丰区住房和城乡建设局抽调专业技术人员跟班作业，指导施工单位优化施工方案，制订工程进度计划和管理措施，倒排工期，挂图作战，在保证工程质量的前提下，加快施工进度。该局对工程项目实施全过程质量安全监督，特别是对隐蔽工程实行旁站监理。按照时序进度，细化目标、量化任务，统筹协调，及时排除施工过程中的矛盾和障碍，有效推进工程进展。该工程于2016年4月开工，10月底全线竣工通车。

【彩虹桥出新工程】 8月1日，盐城市大丰区人民路彩虹桥出新工程竣工。城区彩虹桥工程始建于2007年，拱高18米，拱脚跨度70米。彩虹桥上设置霓虹灯系统，是大丰区亮化标志工程。历经近10年的运行，该工程出现了不同程度的破损，影响了市容环境。2016年，盐城市大丰区住房和城乡建设局把该工程列为城建重点工程项目之一，投入190万元，对彩虹桥钢结构进行加固保养，更换铝合金型材装饰面板和亮化灯源等。为确保工程质量和施工安全，该局会同施工单位制订严密的施工方案，搭建安全通道，在保证行人和车辆安全通行的前提下，组织施工。改造出新后的城区人民路彩虹桥重新焕发风采，成为城市一道靓丽的风景线。

【康宁小区截污控源改造一期工程】 盐城市大丰区康宁小区截污控源改造一期工程，占地5万平方米。2016年，大丰区对康宁小区内的道路和小区内的雨污水管道同步实施改造，实施雨污分流，工程造价586万元。为把这项民生工程做成精品优质工程，大丰区住房和城乡建设局抽调专业技术人员全程把控质量和安全关，确保按期保质完成建设任务。该局组织施工单位科学制订施工方案，推进绿色施工。该工程于4月开工建设，8月底竣工交付，有效改善了该小区居民的生活质量。

【机械式立体停车场】 2016年，盐城市大丰区为缓解城区停车难问题，将大丰人民医院和育红广场机械式立体停车场工程被列为2016年大丰区为民办事实工程之一，总投资2200万元，其中人民医院机械式立体停车场投资1600万元，设垂直循环式智能停车设备24组，可停放车272辆。育红广场机械式停车场投资600万元，设垂直循环式智能停车设备9组，可停放车72辆。大丰人民医院和育红广场机械式立体停车场工程于10月开工建设，12月底竣工并投入运行。

（葛顺明）

环境保护

【概况】 2016年，大丰区环保局贯彻执行党中央、国务院和省市关于生态环保工作的要求，重抓污染防治，严格执法监管，大丰区获得省级文明单位称号，环境保护工作取得明显成效。

【生态文明建设】 2016年，大丰区加大生态文明建设力度，国家生态市、国家环保模范城市创建通过环保部考核验收，国家级生态镇实现全覆盖。主要做法：严守生态红线。科学划定省、市、区、镇四级生态红线，总面积1468.61平方千米，其中江苏省级生态红线区域总面积1212.66平方千米，陆域面积953.75平方千米，占国土面积的31.18%，新增报江苏省级生态红线区域6.7平方千米，生态红线区域内严格实行分级分类管理和生态功能规划。实施生态工程。推进江苏省盐城珍禽保护区南缓冲区1600公顷土地生境提升模式，珍禽保护区内违规项目全部整改到位，加快实施国家级湿地公园、亚行贷款湿地修复等工程，开展生物多样性调查，全面规划总面积53.14平方千米中心城区湿地保护。在现有省级森林公园基础上，扩建666.67公顷（1万亩）林地，建成大丰西郊生态风貌区等十大城市公园，城区绿化覆盖率36.3%；实施农村绿化“2211”工程[即要求各镇和两区2015年做到：2条以上大沟河堤退耕还田，建成133.33公顷（2000亩）农田林网示范片，建成1个村庄绿化示范村，建成一条道路绿色通道]，林木覆盖率27.5%，大丰区新的生态亮点逐步形成。宣传生态理念。宣传大丰区生态文明建设和环境保护成果，在《中国环境报》等媒体上发表文章200余篇，12月24日中央电视台《焦点访谈》节目专题宣传大丰区畜禽粪便资源化处置模式。开展“六五”世界环境日主题活动，在施耐庵公园门口布置展板，发放宣传材料2000多份，营造保护环境的浓烈氛围。开展环保知识进校园、进企业、进社区、进机关、进农村活动，利用标语、横幅、宣传栏、电子屏宣传生态文明理念，生态文明建设一条街工作被省厅授予优秀奖。开展绿色社区、绿色学校创建，加强对中小学生的绿色教育。

【大气污染防治】 2016年，大丰区加强对火电、钢铁等行业脱硫脱硝设施的监督管理，要求凌云海热电、丰源热电等4个企业开展超低排放改造。推进小锅炉整治，累计拆除或改造510台燃煤锅炉，加快淘汰黄标车和老旧机动车，加强建筑、道路和港口扬尘污染控制。与气象部门合作，优化重污染天气预报预警，加强对PM2.5、臭氧等指标的监测和研判。2016年，大丰区空气质量优良天数273天，占全年天数的74.6%，年平均PM2.5数值为47.6微克/立方米，同比下降2.1%，空气质量呈现稳中向好态势，完成G20峰会空气质量保障任务。

【水环境治理】 2016年，大丰区建立污染防治联席会议制度，会同各相关部门推进水环境治理重点工程，形成治水保水的共建合力。完成联丰污水处理厂中水回用工程，大中镇新德、新民中心河综合整治工程，城区金丰路控源截污工程等重点工程，加快推进城北污水厂搬迁扩能和开发区污水处理厂一级A提标改造工作。开展通榆河“清水走廊”建设，严厉查处通榆河一级保护区范围内违法违规行为，实施饮用水源取水口南移工程，新建30万吨/日的取水头部和25万立方米/日的“生物接触氧化+臭氧预氧化”预处理工程和刘庄取水口监测站，取水口水质稳定达标。打造饮用水双水源体系，实施京杭运河大丰区新水源地工程，计划投资18.4亿元，铺设输水管道43千米，与盐城主线工程同步建设、同步竣工。

【土壤污染防治】 2016年，大丰区对白驹镇原江海化工厂地块开展土壤和地下水环境调查和风险评估，开展土壤污染重点行业企业空间位置遥感核实工作。推动大丰区危险废物规范化管理，完善“一企一档”资料，要求所有涉危企业明确专人专职，加强危险废物网上申报登记工作，全面实行转移联单电子化。

【农村环境质量改善】 2016年，大丰区农村环境质量通过治理，取得显著改善。开展农村环境综合整治。完成23个覆盖拉网式农村环境综合整治试点村2013~2014年项目自验收工作，2016年新增12个试点村。全区先后建成生活污水处理厂9座，实现镇镇全覆盖，铺设截污管网300多千米，建成微动力和有动力生活污水处理设施40个。建成垃圾压缩中转站15座、垃圾房3.8万座，配置垃圾运输车15辆、垃圾桶1.2万只，大吉垃圾焚烧发电厂正式运营，年可焚烧垃圾4.5万吨，生活垃圾无害化处理率达95%以上。疏浚清理河道1647条，近5000千米，完成土方4500万立方米，成功打造能洗菜、淘米、垂钓的农村水环境。建成供水加压站16座，实现区到镇主管道、镇到村二级管道、村到户三级管道全覆盖，合计8260千米，72万城乡居民全部饮用上统一供应的安全水、放心水，实现城乡供水一体化。推进畜禽粪便无害化处置。集中攻坚畜禽养殖污染，严格划定禁养区、限养区和适养区，建造混水泥收集池（棚）和简易防渗膜等畜禽粪便收集设施。推进全区8个畜禽粪便集中处置点，帮助协调土地、水电、道路等手续，畜禽粪便集中处置点建成投运4家。加强秸秆禁烧禁抛和综合利用。坚持“疏堵结合，以疏为主，以堵促疏”的方针，在区、镇、村、组四级包保巡查的基础上，安排15个环保执法巡查组。推广应用蓝天卫士监控系统，安装176个高清网络球机摄像头，通过人防与技防相结合的方式，严密监控全区秸秆禁烧区域，实现考核通报“零火点”。拓宽秸秆利用渠道，重点发展建材、饲料、肥料、气化和发电等产业。投资2亿元建设都市环保秸秆发电厂，年消耗15万吨秸秆的一期项目建成运营，年消耗20万吨秸秆的二期项目在建。

【化工园区整治】 2016年，大丰区开展国家级生态工业园区、循环经济园区创建，实现环境基础设施建设到位，突出环境问题解决到位，园区环境管理监控水平提升，区域环境质量提高。在废气整治上，按照一流装备、连续化生产、管道式输送、DCS控制的要求，大幅削减废气总量，采取生物除臭、低温等离子、催化燃烧等先进技术对废气特征因子进行有效处置，建设28台RTO废气焚烧炉和1套二硫化碳回收系统，年减排VOC1.5万吨。全面推广泄露检测与修复（LDAR）技术改造，逐步实现有机废气全过程监管，完成辉丰农化等2个企业LDAR试点、瑞科医药等4个VOCS整治项目。在废水治理上，实行一企一管、清污分流、分质处理，对各企业清下水总排口统一安装节制闸阀，并对企业废水排放在线检测设备和治理现场视频的监控，确保污水达标排放。在固废管理上，开展专项检查，健全台账资料，9000吨/年的危废集中焚烧工程正常运行，3万吨/年的焚烧工程启动建设，28万立方米的危废填埋项目建成并通过试生产核准，许可证申领到位，规范转移危废约2万吨，有效缓解了库存压力。

【环境执法监管】 2016年，大丰区环境执法监管加强，成效明显。顺利通过中央环保督察。7~8月，中央第三

2016年，大丰区农村环境质量通过治理，取得显著改善。图为大桥镇街头一角

环保督察组进驻江苏，开展了为期一个月的环保督察。期间，督察组向大丰区交办32批50件环境信访，全部在时限要求内完成答复，做到立行立改。生态红线保护和饮用水源保护工作受到督察组的充分肯定。实施网格化监管。推动出台《环境监管网格化建设实施意见》，建立网格化环境监管体系，落实各镇、各区园的属地责任，确保排有效监管污单位、及时查处环境违法行为、有效维护环境秩序。开展环境整治专项执法。组织开展工业企业污染专项整治、城乡环境综合整治、“亮剑斩污”等环保专项执法检查行动，加大钢铁行业、水泥制造行业等重点污染源企业监管力度，打击各类环境违法行为。全年实施现场监察3500多人次，清理完成419个违法违规建设项目，对129起违法行为实施行政处罚，处罚344万元，实施查封、扣押17家，强制断电2家，有效打击了各类环境违法行为。化解环境信访。严格按照“12369环保举报热线”的值班、登记、查处、督办及建档立册等规章制度，编制《大丰环境信访投诉指南》，被省环保厅在全国信访工作会议上推广。截至2016年，共处理环保信访件1734件，查处率100%，群众满意率95%以上。做好排污费征收工作。全年征收入账排污费2726万元，超额完成指标任务。

【环保人员管理】 2016年，大丰区环保队伍建设加强。强化廉政责任。落实党组主体责任、纪检部门监督责任“两个责任”和领导干部一岗双责。始终将党风廉政建设和环保业务工作一起部署、一起检查、一起总结，对局机关支部等5个支部分别明确纪检委员及其岗位职责将“两个责任”落实到基层党支部。开展廉政教育。开展正面示范与反面警示教育，从思想上筑牢拒腐防变的防线，不断改进工作作风。完善廉政制度。严格执行党员领导干部责任报告、责任追究、诫勉谈话、社会监督等制度，2016年进行各类廉政约谈近40人次，聘请社会各界12位政风行风监督员，以制度强化对权力的监督和制约，做到用制度管人、管事、管权。提升服务效能。2016年办理建设项目环保审批288个，包括工业类项目146个，房地产、交通、养殖等开发及其他类项目142个，履行环评程序编制报告书45个、报告表155个、登记表88个。在重点项目环评审批服务方面，审批1亿元以上投资项目67个，涉及申报投资211.7亿元；为都市环保新能源开发大丰有限公司、大丰市飞虹机械铸造厂等30个省、盐城市级环保审批项目实行一事一策、量身制订服务方案，完成环保审批工作，为项目顺利落户提供保障。

【环保难点问题】 2016年，大丰区存在的环保难点。思想认识上：关于生态文明建设和环境保护工作理念虽然有所校正，但还没有校准到位。部分镇区和部门还没有把思想统一到习近平总书记关于加强生态文明建设的治国方针和五大发展理念，尤其是绿色发展理念上来。属地的主体责任和部门的生态环保工作责任还没有落实到位，环境监管网格化建设的文件虽然下发，但是人员和装备还没有配备。大气污染上：第一是扬尘问题，港口装卸和城区施工等扬尘污染比较突出，联鑫钢铁和博汇集团建设防尘网。第二是减煤问题，大丰虽然单位国土面积上的环境容量较大，但是产业结构仍然偏重，小锅炉拆除任务还有100多台，减煤形势不乐观。第三是车辆和油品问题，黄标车和老旧机动车淘汰工作需要加大推进力度，城区油品还要提升，船舶停靠时燃油污染需要解决，绿波带还没有得到推广。第四是化工园区，还有个别重点企业需要加强监管。第五是城市三产服务业，举报投诉较多。水污染防治上：城区截污出现较大问题，河流黑臭现象仍然存在，新建小区没有及时接管，老小区由于拆迁、管线障碍等原因，也没有接管，导致不少支河水体黑臭，影响城区环境质量。镇生活污水处理厂管网建设和日常管理不到位，导致污水处理厂低效运行，没有做到稳定达标排放。港区的达标尾水深海排放工程推进缓慢，畜禽养殖污染治理工作和秸秆禁抛工作成果需要巩固和提升。固废监管上：鉴于大丰固废处置能力较好，钢渣、白色垃圾、秸秆、乳化液等废物都能闭环处理，危废处置上，形成3.3万吨的焚烧处理能力，但废盐的填埋问题没有得到有效解决，需要下决心建设刚性填埋场。

（张 平）

生态文明建设

【概况】 2016年，大丰区遵照国家、省、市关于生态文明建设的要求，围绕“五位一体”总体布局，树立“生态是生产力、生态是竞争力、生态是品牌力”的理念，把生态文明建设作为推动转型升级、内涵发展、绿色增长的重要内容。实施“生态立区”战略，靠生态造福百姓，靠生态吸引要素，靠生态集聚产业，实现经济社会与生态环境协调可持续发展。全年大丰区空气质量优良天数273天，占全年总天数的74.6%，年平均PM2.5数值为47.6微克/立方米，比2015年下降2.1%；所有水功能区均达到水质目标要求，国考断面水质达Ⅲ类水比例100%，人居环境明显改善。

【生态文明制度体系建设】 2016年，大丰区加强制度保障建设。颁布实施了大丰区《生态文明建设规划》，全面指引大丰区生态文明建设工作，并根据国家、省、市、区生态文明建设新的形势要求，结合大丰区撤市设区的实际，组织修编规划文本。制订出台大丰区《关于加快推进生态文明建设的实施意见》《生态文明建设环境保护重点任务行动方案（2016–2017年）》《2016年度生态文明建设工程目标任务书》《盐城市大丰区党政领导干部生态环境损害责任追究实施细则》等一系列重要文件，为全区生态文明建设提供制度保障。健全组织领导机制。成立以区主要领导为组长，各相关单位负责人为成员的区生态文明建设领导小组，统筹安排与督查全区生态文明建设工作。各镇区、部门也成立相应的组织领导体系，构建横向到边、纵向到底的生态文明建设组织网络。全区配备专（兼）职镇环保干事12名，聘请村级环保监督员121名，形成区、镇、村三级环保工作网络。完善综合决策机制。落实区域规划及环境影响评价制度，建立环境与发展综合决策机制，在城市规划、能源资源开发利用、产业布局、土地开发等重大决策过程中，优先考虑环境影响和生态效益，对可能产生重大环境影响的事项，行使环保“一票否决”，避免出现重大生态决策失误，政府行政决策的民主化和科学化水平提高。建立监督考核机制。将生态文明建设纳入经济社会发展目标责任制及领导干部实绩考核，在全区绩效考核中，加大生态文明考核力度，设立“生态文明工作奖”。区政府与各镇（区）和相关部门单位签定年度生态文明建设和环境保护责任书，强化责任追究，确保各项生态文明建设目标任务的完成。

【生态文明文化理念培育】 2016年，大丰区加大生态文明建设宣传力度。围绕大丰区生态文明建设工作目标任务，加强策划和联动，与多家省内外媒体合作，宣传大丰区生态文明建设成果，发表各类文章200余篇。加大法律法规和政策性文件宣传，开展新《中华人民共和国环境保护法》等法律法规宣传，开展“生态文明建设宣传一条街”建设工作，并被省环保厅评选为优秀奖。加强中小学校生态文明教育，在全区小学中举办了以“生活绿色化”为主题的征文活动，收到征文作品近百篇；组织推荐环境教育优秀教案评选活动，大丰区2篇教案被省教育厅和环保厅评为优秀教案；开展青少年环境科普课堂——生命之水项目实验活动，参与学生人数近1.4万人次。培育绿色生活方式。倡导绿色生活、绿色消费，推动全民在衣、食、住、行、游等方面加快向勤俭节约、绿色低碳、文明健康的方式转变。开展公共场所全面禁烟和城区范围内禁止燃放鞭炮等公众参与度高的绿色生活行动，使珍爱自然、保护环境、节约资源、低碳生活等生态文明观念深入人心。倡导绿色低碳出行，加强城市公交建设，大丰区有城市公交42辆，其中清洁能源公交车8辆，通过逐步增加公交线路，扩大城市公交线网覆盖面积，优化发班时间等，方便了居民出行。建立完善城市公共自行车系统，建设完成110个自行车租赁点，投放公共自行车1500辆，累计办理借车卡9000张左右，加强调度管理，让群众享受优质公共自行车租赁服务。开展生态细胞工程建设。建成国际生态学校1所，省级绿色学校21所，省级环境保护示范教育基地1个，省级绿色社区5个。4个村通过国家级生态村验收，2个村建成省级美丽乡村示范点，美丽乡村建设获得国家科技支撑计划农村领域立项支持，草堰村入选中国传统村落名录。加强信息公开和公众参与。健全公众参与机制，建立完善政府与民众之间的信息沟通机制，加强环境信息披露，环境影响报告表和报告书项目从受理到审批均在网上全程公示，畅通电话、传真、电子邮件等沟通渠道，保障群众的知情权、参与权和监督权，公众对环境质量满意度有所提高。

【生态文明安全屏障构筑】 2016年，大丰区优化国土空间开发格局。合理划分优化开发、重点开发、限制开发和禁止开发区域，构建了“三横两纵”的城市化格局、农业发展格局、生态安全格局和自然岸线格局，为大丰的生态文明建设和经济提质增效提供有力支撑。“三横”即以大丰港、城区为核心，城区大丰港产业带为重点的“双核一带”产业发展带及生态宜居空间；以大丰麋鹿国家级自然保护区为龙头的观光农业带及生态旅游空间；以斗龙港国家一级渔港为龙头的海、淡水产品加工集散和有机生态农业产业带及生态产品空间。“两纵”即以临海高等级公路为轴心、连接两个国家级自然保护区的绿色生态长廊；以通榆河饮用水源保护区为重点的清水走廊维护区。构建生态红线规划格局。按照“保护优先、合理布局、控管结合、分级保护、相对稳定”的原则，科学划定六大类总面积1468.61平方千米的生态红线保护区域，其中省级生态红线面积1212.66平方千米，陆域面积953.75平方千米，占全区国土面积的31.18%；区镇级生态红线区域面积255.95平方千米，占全区国土面积的8.37%。在红线区域内严格实行分级分类管理和生态功能规划。实施生态保护与修复。推进珍禽保护区南缓冲区1600公顷土地生境改造提升示范模式，推动老斗龙港沿线开展国家级湿地公园创建，加快实施亚行贷款湿地修复项目，在省级森林公园基础上，扩建666.67公顷（1万亩）林地。开展生物多样性调查，全面规划总面积53.14平方千米中心城区湿地保护。加快“绿色大丰”建设，新增城镇绿地面积80万平方米，城区绿化覆盖率38.2%，实施农村绿化重点工程，新增成片造林1033公顷，新建和完善绿色通道140千米、高标准农田林网6853公顷，林木覆盖率27.5%。加强饮用水源安全保障。饮用水源，是全区人民的生命线。围绕《饮用水源保护区核定及规范化建设实施计划》，开展通榆河“清水走廊”建设，严厉查处通榆河一级保护区范围内违法违规行为，实施饮用水源取水口南移工程，新建30万吨/日的取水头部和25万立方米/日的“生物接触氧化+臭氧预氧化”预处理工程，建设刘庄取水口监测站，取水口水质能够稳定达标。打造饮用水双水源体系，实施京杭运河大丰新水源地工程，预算投资18.4亿元，铺设输水管道43千米，与盐城主线工程同步建设、同步竣工。

【绿色生态产业体系打造】 2016年，大丰区优先发展生态工业。加快发展新产业，培育丰富新业态，不断优化产业结构。发展战略性新兴产业，风电产业园建成“江苏省特色产业集群”，新能源淡化海水产业园建成国家海洋经济创新发展区域示范区，电子信息产业园建成中国印制电路板生产示范基地，海洋生物产业园先后建成国家科技兴海产业示范基地和国家农业科技园。同时，把推进信息化作为现代服务业的主线，依托大数据，通过“互联网+”，实现转型升级。发展现代物流、电子商务、金融服务、文化创意、科教服务、健康养年等产业，东方1号创意产业园一期工程（3D打印技术中心）被认定为国家级工业设计中心，阿里巴巴、农一网等企业入驻电商产业园，国际软件园引进中兴通讯等领军企业150多个，大数据产业园云计算数据中心投入使用，现代服务业态占服务业比重超50%。发展生态农业。围绕高效设施农业、休闲观光农业、品牌农业，构建产加销一体化、全产业链的现代农业产业体系。发挥优质自然资源优势，建成省级农业标准化生产示范基地，建成有机大米、荠菜、紫菜三大国家级有机食品生产基地。有机、绿色及无公害农产品种植面积占耕地面积85%以上，农业“三品”（无公害农产品、绿色食品和有机农产品）336个，被认定为“全国有机产品认证示范创建区”。建成高效农业面积8.33万公顷、特色现代农业园区19个，新发展家庭农场248家。获评全国休闲农业与乡村旅游示范县、全国有机产品认证示范创建区。发展生态旅游。中华麋鹿园创成盐城首家国家AAAAA级旅游景区，全区建成国家AAAA级旅游景区3个、国家A级旅游景区12个、省级旅游度假区1个、省四星级乡村旅游点4个，A级景区数量名列全省各县（市、区）前列，大丰区获“全国旅游标准化示范城市”称号。海洋世界、知青农场、大丰港动物园等建成开放，荷兰花海成为盐城最富人气景点。荷兰花海“围绕鲜花做文章，打造赏花经济”的成功经验和做法被新闻联播专题报道。

【生态文明环境质量提升】 2016年，大丰区开展环境整治，持续深化重点园区整治。开展国家级生态工业园区、循环经济园区创建，实现环境基础设施建设到位，突出环境问题解决到位，园区环境管理监控水平逐步提升，区域环境质量持续改善。加强无组织废气的收集处理，先后封闭车间40多个、面积8000多平方米，各类废水池近6000平方米。建设28台RTO废气焚烧炉和1套二硫化碳回收系统，年减排VOC1.5万吨，完成2家LDAR试点、4家VOCS整治项目。废水治理实行一企一管、清污分流、分质处理，对各企业清下水总排口统一安装节制闸阀，并加强在线检测设备和视频监控，确保达标排放。9000吨/年的危废集中焚烧工程正常运行，28万立方米的危废填埋项目建成并获得行政许可，所有企业的危废不出园区即可得到安全处置。实施城市环境综合治理。开展大气污染防治，推进小锅炉整治，累计拆除或改造510台燃煤锅炉，加快淘汰黄标车和老旧机动车，加强扬尘污染控制，优化重污染天气预报预警，加强对PM2.5、臭氧等指标的监测和研判，完成G20峰会空气质量保障任务。加强水污染防治，完成联丰污水处理厂中水回用工程，新德、新民中心河综合整治工程，城区金丰路控源截污工程等重点工程，加快推进城北污水厂搬迁扩能和开发区污水处理厂一级A提标改造工作。加强土壤污染防治，完成全区土壤污染重点行业企业空间位置遥感核实工作，开展土壤和地下水环境调查和风险评估。加快美丽乡村建设。开展“清洁乡村”行动，重点实施以镇污水处理全覆盖、农村垃圾集中处理、沟河整治长效管理及城乡供水一体化为主要内容的“3+1”综合整治工程，实现基础设施全到位、队伍网络全覆盖、长效机制全建成，连续三年被评为省村庄环境整治先进县（市）。加强农作物秸秆禁烧禁抛和综合利用工作，坚持“疏堵结合，以疏为主，以堵促疏”的方针，实现考核通报“零火点”，拓宽秸秆利用渠道，重点发展建材、饲料、肥料、气化和发电等产业，投资2亿元建设都市环保秸秆发电厂，年消耗15万吨秸秆的一期项目建成运营，年消耗20万吨秸秆的二期项目在建。推进畜禽粪便无害化处置，划定大丰区畜禽养殖禁限养区，优化畜禽养殖业生产布局，在全区范围内规划8个畜禽粪便集中处置点（江苏苏港和顺生物科技有限公司，项目地点：港区。江苏道远环保节能科技有限公司，项目地点：草庙川东。棉花原种场丰大肥业有限公司，项目地点：棉花原种场。绿盛达江苏科技有限公司，项目地点：草堰、白驹、新丰。新丰镇金西村伟业家庭农场，项目地点：新丰。西团镇北团村江苏一禾羊业有限公司，项目地点：西团），当年有4家建成投运。增强环境执法监管水平。完成中央环保督察组交办案件的查处工作，组织开展工业企业污染专项整治、城乡环境综合整治、“亮剑斩污”等环保专项执法检查行动，加大钢铁行业、水泥制造行业等重点污染源企业监管力度，严厉打击各类环境违法行为。全年实施现场监察3500多人次，清理完成361个违法违规建设项目，对129起违法行为实施了行政处罚，实施查封、扣押17家，强制断电2家，有效打击了各类环境违法行为。加强执法队伍建设，完善执法体系，先后成立了港区、开发区、苏盐园区3个环保分局，均为副科级建制，并相应增加环境监管人员职数，配备记录仪、定位仪、测距仪等新型执法装备。实施网格化监管，推动出台《环境监管网格化建设实施意见》，建立网格化环境监管体系，落实各镇、各区园的属地责任，确保排污单位得到有效监管、环境违法行为得到及时查处、环境秩序得到有力维护。

（翟祖桥）

〖编辑　丁彩前〗

财 政

【概况】 2016年，盐城市大丰区主动适应和引领经济发展新常态，实施积极的财政政策，促进稳增长调结构，加大财政投入力度，着力保障和改善民生，财政收入稳定增长，财政支出不断优化，财政改革向纵深推进，财政部门较好地发挥了“稳增长、调结构、促改革、惠民生、防风险”的职能作用，促进了全区经济和社会事业发展。全区实现一般公共预算收入59.26亿元，收入质量明显提升，税收同口径增幅居盐城市前列，国税收入总量列盐城市第一，税占比超过盐城市平均水平2个百分点。财政管理绩效、财政总决算、部门决算等多项工作获得省市财政部门表彰。区财政局被江苏省文明委评为“2013~2015年度江苏省文明单位”，被江苏省财政厅评为“全省财政系统先进集体”。

【预算执行情况】 一般公共预算：2016年，全区一般公共收入调整预算为55亿元，实际完成59.26亿元，占预算107.7%；全年完成一般公共预算支出89.38亿元，比2015年实绩减少5.38亿元，下降5.68%。区本级一般公共收入调整预算为32.63亿元，实际完成36.09亿元，占预算的110.6%；区本级一般公共预算支出74.93亿元，比2015年实际减少2.47亿元，下降3.19%。实现财政收支平衡。

政府性基金预算：2016年，全区完成政府性基金收入13.14亿元，其中：港口建设费收入991万元，新型墙体材料专项基金收入180万元，城市公用事业附加收入2579万元，国有土地收益基金收入4650万元，农业土地开发资金收入3500万元，国有土地使用权出让收入11.73亿元，城市基础设施配套费收入2197万元。全区实现政府性基金支出15.95亿元，其中：社会保障和就业支出978万元，城乡社区支出15.66亿元，交通运输支出825万元，资源勘探电力信息等支出161万元，彩票公益金安排的支出986万元。

社保基金预算：2016年，全区完成社会保险基金收入22.22亿元，占年初预算的113.8%。实现社会保险基金支出21.05亿元，占年初预算的107.3%。其中：企业职工基本养老保险收入98539万元，支出95584万元；城乡居民基本养老保险收入31713万元，支出21942万元；城镇职工基本医疗保险收入46800万元，支出41107万元；城镇居民基本医疗保险收入6334万元，支出6699万元；新型农村合作医疗基金收入27119万元，支出25923万元。

国有资本经营预算：2016年，全区实现国有资本经营预算收入3500万元，其中：利润3500万元。全区国有资本经营预算支出3500万元，其中：其他国有企业资本金注入3004万元，其余496万元调入一般公共预算安排相应支出。

【财源建设】 2016年，区财政局加强财政政策引导，整合财政引导资金，发挥财政资金杠杆作用。做大做强政策性担保公司，累计拨付金茂担保公司注册资本金2.1亿元，通过释放政策性担保的放大效应，为中小企业融资提供支持担保服务。创新财政管理机制，安排中小企业应急过桥资金。全年为中小企业提供担保和过桥资金超过16亿元。推进PPP模式（即Public-Private-Partnership的字母缩写，是指政府与私人组织之间，为了合作建设城市基础设施项目或提供某种公共物品和服务，以特许权协议为基础，彼此之间形成一种伙伴式的合作关系，并通过签署合同来明确双方的权利和义务，以确保合作的顺利完成，最终使合作各方达到比预期单独行动更为有利的结果）吸引社会资本投资，首批组织9个项目参加盐城市PPP项目（公私合营模式）推介活动，组织12个企业参加盐城投融资峰会。拓宽中小企业融资渠道，推荐76户企业申报市“苏微贷”企业库。全面落实财政促进金融业创新发展政策，鼓励设立各类新型金融组织，吸引更多的金融机构落户大丰，引导撬动银行对企业增加信贷投放。鼓励和引导企业技改扩能、提档升级、自主创新，提高企业核心竞争力。加大财政技改投入，技改设备购置奖补起点从300万元降低到100万元，单个企业

2016年全区一般公共预算收支执行情况表

表17　　单位：万元

预算科目	决算数	预算科目	决算数
一、税收收入	475498	一、一般公共服务支出	137893
增值税	99057	二、外交支出	
营业税	165349	三、国防支出	380
企业所得税	32197	四、公共安全支出	33517
企业所得税退税		五、教育支出	159253
个人所得税	11458	六、科学技术支出	36037
资源税	10	七、文化体育与传媒支出	23618
城市维护建设税	24641	八、社会保障和就业支出	59874
房产税	24585	九、医疗卫生与计划生育支出	61541
印花税	6202	十、节能环保支出	27045
城镇土地使用税	19256	十一、城乡社区支出	73351
土地增值税	67116	十二、农林水支出	162580
车船税	2285	十三、交通运输支出	34266
耕地占用税	2778	十四、资源勘探信息等支出	17269
契税	20564	十五、商业服务业等支出	13771
烟叶税		十六、金融支出	91
其他税收收入		十七、援助其他地区支出	933
二、非税收入	117068	十八、国土海洋气象等支出	11427
专项收入	25144	十九、住房保障支出	15068
行政事业性收费收入	33390	二十、粮油物资储备支出	3285
罚没收入	9153	二十一、其他支出	16220
国有资本经营收入		二十二、债务付息支出	6173
国有资源（资产）有偿使用收入	49173	其中：地方政府一般债券付息支出	6173
其他收入	208	二十三、债务发行费用支出	176
收入合计	592566	支出合计	893768

年补助额最高300万元。全年拨付企业技改等各类转型升级奖补资金6877万元。全年落实上级资金31.7亿元，首次突破30亿元。各项支持企业发展措施的落实，促进了企业提质增效，2016年，全区纳税超1千万元工业企业27个，其中：超5000万元企业有8个；超1亿元企业3个，比2015年新增1个。

【服务型财政】 2016年，大丰区财政部门以服务发展为重点，支持项目建设和经济增长。全年安排专项资金2.47亿元，促进经济转型升级和结构调整。设立旅游发展专项资金，推动全国旅游标准化示范城市建设。落实全省加快推进沿海地区发展工作会议精神，聚焦沿海开发，重点支持大丰港10万吨级深水航道建设，全年落实上级资金6亿元，拨付建设资金4.79亿元。加大资金扶持力度，支持新产业经济、园区经济和镇村经济发展。设立专项资金，化解镇村债务，全力支持“一镇两园”建设。落实中央、省、市推动经济发展的各项措施，开展送政策进企业等“三服务”活动，开展企业调查研究，帮助企业落实上级专项扶持政策，为企业落实更多的项目资金，为企业创造良好的发展环境。突出项目管理，加强资金监管，坚持“早筹资、早谋划、早实施、早见效”的原则，加大资金筹措力度，落实中央及省基建投资，配套好地方资金。加强项目资金管理。严格按照“项目法人负责制、项目实施招标制、项目建设监理制、合同管理制”的要求，加强对项目单位资金申报的审核把关，做到“按计划、按预算、按程序、按进度”拨付项目资金，提高公共财政资金使用效率，支持地方经济建设和社会事业发展。

【民生财政】 2016年，大丰区财政局坚持共享发展理念，把保障和改善民生作为财政工作的出发点和落脚点，持续加大对民生领域的投入力度。全年民生支出62.36亿元，增幅超过一般公共预算支出9.2个百分点。集

2016年，大丰区财政重点扶持农业基础设施建设、农业农村生态环境建设等项目，实现农业增效、农民增收、农村稳定的发展目标

中财力为民兴办实事，筹集资金4.66亿元，支持农村路桥改造等民生实事工程建设，增强广大基层群众获得感。严格落实社保政策，构建稳定增长机制，提高社会保障补助标准。基础养老金发放标准在苏北率先达125元/人·月。城镇居民和新农合财政补助从380元/人·年提高到440元/人·年。筹集再就业资金1111万元，落实就业和再就业政策。发挥社会保障托底救助作用，全年社会保障类支出同比增长10.2%。加大民政保障投入，实施"惠民殡葬"普惠政策，继续实施尊老金制度，推进适度普惠型儿童福利制度，支持城乡居家养老服务中心（站）建设。加大抚恤、低保、重残、救灾、救济等专项经费投入，全年发放低保金6127万元，无固定收入重残人员生活补助1604万元，特困人员生活补助1258万元。保障城乡医疗救助资金投入力度，支持农村"五保"户、低保对象、重点优抚对象和无工作的离休干部遗孀、城镇"三无"老人、孤儿等参加新农合或城镇居民医疗保险。加大卫生事业投入，加快推进基层医疗卫生机构基础设施标准化建设，支持镇卫生院标准化建设1482万元，安排新建和改扩建村卫生室建设资金2300万元。按照"核定任务、核定收支、绩效考核补助"的办法，对基层医疗卫生机构经常性收支差额给予补助。落实镇村医生待遇，安排专项资金解决镇村医生参加职工养老保险和职工医疗保险问题。安排财政专项资金用于基本公共卫生服务项目，其中用于村级基本公共卫生服务的资金不低于40%，促进基本公共卫生事业发展。

【社会事业保障】 2016年，大丰区财政部门调整优化支出结构，服务科学发展，优先保障社会事业发展的薄弱环节作为财政支出重点。贯彻实施教育优先发展战略，完善城乡义务教育经费保障机制，将义务教育全面纳入公共财政保障范围，逐步加大学前教育、高中教育、职业教育等非义务教育投入，保证各项教育政策性经费足额落实到位。教育经费同比增幅高于一般公共预算支出平均水平5.2个百分点，一次性安排1.2亿元债券资金化解大丰高级中学债务，实现全区义务和非义务教育无债务。强化科技投入，落实区委、区政府建设创新型城市的决策部署，加大科技自主创新支持力度，发挥1000万元科技成果转化风险补偿资金引导作用。实施文化惠民工程，设立1000万元文化建设专项资金，开展"送戏、送电影、送科技"活动，举办百姓星光大舞台"周周演"等公益活动，支持构建农村公共文化建设，把公共文化设施免费开放作为重要惠民工程和德政工程，支持博物馆、施耐庵纪念馆、图书馆、文化馆向全社会免费开放。加大公共体育服务体系建设，支持群众体育活动和竞技体育发展，支持体育基础设施建设，推动体育事业快速发展。保障行政经费，保障行政机关正常运转。提高行政政法经费保障力度，推进政法经费保障体制改革相关工作。支持宗教、统战等部门工作，做好各民主党派、工商联等经费保障。

【财政支农惠农】 2016年，大丰区财政部门围绕"转型调整、产业融合、生态循环、改革创新"的发展理念，推进农业供给侧结构性改革，以建设现代高效农业产业体系、促进农民增收为核心，筹集资金，落实各项强农惠农富农政策，提高支农资金使用绩效，重点扶持农业结构调整、新型农业经营主体适度规模经营、农业基础设施建设、农业物质装备和技术水平提升、农业农村生态环境建设等项目，全区农业综合生产能力提升，实现农业增效、农民增收、农村稳定的发展目标。全年全区各级财政农林水投入16.26亿元，其中：农业保险6227万元、农机具购置补贴2542万元，现代农业生产发展2930万元、新型农业经营主体325万元、秸秆综合利用3001万元、绿色江苏及绿化建设奖补1018万元、农业现代化工程建设奖补1300万元、小型农田水利设施4000万元、农村河道疏浚和村庄河塘整治3171万元、农村饮水安全工程3000万元、重大水利建设工程34832万元。规范农业综合开发项目管理，落实上级农业综合开发项目资金，全年落实上级财政部门项目资金3953万元，其中：土地治理项目投入3750万元，建成小海、三龙、大桥、白驹等4个高标准农田规模项目区；产业化经营财政贷款贴息项目2个，投入财政资金160万元；省级农发补助项目2个，投入财政资金43万元。

【会计管理服务】 2016年，大丰区财政局依法管理全区会计工作，贯彻执行国家统一的会计准则制度等规章制度，承担全区会计从业资格管理和会计专业技术资格报考工作，发挥会计在支持经济和社会事业发展中的促进作用。加强会计业务培训，先后举办国有企业财会人员培训班、行政事业单位内部控制基础性评价工作及解读新修订的《会计档案管理办法》培训、农村财政政策培训班，财会人员的业务能力和职业道德水平提高。做好会计专业技术资格报名审核工作。全区参加会计专业技术资格考试人数1225人，合格138人，其中：初级97人、中级41人，有12人通过评审取得高级会计师资格。加强会计基础管理，做好会计从业资格证书发放、调转及信息变更等工作，全年发放会计从业资格证书536本，办理会计从业资格证书调转、信息变更264件。加强会计代理记账机构管理，对大丰2016年年底备案登记的代理记账机构普查，根据《代理记账管理办法》的规定，2016年协助区行政审批局批准成立盐城市大丰区诚心会计咨询有限公司。推动全区珠心算教育事业发展，举办珠算式心算能力选拔赛，组队参加盐城市第十二届珠心算能力比赛。在“江苏省第二十一届珠算式心算能力比赛”第一赛程比赛，幸福路小学40名选手参赛，17名选手获得个人全能三等奖，并取得团体三等奖。做好会计继续教育培训工作，结合经济社会发展和会计行业发展要求，统筹规划，分类指导，强化服务，注重质量，培训采取按行政事业、企业类分类开展，学习形式采取面授培训和远程网络培训形式，培训内容包括必修和选修两部分。全年组织会计人员后续教育7623人。

【部门预算管理】 2016年，大丰区财政局全面贯彻新《预算法》，深化预算编制改革，继续编制包括一般公共预算、政府性基金预算、国有资本经营预算、社保基金预算在内的“全口径预算”和政府采购预算。例行勤俭节约，反对铺张浪费，从严从紧编制预算，严格控制运行经费的增长。科学合理安排支出预算，在保工资、保运转的基础上，统筹财力重点保障民生，服务发展，逐项梳理国家、省、市出台的惠民政策，确保涉及民生改善的项目足额安排预算，确保区委、区政府实事工程所需财政资金保障到位，同时加大对经济发展资金支持力度。挖掘潜力，加大统筹使用各项资金力度，确保财政收支平衡。规范化编制部门预算，整合专项资金，逐个项目审核专项经费安排依据标准，力求编制程序规范化、经费安排标准化、项目经费具体化。推进预算信息公开，除涉密内容外，政府预算、部门预算和“三公”经费预算全部按照新“预算法”的规定和要求及时向社会公开，主动接受社会监督。组织实施区人代会批准的2016年部门预算，从部门预算执行情况看，财政预算更加科学规范，没有出现大的支出矛盾，也没有出现资金高度困难的情况，财政抗风险能力有所增强。

【国库管理】 2016年，大丰区深化国库各项改革，增强预算执行能力，保障财政资金安全运行，国库管理整体水平提升。区财政部门积极研究新会计制度对总预算会计管理工作的新要求，扩大总预算会计管理工作范围，加强政府性资产和债务核算管理。加强预算会计基础性工作，做好财政资金的日常拨付、调度和管理工作，提高总预算会计工作质量和工作效率，保障财政资金安全、高效运行。深化国库集中支付改革，加强财政库行联网建设，加强财政预算支出经济分类管理，加快推进镇国库集中支付制度改革。严格规范财政专户管理，加强财政内控管理，开展财政资金安全检查，完善资金运行保障机制。盘活财政存量资金，加快支出进度，提升预算支出执行效率。加强财政库款管理。重视财政库款工作，统筹协调财政库款运行，加快预算执行进度、压减库款规模，充分发挥财政资金的使用效益，不断提高财政库款保障水平。控制暂存暂付款规模，往来资金清理工作列入常态化，做好统计分析，及时监测。做好会计集中核算工作，加强对资金的统一调度和管理，降低资金划拨支付成本，提高资金使用效益。全年开出支付凭证11.29万份，支付各类财政资金99亿元，其中预算内资金55.97亿元。加强国库集中收付执行情况综合分析，注重财政支出效益的评价，提高财政资金整体使用效益和财政保障能力。推进决算信息公开工作，扩大决算公开范围、细化决算公开内容，规范决算公开方式。继续开展政府综合财务报告试编工作，提高政府财务报告编制水平。

【非税收入管理】 2016年，大丰区财政局坚持深化非税收入改革，加强非税收入征收管理。全年完成非税收入24.84亿元，其中：国有土地使用权出让收入11.73亿元、农业土地开发资金收入3500万元、国有土地收益基金收入4650万元。安排土地出让金支出9.7亿元，支持全区经济建设和招商引资工作。完善征管办法，在“单位开票、银行代收、财政统管、政府统筹”征管模式的基础上，明确执收单位、代理银行、财政部门在非税收入管理方面的职责。加强源头管控，通过非税收缴管理软件系统及时更新非税收入项目、标准等信息，杜绝单位乱设收费项目、擅自调整收费标准等现象的发生。以票据为“龙头”，实现以“票”管“收”，做好票据的印制、发放、核销及稽查等工作。注重票据专管员队伍建设，举办一期票据业务专题培训班，参培人数260人。加强行政事业性收费管理。会同物价局整理编印《大丰区行政事业性收费项目目录》《大丰区经营服务性收费项目目录》（截至2016年5月），收费项目、收费依据、收费标准更加公开，提高收费政策的透明度。加强收费行为监管，开展涉企收费清理情况专项检查。同时，做好体育彩票、福利彩票等资金的收支管理工作。

【政府采购管理】 2016年，大丰市政府采购工作以“廉洁、规范、高效”为目标，采购规模和范围逐步扩大，采购质量和服务水平稳步提高。加强招标采购监督管理，突出抓好事中、事后监管，对所有政府采购项目招标

2016年，大丰区财政局深化非税收入改革，加强非税收入征收管理，全年完成非税收入24.84亿元　　（单位供图）

采购的需求、信息公告、招标文件编制等情况进行审核，现场监督开标评标活动，对政府采购合同和验收等进行鉴证和管理。扩大政府采购实施范围和规模，覆盖区、镇二级行政机关、事业单位和社会团体组织以及各区园及全区所有国有资金投资项目（含BT、BOT模式建设项目），采购资金来源覆盖到预算内、预算外、政府性基金、非税收入，以及以财政性资金作为还款来源和以国有资产作为担保的借贷资金。加强政府采购代理机构和评审专家管理，严格招标代理机构代理资格，建立招标代理机构资质档案，对政府采购专家实行集中和分散培训，做到管理有制度、考核有细则、培训有计划、评审公正化。通过建立“管采分离、职能分设、规范运作”的工作机制，促进政府采购工作再上新台阶。全年政府采购财政性资金预算11.78亿元，实际完成采购9.8亿元，节约资金1.98亿元，综合节约率16.83%。其中：货物类采购1.05亿元、工程类采购8.21亿元、服务类采购0.54亿元。小微企业成为大丰区政府采购市场大赢家，合同采购7.41亿元，占全区政府采购总额的75.68%。政府购买公共服务成为降低采购成本、节约财政资金的重要途径。

【财政监督】 2016年，区财政局贯彻落实《江苏省财政监督办法》，坚持“收支并举、内外并重、以查促管、查外促内”的原则，建立预算编制、预算执行、绩效管理和财政监督“四位一体”的内部监督体系。健全财政监督机制。以财政资金收支活动为对象，实行事前审核、事中检查、事后评价的全过程和全方位动态管理，提高财政科学化、精细化、长效化管理水平，建立健全覆盖政府性资金和财政运行全过程的监督机制。加强财政资金监督检查。细化年度检查工作计划，将涉及民生领域资金使用情况和厉行节约各项措施落实情况列入检查重点，全年对12个预算单位开展财政财务综合检查，重点专项检查28项专项资金使用情况。加强会计核算管理，严把资金支出关口，对不符合规定的各项支出，一律不报销不列支。加强预算约束管理，严格控制专项经费新增、追加和调整，强调预算执行刚性。加强重大专项资金监管，保证财政资金合理规范使用、核算。严格管控执法执勤用车使用和更新管理，积极筹备建设执法执勤用车平台。加强部门协作配合，建立财政与纪检、监察、审计等部门的工作联动机制，实现资源共享、优势互补，合力查处各类涉及财政资金的违纪违规案件，保证财政资金使用的规范、高效和安全。

【镇级财政】 2016年，大丰区财政局加强镇级财政建设，树立“项目为王”理念，支持各镇加大项目招引力度，指导各镇培育壮大骨干产业和企业。加大收入组织督查力度，加强协税护税、综合治税，形成政府统筹、税务为主、财政协调、镇区协同的财税征管体系，财税征管秩序明显改善，财政收入实现平稳增长，2016年实现镇级一般公共预算收入23.16亿元，占调整预算的103.54%，同口径增长6.2%，其中：一般公共预算收入超1亿元镇3个，超10亿元镇1个。落实财政奖补政策，妥善安排省市扶持政策支持村集体经济发展、农村改革试验重点项目、美丽乡村建设、统筹城乡发展等专项资金，支持镇村经济和社会事业发展。科学调度资金，采取人员经费按需按月拨付、其他运转经费按收入进度比例拨付的资金调度方式，保障镇村两级正常运转和社会事业发展。安排镇村建设和化债奖补资金，审核拨付31个村发展集体经济和化解债务奖补资金196.02万元，兑现23个村党群服务中心建设奖补资金460万元。全面落实各项惠农政策，以财政支农补贴“一折通”为平台，做好粮食直补、农资综合补贴、良种补贴、棉花目标价格补贴等发放工作。全年发放各类涉农补贴资金3.96亿元。做好农桥项目建设管理和村级公益事业一事一议财政奖补工作，全年新建或修建农桥291座，比省下达任务数多出178座，总投资3800万元，其中：省补助904万元、盐城市配套250万元，区财政配套2646万元、镇级财政配套455.2万元。实施农村水泥路一事一议财政奖补项目41个，投入资金1672.37万元，其中:省奖补资金1332万元。继续加强镇级财政内部管理，按照机构队伍规范化、业务工作规范化、内部管理规范化和基础设施规范化的要求，全面提升镇级财政管理工作水平。加强财政资金监管，实施镇财政资金就地就近联动监管。2016年，区财政传递资金监管信息77个，资金总额6.09亿元，市级财政组织抽查巡查21次。全区镇级监管项目718个、资金总额12.32亿元，全年组织抽查巡查1143次。

【财政信息化】2016年，大丰区围绕推进财政改革，完善财政监督，保障信息安全，提高工作效率的目标，财政信息化建设工作稳步推进。加强核心系统建设，提升功能和效率。大丰区财政一体化信息管理系统涵盖财政基础信息、部门预算编制、国库集中支付、非税收缴管理、会计集中核算、国有资产管理、工资统发等各项综合财政业务。在满足业务需求和系统功能的基础上，针对平台运行过程出现的新情况、新问题，实施平台升级工作，软件的适应性和财政管理科学化、精细化水平逐步提升。完善财政管理措施，推进后续业务建设。实施镇级国库支付改革，全区12个镇全面启用镇级国库支付系统，推进了财政改革，提升了管理水平。区级公务卡和预算执行动态监控启动建设。加强基础设施运转维护，筑牢网络安全防火墙。采用万兆冗余的SAN交换构建数据中心环境，实现万兆核心交换和应用负载均衡系统。完成全区预算单位网点的光纤改造，提升财政专网的运行质量。加强网络安全建设，提升安全级别。数据中心配备防火墙、IPS、行为控制等设备，提高安全策略和日志审计级别，加强软件用户操作权限管理，建立网络和硬件设备的日常巡查制度。率先建成服务器虚拟化和预算单位云平台。利用虚拟化系统在一台物理机上虚拟出一台或多台虚拟机，实现数据中心服务器虚拟化。利用ORACLE RAC构建数据库服务器高可用性。采用存储数据分层技术提升数据读写性能，保障业务连续性。建成预算单位云桌面，统一配置瘦客户端（机顶盒）和打印机，通过光纤专网集中访问财政各类业务系统，实现统一配置、统一管理、业务再生。

【财政队伍】2016年，大丰区坚持把加强财政干部队伍建设贯穿到财政工作全过程，贯彻好“管理要全面、标准要严格、环节要衔接、措施要配套、责任要分明”的干部管理要求，确保财政干部队伍政治过硬、作风过硬、业务过硬。开展“守纪律、讲规矩”专题教育活动，把握关键，抓住重点，围绕开一次专题教育动员会，写一篇心得体会，上一堂主题党课，观看一次典型案件警示教育片，参观一次警示教育基地，组织一次专题知识测试，撰写一篇反思剖析材料，召开一次专题民主生活会，开展一次专题大讨论，确保每名党员干部都接受一次党性党风党纪党规教育，在全局上下形成“守纪律、讲规矩”的氛围。推进“两学一做”学习教育，突出正常教育，利用“星期六党校”、局务会等平台，组织学习党章党规，学习系列讲话，把党的思想政治建设抓在日常、严在经常，组织开展“新时期共产党员思想行为规范”大讨论，树立争做“四讲四有”合格党员的意识，坚持问题导向，真查实改，把学习教育与落实好财政各项任务结合起来，把“学”的怎么样，“做”的是否合格，体现在推动中心工作、促进财政事业发展上，使系统党员干部队伍焕发新的面貌，推动财政各项工作再上新台阶。抓机关作风建设，加强内控管理，加强监督检查，深化财政部门党风廉政建设。加强学习教育培训，建立一支讲大局、懂经济、干实事、勇担当的财政干部队伍，为财政改革发展提供坚强保障。

（何继山　韦礼和）

国家税收

【概况】2016年，盐城市大丰区国税局坚持以“夯实基础、提升标杆、项目引领、创新争优”十六字为工作主基调，围绕深化改革这一主线，明责聚力，攻坚克难，开拓进取，各项工作呈现出齐头并进、跨越发展的生动局面，完成全年各项重点工作任务，实现“质效提升”的发展目标。2016年，区国税局蝉联“江苏省文明单位”称号，区国税局机关党委被评为全省国税系统“先进基层党组织”。

【国税收入】2016年，大丰区国税系统坚持把依法治税贯穿于组织收入工作全过程，在“营改增”（营业税改征增值税改革）全面试点、财税分成体制改革等复杂多变的形势下，坚决执行组织收入原则，准确研判形势，加强对收入异常指标、特别是“营改增”税收风险的分析和防控，抓住组织收入工作的主动权。2016年，区国税局组织工商各税收入28.2亿元，增长26.5%；组织一般公共预算收入11.7亿元，增长61.2%，总量继续保持苏北第一，超额完成2016年收入目标。区国税局及时兑现各类政策性退税7.68亿元，做到政策享受“全覆盖”，办理退税“不隔月”。区国税局组织收入呈现出“量质齐升”的良好局面，依法治税能力实现新提升。

【税制改革】2016年，大丰区国税局在“营改增”税制改革中，克服涉改户数多、硬件条件差、撤市建区带来的变更事项复杂等困难，通过采取分片包干、分类辅导、分行业推进等一系列务实创新的举措，开展38场、计8000多人次的全覆盖、大规模的宣传培训，大丰区5987户涉改纳税人的信息核实录入、税控发行、银税协议签定等各项准备工作全部提前完成，工作进度列江苏省第二位，打好“营改增”全面试点“开好票、报好税、分析好、改进好”的四大关键节点，确保了税制改革在大丰的平稳过渡和高效落地。

【税源管理】2016年，大丰区国税局推进以风险管理为重点的税收管理改革“第四战役”，强化主业意识，通过多渠道的情报支撑、规范化的风险应对和全方位的稽查打击，有效促进税收遵从，营造了公平有序的税收环境。全年有12个情报模板被盐城市局采用，与30个部门建立情报日常交换机制，导入第三方情报平台数据16.1万条，匹配率100%；完成102户风险应对任务，实现应对总成效8516万元、入库成效3935万元，总量列盐城各县（市、区）国税局第一；加强国际税收管理，全年实现非居民税收2476万元，在盐城各县（市、区）国税局中保持领先位置；加大稽查打击

2016年，大丰区国税局开设国地税业务通办窗口，方便纳税人办税
（单位供图）

力度，全年完成大要案8件，查补入库税收1269万元，成效列盐城市前列，其中自主选案突破了一户涉案金额超10亿元的重特大发票虚开案件。

【纳税服务】 2016年，大丰区国税局落实纳税服务规范2.0版，融入“互联网+”理念，加强“电子税务局”平台的推广和应用，拓展“营改增”办税专区、国地税业务通办及委托代征、税邮合作、自助办税、“大丰税务”公众号等“线上”“线下”办税渠道，全面推行导税服务、首问服务、预约服务和延时服务等便民服务方式，有效化解成倍增长的办税压力，实现纳税人和服务大厅的“两个减负”。“金税三期”办税系统上线期间，区国税局紧扣时间节点，积极构建全局性发动、全类别培训、全业务测试、全方位宣传、全过程督导、全流程保障等“六全”工作机制，双轨运行、单轨切换等各阶段工作均提前完成，其中大双轨新旧系统业务结构匹配精确度列江苏省前十位，受到江苏省国税局通报表扬。2016年，区国税局被盐城市国税局评为纳税服务重点工作竞赛先进单位。

【国税队伍】 2016年，区国税局坚持党建统揽全局的理念，全面落实从严治党要求，细化22项责任清单，区国税局党组两次专门听取纪检监督责任落实情况的报告，与班子成员、基层支部书记开展面对面谈话15次，开展廉政谈话14人次，区国税局纪检组逐个支部开展“两个责任”落实情况专题督查，层层压实党建工作和党风廉政建设“两个责任”。以“两学一做”学习教育为契机，组织开展10项主题活动，强化党员教育。通过举办先进事迹报告会、评选“红旗窗口”和“党员模范岗”等活动，着力打造党员先锋文化，在区国税系统凝聚起干事创业的强大合力。全面深化“金丰税苑”五大学习载体，结合业务能力“双测”“业务大比武、岗位大练兵”和“全员劳动竞赛”等活动，先后组织开展36期、5600人次的专题培训，干部的岗位胜任力不断增强。区国税局被盐城市国税局评为党建重点工作竞赛先进单位，2人被授予盐城市国税局岗位能手称号，16人在盐城市国税局各类竞赛评比中获表彰。

（胡建勇）

地方税收

【概况】 2016年，盐城市大丰地方税务局积极应对复杂多变的宏观经济形势，深化国地税征管体制改革，实施“能力素质提升”和“大数据治税”两大工程，“四个地税”（法治地税、效能地税、幸福地税、廉明地税）建设取得显著成效。盐城市大丰地方税务局再度蝉联盐城地税系统年度考核第一名，勇夺“三连冠”，被省文明委评为“2013~2015年度江苏省文明单位”。盐城市大丰地方税务局团支部被评为“全国五四红旗团支部”。

【地税收入】 2016年，盐城市大丰地方税务局面对“营改增”等较为复杂严峻的组织收入形势，全面开展税源调查分析，完善“五方共担”（纳税服务、税源基础管理、风险监控、风险应对、机关业务科室）机制，加强征管基础建设，抓好企业所得税预缴及汇算清缴，重抓个人所得税全员全额明细申报，借助社会力量开展综合治税，清理陈欠税收，持续开展社保费清缴行动，努力征足征齐实有税源。组织各项税收收入41.35亿元，同口径增长11.8%，其中：一般公共预算收入36.6亿元，同口径增长14.3%；征收社保费14.53亿元，同比增长5.88%，总量列盐城市各县（市、区）第一；征收各项基金（费）2.25亿元。

【税收改革】 2016年，盐城市大丰地方税务局落实中央《深化国税、地税征管体制改革方案》，开展国地税合作，作为全省12家合作示范区之一，全面梳理合作事项，细化工作目标措施，全年完成基本合作事项54项，探索实施创新合作事项3项。加强双向委托代征等方面沟通协调，全年代开增值税发票2784份，代征增值税670万元；国税部门代征地税税款1560万元，有效防范了税款流失。国地税共建“微服务”平台项目获省市局创新立项，受到纳税人广泛好评，办税窗口再次被评为2016年“区级机关十佳服务窗口”。全面推进“营改增”，向国税传递建筑、房地产、金融、生活服务四业纳税人信息6113户。集中开展营业税专项清理，清理“两业”（建筑、房地产）项目2745个，入库税款2.96亿元，得到区委区政府肯定。全力组织“金三”（金税三期）上线，研制上线实施方案，成立11个工作小组，加班加点，全面开展数据清洗迁移、人海压力测试和全员培训考试，完善信息化基础设施，加强信息安全管理，新旧系统成功切换、顺利上线。

【依法治税】 2016年，盐城市大丰地方税务局推进行政审批和商事制度改革，完善和落实税收执法责任制，规范执法行为，严格自由裁量基准，加大处罚力度，全年处罚417户，入库罚款1688万元，加收滞纳金1717万元。稽查查处大要案7起，其中1000万元以上3起，查补税款1.56亿元，稽查案例获市局第一名。纳税服务、基础管理、中等风险应对类案卷均被市局评为“优秀案卷”。开展国家税务总局“法治税务示范基地”创建，创建工作得到总局政策法规司和省市局领导的肯定。主动对接供给侧结构性改革，开展“服务零距离”等活动，利用各类载体广泛开展税收政策宣传，落实“双创”“小微”（创业创新型小微企业）等各类税收优惠，共办理375户次，减免税额1.14亿元。强化执法督察，全年提出督察整改建议7条，探索电子查账复审，应对复审面3.7%，超市局确定指标2个百分点。

【信息管税】 2016年，盐城市大丰地方税务局巩固拓展“5＋1”（便捷高效的办税服务、及时准确的政策服务、公平公正的执法服务、保障有力的维权服务、促进发展的特色服务等五项服务和提升服务能力）风险联动机制，统筹任务事项发起。整合信息管税平台，拓宽数据采集渠道，优化风险识别流程，合理下达应对任务，跟踪举报案件查处，注重绩效持续提升。全年采集18个部门44类26万多条信息，直接产生应对绩效5500万元，推送中高等风险1111户次，查补税款3.24亿元，应对户数、应对绩效均列盐城市各县（市、区）第一。向区政府建议健全综合治税体系，定期召开综合治税会议，明确共治单位职责，加强督查整改。借助社会力量综合治税，全年征收出租房屋税收600万元。

【地税廉政建设】 2016年，盐城市大丰地方税务局全面落实从严治党党组主体责任和纪检组监督责任，层层签订党风廉政责任状，加强落实情况监督检查。开展“两学一做”专题学习。组织观看警示教育片，参观廉政教育基地、重温入党誓词、开展廉政谈话等。开展“为官不为、为官乱为”专项整治行动，举办“传承好家风好家训”“珍爱亲情、回归家庭”系列活动，定期不定期开展行风明查、作风暗访，实现办事提速、服务提质、工作提效，坚决把纪律和规矩挺在前面。廉政建设坚持从细节入手，加强动态跟踪管理。注重信访举报、群众投诉案件的收集分析，加大直接查办和跟踪督办力度，从早从严抓好问题整改。完善“一案双查”（严格执行问责机制，既要追究当事人责任，又要倒查追究相关领导责任，包括党委和纪委的责任）工作机制，常态化开展执法监察，强化两权（税收执法权和行政管理权）监督和纪律审查。盐城市大丰地方税务局反腐倡廉和作风建设工作被区委区政府评为垂直系统唯一的“先进单位”。

2016年7月，大丰国税局和地税局联合举办“营改增”后餐饮业税收业务专题培训　（单位供图）

【地税队伍】 2016年，盐城市大丰地方税务局优化教育培训，不断提升队伍能力素质。分两批组织干部职工到复旦大学接受深造，举办“金税三期”、财务软件等专题培训，参训1000多人次。组织“业务大比武”活动，妥善处理工学矛盾，动态帮助干部解决实际困难，有20人参加市局集训，17人参加省局“大比武”，12人被省局表彰，占盐城表彰人数的41.3%，占全省表彰人数的4.34%，列全省地税系统县级局之首。完善绩效考评体系，探索“积分+扣分+加分+捆绑分”四位一体的个人绩效考评办法，有效激发单位、部门、个人活力。加强绩效沟通，按季召开绩效分析讲评会，不定期编印《绩效管理动态》，通报绩效考评情况，指出存在不足，促进问题整改，推动工作持续改进。绩效管理工作被确立为盐城地税系统标杆单位，工作经验被市局专题简报宣传推介。开展“盐风税韵”品牌建设，宣传核心文化内涵，有效发挥文化教育、示范、熏陶、导向作用。全员参加“全国文明城市”创建，组建“小水滴”志愿者服务队，开展扶贫助困、敬老助学、无偿献血等爱心活动，弘扬地税正能量。常态化开展文体活动，举办职工运动会，推广八段锦等健身项目。通过文化引领，地税干部职工的归属感、自豪感和幸福感明显增强。

（周奎香）

〖编辑　丁彩前〗

金 融

综 述

2016年，大丰区金融部门改进金融服务，维护金融稳定，发展普惠金融，拓宽融资渠道。年末，本外币各项存款余额626.23亿元，比年初增加124.12亿元，增量列东台市、大丰区、射阳县、建湖县、阜宁县、滨海县、响水县7个县（市、区）〔简称盐城市7个县（市、区）〕第一，储蓄存款余额338.53亿元，比年初增加26.15亿元；本外币各项贷款余额403.65亿元，比年初增加68.62亿元，信贷总量、增量列盐城市7个县（市、区）第一。

推广直接债务融资业务。1~12月，大丰区发行银行间市场直接债务融资工具27亿元，为2015年总量的3倍，是盐城市7个县（市、区）唯一发生银行间市场直接债务融资的地区。做好地方法人金融机构信贷规划执行工作，通过按旬监测、关键时点按日监测，季末约见提醒谈话的方式，督促2个地方法人金融机构按序信贷投放，严格支农再贷款的投向管理，加大对实体经济、中小企业及“三农”的信贷投放力度。

加强与政银企对接服务。创办《大丰金融简讯》，设金融政策传真、金融工作动态、重大融资信息、金融创新产品、信贷结构情况5个栏目，及时将月度国家宏观金融政策及辖区金融工作情况、信贷结构情况反馈地方政府领导及相关部门。通过召开金融联席会议、金融工作例会、金融支持地方经济发展座谈会，定期到各金融机构调研走访等，共同解决金融支持地方经济发展的难题。组织季度银企对接活动，根据政府发布的企业（项目）需求信息，分季度组织各银行业金融机构采取多种方式与各需求企业开展对接活动。截至2016年年末，向季度银企对接资金需求企业（项目）发放贷款26.16亿元，履约率76.12%。

推进金融生态长效机制建设。做好2015年大丰金融生态环境自评工作，在江苏省县域金融生态评估排名第23位，比2014年上升9个名次。不良贷款实现“双降”，12月末不良贷款余额3.27亿元，比年初下降1.4亿元；不良贷款率0.81%，比年初下降0.58个百分点，在盐城市7个县（市、区）中最低。修订《大丰区农村信用体系省级试验区建设工作实施方案》，结合金融生态区（县）创建，进一步整合资源，形成合力，推动试验区建设各项工作全面有序开展。认真履行征信管理职责，做好企业和个人信用报告查询服务工作，添置个人信用报告自助查询机1台，全年办理企业信用报告查询12笔、个人信用报告查询8096笔。推广应收账款融资服务平台，通过应收账款融资服务平台办理应收账款质押业务44笔，金额22218万元。组织开展“3·15金融消费者权益保护”“信用记录关爱日”“金融知识宣传月”等系列宣传活动，广泛宣传金融知识。

（顾玉芹）

银 行

【中国人民银行大丰支行】 2016年，中国人民银行大丰支行学习贯彻中央经济工作会议精神，依法履职，执行稳健的货币政策，有效防范金融风险，提升金融服务和管理水平，加强党建工作和内部管理，履职工作和支行自身建设取得新成效。

申报“金融助推现代海洋经济发展”工程。引导辖区银行业金融机构聚焦沿海，创新金融产品和金融服务，加大对港口基础设施建设、临港产业园区以及临港产业的信贷支持力度，与金融办、海洋渔业管理局联合出台《海域使用权抵押贷款实施办法（试行）》，拟定《金融支持现代海洋经济发展的指导意见》，印制现代海洋经济信贷产品汇编，全面推介现代海洋经济信贷产品。在大丰港区组织开展银企专场对接活动，16个银行业金融机构推介特色信贷产品，向113个企业（项目）授信58.87亿元，并与32个企业代表现场签订授信意向书。年末海域使用权抵押贷款余额3.8亿元。

完善对金融机构服务与管理。2016年年初，对辖区15个银行业金融机构2015年执行人民银行政策进行现场评估，综合评价A类行2个、B

类行12个、C类行1个，对C类行主要负责人约见谈话。做好新设金融机构开业管理工作。对兴业银行大丰支行、民生银行盐城大丰支行2个新设金融机构申请加入人民银行金融管理与服务体系申报材料进行初审，配合中国人民银行盐城市中心支行对2个银行进行开业验收，并召集高管人员以及部门负责人进行开业谈话。年末，辖区银行业金融机构18个，位居苏北第一。

加强支付结算管理。通过宣传政策引导，依靠政府行政手段，督促盐阜通市民卡有限公司及时终止多用途卡支付业务，变多用途为单用途卡，清退商户，撤销收回支付机具，11月20日全面整改到位。试点二维码扫码支付。推动银联商务与农商行合作，在大丰幸福菜场试行通过商户二维码扫码支付，实现消费领域小额支付非现金结算。打击电信网络新型违法犯罪有新突破。全年配合公安机关立案336起，成功侦破案件16起，追回资金120万元。依托互联网金融平台，拓展支付功能，大丰互联网金融平台入驻农村商户258家，注册农村会员30万人，平台交易253079笔，交易金额1166.10万元。创设现代化的新型农村金融综合服务站，推广农村地区"一卡通"便民服务工程。指导农商行以社保卡为载体，通过新型农村金融综合服务站实现自助查询、存取款、代收缴费等功能。

加强外汇管理与服务。举办跨国公司资金集中运营业务推进会，促进贸易投资便利化。做好货物贸易企业辅导期管理工作，全年为辖区75个企业办理名录登记手续。开展政策宣传和窗口指导，落实各项措施，"控流出"工作初见成效。辖区各外汇指定银行外汇收支顺差3.78亿美元。鼓励多家外商投资企业外汇登记变更所得资金对外支付形式，由原定的购付汇形式变为人民币形式，对外支付1.5亿元；通过窗口指导外汇指定银行"政策+产品"组合拳，成功延期对外支付9000多万美元。加大监管力度，维护外汇市场秩序，对筛选出的重点银行和企业进行现场检查，及时进行事实确认，全年对3个违规企业进行行政处罚，处罚款73万元。

提高国库会计工作水平。打造重点联系库。做好国库资金运行的日常监测，积极构建重点税源企业数据库，准确高效地开展国库大额资金异常变动的统计监测分析，提高国库资金运行分析报告质量，提高县支库服务地方政府的能力和水平。二季度国库资金运行分析报告得到大丰区政府分管金融副区长的批示。充分运用外部信息共享机制，编制地方国库统计分析手册，为地方政府提供第一手资料。推动第三个镇金库——沪苏大丰产业联动集聚区金库设立。开展国库业务基础工作提升月活动，邀请中国人民银行盐城市中心支行国库科对大丰支库国库业务进行为期1个月的现场辅导。

实施人民币满意工程。推进反假货币工作。贯彻落实硬币自循环试点工作，推动全辖硬币自循环体系建设，成立硬币自循环试点工作领导小组，建立硬币鉴定清分中心，配备硬币清分设备，提高硬币使用效率，加快硬币流转速度。调查辖区内销售仿制人民币图样冥币情况，重拳打击。1月20日，大丰区市场监管局、大丰区公安局、中国人民银行大丰支行联合执法组突击检查销售仿制人民币图样的冥币行为，批评教育销售非法仿制人民币图样冥币情节轻微的经营户，严厉打击非法仿制人民币图样的违法行为。6月3日，中国人民银行大丰支行举办大丰区2016年手工点钞识假和机器点钞技能竞赛，中国人民银行大丰支行对该项活动进行现场指导，手工点钞识假和机器点钞技能第一名的选手被大丰区总工会授予"盐城市大丰区五一劳动奖章"称号。

提升党建工作水平。落实主体责任，规范组织管理。及时调整中心组成员，重新设定党小组，明确党小组长，新增退休干部党小组，做好党费倒查补缴工作。按照《党支部工作条例》的要求，落实好"三会一课"制度。重新布置党员活动室，增加多媒体等教育设备，加强阵地建设。开展党员民主评议活动，通过批评和自我批评，提升党员素质。创新宣传教育平台。建立"党员之家"微信群，及时发布"两学一做"最新动态，开展理论学习，提升政治素养和思想境界。党组书记、党支部书记带头上党课，通过PPT演示，集中学习习近平总书记"七一"讲话、中共十八届六中全会精神。开展共建联学活动，中国人民银行大丰支行与大丰建行联合开展中心组联学活动，中国人民银行大丰支行党支部与中国人民银行盐城市中心支行货币信贷科党支部联合开展"党员活动日"，与大丰建行党

2016年12月6日，民生银行盐城大丰支行开业

2016年6月3日，中国人民银行大丰支行牵头举办大丰区银行业金融机构业务技能竞赛 （单位供图）

支部联合开展退转军人重返军营迎"八一"共建活动，起到互帮互学、互相促进提高的作用。丰富党员活动形式。到大丰区白驹镇狮子口新四军八路军会师纪念碑，开展"弘扬革命传统，传承红色精神"教育活动；组织参观乔冠华故居，学习传承老一辈革命家优秀品质。到丰收大地园区、建湖九龙口参观学习，体验现代化农业发展理念。以微信宣传的方式支持阜宁抗击风灾并发起捐款，在第一时间捐款4650元。到挂钩扶贫村新丰镇金西村慰问新中国成立前老党员和困难党员，感受基层一线党员不怕困难、不忘初心的精神风貌。

（顾玉芹）

【中国工商银行股份有限公司盐城大丰支行】 2016年，中国工商银行股份有限公司盐城大丰支行（简称大丰工行）以"市场、客户、质量、队伍"为战略，坚持"市场要尊严、改革求突破、管理强基础"为指引，坚持以效益为中心，突出资产业务市场拓展、个人金融业务竞争力提升工作重点，实施机构改革，强化风险控制，夯实管理基础，各项业务保持又好又快发展。全年实现利润1.01亿元，比2015年增长631万元，实现人均利润超100万元的目标；完成中间业务收入4122万元，比2015年减少243万元。年末三项存款余额31.04亿元，较年初增加3.47亿元；各项贷款余额25.29亿元（不含贴现），较年初增加3亿元。

开拓信贷市场，按照"重点项目、优质客户、成熟产品"的总体定位，加大对大丰区沿海开发、新特产业、城市建设、科技创新等项目的支持力度。开展"工行园区行""银企对接家家到""盐城市小微企业融资直通车"等活动。创新融资产品，全面推行"网贷通""发票融资""银团贷款"等业务，发放小企业贷款1.29亿元，一般流动资金贷款6.07亿元，项目贷款13.16亿元。强化风险控制，重点做好"防劣变、清违约、压降剪刀差"，年末不良贷款余额136万元，较年初下降36万元，不良率0.06%，不良贷款绝对额、不良率在中国工商银行股份有限公司盐城市各支行中最低。

优化收益结构，实现中间业务收入4122万元，销售法人理财产品845万元、个人理财产品7.82亿元，代售保险548万元，销售基金1266万元，信用卡发卡新增1886张，借记卡发卡新增13394张，个人中高端客户数新增1726户，个人网银客户新增4772户，手机银行客户数新增5968户，电子银行交易额833亿元。

夯实服务基础，强化服务管理，促进服务水平全面提升。年底，在中国工商银行股份有限公司盐城分行组织的考核中，大丰工行服务综合考核得分99分，客户满意度99分，大丰工行营业部被评为江苏省工行文明服务标杆网点。统筹规划，调整网点布局结构，加快渠道建设步伐，适应城市规划发展的变化，年末有网点9个、贵宾理财中心1个、一般理财网点5个、自助+理财网点3个（在建1个）。服务场所、机具全面升级，年末有存取款一体机19台，查询登折机5台，智能终端10台，发挥电子银行对客户和业务的分流作用，电话银行，网上银行全天候为客户服务，离柜率70%以上。

全面推进企业内控文化建设，开展"内控长效管理年""争创合规网点，争当合规柜员""三控三禁"（严控基层网点负责人履职风险、严控客户经理岗位风险、严控临柜人员操作风险，严禁员工代客理财、严禁员工参与社会融资、严禁员工利用虚假资料办理业务）及"两个加强、两个遏制"（加强内部管控、加强外部监管、遏制违规经营、遏制违法犯罪）等活动，推进内控管理长效机制建设，建立"精确制导、精准检查、有效监督"的内部控制体系。夯实内控管理基础，加强制度执行力建设，有效防范和规避经营风险，提高管理水平。开展以员工参与非法集资、赌博，与客户资金往来，充当资金掮客，违规为他人担保和经商办企业等"六种行为"为重点的员工不良行为排查治理活动，将风险消灭在萌芽状态，推动业务健康快速发展。

实施关心关爱员工计划，为所有在职员工、离退休人员统一办理补充医疗商业保险，举办职工运动会，组织女员工"三八节"郊游踏青、"感动工行"员工先进模范事迹报告会等活动。开展"书香工行"读书月、"学雷锋、树新风""金融消费者权益保护宣传月""爱心一日捐"等活动，通过文化园地、电子门楣、张贴个性化的企业文化标语等多种形式，弘扬"工于至诚、行以致远"的核心价值观。

（陆建丰）

【中国农业银行股份有限公司盐城大丰支行】 2016年，中国农业银行股份有限公司盐城大丰支行（简称大丰农行）坚持“六新”（瞄准新市场、谋求新发展、适应新常态、严防新风险、严守新规定、树立新形象）要求，弘扬“三干”（想干、敢干、快干）精神，实施“两个宣战”（向成本、风险宣战），从严治行，降本增效、提质控险，实现账面利润9585万元。年末三项存款余额61.2亿元，比年初增加6.64亿元，其中个人业务和对公业务分别增加3.51亿元和2.94亿元。各项贷款余额33.1亿元，比年初增加2.77亿元。农户贷款余额9167万元，比年初增加4456万元，总量和增量居中国农业银行股份有限公司盐城各支行首位。

开展以居民健康卡为载体的服务民生工作，加强健康卡的应用推广。2016年制作发放居民健康卡28万张，涉及10个镇131个行政村，惠及村民18万人。设立惠农服务点231个，村民足不出村就可享受取现、汇款、缴费等农行便利金融服务。加快对新型农村经营主体经济的信贷支持，“金农贷”产品深受欢迎，2016年发放贷款1.08亿元，受益农村经营主体375户。

组织开展“两个加强、两个遏制”（加强内部管控、加强外部监管、遏制违规经营、遏制违法犯罪）回头看工作，加强责任区管理，未发生重大责任事故案件。大丰农行被中国农业银行股份有限公司江苏省分行评为“三化三达标”（推进安全保卫工作标准化、制度化、精细化。实现物防、技防、人防达标）优秀单位，获内控评价“一类C级行”称号，金库被评为优秀金库。

开展平安农行创建，组织开展防诈骗金融知识和人民币反假进乡村、进社区、进学校宣传活动，发放宣传单2.6万份。全年成功堵截各类诈骗案件166起，涉及金额8139万元。

（赵振兴）

【中国银行股份有限公司大丰支行】 2016年，中国银行股份有限公司大丰支行（简称大丰中行）实现营业净收入2.18亿元，比2015年增加1869万元；实现拨备前利润1.75亿元，比2015年增加2338万元；实现账面非利息收入7236万元。完成国际贸易结算量4.87亿美元，跨境人民币结算量完成3.37亿元。年末，本外币各项存款余额50.63亿元，本外币各项贷款余额48.13亿元。实现“无案件、无重大违规事件、无安全责任事故、无外部监管处罚”目标。被中国银行股份有限公司评为文明单位。

做强公司业务，增强竞争实力。以大丰区域重大项目为重点，以港区、开发区为业务增长载体，突出资产投放。拓展表外业务，通过发行短期融资券、投放理财池项目、叙做海外直贷业务，突出金融创新。推动国结产品叙做，发挥国际结算品牌优势，突出国际结算业务。

坚持“以人为本”，构建优秀企业文化，提高员工队伍的整体素质。加快核心岗位人才培养，建立后备人才库，实施后备人才动态调整。鼓励员工，利用业余时间参加社会金融从业认证资格考试。树立窗口服务品牌形象，加强营业网点服务规范学习，加大厅堂服务检查、指导力度。开展员工技能练兵活动，年度综合能手率100%。在大楼本部设立行史文化长廊，在各网点完善“职工小家”活动室，配备健身器材、书籍，开设员工母婴室。组织阜宁龙卷风灾后重建捐款活动，捐款5.4万元。

（钱　澍）

【中国建设银行股份有限公司盐城大丰支行】 2016年，中国建设银行股份有限公司盐城大丰支行（简称大丰建行）中间业务收入稳步提升，完成中间业务收入3434万元，计划完成率106.23%，实现净利润5848.92万元，比2015年增加1876.67万元。年末，一般性存款余额29.17亿元，比年初增加6.09亿元，市场份额较年初提升1.74个百分点，新增占比30.01%。其中储蓄存款余额11.48亿元，比年初新增1.32亿元。各项贷款余额16.47亿元，市场份额比年初提升3.07个百分点，增加4.66亿元，新增占比46.32%。其中对公贷款余额11.42亿元，比年初增长2.57亿元。日均存款比2015年增加4.67亿元，完成中国建设银行股份有限公司盐城分行下达任务。其中，储蓄日均余额10.4亿元，比年初新增6545万元；对公存款时点比年初新增4.6亿元，日均存款新增4.01亿元。

强化客户基础和战略业务，不断夯实客户基础，扩展服务区域金融的范围和能力。年末，对公账户比年初增加332户，其中基本户253户；小企业业务授信客户较年初新增8户，授信基本户增加7户，私人银行客户增加7人，高端客户增加21人。移动金融各项指标有突破性进展。移动金融柜面替代率64.11%。年末，手机银行活跃户12871户，手机银行活跃客户比年初增加6747户。企业网银签约活跃户比年初增加106户，个人网银活跃客户增加5000户，企业短信客户增加144户，个人短信客户增加8108户。

坚持做好内控管理和安全运营，正确处理业务发展与内部管理的关系，最大限度地消除各类风险隐患，确保安全运营。组织开展各类专项整治活动，加强干部员工的教育和管理，规范职业行为。开展员工行为排查专项治理活动，建立全面的责任认定和追究制度，落实责任，做到问题不查明不放过，问题不整改不放过，责任不追究不放过，有效排查潜在风险隐患，坚决杜绝有章不循、违章操作的现象。加强柜面员工规范操作意识，实现安全运营无案件、无事故。贷款不良率0.23%，公司贷款继续保持零不良，个人贷款不良率0.66%，完成不良、逾期控制任务。

（宋　坤）

【交通银行股份有限公司盐城大丰支行】 2016年，交通银行股份有限公司盐城大丰支行（简称大丰交行）围绕“改革创新、转型发展”主题，把握“抓存款、稳利润、控风险”工作主线，确定“小支行要做大业务、小网点要有大服务、小团队要出大手笔”的发展目标，优化结构、严控风险，实现利润4637.05万元。年末，总存款余额12.8亿元，比2015年年末增加6.3亿元，增幅96%。其中，对公存款9亿元，比2015年年末增加5.4 亿元，增幅150%；对私存款3.8亿元（含表内理财），增加1亿元，增幅31 %。总贷款余额25.12亿元，比2015年年末增加6.13亿元。

拓展个人金融业务。2016年增加1个普惠社区网点，日均存款7000万元。先后组织私银客户春节联谊、房贷客户专项营销、代发工资客户联谊会、年中私银客户旅游等活动，增强与客户之间的感情。对大丰的经济和金融市场进行调查摸底，并将客户的业务拓展工作作为各项工作的重点。加强银企对接活动。通过金茂担保公司，拓展业务渠道，围绕大丰区“三个一百”企业名单制订营销计划。开展进百企活动，扩大客户群体。

（徐　玲）

【中国邮政储蓄银行股份有限公司盐城市大丰支行】 2016年，中国邮政储蓄银行股份有限公司盐城市大丰支行（简称大丰邮储银行）下辖大丰支行营业部、健康东路支行、幸福东大街支行、裕华镇支行、草堰镇支行5个自营网点。年末，有员工93人。全年完成业务收入5511万元，实现拨备后利润2201万元。

个人金融业务：个人金融业务总资产比2015年增长1.89亿元，列邮储银行盐城市各县级支行第三位，其中：储蓄余额11.52亿元，较年初净增3185万元，净增额列邮储银行盐城市各县级支行末位，理财保有量1.79亿元，较年初净增1.11亿元，列邮储银行盐城市各县级支行第一位。新增保费3464万元，列邮储银行盐城市各县级支行第三位。办理信用卡1773张，列邮储银行盐城市各县级支行末位。公司业务：年末，支行公司存款余额7.36亿元，列邮储银行盐城市各县级支行第二位，较年初净增4.21亿元，净增额列邮储银行盐城市各县级支行第三位。年日均余额5.18亿元，列邮储银行盐城市各县级支行第二位。小企业贷款结余1.16亿元，列邮储银行盐城市各县级支行第二位，较年初净增1815万元，净增额列邮储银行盐城市各县级支行第二位。票据收入239万元，列邮储银行盐城市各县级支行第三位。零售信贷业务：年末，零售信贷结余8.86亿元，列邮储银行盐城市各县级支行第一位，较年初净增3.4亿元，净增额列邮储银行盐城市各县级支行第一位。其中：小额贷款结余8339万元，列第四位。商务贷款结余1.89亿元，列第三位，较年初净增1926万元，净增额列第四位。住房贷款结余5.32亿元，列第二位，较年初净增28895万元，净增额列第一位。消费及信用类贷款结余8210万元，列第二位，较年初净增1839万元，净增额列第五位。资产质量及清收情况：年末，不良贷款余额496万元，不良率0.53%，不良率列邮储银行盐城市各县级支行列第三位，较平均水平低0.01个百分点。逾期贷款余额996万元，其中：小额贷款72.7万元，综合逾期率为0.87%；商务贷款271.85万元，综合逾期率为1.47%；消费类贷款151.47万元，综合逾期率为0.22%。

转变发展理念，推进网点转型。2016年，下辖5个网点陆续实施网点转型导入培训，改变员工思想观念、营销方式。组建营销团队，助推业务发展。在支行2个业务拓展部门分别成立公司营销一团队、二团队，商贷营销一团队、二团队，房贷营销团队，营造内部竞争的良好氛围，调动客户经理主动营销的积极性。优化信贷队伍，实施分片营销。将大丰区12个镇分为5个片区，分别由5个支行负责走访开发。将城区分为2个片区，分别由2个商贷团队负责走访开发。

以“邮信贷”为重点，批量开发优质单位消费贷需求，加大楼盘的营销合作力度，快速抢占房贷市场份额，加大商圈与农户的走访力度，加快经营贷款的调查投放速度。

（李彬彬）

【中国农业发展银行盐城市大丰区支行】 2016年，中国农业发展银行盐城市大丰区支行（简称大丰农发行）践行“加快业务发展、强化政策职能”的治行理念，积极应对和克服业务经营中的困难，调整思路，防控信贷风险，各项业务保持健康稳定的良好发展势头。全年发放各类贷款6.21亿元，其中：粮食购销贷款1.42亿元，储备粮贷款3875万元，农业科技贷款4050万元，产业化龙头企业贷款1520万元，中长期贷款3.85亿元。开出承兑汇票800万元。实现净利润1156.96万元，比2015年增加61.69万元。年末，各项贷款余额6.82亿元，比年初增加2.18亿元。

2016年夏、秋粮收购期间，保证收购资金的供应，严防可能出现的舆情风险。在收购工作全面展开前与地方粮食主管部门沟通协调，了解粮食产量情况，做好地方粮食产量预测，对拟参与托市粮收购企业的仓容进行现场的核查，合理布点12处，并通过媒体向社会公布。在确保各企业获得2016年自营贷款资格后，组织信贷人员提早完成粮食收购自主经营资金额度测算，以保障托市收购资金和供应地方储备小麦和稻谷的收购资金及时足额供应。粮食收购期间，组织人员坚守一线，每日与企业和主管部门做好沟通，备好资金，做到“钱等粮”。2016年，收购入库托市小麦3616万吨、稻谷3.32万吨。发放储备小麦贷款3875万元，轮换储备小麦1.55万吨；发放储备稻谷贷款1920万元，轮换储备稻谷6000吨；发放小麦收购贷款9300万元，收购入库自营小麦4.47万吨；发放稻谷收购贷款2150万元，收购入库自营稻谷7350吨。

采取精准营销、银政合作策略，实现业务可持续发展。集中骨干力量完成大丰开发区12亿元城镇化建设项目的贷款上报及发放工作，年末获批并投放2亿元。与区发改委、住建局、交通局、港区以及各镇等进行沟通，确立大丰港大宗农产品仓储物流项目建设的投贷结合、三龙镇人居环境等项目的合作意向，督促各项目主体完善融资方案和项目立项资料。年末，三龙镇人居环境等项目经中国农业发展银行江苏省分行同意正式

2016年4月，中国农业发展银行盐城市大丰区支行工作人员在大丰港考察项目 （单位供图）

受理。

推行信贷全流程标准化，夯实信贷基础。贯彻落实中国农业发展银行关于"从严从实开展2016年贷后管理年"活动工作要求，统一思想，落实责任，严格按照规范化要求做好受理、调查、贷前条件落实、支付和贷后管理每一环节工作。加大考核奖惩力度，将考核奖惩手段融入流程中。

做好"两个加强、两个遏制"（加强内部管控、加强外部监管、遏制违规经营、遏制违法犯罪）回头看自查。自查存款、信贷、票据、同业、财务等业务和服务实体经济、前期发现问题整改情况、内部控制、风险管理和案件防控等情况。对大丰农发行在岗的23名员工（含派遣制员工4人）进行排查。未发现有人员独立实施或参与实施的、外部人员实施的，侵犯农发行或客户资金与财产权益的案件风险事件。

（陈泳伊）

【上海浦东发展银行股份有限公司大丰支行】 2016年年末，上海浦东发展银行股份有限公司大丰支行（简称大丰浦发行）本外币贷款余额13.43亿元，比年初新增6.78亿元，其中：公司贷款余额11.56亿元，比年初新增5.63亿元；个人贷款余额1.87亿元，比年初新增1.15亿元。表内外授信余额逾58亿元，表内外授信余额和贷款新增量列上海浦东发展银行盐城分行第一。各项存款余额24.58亿元，比年初新增9.58亿元，其中对公存款22.97亿元，比年初新增9.13亿元；储蓄存款1.61亿元，比年初新增0.45亿元。2016年，在上海浦东发展银行盐城分行季度综合考核中连续4个季度排名第一。在浦发银行南京分行2014至2016年年终综合考评中，连续3年被评为优胜基层网点。

加快创新转型步伐，积极应对经济经营形势变化，以强化授信服务为重点，支持实体经济发展，充分发挥浦发银行政策及产品优势，为企业发展多渠道融通资金。推广E企付、汇通利、浦商融等特色金融产品，充分发挥"股债贷+国内外"多元化、综合性金融服务优势，围绕股票质押式回购、股权基金、产业基金、绿色能源债等特色产品培育新业务增长点。先后为大丰海港（控股）集团公司等10多个企业办理融资性保函、出口代付、融资租赁保理、跨境兑、参付通等金融特色产品业务，解决企业融通资金需求。

牢固树立风险意识，加强风险防范，严防信贷资产风险，日常工作中审慎审查每一个客户、每一个产品、每一笔业务，注重业务产品事前、事中、事后的风险预警，加强贷后管理工作。以合规经营为前提，严格落实案件防控措施，加强员工动态管理，经常性开展员工行为专项排查，及时消除风险隐患。

以"新思维·心服务"为指引，追求卓越的网点服务，强化全员标准化服务意识，引入外部机构监管，采取神秘人暗访制度对浦发行的服务进行评价，2016年在上海浦东发展银行股份有限公司星级网点季度评比中，大丰浦发行服务始终保持在三星标准以上，比2015年新增一星。

（沈金高）

【江苏大丰农村商业银行股份有限公司】 2016年，江苏大丰农村商业银行股份有限公司（简称大丰农商行）加大实体贷款投放，加大金融创新步伐。年末，各项存款余额270.73亿元，比年初增加52.52亿元，增幅24.07%，市场份额43.94%；各项贷款余额169.77亿元，比年初增加18.01亿元，增幅11.86%，市场份额42.06%；存贷总量、增量、份额继续位居大丰第一，增幅在江苏省农商行系统位居前列；电子银行柜面替代率72.77%，比年初增加7.22%。不良贷款持续保持"双降"，资产质量在全省领先。全年国际业务结算2.74亿美元，纳税额超2亿元。被江苏省精神文明建设指导委员评为江苏省文明单位；被江苏省农村信用社联合社评为江苏省AAAAA级农商行；获江苏省农村信用社联合社综合考核一等奖；获大丰区综合考核先进奖。

参与10多次"银企对接"，主动实施"送贷上门"服务，新增企业授信115户，授信金额30亿元，服务工业企业527个，贷款98.7亿元，申贷获得率97%，完成区政府下达的新增贷款考核指标。对暂时经营亏损或周转困难的企业，制定专门的扶持方案，为34个企业办理转续贷3.8亿元，兑现在经济下行情况下"不减贷、不提高利率、不提高申贷门槛"的承诺。与中小企业抱团取暖结成"命运共同体"的做法被中国银监会盐城监管分局在面上推广，《金融时报》《新华日报》等宣传报道了该做法。

发行社会保障卡超50万张，比年初增加26万张，加载代收水电、燃气、网络电视、电话费等服务功能40多项，为民办实事"一卡通"工程取

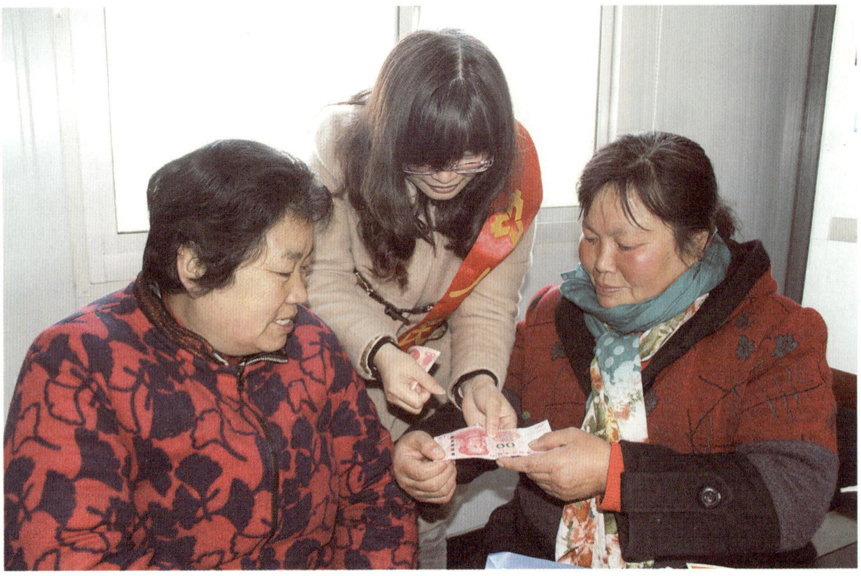

2016年3月15日，大丰农村商业银行在西团镇西团村举行金融消费知识宣传活动 （单位供图）

得成效。推动新一轮“阳光信贷”，在大丰区162个行政村和83个城区单位授信7.88万户，授信金额55.3亿元，逐步实现城乡全覆盖。先后放贷8994户、7.35亿元。推广手机自助办贷业务，办理贷款3632户、3.5亿元。加大新型农村金融服务站建设，建成金融便利店4家，配备1台流动银行服务车。

坚持以客户为中心，建立厅堂受理、客服受理、互联网平台受理等多种信贷需求受理渠道，发挥科技支撑作用，实行移动化营销、标准化采集、流程化作业，限时贷款流程办理，打造贷款办理速度最快银行。结合企业所需，推广中长期贷款，优化还款方式。为外贸客户研发“融汇通”产品，办理1200万美元。为参与拍卖客户提供“拍E贷”产品，帮助9个企业完成收购重组。推广“社保贷”产品，投放贷款1.15亿元。互联网金融平台新增积分绑定用户10.95万人，成交订单15万笔，新增商户187家。

持续开展爱心助学、济困、扶贫等活动，参与各类社会公益活动40多次，冠名设立农商行爱心救助基金，捐资300多万元帮助弱势群体，组织全体员工向“6·23”阜宁、射阳灾区捐款献爱心。承办大丰区金融系统建党95周年演讲比赛，并获优胜奖。冠名举办大丰区太极拳比赛，并获特等奖。成功堵截电信诈骗8起，挽回客户损失18.5万元。

（沈　飞）

【江苏银行股份有限公司大丰支行】 2016年年末，江苏银行股份有限公司大丰支行（简称江苏银行大丰支行）总存款余额29.97亿元，比年初新增5.97亿元，存款总量创历史新高；各项贷款余额18.97亿元，比年初新增2.79亿元，超额完成大丰区政府下达的新增贷款考核指标。全年实现利润8361万元；理财销售12.732亿元；国际结算1.36亿美元。连续3年获得大丰区综合先进奖；连续2年获得江苏银行旺季零售业务营销竞赛“优秀县域支行奖”；获江苏银行零售业务部2016年旺季零售业务营销竞赛“产品销售明星网点奖”；获江苏银行网络金融部电子银行旺季营销“优秀支行奖”。

关注市场形势，加强市场调研，强化营销，落实大丰交投公司6亿元结构化融资项目，成功落地8亿元理财直融项目。为大丰海融国际贸易有限公司开立进口信用证，金额2835万美元。该信用证是江苏银行股份有限公司盐城分行单笔最高金额信用证。推动债权融资计划业务，成功发行大丰港集团2亿元债权融资计划。

举办一系列特色活动。举办各种保险、理财、基金专题沙龙活动，助力支行零售业务的发展。开展以“展职工风采，树行业形象”为主题的全民健身跑步活动，积极倡导“我运动、我健康、我快乐”的理念。

（杨　阳）

【苏州银行股份有限公司大丰支行】 2016年，苏州银行股份有限公司大丰支行突出市场营销、队伍建设、内控合规三项重点，坚持“业绩”文化和“合规”文化的和谐统一，强化风险防范和内控管理，防范经营风险，实现合规经营。年末，总存款余额7.76亿元，比年初增加2800万元；总贷款余额6.79亿元，其中个人贷款余额8188万元。手机银行有效户7065户，比年初增加1500户。全年实现贵金属销售77.7万元，股票型基金销售87.52万元。储蓄存款日均余额1.18亿元，个人贷款日均余额8909万元。

通过每周“走出去”活动，深入各个小区、商区、工厂等宣传金融产品，接触客户信息，扩大苏州银行在老百姓中的知名度。通过“请进来”，组织各种亲子、联谊、抽奖等活动将部分客户请进来，加深与客户的感情。借助参与机关、商场、购物中心等单位组织的宣传活动，进行联合营销。

（张　庆）

【江苏大丰江南村镇银行股份有限公司】 2016年，江苏大丰江南村镇银行股份有限公司（简称大丰江南村镇银行）开展“三走进”（走进社区、走进市场、走进田头）、“行长进社区”等活动，设立金融服务工作站，增强影响力，实现拨备前利润2583万元，净利润1946万元，销售代理理财产品5.7亿元。年末，各项存款余额12.32亿元，各项贷款余额7.74亿元。

大丰江南村镇银行调整发展思路，明确村镇银行“支农支小”市场定位，着力业务转型和结构调整，主动退出500万元以上企业贷款业务领域，单笔新增贷款限制额度在300万元以下，引导信贷资金主要投向个人客户、“三农”客户和发展势头良好的小微企业，加大对新型农村经营主体家庭农场、农业产业化龙头企业、农业产业农户重点贷款支持，加强创业贷款、个人消费类贷款的营销力度，助力推动农户、个体工商户、小微企业实体经济的发展。2016年，大丰江南村镇银行新拓展授信额度300万元以下的小微企业客户9个，新投放贷款1370万元；新拓展个人客户355个，新投放个人经营性贷款、消费贷款1.06亿元。

与大丰区人社局、大丰区妇联合作，提高下岗职工再就业贷款和妇女创业贷款的额度，从最初的3万元提高到10万元，取消第三方担保限制，简化办理手续和审批流程。2016年发放下岗再就业贷款和妇女创业贷款155笔，金额1160万元。主动对接家庭农场和农机经销商，为种植大户购买农机提供农机补贴贷款，2016年发放农机贷款6笔，金额22.3万元，起到良好的示范作用。积极响应国家节能减排号召，为满足城乡居民投资光伏发电需求，适时开发出“公司+农户”形式的光伏富民小额贷款。3月31日，15名投资太阳能光伏发电投资者与大丰江南村镇银行签订“光明”光伏贷款合作协议，贷款授信金额95万元。全年成功发放光伏贷款4笔，金额15.78万元，标志大丰江南村镇银行推动绿色信贷、光伏富民方面取得新的发展。

6月，制定实行《大丰江南村镇银行限时办结业务考核办法》，对办理存款、取款、开户、贷款等柜面业务提出限时办结要求，有效提升柜员办事效率。组织开展“两个加强、两个遏制”（加强内部管控、加强外部监管、遏制违规经营、遏制违法犯罪）回头看自查工作，强调“两个落实”，落实检查发现问题的整改，纠正违法违规行为；落实检查发现问题的处理处罚，严肃问责。围绕员工行为、票据业务、代客理财、电子银行、信贷业务、柜面业务、抵质押品管理7个领域开展“查隐患、明禁令、防案件”专项治理活动。全年组织员工参加各类学习培训70余次，员工出勤率99%以上。

加速科技在会计结算、理财业务方面的运用。1月，理财系统的录音录像功能上线；3月，财税库银横向联网系统上线；5月，理财系统脱手工、同城票据交换由间联转换成直联、裕华支行的大小额结算系统上线；8月，电信诈骗管理平台上线；10月，ACS综合前置子系统上线。

积极履行社会主体责任。1月，大丰江南村镇银行申请创立大丰区慈善总会江南村镇银行爱心基金，无偿向慈善总会捐赠近30万元资金，定向用于安老扶幼、助学助医、扶贫赈灾、文化教育、公共环保、社会公益等各项慈善公益活动。春节前，大丰江南村镇银行分别为大中镇、裕华、刘庄镇的部分贫困户送去2.2万元的慰问品和慰问金。6月3日，大丰江南村镇银行向身患肝癌的保安王红根送去捐款1.2万元。6月23日，为阜宁县灾区捐款7760元。

（陈　玲）

【江苏太仓农村商业银行股份有限公司大丰支行】 2016年，江苏太仓农村商业银行股份有限公司大丰支行（简称太仓农商行大丰支行）继续加大不良贷款处置力度，消化历史包袱，同时因地制宜，充实信贷营销队伍，储备新增客户资源，实现营业收入2687万元，比2015年减少399万元，完成营业利润504万元，比2015年减少46万元。年末，各项存款余额2.92亿元，比年初减少3376万元，降幅10.36%，其中对公存款余额2.7亿元，比年初减少2709万元，降幅9.12%，储蓄存款余额2162万元，比年初减少588万元，降幅21.38%；各项贷款余额4.2亿元，2016年核销不良贷款1468万元，实际贷款余额比年初增加9020万元，增幅26.18%。

（陈鹤飞）

保　险

【中国人民财产保险股份有限公司大丰支公司】 2016年，中国人民财产保险股份有限公司大丰支公司（简称大丰人保财险公司）实现利润941万元，完成保费收入约1.77亿元，比2015年增长10%，其中：车险保费收入1.03亿元，非车险保费收入4342万元，农业保险保费收入3001万元。

坚持综合治理，提升车险工作效率和服务能力。推进落实车险标准化、常态化工作。通过集中对车险查勘定损人员进行多次专项培训，树立大服务理念，强化操作技能。规范服务流程，推动小额案件快速处理，对单方事故5000元以内的损失，实现“一小时赔付”，对1万元以内责任明确的双方事故，无需交警部门事故证明。推进人伤交通事故一体化建设。通过加大与公安、法院、司法等部门的沟通协调，提升服务质量。

加强与政府部门的合作关系，开展民生类保险业务。在盐城市首家承办扶贫意外险。开办大病医疗补充保险，实现保费收入736万元，赔付资金近560万元，赔付率76%（不含费用支出）。开展“首台套”保险业务，支持企业技术创新，大胆使用高科技新设备。

加强网点建设，构建“30分钟三农保险服务圈”。在港区、开发区和白驹、刘庄、草庙、万盈、新丰、三龙等镇设立营销服务部（简称门店）并配备专职工作人员，农户可以在就近的门店直接办理车险、非车险、农业保险承保业务。发生灾损后，门店的工作人员第一时间会到达受灾现场进行灾情的查勘并指导农户提供索赔材料，将服务的窗口开设到农户家门口。

（沈小童）

【中国人寿保险股份有限公司大丰支公司】 2016年，中国人寿保险股份有限公司大丰支公司（简称大丰人保寿险公司）实现总保费3.79亿元，比2015年增长19.34%。其中：团险部老年人意外险保费412.4万元。大病保险保费961.2万元，赔付910.1万元，与盐城市大丰区新型合作医疗管理办公室正式签订外伤调查及网监服务协议书。受理赔案4061件。年末从业人数2018人。实现三年发展规划目标，被中国人寿江苏省分公司评为先进单位，位列卓越领航奖第三名。

优化服务，为客户安装E宝账9740人，追踪失效保单4874件、保费1997万元。通过组织国寿小画家、万人公益健走、防癌筛查、心脑血管检测、祈福旅游等活动，树立企业品牌形象。团险部开拓保洁人员保险、村干部保险、公安干警联防人员保险、劳务输出人员保险、残疾人保险、计生保险等市场。

（杨小杰）

【中国太平洋财产保险股份有限公司大丰支公司】 2016年，中国太平洋财产保险股份有限公司大丰支公司（简称大丰太平洋产险公司）实现利润147万元，完成保费收入3664万元，比2015年下降4.33%，其中车险保费收入2564万元，下降17.9%，非车险保费收入1100万元，比2015年增长56%，赔付1705万元。

开展人伤理赔"心"年行动，通过赴医院探望伤者、定期回访客户需求等举措，促进人伤理赔快速结案，赢得客户及伤者的好评。4月29日至5月1日，开展"乐无忧驾驶员保险""安居全能卫士"等新型险种进社区推广活动，通过一对一的讲解，让居民了解大丰太平洋产险公司险种的优势。6月，在大丰麋鹿保护区举行"激扬太保、奋斗2017"的培训活动，提高员工的工作时效性。

（管慧静）

【中国太平洋人寿保险股份有限公司大丰支公司】 2016年，中国太平洋人寿保险股份有限公司大丰支公司（简称大丰太平洋寿险公司）开展"两个加强、两个遏制"（加强内部管控、加强外部监管、遏制违规经营、遏制违法犯罪）回头看、金盾行动、防范和打击非法集资、预防反洗钱等活动，严肃财经纪律，构筑合规防线，推动产品创新，推行精准销售和精细服务。全年实现期交保费316万元，比2015年增加36%，完成年度任务。

（张莉霞）

【中华联合财产保险股份有限公司大丰支公司】 2016年，中华联合财产保险股份有限公司大丰支公司（简称大丰中华财险公司）秉承"鼓励竞争、以人为本、追求卓越、持续发展、团队合作、依法合规、开拓创新、优质服务、诚实守信、勇担责任"的全新十大企业文化理念，改善企业形象，提升客户满意度，实现保费收入1490万元，比2015年增长7.20%，赔款支出1280万元，实现利润210万元，被中华联合财产保险股份有限公司盐城中心支公司评为先进经营单位。

实行"财产保险+农业保险"模式。财产险业务以车险业务为龙头，非车财险、人身意外伤害险和健康险齐头并进。非车财险以企业财产保险、光伏保险、工程险和各种责任险为主。人身意外伤害险和健康险以团体人身意外伤害保险、个人人身意外伤害保险、学生平安保险和短期借款人人身意外伤害保险为主。与大丰区政府"联办共保"的农业保险平稳发展。

（黄素华）

证券

【华泰证券股份有限公司大丰金丰南大街证券营业部】 2016年，华泰证券股份有限公司大丰金丰南大街证券营业部（简称华泰证券大丰营业部）逐步向精品营业部模式发展。设置客户服务区、洽谈区、演示区等功能区，营造良好的客户理财投资环境。完善前台营销队伍，拓展营销渠道，有效提高客户覆盖率。承销政府城投债，为辉丰股份提供股权质押，为丰东股份提供大宗交易平台。全年实现净利润549万元。

与浙江元葵投资有限公司共同成立私募对多策略冲产品"元葵长青8号"，产品规模5000万元，年化收益率10%。运用多策略对冲机制，有效应对市场大跌。依托公司网络平台，推出"移动理财平台"，每天新股中签未缴款等信息会通过"移动理财平台"发送到员工手机上，方便员工服务客户。

建立一套融合紫金理财服务与联盈理财的客户服务体系，以统一的标准、统一的产品、统一的价格、统一的流程向客户提供理财服务。构建"全业务链"发展战略，尝试在全生命周期财富管理业务定位下的客户服务模式。会同理财中心，对紫金理财服务进行改版升级，推出紫金理财服务体系V5.4版。

（陈　浩）

资本市场

【概况】 2016年，大丰区不断扩大信贷投放，推进直接融资，培育企业上市，强化金融服务，丰富金融业态，建成较为完善的金融体系，为大丰区经济社会发展提供强有力的金融支撑。设立徽银城镇化基金10亿元，发行债券融资17亿元，开发信托项目融资8亿元，融资租赁融资4.5亿元。发起设立金牛沿海新兴产业等产业基金，推动大丰区特色产业快速发展。

【企业上市】 2016年，新增中德股份、科菲特、凯嘉胶带、金色工业炉4个企业在新三板成功挂牌。5月中旬，奥升光伏公司在深圳前海股权交易中心成功挂牌；丰山集团、大丰农商行申请上市辅导材料报送江苏证监局，理研精锻正在股改。年末，大丰区有上市公司3个，新三板挂牌企业5个，区域性股权交易中心挂牌企业2个，上市挂牌总量位于苏北前列，融资50亿元，上市公司总市值超270亿元。

（吴　洋）

〖编辑　周剑飞〗

交通综述

2016年，大丰区交通运输局贯彻区第十二次党代会、区委十二届二次全会和省市交通工作会议精神，围绕全年工作目标奋力拼搏，完成年度既定目标任务。在大丰区委、区政府全区目标任务综合考核中获得综合先进奖，在盐城市交通运输局目标任务考核中，列综合先进第一名，获得重点工程建设、文明创建和法治建设3个单项工作奖。编制完成《"十三五"综合交通运输规划》《公共交通调整规划》《"十三五"县道网发展规划》《"十三五"1000公里农村公路提档升级工程实施方案》等系列规划，用规划引领发展，推动交通工作。

【交通工程建设】 2016年，大丰区完成交通基础设施建设总投资16.47亿元，占年度计划154.8%。港城高速10月26日正式通车。港区连接线中港大道以北段10月底与港城高速同步建成，比原定计划提前2个月完成建设任务。351省道大丰段先导段（陈李线至国道228段）建成通车。省道331大丰段完成投资2亿元，超出原定投资计划100%。农村路桥建设实施提档升级道路项目273.21千米，桥梁131座，完成投资3.02亿元。新建普通农路140千米，完成投资3800万元。新长铁路"平改立"工程，完成草堰镇界中南、界中村、刘庄镇竞赛村、竞赛北、龙心南、龙心北、新丰镇小团南等8处道口改造。盐通铁路大丰段获可研批复。省道226大丰南段土地预审、环评、洪评、稳评获得批复。国道343（南翔大道东延）工程可行性报告初稿编制完成。小型通用机场选址方案获民航部门初步批复和空军长春航校正式批文。

【交通行业监管】 2016年，大丰区交通运输局围绕交通工作职能，以行业管工作为重点，强化运输市场秩序监管，探索执法改革，加大运输市场监管力度。深化综合执法改革，5月1日成立联合执法大队，整合交通运输相关执法权力事项，将原来由运管执法、交管执法、内河港口执法、邮政寄递等执法事项归并整合，统一由区交通运输联合执法大队集中行使职能。区交通局出台《大丰区交通运输联合执法工作实施意见》和《联合执法工作相关规范》，为大丰区交通运输联合执法工作有序开展提供制度保障。市场监管力度持续加大。履行行业管理职责，加强部门协作，制定专项整治工作方案，重点查处道路运输、危险品运输、超限超载、港口码头装卸、邮政寄递等各类违章经营行为。全年组织开展专项整治活动15次，查处各类运政案件302件，打击"黑车"35辆，处罚金额28.1万元。培育货运市场，全年培植物流企业128个，新增1049辆货运车辆，其中：新增新能源运输汽车85辆，新增新能源示范船2艘。稳步推进大丰港分层组合甩挂运输作业站场、江苏大丰港保税物流管理有限公司的"大丰港保税物流中心"和江苏悦达港口物流发展公司的"汽车物流园"项目；大丰海港港口有限公司"多式联运"项目列入江苏省重点物流库，该公司是盐城市唯一入选的单位。2016年船舶拆解任务完成，补贴资金全部到位，港口水运公司建造2艘新能源LNG（液化天然气动力）船舶补助资金发放到位。加强维修市场监管。检查各类维修企业160个次，整治益民路维修点13个，评选AAA级企业1个，AA级企业3个，A级企业35个。强化驾培市场管理。全年收缴"跑马机"3台，查处学时造假6起，处罚6万元，协调处理各类投诉举报信件58件。加大治超力度。深化源头治理，加大路面执法力度，重点突出228国道路面治超，定期与高速公路等部门开展联合治超行动，检测车辆4000余辆，处罚超限车辆502辆，罚没款80余万元，全区超限率控制在1.2%以下。推进港口整治专项行动。开展"港口安全管理年"活动，编制内河港口应急预案，全年查处港口违章经营案件3件，排查港口安全隐患9处。全面接管邮政寄递行业管理职能，建立全区14个品牌23个寄递企业和营业网点安全管理档案。组织开展寄递企业安全生产突击检查2次，规范寄递行业经营行为。7月，全市邮政行业安全监管工作推进会议在大丰区召开，区交通运输局作专题工作经验交流，受省、市领导高度好评。推进全区物流行业发展，开展“十三五”物流园区发展规划和货运枢纽建设项目调研，培育交通物流龙头企业大丰港物流中心，大丰港多式联运示范工程项目通过省交通运输厅考核验收。

交通建设

【概况】 2016年，大丰区完成交通基础设施建设总投资16.47亿元。港城高速10月26日正式通车。港区连接线中港大道以北段10月底与港城高速同步建成。351省道大丰段先导段（陈李线至国道228段）建成通车，沈海高速以东至陈李线（路基2标、3标）完成路基处理53%工作量，沈海高速以西段（路基4标）施工单位进场。6月，省道331大丰段开工建设，路基开挖、涵洞工程全部完成，路基回填进入96区施工，完成总工程量58%，桥梁工程完成主体施工，占总工程量80%，完成投资2亿元。2016年是农村公路提档升级实施启动年，农村路桥建设实施提档升级道路项目273.21千米，桥梁131座。其中区交通运输局实施的川大线、斗方线、方大线和麋鹿连接线4条县道二级路改造项目，总长37.96千米，各镇实施双车道四级路235.25千米全部建成，完成投资3.02亿元。新建普通农路140千米，完成投资3800万元。

【港城高速建成通车】 10月26日，港城高速公路正式通车，盐城主城区至大丰港区的行车时间由近两个小时缩短至40分钟。港城高速公路东接大丰港区，西与S18盐淮高速公路、G15沈海高速公路衔接，全长36.6千米，是推动盐丰一体化发展的重要纽带。10月26日上午10时，盐城市四套班子领导王荣平、戴源、李驰、戴元湖等，及大丰区领导王荣、宋勇、吴家祥、韦新到港城高速大丰港主线站，听取工程建设情况汇报，看望一线工程建设者，向参与工程建设的省市相关部门单位与全体建设者表示感谢和慰问。

【王荣专题调研交通工作】 7月5日，盐城市委常委、大丰区委书记王荣实地察看S351万盈镇2标段施工断面、盐淮高速港区连接线、盐淮高速S226连接线等项目现场，并主持召开座谈会。9月1日，王荣在港城高速公路大丰北连接线和港区连接线工程施工现场，详细了解施工进度、质量保障和安全管理等情况，对工程建设取得的成绩给予肯定。在实地察看现场后，王荣主持召开座谈会，听取港城高速大丰北连接线和港区连接线工程下一步工作计划，以及全区“十三五”交通重点工程规划建设情况汇报。

【区委重视交通十项重点工程建设】 9月12日，盐城市委常委、大丰区委书记王荣主持召开区委常委会议，研究讨论加快推进交通十项重点工程建设的实施意见。会议指出要坚持交通基础设施先行战略，加快交通重点工程建设，迅速成立交通重点工程指挥部，围绕“区域通高铁、镇镇通一级（公路）、村村通公交”和“提档升级1000千米、新建农路1000千米、改造危桥1000座”目标，加大交通工程建设组织推进力度。以会战之势加快推进。立即启动建设区主导实施的项目，重抓工程进度，咬定时间节点，加大施工组织力度。不断加大交通重点工程财政支持力度，切实减少基层负担。将交通重点工程推进工作纳入区委、区政府年度综合绩效考核范围，对照工程时间节点要求，以工程进度和质量为重点，加大督查力度和频度，倒逼工程推进。

【十项交通重点工程建设动员大会召开】 9月20日，大丰区召开十项交通重点工程建设动员大会，动员全区上下进一步解放思想，奋力攻坚，为“发展上台阶，建设新大丰，让人民群众的生活更加美好”提供保障。盐城市委常委、大丰区委书记王荣讲话，区长宋勇主持，区人大常委会主任吴家祥、区政协主席韦新、区委副书记范大玉等领导出席。

【省农村公路纪检监察巡查反馈会议召开】 11月9~15日，省农巡办委托淮安市农巡办组织专家在大丰区开展农村公路纪检监察巡查。专家组以听取汇报、现场检查、查阅资料等方式，对大丰区农村公路建设管理、质量管理、资金管理、养护管理、农巡责任落实等工作做全面巡查和评估。16日，在大丰区召开省农村公路纪检监察巡查反馈会议，省农巡办负责人

2016年，351省道大丰段先导段（陈李线至国道228段）建成通车

充分肯定大丰区在农村公路建、管、养等方面所取得的成绩，认为大丰区农村公路建设工作处于苏北领先位置。

【高速公路资本金认购证收购工作会议召开】 11月7日，大丰区召开高速公路资本金认购证收购工作会议，区交通运输局局长徐文新布置大丰区高速公路资本金认购证收购工作。区委常委、宣传部部长石根美出席会议，并要求各镇（区、园）、各部门（单位）统一思想，充分认识资本金认购证收购工作的重要性。要突出重点，明确任务，全面落实资本金认购证收购工作要求。抓好政策宣传，按照“快、实、严”的要求，认真落实各项工作，确保资本金认购证收购工作按时高效、惠民利民。

交通运输

【概况】 2016年，区交通运输局以推进城乡客运一体化进程为重点，着力提升企业运输服务品质、提高行业管理水平，优化运政服务体系建设，强化客运管理职能。

【重点交通运输】 2016年春运期间，盐阜集团大丰有限公司完成旅客发运量约39.52万人次，大丰巴士公司运送旅客约60万人次，与2015年春运同期相比略有下降，与全区12个乡镇、12个部委办局，交通18个单位和部门层层签订春运安全生产责任书42份，整改安全隐患2起，保障旅客安全、便捷、有序、舒适出行。高考和中考期间，运送高考学生1614人，运送中考学生3039人；国庆黄金周期间运送旅客约10.6万人。“G20杭州峰会”和嘉兴“世界互联网大会”期间，对旅客进行实名登记，签发运输证明，对所有班车按要求进行安全检查，既规范客运经营行为，又保障旅客人身安全。

【王巧全督查客运站安全生产工作】 12月30日下午，盐城市副市长王巧全率市政府办副主任张波、市公安局、市消防支队等单位分管负责人对大丰区客运站进行安全检查，区政府常务副区长郭超陪同检查，区公安局局长沈阳、区交通运输局局长徐文新参加。检查组先后检查安检设备与车辆监控设施运行情况，治安防范与消防设施的建设、使用和维护情况，以及停车场、候车室等。要求客运站对进站人员及携带物品必须严格进行安全检查，做到“逢包必查、逢液必检”，严防不法分子携带违禁物品进站、上车；制定和完善切实可行、操作性强的处置突发事件应急预案；积极联系消防大队开展实战演练，提高客运部门处置突发事件的能力。

【城乡客运】 2016年新开通草堰、白驹两镇镇村公交，投入车辆7台，营运线路5条，为沿线28个行政村群众出行提供方便。至此，大丰区镇村公交开通8个乡镇，镇村公交开通率70%。对107路、108路城市公交线路进行优化调整，新开109路公交，解决居民出行需求。

【旅游运输】 3月4~31日，配合大丰西郊梅园首届文化节活动，增开西郊梅园2条免费旅游公交专线，方便市民赏梅。4月8日至5月2日，配合荷兰花海郁金香文化节活动，投入4辆免费旅游公交，用于荷兰花海景区西大门南侧S226省道东侧至荷兰花海景区南大门之间运送游客。10月1~7日配合荷兰花海百合花节国庆期间活动，投放4辆免费公交。伴随“互联网+交通”“滴滴打车”新兴事物的兴起，取消出租车有偿经营权使用费，同时减免出租车驾驶员500元上缴费用，有效化解出租车经营矛盾和从业人员经营压力。

2016年4月和10月，盐城市大丰区运输管理处配合荷兰花海节庆活动，投入4辆免费旅游公交，运送游客

【交通物流业】 2016年，区交通运输局积极推进全区交通物流业的发展，全年培植物流企业128个，新增1049辆货运车辆，其中，新增新能源运输汽车85辆，新增新能源示范船2艘。按照“十三五”物流园区发展规划，稳步推进大丰港分层组合甩挂运输作业站场、江苏大丰港保税物流管理有限公司的“大丰港保税物流中心”，江苏悦达港口物流发展公司的“汽车物流园”项目建设。大丰海港港口有限公司“多式联运”项目列入江苏省重点物流库，该公司是盐城市唯一入选的单位。年内，完成全区船舶拆解任务，符合拆解的船舶75艘，补贴资金全部到位，港口水运公司建造2艘新能源LNG船舶补助资金发放到位。

交通管理

【概况】 2016年，大丰区交通运输局贯彻落实上级主管部门的工作部署，克服困难、化解矛盾，完成区委、区政府交办的各项任务。

【干线公路养护】 2016年，全区公路日常维修完成国省干线路面唧浆、灌缝贴缝处治约2.5万米，严重龟裂、网裂、坑塘、沉陷、车辙等病害维修约5.4万平方米，路面保洁3万千米，三叶草种植2.66万平方米，路肩绿化乔木补植1895株，中分带灌木补植21450株，绿化整枝7000平方米，中分带修剪40千米、道头花种植11136棵，花池缘石调整与中分带维修530米，更换百米桩60根，全线绿化、桥梁安全带刷白2遍，百米桩、里程碑刷新4次，桥梁防眩板修补20块，桥梁栏杆维修更换80米，盖板排水沟维修150米，新建排水沟292米，开挖土边沟480米，清理边沟160米，S332（通港大道）侧分带开排水槽106处。大丰应急中心、裕华工区、大桥工区建成并投入使用。投资480万元，新增应急养护机械设备11台（套）。及时处置路面坑槽约4000平方米，路面过水管破裂冲空抢险1处，修复跨线桥梁落水管1处，桥梁伸缩缝、桥面损坏等病害维修15座，桥头跳车、锥坡损坏维修12座，破冰除雪撒布防滑砂31.14万平方米，防汛抗台抢险锯树、路树扶正820株，水毁填土200立方米。年末，自查干线公路优良率99.6%（G204：100%，S226：100%，S332：98.57%），MQI（公路技术状况指数）值90.3（G204：92.6；S226：90.7；S332：87.4）。

【农村公路养护】 2016年，全区12个乡镇及经济开发区和大丰港区2个管委会均成立农村公路管养办，配备管养人员。完成农村公路水泥板块维修4.8万平方米，碎砖补塘117.02立方米，绿化刷白7.74千米，绿化补植4836棵，沥青砼补塘1762.76立方米，桥梁栏杆维修2.01立方米，水泥砼补塘153.692立方米，路面维修冷补料3.16立方米，更换百米桩602根，更换里程碑98块，处理水毁490.84立方米，破冰除雪撒布防滑砂23.83万平方米，沥青表处5.87万平方米，水稳碎石补塘82.8立方米，全面提升大丰区农村公路路况质量。年末，自查县道MQI值88.1，优良率90.5%；乡村道路MQI值84.7，乡村道路好路率82.1 %。11月，通过省厅农巡检查。

【公路环境整治】 2016年，根据江苏省公路管理局、盐城市公路管理处文件要求，扎实开展公路“三项专项整治”活动，联合属地政府及相关部门对公路路面污染、桥梁隐蔽部位违法占用、非交通标志违法设置进行综合治理，确保公路“三项专项整治”活动有序推进。整治前及时与属地政府和相关部门进行汇报、沟通，采取由属地政府牵头，各部门联合整治，整治易造成路面污染的沿线企业6个（G204线3个、S332线1个、S226线2个），动用挖机、装载机26台次、运输车辆60余车次、人工160多人次对全区16座桥桥梁隐蔽部位（G204线5座桥、S332线3座桥、S226线2座桥、G228线6座桥）违法建筑物、构筑物及堆积物进行整治，清理各类堆积物3200多立方米、拆除违法构筑物2处。对公路、公路用地范围违法非公路标志，由属地政府牵头，联合交通、交警、工商、安监等有关部门，动用吊机、电焊、车辆、专业人员等进行强制拆除，拆除各类非公路标志326块，投入资金80余万元。同时开展干线公路路域环境整治，着力解决集镇过境路段路宅分家、过境路段排水及乱搭乱盖、乱停乱放等问题，清理各类违法非公路标志426余块、公路用地堆积物1270立方米、边坡种植700多平方米，清除桥下隐蔽堆积物3处。加大公路法律法规宣传力度，积极开展“路政许可规范年”活动，全年受理路政案件7件，均依照法定要求和程序进行办理，二级审批在7个工作日内办理路政行政许可，路政案件查处率98%，结案率95%以上，执法文书使用率100%，案卷合格率98%以上，无行政败诉案件。

【公路超限治理】 2016年，区交通运输局全面推动公路超限治理工作，努力压降货运车辆超限率。全面开展超限运输专项整治工作，联合高速路政支队、公安交警部门采取集中整治和流动检查等方式，全年查处违法车辆502辆，罚款80余万元，卸驳载1300多吨。从9月21日起，按照新颁发的《超限运输车辆行驶公路管理规定》（交通运输部令2016年第62号），与大丰公安局交警大队成立超限运输联合治理领导小组，制定完善超限运输管理联合治理工作方案，建立与公安交警的长期合作机制，完善G228治超站和服务区治超点的软硬件设施，利用科技治超，加强卸驳载管理，压降超限率。

【航道管养】 2016年，区交通运输局积极争取航道养护项目，进一步改善航道通航条件，投入经费33万元对刘大线与通榆河航道交汇处水流造成的泥沙淤积进行疏浚，完成土方量1.8万余方；投入经费33.9万元对刘大线航道王港居委会段因水毁导致农路下陷的路段进行修复，并对护坡进行修复保护。积极探索共建模式，补齐养护资金不足的短板。对川东港航道大桥、刘大线航道刘庄镇振兴桥、护龙河航道三龙镇三龙桥、串场河航道白驹镇段护岸等，以地方投资为主，大丰航道站给予配套资金补助，保证工程如期完工并交付使用。开展航道环境综合整治，打造绿色生态航道。投入经费67.9万元，实施刘大线航道大中服务区段左侧绿化近900米，刘大线航道刘庄船闸西侧右岸绿化6600平方米。发动刘大线航道沿线村、居委会，对航道边坡杂草、小种植及垃圾杂物进行清除，种植三叶草。坚持巡航制度，实施精准扫床。建立航道航障调查制度，落实专人在刘庄船闸向过往船舶发放调查表，全年巡航80天，1.15万千米，扫

2016年，大丰区交通运输局积极争取航道养护项目，进一步改善航道通航条件

床855.26千米，78人次。组织打捞刘大线航道博汇桥、大丰港路桥等5处水下碍航物，打捞清除沉石沉物90余吨；配合海事打捞沉船5条。组织开展与渔业、水利等部门联合执法，重点查处川东港航道2处违章围河养殖。全年发现违章5起，现场处理4起，事后处理1起，奖励举报人3人800元；全年依法办理航道行政许可12件，其中盐城市航道处许可4件，实施行政执法案件1件；全年开展航标检查24次，遥测56次，夜巡航标2次，航标正常率99%以上；完成50座桥梁桥涵标设置安装。全年征收航道赔（补）偿费201.10万元，继续保持盐城市航道系统第一的位置。

【邮政寄递管理】 2016年是交通运输局接管寄递企业安全管理的第一年，通过对寄递企业的“平安寄递”创建和“清理整顿行动”活动，强化对寄递企业的安全管理。全区有寄递品牌14个，寄递企业营业场所、处理场所23个。全年突击寄递安全检查5次，发出书面整改通知14份，全面推进“收寄验视+实名收寄+过机安检”3个100%制度，保障邮政通信和信息安全。突出加强G20峰会期间寄递渠道安全监管，为G20峰会顺利召开保驾护航。

【内河港口码头管理】 2016年，大丰区内河港口危险货物年吞吐量约160万吨，按照江苏省交通运输厅“港口安全管理年”活动要求，全年查处港口违章经营案件3件，排查港口安全隐患9处，聘请有关机构为大丰区编制内河港口应急预案管理体系。锦丰化工顺利通过港口企业安全生产标准化二级达标考评。

【机动车维修市场管理】 至年底，检查各类维修、运输企业160个，对益民路维修点进行重点整治（整治维修经营户13个，对9个有违法行为按法定程序进行查处和责令整改，并依法进入程序）。结合3·15鼓励企业开展维修行业放心消费“示范先进单位”活动，在市区举办维修服务技术咨询会1次，全区评出AAA级企业1个，AA级企业3个，A级企业35个，为机动车维修行业放心消费树立良好形象。

【驾培市场管理】 2016年，区交通运输局依据相关法律法规对校外私设培训点、培训学时做假以及教练员乱收费等违法违规行为查处，对辖区内6所违规驾校学时造假行为进行行政处罚。全年收缴“跑马机”3台，查处学时造假6起，处罚6万元。协调处理各类投诉举报信件58件，处理率100%。保护学员和教练员的合法权益。全年网络培训客货从业资格学员3000名，交通驾校培训客货从业人员10期900名。

【交通稽查】 2016年，区交通运输局加强部门协作，开展专项整治，持续开展打击“黑车”行动，查处各类运政案件302件，其中黑车30辆，查扣非法改装的三轮车58辆，非法营运电瓶三轮车8辆。查处大丰区大中镇益民东路9个汽车维修点喷漆气味信访问题。

地方海事

【概况】 2016年，地方海事处履行“航行更安全，水域更清洁”水上交通安全监管和内河船舶水污染防治责任，继续深化“严格执法推进年”活动，牵头组织开展“水上交通运输安全专项整治”“船舶水污染防治专项整治”活动，配合开展“内河港口专项整治”“航道航障清除专项治理”活动，完成杭州G20峰会水上船舶专项安检任务，牵头开展通榆河“清水雷霆”行动，牵头负责通榆河大丰水源保护区、刘大线新团河应急水源保护区船舶防污染监管，保证大丰区72万人口饮用水安全和盐城市上游饮用水安全。全年未发生水上亡人责任事故，未发生干线航道8小时堵塞事件，未发生风景旅游区水上游览项目游客水上娱乐安全事故，未发生船舶污染水体事件，未发生已撤销渡口渡船“反弹”现象，全面完成水上春运安全及特殊时期和上级临时交办的水上交通安全监管任务，强化风景旅游区水上游船项目的报备管理，着力服务地方旅游经济发展。

【饮用水源保护】 2016年，地方海事处坚持饮用水源保护区“一日两查”，及时劝离水源保护区乱停乱靠的船舶，加强船舶报港时防污设备设施配备使用情况的督促检查。在“清水雷霆”行动、创建国家生态环保模范城市、大丰城市供水安全考核评价等各项工作中，大丰区内河船舶水体污染防治工作得到国家、省、市上级检查组的充分肯定。

【危化品运输监管】 2016年，大丰水路危险化学品运输量全市领先，海事处以“严监管，重服务”的管理与服务并重的监管模式，严格执行危险货物申报核查制度，对进入辖区内河水域航行的各类危化品运输船舶提前报港，到港实船检查，执法人员每天上、下午各1次对到港危化品运输船舶进行巡查，主动服务，加强宣传，严格检查，保证货物适装、船舶适航、船员适任，集中组织危险化学品运输企业法律法规知识安全宣讲5次，签订危险化学品企业安全管理责任状4份，办理危险化学品运输船舶进出港申报1932艘次60.45万吨，安检79艘，危化品运输船舶进出港申报率100%。

【内河船舶污染防治】 2016年，地方海事处制定船舶污染防治实施方案，采用集中宣传、集中执法检查，理清监管职责，明确工作目标；与辖区8个航运公司、6个船厂法人、大丰海港集团等大型货物集散场单位代表签订船舶水污染责任书。同时加大现场执法检查力度，集中开展安全环保执法行动、船舶污染防治专项行动，利用巡航、船舶待闸、待港等时段发放500份《告船民朋友书》，宣传防治船舶污染工作的重要性和迫切性，告知违法必须承担的法律责任。

【水上安全监管】 2016年，大丰全年发生水上交通事故21起，其中：沉船事故7起。全处人员不等不推，齐心合力，成功救助刘大线航道新团段沉船、刘大线航道大丰港段沉船、四卯西河沉船、丁溪河沉船、串场河沉船、干河弯道沉船、疆界河沉船9名船员。成功打捞草庙镇、白驹镇、大丰港3起意外溺水死亡人员3名。春运期间，执法人员放弃春节假期及时处理打捞4条沉船，救助3名落水船民，与海事监管的对象签订春运安全责任书，开展4次全方位立体式安全大检查，完成春节运输任务。开展“送水上交通安全进校园”活动，讲课3场，发放宣传资料220份。

【海事执法】 2016年，地方海事处积极应对国家取消内河船舶签证和收费改革，探索船舶进出大丰水域动态申报管治新办法，行政许可、行政权力依托政府行政权力网站公开透明运作办法，通过改革保证海事队伍依法履职；促进海事人员充分履职；方便船舶就近接受服务。实行“智慧”海事及执法双抽查机制，认真查纠水上船舶违法行为，安装水上79频段座机4部，手持对讲机30只，提高执法能力。推行“一线工作法”机制，指派3名年轻的办公室工作人员到大丰港内河海事所和草堰海事所执法，每人1周至少有一半时间在一线工作，锻炼机关人员执法能力，解决一线执法人员少的问题。按照船舶进出大丰水域动态申报管治办法适时重新布局执法站点，探索出执法“申报管治”办法，效果明显。全年上航6039人次，出动海巡艇1660艘次，巡航里程2.35万千米；检查船舶10219艘次；12395接警43起，12345政务热线反馈信息7条，结案率100%。办理船舶进、出港签证5314次（10月份签证取消前），办理危险化学品运输船舶进港929艘次31.55万吨，出港1003艘次288990吨，水路运输危险化学品60.45万吨，危化品运输船舶安检79艘，一般干货船安检528艘，危化品运输船舶进出港申报率100%。检验船舶226艘，办理海事行政处罚案件4462件（其中一般程序41件），罚款161.31万元，船员违法扣分案件2起，无行政复议案件和行政诉讼败诉案件。在盐城丰港物流有限公司设立大丰船舶检验服务点，签订《携手服务船（民）舶协议书》，服务该公司近600条船舶和港区其他企业近200条船舶，2016年检验船舶226艘，征收船检费70万元。

【水上游乐服务】 2016年，地方海事处在积极维护水上交通运输安全监管的同时，重抓旅游船舶安全监管，主动服务大丰区快速发展的水上旅游产业，为地方旅游经济发展保驾护航。全区现有8处涉水旅游景点，大小旅游船舶128艘，实际运营116艘。定期安排人员前往各重点涉水旅游景点进行常规安全检查，指导督促企业做好备案工作，协助企业建立健全码头管理规章制度，制订应急预案，帮助企业办理游船检验手续，落实景区游船安全管理责任，西郊梅花节活动期间，4名海事人员协助景区进行水上旅游项目安全指导和监管1个月，荷兰花海旅游季40天，海

2016年，大丰地方海事处主动服务大丰快速发展的水上旅游产业，为地方旅游经济发展保驾护航

事人员坚守岗位80人次，加强春节、五一、十一等节日期间水上游乐项目的安全检查值守。协助景区升级做好各项申报资料准备工作，8处水上游览项目备案率100%。全年为景区旅游水上安全出动海事执法人员320人次，海事执法车85辆次，海巡艇29艘次。

【谢观宇到大丰调研】 7月2日上午，中国海员建设工会公路工作部部长谢观宇到大丰，调研大丰交通重点工程建设劳动竞赛、道路运输从业人员素质提升工程、公路职工技能竞赛、劳动保护工作、夏季“送安全、送法律、送清凉”活动开展以及交通工会工作创新等情况。省海员交通工会主任庄美昭、盐城市交通运输局工会负责人陪同。

【参观周恩来纪念馆】 11月19日，区交通运输局结合“星期六党校”活动，组织机关全体党员集中参观周恩来纪念馆、周恩来故居，学习老一辈无产阶级革命家的先进事迹，发扬革命优良传统，激发爱国主义热情和爱岗敬业、无私奉献精神，以实际行动践行“两学一做”。

（郁丛远）

信息化建设

【概况】 2016年，区信息化工作推进信息基础设施建设，推进无线城市建设，电子政务，电商拓市，加快推进经济和社会发展。大丰区列入电子信息产业统计企业20个，2016年实现产值77亿元，其中电子信息产业园实现销售2.06亿元，国际软件园实现销售5.1亿元。

【智慧大丰建设】 2016年，区信息化工作推动“互联网+”建设进程，与百度、“360”、南大苏富特、阿里、中兴等行业知名企业洽谈合作事宜，与中兴签订大数据战略合作协议，与“360”战略合作协议工业企业电商拓市，初步形成车联网、智慧交通、智慧医疗等方面的合作意向。整合大丰区信息资源。依据大丰区信息化中长期发展规划，由政府信息中心牵头，对大丰区数据中心进行物理整合，明确各单位今后不再新上机房。建设各类公共平台与智慧项目。建设云数据计算中心，加快各部门机房物理搬迁，年内，迁入35个单位，包括33个门户网站，9套业务系统。实施地下管线信息化平台硬件项目、大丰网上楼市、水雨情基站和视频监控系统、掌上大丰、信用信息系统等公共服务项目，全力建设较为完善的信息化公共服务体系，提供全覆盖、多层次的智能化公共服务。建设各类民生服务项目，从百姓需求出发，实施综治信息系统、村村通监控工程、教育“改薄工程”、区域卫生信息系统、区域检验检查影像和远程会诊系统、为民服务“一卡通”等民生类智慧项目，通过信息手段解决与百姓生活息息相关的问题，积极搭建完善的民生服务体系。2016年智慧城市建设完成投资6187万元，约占计划投资123.74%。

【高新区大数据产业发展】 2016年，高新技术区大数据产业园列为全省首批互联网产业园，并纳入省互联网经济和云计算与大数据产业发展总体规划，大数据产业园云计算数据中心入选江苏省信息基础设施试点项目。高新区以新理念打造新产业，规划建设并重点发展国际软件园、总部经济园和科技创业园三个区中园。国际软件园（大数据软件园）一期工程中已建成的1幢22层大数据产业园、3幢5层软件研发楼、10幢5层软件产业楼以及1幢综合服务楼投入使用，入驻中兴通讯、运盛医疗、亿阁优志愿、菁采电子等60多个大数据软件企业，大数据云计算中心完成近40个区部委办局的政务信息数据整合。首个“百米高楼”金融大厦投入使用；道诚生物科技大厦、鸿基科技大厦主体工程封顶。日新建设、瑞城物业等总部经济项目50多个。科技创业园内培育燃气设备、真鹿科技两个国家级高新技术企业；签约落户启航未来智能终端产业园、世贸天阶“宜真通”、云彩锂电池3个百亿级重大产业项目，其中启航未来智能终端产业园项目正式开工建设。沃度手机、海斯特液压泵等1亿元项目投入生产。

【信息基础设施】 2016年，大丰区实施光进铜退宽带提速升级，宽带实现村村通，省级园区和城区1000兆，镇村100兆以上。建设高清大丰，实施三网融合，建设云媒体高清互动平台，借助电视机家庭显示终端，高效整合电视、广播、报刊、互联网四大媒体，开展视频业务、通信业务和互联网业务，为用户提供三网融合的全方位服务。推进LTE（4G网络）建设。推动电信、移动、联通、广电网络四大运营商，实施面向三网融合的下一代广播电视网NGB建设与应用项目、加快LTE（4G）基站建设，推动FDD和TDD（中国4G网络的两种模式）、LTE混合组网工程项目、小区光纤覆盖工程、宽带大提速工程等基础设施建设项目，2016年年底，实现大丰区4G信号全覆盖。推动免费无线网络建设。大丰区建成智慧城市无线网络免费接入点2700多个，113个热点区域内提供无线大丰i-dafeng免费Wi-Fi上网服务，主要覆盖机关事业单位、金融系统的办事大厅以及重要旅游景点、星级酒店、车站和图书馆等重要公共场所，涉及区域广、数据流量大，方便居民及旅客生活出行。加大对智慧城市无线网络建设运营的经费投入力度，鼓励各企事业单位从自身发展需要和社会责任考虑，适时适当对外开放无线资源。

（肖红锁）

邮　政

【概况】 2016年，大丰区邮政分公司贯彻市公司和区委、区政府的工作部署，以科学发展观和追求卓越理念为指导，全体干部职工发扬求真务实、奋力前行的工作作风，完成盐城市公司下达的各项发展计划和管理任务。全年，大丰区邮政分公司实现业务总收入9100万元，完成年度计划的100.58%，收入规模列全区第3位，完成收支差额1063万元，完成市公司计划106.8%。全员有效收入劳动生产率18.57万元/人。

2016年，大丰区邮政分公司多次举办投递人员岗位培训，制定发展政策，稳定投递队伍

【邮政业务】 2016年，大丰区邮政分公司在注重发展储蓄余额的同时，代理各种金融业务，促进保险等高效业务发展，做好日常客户走访、日常客户维护和开发工作。策划开展“夏收经济”“秋收经济”等常规项目，通过“积分换好礼”活动吸引客户上门，对上门客户做好宣传、引导工作；开发“土地流转”等新的阶段性项目，在拆迁、代发、夕阳红、特色种养殖等项目上下功夫，形成余额常态化发展的新局面；并重发展保险业务，多措并举做好满期给付工作。把保险业务作为邮政金融拓展市场、提升邮政效益的有效利器，推进代理保险业务高速增长；规模发展理财业务，突出渠道业务卡和电子银行业务的有效发展。重点“保规模扩增量”。借助网点效能提升转型八到位（网点定位到位、功能分区到位、氛围营造到位、人员配置到位、岗位联动到位、客户管理到位、绩效考核到位、日常管理到位），结合网点“点策”，通过举办广场舞、存款抓鸡蛋、免费量血压等活动拓展客户源，扩大邮政储蓄宣传，促进网点提升产能并转型发展金融业务。文化传媒类业务。结合“全民阅读”邮票的发行，与区委宣传部、区文广新局、区图书、中交美庐房地产商、上海书商等联合开展大型全民阅读暨邮票首发活动；围绕知青主题，投资2.6万元精心装修知青主题邮局，并开发具有知青特色的封片邮册及礼品；打造“小小报童”品牌，创新小小报童活动方式，与大桥油桃基地、现代农业产业园丰收大地、海水淡化工厂等单位联合开展活动，得到孩子们及家长的一致好评；积极开展“校园报刊百千工程”，安排专职人员深入到每所学校，逐一开展攻关工作，活动业绩一直处于盐城市前列。抓住大丰区申报书香城市机遇，开展村镇图书配送工作，销售图书1万余册，成为全区唯一完成“百千工程”竞赛的单位。多次举办投递人员岗位培训，制定发展政策，投递队伍进一步稳定。利用旅游景点结合红色文化主题成功开发大丰知青记忆邮册；结合校园文化、企业文化的开展，举行集邮进校园和进社区活动。包裹快递业务。2016年，大丰邮政快递包裹收件78.56万件，同比增长近40%，连续3年保持快速增长势头。大丰邮政为地方各类大中小型电商企业提供优质、价廉的寄递服务，不断加大人力、物力投入，除提供寄递揽收等基本服务外，还根据客户个性化需求，提供物流服务、人员支撑、车辆配送、限时到达等全方位增值服务。至年底，大丰邮政在线服务本地电商客户68个，主要分布在保暖、渔具鱼料、母婴产业等产业集群。继续通过整合内外部资源，加大资金投入，为本地电商客户提供“仓储+分拣封发+寄递”一条龙服务模式，为大丰电商企业做大做强提供全方位支撑。渠道平台业务。通过以服务民生为宗旨、以信息化为基础的“邮乐购”“苏邮惠民”连锁加盟体系建设，进一步延伸邮政服务的广度和深度，为广大人民群众提供更加便捷和现代的邮政服务。截至2016年年底，全区建立覆盖绝大部分行政村的“邮乐购”“苏邮惠民”连锁加盟店290个，根据市公司统一布置，先后组织多场邮掌柜电商网购节活动。围绕平台建设中心，发挥渠道经理作用，鼓励专职渠道经理拓展加盟店批发渠道，做好加盟店酒水销售；全年开展产说会12场，签约商户平台40个，联手组织会员开展安徽游、畅饮大富豪、瑜伽体验、横店游、苏州园博会游、羽毛球比赛、免费观影洗车、兴化游等活动；与各保险公司不定期组织活动，给予特殊政策，吸引用户提前出单，年内，人保公司和中华保险公司可实时出单；加强警邮共建合作，增加邮保联络点出单的积极性；做好税邮合作项目，“税邮窗口”于11月8日对外试营业，目前运营质态良好，截至12月31日，征税额2935.1万元，实现收入123.22万元。

【邮政企业管理】 2016年，大丰区邮政分公司财务管理趋向精细化。ERP系统（Enterprise Resource Planning，企业资源计划系统）平稳运行，ERP系统的财务模块、主数据模块、集中核算平台及营业系统、集邮系统、分销系统等外围业务系统均顺利集成和应用；加强欠费管理工作，对快递、分销、文化传媒类欠费分别实施不同的管控措施，重点突出快递欠费。每月定期对欠费管控的情况检查和通报。加强营销费用管理，坚持“额度管理、流程规范、用途透明、直接支付”的管理方法，发挥营销费用对业务发展促进作用的同时，有效防范资金风险；优化薪酬发放模式。优化公司薪酬分配指导意见，强调员工日常薪酬占比，提升员工获得感；持续提升员工收入水平，员工薪酬水平平均增长12%。注重金融合规，提升金融风险防控水平，形成“合规人人有责、合规创造价值、合规带来平安”文化理念，服务质量持续提高，年内无重大通信服务质量问题；运维管控水平提升较快，获得市级运营维护一等奖。

【通信建设】 2016年，大丰区邮政分公司更新CRS等自助设备2台，更新营业窗口用计算机6台，新增营业窗口用计算机38台；更新终端机3台，新增终端3台，年内投入网点终端、ATM等设备采购62万余元；为农村投递道段配备PDA（手持投递终端）11台，智能手机62台，提高农村信息化处理效率。新增汽车9辆、电动三轮车3辆，更新电动自行车28辆，满足快递包裹投递需要。落实改造邮运站台和邮区南场地，组织和实施“双十一”分拨中心各项工作。

【文明创建】 2016年，大丰区邮政分公司完成2013~2015年“江苏省文明单位”保牌工作；落实文明城市创建工作，完成区委区政府创建工作任务；持续深化开展“文明五大员”特色邮路，精神文明建设涌现先进典型，城区投递员吴秀华被评为“大丰好人”，获得社会肯定；在江苏省邮政公司、邮政工会联合组织的“四个百优”评选活动中，陈军传、沈正波、樊玉平分别被评为“优秀支局长”“优秀投递员”“全市邮政系统先进工作者”；大丰邮政分公司被大丰区老龄工作委员会评为全区老龄工作先进单位；被大丰区委组织部、区总工会表彰为工会工作综合先进单位。

【陈京生考察大丰电商平台示范店】 2月，省邮政管理局副局长陈京生在市邮政管理局、盐城市农业委员会的主要领导及盐城市邮政公司副总经理刘艳梅的陪同下，到大丰区大桥、白驹2个电商平台示范店就村邮站和益农社“站社合一”建设试点情况进行考察。刘艳梅就示范店服务功能、服务范围及服务种类等方面作详细汇报。

【知青怀旧主题明信片网络众筹成功】 20世纪六七十年代，曾有8万上海知青在盐城市大丰区从事生产劳动。近年来，大丰区委、区政府将知青文化建设，作为地方旅游业发展的重要载体。为切入大丰地方旅游产业发展，大丰区邮政分公司主动与大丰知青纪念馆联系沟通，以扩大大丰知青文化影响力为切入点，联合策划实施知青怀旧主题明信片网络众筹活动。大丰邮政分公司通过在各类知青论坛、知青QQ群、微信群等网络渠道进行宣传推广，通过20天时间的网络推广，有174名支持者参与项目众筹，实现众筹销售5068元，超额完成原定5000元的预定众筹目标。

【邮政金融社会影响力扩大】 7月，大丰公司联合区城南派出所在大丰银杏湖公园广场，举办“跳出美丽，舞出精彩”广场舞大赛暨“反假币，反电信诈骗”公益宣传活动，10支代表队参加比赛，约150余人报名参赛，吸引近1000人参与现场观看。活动现场发放邮政金融宣传单900多份，登记收集客户信息356条。通过现场建群发红包的方式，吸收100余名潜在客户进群，为网络渠道宣传提供便利。活动结束3天，就有49名新客户到邮政网点办理存款、开卡、理财等业务。

【承办“践行服务承诺满意度函调活动”】 2月，大丰区卫计委为密切联系群众，落实“三好一满意”服务承诺，委托大丰公司以信件的形式，在全区范围内组织开展以“一切为了群众健康、全力为群众服务”为主题的践行服务承诺满意度函调活动。大丰公司作为函调活动的独立第三方承办机构，对调查函的设计印制、调查对象的甄别选择，调查函的投递回收、调查结果的统计，各环节均予以高度重视，确保调查群体样本的科学合理和调查结果的客观公正。投放1万份明信片调查函，回收有效回函5976份，回收率60%。8月8日下午，邮卫双方联合举办函调结果公布暨抽奖仪式，现场由邮政工作人员公布函调结果情况，并由5名市民代表从参与函调的市民中抽取127名获奖者，奖品由邮政公司提供，以约投挂号的形式寄递到中奖市民手中。当天，大丰地方主流媒体均到场对活动进行宣传报道，为邮政开发政务函调市场营造良好环境。

【联合举办大丰区农民读书节活动】 8月，大丰区全民阅读办公室、大丰邮政分公司和区图书馆联合举办“大丰区第八届农民读书节”活动。先由12个乡镇文化站负责预赛，在各镇范围内开展农民读书演讲选拔赛，每个乡镇最终选拔出1名优秀选手参加决赛，大丰邮政分公司全程参与活动策划与组织工作。

（范　燕）

电　信

【概况】 2016年，大丰电信公司围绕有效益规模发展主题，推进改革转型，持续强化能力建设，拓展业务，创新管理，提升服务，不断探索品牌建设和企业文化发展新途径，促使各项工作取得新成效，确保企业持续、稳健、有效发展。

【电信效益提升】 2016年，大丰电信公司主营业务收入完成1.802亿元，达年度预算100.1%。其中系统集成收入实现708万元，达年度预算106%；流量收入4350万元，达年度指标99.5%。实现净利润2059万元，完成年度预算95.13%。

【全业务发展】 2016年，天翼新增52356户，较2015年同期增加11259户，同比上升27.3%；宽带新增21155户，较2015年同期增加6112户，同比上升40.6%；ITV（中国电信互动电视）新增24632户，较2015年同期增加16596户，同比上升206.5%。

【通信质量提升】 2016年，大丰电信公司强化装维服务质量管控，做好派单整治闭环管理，做好装维服务质量日通报、周分析和月总结，优化问题工单的处理流程，提高问题工单的处理效率。配合流量经营，深度优化无线网络建设，弥补网络覆盖空洞，提高深度覆盖水平。在网络安全方面，开展基站安全达标整治工作。对政企支撑组织架构进行优化调整，设置专门的产品支撑工程师岗位，承接标准化产品的支撑服务工作。组织多名产品支撑人员参加省市公司春季大练兵、重点行业产品专项培训等活动，后端技术人员支撑能力、协作服务意识得到齐头并进的提升。

【无线城市建设完成】 作为智慧城市建设的基本条件，无线城市也是继水、电、气、交通之后城市的“第五公用基础设施”。2016年，根据区委区政府统一部署，大丰无线城市项目于10月1日正式启动，在不到2个月的时间内，大丰电信克服重重技术难关，加班加点抢抓进度，全面完成无线城市建设任务。免费无线网“i-dafeng”以快捷、安全、免费的特点，受到大众广泛好评。

【移动网络实现远海覆盖】 龙源大丰海上风力发电有限公司是区委区政府招商引资重点企业之一，为满足其远海移动覆盖的需求，2016年，大丰电信多次组队奔赴上海、南京寻求技术支撑，力求最佳解决方案，力争价格最低、产品最优、通信质量最好。最终于距离海岸40千米海域成功完成语音呼叫及数据下载的完美体验，满足招商企业远海通信的需求。该项目系江苏首例、全国第三例远海信号覆盖案例，成功实现江苏移动网络在远海的首次延伸，塑造中国电信差异化服务品牌。

【通信用户“实名制”规范清理完成】 2016年，大丰电信公司完成实名制整改工作，对不符合工信部要求的非实名用户多次通知，从营业前台到后期回访人员，严把资料审核关，确保进入系统的用户资料准确无误，全年实名通信用户26668户，双停非实名用户2949户。

【组织架构优化】 2016年，大丰电信公司结合业务侧重点调整，进一步优化组织架构，成立新兴业务运营保障中心、创新电子渠道运营中心，突出对ICT（信息集成）项目及翼支付、流量等专项业务的重点管控。组建12个虚拟团队，突出对专项工作的闭环执行。组织物资调配公开招标，引进专业物流配送生产物资，贴近一线服务；设立4个渠道运营团队，将渠道职能由管理转为运营，渠道人员最大化投入运营。进一步划小单元，成立3个商客支局，新建12个社区门店。充实支局长及小CEO队伍，选聘一批能力强业务精的部室班组人员到一线支局及社区门店。执行退出机制，优胜劣汰，保证小CEO队伍的活力。

【电信成本管控】 2016年，大丰电信公司优化整合办公、维修类材料等管理制度，有效降低管理费用。对外包营业厅及出租房屋水电进行分表管理，全年收回水电费43万元。通过整合优化、包装提值等举措，合理盘活闲置房屋资源，新增房租收入51万。结合自有厅外包及员工配置优化，清理外包人员36名，月均外包费降低19万元。

【电信服务风貌改观】 2016年，大丰电信公司除日常服务检查外，重点做好服务投申诉问题的督办与回单闭环管控工作，坚持每周服务通报、每月服务例会制度，强化服务规范执行。强调做到对用户投诉事事有回音，件件有落实，全年服务关键指标控制在合理范围之内，被盐城市公司表彰为2016年度服务工作先进集体。

【科技创新获奖】 2016年，大丰电信QC小组（全面质量管理）活动再次获得国家级大奖。该公司FTTH（光纤到户）光路质量提高QC小组被中国质协、团中央等4个单位联合表彰为国家级优秀QC小组。2006年以来，大丰分公司连年获取全国优秀QC小组、全国QC活动优秀企业、全国质量信得过班组等国家级表彰。

【电信社区门店建设】 2016年，大丰电信公司进一步加快社区通信服务便民店的建设。年内，先后投资200万余元，在大丰城乡新建30个电信社区门店，门店总数105个。

【参与文明城市创建】 2016年，大丰电信公司参加区政府主导的义务大扫除、市场秩序维护和公共设施保护、公共环境美化等志愿服务活动。先后组织81名志愿者参加义务劳动和交通执勤等活动，公司领导亲自上路指挥维持车辆秩序，保持市容环境整洁，展现电信企业的公益形象。

（姜晓东）

联　通

【概况】 2016年，中国联通大丰分公司以效益为导向，加快经营模式转型，立足本职，开拓进取，推动大丰地区社会信息化进程。2016年，中国联通大丰分公司实现收入近6000万元。截至2016年年底，移网在网用户近11万户，全年新增4G移网用户近2万户，固话在网用户近2.5万户，宽带用户近1.5万户。

【联通业务发展】 2016年，中国联通大丰分公司重点开展农村信息化建设，与村委会合作，宣传公司惠农政策，深入24个村进行业务宣传受理。针对大丰城区客户，辅助主城区连锁卖场进行节假日宣传，积累用户口碑。重点推广公司的融合产品业务，将移动业务与宽带业务捆绑打包，为用户提供综合通信服务方案，既节约用户通信成本，又使公司业务得到发展，取得双赢效果。

【联通服务提升】 2016年，中国联通大丰分公司重点推进落实转型、分级服务，改进服务短板，降低投诉，提升客户满意度、降低客户投诉率和高端客户离网率。2016年，强化装维队伍能力，竭力做到“48小时及时完工、24小时及时保障”，催装率、催修率都得到有效控制。2016年，大丰联通注重提高企业服务质量，在争优创先方面被大丰区委区政府表彰为服务发展创新创优和深化改革工作先进单位。此外还获得盐城联通“先进部门”称号，大丰区义工联“爱心企业”称号。大华路自建厅获得大丰区第二届“敬老文明号”称号。

【精品网络建设】 2016年，大丰联通致力于4G精品网络的建设与优化，紧紧围绕“以满足市场发展为中心，以提升用户感知为目标，实现网络效能再上新台阶”开展工作。延续开展“沃飞跃”精品网络建设等专题优化行动，在大丰城区和各乡镇加设基站，2015年年底，大丰联通建有基站360座，到2016年年底，大丰联通建有2G基站156座，3G基站212座，4G基站515座，共883座，2016年的基站建设数量比2015年年底时总数翻一倍。2016年新铺设光缆180千米，至2016年年底有光缆1700千米。2016年，大丰联通致力于加快光纤网络建设和网速提升工作，把宽带提速降费落到实处，把“联通放心用”口号落到实处，抢修网络，切实保障用户的利益。2016年，大丰联通完成新丰镇、小海镇的驻地网建设，树立标杆，形成以点带面效应，快速提升乡镇固网资源覆盖及用户拓展，更好地服务乡镇经济社会的发展。

【助力园区信息化建设】 2016年，省经济和信息化委员会和中国联通江苏省分公司联合开展全省“企企通”建设试点园区及企业评选认定工作，进一步加快工业信息基础设施建设，提升全省企业互联网化水平。其中，大丰区高新技术开发区被评为试点园区，成为全省53个试点园区之一。中国联通大丰分公司配合推进“企企通”，推动大丰区工业信息基础设施建设工作。园区搭建云平台，加强系统数据的安全性与稳定性，提高系统使用效率，方便园区员工的工作与生活。园区OA系统的推进，营造了良好的工作氛围，提高服务质量，是信息化办公的重要环节。

（孙晓晨）

移动通信

【概况】 中国移动通信集团江苏有限公司大丰分公司（以下简称“大丰移动”）是中国移动在大丰区的分公司，在岗职工142名。2016年全年收入3.8亿元，利润总额2.05亿元。有移动用户45万，4G用户超过26万；户均流量1102.7兆，4G流量用户户均流量1429.7兆；整体渠道份额约55%，其中核心商圈渠道份额约70%。

【移动通信客户服务】 2016年，大丰移动主要提升为民服务水平，提高客户满意度。着力净化网络环境，打造绿色通信消费；进一步优化资费服务，提高客户资费满意度；持续推进透明消费，让客户明明白白消费；提升网络服务质量，打造“百分百畅通网络”；提升窗口服务质量，打造方便、高效服务；妥善处理客户投诉和消费纠纷，维护客户权益。

【4G网络建设】 2016年，在网络建设方面，大丰移动完成225个宏站、81个双层网、59个小站的开通工作。年内，网络道路综合覆盖率99.01%，下载速率38.28兆，继续保证4G网络领先优势。

【项目创新】 2016年，大丰移动贯彻省、市公司创新型企业建设、倡导员工创新精神，结合大丰移动的现状及行业需求，从集团业务、大众市场营销、服务、渠道管理、工程维护、综合、营销部建设等方面开展创新工作，2016年完成大丰区防汛物资储备及水务监控中心信息化项目、国土资源局国土资源综合动态监测指挥中心改造建设项目、西郊生态公园WLAN覆盖项目、机关事务处公务用车定位管理项目10余项创新项目，发挥公司信息技术优势，促进改善民生工作，促进社会和谐进步。

【党建工作】 2016年，大丰移动党支部围绕公司发展大局，以“两学一做”学习教育为载体，以“精学、深思、实做”为抓手，进一步规范“三会一课”制度，不断丰富学习形式，通过专题讨论谈体会、学习事迹写心得、查摆问题找不足等，加强党支部基础建设，严格党员教育和管理。

【志愿者服务及文明城市创建】 大丰移动公司员工注册大丰区志愿者150余人，2016年先后组织“高考服务站”、交通秩序维护、结对小区锄草、困难群众慰问、爱心献血等志愿者活动20余场，其中“和你一起 温暖童年”活动向甘肃山村小学捐赠冬衣300余件、“6·23心系阜宁”活动中大丰移动工维队伍第一时间赶赴现场支援，员工自发捐款35100元，参与率100%。大丰移动借大丰创建文明城市之机，积极响应政府号召，采取各项措施携手服务小区，做好各项文明创建工作。

（罗丽君）

供　电

【概况】 2016年，国网江苏省电力公司盐城市大丰区供电公司紧扣“三先”目标追求，抢抓发展机遇，加快电网建设，落实供电保障、优质服务、提升效能等有效措施，超额完成全年目标任务。白驹供电所建成苏中、苏北唯一国家电网公司五星级供电所；

2016年，大丰区供电公司完成配农网项目1630个，完成投资3.32亿元

公司蝉联“江苏省文明单位”称号；被江苏省总工会评为江苏省厂务公开民主管理示范单位；连续八年蝉联大丰区综合先进奖。

【经济技术指标完成良好】 2016年，大丰区全社会用电量53.99亿千瓦时，同比增长8.05%。其中工业用电43.65亿千瓦时，同比增长5.72%；城乡居民生活用电4.72亿千瓦时，同比增长18.30%。电网最高负荷92.3万千瓦，同比增长22.83%。

【安全管控】 2016年，大丰区供电公司贯彻落实本职安全工作要求，开展“七项主题安全”活动。开展领导班子、中层干部带队巡检电力线路专项活动，促成区政府3次开展重要客户用电安全专项检查，并将电力设施保护工作列入各乡镇年度目标考评。完成35千伏洋白线通道内200多棵高大意杨的倒伐清理，促成主城区4座防洪站内部电气装置改造更新。火速驰援“6·23”阜宁、射阳风灾抢修保供电，公司安全生产迎峰度夏工作得到省能监办高度评价，被省公司表彰为安全生产先进集体。截至12月31日，公司实现安全生产7074天，实现第19个安全年。

【电网建设】 2016年，大丰区供电公司“十三五”电网规划得到区政府正式批复。促成大丰区政府与盐城供电公司签署协议，共同推进小城镇（中心村）电网改造升级。开展电网空白区域调研，促成110千伏扬帆变规划调至新建的沪苏大丰产业集聚区。500千伏丰汇、220千伏丹桂、110千伏锦城输变电工程、盐城丰源热电150兆瓦热电联产项目110千伏配套送出工程按期投运。5项主变租赁扩建工程逐一落实。投资5633万元，在盐城市首家开展城区配网自动化改造，实现故障点的快速定位与隔离，缩短故障停电时间、减少停电范围。完成配农网项目1630个，完成投资3.32亿元；城农网专项工程376个，完成投资6308.99万元。全区综合电压合格率99.99%，位居盐城市首位。2016年夏天，大丰电网支撑全区最高负荷冲上92.3万千瓦的历史新高（仅次于大市区118万千瓦），电网保持安全平稳运行。

【供电服务】 2016年，大丰区供电公司将“提升服务水平，增强服务实效，拓展服务空间”作为公司对外工作的重点，开展全流程客户满意度管理，公司全票通过区人大专项工作评议。白驹供电所建成苏中、苏北地区唯一国家电网公司五星级供电所。深度对接融入区域发展，荷兰花海实现双电源供电，麋鹿保护区外部双电源全面建成。强化客户服务理念，居民客户实行“一证办理”和“1+1”服务（当日受理次日接电），从受理申请至送电平均在1.66个工作日完成；低压、高压非居民客户实施“一次告知”“一证启动”，自现场报验合格到装表接电时限缩短至1.12和1.83个工作日。全力支持新能源并网发电，2016年，大丰清洁能源发电总量13.83亿千瓦时，占全社会用电总量25.61%。

【企业管理】 2016年，大丰区供电公司深化“日事日清”工作要求，确保年度各项重点工作有效落地。2016年，公司同业对标综合排名全省第19位，获得江苏省电力公司“业绩标杆”称号，被江苏省电力公司评为“业绩进步单位”“检修管理进步单位”，同时被江苏省电力公司评为“业绩分组标杆”。科学配电网运行管理，开展带电作业522次，有效减少停电时间，提高供电可靠性。开展“全面创新年”活动，创新课题《基于“网格化”的配网分区规划管理》获江苏省电力公司三等奖。《遥信信号频繁抖动智能抑制装置的研制》QC成果以总分第一名的成绩获“省质协杯”特等奖。

【党建和精神文明建设】 2016年，大丰区供电公司深入开展“两学一做”主题教育。落实党风廉政“两个责任”，牢固树立纪律意识和规矩意识。开展安全零违章、工作零差错、服务零投诉、员工零违纪“四零”劳动竞赛，订单式制定员工5年提升计划，2016年，公司有12人次在省市公司竞赛中取得名次。举办“6·23抢险救灾”“守纪律 讲规矩”和“清廉家风”道德讲堂，承办区文明创建工作推进现场会。建成江苏省电力公司“健康食堂”，为员工办实事、办好事。

（卢 艳）

〖编辑 顾 锋〗

发展和改革

【概况】 2016年，大丰区加大对全区经济的预警、预测、分析、调控力度，汇总经济运行、计划执行、未来经济走势、措施等情况，定期分析经济运行情况。组织各企业在江苏省经济运行监测网络平台填写调查问卷，提高工业和服务业经济形势分析工作的准确性、预见性和针对性，为制订支持工业和服务业发展的政策措施提供更为可靠的基础资料。科学编制年度国民经济和社会发展计划草案，全年实现地区生产总值579.07亿元、同比增长9.5%，固定资产投资453.8亿元、同比增长14.9%，社会消费品零售总额172.77亿元、同比增长11.1%。

【沿海经济】 2016年，大丰区以沪苏大丰产业联动集聚区、常州高新区大丰工业园、苏州盐城沿海开发合作园区、盐城开发区大丰港产业园等共建园区为重点，打造产业发展优质平台，带动产业转型升级。滚装码头正式启用，深水航道工程一期竣工，集装箱理论界密度56班/月。国家进口木材检验检疫处理区投入运营，保税物流中心（B型）通过省级预验收，汽车整车进口口岸申报到国务院，大丰港成为全国沿海第二个粮食进口口岸，列入2016年盐城市沿海开发13个重点项目，全年完成投资74.45亿元。大丰沿海列入2016年盐城临海高等级公路沿线经济带18个重大项目全年完成投资36.08亿元，2016年大丰沿海开发50个重点项目全年完成投资38.48亿元。5月24日，省长石泰峰率全省加快推进沿海地区发展工作会议与会人员到大丰观摩；10月11日，省委书记李强到大丰考察调研，肯定大丰港口发展。省委、省政府出台《关于新一轮支持沿海发展的若干意见》（苏发〔2016〕28号），政策涉及大丰的重要事项达到10处。

【项目建设】 2016年，大丰区做好全区投资项目在线审批监管平台建设推进工作。8月20日前，区级审批平台完成桥接改造，率先在全盐城市实现与上级平台系统对接、数据推送和信息交换。科学组织编排各类年度重点项目，对照时间节点，组织抢工会战，举行集中开竣工活动6次，1亿元以上项目新开工58个、竣工46个。6项盐城市“三重”工作（重点工程、重大项目、重要事项）大丰区牵头实施项目全年完成投资38亿元，22项盐城市八大类重点工程大丰区牵头实施项目全年完成投资70亿元，150项区百项重点工程全年完成投资250亿元。

【价格管理】 2016年，大丰区会同区财政局制订公布《盐城市大丰区行政事业性收费目录清单》，先后取消、停征或免征、降低各项行政事业性及经营服务性收费项目18个，其中取消

2016年9月，荷兰花海在盐城市第七次党代会上被纳入全市五大组团之一的斗龙港生态组团。图为荷兰花海扩建工程

（或取缔）1个收费项目，扩大免征范围14个收费项目，调整（或减半征收）2个项目的收费标准，经营服务性转行政事业性收费1个项目。会同区卫计委、人社局等相关单位，制订城镇居民居家养老对象医疗保健签约服务方案，制订相关的签约服务收费标准，形成大丰区鲜明特色的居家养老医疗卫生服务模式。取消城市公立医院的药品加成，医院的补偿渠道由医疗服务收费、药品加成和政府补助三个渠道改为医疗服务收费和政府补助两个渠道，有效破除“以药养医”机制。推行居民用管道天然气阶梯价格。加强教育、医疗、水价、农资、物业等民生价格监管，深化收费公示制、督查制和问责制。组织开展（参加）各类专项检查和反垄断调查，开展元旦、春节、五一、端午、中秋、国庆等节日市场检查，规范市场价格行为，倡导价格诚信。开展价格认证工作，完成公安机关委托的涉案财产价格鉴证、司法机关委托的涉案财产价格鉴证。

【项目资金落实】 2016年，大丰区发改委落实上级项目资金1.6亿元。民生类项目。大丰区人民医院高新区分院2000万元、白驹中心卫生院医疗附属用房120万元、小海中心卫生院150万元，残疾人康复中心300万元。农村能源类项目。江苏道远规模化大型沼气工程项目3000万元，11个农业可再生资源循环利用项目794万元。产业创新类项目。第二批国家海上风电产业区域集聚发展试点专项资金5980万元。现代服务业经贸类项目。大丰港现代粮食物流中心三期工程项目1653万元。洋心洼粮库储粮仓库建设项目186万元。开创重大品牌。江苏省金风科技有限公司大型直驱永磁海上风电机组检测技术实验室列入国家地方联合工程实验室、辉丰农化杂环类农药绿色合成工程中心列入2016年第一批省级工程中心，谷登机械省级工程申报资料报省待批，创一、和顺市级工程中心上半年获批，腾龙、正大丰海、海纳3家市级工程中心申报资料报盐城。

【招商引资】 2016年，大丰区发改委投身“招商引资百日竞赛”活动，获区委评为先进单位。竣工项目1个，申丰奶牛场畜禽粪污无害化处理及规模化生物天然气试点项目，总投资4834万元。开工项目1个，绍丰电力电子设备项目，总投资1.2亿元，注册资本金2000万元。签约项目3个，落户港区的华电江苏能源有限公司、华电重工股份有限公司与大丰区人民政府签订重型装备生产基地、海上风电等项目。重型装备生产基地项目，投资15亿元，占地40公顷，主要生产海上风电基础钢柱、海上升压平台、塔筒等大型钢结构，以及大型海洋工程装备的生产、组装等，项目正式落户，到账订金1000万元。江苏电力、国电南自共同投资建设的新能源科技产业项目，总投资1.7亿元，注册资本金3000万元，到账订金100万元。

（徐耀之　葛亚洲）

国土资源管理

【概况】 2016年，大丰区国土资源局以保护资源为前提，以节约集约为路径，以国土民生为根本，以推进“双提升”（提升节地水平、提升产出效益）行动为主战略，全面推进国土资源工作，取得较好业绩，被评为“江苏省文明单位”。

【用地保障】 2016年，大丰区准确把握新常态下经济社会发展对国土资源需求的多样性、结构性、均衡性等特点，优化国土资源利用结构，增强有效供给，发挥好土地的支撑和保障作用。落实用地指标。全年落实用地指标270.33公顷，其中：省厅下达新增建设用地指标81.33公顷（农用地72.67公顷、耕地50.67公顷）、流量指标120公顷（挂钩指标、工矿规模分别60公顷）；省级单独选址指标15.67公顷（农用地14.47公顷、耕地10.67公顷）、未利用地指标33.33公顷；向盐城市级争取新增建设用地指标20公顷。全年办理土地供应126宗，总面积337.6公顷，收取土地出让金9.13亿元，保障全区各类用地需求。节约集约用地。开展节约集约“双提升”行动，对重大民生项目、“两区”高新产业项目和“三产”服务业项目用地实行倾斜；开展低效产业用地再开发行动，制订调查工作方案，明确调查时点、调查对象和技术要求，协调相关部门收集前期基础资料，全面完成内外业核查工作；探索建立供需双向调节、差别化供地政策，合理确定用地规模，制止盲目投资和低水平重复建设，控制容积率和投资密度，通过预审核减用地25.6公顷；收回闲置土地30宗198.43公顷，关闭低效砖窑4个，新增耕地47公顷。支持全民创业和农民增收。根据国土资源部、农业部《关于进一步支持设施农业健康发展的通知》精神，制订适度灵活的用地政策，引导农户和用地单位合理选址，全年办理设施农用地172宗，面积69.15公顷，支持规模化养殖业、种植业发展，增加了农民收入，带动了农民致富。

【土地储备及征地补偿】 2016年，大丰区土地储备中心紧扣经营城市主线，科学推进土地储备、征地补偿等各项工作开展。大丰区征收储备土地4宗30.67公顷，争取土地储备资金2000万元，融资1.8亿元，加快城市建设步伐。加大省政府第93号令的宣传、执行力度，严格按照批准的土地征收方案供地，加大土地征收政府信息公开力度，及时在被征地村组、政府和国土门户网站公示征转用批准文件和征地补偿安置方案。全区新征地项目69个138.13公顷，涉及农户747户，补偿费用5636万元，全部按时足额到位。

【土地综合整治】 2016年，大丰区组织申报省以上投资土地整治项目5个，总规模3333.33公顷（5万亩），规划新增耕地72.51公顷，总投资1.51亿元；新开工省以上投资土地整治项目9个，总规模9053.33公顷，规划新增耕地295.17公顷，总投资3.2亿元；验收项目1个，总规模920公顷，新增耕地10.97公顷。全年实施耕地占补平衡补充耕地项目80个，总规模1866.67公顷，新增耕地459.85公顷；实施城乡建设用地增减挂钩项目10个，总规模33.67公顷，新增耕地31.74公顷；实施工矿废弃地复垦项目6个，总规模47.67公顷，新增耕地45.9公顷，争取工矿废弃地复垦新增建设用地指标60公顷；完成耕地后备资源更新调查工作，增补耕地后备资源426公顷。

【永久基本农田划定】 2016年，大丰区根据盐城市下达大丰区的基本农田划定任务，经核实举证，最终划定增加517.53公顷，调整后盐城市下达大丰区的基本农田保护任务为11.67万公顷，并形成全域永久基本农田划定方案上报。

【地籍与测绘管理】 2016年，大丰区稳步推进农村宅基地和农房统一调查登记发证试点工作，拟定实施方案，在西团镇马港村、大中镇阜北村先试先行。完成2015年全国土地变更调查工作，变更或备案建设用地163.29公顷、设施农用地82公顷、农村道路11.66公顷、临时用地228.55公顷，通过国土资源部核查。区不动产登记中心批复设立，并于5月25日颁发了全区第一本不动产权证书，在原房产交易登记中心过渡办公，顺利发放抵押权登记5553件，转移登记5043件，首次登记5516件，预告登记7039件，查封登记1035件，注销登记436件，变更登记472件及其他登记176件，更正登记41件，合计25311件。

【土地执法监察】 2016年，大丰区层层级级签订耕地保护、基本农田保护等方面的责任书，形成齐抓共管的良好格局；全面落实执法动态巡查责任制，出台《关于进一步加强和规范国土资源执法动态巡查监管工作的实施意见》，将日常巡回动态检查、运用“慧眼守土”平台实时监控和群众有奖举报相结合，重点打击畜牧设施农业破坏基本农田等违法行为。全年执法巡查1598次，发现并制止苗头性违法违规用地19宗，拆除违法用地11宗，面积1.79公顷。

2016年，大丰区实施耕地占补平衡补充耕地项目80个，总规模1866.67公顷，新增耕地459.85公顷

【信息化平台建设】 2016年，大丰区推进“智慧大丰”时空信息云平台试点项目。该项目被列为国家测绘地理信息局试点项目，是全省首批全国试点项目之一，获国家测绘地理信息局批复立项。10月，项目设计书通过国家测绘局组织的专家评审，项目进入实施阶段，为全面服务于政府部门的管理决策，方便广大公众享受更为智能、便捷的生活服务奠定了基础。大丰区以“四全”（全过程、全天候、全方位、全身心）服务平台建设加速行政审批制度改革。国土资源行政审批环节和节点减少60%以上，服务流程总节点由原来的300个压缩到211个，压缩率约30%，行政服务时间和行政自由裁量空间大幅压缩；行政权力整体下移，便民利民理念得以实现；流程设计依法固化，各个层级工作人员的行政行为更加规范统一；“四全”模式也模糊了条块界线，全职能上岗，全业务操作，锻炼培养了大批复合型人才。自平台运行以来，办理供地勘界、宅基地建房等审批业务316件。率先建成“慧眼守土”综合监管平台。以执法监察为统领，以“四全”服务为指导，以“智慧城市”“一张图”和遥感影像等数据为基础，运用互联网、云计算、大数据等技术，利用视频监控与GPS设备，在全市率先建成国土资源“慧眼守土”综合监管平台。全区布设290个监控点，配置专用电脑15台、平板18台、4G移动执法终端193个，实现对耕地保护、土地利用、土地整治等国土业务的“通接通办”，国土资源实现的数字化管理，实现执法手段数字化、网络化、智能化。

（王培培）

国有资产管理

【概况】 2016年，盐城市大丰区人民政府国有资产监督管理办公室（简称“区国资办”）按照大丰区委、区政府国有资产管理工作要求，认真履行国有资产管理职能，坚持稳中求变、突出重点，在强化资产监管等方面积极探索创新，以制度规范化推进管理科学化，以机制系统化推进管理精细化，国有资产管理的执行力有效提升，国有资产管理工作取得了新突破。

【行政事业单位资产管理】 2016年，区国资办坚持日常管理和开展清查相结合，做好行政事业单位国前资产管理。加强国有资产管理政策的宣传。利用会计后续教育培训平台，宣传、解读国有资产管理制度，防范各种违法违纪的情况发生。全年举办三期培训班，参培600多人次，提高了政策的知晓率和制度的执行力。加强通用国有资产的日常管理。依据通用资产配置预算标准，建立资产购建预算制度，从源头上减少重复或超标准购置。规范国有资金处置，对申请报废资产金额较大或使用时间异常的，列为处置重点，坚持现场检查、审核；对能公开处置的资产，按照公开处置程序规范处置，维护国有资产安全完整。做好国有资产清查工作，成立专门的资产清查领导小组，举办业务培训，召开工作会议，部署资产清查工作，明确资产清查工作要求。截至2015年12月31日，全区行政事业单位资产总额账面数144.01亿元，清查数143.85亿元；负债总额账面数105.62亿元，清查数105.59亿元；净资产总额账面数38.39亿元，清查数38.28亿元。申报资产盘盈1523.56万元，其中：流动资产盘盈87.04万元、固定资产盘盈1436.52万元。申报财产损失3819.64万元，其中：流动资产损失652.44万元、固定资产损失3167.20万元。资产负债类损溢额372.16万元；资金挂账金额2493.47万元。

【国有企业改革】 2016年，区国资办根据区委、区政府的工作部署，按照“三个有利于”（有利于大丰科学发展和沿海开发、有利于增强国有经济活力、有利于国有资产保值增值）的原则，不断深化国有企业改革，并取得初步成效。国企监管制度体系正在建立。出台《盐城市大丰区人民政府关于完善区属企业国有资产监管体制的意见》，转发《〈盐城市市属国有企业经营投资失误和资产损失责任追究暂行办法〉的通知》，监事会工作条例、薪酬制度等抓紧研究制订，为建立规范有序的国资监管新体制、依法推进企业改革改制奠定了制度基础。国企监管机制日益健全。坚持放管结合，科学界定国有资产出资人监管边界，明确区国资办、两区（经济开发区、港区）国资部门及企业主管部门职责，推进国有资产出资人监管全覆盖。11月底，在盐城的各县（市、区）中首家施行区属企业外派监事会制度。国有企业现代企业制度逐步完善。港区实行国有资产所有权与经营权分离，大丰港经济开发区管委会与大丰港集团公司之间明晰的政企关系逐步确立。区沿海开发集团适应市场经济发展需要，形成了以市场为导向、以资本运营为纽带的权责明确、管办分开、管理科学的现代企业制度。混合所有制探索取得新进展。2月，经区政府批准，区沿海开发集团下属全资子公司——江苏金色农业科技发展有限公司进行改制重组。10月底，江苏谷丰农业投资基金和盐城大丰金丰源农业合伙投资公司成功摘牌，国有股权转让工作全部到位。大丰港集团公司下属子公司——江苏大丰华丰种业有限公司也股改到位，为全区混合所有制的推行积累了经验。

2016年，大丰港区实行国有资产所有权与经营权分离，大丰港经济开发区管委会与大丰港集团公司之间明晰的政企关系逐步确立。图为港区一角

【企业国有资产基础管理】 2016年，区国资办完成全区国有企业年检和年报。做好国有及国有控（参）股企业国有资产统计工作，通过印发文件、集中培训、建立国企管理QQ交流群等多种方式和途径，帮助解决报表填制过程中遇到的问题，全区93个国有及国有控（参）股企业2015年年报全部按时上报。开展国家出资企业年检工作，及时掌握全区国家出资企业国有资产占有、增减变动、经营及二、三级全资、控股或参股动态情况，完善全区国家出资企业国有资产管理基础资料。据统计，截至2015年12月31日，全区93个国有及国有控（参）股企业资产总额840.76亿元，负债总额561.28亿元，所有者权益总额279.48亿元。

【公务用车改革车辆处置】 2016年，区国资办立足服务大局，做好公车改革相关工作。在充分调研的基础上，制订具体的工作方案，严格按照公开程序，完成行政机关公车改革取消车辆评估及拍卖招标工作，并组织评估和拍卖。分三批处置391辆行政机关公车改革取消车辆，其中：拍卖115辆，拍卖金额351.69万元，增值126.43万元，增值率56.13%；划拨到机关平台公司等单位186辆，报废90辆。同时，按照区公车改革办公室的统一布置，在规定的时间内完成区事业单位和国有企业公务用车制度改革基本情况统计，为后期国有企业公车改革打下基础。

【国企职教幼教退休教师生活待遇妥善解决】 2016年，区国资办按照相关文件精神，妥善解决国企职教幼教退休教师待遇，有序推进企业遗留问题的处理。及时发放第一批国有企业退休教师2015年下半年的生活补贴。按照统一标准、规范操作和公开、公平、公正的原则，认定第二批国有企业职教幼教退休教师的资格。对符合条件的第二批退休教师发放生活补贴，补发23.1万元。工作中做到既严格落实政策、把握原则，又耐心解释、接待热情，确保国企职教幼教教师生活待遇的落实，国有企业遗留问题处置及维稳工作顺利完成。

（何继山　韦礼和）

2016年，大丰区进入公共资源交易中心依法招标的房屋建筑和市政工程项目，其施工招投标全部实行电子招投标

招标采购管理

【概况】 2016年，大丰区招标采购管理办公室围绕区委、区政府中心工作，以服务全区经济社会发展大局为重点，加强招标采购交易市场监督管理，维护公平竞争的市场秩序，招标采购工作的制度化、规范化水平提升。全年完成各类招标采购项目752宗，项目预算26.47亿元，实际支付22.11亿元，节约资金4.36亿元，平均节约率16.49 %。被盐城市公共资源交易管理办公室评为"盐城市公共资源交易管理工作先进单位"、被区委区政府命名为"文明单位"、被区政府评为"政府信息公开工作先进集体""城建工作先进集体"。

【招投标市场监管】 2016年，大丰区抓好《招标投标法实施条例》《政府采购法实施条例》及近年来规范性文件的贯彻落实，在入围方法、评标方法的选用，电子招投标和远程异地评标的执行，暗标和横向评审的推广，依法招标项目信息的推送上，严格落实《条例》和省各项规定；严厉打击围标串标与弄虚作假行为，根据《江苏房屋建筑和市政基础设施工程招投标串通投标及弄虚作假认定办法》，全年查处围标串标案件1起，并提交有权部门依法实施行政处罚和不良行为公示；修订完善政府采购通用设备类招标文件参考模板，统一各代理公司制作的招标文件里各类评分参数设置，规范招标文件条件设置。

【招投标制度方法创新】 2016年，大丰区贯彻落实国务院第101次常务会议和省政府办公厅印发的《江苏省整合建立统一公共资源交易平台实施方案》精神，配合省、市部门建立统一交易平台改革，推进公共资源交易法制化、规范化、透明化建设；在放开非国有资金投资的工业用房、商业用房和商品住宅等房屋建筑工程的基础上，全面放开所有非国有资金投资的房屋建筑和市政基础设施工程依法必须招标的限制；在编制招标文件时公布投诉举报电话，对于符合投诉条件并决定受理的，收到投诉书即为正式受理，并填写《招标采购投诉登记表》，对于不符合投诉条件的，书面告知投诉人，全年受理投诉9件，处理效果良好；针对采购人对采购标的物验收有困难等情况，逐步推行政府采购第三方监理制度，招标人、招标监管部门通过专业的监理单位随时掌握采购结果的执行动态，有效遏制个别供应商在实际供货时降低产品标准、降低服务质量等恶意抢标行为。

【电子招标投标】 2016年，大丰区进入交易中心依法招标的房屋建筑和市政工程项目，其施工招投标全部实行电子招投标，监理电子招投标达到80%，设备材料电子招投标达到50%；增强与兄弟市县招标办、交易中心的配合意识，采用综合评估法的国有施工、监理项目全部实行省级平台的远程异地评标，采用综合评估法且含有方案评审的材料设备项目积极试行远程异地评标，全年实施网上远程评标89例，其中主场20例，客场69例；积极协调CA、电子签章等有关各方，妥善解决电子招投标活动中出现的新情况、新问题，确保电子化招投标系统安全、稳定、可靠运行；积极探索采购类项目电子招投标，在盐城市率先启动电子化政府采购程序，全面实现采购类项目网上报名、网上发售电子版招标文件。

【招投标队伍管理】 2016年，大丰区通过代理管理系统对招标代理机构实行日常考核和动态管理，每季度及时公示代理机构完成的业绩和日常考评计分，同时通过各种形式对代理公司从业人员进行业务和法律法规培训，规范代理行为；做好评委的考勤考核工作，对评标专家考核实行"一标一评"的日常考核，定期通报考评情况，同时做好增聘评委的审核与管理，采取措施征集稀缺专业评委，满足专业工程招投标工作需要，全年通报批评7名评标专家；强化管理服务队伍建设，开展“作风建设提升年”活动，在党员中开展“两学一做”专题教育，利用“星期六党校”平台，坚持学政治、学业务，提高全员业务素质、服务水平和解决实际问题的能力。抓好党风廉政建设，开展“510”廉政主题教育活动，广大干部职工的廉政意识和法纪观念增强。

【评标区管理提升】 2016年，大丰区结合《江苏省招标办关于明确招投标监管工作有关问题的通知》文件精神，会同区电信网络公司和软件公司等相关技术人员，自查、完善交易中心评标区封闭管理、监控系统、语音对话、门禁系统等日常评标区管理工作，升级评标区“科技+制度”手段，加强评标监督管理，提升电子化评标和评标专家管理建设。

【评标专家作用前延后伸机制建立】 2016年，大丰区对技术复杂和专业性强的专用设备和公共服务购买等项目，将评标专家作用前移，项目实施前组织专业评委进行需求性论证，确保政府采购需求准确、招标开标程序流畅；为保证采购供货质量，将评标专家作用后延，对重点政府采购类项目实行“谁评标，谁验收”的采购结果评价制度，尤其是有争议的政府采购类项目在验收过程中，邀请有争议的供应商参与验收。

【省招标投标知识竞赛取得优异成绩】 1月20日，由江苏省建设工程招标投标办公室、省建设工程招标投标协会举办的全省建设工程招标投标法律法规知识竞赛成绩公布，大丰区招标采购管理办公室选送的4名参赛选手，在全部145名个人参赛选手中脱颖而出，取得二等奖1项、三等奖1项的好成绩，在盐城市各县（市、区）代表队中名列前茅。省招标投标知识竞赛个人赛仅设一等奖2名、二等奖5名、三等奖7名。

【招标采购网上报名全覆盖】 2月1日，大丰区招标采购管理办公室采购类项目网上报名系统开通，实现所有招标采购项目网上报名全覆盖，成为盐城市同行内首家。招标采购项目网上报名是将计算机、信息网络等现代科技手段运用到招标采购工作中，改变传统的人工窗口报名方式，投标人可以在家中、远程、网上选择适合的项目进行投标报名、下载招标文件，省去投标人来回奔波，招投标成本降低、工作效率提高，而且增加项目投标报名名单的保密性，可以有效预防和减少围标、串标等现象的发生。

【土地整治工程项目标后专项检查】 3月28日~4月5日，大丰区招标采购管理办公室会同区财政局、国土局成立联合检查组，对全区实施的土地整治工程项目进行标后专项检查。2015~2016年，全区在9个镇实施土地整治工程项目12个，预算总投资26.09亿元，经过招投标，项目总中标金额20.91亿元。大丰区专项重点检查监理单位、施工单位项目部项目经理、关键岗位人员履职情况，并了解工程形象进度、各项工地管理制度、项目班子人员配置等情况。检查采取抽查的方式进行，检查组深入大桥、西团、白驹、小海等镇项目现场，检查具体项目，检查表明各土地整治工程施工、监理单位制度完善，项目组主要人员在岗率高，能够按工期形象进度施工，中标单位投标时项目组人员和施工现场管理人员一致，未发现工程非法转包、违法分包、借资质挂靠等行为。同时了解到，区土地复垦整理中心对土地整治工程项目管理到位，针对土地整治工程项目特点，专门制订标后管理办法；复垦中心对每个镇项目都派有一名专职人员，负责协调管理现场各项工作；各项目实行项目组主要人员押证制度，将项目经理及关键岗位人员相关证书押存在复垦中心；施工现场安装脸谱识别仪，每天上下午对项目组主要人员进行考勤，要求项目组主要人员每月常驻工地现场不少于22天。这些措施的施行，为项目的顺利进行打下良好的基础。

【招标代理机构新业务知识培训】 8月17日，大丰区招标采购管理办公室举办招标代理机构新业务知识培训班，全区13家招标代理公司技术负责人和业务骨干50多人参加培训。培训会上，区招管办工程科监管科人员对新的招标文件范本和评标办法以及《江苏省房屋建筑和市政基础设施工程招标投标改革措施》《省招标办关于明确招投标监管工作有关问题的通知》《江苏省房屋建筑和市政基础设施工程招标投标活动异议与投诉处理实施办法》及《江苏省装配式建筑（混凝土结构）项目招标投标活动的暂行意见》等相关文件进行解读分析。通过此次培训，与会人员全面深刻地认识了招标代理政策法规，熟悉了招标代理业务流程。

【特种设备上海评标专家库】 9月，大丰区招标采购管理办公室针对大丰港重型设备、特种设备采购较多的特殊情况，组建特种设备上海评标专家库，分为船舶、汽车、工程机械等类别，共65人，所有进大丰评委库的上海评委全部来自上海市政府采购评标专家库，为特种设备采购提供了有力的技术保障。

（刘桂生）

安全生产监督管理

【概况】 2016年，大丰区全面贯彻习近平总书记关于安全生产工作重要指示批示精神，落实《中华人民共和国安全生产法》《江苏省安全生产条例》，不断健全责任体系，排查整治事故隐患，夯实安全生产基层基础，监管监察工作水平提升，全区安全生产形势持续稳定。

【安全生产责任落实】 2016年，大丰区利用传统和新兴媒体，宣传《中华人民共和国安全生产法》《江苏省安全生产条例》，全面领会法律法规明确的属地管理、行业监管和企业主体责任要求。按照省、盐城市和大丰区相关规定，建立健全“党政同责、一

2016年，大丰区排查整治安全生产事故隐患，做到常态化、不断档、无间隙　（单位供图）

岗双责、齐抓共管、失职追责”责任体系，做到“管行业必须管安全、管业务必须管安全、管生产经营必须管安全”。根据省安委会《关于进一步落实企业安全生产主体责任的指导意见》和省、市安委会关于落实企业安全生产主体责任专项行动工作方案要求，开展落实企业安全生产主体责任专项行动，推进企业安全生产主体责任落实“一必须五到位”（必须依法生产经营建设，安全责任到位、安全投入到位、安全教育培训到位、安全管理到位、应急救援到位）。

【安全生产大检查】 2016年，大丰区把排查整治事故隐患放在重要位置，针对季节特点和生产经营实际，相继组织开展“一节两会”、春季、夏季、国庆期间、秋冬季、岁末年初安全生产大检查，真正做到检查常态化、不断档、无间隙。坚持企业自查自纠，“四不两直”（不发通知，不打招呼，不听汇报，不用陪同接待，直奔基层，直插现场）暗查暗访，部门、镇（区、园）、企业“三级”巡查，不拘形式，重在实效。全面推进服务外包检查，不断提高安全生产大检查专业化水平。

【危险化学品专项整治】 2016年，大丰区围绕防范遏制各类生产安全事故目标，系统开展危险化学品安全专项整治和安全生产执法专项行动。同时，突出道路交通、建筑施工、消防、特种设备、涉爆粉尘、冶金煤气、涉氨制冷、有限空间、烟花爆竹等重点行业领域安全监管，分析不同季节安全生产规律，准确把握极端天气、交通运输繁忙、人员流动频繁、烟花爆竹燃放集中、供热供气供电压力加大、企业停工复产交替等特点，加强重大危险源、重要部位、重点环节的安全检查，及时排查整治事故隐患，打击非法违法、违规违章行为，有的放矢，精准发力，遏制各类事故发生。

【职业健康呵护】 2016年，大丰区组织宣传职业卫生法律法规知识，精心安排职业卫生培训，开展职业卫生基础建设和示范企业创建活动。督促涉害工业企业开展职业病危害项目申报，建立完善职业卫生档案。组织职业病危害较重以上企业开展职业病危害因素日常检测，以及职业病危害严重企业职业危害现状评价。

【应急救援演练】 2016年，大丰区组织各镇（区、园）、各有关部门和企业开展应急救援演练，提高应急救援能力，健全统一指挥、功能齐全、反应灵敏、运转高效的应急机制。在迪赛诺制药有限公司举办全区危化品生产企业事故应急救援演练。危化品道路运输、海洋渔业、养老机构、文化娱乐场所、水利等重点行业（领域）以及区安监局重点监管的危化品、烟花爆竹等企业应急救援演练率100%。

【安全生产标准化建设】 2016年，大丰区按照“提质、扩面、增效”总体思路和“统一管理、分级负责、分类指导、分步实施”原则，加强组织领导、紧扣目标、细化方案、落实责任，持续不断推进全区安全生产标准化建设工作，严格标准化评审考评和规范运行，提高标准化创建等级和运行质量，标准化建设工作始终走在盐城市各县（市、区）前列。

【事故隐患排查治理体系建设】 2016年，大丰区推进风险防控和隐患排查治理“双重预防”机制建设，加快建立全员、全程、全面的隐患自查自报自改机制，促进企业由被动接受监管向主动管理转变，以行政执法排查为主向企业日常排查为主转变，从治标式排查向治本式排查转变。

【安全知识培训】 2016年，大丰区通过举办培训班、开展专题讲座、张贴宣传标语等形式，全面宣传解读《中华人民共和国安全生产法》《江苏省安全生产条例》，创造依法治安良好环境。树立“培训不到位是重大安全隐患”的理念，抓好企业主要负责人、安全管理人员、特种作业人员“三项岗位”人员培训。突出班组长、新工人、“四新”（人员资质新、管理方法新、工作方式新、推行成果新）人员、劳务派遣人员以及其他从业人员，推进企业全员安全培训，

【安全文化示范企业创建】 2016年，大丰区引导企业从安全理念、安全承诺、安全制度、安全激励、安全环境、安全培训、安全参与、安全行为、持续改进等方面开展安全文化示范企业创建活动，建成省级和盐城市级安全文化建设示范企业各一个（省级：江苏辉丰农化股份有限公司，市级：大丰海聆梦家纺有限公司）。及时宣传推广创建工作中的好经验、好做法，发挥典型示范效应，推动企业安全文化建设健康开展。

【安全生产执法】 2016年，大丰区坚持依法治理，加大监管执法力度，执行区政府批复的执法计划，坚持质与量并重，对执法检查中发现的各类事故隐患定人、定责、限时一抓到底，实现隐患整改销号闭环。开展安全生产执法专项行动，打击非法生产经营建设行为，严肃查处生产安全事故和拒不整改事故隐患等违法行为，对涉嫌犯罪的，及时移交司法机关追究刑事责任。

【基层安监机构能力建设】 2016年，大丰区从机构设置、人员编制、办公场所、经费保障、装备设施、制度建设等方面，不断提升基层安监机构能力建设水平。在区安监局增设安全生产督查办公室、安全生产宣传培训教育中心两个全额拨款事业单位，在常州高新区大丰工业园、华丰工业园等市级重点经济园区设立专门安监机构。全区10家安监机构通过省级达标验收，其他镇（区）安监机构也具备达标条件。

【安监荣誉】 2016年，大丰区安监局被评为“全国安全生产监管监察系统先进集体”，并入选“双先”事迹报告团，参加全国巡回宣讲。盐城市委、市政府主要领导专门作出批示，肯定区安监局取得的成绩。盐城市安监局党组作出决定，在全市安监系统开展向大丰区安监局学习的活动。

（陈　白）

审计监督

【概况】 2016年，大丰区审计工作贯彻全国、省、市审计工作会议精神，创新审计工作机制，围绕全区发展大局和党委政府工作中心，有效地履行审计监督职责，坚持依法审计，提高审计工作质量和水平，加强审计队伍建设，履行审计监督职责，发挥审计作为国家利益捍卫者、公共资金守护者、深化改革“催化剂”的作用。全年完成审计项目28个，促进增收节支10.75亿元；完成政府投资工程决算审计项目162个，审计工程决算资金33.79亿元，审计核减为财政节约资金4.04亿元。大丰区审计局获“2013~2015年度江苏省文明单位”称号，连续五次获此殊荣；蝉联大丰区委、大丰区政府年度目标任务绩效考核综合先进奖，连续六年获得综合先进集体；在盐城市审计局组织的县（市、区）审计局年度综合考核中，连续六年获得综合先进单位。

预算执行审计。加强财政预算执行审计，促进提高财政资金使用绩效。以大丰区人大批准的2015年市本级预算为依据，开展2015年区本级预算执行和其他财政收支审计。紧扣财税体制改革各项任务，以“同级审”为主线，灵活运用审计和审计调查方式，以财政收支的真实性、合法性、效益性审计为基础，围绕领导关心、社会关注的热点、难点问题，对重点部门、重点资金和重点项目进行审计和审计调查；在实现一级预算单位审计全覆盖的基础上，对二、三级预算单位进行延伸审计；规范财政预算管理，健全和完善公共财政体系，促进优化财政支出结构，提高财政资金使用效益。采取“集中分析，重点核查”的方式，对大丰区所有一级预算单位2015年部门预算支出电子数据进行全覆盖、全流程分析，在对财政部门具体组织区本级预算执行情况、大丰地税部门税收征管情况、大丰区教育局等6个部门预算执行情况进行重点审计的基础上，根据数据分析结果，抽查28个其他单位的相关事项。揭示部分财政收支核算不真实、财政资金管理有待规范、部分税费基金未按规定及时解缴国库或区财政专户、少数部门（单位）收入管理不规范和部分单位预算支出执行不合规等问题，涉及23个一级预算单位、34类问题，涉案金额14.37亿元。预算执行审计反映的问题实事求是，提出的建议针对性强且切实可行，审计整改工作措施实、到位率高，预算执行审计工作得到了区人大常委会、区政府的肯定。

专项审计和审计调查。加强民生资金和项目审计，促进社会和谐。树立关注民生、重视民生、保障民生的审计理念。加强民生资金的审计，揭示反映挤占挪用、损失浪费、管理不善、效益不佳等问题，促进找准民生改善与经济发展的结合点，实现经济建设与民生建设有效互动、良性循环。结合区政府“为民办实事”工程，重点加强对扶贫、“三农”、社会保障、教育等涉及群众切身利益民生资金和项目的审计，坚持纵向到底的原则，追踪到项目、追踪到资金使用者，促进民生资金安全、规范和高效管理使用。2016年完成大丰区企业职工基本养老保险基金、全区城乡居民养老保险基金、大丰区教育化解债务资金、大丰区农机购置补贴资金、大丰区工伤保险基金、大丰区中小企

2016年，大丰区加强民生资金和项目审计，促进社会和谐。图为审计人员在项目现场实施审计调查（单位供图）

业发展中央财政补助资金、大丰区部分扶贫资金专项审计调查、阜宁射阳“6·23”龙卷风冰雹特别重大灾害救灾款物跟踪审计和海门市2015年保障性安居工程跟踪审计项目9个。

经济责任审计。加强经济责任审计，促进科级领导干部依法履职。紧扣权力运行和公共资金安全加强审计监督，贯彻落实《大丰市党政主要领导干部经济责任审计实施细则》，把握“权力运行”和“责任落实”两个重点，推进经济责任审计，促进科级领导干部依法履职。做好经济责任审计与专项审计的统筹结合。持续关注被审计单位执行中央八项规定情况，以及领导干部执行财经纪律情况，揭示“三公”经费超标、私设“小金库”、滥发滥支财政资金等问题，促进部门和单位深化职能、转变作风。深化经济责任审计，按照“党政同责、同责同审”要求，实行镇（区、园）党政负责人同步审计。开展国有企业领导干部经济责任审计，与资产、负债、损益审计相结合，加强对企业资金、资产和责任的审计监督，为加强国有企业领导干部监管提供依据。全年完成区经济责任审计项目13个，其中：任中7个，离任6个，涉及领导干部16名；完成盐城市委组织部委托和盐城市审计局授权响水县公安局局长经济责任审计项目。

政府投资审计。加强政府投资项目审计，促进节约财政资金。执行《大丰市政府投资项目审计监督办法》和《大丰区国有资金投资工程项目管理办法》，发挥审计监督职能，加强对财政投资工程的审计监督。突出重点，创新思路，促进投资管理规范，实现政府投资审计监督全覆盖。整合社会审计力量参审，加强工程审计质量监督与检查。继续加大审计服务沿海开发的力度，加强对重点项目、重点资金管理制度建设和执行的指导。注重把工程投资审计放在沿海开发第一线，提升沿海开发服务水平。重点开展对投资10.62亿元临海高等级公路大丰段、6.57亿元三期通用码头工程、6.36亿元海洋科教城职教中心工程、1.13亿元青少年教育基地工程等重点工程项目决算审计。完成政府投资工程决算审计项目162个，审计工程决算资金33.79亿元，审计核减工程造价节约政府投资4.04亿元。

政府交办工作。根据区政府领导的要求，审计调查大丰区城乡供水一体化区域供水经营情况，审计中克服人手少、调查工作面广量大、数据庞杂等困难，整合中介机构资源力量参审、利用计算机审计技术等办法化解审计困难，按期完成审计调查工作，揭示了区水投公司在五年运营期管理中存在有关问题，促进区水投公司和区水务公司的管理水平的提升，为政府决策城乡供水一体化区域供水经营模式提供了依据。完成盐城市大丰盐阜校车服务有限公司2015年8月至2016年8月运行情况、盐城市大丰区旅游公交2014年至2015年运行情况、盐城市大丰区镇村公交2015年运行情况、盐城市大丰区城市公共交通有限公司2014年5月至2015年12月运行情况的审计调查，专题审计调查结果汇报得到区政府重视，促进了大丰区校车、旅游公交、镇村公交和城市公共的规范运行。

【部门预算执行审计全覆盖】 2016年，大丰区审计局采取“集中分析，重点核查”的方式，对全区所有一级预算单位2015年部门预算支出电子数据进行全覆盖、全流程分析，在对财政部门具体组织区本级预算执行情况、地税部门税收征管情况、大丰区教育局等6个部门预算执行情况进行重点审计的基础上，根据数据分析结果，抽查28个其他单位的相关事项。揭示部分财政收支核算不真实、财政资金管理有待规范、部分税费基金未按规定及时解缴国库或区财政专户、少数部门（单位）收入管理不规范和部分单位预算支出执行不合规等问题，涉及23个一级预算单位、34类问题，涉案金额14.37亿元。

【党政同责同审】 2016年，大丰区审计局把握“权力运行”和“责任落实”两个重点，推进经济责任审计，促进科级领导干部依法履职。按照“党政同责、同责同审”要求，首次开展对刘庄镇、大桥和三龙镇党委书记、镇长任期经济责任“同步审计”。

【审计助力税收征管】 2016年，大丰区审计局运用数据比对，助力地方税收征管。利用区综合治税信息平台，采集土地出让及转让、企业房产权属登记及房产租赁等信息，将其转化导入数据库，形成第三方房产和土地税源信息库，与从地税征管信息系统后台数据中筛选出的2015年全区房产税和城镇土地使用税申报缴纳数据进行比对，查找国土、住建部门有房产、土地登记信息但未申报缴纳相关税收的数据，形成核查疑点。将疑点问题移交大丰地税局核查确定9户企业少申报缴纳2015年房产税合计20.29万元、3户企业少申报缴纳2015年城镇土地使用税13.44万元。2016年，大丰地税部门追缴10个企业上述税款及滞纳金28.54万元。

【审计制度建设】 2016年，大丰区审计局为了促进生态文明建设，加强对科级领导干部自然资源资产离任审计，提请大丰区委、大丰区政府出台《关于开展地方党政主要领导干部自然资源资产离任审计工作的实施意见（试行）》。

【项目建设和招商引资考核审定】 2016年，大丰区审计局按照新形势下区委区政府对审计工作的新要求，围绕全区经济社会发展决策部署和工作中心，发挥审计职能作用，促进全区经济和社会事业持续健康发展。围绕全区经济建设中心，做好全区招商引资项目建设和招商引资百日竞赛项目投入考核认定工作。全年审核1亿元以上新开工项目144个，审核投资总额83.72亿元；审核1亿元以上竣工项目89个，审核投资总额113.33亿元。在招商引资百日竞赛考核认定中，审核1亿元以上新开工项目81个，审核投资总额29.19亿元。

（张明安）

统计管理

【概况】 2016年，大丰区统计工作围绕服务“建设强富美高新大丰”要求，全面推进第三次全国农业普查工作，不断加强统计方法制度改革，统计基层基础建设成效明显，统计监测与服务创新创优，较好地完成了全年的各项目标任务。

【第三次全国农业普查】 4月，大丰区农普办制订出台了《大丰区第三次全国农业普查工作计划》和《2016年农业普查工作进度表》，全区12个镇、2个区、3个省属农场分别成立“三农普”领导小组和办公室，落实专门人员负责处理农普日常事务和普查经费等。遥感测量顺利推进。5月，区农普办组织业务骨干以及抽中镇（区）遥感测量人员参加“三农普”（第三次全国农业普查）农作物面积遥感测量业务培训会议，选择责任心强、有一定电子设备操作能力的人员为遥感测量调查员和辅助调查员，倒排时间，精心组织，列出路线图和进度表，10月底完成遥感测量现场调查数据采集汇总工作。完成市级试点工作。7月，根据省市部署，落实“领导重视、组织有力、任务明确、制度健全、监管到位”的要求，在新丰镇召开“三农普”盐城市级试点及培训会议，进行入户调查，省市领导现场指导。“两员”（普查员、普查指导员）选调工作精心细致。10月，农普办顺利完成“三农普”指导员、普查员选聘工作，优先考虑村委会干部、上级驻村干部和从事过会计、统计或人口普查等人员充实到农业普查工作中并担任“两员”，选调“两员”2187名（其中普查指导员254名、普查员1933名），开展“两员”培训，为清查摸底和入户登记工作打下了基础。

【统计改革】 2016年，大丰区做好GDP核算工作。做好GDP及相关数据的事前核算和分析工作，通过事前预警查找问题，及时发现行业增加值异常波动数据，查找原因，解决问题；发挥基础数据的支撑作用，逐一梳理各专业及部门需要提供的基础资料，做好专业间与部门间的沟通协调；围绕核算数据质量，加强审核评估，严把企业上报数据质量关，开展数据逻辑审核，加强主要经济指标评估，减少核算误差。抓好投资项目入库工作。联合发改委、经信委、项目办等部门抓项目核对和反馈，仔细核对2015年、2016年全区百项续建、新建重点工程以及项目办月度开竣工等项目，通过建立重大项目“BRT”快速审批绿色通道等方式，有效化解手续办理难题，促使项目尽快入库，保证项目应统尽统。推进“三新”统计工作。做好“新产业、新业态、新商业模式”统计工作宣传，分别召开相关部门及镇（区）“三新”统计业务培训工作会议，开展“三新”企业调查摸底工作；加强企业网报数据的查询、审核、验收、评估等工作，加强“三新”统计工作全过程质量管理，坚持由企业独立报送真实的统计数据，解决“三新”统计工作中的困难和问题。做好“四众”企业统计工作。召开“众创、众包、众扶、众筹”企业专项调查统计培训会议，深入学习和全面掌握“四众”基本概念、“四众”报表的主要指标含义、口径范围，采集“四众”平台信息行政记录，重点排查和筛选国民经济重点行业如互联网和相关服务业、软件和信息技术服务业、货币金融服务业企业，确保“四众”平台应统尽统。

【统计监测与服务】 2016年，大丰区推进全面小康监测。5月，在盐城市局督导组检查指导下，组织区、镇、村三级统计人员开展入户调查和街头随机调查，完成全面建成小康社会进程满意度问卷调查工作。6月，委托区电子政务办公室，采取电话随机调查方式，抽选500个有效样本，开展全面建成小康社会社情民意问卷调查工作，调查问卷涉及群众满意度、认可度和知晓率以及交通、治安、环保、医疗、教育、保障、收入等多方面民生问题。开展专项统计调查。召开全区非公有制单位人才资源状况调查工作会议，对省下发的调查单位库中44个非公单位按照行政区划进行分类、调查、审核、对比分析，完成非公有制人才资源统计工作；在规模以上工业企业中开展工业生产经营状况及景气专题调查，全面了解大丰区工业生产经营状况，收集整理工业企业发展方面的需求；组织开展物流业抽样调查工作，选择具有一定规模、有一定代表性的物流企业进行现场调查，全面了解企业的经营范围、运输线路、主营品种、业务实绩、困难和问题、形势预判，促进产业转型升级和提质增效。提升统计信息服务工作。加大统计信息工作的考核力度，全年局机关工作人员报送统计信息480篇、统计分析80篇、统计专报18期，信息和分析数据质量均居盐城市前列；在做好《数据观察》《统计月报》和《统计快报》等传统统计产品的基础上，逐步增加服务业经济相关统计指标数据，组织编辑《统计改革及主要统计指标解读》。

【依法统计】 2016年，大丰区基本单位名录库维护更新步入常态。推进名录库建设联审制度化、工作督查经常化、业务培训常态化，加强部门、镇（区）基本单位名录库管理职能，及时做好基层单位名录库更新和定报企业申报，更新企业名录10110个，完成2015年基本单位年报工作，新增法人单位3601家，变更1568家，注销256家，单位名录库更新维护工作继续保持盐城领先水平。推进统计法制宣传和执法工作。根据省、盐城市统计局对新形势下依法治统的相关要求，组织制订《2016年大丰区统计法制工作要点》《2016年大丰区统计法制宣传工作计划》和《2016年大丰区统计监审工作计划》；围绕法制宣传和法制检查两个重点，做好《江苏省统计条例》的宣传，对“四上”企业（规模以上工业企业、房地产企业，资质等级以上建筑业企业，限额以上批发零售业、住宿和餐饮业企业，规模以上服务业企业）开展统计数据质量检查活动，开展法制宣传活动4次，制作宣传戗牌10块，印发宣传单1300多份，重点对20多个“四上”企业的统计数据质量进行执法检查。

（胡志友）

市场监督管理

【概况】 2016年，盐城市大丰区市场监督管理局（以下简称大丰区市场监管局）围绕市场监督中心，推进改革、加强监管，依法执法、促进维权，为服务地方经济社会发展做出了贡献，获得2013~2015年法制盐城建设先进单位、2013~2015年江苏省文明单位等称号。

【市场监管机构改革】 2015年3月27日，大丰区根据省政府要求，在盐城市率先完成工商、质监、食药监三局整合，成立市场监督管理局，构建市场监管新体制。大丰区市场监管局划入原工商、质监、食药监三局承担的职责，同时划入由原卫生局承担的餐饮服务监管执法等职责，设有13个内设机构，1个直属行政机构，10个派出机构，下设2个事业单位，有行政编制198名。2016年8月，经大丰区编办批复同意，大丰区市场监管局下属的质检所、计量所、大丰区农委下属的农产品检验检测站等7个事业单位，合并成立大丰区综合检验检测中心，核定全额拨款事业编制30名。2016年11月，大丰区市场监管局质量技术监督稽查大队获批参公管理。

【商事制度改革】 2016年，大丰区市场监管局立足简政放权，全面落实“先照后证”（先申领营业执照后再办理有关许可证）“多证合一、一照一码”（只发放记载统一社会信用代码的营业执照，不再发放商事主体的组织机构代码证、税务登记证、社保登记证和刻章许可证，营业执照具有以上证照的功能）等商事制度改革举措。设立基层创业服务中心，开展创业政策宣传，实施初创企业生存状况、市场主体活跃度调查，每季度分析市场主体发展情况。全年新登记私营企业3962户、个体户12572户。主动适应商事制度改革宽进严管新要求，转变监管方式，通过广泛发动落实企业年检改年报制度、公示信息抽查制度。市场主体年报率89.3%，增长8%，列盐城各县（市、区）前列。

【质量强区建设】 2016年，大丰区市场监管局实施质量强区战略，针对区域产业特色，打造具有较强市场竞争力的产业集群，新增大中镇空压机产业集群为盐城市优质示范区培育对象。300多个企业通过ISO 9000系列体系认证。培育丰山集团为省质量信用评价AAA企业，培育正大丰海等2个企业为省质量信用评价AA企业。在2015年盐城市质量工作考核中，大丰区名列第一。

【品牌战略实施】 2016年，大丰区市场监管局引导商标国内、国际注册申请312件。大丰区新增江苏省著名商标3件、盐城市知名商标8件，“大丰大米”获批国家地理标志证明商标，“大丰港”商标获得盐城市首届十佳服务品牌商标。丰山牌烟嘧磺隆和辉丰牌咪鲜胺原药获得江苏省名牌产品称号。大丰港口物流服务标准化试点、丰收大地国家农业综合标准化示范区分别通过国家级验收。恒北乡村旅游服务标准化、荷兰花海花卉文化生态旅游服务标准化试点项目通过省级评审并立项。

【食品安全监管】 2016年，大丰区市场监管局以创建江苏省食品安全示范城市为契机，健全食品安全治理体系，构建了区、镇、村三级食品安全组织网络。牵头卫计委、教育局等10个部门和单位联合开展食品安全事故应急演练。通过食安大舞台巡演，在各镇设立食品安全科普宣传站，建立“食安大丰”微信公众号，开展中小学生食品安全征文比赛等形式，开展食品安全宣传。组建成立区综合检验检测中心、食品快速检测中心，提高全区食品药品检测能力。分类指导108个食品生产企业进行风险隐患排查和整改，指导企业排查风险和整改问题56个。在9个企业开展电子追溯系统建设，是盐城市任务最多、完成最快的县（市、区）。在大型以上餐饮单位、学校食堂、新办餐饮中推行“明厨亮灶”工程，实施到位246家，完成率94.6%。在银杏湖大酒店、建丰金悦海鲜大酒店等大型餐饮单位试点“易操作的整理、易掌握的标准、易持久的监控”的“3E”管理、“整理到位、责任到位、培训到位、执行到位”的“4D”管理等先进后厨管理模式，组织大型餐饮单位观摩学习，逐步推广。开展重大活动保障、

2016年4月28日，大丰区市场监管局牵头卫计委、教育局等10个部门和单位联合开展食品安全事故应急演练　（单位供图）

投诉举报食品、应急处置食品、媒体群众关注热点食品等专项抽检，完成各类抽检1812个批次，收到检验报告1584份，不合格84个批次，均处置到位。率先开展食品摊贩整治试点工作，得到省人大执法检查组的肯定。完成2016年中国大丰麋鹿文化旅游季、国际防化武检查活动、全国中乙足球联赛等24次重大活动的食品安全保障任务，保障57万人次。

【药品安全监管】 2016年，大丰区市场监管局加强药品安全风险防控，在日常监管覆盖率100%的基础上，全年组织检查药品生产、流通、使用单位86家，约谈药品质量管理环节可能存在较多隐患的12个企业的相关负责人。开展不良反应监测，收集报告药品不良反应1090例，每百万人口报表1557份；医疗器械不良事件515例，每百万人口报表715例；报表数居盐城市前列。完善风险防范体系，开展监督性检验监测，快筛保健食品、化妆品20个。化妆品不良反应监测将哨点延伸至每个镇，新增哨点医院2家，监测哨点10家，全年收到化妆品不良反应监测报告60份。组织开展“春雷行动”、学校食堂、疫苗等食品药品安全专项检查24次，出动执法人员3876人次，检查涉食涉药单位13174户次，责令整改949起，立案查处123起。

【特种设备安全监管】 2016年，大丰区市场监管局推进气瓶二维码工作，加强气瓶安全监管，16家气瓶充装单位订购二维码9.6万余只。加快电梯应急处置服务平台建设，建立健全住宅电梯台账，325台电梯加入电梯责任保险，251家使用单位的1466台载人客梯安装应急标识牌，全面建成以“119”接警中心为平台的电梯应急处置三级救援网络。全面排查物流场所、工商贸企业叉车使用管理情况，查出不合格叉车15台，立案查处3件。配合环保等部门普查停用小锅炉，停用拆除注销锅炉350余台。开展特种设备安全环保专项执法行动和重点时段安全大检查，对联鑫钢铁公司等重点企业开展驻厂服务。

【市场执法办案与消费维权】 2016年，大丰区市场监管局把执法主攻的方向锁定在关系国计民生、群众普遍关注的热点、难点问题上，开展儿童用品、食品及相关产品、汽车及配件、家用电器、成品油、电商产品、特种设备等专项执法行动，重点查处公用企业及其他垄断性排除、限制竞争行为，打击传销、违法广告、商标侵权、合同欺诈等违法行为，根据上级部署开展“地条钢”（以废钢铁为原料、经过感应炉等熔化、不能有效地进行成分和质量控制生产的钢及以其为原料轧制的钢材）专项整治行动。全年查办各类经济违法案件390件，案值892万元，其中50万元以上案件1件，20万～50万元案件5件，10万～20万元案件7件，5万～10万元案件31件，打击了各类市场违法行为，维护了公平竞争的市场秩序。加强消费者权益保护工作，整合“12315”“12365”“12331”原工商、质监、药监投诉举报平台，成立投诉举报中心，全年登记、分流、处置消费者投诉、举报967件，帮助消费者挽回经济损失179万余元。加强诉调对接，与法院联合出台《关于深化消费纠纷诉调对接工作实施意见》，在全区建立统一规范的消费纠纷诉调对接工作机制，为消费者提供多元化的纠纷解决渠道。

【市场监管法治建设】 2016年，大丰区市场监管局将法治建设作为一项重要工作内容，通过定期召开专题会议，分析研究法治工作开展情况，查找薄弱环节，制订相应的推进措施，对干部职工关心的人、财、物等重、热点事项，执行事前集中论证、事中公开运作、事后全面公示的工作程序，全面实行重大行政决策审议制度和重大行政决策实施结果评价制度。与公安、检察机关建立行政执法与刑事司法相衔接的工作平台，完善联席会议、信息共享、联动执法、案件移送等工作机制，形成打击破坏社会主义市场经济秩序、侵犯人民群众切身利益违法犯罪的合力。结合“3·15”国际消费者权益日、“4·26”世界知识产权日、“5·20”计量日、“10·14”世界标准日、食品安全宣传周、安全月、质量月以及传统节日等重点时段，围绕群众关心、社会关注的热点问题，通过开展现场咨询服务活动、设立宣传窗口、发放宣传资料、开辟报刊专栏、深入社区村居、政风热线等多种方式，向社会公众普及法律知识，取得较好的宣传效果。举办2016年市场监管系统法律法规知识竞赛，通过理论笔试、现场抢答等多种形式，以赛促学、以赛促练，提升执法人员的依法行政能力。

【市场监管队伍建设】 2016年，大丰区市场监管局组织干部职工签订廉洁承诺书、家风建设承诺书。开展“守纪律、讲规矩”、学用《中国共产党廉洁自律准则》《中国共产党纪律处分条例》等专题教育活动。参加盐城市第二届尚德昭廉公益广告大赛，组织拍摄的《清廉》微视频获得优秀奖。出台提醒预警监督制度，突出三个重点实施提醒预警。即：重要节点提醒预警，在春节、国庆等重要节假日通过移动执法终端等平台统一推送提醒信息；重大事项提醒预警，紧扣贯彻执行上级重大决策部署等重大事项，及时发放提醒函；重点人员提醒预警，对有信访举报、工作状态不佳等情形的人员，及时提醒谈话、诫勉谈话。全年发放各类提醒函28份，提醒谈话13个单位的13人，让咬耳扯袖、红脸出汗成为常态，真正做到警示教育常抓不懈，把党风廉政建设的各项要求真正植根于每个干部职工的内心。2016年全系统仅收到1件监察类信访投诉，提醒预警这一做法被《新华日报》和盐城镜鉴网报道。

（梅景舜）

价格管理

【概况】 2016年，大丰区物价局围绕年初全省价格工作会议精神，贯彻落实《中共中央国务院关于推进价格机制改革的若干意见》和《省委省政府关于全面推进价格机制改革的实施意见》，全面分析2016年价格工作面临的新形势、新任务和新要求，在加快推进价格改革步伐、开展清费治乱减负、加强调控预警功能、加大监督检查力度以及不断增强依法行政能力等方面成效显著。

【市场价格稳定】 2016年，大丰区加强价格监测预警，重视价格监测预警体系建设，加强对重要商品和服务价格的监测分析和预警预报，推进“数字物价”“智慧物价”建设，融入“盐城动感物价”平台。健全平价商店长效管理机制，加强平价商店考核，不定期对平价商店经营情况进行暗访，对发现的问题及时纠正。组织协调农超对接，尝试在“丰收大地”、部分农业专业合作社与大型超市之间牵线搭桥，建立直供直销，减少农副产品流通环节。将价格监测工作与平价商店管理结合起来，更新价格监测品种，由每半月一报改为每2天监测采价一次，平价商店以价格监测数据为基础确定平价销售价格。

【收费管理制度改革】 2016年，大丰区物价部门对收费实行目录清单制度，会同财政局制订公布行政事业性收费目录清单、经营服务性收费目录清单、涉房收费目录清单、涉车收费等目录清单。落实国家普遍性降费要求，落实国家各项清费减负政策，全年先后取消、停征或免征、降低各项行政事业性及经营服务性收费项目29个，其中取消（或取缔）7个收费项目，免收（免征或暂停征收）9个收费项目，降低（或减半征收）13个项目的收费标准，企业负担有效减轻。

【民生价费管理】 2016年，大丰区及时制订大丰区学校收费政策；加强商品房明码标价和商品房销售“一价清”工作，组织二次对商品房明码标价工作的督查；推进公共租赁住房和廉租住房并轨运行；审批相关经济适

2016年，大丰区加强民生价费管理，注重价格监督检查，维护市场正常的价格秩序。图为大丰人民医院药品价格公示

用房销售价格；完善物业服务管理，会同区住建、市场监督管理等相关职能部门对全区物业服务单位的服务质量和收费情况进行专项检查，对发现的问题下发通知限期整改。

【成本调查】 2016年，大丰区全年实施了民办学校、民办幼儿园、天然气、自来水等方面的成本监审，及时完成上级要求的各项成本专项调查和常规调查任务，搞好农户存粮调查、农资调查及棉花、玉米等预测等调查的同时，先后在成本监审和农本调查方面撰写分析文章13篇，《大丰玉米产量价格均创新低》《赤霉病来袭，小麦或将减产2~3成》等文章均被省市采用。

【价格调控预警】 2016年，大丰区重视价格基础数据，确保监测质量。严格执行《江苏省商品价格采集行为规范》，坚持实地采价制度，建立疑问数据反馈制度，层层把关，确保监测数据的真实性、准确性和及时性。突出监测重点，提升预警效能。做好居民“菜篮子”商品价格监测预警。关注蔬菜、肉蛋禽、粮食、水果等价格变动情况，客观分析价格波动原因，科学预判价格走势，形成多篇价格预警上报材料，为合理引导生产、流通和居民消费发挥积极的作用。及时发布信息，扩大调控功能。及时发布有关民生的商品市场价格信息，体现价格部门为民服务的宗旨；通过提高价格透明度来规范市场价格行为、改善市场价格环境，从而提升价格公共服务能力，加强市场价格监管。监测中心将价格采集数据在《大丰日报》、政府门户网站、大丰电视台、价格监测微信群发布，有利于引导居民合理消费，为确保居民生活稳定发挥作用。

【价格监督检查】 2016年，大丰区有组织、有计划地开展了涉企收费减免政策落实情况、商品房价格、药品价格等专项检查，组织元旦、春节、五一、中秋、国庆等节日市场巡查和“大丰麋鹿文化旅游季”各活动现场的驻点巡查，抽调人员参加省物价局组织开展的汽车、驾校垄断案等多起反垄断调查。全年开展价格违法案件检查10件，办结7件，2件价格违法案件进入案件审查阶段，1起处于立案调查阶段。罚没款收缴入库162万余元。12358价格举报系统运行正常，全年价格举报平台受理价格举报、投诉和咨询83件，践行“事事有回音，件件有答复”的社会承诺，维护了市场正常的价格秩序和人民群众合法的价格权益。

【居家养老医疗签约服务】 2015年，大丰区尝试乡村医生对农村居民进

2016年大丰区居民消费价格指数

表18

项目名称	指数	项目名称	指数
居民消费价格总指数	101.5	水产品	102.5
非食品价格指数	100.6	菜类	114.0
服务项目价格指数	100.1	二、烟酒及用品	101.2
一、食品	105.2	三、衣着	99.6
粮食	99.2	四、生活用品及服务	100.7
薯类	108.9	五、医疗保健	103.7
豆类	97.9	六、交通及通信	100.9
食用油	99.4	七、教育文化和娱乐	101.4
禽肉类	101.1	八、居住	97.5
蛋类	89.6		

行医疗服务集中签约，制订各种类型的签约服务包收费标准，经过一年的运行，效果明显，得到国家、省相关部门的肯定，并在全国进行推广。2016年，大丰价格部门会同卫计委、人社局等相关单位，制订城镇居民居家养老对象医疗保健签约服务方案，制订相关的签约服务包收费标准，形成鲜明特色的居家养老医疗卫生服务模式。

【旅游业市场价格监管】 2016年，旅游产业发展成为大丰区重要的经济增长极，也是大丰区推进供给侧结构性改革的一大亮点。“旅游兴市”成为大丰区实施的四大战略之一。三月“梅花节”、四月“郁金香节”、首届华东旅游商品交易博览会等一系列“大丰麋鹿文化旅游季”活动以及元旦、春节、清明、五一、端午等重大节日期间，大丰价格部门在人员不足的情况下，放弃节假日休息，全天候安排执法人员在各大景区驻点巡查，全年没有一起价格违法行为和价格纠纷的发生，有效促进了旅游市场的健康发展。

【价格调查网络】 2016年，大丰区经过多年经营，逐步建成一个有效的市场价格调查网络，可以方便及时的调查到黄金饰品、手机、电瓶车、摩托车、农产品等一系列商品、产品的市场价格。完善区级价格认定专家库建设，探索建立专家协作机制，利用社会资源，调动各类专家参与价格认定工作的主动性和积极性，提高价格认定的公信力和科学性。

【价格认定软件使用】 2016年，大丰区促进价格认定工作规范。年初，省、市价格认定中心要求全年涉案财物价格认定上网率不低于50%的指标任务。上半年价格中心严格按照市中心的要求，价格认定上网率确保高于30%。价格认定中心工作人员通过学习价格认定软件，所有的涉案财物价格认定案件全部使用软件，2016年年底，大丰中心软件使用率100%，而且价格认定工作达到规范化要求。

【国家全域旅游示范区创建服务】 2016年，大丰区注重事前规范，引导企业加强价格自律。召集市区商场超市、旅游景区、停车场及相关涉旅行业协会等36家单位负责人召开价格政策提醒会，重点对不正当价格行为进行提醒。实行价格和收费热点周报制度，并利用行风热线、微访谈等栏目对价格热点、焦点有针对性地进行解读宣传，加强正能量信息引导。加强旅游市场价格专项检查。推行市场价格监管的网格化管理，全区组建2个检查组，以明码标价为主线，对餐饮、住宿、景点、交通等行业价格秩序进行专项整治。全年检查旅游景区景点12个，巡查宾馆和酒店15家、餐饮场所48家、停车场10余家。完善价格应急处置制度。成立价格应急处置小组，建立首问负责制和旅游旺季24小时值班等制度，增强处置价格突发事件的灵敏度和有效性。7月，成功处置1起价格投诉应急事件，避免敏感事件发酵。加强宣传引导。利用政府网、微博、微信等平台及发送手机短信等形式，提醒消费者增强防范价格陷阱和维护价格合法权益的意识。

【电商价格监管】 2016年，大丰区规范电商价格行为，通过宣讲提醒、舆情监测、检查规范等手段，加强事前事中监管，遏制价格欺诈行为。在电商促销节点前，下发规范网络零售价格行为提醒书，引导电商平台和相关经营者，自觉遵守法律法规和网络交易管理规定，做到诚实守信、依法经营；不定期关注电商门户网站的促销宣传广告和定价行为，发现违法价格行为及时与商家沟通，保护消费者和商家的共同利益；加强对电商的价格监管，重点查处促销价高于原价、不履行价格承诺、隐瞒价格附加条件等价格违法行为，营造公平竞争的电商平台市场价格秩序。

（葛亚洲）

〖编辑　丁彩前〗

人民武装

【概况】 2016年，中国人民解放军江苏省盐城市大丰区人民武装部（以下简称大丰人武部）以强军目标为统领，举旗铸魂固根本，凝心聚力抓备战，聚焦改革谋发展，从严从实改作风，持之以恒打基础，完成以军事斗争准备为龙头的各项任务，后备力量建设保持全面发展、稳步提升的良好势头。

【思想政治建设】 2016年，大丰人武部深入学习贯彻习近平系列重要讲话，引领建设发展。开展纪念中国共产党建党95周年和红军长征胜利80周年系列活动，持续推动古田全军政工会精神“下篇文章”落实。坚持党管武装制度，各镇（区）将人民武装工作做到“三个纳入”（把人民武装工作纳入单位议事日程、纳入年度工作计划、纳入专武干部考评内容）。加强全民国防教育，持续推进新形势下双拥工作，深入开展“双百双建”活动，大丰人武部结对帮扶刘庄镇民主村，修建1条3千米长的水泥路，领导结对帮扶白驹镇中心小学2名特困学生。

【军事斗争准备】 2016年，依据大纲和年度军事训练计划，大丰人武部开展各项军事训练活动。1月，组织军事理论和作战值班业务学习和考核。2月和11月，干部分2批参加上级组织的军事考核。3月下旬，组织全体干部参加军分区“三实”（实弹、实爆、实投）训练考核，实射、实投优良率100%。4月，6名专武干部参加盐城市部分专武干部集训，获得团体第一名。5月中下旬，组织35名民兵骨干参加盐城市民兵专业分队干部骨干“跨区联训”，提高全区民兵专业分队骨干能力素质。7月，同步参加盐城军分区组织的首长机关带人武部以防卫作战为课题的战术作业，作业成果获军分区主要领导高度肯定。11月15日，在大丰港一期码头，成功组织港口地区重要目标防卫战斗实兵演习，盐城军分区组织现场观摩并转发演习材料。

【战备工作】 2016年，大丰人武部完善全区基层末端民兵情报信息网，确保日常全时感知、高效运转，遇有情况，及时上报并及时处置。各基层武装部2015年3月前完成抢险救灾、反恐维稳等应急力量建设，常态落实针对性演训。进一步加强区、镇（区）两级战备值班分队建设，遇有情况迅即反应、有效应对。3月和10月，全程参加江苏省军区组织的“苏渔-2016”海上民兵侦察报情演练，组织海上侦察分队出动渔船237艘次，取得良好效果；派出5名海上民兵分队骨干参加省军区在连云港组织的海上民兵分队干部骨干集训。11月，大丰人武部派员参加战区海军参谋部在宁波组织的海上侦察情报骨干业务培训。

2016年6月，大丰人武部组织大丰港防卫作战演习　（单位供图）

【基层建设】 1~3月，大丰人武部着力整组业务培训、潜力数据调查、人员信息刷卡输入、现场刷卡点验等重点环节。3月，全区首次分层次、分批次逐级组织250余名人武、专武和民兵干部应知应会理论考核，总评成绩优秀。区人武部5名干部参加省军区整组理论考核，获盐城市第一名。依托《人民武装工作管理系统》，全区基干民兵和预备役人员信息一律刷卡录入。4月，区民兵应急连接受省军区整组点验检查验收，总评成绩优秀。依据省军区《基层武装机构和民兵预备役营连规范化建设实施细则》，在2015年全区基层规范化建设全面达标的基础上，组织基层规范化建设"回头看"工作，巩固全区基层规范化建设成果。

【安全管理】 2016年，大丰人武部坚持依法从严治军，巩固深化正规化建设现场观摩会成果，深入开展"学法规、训队列、整纪律""安全问题整治月""暑期安全竞赛""安全稳定集中教育整顿""百日安全"等活动，认真抓好作风纪律教育整顿，积极防范重大安全问题，强化政治敏感期、G20峰会和"三实"训练、防卫演习、抢险救灾、武器封存调运期间安全管理，牢牢把握安全工作主动权。紧盯"人、车、枪、弹、密、酒"等重点环节，建好制度机制，落实责任区分，实行分类管控，确保事事有人抓、人人有责任、件件有落实，保持人武部安全稳定。

【国防动员建设】 2016年，大丰人武部按时完成盐城市政府、盐城军分区赋予的新兵征集任务。征集新兵中大学生占征集比例59%。围绕《征兵工作"五率"量化考评实施办法》要求，提高征兵"五率"（报名率、上站率、合格率、择优率、退兵率），"五率"量化考评成绩优秀。充分发挥国动委职能，5月，结合全省防空兵部（分）队实弹射击考核，组织"畅通-2016"保交护路演练，锻炼提高战时组织指挥和专业保障队伍遂行任务能力。10月，完成国防动员潜力数据核查，进一步修订完善国防动员方案和专项计划，夯实国防动员基础。

【后勤装备保障】 2016年，大丰人武部深化军事斗争后勤准备，加强后勤专业技能训练，结合参加演习演练，开展后勤保障能力检验评估。把财力物力向能打胜仗聚焦，严格党委理财制度，实施后勤精细管理，从严控制经费使用，集中采购统管物资，全年接待费和行政消耗性开支大幅下降。开展通用武器装备战备完好性普查整治，严格落实武器弹药动态管理，升级改造兵器室视频监控系统，实现民兵武器装备规范化、精细化、可视化管理。

【人武队伍建设】 2016年，大丰人武部聚焦能打胜仗，深化党委班子岗位练兵，提高领导人武部科学发展和指挥打仗的能力。抓好民主集中制经常性学习教育，修订完善党委议事规则，强化按程序、按规则、按集体意志办事的意识。健全学习、训练、考核和讲评制度，结合组织重大军事活动和完成急难险重任务，促使人武干部勇于担当、多岗锤炼，干部队伍综合素质明显提高。

（陈晓波）

人民防空

【概况】 2016年，大丰区人民防空办公室（以下简称大丰区人防办）瞄准"三适应、三建设"（适应新形势发展需要，加强自身建设，增强人防发展责任感和使命感；适应现代化战争需要，加强城市防护体系建设，提升防空防灾能力建设，适应法治人防需要，加强廉政建设，打造风清气正人防环境）目标任务，一着不让抓落实，各项工作按时序推进落实到位。被省国防动员委员会表彰为全省人民防空先进城市，被省民防表彰为民防工作先进单位。在盐城市县市区民防系统综合考核中位列第一。被大丰区委员会表彰为宣传思想和文化发展工作先进单位。

【大丰区人民防空工作会议】 4月26日，大丰区人民防空工作会议召开，会议由区委常委、人武部部长张守中主持，常务副区长范大玉讲话。会上，区政府表彰人防工作先进单位15个和先进个人31名，并印发《大丰区2016年人民防空工作要点》和《区直部门、镇（区）、街道（社区）百分量化考核细则》。区人防专业队组建单位、重要经济目标防护单位、各镇（区）分管负责人，人防工程建设单位和建有人防工程小区物业公司负责人，各人防工作站站长，以及受表彰的对象参加会议。

【全省民防工作会议贯彻落实】 12月21日，大丰区政府就贯彻落实全省民防工作会议精神专门召开政府常务工作会议，区长宋勇、副区长郭超分别就大丰区人防工作的成绩给予肯定，并对贯彻落实会议精神提出新要求，推进大丰区人防工作再上新台阶。

【人防工程建设】 2016年，大丰区人防办扎实推行人防工程技术交底新模式。在人防工程开工建设前，大丰区人防办根据人防工程建设单位申请，召集由人防工程建设、监理、施工、防护设备厂家、设计等单位负责人和技术人员参加的技术交底会。全年组织8次技术交底会。在技术交底时由区人防办工程技术人员讲解人防工作施工中需把握的技术要点和注意事项。人防办主要领导提要求，落实参与人防工程建设单位责任，增强各责任主体的责任感、使命感，建设优质人防工程。树立人防部门权威，强化人防工程质量管理。

【人防专业队整组】 4月，大丰区7支人防专业队整组，整组人数300人。4月28日，区人防专业队（医疗救护专业队、防化专业队、通信专业队、抢险抢修专业队各20人）和人防志愿者队50人，接受盐城市军分区和盐城市民防局点验。12月，区人防办新组建引偏诱爆人防专业队（20人）和心理防护人防专业队（20人）。

【基层人防信息化试点项目】 2016年，江苏省民防局在大丰区的基层人防信息化试点项目建成。分别在港区重要经济目标单位、东方湿地公园人口疏散基地、市民广场人防工程、大中镇、黄海街道和金丰街道建立应急指挥平台，每个平台落实1名管理人员，每年落实维护管理经费。基层人防信息化平台实现区人防办与乡镇、街道、人防工程和人口疏散基地视频和语音的互联互通。

【防空警报试鸣与疏散演练】 2016年，大丰区人防办与北方电子科技有限公司重新签订警报器维保协议，细化维保责任。9月18日，区人防办在全省警报器统一试鸣放活动中警报器鸣响率100%，集控率100%。同时在飞达路中学组织近2000名师生开展防空疏散应急演练，并组织城区各学校分管负责人、大中镇、黄海和金丰街道及大丰区24个社区人防工作站站长80余人观摩演练活动。

【人防教育体验馆建设项目】 2016年，大丰区人防办与大丰区教育局、大丰区消防大队在城东实验小学联合建设的区人防教育体验馆项目，经盐城市民防局立项批准，组织项目组相关成员去南京、苏州、无锡等地考察，落实项目资金，并于10月完成该项目设计施工招投标工作，帮助城东实验小学解决人防教育体验馆施工前的场地准备工作，保证项目顺利进行。

【“两室两库”初步建成】 2016年，根据省民防局印发的《省民防局关于开展人民防空“两室两库”建设的通知》，县（市）级人防机关必须建设人防指挥室、战备值班室、战备资料室和战备器材库。大丰区人防办组织人员赴张家港考察学习，制定“两室两库”建设方案，利用大丰区人防办现有场所完善，完成人防“两室两库”建设，为战时防空、平时应急做好准备。

2016年9月18日，大丰区人防办在城区飞达路中学组织近2000名师生，开展防空疏散应急演练　邱鹏 摄

【人防进农村“惠民工程”逐步推进】 2016年，大丰区人防办在总结过去人防进农村试点经验的基础上，集中人力、财力，大力实施人防进农村“惠民工程”，帮助每个村投资建成1个人防应急医疗救护点、1个应急抢险救灾器材室、1个人防宣传阵地等。该项工作被区政府列为2016年为民办实事重点工作，2016年年底人防进农村基本实现村村到。同时推进人防进社区标准化建设，帮助2个街道和24个社区统一购置人防应急器材工具箱和应急器材保管柜，并为每个社区每位人防志愿者发放1套训练服和1个人防应急包。借助人防专业队和人防志愿者队伍整组对人防专业队队员和人防志愿者开展1次人防志愿者集训。印制48万只具有人防宣传功能的纸质水杯，分发到每个村和每个社区。

【人防宣传教育】 2016年上半年，大丰区人防办借助大丰区党校对全区科技干部轮训的契机，在培训场所营造人防宣传氛围，让参训人员了解人防。在《大丰日报》印发“人民防空”专版8期，在区电视台编辑“人民防空”专题栏目10档。结合全省民防知识竞赛活动，组织大丰区各人防工作（服务）站参加活动，并专门印发《关于组织参加“江苏省民防知识竞赛”活动的通知》（大防办发〔2016〕7号）落实活动，大丰区7575人参加竞赛，15个单位获得组织奖，区人防办分别对这些单位给予奖励。

【法治人防建设】 2016年，大丰人防办结合单位实际，在整合内部人员和借助法律顾问力量的基础上，成立行政执法室和法律顾问室，负责辖区内人防依法行政相关法律工作，有序推进法治人防建设。2016年，法律顾问对全办机关人员作行政法规专题讲座4次，通过大丰电视台作人防法规解读10次，并向历史上拖欠人防往来款的单位发律师函。4月中旬，专门召集由开发商和物业公司负责人参加的人防法律法规及物管新条例培训班，增强他们依法管理和维护人防工程的法律意识，杜绝人防工程违规使用。依法足额筹集人防易地建设费，做到应建必建，应缴必缴。

【党风廉政建设】 2016年，大丰区人防办落实“三重一大”议事责任制，规范公务接待、公务用车。深入开展“我的工作任务完成了吗？我的服务对象满意了吗？我的言行符合廉政准则吗？”每日三问活动。专门购置廉政教育警示片，利用星期六党校组织机关人员观看。利用“510”活动组织全办党员干部到华丰农场警示教育基地进行警示教育，时刻绷紧廉政弦，努力打造风清气正的政治生态。

【易地建设费收支管理】 2016年年初，大丰人防办将人防易地建设费的使用列入部门预算，按照规定统一使用《江苏省非税收入一般缴款书》，实行收支两条线管理，同时通过人防工程立项审批、竣工验收，依法筹集人防易地建设费，在此过程中主动接受财政、物价部门的监督。

【服务全区中心工作】 2016年，区人防办与草庙镇沿河村联建党支部，投入5万元为村三、四组修建1.1千米的水泥路提供配套资金。该路段2016年7月完工。重阳节组织资金2000元慰问草庙镇川东居委会10户困难老党员及特困老人。对“牵手致富”结对帮扶的草庙镇五总村投入5万元，用于畜禽粪便处理及中心河河边水泥路护坡塌方恢复，给该村结对帮扶的8户低收入户每户支持500元作为家庭脱贫项目资金。落实资金5万元结对帮扶草庙镇川洋村，减轻其债务压力。

（杜小燕）

人民消防

【概况】 2016年，大丰区公安消防大队以“两个稳定”（消防安全形势稳定和队伍管理稳定）为总目标，以打赢“G20消防安全保卫战”和消防安全“打非治违”等活动为重点，建立健全后勤综合保障服务体系。加强队伍正规化管理和完善基层基础建设，开展队伍实战化训练，提升灭火救援能力和监督执法水平，构建“政府统一领导、部门依法监管、单位全面负责、群众积极参与”的社会化消防工作格局，做好防火、灭火和抢险救援等工作，连续3年获区政府年度综合先进奖。

【思想政治建设】 2016年，大丰消防大队围绕“改革强警”和“学党章党规、学系列讲话，做合格党员”两项重大教育活动，抓好班子建设和人才队伍建设。大队将两项重大教育活动深度融合渗透到部队改革、灭火救援、监督执法和队伍建设中，引导官兵听党指挥、铸牢警魂，拥护改革、投身改革，苦练本领、提升能力。政治工作是大队的生命线，大队全体官兵以习近平总书记系列重要讲话精神和培育新时期“四有”革命军人为目标，学习党的基本路线、方针政策、优良作风和时事政治，增强忠诚履职、建功立业的信心和决心。为大丰区消防工作和部队建设科学发展、创新发展、长远发展贡献力量。

2016年6月29日，大丰区安监局、消防大队等多个部门，在港区举行危险化学品事故应急救援演练活动　王　越　摄

【打造消防尖兵】 2016年，大丰消防大队深入开展实战化练兵活动，把打造消防尖兵作为“党委工程、主官工程、重点工程、基础工程”来抓，提高官兵技战术水平，严格落实执勤值班制度，强化熟悉责任区情况，部队时刻处于良好的战备状态。大队研究制定练兵计划，大力营造练兵氛围，制定严格奖惩措施，调动全体官兵参与热情。全员参训，科学施训，分岗位训，干部骨干带头训，提高官兵整体素质。年内，大队检查熟悉辖区单位1400余个，制订灭火救援作战预案250余份，开展实地演练150余次，官兵全面掌握辖区重点单位基本情况，随时拉得出、打得赢。

【消防宣传培训】 2016年，大丰消防大队树立“消防工作宣传系于一半”的理念，加强消防宣传工作。加大安全提示力度：大丰区135个单位的LED显示屏，6处商场户外大屏幕，15个小区的户外视频24小时滚动播放消防宣传标语和消防公益广告。每逢重大活动、重大节日，都在大丰电视台黄金时段滚动播出消防宣传字幕。全体监督员严格落实“每周一宣”，深入各类单位、场所开展消防培训和消防安全知识宣传。大队1辆消防宣传车，每周六赴各乡镇主要街道开展消防宣传。“119”消防宣传日，向群众发放消防安全知识手册1000份。利用新兴媒体做好宣传：大队利用微博和微信公众号2个互联网宣传平台每日推送消防安全知识。每月利用移动互联网短信平台向不同目标人群发送消防宣传短信。加大宣传投入，投入200万元，在大丰区城东实验学校内建设1处消防教育体验馆。全年3万余人次接受消防知识的宣传教育和培训。

【灭火救援工作】 截至2016年年末，大丰区连续16年未发生大的火灾事故。至年底，大队接警出动764起，其中抢险救援255起，火灾扑救470起，社会救助39起，出动警力6562

人，出动消防车1117辆，抢救被困人员147人，疏散人员45人。

【消防装备建设】 2016年，大丰区政府投入673万元购置一批化工灾害事故处置特种器材装备。区政府加强多种形式专职消防队伍建设，新建9个社区微型消防站，升级改造3个保安消防队，新配12辆巡防消防车。至2016年年底，大丰区建有2支港区政府专职消防队、14支保安消防队和3支农场专职消防队，2支企业消防队。消防车37辆，消防队员200人。

【双拥共建工作】 2016年，大丰消防大队根据拥政爱民工作要求，结合大丰实际情况，围绕服务全面建设小康社会，开展各项拥政爱民活动。2016年，在文明单位创建和青年文明号争创活动中，大队主动与团区委、区文明办对接联系，实施帮助孤老的爱心工程、援助失学儿童的希望工程。大队官兵义务为大丰区白血病患者捐款，出资近1万元用于资助社区贫困家庭、离退休老干部和贫困学生。大队常年资助贫困家庭和失学儿童2户；为缺水老百姓义务送水2000余吨；参加地方政府执勤保卫70余次，出动警力500余人；义务冲洗清扫道路6000余米。

（朱　胜）

武　警

【概况】 2016年，武警大丰中队贯彻落实全军改革工作会议和武警三级党委扩大会议精神，坚持政治建军、改革强军、依法治军，不断建强领导班子、规范四个秩序、提高能力素质、改进工作作风，完成以执勤处突为中心的各项任务，高标准实现“两个确保”（确保社会安全稳定，确保内部安全稳定）。中队多次在支队比武竞赛中取得优异成绩，1人立三等功，1人被评为优秀基层干部，3人被评为优秀士官，6人被评为优秀义务兵，4人受到支队嘉奖。

【武警执勤】 2016年，武警大丰中队深化“湖北会议”精神转化落实，进一步完善执勤设施建设，完成应急小组前置备勤、助勤犬配备与训练、防暴运兵车配备，增强执勤处置能力；加强执勤战法研训，贯彻共建共管、共教共育、联检联评、联合演练等制度，高标准完成看守所监区外围武装警戒、武装押解、重大节日敏感时期机动备勤等任务，多次受到武警江苏省总队、盐城市支队和区委、区政府表彰。总队首长多次到中队检查指导工作。

【军事训练】 2016年，武警大丰中队依据新修订的《军事训练与考核大纲》，以能打胜仗为目标，扎实开展执勤、处突、反恐、抢险救援等课题训练和军事体育训练，完成刺杀、哨兵反袭击、射击、擒拿技术、班组战术、临危反应动作、战术手语、攀登、侦察等课目训练，组织军事训练教练员集训和培养，组织反劫持人质事件实战演练，多次参加支队勤训轮换和应急班反恐比武，增强官兵遂行任务的能力素质。6月23日，阜宁、射阳发生特大龙卷风、冰雹灾害后，中队第一时间抽组兵力参加抢险救援，全体参战官兵高标准完成抢险救援和灾后重建任务。

【思想政治工作】 2016年，武警大丰中队贯彻全军政治工作会议精神，开展思想政治教育和经常性思想工作，发挥政治工作把关定向和服务保证作用。开展改革强军主题教育，引导官兵正确认识改革、积极支持改革、全力投入改革；开展“两学一做”教育活动，学习党章党规、学习系列讲话精神，进一步强化政治意识、大局意识、核心意识、看齐意识；开展“五个敬畏”（敬畏信仰、敬畏组织、敬畏法纪、敬畏群众、敬畏责任）教育活动。

【经常性管理工作】 2016年，武警大丰中队坚持依法治军、从严治军，强化遵纪守法、精细管理、安全发展理念，进一步正规战备、训练、工作、生活秩序，部队正规化建设水平提升。组织学习条令法规，先后学习共同条例、《军队基层建设纲要》《正规化管理规定》《士官管理规定》《手机使用管理规定》等规章制度，强化官兵学法、守法、用法的意识；加强条令法规落实检查，从日常生活制度、军容风纪、言行举止等细节着手，加大对违纪违规的处理力度，把条令法规

2016年，武警大丰中队扎实开展执勤、处突、反恐、抢险救援等课题训练和军事体育训练，增强遂行任务的能力

的威信立起来；突出对重点人员和重要时段检查，加强对干部、士官、公勤人员、休假人员管理力度，重点对8小时以外及单独执行任务时机和探亲休假时间管理检查，做到管理全方位、无死角；严格落实枪弹管理制度，加强对武器弹药的动态管理，保证武器弹药的完好率。

（谭 星）

边 防

【概况】 2016年，大丰边防大队以中共十八大，十八届三中、四中、五中全会和公安部边防管理局、江苏省公安边防总队教育管理电视电话会议精神为引领，严格按照上级党委扩大会的总体部署，以各项主题教育和创建活动为平台，全面推进部队正规化建设。大队全体官兵凝心聚力，真抓实干，完成上级赋予的各项工作任务。

【打击违法犯罪】 2016年，大丰边防大队各级接处警1599起，与2015年（2038起）相比下降21.5%；立案刑事案件122起，破获21起，发案率与2015年（130起）相比下降6.2%；受理行政案件315起，查处234起，查结率为74.3%；打击处理各类违法犯罪分子254人，其中，刑拘12人，取保候审8人，逮捕7人，移送起诉7人，有力打击各类违法犯罪活动，净化辖区环境。

【社区警务】 2016年，大丰边防大队分类管理出租屋，规范台账建设，以社情摸排和案件线索收集为重点，整合社会资源，创新工作机制，推出社区管理"网格化"、消防管理"户籍化"、流动人口分色分类管理等工作举措，提高流动人口登记率，强化基础信息采集，有效强化阵地控制。2016年，大队社区警务成绩多次位列大丰区公安局前列。

【港船阵地管控】 在2016年开展的"集中查港查船""基础信息采集会战""出海船舶边防治安管控专项整治"等活动指引下，大丰边防大队加强走访调研，及时指导派出所更新渔船、渔民数据信息和材料档案，积极落实阵地管控职能，在渔民和船民中物色可靠的治安信息员，及时获取可靠的信息，有力提升港船管理服务效能，构筑沿海一线安全稳定的防控阵地，海上综合管控成效显著。

【爱民固边战略深化】 2016年，大丰边防大队立足"民情、民心、民忧"，开展"警营开放日""关怀空巢老人""关爱留守儿童""学雷锋"等爱民实践活动50余次，慰问孤寡老人、困难儿童40余人次，捐资捐物1万余元，为群众办实事100余件。2016年7月，川东港边防派出所帮扶结对的困难学生仲文，以660分的高分被江苏大丰高级中学录取。

【边防大队队伍建设】 2016年，大丰边防大队落实"大排查、大清理、大整改"活动要求，确立大丰港边防派出所为大队正规化建设试点单位，重点抓好官兵管理、日常作风养成、执法执勤等方面工作，促进部队内部正规有序；按纲施训，针对当前反恐形势，结合敏感节点安保任务，在大队内部开展各类警情处突演练20次，在外联合驻地军警部门开展军事演习，部队快速反应和协调配合能力得到有效提升；以"点对点"执法检查为契机，深入排查在执法主体、行为、制度等方面存在问题，复核卷宗35份，开展执法办案自查自纠15次；立足辖区实际，全面整合治安监控资源，新增监控探头72个，新建勤务指挥室1个。2016年，大丰港边防派出所勤务指挥室受到全省公安边防派出所重点业务调研组充分肯定并通过国家海防委检查验收。

【李强视察指导大丰港边防派出所辖区】 10月11日上午，江苏省委书记李强到大丰港边防派出所辖区视察指导工作。李强沿盐洛高速公路直达大丰港，重点视察大丰港一期码头，详细了解码头历史沿革和运营状况并对边防部队维护沿海辖区社会治安稳定、和谐警民关系等举措给予高度评价，希望官兵在今后的执法执勤中迈出新步伐，展现新面貌，创造新业绩。

【王港边防派出所受表彰】 2016年，王港边防派出所围绕公安基层基础建设，探索新型勤务模式、社会管理服务机制、警地联建联创形式，推进"阳光警务"，完善执法监督体系，夯实公安基层基础工作，深化勤务改革，创新工作模式，严格部队内部管理，重点抓执勤、训练、工作、生活秩序养成。2016年，王港边防派出所被江苏省公安边防总队评为基层建设先进单位。

（孙树华）

〖编辑 顾 锋〗

政法委及综治

【概况】 2016年，中共大丰区委政法委在抓好其他政法工作的同时重点做好推进平安大丰、法治大丰和过硬政法队伍“三大建设”工作，维护社会稳定，人民群众安全感和满意度位列省市前列。年底，在北京召开的“2016创新社会治理优秀城市发布仪式暨第二届全国创新社会治理经验交流会”上，大丰区获“2016创新社会治理优秀案例城市”称号。9月，被省委、省政府评为江苏省法治建设示范县（市、区）。

【大丰政法工作会议】 2月3日，区委政法委在区行政中心召开政法工作会议，总结2015年政法工作情况，研究分析2016年形势，并对2016年政法工作作部署。制定印发《2016年全区政法工作要点》，表彰2015年度“十佳政法单位”和“十佳政法干警”。区委副书记范大玉，区委常委、政法委书记袁国萍在会议上讲话。

【矛盾纠纷排查化解】 2016年，区委政法委以各级“两会”、杭州G20峰会、十八届六中全会等重要时期安全稳定为重点，深入开展“四项排查”和积案化解专项治理行动，全力排查化解涉法涉诉信访积案77件，并予以受理。大丰区全年未发生造成负面影响的涉法涉诉信访事件。全年受理调解矛盾纠纷4719件，调解成功4718件，调解成功率99.6%。

【社会治安防控体系建设】 2016年，大丰将“村村通”技防工程列入政府为民办实事工程，新建1959个高清探头，并与前期已建技防工程实现联网，实现城乡重点地域全覆盖。后台建设实行“两级云架构”级联模式，建立区、镇两级云存储中心，实现“全域覆盖、全网共享、全时可用、全程可控”。

【特殊人群管控】 2016年，区委政法委牵头对精神障碍患者实现精细化管控，将大丰区2740名精神障碍患者纳入统一管理，对于其中有肇事肇祸史或倾向的187名患者作为肇事肇祸精神障碍患者列入重点人员管控，落实救助和“四位一体”（综治办、社区干部、社区民警和监护人）管控措施，实现零托管。

【综治基层基础建设】 2016年，区综治办牵头将全区划分为2015个三级网格，推行“一岗多责、一专多能”管理模式，先后对重点人员进行2万余次排查，解决群众各类诉求458件。完成区、镇、村三级服务平台提档升级，发挥“四频合一”系统（综治信息视频系统、政法维稳视频指挥系统、人民来访远程视频接访系统、社会面视频监控系统）互联互通的作用，实

2016年12月4日，大丰区在施耐庵公园开展国家宪法日暨全国法制宣传日活动
胡金波 摄

现群众办事“一站通”。

【平安法治志愿者建设】 2016年，大丰区综治办出台《关于加强平安法治志愿者队伍建设的实施意见》，按照以块为主、条块结合的原则，实行区镇互动、行业联动，村（居）维稳一线791名信息员首批加入平安法治志愿者，同时结合网格化管理工作，发动网格员宣传招募，常态化面向社会公开招募平安法治志愿者，至年底，全区平安法治志愿者有3000多人。

【基层队伍建设】 年内，大丰区252个村（居）配有综治维稳专干252人，配备率100%。12个镇全部配备政法委书记和政法委员，各镇综治办有专职工作人员3人以上。村级维稳专干全部进入村居班子并享受副村级待遇。举办4次基层综治人员业务培训班，提升基层人员的工作业务素质能力，切实增强基层综治人员的服务管理能力。

（葛　凡）

法治政府建设

【概 况】 2016年，大丰区按照《法治政府建设实施纲要（2015—2020年）》和2016年依法行政工作要点要求，以提升依法行政能力、加快法治政府建设为主线，突出重点、改革创新，法治政府建设再上新台阶。法制信息被盐城市人民政府法制办公室评为盐城市政府法制信息工作先进集体。行政复议工作取得明显成效，被江苏省人民政府法制办公室评为江苏省行政复议工作规范化建设示范单位。

【简政放权】 年内，大丰区政府印发《2016年全区深化简政放权放管结合优化服务改革工作要点》，加强监管创新，优化政务服务，提升政府行政效能。全区持续深化改革，创新优化机制，实行一枚印章管审批，有效解决“一长四多”（行政审批时间长、

2016年12月，盐城市优秀依法行政示范项目观摩交流会议在大丰召开（单位供图）

盖章多、中介多、收费多、材料多）问题，基本实现“三少一短”（盖章最少、收费最少、材料最少、流程最短）目标，区行政审批局全年办理各类事项44690件，办结43663件，按期办结率100%，群众满意度99.3%。

【行政决策制度】 年内，大丰区执行《江苏省行政程序规定》和《大丰区科学民主决策制度规定》，区政府重大行政决策严格履行公众参与、专家论证、风险评估、合法性审查和集体讨论等法定程序，行政决策纳入法治化轨道。全年先后组织调查研究300余次，召开区政府常务会12次，举行听证会6次，召开座谈会35次，专家论证会16次、法律论证109次，保证为民办实事工程、自来水价格调整、城市出租车经营权费用减免等政府重大决策的科学性、民主性和合法性。

【规范性文件管理】 2016年，大丰区政府依法制定、审核和报备规范性文件，建立完善合法性审查机制。年内制定印发《大丰区规范性文件合法性审查办法》，将政府规范性文件、重大行政决策文件、行政机关制定的其他文件全部纳入合法性审查范围，确保政府文件制定科学、内容合法、程序规范、责任明确。

【行政复议】 年内，区政府规范行政复议案件受理审查程序，改进案件审理方式，依法运用书面审查、实地调查、公开听证等方式审理行政复议案件，查清案件事实，说清裁判理由。行政复议工作规范化建设取得明显成效，大丰区政府建成全省行政复议工作规范化建设示范单位。全年收到各类行政复议申请25件，不予受理1件，受理24件，审结23件，其中维持11件，驳回复议申请4件，终止7件，撤销1件。

【行政执法主体与人员清理】 年内，区政府印发《关于开展行政执法人员清理和换证工作的通知》，对区各行政执法主体和行政执法人员开展全面清理工作。对照所涉主体“三定”方案、执法设定依据进行清理，明确界定执法主体资格；规范行政执法人员资格管理和持证上岗工作，强化行政执法监督，确保行政执法行为合法、有效；按照执法辅助人员数量不超过在编人员、并通过政府购买服务方式逐步减少执法辅助人员的原则，制定执法辅助人员清理计划，明确清理到位时间表。经清理，全区有行政执法主体97个，执法人员2458人，其中行政编制1114人，事业编制1295人，清理注销收回执法证141份。

【政府法律顾问委员会】 年内，区政府成立以法制办为主体的政府法律顾问委员会，由常务副区长担任主任委员，聘请江苏省社科院法学研究所专家和上海知名律师担任区政府法律顾问。制定出台《关于建立健全政府法律顾问制度的意见》《区政府法律顾问规则》，全区行政机关、区属国有企业按要求配备相应的法律顾问。

【行政合同管理】 年内，大丰区将行政合同管理作为区政府依法行政示范项目并组织推进，以此规范决策、推进依法行政。研究出台《大丰区行政合同管理办法》，以规范管理、防范风险为核心，以法律监督和救济为补充，实行事前—事中—事后的全过程监管和风险防控。编印《大丰区政府合同示范文本汇编》，将国有土地使用权出让、市政工程建设施工、政府采购、土地征收、政策信贷等10类经常使用的合同示范文本汇编成册，在全区推行使用，解决合同格式不规范、内容不完整的问题。同时综合运用庭外和解、积极应诉、申请仲裁等手段，妥善处理合同纠纷，避免经济损失3000余万元。

【政府信息公开】 2016年，大丰区政府围绕中央、省、市政务公开要点，加大主动公开力度，全面推进政府信息公开。2016年“中国大丰”政府信息公开专栏公开各类政府信息约2400条，其中政府文件及政策约400件，比2015年大幅增加。在做好政府信息传统渠道公开的基础上，大丰区注重运用新兴媒体微博、微信推进信息公开，在微博、微信上发布400多条政府信息和政策解读。依法做好依申请公开工作，建立扎口受理、调查会办、法制审核、按期答复的工作机制，重点把好受理审查和法制审核关，区政府全年办理当事人依申请公开信息27件，确保依法答复、及时答复。

【行政执法监管】 2016年，大丰区政府推行“双随机一公开”抽查机制，建立“双随机一公开”工作细则、部门随机抽查对象库和执法检查人员名录库，不断细化落实监管责任。全年归集全区37个部门行政许可信息7464条，行政处罚信息5353条。全面启动诚实守信红名单和严重失信黑名单报送工作，全年报送社会法人红名单679条，自然人红名单518条；社会法人黑名单17条，自然人黑名单55条，有效强化事中、事后监管。健全行政执法与刑事司法衔接机制，对区环保、市场监管等重点行政执法部门“两法”衔接工作开展专项督查，查找“两法”平台运行存在问题并要求及时整改，“两法”平台有效监督行政执法规范运行，避免以罚代刑、执法渎职情形发生。

（袁康勇）

公　安

【概况】 2016年，大丰区公安机关围绕“升级社会治安防控体系、全面深化公安改革要求”的目标，发挥维护稳定、破案攻坚、安全监管、服务发展等职能作用，确保全年60余次重大政治安保活动零差错。刑事案件发案数连续第五年下降，刑事案件破案率盐城市第一。全年未发生重特大安全生产事故。至年底，有43个单位、89名个人获上级表彰嘉奖，1名民警被评选为“盐城最美警察”。

【重大政治安保任务零差错】 2016年，大丰区公安局围绕十八届六中全会、G20峰会、江苏省、盐城市党代会等敏感节点，全国政协副主席韩启德、刘晓峰以及江苏省委书记李强等领导到大丰视察等重大警卫活动，坚持情报先行，紧盯活跃群体和重点人员，做好“公调对接”工作举措，化解各类矛盾纠纷1万余起，化解处置群体性事件27起、非正常死亡事件117起以及各类负面舆情83起，全年60余次重大政治安保活动零差错。

【刑事案件发生数保持下降态势】 2016年，技防建设“村村通”工程全部完工，全区技防“补防”工程和技防“标改清”升级一期工程如期开工建设，新增各类高清监控2100个，新建和维修电子警察点5个，补充大丰主城区专业巡防队员50名，随着社会治安防控体系建设的不断完善，有效控降全区的刑事案件发案数。全年立各类刑事案件2220起，与2015年同期相比下降1.4%，刑事案件发案数连续第五年下降。

【刑事案件破案率盐城市第一】 2016年，大丰区公安局以开展“双打会

2016年高考期间，大丰区公安局组织警力维持秩序

战"、禁毒百日整治"雷霆行动"、严打整治行动、打击"盗骗抢"犯罪专项行动、黄海系列行动等集中行动为工作切入点，紧抓破案主业，深化专业机制、专业手段、专业队伍建设，增强全区公安机关打击犯罪能力，全年抓获各类刑事作案成员1005人，侦破包括"12·23"故意杀人案、"2016-555"公安部毒品目标案等大要案件在内的刑事案件855起，破案率31%，八类案件破案率95%，位列盐城市第一。

【重特大安全事故零发生】 2016年，大丰区公安局开展道路交通综合整治、"228国道"治理三超系列行动、安全环保执法专项行动、危险化学品安全专项整治、文明城市创建等多轮次集中行动，全年处理各类交通事故1.3万起，查处交通违法行为46万起，破获各类交通肇事案件88起，追究刑事责任207人；排查整改安全隐患2.5万余处，处罚违反消防安全规定单位521个，扑灭火灾事故455起，组织开展消防项目审批260个，全年未发生重特大安全生产事故。

【"进村入户"三年行动计划收官】 2016年，大丰区公安局深度应用社区警务一体化考核，推进"双实"管理，打好"进村入户"收官战。年内，上门走访居民9万余户30万人次，采集各类基础信息90余万条；为民服务"四级处理平台"高效运转，成功化解矛盾纠纷4200余起，帮助群众解决各类困难460余件；爱民帮扶持续深入，结对帮扶特困群众600余人次，在盐城市公安局组织的群众熟悉率、满意率测评中处于盐城市前列。

【融入经济社会发展大局】 2016年，大丰区公安局先后投入警力1万余人次，高质量完成首届"梅花节"、2016麋鹿文化旅游季、荷兰花海百合花文化月、中乙足球联赛大丰赛区等系列旅游商业活动安保任务113场次；研究出台服务全区经济建设"十项措施"，深入开展区局挂钩帮扶经济薄弱村、"领导干部挂钩服务企业"、党员干部"牵手致富"活动，直接参与全区经济大局；全力维护全区经济活动秩序，全年破获各类经济犯罪案件14起，为国家、企业和个人挽回损失1800余万元。

【窗口服务量创新高】 2016年，大丰区公安局聚焦服务群众，创新"互联网+服务平台"建设，开通大量掌上办理功能，新增自助移车、随手拍、非紧急情况报警等特色服务，实施网上预约办理、急办绿色通道、节假日正常办理等服务措施，提升服务效率，年内累计办理汽车上牌1.8万余辆、户口业务10万余件、出国境申请1.6万余件，办牌办证总量远超盐城市同类地区，群众对公安窗口服务满意度99.6%。

【公安队伍建设】 2016年，大丰区公安局，深入开展"两学一做"学教活动，坚持以党建带队建，成功打赢抗洪抢险、阜宁救灾和连云港维稳等多个硬仗；落实职务职级并行、警员职务选配等改革政策，为112名民警解决职级待遇，提拔任用45名中层干部；为民警购买人身伤害保险，组织体检，安排有子女参加中、高考的民警调休，通过暖心举措增强民警职业认同感；深入推进岗位练兵考核比武活动，先后组织各类培训班22个，受训520人次，选派90余名骨干民警分批赴高等院校参加学习培训，鼓励民警在职学习。

（袁汉清）

检　察

【概况】 2016年，盐城市大丰区人民检察院（以下简称区检察院）围绕中心工作，忠实履行宪法法律赋予的职责，各项工作继续保持创优争先的良好态势，为全区经济社会发展迈上新台阶提供强有力的司法保障。先后被区委、区政府授予综合先进奖、生态文明建设工作奖、政法综治工作奖及反腐倡廉和作风建设工作奖，被盐城市检察院表彰为先进基层检察院，记集体三等功，被省文明委表彰为江苏省文明单位。

【服务转型升级】 2016年，区检察院积极策应区委"'三港'联动、协调发展"的重大战略部署，紧扣"以项目预防服务战略实施"的工作目标，选取投资规模大、带动能力强的重大项目开展职务犯罪专项预防工作。制定《服务保障非公有制经济健康发展的实施意见》，健全领导班子挂钩服务企业责任制，严厉打击侵犯非公有制企业犯罪案件，保护非公有制经济公平竞争权。出台《加强知识产权司法保护的实施办法》，健全检察环节对科技创新活动的容错机制，保护科技创新主体的积极性和创造性。

【打击刑事犯罪】 2016年，区检察院密切关注社会治安和公共安全领域出现的新情况，突出打击严重影响人民群众安全感的犯罪。年内，决定批准逮捕146件213人，决定提起公诉458件598人。依法办理崔某等9人贩卖毒品案、段某等14名未成年人寻衅滋事案、陈某等3人利用邪教组织破坏法律实施案等一批有重大影响的案件。

【惩防职务犯罪】 2016年，区检察院开展查办民生、国企等领域职务犯罪专项行动。年内，立案查办贪污贿赂犯罪7件13人，立案查办渎职犯罪5件8人。反渎职侵权局被评为全省首届"十佳反渎局"。牢固树立"预防出生产力"的理念，积极开展"职务犯罪预防工作示范单位"争创活动，与相关单位签订共建协议，梳理相关部门在涉农补贴监管、建设规划审批等环节存在的管理漏洞，帮助建章立制，实现预防工作实效化。

【维护司法公正】 2016年，区检察院强化刑事诉讼检察监督，决定不批捕27件43人、不起诉11件16人，书面纠正侦查活动违法11件次，抗诉2件。强化民事行政检察监督，受理审查民行申诉案件39件，其中，发出再审检察建议2件，提请抗诉1件，发

2016年6月3日，大丰区人民检察院第一党支部举办"两学一做"学习教育专题党课　（单位供图）

出执行监督检察建议13件，发出督促履行职责检察建议7件，支持起诉2件。强化刑事执行检察监督，书面纠正刑罚执行和监管活动违法11件，办理羁押必要性审查17人，立案侦查刑执领域职务犯罪案件1件。推进财产刑执行检察监督工作，发出财产刑执行检察建议10件139人。财产刑执行监督工作被市院评为最佳创新创优项目。

【矛盾纠纷化解】 2016年，区检察院严格落实领导包案责任制，强化司法办案风险评估机制，做好服判息诉和释法说理工作。健全涉法涉诉信访导入、纠错、退出机制，启用远程视频接访系统，把涉法涉诉信访纳入法治轨道，妥善处理来信136件、来访30件、12309网络来信10件，促成刑事和解22件，向10名生活确有困难的刑事被害人提供司法救助。全年未发生影响社会稳定的涉检信访事件。

【促进社会治理】 2016年，区检察院针对司法办案中发现的各类风险隐患，深入开展调查研判，及时发出检察建议，促进解决突出社会问题，有3份风险研判报告获区委主要领导批示肯定。全面推进未成年人刑事检察工作，严格执行未成年人犯罪专人办理、附条件不起诉、犯罪记录封存等制度。针对网络关注度较高的校园欺凌案件，在依法办理的同时，注重消除网络影响，督促加强管理教育。未成年人刑事检察科被区委表彰为关心下一代工作先进集体。

【司法责任制改革】 2016年，区检察院根据司法办案需要和员额检察官岗位设置情况，做好干警思想工作，优化搭建办案组织，及时调整人员岗位。全院设置办案组14个，34名检察官被任命为员额制检察官，9名助理检察官获得特别授权。推进网信工作升级，完成驻所检察室与看守所视频监控联网系统高清改造、办案工作区同步录音录像高清改造、大楼安防高清视频改造等项目建设。加强网络安全建设，定期对信息网络系统进行保密自查，对潜在风险进行督查整改。保密工作被省保密局评定为优秀等级。

【打造"生态检察"品牌】 2016年，区检察院策应区委生态旅游发展战略，结合"危害环境资源犯罪专项立案监督"活动，到区法院、公安、司法、水利、国土、林业等部门调研座谈，制定出台《关于在破坏环境资源违法犯罪案件中开展生态恢复补偿机制工作的实施意见》《在批捕环节依法快速办理破坏环境资源犯罪案件的实施意见》，推动完善生态环境监管体系建设。与区旅游局开展"如画大丰·检旅共建"活动，签订共建协议，健全协作配合、案件通报、职务犯罪共防等工作机制，促进生态旅游业发展。

【干警文化文明素养提升】 2016年，区检察院编拍的以规范司法为主题的微电影《风在说》获全国检察机关第二届微电影展播活动优秀奖、第四届江苏网络文化季最佳检察微电影。廉政公益广告《不忘初心》，获全国检察机关第二届新媒体创意大赛铜奖，光影检察的品牌影响力扩大。邀请区摄影家协会专家到区检察院开设专家讲坛，组织开展"美丽大丰、幸福相伴"随手拍活动，策划"小记者进检察""中秋团圆节·情系麻风村"等专题活动，进一步提升干警的文化文明素养。创新创优工作项目连续四次被评为盐城市检察机关最佳创新创优项目。

【区检察院"两学一做"学习教育活动】 2016年，区检察院学习十八届六中全会精神、盐城市和大丰区党代会精神，党组班子严格落实"三会一课"制度，带头推进"积分制"考核，深入开展"三新"建设（构建从严管理新格局、营造良好环境新生态、践行争做表率新愿景），开展支部"两过一建"堡垒行动（过政治生活、过组织生活、建合格支部），党组织凝聚力战斗力得到提升。政工工作在盐城市检察机关"晒成绩、比素能"条线擂台赛中获得第一名。

【加强业务素能建设】 2016年，区检察院推进"部门+学社"业务素能提升工程，定期开展业务竞赛、案例研讨、文书评比、庭审观摩、文化沙龙等活动，多途径提升干警的业务素能。1名干警在全省检察机关案件监督管理竞赛活动中，获得"业务能手"称号。实行"二带一"调研人才培养工程，加强课题引导，推进成果转化，实现了调研工作由"固定传统领域"向"拓宽学术视野"的转变。1项课题获高检院立项、1项课题获省院立项、1篇论文获盐城市法学优秀成果二等奖。

【纪律作风建设】 2016年，区检察院严格落实“两个责任”（党委负主体责任，纪委负监督责任），编制党风廉政建设作为、禁止、监督、问责等“四张清单”，推行干警八小时内外纪律作风“1+3共管”机制，组织党风廉政学习教育，通过集中学习、专题交流、知识测试、微信公众号、短信平台推送、电子屏滚动播放等方式，提高干警的纪律意识和规矩意识。在全区“两条例一准则”电视抢答赛中包揽团体和个人两项第一。加强与人大代表和政协委员的联络工作，专题向人大常委会报告工作，主动向代表委员、人民监督员、特约检察员通报情况，公开法律文化、案件程序性信息、重要案件信息，充分保障人民群众的知情权、参与权和监督权。

（苏学峰）

法院

【概况】 2016年，大丰区人民法院（以下简称大丰法院）围绕“努力让人民群众在每一个司法案件中感受到公平正义”目标，着力防控风险、服务发展，破解难题、补齐短板，切实履行职责使命，受理各类案件11797件，审、执结11521件，处理和解决争议标的额28.3亿元，取得较好的法律效果和社会效果。破产审判工作、知识产权审判工作以及执行工作获得区委书记王荣的批示肯定。获全市法院信访工作先进集体、盐城市禁毒百日整治雷霆行动先进集体等市级以上表彰，连续6年被大丰区委、区政府授予综合先进奖。全年7个集体、42人受到盐城市级以上表彰。

【服务大局】 2016年，大丰法院保持法院工作与社会经济发展同频共振，发挥审判职能作用，保障全区重点工作顺利推进，推动社会各领域依法治理。发挥刑罚惩防功能。严格执行刑事法律，深入参与禁毒反毒“雷霆行动”、打击“盗抢骗”、网络犯罪治理等专项行动，审结各类刑事案件452件，判处被告人610人，其中判处三年以上有期徒刑被告人76人。始终保持反腐败高压态势，依法审结贪污贿赂、玩忽职守、滥用职权等职务犯罪案件14件，判处被告人15人，其中科级干部5名。加大对非法集资等犯罪行为的处置力度，依法审结非法吸收公众存款、非法经营等经济犯罪案件6件，判处被告人25人，涉案金额近7000万元。严格贯彻宽严相济的刑事政策，对252名犯罪情节较轻的初犯、偶犯、未成年犯、老年犯等依法从轻、减轻处罚，对26件案件启动非法证据排除程序，充分保障被告人诉讼权利。护航经济健康发展，积极适应经济发展新常态，谋求司法服务新作为。审结各类商事纠纷885件，涉案标的额6.8亿元。策应“一带一路”建设和海洋强国战略，妥善化解涉港口码头、临港产业、港城建设等重点项目推进中的纠纷12件，保障盐丰高速、明月海藻二期、达伯埃纸业等重点工程顺利推进。落实供给侧结构性改革要求，充分发挥破产审判职能，推进“僵尸企业”依法清理，盘活土地资源14公顷、厂房6.3万平方米。支持“鑫福岛”“瑞安名邸”等停工项目续建，实现招商项目落地，促进企业涅槃重生。妥善化解涉经济开发区、高新区、临港产业园等园区建设中的纠纷15件，保障新能源及装备、海洋生物、智慧产业项目的顺利推进。加大对自主知识产权的司法保护力度，依法审结知识产权案件11件，在正大丰海、辉丰等技术型规模企业设立知识产权保护联系点，促进“大众创业、万众创新”。加大侵权制裁，审结涉物权、股权等纠纷114件，增强市场主体创业创新动力。高度关注房地产、金融等市场风险，妥善审结商品房纠纷129件、金融借款纠纷184件，促进房地产市场健康发展，助推银行不良资产加快处置。监督支持依法行政，突出诉权保护和依法监督，推动法治政府建设。审结行政诉讼案件45件，非诉行政审查案件8件。依法保护行政相对人诉讼权利，严格审查行政行为合法性，行政案件实体判决13件。依法维持行政行为案件21件，办结非诉行政执行案件8件，维护行政机关执法权威。坚持依法裁判和协调化解相结合，积极开展协调和解工作，成功化解沈某申请国家赔偿案等一批行政纠纷。经协调后，行政诉讼案件原告撤诉率40%。推进司法与行政的良性互动，提升行政机关负责人出庭应诉实效，行政机关负责人出庭率87.5%。积极提供司法智力支持，深度参与行政机关执法培训工作，培训行政执法人员200余人次，帮助行政机关提高依法行政水平。参与社会综合治理，推进矛盾纠纷多元化解。围绕劳动合同、土地承包、交通事故、消费维权等群体性纠纷，积极争取职能部门和基层组织的支持，成功调处群体性案件284件。推进信访法治化处理，加强社会稳定风险评估，强化裁判文书释法析理，完善审委会信访工作专业委员会工作机制，推进律师参与化解信访案件，依法惩处无理缠访、暴力闹访的当事人，有力维护信访工作秩序。倡导“五心维权”理念，常态化开展“法左情右”志愿服务，在机关、社区（村）、企业等成立帮教基地，落实指定辩护、犯罪记录封存等司法制度，对省少管所大丰籍学员帮教回访，促进其改过自新、回归社会。参与法治文化建设，举办新闻发布会4场，选择152件典型案件巡回审判，在知识产权日、禁毒日等重要时间节点开展主题法制宣传，深入开展法官进企业、进学校、进社区活动，弘扬法治精神。针对审判中发现的经济发展、社会治理存在的隐患和问题，及时发出司法建议15份，其中4篇司法建议在上级法院评比中获奖。

【司法为民】 2016年，大丰法院深入践行司法为民理念，积极做优民生司法品牌，落实司法便民利民的各项举措，树立司法亲民惠民的良好形象。完善诉讼服务体系，推进诉讼服务标准化、规范化建设，诉讼服务中心完成升级改造，集成诉讼服务、诉讼引导、立案登记、案件速裁、诉调对接、涉诉信访、司法辅助七大功能。推进立案登记制落实，积极推行网上立案、自助立案、跨域立案等线上立案方式，七日内立案率100%。充分运用速裁程序，合理分流民事案件，1339件简易程序案件在30日内审结。推进审判流程、裁判文书和执行信息公开“三大平台”建设，自动推送审判信息6876条，网络发布生效裁判文书5314份，网络庭审直播76次。推进“智慧法院”建设，强化网上办事功能，卷宗同步数字化率100%。加大司法救助力度，开辟困难群众维权“绿色通道”，依法为弱势群体减、缓、免诉讼费用30余万元。加强民生权益保护，密切关注人民群众最关心最直接最现实的利益。审结涉民生案件1948件。持续开展为农民工讨薪专项行动，快立、快审、快执劳动争议、追索劳动报酬纠纷655件，集中发放劳动报酬款130万元。加强对老人、儿童、妇女等特殊人群的司法保护，依托“三言”家事纠纷劝解机制和“1+N”家事协作处理机制，运用人身保护令程序、家事调解程序和心理疏导程序，成功调处291起家庭矛盾纠纷。加强对农民生产经营权益的司法保护，妥善化解涉农村土地、农村住宅、农药农具等纠纷57件，规范农村生产经营秩序。加强对劳动者人身权益的司法保护，审结劳动者工伤、人身损害等纠纷123件，维护劳动力市场正常秩序。实施执行攻坚工程，向“执行难”全面宣战，执结案件3481件，执行到位金额13.5亿元，执结率87.6%，位列盐城法院系统第一位。发挥执行指挥中心功能，完善与公安、国土、建设、工商、金融等部门的网络查控机制，努力破解“查人找物”执行难题，冻结账户3769个，查控存款1.1亿元、房产287处、车辆592辆。全面推行财产司法网络拍卖，成交金额1.8亿元，溢价率14.8%。加大失信联合惩戒力度，通过平面媒体、网络媒体公开曝光“老赖”192人，在全国法院失信被执行人信息平台录入失信被执行人2654人。加大对规避执行、抗拒执行行为的惩治力度，深入开展“执行春风”、“执行飓风”等专项行动，拘留、罚款128人次，以拒执罪、妨害公务罪对3人追究刑事责任。

【改革创新】 2016年，大丰法院狠抓上级改革部署落实，把握创新创优关键环节，努力打造信念坚定、执法为民、敢于担当、清正廉洁的法院队伍。推进人员分类管理改革，落实法官员额制改革。开展员额基数测算，科学设定员额法官岗位，严格职业道德评价和业绩考核标准，择优推荐优秀人才入额，经遴选产生首批49名员额法官，占法院中央政法专项编制数的32.9%。落实法官助理制度改革，打造“青蓝工程”，选拔优秀青年干警担任法官助理并安排进入审判一线锤炼，“后备法官”梯队进一步优化。落实书记员管理制度改革，明确其司法雇员身份，落实职业保障待遇，严格管理考核标准，50名聘用制书记员通过省法院定岗考核，书记员队伍进一步稳定。落实审执分离制度改革，将执行裁决权和执行实施权深度分离，并对执行实施人员进行警务化改造，执行队伍战斗力进一步增强。与此同时，按照精简干练、人尽其才的原则，保留必要的司法行政人员，综合服务保障水平进一步提升。推进司法责任制改革，突出法官办案主体地位。坚持放权与监督、问责与免责相结合，按照“让审理者裁判，由裁判者负责”的制度设计理念，一方面建立健全法官业绩评价、审判责任追究等机制，法官在职责范围内对案件质量终身负责；另一方面取消以审判指标数据排名考核法官的传统做法，保护法官办案积极性。规范审判管理和监督，充分发挥审判组织的作用，院、庭长作为员额法官编入审判团队办案，提高办案效能；同时通过法官会议等形式，以公开透明、全程留痕的方式进行监督管理，放权不放任、监督不缺位。

2016年8月，大丰法院召开大丰区毒品犯罪案件集中宣判暨禁毒工作推进会，对4起涉毒案件的4名被告人进行公开宣判　　（单位供图）

【法院队伍建设】 2016年，大丰法院结合工作实际，将能力作风作为法院核心竞争力来打造。加强业务建设，承办“郁金香杯”学术研讨会，定期举办“司法大讲堂”、青年法官沙龙，多次邀请专家法官到院授课，参训人数逾1100人次。3篇案例入选《中国法院2016年度案例》，1篇案例入选《省高级人民法院公报》，青年法官制作的裁判文书勇夺全省法院优秀裁判文书一等奖，“退渔还湿”系列案件入围“盐城市十大法治事件”评选。培树先进典型，开展“办案标兵”、“服务标兵”评选、书记员技能竞赛等活动，2名法官被评为全市首届审判业务专家和审判业务优秀人才。作为全省唯一被授予“江苏省青年书香号”法院，持续开展读书活动。全面从严治院，严格落实“两个责任”（党委负主体责任，纪委负监督责任），深入开展“作风建设提升年”等活动，落实院领导周带班巡查制度，开展审务督察、明察暗访8次，发出巡查通报25份，规范干警日常司法行为和八小时外社交活动。

【朱亮当选大丰法院院长】 1月9日，在盐城市大丰区第十四届人民代表大会第五次会议上，朱亮全票当选盐城市大丰区人民法院院长。会上，朱亮代表盐城市大丰区人民法院向大会作法院工作报告，得到代表们的一致肯定。

【全院工作会议暨党风廉政建设和反腐败工作会议】 2月27日，大丰法院召开全院工作会议暨党风廉政建设和反腐败工作会议，深入贯彻落实中央、省、市、区政法工作会议，全国、全省法院院长会议、全市法院工作会议暨党风廉政建设和反腐败工作会议，以及区委相关工作会议精神，回顾总结2015年工作，分析形势任务，研究部署2016年全院工作。

【法制宣传】 3月13日，大丰法院组织干警在公园广场开展“消费者权益保护日”法制宣传活动。8月18日，按照大丰区委区政府统一部署，由大丰法院牵头，联合区检察院、文广新局共同在施耐庵公园开展“8·18”法制广场宣传活动。10月21日，大丰法院开展“敬老月”普法宣传活动，通过开展“孝亲敬老”法制讲座、法制展板、慰问贫困老人等系列活动，呼吁全社会敬老爱老。11月24日，大丰法院法官到大丰区第一小学开展“国家宪法日”法制宣传教育系列活动。11月25日，大丰法院参加区妇联牵头组织的“反家暴促和谐·白丝带在行动”法制宣传活动，为群众发放普法宣传资料，并耐心接待法律咨询。

【董文濮一行到大丰法院调研】 3月30日，最高人民法院政治部副主任董文濮、表彰宣传处处长刘峥一行到大丰法院指导工作，实地察看大丰法院应急指挥中心、少年法庭、家事法庭、心理疏导室、基石文化教育基地、院史陈列室、青年之家等场所，对大丰法院文化建设给予充分肯定。在大丰期间，江苏省高级人民法院法官管理处副处长曹也汝、盐城市中级人民法院党组成员、政治部主任李悦、大丰区委常委、政法委书记袁国萍等领导陪同调研。

【送法进学校】 4月8日，大丰法院青年法官赴大丰南阳中学开展送法进校园活动。5月6日，青年法官到大丰区金丰路初级中学，为1800余名学生讲法制教育课。9月2日，大丰法院在辖区职教中心举办“远离校园暴力、争做文明学生”为主题的系列校园普法宣传活动，少年家事庭庭长为数千名学生开展法制讲座。

【知识产权工作新闻发布会】 4月25日，大丰法院召开“加大产权保护，助推科技创新”知识产权工作新闻发布会，邀请新华网、《江苏法制报》、《盐阜大众报》、《盐城晚报》、盐城广播电视台、《大丰日报》、大丰电视台等多家媒体参加。

【盐城市法院“千案巡查”活动巡查组到大丰法院评查】 5月18日，盐城市法院“千案巡查”活动巡查组到大丰法院评查2015年结案的各类案件100件，同时邀请区人大内司委、区人民检察院民刑科、区委政法委执法督查室等部门领导监督本次评查活动。

【《盐城审判》“郁金香杯”征文研讨暨调研培训会议】 5月20日，《盐城审判》“郁金香杯”征文研讨暨调研培训会议在大丰法院召开。省高院研究室副主任沈明磊、吕娜，盐城市中级人民法院党组成员、副院长马生安，研究室主任许雪峰，大丰法院党组书记、院长朱亮，各基层法院办公室（研究室）主任及获奖作者参加会议。

【“网上立案”视频培训】 6月5日，大丰法院联合区司法局、区律协开展针对律师和法律工作者的“网上立案”视频培训活动。

【“6·26”禁毒宣传教育活动】 6月，大丰法院集中开展禁毒宣传教育活动。6月7日，大丰法院邀请南阳中学60余名学生代表到法院现场旁听尤某容留他人吸毒案公开宣判。6月18日，大丰法院在区施耐庵公园广场、汽车长途汽车客运站开展“珍爱生命 远离毒品”禁毒宣传活动，大丰区学生志愿者一同参加禁毒宣传。6月20日，大丰法院正式拉开禁毒宣传“百村行”序幕，在南阳镇居委会、诚心村、祥北村等村居开展“珍爱生命 远离毒品”禁毒宣传活动，通过发放禁毒宣传手册、现场解答、张贴反毒通告等方式，增强群众禁毒反毒的红线意识。6月22日，大丰法院组织毒品犯罪案件公开宣判暨禁毒法制教育大会，邀请人大代表、政协委员、社区矫正人员、涉羟重点人员、政法系统工作人员及新华网、江苏法制报、盐城广播电视台、大丰日报、大丰电视台等媒体记者220余人参加旁听。

【“规范登记立案、阳光诉讼服务”新闻发布会】 6月30日，大丰法院召开“规范登记立案、阳光诉讼服务”新闻发布会，邀请新华网、江苏法制报、盐城广播电视台等媒体参加，并特邀盐城市人大代表、区政协委员出席。

【裁审对接推进会】 8月18日，大丰法院与区人社局举行“裁审对接推进会”，就关于开展劳动人事争议纠纷多元化解工作的实施意见进行沟通与协商。

【毒品犯罪案件集中宣判暨禁毒工作推进会】 8月19日，大丰法院开展毒品犯罪案件集中宣判暨禁毒工作推进会，分别对4起涉毒案件的4名被告人进行公开宣判，邀请旁听的有：人大代表、政协委员、涉羟重点人员；重点整治镇、社区、村居的代表；政法系统工作人员；《大丰日报》、大丰电视台等媒体记者，共110余人。

【江苏省政协委员到大丰法院调研】 8月25日下午，6名江苏省政协委员在盐城市中级人民法院党组成员、副院长胡勇的陪同下到大丰法院辖区大桥镇东塔村村部旁听1起赡养案件的巡回审判，实地了解大丰法院便民利民工作开展情况。

【“假日集中执行”活动】 10月15日，大丰法院开展“假日集中执行”活动，有效遏制民事执行中的规避执行行为，集中力量重点整治失信被执行人，一批难案被攻破。

【涉民生案件执行款集中发放活动】 11月1日，大丰法院举行涉民生案件执行款集中发放活动，为100多位申请执行人集中发放涉民生执行案件标的款100多万元。

【书记员岗位技能大赛】 11月19日，区总工会、区法院共同举办书记员岗位技能大赛。大丰法院党组书记、院长朱亮出席颁奖仪式并讲话，区总工会党组书记、副主席蔡东出席颁奖仪式并讲话，区总工会副主席陈辉出席颁奖仪式，院党组成员、副院长徐远峰宣布获奖名单并主持颁奖仪式。

【组织学生旁听庭审】 12月16日，大丰法院邀请大丰区实验初级中学200名中学生旁听寻衅滋事案件庭审，并发放青少年维权手册、讲解相关法律知识。

（董静文）

司法行政

【概况】 2016年，大丰区司法行政工作以打造人民群众满意的司法行政机关为目标，务实创新，锐意进取，实现司法行政事业“十三五”良好开局。4月，大丰区首次被中宣部、司法部、全国普法办联合表彰为2011~2015年全国法治宣传教育先进县（市、区）；1月，大丰区司法局被省司法厅表彰为江苏省优秀县（市、区）司法局；在2016年度全区综合考核中获突出贡献奖。

2016年，大丰区司法局法律援助中心被江苏省司法厅表彰为全省法律援助工作先进集体

【法律服务规范化】 2016年，大丰司法局加强区、镇两级公共法律服务中心规范化建设，完善12348司法行政公共服务大厅律师值班制度和法律援助案件律师指派制度；开展“公证质量、服务‘双提升’”专项活动，修订完善公证处各项管理制度，建立过错责任追究制，定期对卷宗质量开展自查、互查，提升办证质量和服务水平。编制大丰区公共法律服务产品目录；制定《“一村一顾问”工作暂行管理办法》，明确村（居）法律顾问每月到村服务不少于2次的最低任务量；加强法律援助工作站规范化建设，新成立“区人民法院法律援助工作站”。加强对法律服务从业人员执业行为的监管，完善法律服务行业违法违纪投诉查处机制；建立律师事务所、法律服务所诚信公约制度，健全执业律师、法律服务工作者诚信档案；完善律师参与代理涉法涉诉及申诉案件相关制度。全年，全区律师和基层法律服务工作者办理各类案件3321件（其中法律援助案件754件），担任政府、企业、农村等法律顾问428个；“法润大丰·2016春风行动”法律服务专项活动中，走访企业600余个，发放联系卡1.2万余份，参与重大项目论证46次，办理重大项目法律事务12件。

【基层实战能力增强】 2016年，大丰司法局投资30余万元，建成覆盖全区14家司法所的视频调解网络；修订完善“标准化”司法所管理手册，全区司法所实行标准化管理；规范司法所、司法行政工作站、法律服务中心标牌标识，实现“三站点四统一”；在全区推广使用司法行政一体化智能平台，建成区级平台及内网网站；加强基层物资、装备配备力度，为基层配齐配强实战装备。完善工作机制。完善“网格化”排查预警机制；扎实开展“公调对接”工作，增聘15名专职人民调解员，派驻到有实际需要的部分基层公安派出所和区人民法院诉讼服务中心；优化调配区、镇两级调处服务中心和10个专业性（行业性）调委会人员，加强规范化运行管理。提升调解能力。完善人民调解员等级“评、定、升”制度，加强调解质量考评；对调解中心成立以来的典型案例选取有代表性、典型性、影响力的案例汇编成册；充分发挥人民调解员协会作用，组织开展人民调解员培训班3期，参训900余人次，有效提升调解员实战能力。深化排查预警。围绕区委、区政府的工作中心，组织开展“G20峰会”“两节”“两会”等敏感时期的矛盾纠纷集中排查调处活动，实现排查区域无矛盾激化、无民转刑案件、无群体性事件的“三无”目标；充分发挥好矛盾纠纷调处的提醒、警示、建议作用，为领导重大决策提出稳评建议，有效防控各类风险。年内受理各类矛盾纠纷5854件，调解成功5854件，其中区大调解中心及10个行（专）业性调委会受理调处矛盾纠纷789件，全部做到案结事了，化解陈年信访积案26件。

【公民法治素养提升】 2016年，大丰司法局造浓“七五”普法氛围，组织召开“七五”普法工作座谈会和“七五”普法骨干培训班；通过发放调查问卷、开展网络征集等形式，广泛征求各方面意见，制订全区“七五”普法规划；通过电台、电视台、报纸、大屏等传统媒体和网络、微博、微信等新媒体，采取丰富多彩的形式开展普法宣传，造浓“七五”普法启动的舆论氛围。成立盐城市大丰区普法志愿者大队和14支镇（区）中队；突出“关键少数”、“关键时期”两个普法重点，建立“两类人员”数据库，有针对性地开展领导干部任前法律知识考试、法律知识讲座、法治副校长上法治课、法律期中期末考试等活动，完善“谁主管、谁普法，谁执法、谁普法”工作体系，实现精准普法。加强民主法治示范村（社区）创建，全区建成民主法治村（社区）国家级2个，省级117个，盐城市级216个；加强区、镇、村三级法治文化载体建设，全面完成法治文化“321”工程任务；开展“微信普法、四季护航”、“司法日网络联动宣传”等丰富多彩的活动，提升大丰司法行政网、普法微博、微信的公众知晓率和关注度。年内，开展“行青春路·圆法治梦”“法润江苏春风行”等系列法治宣传教育活动54场，印发资料9万余份，受教育群众12万人次。

【社会治理创新】 2016年，大丰司法局深入开展社区矫正“严格执法、严格管理”集中整治活动，编制《大丰区社区矫正刑罚权力 清单和责任清单》，规范执法流程和职责权限；将手机定位、矫务通、语音识别定位、指纹脸谱识别考勤等系列技防手段与司法行政一体化智能平台相融合，保证各项技防措施无缝衔接。成立社区矫正和安置帮教工作协会，加强执法人员和社工队伍分级管理和岗位练兵活动，定期开展等级评定工作，落实社工等级与薪酬挂钩机制；充分发挥矫正小组作用，积极实施个别化矫正方案，提升矫正质量。建成心理咨询室和视频会见室，开展服刑人员远程“亲情会见”“遵纪守法之心理健康教育”等活动；全面推行衔接前置和安置帮教协议制度，落实刑释解戒人员临时救助和社会保障措施，强化三方联动机制，帮助刑释解戒人员顺利回归社会。截至2016年年底，全区在册社区服刑人员285人，全部管控到位；在管刑释解矫人员1888人，安置率、帮教率均为100%，2016年无重新犯罪。

【司法行政队伍建设】 2016年，大丰区司法局研究制定全区司法行政系统“十三五”发展规划；深入开展“两学一做”学习教育，结合“三解三促六帮助”“三服务”“进村入户”等工作，开展“走基层、转作风、我为脱贫致富奔小康献计策”活动。扎实开展“守纪律、讲规矩”专题教育、“510”警示教育活动，组织全系统干部职工开展各类警示教育8次；健全完善对机关管理、重点工作、各类案件等督查处理机制，对重点工作完成情况每月一督查、每季一通报；强化两个责任的落实，突出纪检监察室的监督职能，对区、镇系统工作作风、日常管理制度落实情况进行明察暗访，确保严格遵守相关纪律。完善各支队伍绩效考核机制，强化职业培训和等级评定，通过奖勤罚懒和督查考核，充分调动工作积极性；在全系统组织开展“岗位大练兵、技能大比武”活动，切实提高各条线业务能力；挖掘先进典型事迹，开展向全国优秀司法所长沈卫华学习活动。积极引导参政议政，新建成煜衡律师事务所党支部；积极引导系统内工作人员参政议政，全区司法行政工作队伍中当选盐城市党代表1人、人大代表1人、政协委员1人，当选大丰区党代表2人、人大代表1人、政协委员3人。

（李晟浩）

〖编辑 顾 锋〗

科学技术

综　述

2016年，盐城市大丰区以深化科技体制改革为动力，按照“坚持创新驱动，建平台创品牌引人才聚产业”的总体思路，着力实施创新驱动战略和科教兴区战略，拓展实施科技创新工程，不断巩固大丰区为全国科技进步先进市、国家知识产权试点城市、省创新型试点城市建设成果，强化科技计划项目组织、科技创新载体平台建设推动、科技品牌争创、产学研协同创新和知识产权申报与保护、科技创新宣传等工作，科技创新基础进一步夯实，科技创新综合实力进一步增强，科技服务经济能力进一步提升。获评2015年度国家知识产权试点城市工作先进集体，在盐城市2016年度目标任务绩效考核中，大丰区科技创新和人才工作盐城第一，区科技局被表彰为全区2016年绩效考核综合先进集体。

科技计划实施

【组织科技计划项目申报】 2016年，区科技局组织申报省级以上各类科技计划项目58个，获立项20个，落实资金3000多万元，其中，世贸天阶制药（江苏）有限责任公司的“宜真通”项目获省科技成果转化1000万元立项支持，使大丰区获得省重大科技成果转化项目总数达16个，继续位居苏北、苏中前列，盐城第一。江苏大丰港和顺科技有限公司的高效低排镍铁合金冶炼工艺及装备的研发获省重点研发计划（工业）120万元立项支持。组织申报省双创团队3个，获立项3个，争取资金1100万元。组织申报省企业科技副总项目7个，获立项6个。

【科技减税政策支持企业发展】 2016年，区科技局积极落实企业研发费用加计扣除、高新技术企业所得税减免等扶持中小企业技术创新的税收政策，为科技型企业减免税收13653.38万元，其中研发投入加计扣除减免税额3213.95万元，高企减免税10439.43万元。鼓励企业在经费投入、业绩评价以及分配制度等方面加强创新，充分调动企业及科技人员的创造性，认真开展一系列科技政策奖励工作，科技创新券发放资金133.34万元。

高新技术产业

【科技创新】 截至2016年年底，大丰拥有国家火炬计划高新技术企业6个、国家级高新技术企业61个；拥有省级以上创新型试点企业6个、省民营科技企业405个、省科技型中小企业138个。成功开发新产品510多个，其中，高新技术产品485个。2016年高新技术产业产值332.03亿元，占规模以上工业总产值比重35.4%。江苏丰泰流体机械科技有限公司的“同步回转油气混输泵及系统装置”项目获得2016年度江苏省科学技术奖二等奖。大丰赐百年生物科技有限公司、盐城大丰大龙铸造机械有限公司、江苏德航工程机械装备有限公司、江苏冠云软件科技有限公司等51个企业被认定为盐城市高新技术企业。

【16个企业被认定为国家高新技术企业】 2016年，江苏驷博电气有限公司、上海光和光学制造大丰有限公司、江苏鸿基金属制品有限公司、通威（大丰）饲料有限公司、盐城远大金属科技有限公司、盐城海瑞食品有限公司、江苏瑞科医药科技有限公司、世贸天阶制药（江苏）有限责任公司 、现代（盐城）工程塑料有限公司、江苏华尚汽车玻璃工业有限公司、盐城澳斯科特矿用设备有限公司、江苏德和绝热科技有限公司、大丰市昱祺机械制造有限公司、盐城恒兴饲料有限公司、江苏久昌机械有限公司、江苏真美包装科技有限公司被认定为国家高新技术企业。

【81个产品被认定为省高新技术产品】 2016年，20%噻吩磺隆·乙草胺可湿性粉剂、氰氟草酯、烟嘧磺隆、氟节胺、GD450–L型水平定向钻

2016年5月6日，大丰区召开科技创新暨人才工作会议，会上表彰了2015年度科技、人才工作先进集体和先进个人（单位供图）

机、RPP-4同步回转油气混输装置、1.5兆瓦超低风速直驱永磁发电机定子、等速万向节滑套精密锻件、等速万向节星形套精密锻件、烟嘧磺隆原药及40克/升烟嘧磺隆油悬浮剂、盐酸土霉素、GD90-27型水平定向钻、维生素B1（硝酸硫胺）、维生素B1（盐酸硫胺）、维生素B1（硝酸硫胺）颗粒、1，2-苯并异噻唑啉-3-酮、大型液晶显示器印制电路板、新型节能环保绝热隔音材料--岩棉、精喹禾灵原药及制剂、氟乐灵原药及480克/升氟乐灵乳油、噻苯隆、咪鲜胺锰盐、唑螨酯、75%烟嘧磺隆·溴苯腈水分散粒剂、汽车输出轴（中间凹面）精锻件、汽车电动转向器（EPS）中传动涡轮、GD3500-L型水平定向钻机、维生素H、RPP-6同步回转油气混输装置、4-氯-3-甲基苯酚（PCMC）、精锻长柄球笼滑套、精锻倒角三销轴叉、抛丸机用分箱式除尘器总成、WQ35-4型通过式螺纹钢抛丸机、QZX850盘圆型抛丸机、疏浚定位系统、挖泥控制系统、等速万向节钟形壳精密锻件、新型汽车传动轴用轴头、热带型泡罩铝（热带铝）包装用复合材料、BCA系列通过式前清洗机、FBQ系列重载可控气氛渗碳淬火炉、下仓专用抛丸器、功能性对虾配合饲料、RMW型水淬箱式渗碳炉、二氰蒽醌、38%2甲4氯·溴苯腈可溶性粉剂、QLF37-X4型吊钩式抛丸强化机、QLF-B150型高效薄板抛丸除锈机、（2'R）-2'-脱氧-2'-氟-2'-甲基脲苷、QM100装夹辊道通过式抛丸清理机、Q450L履带通过式抛丸清理机、一种超大容积的汽车用液化天然气气瓶、新型立式杜瓦瓶、升级版立式贮罐、轴、轮对的包（涂）装装置、膨化海苔机、高品质生物质炭、果糖氯化钠注射液、旋回轮淬火装置、轴用淬火装置、凸轮轴感应淬火装置、GD650-L型水平定向钻机、横式标准轴淬火装置、GW109/2500直驱永磁风电机组、GW121/2500直驱永磁风电机组、分布式智能微电网、海上风电场智能运维系统、履带式抛丸清理机、钢带专用抛丸清理机、汽车冷却水泵用高强度耐磨型叶轮、轿车变速器精密冷锻轴、等速驱动轴内星轮精密锻件、等速驱动轴滑套精密锻件、无水乙酸钠、三水乙酸钠、制动活塞被认定为省高新技术产品。

科技成果

【政产学研合作】 2016年，大丰区组织、参与一系列活动，推进与清华大学、复旦大学、上海交通大学、山东大学、西安交通大学、东南大学、电子科技大学、中国农业大学、常州大学和中科院海洋所、遗传发育所等高校院所的多层次、多领域、多形式的政产学研合作。新建东南大学技术转移中心大丰分中心。征集企业重大技术需求28项；新签各类政产学研合作协议128份。征集企业重大技术需求26项，全年组织科技型企业新招引高层次科技创新人才36名，组织申报省科技创新团队3个并获立项，组织申报省双创博士科技副总类人才项目7个，获立项6个。

【创新载体平台建设】 2016年，大丰区新获认定国家火炬特色产业基地1个（大丰海上风电装备特色产业基地）、国家级科技企业孵化器1个（大中科技创业中心）、国家级众创空间3个（卯酉创客邦、东方1号、万创智联）、国家级星创天地2个（丰收大地、盐土大地）；新获认定国家企业技术中心1个（江苏辉丰农化股份有限公司技术中心），获认定省级企业工程技术研究中心1个、省级重点研发机构2个、省级研究生工作站4个；获认定省级孵化器1个（龙创空间），新改扩建孵化器面积4.2万平方米，新增入孵项目30个，新增大学生科技创业项目10个。

知识产权保护

【知识产权宣传教育和培训】 2016年，区科技局广泛开展知识产权宣传培训系列活动。由区知识产权局牵头，联合教育、文化广播、市场监督等部门在区域内各大广场开展形式多样的咨询服务活动；通过走出去、请进来、知识产权图片展、发放宣传资料、赠送《中国知识产权报》和《中华人民共和国专利法》、举办专利讲座等方式，普及知识产权法律法规。结合科技计划项目申报，深入企业开展知识产权宣传，针对企业的具体情况采取“一企一训”“一企一策”“共性集中”等方式进行知识产权辅导和服务，较好地解决企业在发展过程中遇到的知识产权难题。全年组织各级各类培训12次，300人以上的大型培训1次。大丰区卯西创客邦众创空间获批江苏省众创空间知识产权保护项目。建立健全众创空间知识产权管理制度，开展面向创客的知识产权宣传、培训和服务工作，强化对入驻创客的知识产权保护，提升众创空间知识产权服务能力和水平。组织知识产权管理人员参加省、市组织的知识产权执法培训、知识产权贯标（贯彻《企业知识产权管理规范》）及工程师培训，研讨案例，提高知识产权管理人员的业务水平。通过这一系列的宣传教育和培训，为大丰区知识产权工作的深入开展打下良好基础。

【知识产权工作】 9月，大丰区获批江苏知识产权强省建设区域示范单位。5月，大丰区顺利通过国家知识产权试点城市验收，并于12月申请创建国家知识产权强县（区）示范单位。12月，大丰经济开发区被认定为江苏省知识产权示范园区。为推动国家标准《企业知识产权管理规范》（GB/T 29490-2013）在大丰区的贯彻实施，区知识产权局引导辖区内骨干企业建立知识产权制度，实施企业知识产权战略，全面提高知识产权综合管理水平。截至2016年年底，18个企业通过“贯标”验收，其中13个企业获优秀格次，树立了全区企业知识产权管理品牌。组织11个省标验收合格企业向国标过渡。江苏辉丰农化股份有限公司获批省知识产权战略推进计划重点项目，江苏正大丰海制药有限公司获批省知识产权战略推进计划一般项目。根据国家和江苏省、盐城市知识产权局统一安排，积极组织知识产权执法维权“护航”专项行动。结合实际，主动开展执法检查，推动商户提高依法保护知识产权的意识，形成良好的知识产权保护氛围。2016年，查处假冒专利案件20件，全部结案。

【专利工作】 2016年，盐城市大丰区申请专利4402件，其中发明专利申请445件、PCT专利申请16件；授权专利1478件，其中发明专利授权144件，万人发明专利拥有量6.3件。区专利授权数盐城第一、万人发明专利拥有量盐城第一、专利申请量盐城第二。全面完成培育知识产权密集型企业、专利大户、优势企业、专利达标企业、消除零专利企业等工作全年目标任务。在复杂多变的宏观形势下，大丰区企业积极调整优化产业结构，提升创新主体专利布局能力，减少非专利保护目的的专利申请，更加重视专利质量提升，专利结构不断优化，质与量同步提升。

2016年，大丰区推进与清华大学、复旦大学、东南大学和中科院海洋所、遗传发育所等高校院所的政产学研合作 （单位供图）

国家可持续发展先进示范区建设

【概况】 2016年，大丰参加中国可持续发展研究会组织的国家可持续发展实验区建设研讨会，在会上做典型汇报。组织江苏正大丰海制药有限公司和江苏杨健生命科技发展有限公司参加第七届中国（泰州）国际医药博览会。组织江苏佳诣环保科技公司、大丰跃龙化学有限公司等4个单位申报2016年省重点研发计划（社会发展）项目。组织江苏谷登工程机械装备有限公司、江苏正大丰海制药有限公司等9个单位向中国可持续发展研究会申报2016年可持续发展技术难题项目。上报的2016年大丰国家可持续发展实验区简介被中国可持续发展研究会选中，专题做了一期大丰可持续发展特刊。通过调查研究向科技部中国21世纪议程管理中心提交近五年的“大丰区国家可持续发展先进示范区建设工作总结”及大丰可持续发展典型案例—“大丰现代海洋生物产业蓬勃兴起”。参加科技部华东片区国家可持续发展实验区建设研讨会。

防震减灾

【概况】 2016年，大丰防震减灾围绕地震监测预报、地震灾害预防、地震应急救援三大体系建设，贯彻落实《盐城市防震减灾目标管理责任书》的要求，防震减灾工作取得优异成绩：获盐城市综合评比先进单位，效能考核、震情趋势会商第一名。地震监测预报工作获全省先进。

【震情监测网络逐步完善】 年内，大丰区辖区内地震监测台网运行正常，及时维修观测设施，保证监测资料连续可靠，信息传输及时准确。2016年全省地震观测资料质量评比中取得优异成绩，其中，前兆数据管理与系统维护获全省第一名，电磁波监测手段获全省第二名，地磁FHD-2B仪监测手段获全省优秀。2016年，自筹资金22万元，整修改造地震台综合办公楼，加强办公区管理，规范值班秩序。同时，定期对宏观点哨进行业务培训和工作检查。

【震灾防御】 2016年，区地震局根据年初确定的切实开展抗震设防管理的计划，依法加大建设工程抗震设防要求管理工作力度，为工程建设单位做好抗震设防服务工作。进一步加强地震安全性评价管理工作，对生命线工程，存在严重次生灾害的重大工程，地震烈度复核项目按规定要求做好地震安全性评价工作，并按地震安评结果进行设计施工，确保工程质量。全年审批工程建设项目32件。

【地震灾情速报网络建设】 2016年，区地震局根据地震灾情速报的有关要求，完善和充实速报网络，进一步对灾情速报人员在速报的内容、程序和要求等方面进行明确，规范地震灾情速报工作，同时做好应急工作的软硬件建设，加强地震监测和观测环境保护体系建设。建立健全网络，完善全区"三网一员"（地震宏观测报网、地震灾情速报网、地震知识宣传网，防震减灾助理员）建设，在全区12个镇分别确定1名地震工作信息员，并在全区所有村、居委会设立1名地震灾情速报员，定期通过短信平台辅导灾情信息速报规范，组织参加省市信息演练。

【农村居民抗震工作】 2016年，区地震局会同区新农村建设办公室、区住建局，结合新农村建设多次深入乡村，从农村民居的规划、选址、建筑施工等各个环节入手，组织开展农村民居地震安全宣传活动，通过展板、影像、发放资料等宣传指导农村民居抗震设防工作，发放《农村民居抗震指南》3000余份，推进农村民居地震安全工作的开展。

【地震安全示范社区建设】 2016年，区地震局为增强公众的防震减灾意识，提高防震避震和自救互救能力，根据省市地震局的要求，开展地震安全示范社区建设工作。选择基础条件较好的社区开展创建工作，通过建立创建组织机构和工作制度，完善社区的应急预案，开展形式多样的防震减灾宣传活动，在社区设置专门的科普宣传画廊，配备应急救援设备和图书等科普资料，组建社区志愿者队伍，购置家庭应急包等防灾应急装备。通过创建活动，大中镇大华社区创建为省级地震安全示范社区。

【防震减灾知识宣传】 2016年，区地震局继续按照"积极慎重、科学有效"的防震减灾宣传原则，加大宣传力度，提高广大干群防震减灾意识，营造"政府主导，部门配合，群众支持"的浓厚氛围。年初制订《盐城市大丰区2016年防震减灾宣传工作计划》，提出全年防震减灾宣传工作的目标任务，做到有计划按步骤地进行防震减灾宣传。扩大传播防震减灾的信息量和宣传面，开展各项防震减灾宣传工作，通过专题、网络、简报、橱窗、展板等多种形式，利用"5·1"《中华人民共和国防震减灾法》实施日、"5·12"防灾减灾日和"7·28"唐山地震纪念日、科普宣传周以及"12·4"法制宣传日的时机，组织防震减灾知识和法规宣传。结合地震安全示范社区和示范学校的建设，多渠道广泛传播地震科普知识。区地震局坚持"教育一个孩子，影响一个家庭，带动整个社会"的宣传理念，提高学生的防震减灾科普知识，从而提高全民的防震减灾意识，科学应对地震灾害，减少灾后损失。大丰区初级中学成功创建为省级防震减灾科普示范学校。

（王蓉华　潘　丰）

气象事业

【概况】 2016年，区气象局围绕提升"四个能力"（气象预测预报能力、气象防灾减灾能力、应对气候变化能力、开发利用气候资源能力）、建设"四个一流"（一流的装备、一流的技术、一流的人才、一流的台站），以做好各项气象服务为根本，推进现代气象业务体系建设，进一步扩大公共气象服务覆盖面和影响力。继续做好防灾减灾气象服务工作，以提高预报预测准确率和"两个体系"建设（建成完善的城市气象防灾减灾和公共服务体系）为中心，不断提高气象业务服务能力。加强党风廉政建设和精神文明建设，建设和谐机关，完成各项工作任务。

【气象业务水平提高】 2016年，区气象局加强业务人员培训，完善业务运行制度，加大考核力度，不断提高内在质量。全年各项业务工作质量稳定，达到省市局目标要求。设备稳定运行率、到报率、数据可用率均达到省定标准，地面观测、酸雨、报表预审无错。综合气象探测业务质量指标：99.94 %，其中国家站质量指标：100%，区域站质量指标：99.89%；ASOM信息反馈质量指标：100%；国家站新长Z文件传输率：99.98%；区域自动站资料传输率和要素到报率：99.93%、缺测率：0.08%；gps/met资料传输率：99.55%；大丰被通报次数为零，酸雨各项报文传输及时且错情基数为0‰，完成全国酸雨抽样考核和能见度标校工作。

【气象服务】 2016年，区气象局贯彻"公共服务和社会管理"的气象工作方针，按照"一年四季不放松，每个过程不放过"的要求，积极实施"以人为本，无微不至，无所不在"的服务理念，强化气象监测、预报和预警服务工作，完善服务流程，提升气象服务的可用性。局气象台与区文化广电新闻部门建立气象信息发布渠道，发挥广播、电视、报纸和政府网站在气象信息发布中的主渠道作用，及时发布灾害性天气预警信号，根据重大过程和关键季节及时发布重要天气报告、专题气象服务（春耕春播、夏收夏种、秋收秋种、节假日）、气象信息参考、一周天气专题等服务材料。与区农业、环保等部门合作，联合开展会商、调研和现场服务。与区广电网络公司和广告公司合作，通过全区的2150只农村大喇叭和市区显示屏发布气象信息。全年制作重要天气报8期，气象信息参考12期，各类专题气象服务72期，接受电视台、报社天气预测及服务采访25次。发布预警信号73次，发布预警短信185次，接收短信1818人。依托专项积极开展为农服务“两个体系”建设，推进“三农”气象服务专项建设，建成南阳镇、丰收大地、三龙镇斗龙港村3个气象防灾减灾示范点，“三农”专项建设高质量通过了省局项目评审，南阳镇成功申报省级防灾减灾示范镇。完善“直通式气象服务”，与区水利、民政、农委、国土、环保等部门分别签订防灾减灾合作协议，实现“信息共享、合作研究、优势互补、平等互利、联合发布”的防灾减灾体系，加强培训，开展全区气象信息员培训，在“3·23”世界气象日、“5·12”防灾减灾日、6月份安全生产月等时间节点开展气象防灾减灾宣传活动，全面提升全区气象灾害防灾减灾能力。

2016年9月，大丰区气象局组织气象信息员培训，提升气象灾害防灾减灾能力　（单位供图）

【气象行政管理】 2016年，区气象局组织重点人员深入学习《中华人民共和国气象法》《中华人民共和国行政许可法》和《江苏省气象管理办法》等法律法规，提升知法和用法能力。开展法律法规宣传活动，利用纪念“3·23”世界气象日、安全生产月等活动，通过报纸、电视新闻媒体、制作宣传版面、印发宣传单、悬挂宣传标语等多种形式深入街头、企业、社区开展社会宣传，重点宣传气象法律法规和防灾减灾知识。开展安全生产检查活动，重点对人员密集场所、危化企业和其他高危行业开展防雷安全检查，督促整改大量隐患，履行法律法规赋予的气象行政管理职能。加大气象执法力度，多次协调有关部门对化工园区的化工企业和氢气球施放进行安全检查，工作中做到依法行政，优质服务。认真开展安全生产专项检查活动，年内组织3次较大规模的安全检查，重点对危化企业和其他高危行业开展防雷专项检查，督促整改大量隐患，履行法律法规赋予的气象行政管理职能。规范防雷审批制度的执行，所有减免项目全部按照要求报批执行，执行新建建筑物防雷装置设计分段验收程序，确保每个项目都能跟踪检查到位。根据上级要求，统一管理防雷减灾技术服务基本装备和归档资料。

（耿　健）

〖编辑　朱晓华　谢竹青〗

综述

2016年，大丰教育工作紧扣"盐城领先、全省争先、全国有影响"的目标定位，坚持以"五大发展理念"为指导，以教育现代化为统领，以立德树人为根本，以提高教育质量为核心，以促进教育公平为重点，全面贯彻落实《大丰市中长期教育改革和发展规划纲要（2010~2020）》，加快改革转型，稳妥推进教育教学改革，实施民生工程，强化教师队伍建设，全面提高常态化教育管理水平，推进大丰教育的优质均衡发展。据2016年年报统计，大丰区各类幼儿园48所，其中由区教育行政部门主办的公办幼儿园5所，镇政府主办的公办幼儿园24所，民办幼儿园19所；有519个班，在园幼儿16313人。小学33所，有719个班，在校学生27080人，入学率和巩固率均为100%。特殊教育学校1所，13个班，在校学生205人，其中随班就读77人。初级中学27所，其中九年一贯制学校2所，有班级360个，在校学生14185人，入学率100%，流动率为-0.02%，升学率为99.47 %。普通高中4所，其中高级中学3所，完全中学1 所，有179个教学班，在校学生8266人。中等职业学校1所，在校学生3242人。幼儿园教职工1895人，其中专任教师1093人；小学教职工1974人，其中专任教师1851人，有中级职称的1180人，有高级职称的207人；普通中学教职工2667人，其中专任教师2351人，有高级职称的864人，有中级职称的1049人；中等职业学校专任教职工288人，其中专任教师245人，有初级职称30人，有中级职称的89人，有高级职称的103人。全区各类骨干教师1674人，其中盐城市学科带头人95人，盐城市教学能手196人，盐城市教坛新秀39人，大丰区学科带头人439人，大丰区教学能手905人。

学前教育

【概况】 2016年，坚持以基本普及学前三年教育、努力改善办园条件、不断提高保教质量为重点，全面贯彻省教育厅《关于实施第二期学前教育五年行动计划的意见》和《关于深化学前教育体制改革试点工作的意见》文件精神，落实《3~6岁儿童学习与发展指南》《江苏省学前教育管理条例》，继续推行《大丰区学前教育五年行动计划》。2016年，在不断优化全区幼儿园布局调整规划，推进镇公办中心园项目建设的基础上，组织开展学前教育宣传月系列活动，积极清理、整顿无证园，突出治理"小学化、乱办班、乱收费"现象；开展教师全员培训、教研沙龙活动，强化交流与学习，发挥省市优质园的示范、辐射、带动作用。加大省、市优质幼儿园、大丰区管理规范示范幼儿园及大丰区特色幼儿园创建工作力度，全年有6所幼儿园接受省优质园现场验收，上半年验收3所，分别是白驹镇洋心洼幼儿园、新丰镇金墩幼儿园、三龙镇渔业幼儿园；下半年验收3所，分别为大丰港实验幼儿园、大丰港王港幼儿园、西团镇大龙幼儿园。6所幼儿园全部通过验收。

【幼儿园管理规范】 根据《大丰区学前教育五年行动计划》及发展学前教育的相关配套文件，建立了由政府牵头，发改委、财政、住建、国土、人社、卫生、教育等部门共同参与的学前教育联席会议制度，定期会办学前教育改革发展中的大事、难事，形成学前教育"政府负责、分级管理、教育部门主管、有关部门分工负责"的管理体制和工作机制。2016年，加强监管力度，对各幼儿园教育收费、园务管理、教育资源、保教工作、队伍建设等方面进行评估和督查指导，修订《幼儿园素质教育目标考核细则》，加强对民办园的监管，每年都依法对民办幼儿园进行执法检查，在管理制度、保教质量、经费支出等方面强化监管，促进其依法办园。加强检查督导，教育督导部门依据《幼儿园教育指导纲要》，定期对各幼儿园进行评估和督查指导，按照国家、省、市有关要求做好幼儿园信息管理系统有关数据的审核及入园率统计工作。加强办园管理，召开全区幼儿教育工作会议，规范办园行为，提高办园质量，提升办园内涵。2016年召开幼儿教育规范办园专项会议4次，各幼儿园签订了杜绝“小学化”现象责任书，组织园长学习学前教育新的政策和法律法规，开展课程游戏化建设项目的学习与探索。加强年检及保教视导工作，对幼儿园的秩序、环境、安全等方面进行全面检查，重点督查幼儿园是否存在“小学化、乱办班、乱收费”现象，有效促进区域内幼儿园保教质量的提高。

【调整设园布局】 根据江苏省、盐城市关于学前教育发展的要求，按照大丰区经济发展状况及人口现状，区教育局制定了《第二期学前教育五年行动计划》，明确了学前教育发展的目标任务、实施步骤和政策措施，推进学前教育的布局调整，全面构建区、镇办园的学前教育网络，逐步实现城区每1万人左右居民区建一所幼儿园的目标，基本形成覆盖城乡的学前教育优质公共服务体系。新建小区配套幼儿园均严格按照《江苏省优质幼儿园评估标准》进行建设并实施到位。2016年，新建幼儿园5所、改扩建幼儿园12所，新增建筑面积22540平方米，高新区幼儿园、刘庄镇中心幼儿园、大丰港实验幼儿园完成内部装潢，于2016年下半年全部投入使用。为激励各镇加大学前教育投入，区政府落实以奖代补政策，设立学前教育专项奖补资金，凡新建公办幼儿园，每园奖励100万元，确保每个镇至少建成1所达省优质园标准的公办中心园。全区有省优质园34所、盐城市优质园7所、合格园9所，优质资源覆盖率提高到82%。

【办园条件改善】 2016年，区教育部门继续加大财政性投入，动员社会力量投资办园，多渠道筹措学前教育资金，改善办园条件。全年财政性学前教育经费为10841.62万元，占财政性教育经费比例为6.66%。在不断加大幼儿园建设的同时，建立健全资助制度，按照省定标准对家庭经济困难幼儿进行资助，每生每年平均1000元，资助比例为在园幼儿的12%。2016年对1495名困难幼儿发放资助资金149.5万元。全面推行残疾幼儿免费就读制度，区特殊教育学校成立了学前教育康复班，对学前残疾儿童免费康复教育。

【教师素质提升】 2016年，区教育局在教师中开展“师德标兵”“模范班主任”“优秀幼儿教师”“最美幼儿教师”和“我最喜欢的老师”等评选活动。表彰先进，激励教师不断学习，形成人人争做师德标兵、个个争当优秀教师的良好氛围。合理配备教师，培养儿童完整人格。2016年，招收3名优秀男性幼儿教师充实到大丰区幼儿园、大丰港实验幼儿园、南阳幼儿园工作。抓好科研活动，全面提升教师素养。2016年，通过开展课题研究，优秀教育活动展评，优秀教育论文及教育教学案例评选活动，提升幼儿教师的整体素质，实现科研兴师，实施科研兴园战略。上报论文及案例347篇，其中，城东实验幼儿园在盐城市学前教育优秀教育论文展评活动中获盐城市一等奖。抓好新教师培训和骨干教师的培养，促进可持续性发展。重视幼儿教师培训，采取集中通识培训和园本培训相结合的形式，组织了有针对性的活动和新教师才艺展示活动。注重骨干教师培养，2016年，幼教系统有江苏省特级教师2人，省教育评估院幼教评估组专家4人，盐城市学科带头人9人，盐城市教学能手18人，大丰区学科带头人6人，大丰区教学能手23人，在岗教师资质合格率100%。2016年，面向全省公开考录了53名新教师入编幼儿教师队伍，公办幼儿园事业编制教师比例为39.13%。

【保教质量提高】 2016年，区教育贯彻落实《江苏省学前教育条例》精神，通过年度“学前教育宣传月”系列活动和“大丰区管理规范示范园”创建等活动，规范办园行为。坚持学前教育管理数字化，所有幼儿园全部接入互联网，实现了“园园通”，专门建立了学前教育网站，进行信息化管理。修订并印发了《关于开展大丰区特色幼儿园创建工作的意见》，制定了“大丰区特色幼儿园”评比细则，组织开展幼儿园特色创建现场观摩活动。推进省课程游戏化建设项目，全面实施省优质园创建联动发展项目。3月，区人民政府被中共盐城市委办公室和盐城市人民政府办公室表彰为盐城市“十二五”学前教育先进集体。11月10日，大丰区幼儿园、大丰区实验幼儿园、城东实验幼儿园3所幼儿园作为省学前教育学会年会现场点对全省开放。

2016年，大丰区制定“大丰区特色幼儿园评比细则”，组织开展幼儿园特色创建现场观摩活动

基础教育

【概况】 2016年，全区推进依法治教，强化教师队伍建设，开展校园特色文化建设，基础教育普及程度显著提高。小学一年级新生招生人数4568人，比上年减少9人，普及率100%，在校生数量保持稳定；2016年招收初一新生4786人，初中阶段教师数量为1656人；普通高中阶段招生人数2525人，普通高中阶段教师数量为695人。巩固“常规管理强化年”“常规管理提升年”的建设成果，开展教学视导，基础教育均衡发展全面迈进，优质资源配置日趋合理，素质教育深入实施，教育教学质量内涵全面提升，义务教育从基本均衡向优质均衡发展的全面转变，使得基础教育质量得到全面提高。

【义务教育优质发展】 2016年，在城东新区新建一所城东实验初级中学，将原大中镇裕华初级中学整体迁入，原大中镇裕华初级中学改建为大丰区少年体育学校。控制城区学校办学规模，全面推进标准班额办学，实施班额控制计划并出台有关政策。加快义务教育学校标准化建设。2016年改扩建项目10个，面积50273平方米，完成投资12445万元。同时，按照每生每年小学150元、初中200元的标准安排义务教育校舍维修长效机制经费625万元。投入1064.44万元、1332.76万元分别用于义务教育阶段学校工程建设和设备购置，有效改善学校办学条件。实施校安工程，投入资金1.78亿元，新建校舍18461平方米。10月，竣工基建项目16个，建筑面积5683平方米，另有6个项目，建筑面积5200平方米的工程于2016年年底前完成并交付使用。同时，加大教育装备更新力度。制订《大丰区中小学“智慧校园”创建规划和年度创建计划》，加大对教育信息化和装备标准化建设的投入，完善义务教育阶段教育教学设备设施。实施教师岗位交流制度。全力推动县域内义务教育的均衡发展。2016年，新招录的100名中小学教师全部下派到农村学校。同时，根据城乡学校学科教师余缺情况，在城乡间交流小学教师210名。完善校长交流机制，任期满2届的一把手校长或新任校级干部一律异校任职，2016年，异地交流小学校级干部26名。

【普通高等教育发展】 实施晋星升级工程。2016年，区教育局成立以教育局主要负责人为组长、分管局长为副组长、相关职能科室负责人和两所学校校长为成员的四星级高中创建领导小组，统筹协调推进创建四星级高中工作，加快新丰中学、南阳中学创建四星级普通高中步伐，投入创建专项资金1600万元，加强新丰中学、南阳中学硬件条件、设施装备和办学内涵建设，推进创建工作，创建江苏省四星级高中。9月，组织两所学校向省教育评估院进行申报，10月，两所学校均通过省教育厅组织的材料评审，11月21~26日接受了省专家组现场评估，两校都顺利通过江苏省“四星级”高中评估验收。做好大丰高级中学的四星复审工作和大丰区第二中学启动初高中校区分离程序。全面加强高中课程基地建设，优化课程结构。大丰高级中学“青少年信息技术课程基地”着力建设“五大中心”“一个平台”，开发基础应用类课程、知识拓展类课程、兴趣特色类课程等十多种校本课程，使青少年信息技术课程基地成为实践性、体验性、自主性教学的“新课堂”。南阳中学以“沿海滩涂湿地”生物课程基地为中心，建成多个生物课程基地，编写了《麋鹿保护》《湿地珍禽》《湿地种植》《湿地养殖》等校本教材，初步建立起生物课程基地体系。开展课堂教学改革，举办2016年大丰区高中课改现场会，对高效课堂模式进行展示和研讨，并邀请省专家组到现场点评和指导，推动全区高中课改向纵深推进。大丰高级中学全面推行“3+1”课堂教学模式，获得大丰区科技进步三等奖。组织全区普通高中学生综合素质评价和普通高中学业水平考试，构建体现素质教育要求的高中教育。健全创新人才联合培养机制，支持创新人才培养试点学校，不断探索实施创新人才早期培养。

【素质教育深入实施】 2016年，区教育局推进小班化教育，围绕“备、教、改、评、纠、辅、督”等环节，以学年度“家家到”方式，分职能组进行常规视导。分别召开小学、初中、高中、职教教育教学工作会议，落实责任，对部分学校的薄弱学科进行梳理，由教师发展中心研训员牵头组成学科班子，蹲点指导，限期改薄。做好各学段学情检测分析，制定了《大丰区义务教育阶段教学过程监控及教学质量评估细则》。组织人员督查市、区教学工作会议精神落实情况，对各学校就加强教学管理、提高教学质量方案、五项过关、培优补差、“三清”措施等进行逐一检查。专题召开义务教育教学质量分析会，对教学质量进行深入的剖析，并对提高综合办学质量提出了明确的要求。适时开展德育教育活动，深入开展阳光体育活动，举办大丰区第七届中小学阳光体育艺术节开幕式、田径运动会及乒乓球、篮球、排球比赛活动，承办2016年江苏省青少年科技竞赛（大丰分赛区）系列活动。配合卫生部门做好学校传染病防控工作，严格疫情报告制度，实行每天网上直报，加强校园教学设施的消毒工作，加强学生健康教育，有效预防各类传染病的发生和传播。

【常规管理规范高效】 2016年，区教育局贯彻落实教育部《义务教育学校管理标准》，修订完善《大丰区小学、初中教育教学常规管理细则》，采取抽查方式对校园环境、日常管理等进行随机检查，促进了学校教育教学管理工作的常态化、规范化、精致化。全区新增“盐城市依法治校示范校”16所，另有13所学校通过“省标教育技术装备先进校”验收。修订安保合同，规范保安管理，确保“安全防线”坚固有效。筹措资金，提升技防水平，各学校财务室、图书室、微机房、实验室、化学试剂保管室全部安装防盗门窗。2016年，全区新增11名校园保安，省级平安校园率75%。加强学校食堂管理，全区80%以上的学校顺利完成明厨亮灶工程建设，其中42个学校食堂达到盐城市A级食堂标准。全面加强常见传染病的监控，严格疫情报告制度，有效预防各类传染病的发生和传播。全区3所学校获江苏省健康促进学校银牌，16所学校获江苏省健康促进学校铜牌。推进教育系统财务公开，规范财务行为，提高财务收支透明度，组织对117个100万元以下基建维修工程进行造价审计，审计金额1173.34万元，审计核减34.32万元，对4个100万元以上工程项目初审后报送审计机构，审计核减40.3万元。加大扶贫助学工作力度，对5871名家庭经济困难学生发放助学金和生活补助946.19万元。加强校长管理，组织部分小学、初中校长参加盐城市小学、初中内涵建设现场会，推动各小学、初中不断强化常规管理，深入推进内涵建设，提升办学质量和水平。严格学籍管理，组织全区中小学2016年春学期学籍会审，巩固控辍成果，并不断完善学生转学、借读、休学、复学资料台账，促进学籍管理更加规范。

【责任督学挂牌上岗】 2016年，为推进“全国中小学校责任督学挂牌督导创新县（市、区）”建设，提升教育督导工作水平，贯彻落实《“江苏省中小学校督学责任区挂牌督导创新县（市、区）”建设实施方案》，全区所有学校按地域分布划分为5个督学责任区（4个中小学责任区，1个学前教育责任区），实现责任督学挂牌督导全覆盖。从全区118名教育督导评估专家库中择优选聘29名充实到责任督学队伍。专门邀请省督导办副主任张虎成到大丰开展责任督学挂牌督导专业培训，提升责任督学及专家库成员的督导水平，为全区全面推进“中小学督学责任区挂牌督导创新县（市、区）”奠定坚实的基础。2016年，责任督学挂牌上岗以来，组织开展多次责任督学进校督导活动，创造性地开展“一月一主题”经常性督导和责任区“一日常规”督导、综合素质督导等督导活动，有效指导学校的教育教学活动，促进了学校办学水平、办学质量的提升。12月，大丰被江苏省人民政府教育督导委员会表彰为江苏省中小学校责任督学挂牌督导创先县（市、区）。

2016年，大丰区加强校园文化建设，开发特色校本课程，全面开展特色社团、兴趣小组活动，提升内涵建设水平

【教师素质提升】 2016年，强化师德建设，区教育局先后印发《关于开展“立师德、做师表、强师能、铸师魂”师德教育主题活动的实施方案》《关于转发教育部“中小学教师违反职业道德行为处理办法”的通知》等文件，全区10名教师被区委、区政府表彰为十佳“师德标兵”，涌现了一大批大丰最美教师。全面搭建教师成长平台，组织以学校、共同体为单位的教学比武、基本功竞赛、优质课比赛教学研讨活动。2016年暑期教师全员培训围绕新教育实验区建设，聘请新教育实验领域的培训专家和一线优秀教师开设讲座；组织培训结业考试，全区中小学近5000名教师取得合格成绩。开展各项专题培训，组织小学、初中61名班主任进行为期3天的班主任培训，组织140名教师参加电子交互平板应用能力培训、利用远程手段开展“教育信息化应用平台”“资产与装备管理信息系统”等信息化应用平台的培训。分学科组织小学语文、数学、英语、音乐、美术教学骨干或全员培训。组织教师能力提升工程网络培训工作，历时240天，分三期对全区5050名教师实施培训，全体学员按时完成在线学习和线下研修。推动慕课（MOOC）学习模式，组织全区教师利用高校学习平台，按需选择学习课程，全面提高教师素质。组织全区教师参加江苏省中小学教师健康知识网络培训竞赛，据统计，有3015名教师参加培训竞赛。组织全区教师基本功大赛和优秀课评比，在盐城市教师基本功大赛中，初中段语文、英语学科各有1名教师获得一等奖；在盐城市组织的“让学引思教学观摩”活动中，大丰区小学段语文、数学、英语学科获盐城市农村组一等奖。城东实验小学教师陈建华在省级美术优质课比赛中获一等奖，实验初中教师王婷婷在省级音乐基本功比赛中获二等奖，幸福路小学教师陈丽丽在盐城市级优质课比赛中获一等奖。组织大丰区第十批教学能手、学科带头人评审工作。2016年，全区拥有江苏省特级教师11人、盐城市名教师6人、盐城市学科带头人95人、盐城市级教学能手196人。

【学校德育工作】 加强学校德育常规工作，结合教育工作实际，区教育

2016年，大丰区结合教育工作实际，加强学校德育常规工作

局研究制定《教育系统2016年德育和教育法治工作要点》，明确2016年度学校德育和教育法治工作的目标任务、工作要求。加强未成年人思想道德教育实践活动，下发《关于进一步加强未成年人思想道德教育实践活动的通知》，围绕通知精神先后组织全区中小学开展“美丽大丰港”征文比赛，先后组织全区中小学开展学雷锋主题教育活动、百万少年凭吊革命先烈活动、向国旗敬礼活动、小手拉大手文明齐步走活动、世界粮食日主题教育活动、学宪法讲宪法活动、法制广场活动、大丰区小学生环保征文活动。配合全区中心工作，开展文明城市创建，收集整理台账资料，加强督查指导。做好普法工作，区教育局被推荐表彰为“盐城市六五普法先进集体”。5所学校和10名教师分别获盐城市德育工作先进集体和先进个人称号，2名教师被确认为“盐城市德育学科带头人”，5个盐城市“十二五”德育科研课题顺利结题。加强班主任队伍建设，组织开展“大丰—通州”班主任工作创新论坛，组织全区骨干班主任基本功竞赛，并选拔6名教师参加盐城市第二届班主任基本功大赛，获一等奖2个，二等奖4个，获奖率100%。2016年，全区有28名教师获得“盐城市优秀班主任”称号。组织开展毒品预防教育活动，下发《大丰区中小学毒品预防教育指导意见》，成立教育系统园丁禁毒志愿者小分队，组织参加全国青少年禁毒教育知识竞赛，区教育局被表彰为先进单位，3所学校被表彰为先进集体，6人被表彰为先进个人；参与区禁毒委组织开展的“雷霆行动”，普教科被表彰为先进集体，1人被表彰为先进个人。组织参加盐城市第三轮法制宣传教育系列活动和盐城市中小学生环保绘画大赛，组织参加盐城市青少年环境知识科普课堂——生命之水项目，有5所学校和5名教师被表彰为先进集体和先进个人。开展三好学生、优秀学干、学生先进集体推荐表彰工作，表彰171名三好学生、97名优秀学干、44个学生先进集体，同时推荐表彰了盐城市三好学生47名，优秀学生干部12名，先进集体6个，推荐表彰了省三好学生8名，优秀学生干部2名，为广大中小学生树立了榜样。推荐4所学校申报省级乡村学校少年宫，2所学校申报盐城市心理健康教育特色学校，16所中小学被确认为2015年度盐城市依法治校示范校，并推荐5所中小学、幼儿园申报2016年度盐城市依法治校示范校。

【学校特色文化建设】 2016年，根据大丰区教育局《关于深入开展学校文化建设工作的实施方案》和《关于加强学校特色文化建设的意见》，全区加强学校校园文化建设，开发特色校本课程，加强课程项目建设，全面开展特色社团、兴趣小组活动，提升内涵建设水平。2016年，参加盐城市初中教育内涵建设现场推进会，汲取内涵建设方面的成功经验；小学校园文化更加丰富，特色更加鲜明，大丰区实验小学、大丰区幸福路小学、大丰区城东实验小学、大丰区南翔实验小学被教育部命名为全国青少年校园足球特色学校；建立了大丰区实验小学、大丰区幸福路小学、大丰区城东实验小学、大丰区南翔实验小学、大丰区第一小学五个青少年足球基地。城东实验小学获“江苏省科普教育基地”称号，幸福路小学被省教育厅命名为江苏省篮球特色学校，大丰区实验小学、大丰区城东实验小学被表彰为盐城市心理健康特色学校，人民路小学被确认为盐城市首批生态环保型学校，大丰区第一小学、大丰区城东实验小学获“盐城市艺术教育特色学校”称号，大丰区万盈小学的“快乐家园”特色文化课程项目在省教育厅视导时得到检查组的肯定和好评。全区小学特色文化建设百花齐放，大丰区实验小学的“行知文化”，大丰区大中镇裕华小学、大丰区新丰小学的“双语阅读”，大丰区刘庄小学的“空竹运动”，大丰区康平路小学的“花样跳绳”，大丰区三龙小学的“感恩教育”，大丰区白驹小学的“水浒文化”，大丰区草庙小学的象棋文化精彩纷呈，校园特色文化氛围浓厚。

【课程建设有成效】 2016年，全区建成省级课程基地项目9个，其中，普通高中课程基地项目2个，初中课程建设项目4个，小学特色文化建设项目1个，特殊教育发展工程项目2个。大丰区万盈初级中学的“体验探究式数学课程建设”课程项目、大丰区特殊教育学校的“特殊教育发展工程医教结合项目”分别通过盐城市和省级评审答辩，被列为2016年江苏省正式项目。组织人员参加省、市开展的课程基地建设培训，加强已建课程项目的督查指导工作，发挥课程基地在提高教育教学质量和提升学生核心素养方面的作用，提高课程基地的使用效益，提升全区课程基地建设和使用水平。大丰高级中学、大丰区南阳中学、大丰区白驹初级中学、大丰区方强初级中学、大丰区万盈小学、大丰区特殊教育学校接受了江苏省教育厅组织的对课程项目的视导调研，视导组对大丰区加大投入，推进项目建设，重点加强硬件设施的建设、校本课程的开发、特色文化氛围的营造以及取得的显著成效给予肯定。大丰高级中学围绕“青少年信息技术课程基地”建设加大资金投入，构建了基地框架。

【招生工作规范】 区教育部门严格执行招生政策，规范程序，阳光操作，确保招生工作的顺利实施和秩序稳定，完成义务教育阶段及普通高中招生任务。2016年有高考考生2702人，全区设大丰高级中学一个标准化考点共95个考场。2016年，中考考生4732人，设大丰高级中学、大丰区新丰中学2个考点158个考场。自学考试及各类证书考试。全区全年报名参加本、专科自学考试人数3745人，报考规模继续位于盐城市前列，其中有27人取得本、专科毕业证书。非学历证书考试报考人数增长迅猛，2016年组织了全国计算机等级考试、剑桥少儿英语考试和中小学学生书法等级证书考试等各类证书考试14次，报考人数比2015年大幅增加，突破16500人，超过2015年人数，仅书法水平等级考试报考人数突破万人大关。成人高校招生考试顺利进行，2016年大丰区有999名考生报名参加成人高考，设理工、经管、文史等类别，整个考试工作组织到位，进展顺利。

【体艺科技扎实推进】 加强体艺工作的推进力度，开展阳光体育活动，区教育局组织2016年体育中考以及普通高中招收高水平运动队和艺术社团考试。举办大丰区第七届中小学阳光体育艺术节开幕式、田径运动会及乒乓球、篮球、排球比赛活动。启动2016年《国家学生体质健康标准》测试工作，施行面100%，各学校根据要求组织测试，推荐上报6所盐城市级中小学生体质监测点学校。组织参加省县组田径比赛，获金牌2块，银牌3块，铜牌2块；组织参加其他省级比赛，获金牌4块，银牌2块，铜牌2块。组织参加盐城市中小学生田径运动会，并获团体总分第一名，获金牌46块，银牌15块，铜牌30块。3所学校获省健康促进学校银牌，16所学校获省健康促进学校铜牌。组织参加盐城市“市长杯”足球比赛，金丰路初级中学获初中组第三名，城东实验小学获小学组第四名。组织参加盐城市中小学乒乓球比赛，大丰区获团体第三名。组队参加盐城市首届中小学生运动会比赛，获冠军3个，亚军5个。开展科普教育工作，区教育局被表彰为“江苏省《科学素质纲要》实施工作先进集体”。开展盐城市第十六届盐城市青少年科技创新大赛专项经费资助项目活动，有23个项目入选，资助经费9000余元。组织中小学生参观大丰区“全国科普日”主场活动科普展，全区有2000名中小学生参加活动。组织参加江苏省第三届（盐城市首届）紫金奖创意设计大赛和2016年江苏省第二十八届“金钥匙”科技竞赛决赛，成绩显著。组织参加盐城市十五届青少年科技创新大赛，获一等奖5个，二等奖6个，三等奖3个；实验初中选送的作品《麦田里的守望者》入围江苏省27届科技创新大赛决赛。组织全区10所学校1000名学生参加了盐城市“我与太空种子共成长”活动，获优秀组织奖1个，优秀指导奖1个，学生观察奖4个。组织科普培训，推荐11名教师参加盐城市青少年科技竞赛教练员培训班，2名教师参加2016年“北斗领航梦想”项目培训，1名教师参加2016年青少年科学调查体验活动省级骨干教师培训及国际STEM教育展（论坛）。

【爱心助学品牌】 2016年，区教育局组织开展“彩云妈妈、阳光爸爸”爱心行动，在全区教育系统开展“彩云妈妈、阳光爸爸”与结对孩子牵手共度节日的活动，越来越多的教师加入到这个行列，有800多名教师加入这个爱心团队。各学校的“彩云妈妈”、“阳光爸爸”利用春节、“六一”儿童节、端午节等节日广泛开展活动，策划形式多样的主题活动，和孩子们共度佳节，让孩子们不仅得到物质上资助，更在情感和心理上享受快乐。做好贫困大学生摸底登记工作，通过多种渠道助学，确保不让一个孩子因贫失学。全面开展对困难教职工的帮扶和救助工作，由大丰区教育工会牵头，做好贫困师生档案建设，多方筹措资金，将扶贫帮困工作推向常态化。元旦、春节期间，多渠道对贫困家庭学生进行救助。

【社会实践常态推进】 2016年，区教育局先后组织全区5~7年级1万多名中小学生分批参加社会实践拓展活动，每期450多人，历时两天半，总共22期。活动开设军事训练、户外拓展、手工制作、参观采风、才艺展示、安全演练等课程，让学生在轻松愉快的活动中拓宽视野、丰富知识、增强体质、陶冶情操。此项活动年培训10000多人次，大丰区青少年活动中心因此成为省级未成年人社会实践基地。打造“行知互动剧场”活动品牌，以校园生活等为题材编撰写小剧本，用相声、快板、小品、歌舞、讲故事等灵活多样的艺术形式展示出来，使文明礼仪、传统美德在学生中入眼、入耳、入脑、入心。

【教育系统重点工程稳步推进】 2016年，教育系统重点工程建设稳步推进。投资540万元的特殊教育学校康复大楼完成征地14000平方米。推进新校区项目建设，港区小学、幼儿园新建工程主体竣工；高新区初级中学新建工程进展顺利，主体建筑基本封顶，2016年秋学期投入使用；城南幼儿园新建工程主体框架封顶，已投入使用；投入专项创建资金1600万元，启动实施的新丰中学、南阳中学晋星升级工程通过专家验收。大丰高级中学体育馆建筑面积7000平方米，计划投入资金4800万元，工程进入招投标阶段。

职业教育

【概况】 2016年，大丰职业教育按照创建省高水平现代化职业学校的要求，把服务沿海经济发展和服务学生的全面发展、终身发展作为办学宗旨，以提高学校教育教学质量为核心，抓好大丰区职业教育招生工作和培训工作。2016年度大丰区职业技术教育中心中职部毕业生技能考试合格率95%，综合高中部12级学生中级工考试过关率100%。

【招生培训成绩突出】 2016年招收初中毕业生1033人，其中五年制高职招生300人，综合高中部招生381人，中职部招生352人；成人本专科开放教育和奥鹏远程教育招生842人（开放514人、奥鹏328人），超额完成全年800人任务。职业技能培训工作取得新的进展，2016年，各级各类非学历培训和职业技能鉴定计9387人次，其中职教驾校的驾驶员培训2126人，培训效益大大提高。省商务厅认定的省电子商务人才培训基地已经挂牌，成功取得省退役士兵中高级培训资质，利用大丰区全民创业培训中心、盐城市创业实训基地的有利条件，开展创业培训，大丰区职业技术教育中心被评为盐城市二星级中小企业公共服务平台、盐城市创业辅导基地。

【教学质量提升】 2016年，大丰区职业技术教育中心各类考试成果喜人。五年一贯制专升本录取人数29人，综合高中部对口单招本科录取人数35人，专科录取人数为663人，其中，公办专科达线率100%，三二分段制升学54人，本科达线率在盐城市同类学校中排第三名；英语、机械、机电专业理论课考试均分排盐城市第一；高职部五年制“专转本”考试录取29人，其中被本二院校录取15人；中职部参加盐城市教学质量检测也取得了较好的成绩。组织学生参加劳动部门的技能考核，有113人获得高级工资格证，236人获中级工资格证。区职业技术教育中心潘晓忠等老师指导的作品在江苏省职业教育创新大赛中，1个获二等奖，2个获三等奖。在江苏省技能大赛中，区职业技术教育中心获盐城市团体优秀奖，朱红梅获建筑CAD盐城市一等奖、省二等奖，张春平获财会盐城市一等奖、省两个单项一等奖、综合二等奖，卞玉玲和柏向荣获盐城市工程测量和声乐一等奖，获盐城市二等奖16个。在盐城市职业学校教学大赛中，区职业技术教育中心获5个一等奖，8个二等奖和8个三等奖。

【教科研工作有效推进】 2016年，区职业技术教育中心组织开展教科研活动，在省级以上刊物上发表论文23篇，获奖13篇，其中3人获一等奖，5人获二等奖，5人获三等奖，组织申报省级课题2项（中职工业分析与检验专业项目教学法研究、推进职业教育数字化优质信息资源建设——以江苏省大丰中等专业学校为例），结题课题研究2项（《五年制就职实践教学质量评价研究》《大丰社区培训学院核心能力发展研究》）；在江苏省“三创”（创新、创造、创业）征文比赛中，5篇论文分获一等奖、二等奖、三等奖；在江苏省第十四届“蓝天杯”论文大赛中，6篇论文获奖；在盐城市信息化大赛中，陆莹获英语组一等奖，并在后来参加的省级比赛中，获省二等奖，蔡娟获土木水利组二等奖；在江苏省微课设计与应用比赛中，1人获省三等奖，3人获盐城市一等奖，2人获盐城市二等奖，4人获盐城市三等奖；综合高中举办盐城市对口单招机电、财会、化工三个专业的“让学引思，有效教学”研讨活动和有效教学现场观摩活动。

【学生就业形势改观】 2016年，区职业技术教育中心抓住社会对“互联网+”的复合型技术人才需求不断增加的大好机遇，提早介入，精选用人单位，实地考察用人单位的岗位和食宿条件，采集汇总学生意向与信息，宣传用人单位岗位需求，规范合作协议，通过整体化就业工作培训与学习，组织校园招聘会，全面提高学生就业水平。2016年，大丰区职教中心全日制毕业生1307人，分五年制高职、综合高中、中职三种类型，分布在加工制造类、财经商贸类等9大类、25个专业，当年度就业人数1277人（包括升入高一级学校就读人数），直接就业人数为498人，就业率98.26%，其中对口就业率86.65%。

【教师队伍建设】 2016年，区职业技术教育中心开展我与学校“共兴衰、共荣辱、共发展”的“三共”教育活动，组织开展“最美教师”评选及征文活动，培养教职工的集体荣誉感和与学校共发展的自觉性。学校还加大对教师业务培训力度，选派1名一线教师赴美国加州长滩州立大学参加培训；安排24名教师参加省级培训；组建4个名师工作团队，进行现代教育技术的培训；实施青蓝工程，组织青年教师教学比武。活动的开展，促进了教师队伍整体素质的提升。2016年，区职教中心有1人受到省级以上表彰，2人受盐城市级表彰，1人受区级表彰。

【学生管理水平提升】 2016年，执行国家有关学生管理制度和省德育工作标准，践行“立德树人”教育使命，实现了学生管理的规范化、制度化和科学化。着力抓好班主任队伍和学生自主管理队伍建设，涌现出一批事业心重、管理能力强的先进个人。通过组织学生开展“学宪法讲宪法”“全国青少年禁毒知识竞赛”“学校反欺凌专项治理”“校园文化艺术节”等活动，促使学生养成良好的行为习惯，培养学生的自我教育和自我管理意识。10月，盐城市政府教育督导团对大丰区职业技术教育中心反欺凌治理工作给予肯定，认为学校反欺凌治理工作组织有力、措施有效、成果显著，并作为盐城市教育工作典型上报江苏省教育厅。

2016年，大丰区职业技术教育中心中职部毕业生技能考试合格率95%，综合高中部12级学生中级工考试过关率100% 杨 琨 摄

【校园文化建设】 2016年，职业教育校园文化建设力度不断加大，区职业技术教育中心校园内的各种建筑、道路、桥、绿化区域的命名既做到意蕴深长，又体现校园文化特色；校训、校风、教风、学风、培养目标的内涵更加丰富；投入资金提升校园绿化的品位；宣传优秀教师、学习标兵、文明标兵、技能标兵、常规标兵、优秀舍长等先进事迹，张贴社会主义核心价值观的内容，营造校园文化气氛，提升校园正能量。开展丰富多彩的社团活动，举办校园文化艺术节。初步形成了以优秀校园文化引领、激励师生成长的良好氛围。

【办学条件改善】 2016年，全区继续加大职业教育投资力度，提前谋划“十三五”期间的智慧校园建设、现代化实训基地建设和现代化专业群建设，确保了各项工作有序、务实、高效的开展，计算机应用省级高水平示范性实训基地初具规模，能够适应学校教学需要。机械制造专业群项目按照建设计划要求，扩大相关专业的招生规模，加大机械实验实训设备的投入和专业师资队伍建设。建成汽车运用与维修国家级实训基地、数控技术应用和计算机应用省级高水平实训基地、大丰区职业技能鉴定所等公共服务平台。在注重硬件建设的同时，更加注重整合现有资源，开展了“理实一体化”教学实践。结合地区经济社会发展和学生就业需要，开设了五年制汽车运用技术专业，重点建设计算机应用实训基地、数控技术应用实训基地和机械制造专业群。投资3500万元，建成实训综合楼，工程主体已经封顶并交付使用；投资300万元，完善数控技术应用专业实训基地的功能，建成数控技术应用省高水平示范性实训基地，为学生实习提供了高标准平台，大幅度改善了实验实训设施的结构；投资500万元，建成省级高水平现代化职业学校。

特殊教育

【概况】 2016年，区特殊教育坚持实施素质教育，遵循特殊教育的办学规律，推进特殊教育新课程改革，不断巩固教育现代化创建成果。残疾儿童随班就读辐射至全区各普通中小学，全区三类残疾儿童入学率98%以上。

【特殊教育学校办学条件改善】 区特殊教育学校占地14540平方米，建筑面积7400平方米。学校现有教学班11个，学生128名，教职工29名，其中中学高级教师5名，小学高级教师19名，盐城市学科带头人1名，盐城市教学能手7人，盐城市教坛新秀2人，大丰区学科带头人1名，大丰区教学能手2人。2016年，投资540万元，征地14000平方米，新建面积2700平方米的残疾儿童康复训练中心大楼投入使用。办学规模由小变大，办学条件逐年改善。

【教育特色厚重】 2016年，大丰区特殊教育学校借助麦秆画这一特色，注重技能传授与实践操作相结合，启迪学生智慧，教给学生谋生的本领。开设烹饪、缝纫、编织、理发、麦秆画等职业技术教育项目，既培养学生的技能，又是学生自我谋生的手段。“丰特牌”麦秆画多次应邀参加省内外旅游商品博览会展出，先后获得盐城市首届旅游商品设计银奖、“百草堂杯”工艺品类“盐城八珍”、“盐城市十大绿色环保品牌”、“盐城市十大畅销品牌”、第二届江苏省旅游商品“最佳产品”称号和第五届中国民间工艺品博览会铜奖。学校注重研发校本教材，彰显个性教育特色，启动校本课程开发计划，组织教师研究使用过的教材，根据自己积累的教育教学经验，结合学校实际及学生特点，灵活调整教材内容和要求，充分挖掘课内外资源，对教材进行科学的删减、增补、重组，建立起适合学生发展的校本课程体系，满足学生个性化教育需求。

【康复训练有效开展】 2016年，大丰区特殊教育学校在原有的感统训练室、语言训练康复教室基础上，建立了多感官综合训练系统，运用“启智博士”和“启音博士”等特殊教育手段对残疾学生进行语言和听力康复训练。特别是注重缺陷补偿，彰显康复教育特色。利用“语音室”“感统训练教室”“肢体运动康复室”等专业功能训练室，为学生的教育、康复训练提供了良好的服务条件和训练设备。以实施“发展潜能，补偿缺陷”为康复理念，对每一位学生进行初期评估，制定康复计划，开展一对一的个性化康复教育训练，最大限度挖掘其智力潜能，补偿其身心缺陷，取得显著的康复效果。投资540万元新建的多感官综合训练康复教室待康复中心大楼交付使用。

【办学质量稳步提高】 2016年，大丰区特殊教育学校在原特色课程的基础上，新增“音乐康复训练”、“聋人舞蹈”等课程，不断提高聋人残余听力和肢体协调能力。每学期通过举办校园文化艺术节、体育运动会、书画展、手工制作比赛等，进行素质教育成果展示，促进学校艺术、体育教育不断创新发展。李娟在“第十一届全国推选文艺新人大赛”中获少年绘画组“全国十佳选手”称号，受邀赴北京全国政协礼堂参加颁奖典礼暨“总书记和我们手拉手”文艺晚会。在江苏省首届推文艺新人活动中，韦翠香获少年民间艺术组十佳选手称号，蔡琴获青年书法组十优选手称号。在“西门子助听器杯”第二届全国少儿绘画大赛中，陆国锐获少年组二等奖，张春健、杨慧、张子文分获小学组和学前组优秀奖，并赴北京参加了“百名聋儿使者，圆梦百年奥运”活动，获奖作品在北京音乐厅展出。2名学生的书画作品在“中日少儿书画作品展”上展出。3名学生在盐城市首届残疾人运动会上获银牌、铜牌。曹慧获盐城市特教学校学生职业技能大赛全能第一名，并获女子乒乓球单打冠军。

社区教育

【概况】 2016年，社区教育工作围绕“转型发展，稳中求进”总基调，按照“项目强校，智力惠民”总体思路，调整充实社区教育师资队伍，努力构建终身教育体系。全区建立健全区、镇、村三级社区教育网络，形成普通教育、职业教育、成人教育相互沟通协调发展，多维、立体、开放的社区教育体系。投入20多万元修缮并添置教学设备设施，为草堰镇社区教育中心协调解决社区教育阵地。加强社区教育项目创建工作，以创促建，以创促发展，三龙镇创建省级社区教育中心，草庙镇创建省级高水平农科教结合富民基地，接受了省专家组的评估验收。全区建成10个省级社区教育中心，2个省级高水平农科教结合富民基地，承办了2016年盐城市暨大丰区全民终身学习活动周活动。

2016年，大丰区建立健全区、镇、村三级社区教育网络，形成多维、立体、开放的社区教育体系

【社区教育中心加强资源整合】 2016年，区教育局做好社区教育中心资源的整合和配置。一些镇社区教育中心搬进新建的校舍，部分社区教育中心与镇相关教育资源进行了整合，做到共建，共享。区、镇、村三级办学体系完善。2016年创建省级社区教育中心2个，至2016年年底，全区建成省级社区教育中心11个，盐城市级社区教育中心1个，全区村（居）居民学校建成率100%。部分困扰社区教育发展的现实问题（乡镇成教经费不足、师资短缺、设备不齐等）得到妥善解决。实施社区教育富民工程，利用课堂教学、电化教育、现场示范、巡回服务等形式，举办返乡农民工或在乡农民工技能学历双提升教育、农村致富培训、农民经纪人培训、村组干部培训、绿色证书培训、企业职工培训、下岗待岗转岗职工培训以及各类“短、平、快”的农业实用技术培训，形成全方位、系列化的农村成教培训新格局。结合重大节日，开展丰富多彩的社区活动。上半年，各镇社区教育中心与镇文化站、社区医院、区科技局、老体协、团委、妇联一同组织“文艺、卫生、科技三下乡活动”，足迹遍布镇村、敬老院。

【社区教育三级管理网络形成】 2016年，全区建立健全全镇社区教育管理网络。从社区教育管理委员会，到社区教育中心，再延伸到各居民学校，形成了覆盖全区的社区教育三级管理网络。强化基层居民学校建设，为居民学校都配备了专用教室、课桌凳、阅览室，藏书均不少于1000册，还辟有室外活动场地，为社区教育的开展搭建了良好的平台。居民学校依托村公共服务中心，整合村级文化活动中心、村关心下一代协会、居民广场等资源开展活动。各社区教育中心开展计算机应用技术培训班100多期，培训党政机关干部和企业管理人员1260多人次。社区教育网建成主栏目24个、子栏目58个、网页90多个、图片520多幅、信息资料90万字，网页浏览人数超过1万人。各社区教育中心还引导社区居民学习“江苏学习在线”的优质课程，并为社区50周岁以上的1280人进行实名注册，每周利用一个下午的时间集中指导学习，总学时8600多个。大中镇社区教育中心再次被中国成教协会授予“农村社区学习中心”称号。

【教师队伍建设加强】 2016年，全区12个社区教育中心每个中心至少配有3名专职教师，村村建有居民学校，校长由村组党支部书记或村主任担任，每个居民学校配备一名专职的副校长，副校长兼职社区教育联络员，负责社区教育工作。各居民学校配备5~10名由各村干部、专业户、养殖能手组成的兼职教师。各镇还建立了由800多名有专长、有知识、爱奉献的退休干部、教师、专业户组成的社区教育志愿者队伍。镇社区教育中心定期对兼职教师、志愿者进行业务培训和专业培训。以大中镇为例，2016年，又配备了专职教师2人，另有兼职教师156名，全镇建立了1850多人组成的社区教育志愿者队伍。

【社区教育形式多样】 2016年，社区教育以各类短期培训活动为重点，满足各类人群的学习需求，抓好社区内的学前教育、青少年学生的校外素质教育，未成年人的德育工作。通过盐城工学院、盐城高级职业学校、大丰区职教中心、镇社区教育中心等多方合作办学开展“校企大专班”培训，全年完成各级各类非学历培训和职业技能鉴定9387人次。各社区教育中心建设自己的品牌培训项目。大中镇常年进行老年人电脑教学及远程教育培训，2016年，着力于老年人“手机+电脑”教育培训的探索，在联合国教科文组织驻华代表处、中成协在宁波召开的2016年农村社区学习中心能力建设项目年会暨创新发展研讨会上作了题为《“互联网+老年教育”初探索》的交流。新丰镇社区教育中心利用温氏养殖省级高水平农科教结合富民示范基地这个平台，结合当地实际情况以及示范基地的发展需要，制订长期与短期相结合的培训计划，采取专家讲座、现场示范、经验交流，印发技术宣传指导资料，组织农民实地参观考察等形式，强化农户的科学养殖理念和实践能力。西团社区教育中心根据地方产业需求，围绕抛丸机产业，开展企业管理经营者培训、焊工、电工、起重机械等特种作业安全生产技术培训，全年开展各类技能等级培训10期，培训学员400多人次。草庙镇社区教育中心服务大丰港化工园区，开展化工生产培训、技能等级培训和技能学历双提升培训。

【社区教育推动就业】 2016年，社区教育中心组建劳动再就业培训机构，开展家政、电子商务、养殖、计算机、农艺、建筑等各类实用技术培训260多期，年培训各类再就业人员18600多人次，就业率98.26%，对口就业率85.65%。学员培训做到学以致用，学能就业，学能致富，极大地提高了劳动者再就业综合素质，缓解了全区劳动力就业压力，有效推动了全区经济的快速发展。

师资建设

【概况】 2016年，区教育部门贯彻落实省政府《关于进一步加强师资队伍建设的意见》文件精神，实施师资队伍素质提升工程，健全师资补充长效机制，优化教师队伍结构，造就一支高素质专业化教师队伍。

【师德素养提升】 2016年，全区教育系统深入贯彻《中小学教师职业道德规范》，引导广大教师树立崇高的职业理想，全面提高师德素养，健全师德激励机制，定期开展师德模范评选活动。在中国共产党成立95周年之际，区教育局党委发文，授予40名教师“优秀共产党员”称号，授予15名教师“优秀党务工作者”称号，授予江苏省大丰高级中学党委等5个单位“先进基层党组织”称号。规范教师从教行为，坚持依法治教、从严治教。11月，出台并印发了《2016年大丰区教育系统党风廉政建设责任制考核细则》，完善师德监督考评制度。建立学生、家长和社会参与的监督体系。1月，为做好春节期间廉洁自律教育、治理有偿家教等工作，教育局党委及时印发相关文件，2月，对在职教师从事有偿家教、有偿食宿等违反师德师风行为进行专项督查，4月对各学校治理在职教师有偿家教教育整治情况进行专项检查。利用政治学习、业务学习时机，及时强化师德建设，从制度上规范师德要求，与所有教师签订《拒绝有偿家教承诺书》。不断丰富师德建设内容，举办第四届“教书育人”技能大赛，内容涵盖“设计一份主题教育活动方案、演讲我的教育故事、教育案例分析”三个方面，组织“学规范、塑师德”主题征文评选活动，开展“最美教师”评选表彰活动和教师节庆祝表彰活动，举行“微善举”主题教育实践活动。活动的开展，提升广大教师的思想道德素质。

【课堂效益提高】 2016年，全区以提高教育教学质量为核心，探索教科研训工作的新思路、新办法、新机制，发挥教学教研、教育科研的研究、指导职能，全面提升教师的育人水平，力争提高学校教育质量。2016年，围绕新教育实验区建设，聘请了新教育实验领域的培训专家和一线优秀教师开设讲座，把新教育理念真正变为教师的教学行为，引领教师专业成长。全体研训员对新教师进行指导，并深入4所中小学幼儿园开展为期两天的“影子培训”。3月，大丰区教师发展中心组织了大丰—通州“名师之路”研训活动，采取同课异构，全面展开学习交流，全区300多名教师和通州50名教师分别参加了高中、初中、小学、幼儿园的听课评课活动，4月，与通州区联合开展了“学校德育及班主任工作创新”研训活动，全区近30名优秀班主任与通州班主任工作沙龙成员进行了学习研讨，活动的开展，吸纳了先进的教学理念，促进了教师的成长。组织开展了省“名师送培”初中语文教师课堂教学能力提升培训，全区27所初中的150名教师参加培训。成立大丰区小学语文、数学骨干教师培育站，全区60名教师在新教育理念引领下，开展“让学引思”、理想课堂等专题培训，提高了骨干教师课堂教学能力，促进了专业发展。组织“教学管理常规年”的各项活动，深入到全区所有学校，推行教学常规的过程性考核，尤其在备、教、改等主要环节上加大考核力度，对每一位被听课教师的各个方面都进行跟踪检查。针对部分课堂教学效益不高的学校，研训员临时借班上观摩课，与教师共同商讨提高课堂效率的措施；针对部分薄弱学科，组织教师每周开展集体教研活动。搭建有效教学研究平台，组织教学基本功大赛和优质课评比活动，先后组织了初中、小学学段语文、数学、外语、生物、化学、地理等学科的基本功大赛或优质课比赛。组织研训员进课堂活动，给学生上课，请教师观摩，发挥了研训员的引领和示范作用，助推了教师业务能力的提升，提高了课堂效益，为教学质量的提高奠定基础。

【专业培训形式多样】 2016年，区教育局印发了《关于做好2016年中小学教师和校长培训工作的通知》，组织为期一周的新教师寒假培训和为期20天的教师暑期全员培训。组织全区5050名中小学教师参加暑期培训，并组织了统一考试。采用远程培训、集中研训、影子培训、网上浏览、校本研修等研训方式，开放12个研训现场，举办系列研训活动，组织3000名以上中小学教师参加“大学慕课”学习。5月、10月分别组织全区中小学教师参加“融合知识教育”和“班主任知识”网上学习活动，中小学各有3258、3069名教师参加培训活动，参训率占义务教育阶段教师总数的80%，这一比例在全省名列前茅。2016年，选派17名校长出国出境培训，1名小学英语教师到泰国支教，366名优秀教师、校长参加省、市级培训，组织5050名在职教师参加了省能力提升工程网络学习，促进了全区校长、教师专业素养的全面提升。

【办学质量提高】 2016年，区教育局修订《盐城市大丰区2016年初中、高中教育工作考核细则》，明确学校教育教学、教师队伍、校舍装备、财务后勤、安全稳定等方面管理的目标任务，组织考核。组织“家家到”教学视导，通过听课，查阅备课笔记、听课笔记、学生作业，走访师生，检查校长听课笔记等方式，对学校教学计划执行情况、课程实施水平、学生作业负担等进行全方位监控，加强教学工作的过程性管理，对教育质量相对薄弱的学校，视导人员听课后及时进行随堂检测，发现不足，及时提出整改意见，督促改进提高。组织全区中小学开展“行知剧场”展演、“美丽大丰港”征文比赛、“少儿经典诗词诵读比赛”、“童心向党”歌咏活动等德育实践活动，提升德育工作水平。分别召开初中、高中教学工作会议，落实教育局领导班子、科室负责人定点挂钩帮扶措施，并对部分学校薄弱学科进行梳理，由大丰区教师发展中心研训员牵头组成学科班子，蹲点指导，限期改变薄弱面貌。制定《大丰区义务教育阶段教学过程监控及教学质量评估细则》，秋学期期中对初一和初三年级，期末对初二年级进行了质量抽测，并召开全区抽测结果分析会议，加强教育教学质量过程性监控。组织人员督查各学校落实教学工作会议精神，逐一检查提高教学质量工作方案、五项过关、培优补差工作、“三清”措施等。2016年，中小学教学质量稳中有进，小学学段无论是教育部还是盐城市组织的学业质量检测，各方面情况均比以往有了较大幅度的提高，尤其是学业检测合格率提高的幅度更大。中考成绩在参考率遥遥领先的情况下，核心数据仍然居于盐城市前列，总分合格率70.45%，优秀率8.46%，其中语文、数学、英语的优秀率、合格率都居盐城前茅，为高中阶段的教育教学提供了良好的生源基础。高考成绩在考生人数减少的情况下，本二以上达线人数2702人（含艺体考生），本科达线率51.7%。

【强化校长管理】 加强校长队伍建设，是加强学校管理，提高教育质量的重要工作。2016年，区教育局完善校长任期目标责任制，加强监督，强化考核，落实奖惩。采取校长定期交流制，凡任期满两届或在同一学校任职满10年的校长统一实行异校交流。2016年，秉着规范操作，配强学校领导班子的原则，教育局党委按照干部选拔任用程序，经公推公选，提拔了4名小学校长，交流正副校长26名（小学校长17人、初中校长7人），新提拔中层以上干部100多名。建立干部选拔任用交流机制，凡经学校民主推荐、局党委考察任用的校级干部，一律实行异校任职。

【交流机制完善】 2016年，区教育局制定《大丰区教育局关于建立中小学校长教师交流制度的实施意见（试行）》《关于建立城乡学校发展共同体，开展城乡教师交流合作的实施意见》，组织教师在城镇学校和农村学校、优质学校和薄弱学校之间合理流动，合理配置教师资源，全力推动区域内义务教育的均衡发展。教育局依据“政策引导、因地制宜、城乡互动、优弱相济、稳步推进”的原则，制订具体的教师校际交流实施意见，明确校际交流的基本原则、条件、程序和奖励办法，通过进城教师考录和义务教育阶段学校发展共同体交流等多种形式开展城乡教师交流，加强对区域内义务教育师资校际交流工作的管理，原则上在同一所学校工作满10年的教师都要进行交流，每年交流人数要达到应交流人数的10%以上。2016年，在城乡中小学间交流教师210人，各学校共同体间交流教师464人次，占比13.56%。

【区域交流增进】 2016年，区教育局派遣4名教师分别前往西藏自治区和新疆维吾尔自治区支教，其中1人前往西藏自治区拉萨市江苏实验中学支教，3人前往新疆维吾尔自治区察布查尔县支教。同时，选派366名优秀教师、校长参加省、市级培训，促进了全区校长、教师专业素养的全面提升。选派17名校长教师参加出国出境培训，1名小学英语教师到泰国支教。这些交流活动，开启了东部与西部教育、国内教育与国外教育的直接交流，为增进国内外教育交流和东西部教育交流做出贡献。

【学习型、科研型教师队伍逐步形成】 2016年，区教育局组织全区幼儿园、小学、初中、高中4个学段819名中小学教师参加了15个学科的基本功能力统一考试，其中137人被定为A等（优秀等级）；组建名师工作室、特色项目工作室、名师工作网，打造个性化、特色化名师群体，形成浓郁的科学发展氛围。组织初中、小学学段语文、数学、外语、生物、化学、地理等学科的优秀选手参加省、市级基本功大赛和优质课比赛，1人获省级小学组一等奖，4人获市级小学组一等奖，1人获省级初中组一等奖，6人获市级初中组一等奖。活动有力助推了教师的专业发展和教学业务能力的提升。紧扣“思考、思索、思路、思想，做一个有思想的教育者”工作思路，打造“搭建平台、激活思想、推进原创、服务发展”学习品牌，全力提升教师发展和区域教育内涵建设。2016年，审批立项区级课题“小课题”333个，“十三五”课题23个，年末结题“小课题”“十二五”“十三五”课题290个。“一年一文”优秀教育叙事评选活动规范，一年中任何时候、任何地点，教师都可以在区教育学会网站投送自己的文章参加评选，论文评审采取网站上投稿、网上评审、成果网上公示的原则，做到全程透明。2016年接收投稿2000余篇，评选出优秀论文920篇。鼓励教师在微信公众号“教育分享”栏目上写生活、写教育，不断丰富教师的职业内涵，全年150篇文章获奖。开展年度学术先进个人评选活动，评选年度学术先进个人40人，优秀学术成果55项，提升教师编写教育学术论文的积极性。建立教育博客网，链接了45名教师的博客，年终评选并表彰了15名优秀博客。组织大丰区第十批中学学科带头人、教学能手的评选，评选出大丰区级学科带头人19名（大丰区职教中心13人、学前教育6人），教学能手40人（大丰区职教中心17人、学前教育13人）；推荐优秀教师参加盐城市骨干教师评选，评选出盐城市级中学学科带头人27人（大丰区职教中心19人、学前教育8人），教学能手35人（大丰区职教中心17人、学前教育18人）、教坛新秀4名（学前教育）。2016年，有17名在职教师参加了研究生学习，并取得结业证书。

【新教师考录工作规范有序】 2016年，区教育局根据教育教学规律与教师职业特点，确定招考新教师的考试科目、内容和方法，编制辖区所属中小学新教师招聘计划和方案，报人事行政部门审核，经区机构编制委员会批准，规范有序地组织了2016年招录新教师报名、笔试、面试、体检、选岗、入编等工作。2016年，考录新教师100名（其中，幼教53名、小学18名、初中15名、高中8名、职教6名），新考录的中小学教师全部是师范类应届本科以上毕业生，考试命题、面试、阅卷全部由外地教师负责，人社部门全程监督。所有招录的中小学（幼儿园）教师，除研究生、职教类专业课教师安排在普通高中和大丰区职业技术教育中心任教外，义务教育阶段新招录的教师全部安排到农村中小学任教，招录的公办幼儿教师均按考试成绩从高分到低分实行公开选岗。制订了2016年乡村教师定向培养计划，委托江苏普通高校计划（2020年）培养乡村紧缺学科教师6名。

【系统内部信息管理严格规范】 2016年，区教育局按省市通知要求，完成中小学教职工信息系统的更新工作，保证了在职教师信息的准确、完整，较好地完成了持有教师资格情况摸底核验、查档工作，核验5773名教师资格信息，查阅1493名教师的资格证书申请档案信息，补发换发重发教师资格证59本。按省教育厅要求，实际申报注册4827名（其余946名等省通知注册），初审合格4788名（幼儿教师163名，小学教师1892名，初中教师1820名，高中教师858名，其他55名），20名教师的资格证书需复核，19名教师的资格证书暂缓发放。组织面向社会的教师资格证书认定工作，2016年有69名在职教师和社会人员申报教师资格证书认定，经资格审查、体检、能力测试、专家评审，最终有61人取得了教师资格证书。组织教师年度继续教育学时认定工作，有5773名教师通过了学时认定。

【教师发展成长平台搭建】 2016年，大丰区教师发展中心以中考、高考为契机，深入各高中学校，具体指导备考工作，协助各校制定备考复习方案，举行了2016届高三高考调研会和冲刺会及大市高三后期复习研讨会；举办了2016届初中期中质量分析会，组织各次大市模拟考试，及时做好成绩统计分析，提出针对性的复习建议，促进全区初中教学质量的校际均衡发展。强化基础年级的教学工作，跟进质量监测工作，对薄弱学校和薄弱学科进行了督查，就如何促进初中、高中语数外学科教学管理工作进行座谈。在区教育工会组织多种教职工竞赛和论文征集活动，创建劳模创新工作室，为教师发展搭建成长平台；深入开展“书香大丰”全民阅读活动，营造“多读书、读好书”的读书氛围，交流分享读书快乐；举办“阅读点亮人生”演讲比赛，组织了以“诚信传道育人”“诚信伴我成长”为主题的“诚信文化进校园”演讲比赛活动，举办了2016年教育系统教职工乒乓球比赛。活动的开展，为教师全面发展搭建成长平台。

教育后勤保障

【概况】 2016年，区教育局落实《大丰市中长期改革和发展规划纲要（2010~2020）》，对加强后勤保障管理工作提出了“学习、实践、教育、责任、服务”的要求。后勤管理形成网络化、制度化、常态化。教育系统风清气正，平安校园领跑盐城，教育投入得到优先保障和大幅度增加，重大工程推动教育现代化向更高水平迈进，为大丰教育事业实现又好又快发展战略愿景提供了有力的基础支撑。

【教育财政投入稳步增长】 2016年，区教育局全面落实规划纲要提出的各项目标任务，完善各项经费保障制度，不断加大教育投入。按每生每年幼儿园500元、小学700元、初中1000元、高中1100元的标准安排学前教育公用经费117.15万元、义务教育公用经费3332.28万元、高中公用经费1455.63万元，按每名寄宿生200元的标准增加义务教育公用经费164.38万元，按每生每年小学6000元、初中8000元的标准安排特殊教育学校及随班就读残疾学生公用经费26.61万元。按每生每年小学150元、初中200元的标准安排义务教育校舍维修长效机制经费694万元。落实各项资助政策，确保扶贫资金到位，对4059名义务教育阶段家庭经济困难学生发放生活补助456.15万元；对2629名家庭经济困难学生发放高中助学金262.9万元；对547名中职学生发放助学金54.7万元；对225名家庭经济困难大学生发放助学贷款172.44万元。免费提供教科书667.25万元；免费提供作业本126.06万元。筹措资金，落实法定增长。2016年，大丰区公共财政教育经费占公共财政预算支出的比例17.51%，比2015年提高1.77个百分点；公共财政教育经费增长4.93%，高于财政经常性收入增长21.87个百分点。生均公共财政预算教育事业费支出小学、初中、高中、职中分别比2015年增长12.37 %、14.97%、13.64%、12.11%；生均公共财政预算公用经费支出小学、初中、高中、职中分别比2015年增长5.43%、3.55%、9.83%、14.85%。

【平安校园建设】 2016年，在“平安校园”创建活动中，2所幼儿园申报江苏省级平安校园，省级平安校园占比75%，为维护教育大局的稳定做出贡献。交通安全方面，正式实施校车安全工程，教育局和校车公司成立了校车安全工作领导小组，制定了《校车公司安全管理制度》《校车公司考核方案》《重大事故处理应急预案》等相关制度。校车公司与校车驾驶员、随车人员签订《校车行车安全工作责任书》，与学校和学生家长签订了安全协议书，对所有校车进行车辆情况、车辆使用许可及驾驶员、随车照管人员的资质进行审核，做好校车的日常监督工作。校车公司建立了4G视频监控系统，并在车内安装GPS卫星定位仪、车内监控、后车雷达，监督校车是否超员、超速行驶，同时监督驾驶员是否饮酒等违规行为，发现问题及时给予劝阻并采取应对措施。遇到特殊天气或发现校车存在一些问题时，公司第一时间向驾驶员发送“安全驾驶温馨提示”短信。教育局经常性督促校车公司坚持做好驾驶员和随车照管员的培训教育工作，对全体司乘人员进行安全教育。学生食品安全管理方面，启动实施“明厨亮灶”工程，深入开展“盐城市示范食堂”创建活动，深化学校食堂卫生监督分级量化管理，全区学校食堂除3所学校为C级外，有42个学校食堂达到盐城市A级食堂标准，其余都达到了B级食堂的标准，全区有80%以上的学校完成了“明厨亮灶”工程。消防安全管理方面，深入宣传《全民消防安全宣传教育纲要》，广泛开展消防培训，消防安全受教育率100%。

【校舍安全工程建设】 2016年，大丰区推进校安工程建设，全面推行校安工程实施规划，落实校舍维修长效管理机制，在春、秋学期期末，组织督查组对各校校舍安全进行专项督查，发现有重大安全隐患且无法使用的D级危险校舍责令全部拆除，并利用寒暑假期加固维修安全性能差的校舍。2016年，校安工程投入资金1.46亿元，拆除旧危校舍14栋，面积3146万平方米。投入资金1.4亿元，新建校舍14栋，面积6.1万平方米。加大校舍维修改造力度，投入维修资金约600万元，全年完成校舍维修改造面积2.5万平方米。中小学校舍抗震设防安全比率由校安工程实施前的3.68%提高到70.24%。

【教育现代化建设】 2016年，区教育局开展教育现代化建设水平监测工作，贯彻落实《江苏省中小学教育技术装备标准》（“十二五”版），围绕“建配标准化、管理规范化、使用常态化”工作目标，按学生生均公用经费的30%用于学校教育技术装备的维护与更新。2016年，学校教育技术装备新增投入1994.97万元。其中，图书室投入266.28万元，实验室投入资金80.96万元，学校信息化建设投入资金1452.88万元，劳动器材、美术器材、音乐器材共投入资金97.57万元，体育器材投入资金97.28万元。图书管理系统配备率80%。教育技术装备建、配、管、用、研、培同步到位。

【教育资源区域配置】 2016年，区教育局加快《大丰区农村义务教育学校布局专项规划》的实施步伐，优化教育资源配置，满足学生家长对优质教育资源的需求，2016年秋学期，高新区初级中学投入使用。加快港区九年一贯制学校新校区建设，新校区新征土地10.2公顷，总建筑面积6.1万平方米。新校区建设高起点规划、高标准实施。新校区的建成将会优化教育资源的配置，为给外来人员子女提供和本地孩子同等的教育资源提供了硬件保障，从而解决大丰港区和高新技术区适龄儿童“入学难”的问题。

（丁善辉　崔跃兵）

〖编辑　陈一青〗

文化

综　述

2016年，区文广新局按照中央、省、市部署，突出文化惠民，发展文化广电事业和产业，各项工作都取得了新的进步。

加快文化基础设施建设，公共文化服务体系不断提档升级。总投资10亿元的大型现代文化综合体“两馆一中心”（图书馆新馆、博物馆新馆、文化会展中心）建设进展顺利，博物馆进入内部装潢阶段。新建大中镇、小海镇文化中心。2016年区政府将镇村文化设施提升工程列为为民办实事工程之一。有9个镇文化站完成内外粉刷出新，总粉刷面积31300平方米，完成投入112.2万元；有193个村和28个社区完成粉刷出新（含新建村部），完成投入915.2万元。镇文化站设备器材购置完成投资220.6万元，占应投入80%。村（社区）综合文化服务中心设备器材购置完成投入736.8万元。开展各类文化活动。策划举办全区全民广场舞大赛，开展比赛14场，有150多支群众舞蹈队、2200多名城乡居民参加比赛。实施文化惠民工程。区歌舞团完成送戏下乡110场，区电影站完成农村公益电影放映3000多场。完成送书下乡超过3万册。百姓星光大舞台“周周演”公益文艺演出活动在2016年盐城市公共文化服务成果评比中获一等奖，在大丰举办的苏北五市文艺联盟成立暨2016年音乐、舞蹈、曲艺展演中，省文化厅领导对“周周演”给予肯定和推介。“周周演”秉持“文化大惠民，欢乐千万家”的宗旨，开办以来，每年举办50场左右，营造“文化周末”的良好氛围。文化与旅游融合发展。荷兰花海第三届郁金香文化月，历时一个多月，分别举行了荷兰花海郁金香音乐节、周边5市摄影友好邀请赛、少儿书画大赛、广场舞交流表演、荷兰花海瓷刻展等十余项大中型文化活动，5月底举办了荷兰花海2016年“情迷玫瑰 浪漫花海”风筝节。大中镇在恒北村和西郊梅园举办第四届中国·大丰恒北梨花文化节和中国·大丰西郊梅园首届梅花文化节，先后举办大中型活动10多场，中央七套《美丽中国乡村行》——走进恒北文艺演出在大中镇恒北村上演，为广大市民和农民群众奉献了一台文化套餐。

推动融合媒体发展，新闻舆论宣传引导力明显增强。学习贯彻习近平总书记在党的新闻舆论工作座谈会上的重要讲话精神，牢固树立新闻立台思想，配合区委、区政府中心工作和重点工作，利用广播电台、电视台、《大丰日报》、“掌上大丰”客户端、大丰新闻网、大丰广电微信公众号等多平台、多载体、多终端联合高密度报道，强化主流舆论引导的及时性、公信力。围绕宣传贯彻区委第十二次党代会、区委十二届二次全会精神，突出项目推进、招商引资、环境保护、“三农”工作、改善民生、文明创建及党建设等重点工作，推出主题、主线宣传报道，宣传区委、区政府的重要决策部署，宣传全区各地、各部门深化改革、创新发展的成功经验和做法，及推动经济社会发展的新举措、新进展、新成绩，形成了舆论强势，把全区干群的思想和行动统一到“发展上台阶，建设新大丰，让人民群众的生活更加美好”的战略目标上来。9月，盐城市委常委、大丰区委书记王荣两次到局机关、电视台和报社调研指导，对局系统主要媒体在宣传区委、区政府决策部署，弘扬核心价值观、传播正能量方面所起的作用给予肯定。对局系统立足办好传统媒体，创新发展新媒体，推进融合媒体建设给予褒扬。推进栏目、版面创新，打好“本土牌”、“特色牌”。围绕办好《卯酉时空》《德行大丰》《金丰写真》《楼市纵横》等品牌栏目和《大丰日报》新闻头版及专版专栏，局系统主要媒体记者扎实开展“走转改”，创作一批贴近群众、反映基层的新闻报道，一大批来自生产一线和群众身边的鲜活事、动人情呈现于报纸、广播、电视、网络新媒体。挖掘利用本土资源优势，与江苏广电总台合作举办了第五届“鹿王争霸赛”电视现场直播活动。创新发展模式，协同社会力量共办栏目。

开展全民阅读活动，书香城市建设深入推进。坚持把书香建设作为提高市民人文素质、打造精神高地、提升城市核心竞争力的重点，持续组织开展全民阅读活动。2016年大丰区创建省级“书香城市”示范县通过验收。全区居民综合阅读率87.5%，实现“十二五”末居民综合阅读率85%的目标；居民阅读指数高出全省平均水平。全区图书馆（室）图书文献馆藏321万册，以区图书馆阅读主阵地为龙头，镇、村、社区图书室、各类阅读场馆为支撑，基本建成全民阅读公共服务体系。持续举办全民读书月、“4·23”世界读书日、农民读书节、职工读书季、书香校园读书节等活动，形成一批阅读活动品牌。成立区全民阅读促进会，建立完善阅读推广机制和引导社会力量参与阅读惠民服务的激励机制，促进全社会阅读风尚和书香城市建设浓厚氛围的形成。2016年在区施耐庵纪念馆、知青纪念馆、荷兰花海、野鹿荡等各旅游景区建立了图书公共阅览室，并配发一批图书、书架、电脑等设备。9月20日，区文广新局向30个农家书屋配送电脑30台，加快基层文化室数字化建设。举办第八届农民读书节、农家书屋管理员演讲比赛及优秀农家书屋管理员、先进农家书屋评选活动。针对学生群体开展“大型阅读讲座进校园”活动，2016年再次邀请南京大学教授潘知常到大丰开设专题读书讲座，学生听众2万多人。

突出项目推进，广播电视事业持续快速发展。2016年，全区实施完成了广播、电视数字化播出、“掌上大丰”新媒体平台改造提升等工程建设项目，提升广播电视及移动终端新闻节目播出的质量。组织实施广播电视全媒体全业务综合服务平台项目建设，2016年年底投入使用。实施完成中央广播电视地面无线数字覆盖工程项目。推进新媒体事业发展。新闻信息中心运营的“两微一端一网”平台和广电台运营的“掌上大丰”手机台及大丰广电微信官方平台，影响力不断扩大。大丰广电微信公众号主要栏目浏览量超过1000万次。启动实施广电台媒体资产管理系统项目建设。组织实施了省农村应急广播体系建设试点项目。实施“宽带村”战略，拓展宽带数据业务，加快推进智慧城市建设。截至12月中旬，全区建设宽带村35个，宽带在线用户7800户。截至12月中旬，中标9个智能化项目，中标总金额1167万元，收取小区配套费799.9万元。加强广播电视安全播出管理，在国家总局、省局下达的重要安全播出保障期内，没有发生播出事故。

坚持精品导向，文艺创作收获可喜成果。创作小品《回家》参加盐城市第四届小戏小品调演并获二等奖。大型话剧《桥》为全区“510”警示教育活动举行专场演出4场，获得省2016年度艺术基金项目资助。省级非物质文化遗产传承人、省工艺美术大师陈银付创作的瓷刻作品《英国女王》，参加了“江苏城市形象英伦展”。严正东摄影作品《鹤舞晨阳》获2016年德国国际摄影展勋带奖，作品《你是我眼里的风景》获江苏省纪念建党95周年摄影作品展银牌奖。摄影家杨国美获第十一届中国摄影领域全国性最高成就奖——金像奖。以徐新华的剧作《小镇》为基础创作的淮剧，获第十五届中国文化艺术政府奖——文华大奖，成为华东地区此次唯一获得该奖项的剧目。在省第十二届“五星工程奖”评比中，全区有2幅书法作品被评为入展作品。在盐城市政府文艺奖评选中，全区获奖项14个，其中一等奖1个，二等奖4个，三等奖9个。有两个广场舞在第四届盐城市广场舞展演中获得一等奖。在盐城市第24届“金菊杯”小戏、小品、曲艺作品评比中获奖项24个，其中一等奖2个，二等奖13个，三等奖9个。

加大项目招引和建设，文化产业发展步伐加快。2016年，全区文化产业发展按照扩大总量、提升层次，提高规模化、专业化、集约化发展水平的思路，加大招商引资力度，突出项目建设，全区文化产业总量规模有了新提升。全区文化产业单位1072个，其中文化制造业单位256个、文化产业服务业单位689个，文化产品贸易单位127个。文化产业定报企业总数62个。文化产业联网直报企业产值（营业收入）超过52亿元。东方1号创意产业园被命名为“江苏省重点文化产业园区”，为2016年认定的全省8个重点文化产业园区之一。东方1号创意产业园相继受邀参加了包括苏州创博会、深圳文博会、韩国文创展等10多场推介会。东方1号创意产业园二期工程具备开园条件，一批项目先后落户。由韩国客商投资8000万元的项目正式签约。加快兴建文化旅游景区。全区以地方特色文化为主题打造的文化园区呈现加快发展态势。总投资8000万元，以展示传统农耕文明为主题的恒北农耕民俗文化园，建成对外开放。中华水浒园项目，投入2亿多元，新建了施耐庵书院、碑林等一批景点。2016年白驹镇由政府主导投资5200万元，实施完成了中华水浒园施家垛文化体验区项目建设，新建了城门楼、聚义桥、号令台等，实施了水浒街改造。荷兰花海文化旅游景区在国内外形成品牌效应，成为中荷文化交流的重要平台载体。东方桃花洲、七彩花田等园区均按市场化、社会化模式开放运营。多措并举加快建设文化产业项目。通过招商引进社会资本和公司，兴建文化产业项目。万盈镇盐垦文化园项目总投资5000万元，包括一个以盐垦为主题的文化园区、一个博物馆。白驹镇投入5000多万元，新建抗战主题文化园，包括建设古代兵器、古代钱币等3个市场化运营的博物馆。加大骨干企业培植力度。2016年以来，东方1号相继受邀参加了乐购江苏南京展销会、江苏产品万里行太原展销会等多场推介会。通过参加境内外各类宣传推介活动，加强与创意产业先进地区企业的对接，宣传推介大丰的创意文化和东方1号的自主品牌。推动文化与旅游发展的深度融合。荷兰花海旅游经济区启动AAAAA景区创建，除加快荷兰风情街、桃花岛、郁金香农园等景观建设外，不断挖掘文化内涵，策划开展文化旅游活动，推动了景区繁荣发展。

深入开展“扫黄打非”专项行动，加强日常监管，严厉打击违法经营活动，依法查处非法出版物案件，扫除文化垃圾。净化全区社会文化环境。推进“农家书屋”达标创星评星工作，投资26.8万元，购置电脑30台，新书4830册，书架20张，分发到全区45个农家书屋。全区90%行政村农家书屋和有关机关、企业及社会书屋与区图书馆实现了通借通还，提前1年完成农家书屋与区图书馆实现通借通还的目标任务。大丰获得2015年“江苏省实施农家书屋提升工程试点工作示范县（市、区）”称号。完成第一次全国可移动文物普查工作珍贵藏品拟定级文物上报等重点工作。配合开展草堰镇丁溪村遗址考古挖掘工作，从2月份开始，由南京博物院考古研究所、常州博物馆、淮安博物馆、盐城市博物馆、大丰区博物馆组成的联合考古队，对丁溪村遗址进行5000平方米的抢救性考古发掘，取得阶段性成果。创建江苏省文物安全综合管理实验区，综合监管平台项目已完成招投标工作。组织实施白驹狮子口八路军、新四军会师纪念碑修缮提升和环境整治一期工程以及二期工程启动工作，实施完成了粟裕指挥部旧址修缮维护和环境整治工程。文化市场监管强化，查处一批违规经营案件。2016年，组织文化市场检查1257家次，立案查处5起，办结案件5起，罚没款45000元，责令停业整顿1家，市场经营秩序规范有序、生产安全稳定。贯彻落实国家新闻出版广电总局和省局的部署要求，加强广播电视节目的审查和监听监看。区广播电视台在传统广电广告出现明显下滑态势、广告行业规范整顿等多重因素叠加效应的影响下，全力以赴地开展传统视听广告业务，同时将创收新的增长点集中到组织开展重点营销活动、实体店商贸以及广电国旅等的创收上，为广播电视台健康运行和发展提供了保证。

2016年11月，大丰区摄影家杨国美（前排右七）获第十一届中国摄影金像奖。此奖项为摄影领域全国性最高成就奖

艺术创作及演出

【概况】 2016年，全区坚持以习总书记在文艺座谈会上的重要讲话精神为引领，坚持“二为”方向和“双百”方针，坚持把社会效益放在首位，全面贯彻《中共中央关于繁荣社会主义文艺的意见》和全国戏曲工作座谈会精神，坚持贴近实际、贴近生活、贴近群众，坚持文艺作品思想性、知识性、艺术性和观赏性的有机统一，倡导文艺工作者“深入生活、扎根人民”，最大限度地激发广大文化工作者的创作热情和创造活力，创作了一批突出反映改革发展成果和大丰风土人情的优秀作品。经统计，全区群众文艺创作在国际上获得金奖1个、勋带奖2个；在国家级文艺赛事、展览中获得金奖1个，优秀奖1个，作品入选31件；在省级赛事中获得专项资金扶持项目1个，银奖2个，铜奖1个，优秀奖1个，作品入选2件；盐城市文艺赛事中获得特等奖1个，一等奖14个，二等奖34个，三等奖33个，组织奖2个。戏剧作品在盐城市级以上获奖35部（次），上演50部（次），发表8部（次）。全年完成送戏下乡110场。

【摄影事业再创佳绩】 2016年，摄影家杨国美获第十一届中国摄影金像奖。严正东摄影作品《野生麋鹿》获希腊、阿联酋第一届国际摄影四地巡回展Europa沙龙FIAP金牌和MEDITERRANEAN沙龙GPU勋带奖；摄影作品《鹤舞晨阳-Crane dance in the morning sun》获得2016年德国DVF三地巡回国际摄影展彩色开放组勋带奖；摄影作品《舞到极致龙隐形》入选2016年“中国文化”中国—意大利摄影艺术交流展，2016年9月在意大利罗伦萨孔子学院展出；摄影作品《农夫晨歌》获2016年第40届西班牙TORRETES摄影杯大奖赛入选，《雪中漫步》《湖边芭蕾》等多幅作品入选国际大赛，《逐鹿滩涂》《呵护》入选2016年《摄影世界》。31幅作品入选《中国摄影报》主办的2016荷兰花海杯中国花卉摄影大展，出刊了由中国摄影出版社出版发行的“辉丰杯”荷兰花海中国·大丰郁金香摄影大展获奖作品集。

【艺术创作屡获省级奖项】 2016年，大丰拍摄的微电影《风在说》获得“全国检察机关第二届微电影专题片展播活动”微电影类优秀奖。在江苏省级奖项上，大丰有2幅书法作品入展江苏省第十二届“五星工程奖”；话剧《桥》获得首届江苏省“艺术基金资助项目”支持；严正东的摄影作品《你是我眼里的风景》获江苏省纪念中国共产党建党95周年摄影作品展银奖；电影故事片《打开天窗说亮话》获首届“江苏电影奖”二等奖；严正东的摄影作品《湿地和声》获“绿色江苏 美好家园”摄影大赛三等奖、

《逐鹿滩涂》获优秀奖。

【举办"黄海风·湿地情"群众文艺调演】 2月21日，由区委宣传部、区文广新局共同主办的大丰区2016年群众文艺调演在大丰剧院举行。全区12个镇的60多个业余文艺团队排练了50多个节目参与这次文艺调演，经盐城市专家评委的评比，新丰镇选送的舞蹈《鼓上舞》、刘庄镇选送的音舞诗画《空竹神韵》、小海镇选送的摇滚快板《"强富美高"新小海》3个节目获特等奖，南阳镇选送的歌伴舞《中国梦》、草堰镇选送的女声独唱《美丽家园》、大桥镇选送的舞蹈《老妈妈》、大中镇选送的舞蹈《梨园欢歌》等4个节目获一等奖，新丰镇选送的舞蹈《俏花旦》、白驹镇选送的《诗画白驹》、草庙镇选送的女声独唱《梅兰芳》等10个节目获二等奖，白驹镇选送的歌伴舞《草原的月亮》、南阳镇选送的男声独唱《我的未来不是梦》等七个节目获三等奖。

文物保护

【概况】 2016年，盐城市大丰区文物保护部门做好大丰区博物馆免费对外开放工作，承接各种展览和举办活动9次，接纳参观者12万余人次。做好第一次全国可移动文物普查珍贵藏品拟定级及藏品验收报告撰写工作。4月，完成对区烈士陵园9件珍贵藏品的拟定级文物上报工作，9月，完成全区6个国有收藏单位的普查总报告及藏品验收报告的撰写工作。

【举办各类展览】 2016年，区博物馆全年利用文化阵地举办"飞羽视界——张丽娟鸟类摄影作品展""舒凫遗韵——庄希祖师生书画展""纯真的高原——徐纯原书画展""陈毅与泰州——泰州抗战老电影展""苏裱精工传天下，名士妙手扬国学——苏州书画装裱技艺巡回展""纪念孙中山先生诞辰150周年书画展""邮票上的贝壳展""民族抗战之楷模——当代中国著名书画家纪念韩国钧作品展"8次展览。

【区博物馆新馆布展】 区博物馆新馆位于城东新区丰华路以西、幸福路以南，占地4.3公顷，新建博物馆面积7000平方米，集收藏、研究、陈列、教育等功能于一体。8月底，博物馆新馆基建封顶。博物馆新馆库房设计方案完成，布展大纲也定稿。

【全区红色革命遗址保护提升】 2016年年初，区文广新局将八路军、新四军白驹狮子口会师纪念碑修缮提升二期工程列为重点工作。组织专门班子办理相关修缮工程报批手续。办理建设用地0.24公顷规划许可证、行政审批局可行性研究报告的批复，项目初步设计批复、国土用地预审意见书及二期工程施工预算方案、招投标项目书准备工作等，为实施二期工程提升已做好相关准备。作为盐城市第二批革命遗址项目，区文广新局组织对草堰镇钱氏卷瓦楼和钱氏住宅进行维修保护及环境整治，包括修缮保护工程、院落整饬、四合院围墙整修工程。土建工程重点是拆除了局部残破墙体，按原形制修复残破墙体。局部揭顶，屋面翻修，总投资99.1万元。

【草堰镇丁溪村遗址考古】 受省文物局委托，并报请国家文物局批准，南京博物院考古研究所对丁溪遗址进行前期调查，2月起，由南京博物院考古研究所、常州博物馆、淮安博物馆、盐城市博物馆、大丰区博物馆组成联合考古队，对丁溪村遗址进行5000平方米的抢救性考古发掘。截至7月底，博物馆配合考古队完成丁溪村遗址考古第一阶段考古工作，后期文字资料和图片资料的整理工作全部完成。8月、9月博物馆分别与南京博物院考古研究所、常州博物馆和淮安博物馆对接，完成丁溪村考古遗址出土文物的移交工作，出土文物暂存博物馆库房，南京博物馆继续进行第二阶段的考古挖掘工作。

【省文物安全综合管理实验区创建】 5月，省文物局副局长殷连生，带领省文物局法规处副处长刘凤明等一行，就大丰区文物安全综合管理实验区建设情况进行调研。大丰区通过实施文物安全综合管理实验区建设，完善健全制度基础工作，完备制度和机制体系，建设综合管理信息平台，推进全区重点文物保护工程项目建设，全面提升大丰文化遗产保护水平。2016年年底完成江苏省文物安全综合管理实验区安全监管平台招标工作。

【组织拍摄电视文献片《大丰记忆》】 12月，特邀中央电视台《走遍中国》

2016年，受省文物局委托，并报请国家文物局批准，南京博物院考古研究所等单位组成联合考古队，对草堰镇丁溪村遗址进行考古发掘　蒋玉平　摄

《探寻》栏目导演、制片人,《走遍中国·〈盐城〉卷》总制片人梁刚及其团队到大丰拍摄电视文献片《大丰记忆》。纪录片拍摄过程中,分别对草堰古镇、博物馆藏品、大丰市区等地进行取景,整个拍摄过程历时近半个月。《大丰记忆》完成后期制作并通过审核,文献片将用于博物馆新馆馆内展示。

公共文化及设施建设

【概况】 2016年,全区区镇村三级公共文化设施网络覆盖率100%。公共文化设施总面积133168平方米,每1万人拥有公共文化设施面积为1902.4平方米。2016年全区重点实施了镇、村(社区)公共文化设施提升工程,该提升工程主要包括:镇文化站、村文化室、社区文化室内外墙粉刷出新,设备器材添置,站房基础健全、功能完备,服务优化提升,政府购买的宣传文化公益岗位配置等方面。原银杏湖会所在修缮结束后作为区歌舞团的办公、创作生产场所和文化艺术展示中心。

【镇、村(社区)公共文化设施提升】 2016年全区全面实施了镇、村(社区)公共文化设施提升工程,提升工程主要包括:镇文化站、村文化室、社区文化室内外墙粉刷出新,设备器材添置,站房基础健全、功能完备,服务优化提升,政府购买的宣传文化公益岗位配置等方面。大丰将镇、村(社区)文化设施提升工程纳入2016年区政府为民办实事重点工程之一,区财政安排906万元专项经费用于工程实施的补助。12月20日,由区政府办牵头,抽调了区委宣传部、文广新局、财政局、住建局等部门的15人组成了4个考核验收小组,对12个镇、大丰港区综合文化服务中心进行了全面考核验收,经检查验收,全区有12镇、222个村(社区)综合文化服务中心验收合格。区、镇两级政府投入经费近6000万元。

【图书馆新馆竣工】 大丰区图书馆新馆位于城东新区环湖南路6号,是一座集阅览、数据库检索、数字图书、文化信息共享及图书文献收藏等于一体的文化建筑。总投资约1.8亿元。该项目投入使用后将完善新区配套,丰富和满足人民群众的精神文化生活及需求。年内新馆竣工。

【图书馆总分馆建设】 截至2016年年底,全区拥有1个县级公共图书馆,12个镇图书馆,231个村级、54个社区图书室,实现了公共图书馆行政村全覆盖。构建起区中心馆—分馆(乡镇)—农家书屋(村)三级网络体系的总分馆体系,文献资料流通点个数为243个,以一个中心馆为主导,实行各级公共图书馆的全面合作。乡镇分馆和各村共享工程电子阅览室可以通过远程访问系统,免费注册、登录总馆服务器,查阅相关数字资源,使乡村群众足不出户就能享受到和城里一样的服务。实现资源配置均等化,促进大丰公共文化服务一体化发展。

群众文化

【概况】 2016年,全区开展惠民演出和节日文化活动,组织了大中型文化活动100多场次,策划了一些较高层次的展演、展览、展示活动。全年举办各类大型展览17次。

【春节团拜会】 2016年春节团拜会专场文艺演出在区和平饭店举行,此次文艺演出有8个节目,融声乐、器乐、舞蹈、歌表演、音乐剧串烧于一体,思想性、艺术性、观赏性、娱乐性兼备。区四套班子全体领导、四套班子离退休老干部,各镇、各区(园)管委会、区各部委办局、区各直属单位的正科职以上领导干部、劳动模范代表、村组干部代表、职工代表、客商及外商代表、各行各业企业家代表、部队代表等观看了文艺演出并给予较高的评价。

【春节系列文化活动】 2016年春节文化活动的最大特点是区镇联动,从元月上旬至3月上旬。全区组织文艺宣传队25支,开展送戏进村、进社区244场,受教育观众13.2万人;制作花船17条,花担46副、龙灯16条,旱驴18只,大头娃娃58个,充气卡通人偶48只,猴王套装13件套,组织腰鼓队15支,组织民间文艺踩街132场。慰问离退休干部、老党员、劳动模范,招商引资有功人员832人。组织现场为农民撰写赠送春联15500副;为农民送科技致富信息1234条、免费电影320场;组织书法、美术、摄影展览16场;组织专家讲座、知识竞赛7次,灯谜竞猜4次,棋牌竞赛9次,乒乓球赛5次,歌咏比赛5次,电脑培训3次,组织回乡大中专学生座谈汇报会13场。

【元宵晚会精彩纷呈】 2月21日晚,区委宣传部、区文广新局主办的2016大丰区元宵文艺晚会在大丰剧院举行。晚会在大型舞蹈《元宵大鼓》中拉开帷幕,区检察院的音诗画《风在说》给人以唯美享受;音舞快板《强富美高新小海》和舞蹈《又到采藕时》呈现了大丰人民安居乐业、幸福和谐的美好生活场景;由刘庄镇姜文保等表演并登上中央电视台2016年首届中老年人春节联欢晚会的《空竹神韵》,当晚也让大丰的老百姓一饱眼福。

【百姓星光大舞台"周周演"】 2016年,大丰围绕百姓星光大舞台,继续打造"周周演"、"文化周末"群众文化活动品牌。百姓星光大舞台启用两年来,在全区的知名度越来越响,受到社会各界的欢迎。借助平台的优势,大丰又举办全区全民广场舞大赛,开展系列比赛14场,有150多支群众舞蹈队、2200多名城乡居民参加比赛,2016年百姓星光大舞台系列演出近50场。

【荷兰花海系列文化活动】 2016年,大丰围绕重大节庆活动在荷兰花海开展了不少文化活动,中荷非物质文化展、第五届“情系郁金香 缘定爱情海”摄影友好邀请赛、“绚烂花海 童星绽放”少儿书画大赛等。2016年荷兰花海第三届国际郁金香文化月活动历时40余天，组织100多场演出和各类文化活动，包括荷兰花海第七届“情系郁金香 缘定爱情海”集体婚礼、荷兰花海“特莱克”雕塑揭幕仪式、荷兰阿姆斯特丹室内管弦乐队表演、2016年荷兰花海郁金香音乐节暨“音随乐动”江苏省大学生音乐新势力选拔赛、2016年荷兰花海“广舞天下 爱我中华”广场舞交流表演、2016年荷兰花海“你好，花海”歌舞快闪等。4月8日下午，著名小品演员郭冬临助阵花海，为游客带来精彩表演。荷兰花海正不断落实“大文化、大旅游”理念，通过文化引领景区转型升级，提升荷兰花海内涵品质。2016年荷兰花海郁金香文化月，开幕当日就接待游客11万人次，景区影响力和市场号召力逐步显现。

【第四届中国·大丰恒北梨花文化节】 4月9日，第四届中国·大丰恒北梨花文化节开幕式在恒北村拉开帷幕，众多游客到全国文明村、中国乡村旅游模范村——恒北村，观赏梨园风光。活动期间，组织策划了首届“舌尖上的恒北”——八大御厨齐聚恒北精心制作全梨宴、恒北旅游推介活动暨“种一棵梨树，享一片梨园”众筹启动仪式、“培育新家庭，建设新农村”暨2016年摄影大赛和梨花仙子巡游等旅游文化活动。活动旨在提升恒北品牌效应，助推文化产业和旅游产业融合，弘扬恒北梨文化，宣传推介恒北乡村旅游景点，赏梨花美景，品农家美食，共享生态文明成果，打造乡村旅游品牌。

文化产业

【概况】 2016年，全区文化产业增加值占GDP比重3.65%。截至11月底，全区文化产业单位1072个，其中文化制造业单位256个，文化产业服务业单位689个，文化产品贸易单位127个。文化产业定报企业总数62个。文化产业联网直报企业产值（营业收入）超过52亿元。建成或命名的文化产业园区和集聚区有风电文化产业园、盐土文化产业园、东方1号创意产业园、丰收大地产业园、开圣知青影视文化基地6个。以地方特色文化为主题打造的文化园区呈现加快发展态势。总投资8000万元的恒北农耕民俗文化园建成对外开放。中华水浒园项目，投入2亿多元，新建了施耐庵书院、碑林、水浒街等一批景点。荷兰花海文化旅游景区形成一定的品牌效应，成为中荷文化交流的重要平台载体。东方桃花洲、七彩花田等园区均按市场化、社会化模式开放运营。

【东方1号创意产业园影响力扩大】 2016年，东方1号创意产业园先后举办、参加各类宣传推广活动10余场，接待国家、省、市各级党政领导调研团近170批。7月，园区相继举办全国青年创客工作营、“东方1号”杯工业设计大赛等活动，邀请省市领导及知名院校嘉宾出席，活动吸引众多青年创客和优秀设计师汇聚大丰，推进青年设计师与江苏制造的交流、对接与合作，有效地推动文化创意与产业的融合发展。4~12月，园区相继参加第五届苏州文博会、江苏产品万里行太原展销会、世界工业设计大会暨中国优秀工业设计奖颁奖典礼等活动。第五届苏州文博会开幕式现场，省市领导亲临东方1号展位，对园区顶层设计、基层扎根、打造经济新生态的发展思路给予了充分肯定；园区通过举办、参加各类宣传推介活动，促进了大丰与创意产业发达地区的行业互动与交流，加快大丰文创产业的发展，扩大了园区影响力和知名度。

【“音乐与旅游”高峰论坛举办】 4月14日下午，2016年中国·大丰荷兰花海郁金香音乐节“音乐与旅游”高峰论坛在荷兰花海二期木屋一楼会议中心开幕。与会领导和论坛专家围绕“音乐与旅游”主题，阐述了音乐与旅游的相互关系，研判当前音乐与旅游发展的形势，探讨音乐与旅游融合发展的前景，对如何通过举办荷兰花海郁金香音乐节，把音乐与旅游融合的文章做足，把花海旅游的品牌影响力做得更大，提出了重要指导意见。

【大丰港文化传媒公司助力文化产业发展】 大丰港文化传媒公司全方位、多渠道、宽领域提升大丰港对内对外形象，争当推进沿海开发文化产业发展排头兵。截至2016年，该公司举办了5届大丰港国际啤酒节，大丰港国际啤酒节已成为大丰旅游特色活动，形成了较大影响力。策划运营的首届动漫节等活动，推动大丰港旅游人数增长。以书画艺术宣传推广为立足点，推进自身转型升级，提升文化品牌价值。该公司运营的艺术网站，实现对国内艺术资讯全覆盖，完成对数百位知名艺术家的访谈视频及宣传推广。同时成立与线上交流平台互补的和顺画院，收藏、拍卖众多知名艺术家的艺术作品，为大丰文化事业的发展做出贡献。

【东方桃花洲首届油桃采摘季】 5月7日，大桥镇东方桃花洲首届油桃采摘季活动正式拉开帷幕。活动开幕当天就吸引到大丰及周边游客8000余人次。本届油桃采摘季活动突出“快乐采摘”，以“让心飞起来，乐在东方桃花洲”为主题，旨在让广大游客在体验采摘鲜桃乐趣、欣赏千亩桃园迷人风采的同时，提高大桥知名度、美誉度。促进绿色消费、乡村休闲、推进田园风光旅游。打响大桥镇特色农业品牌，做大做强特色产业。

文化市场管理

【概况】 2016年，区文化行政综合执法大队坚持“繁荣与净化两手硬”的方针，推动文化市场监管工作再上新台阶，全年检查1257家次，立案查处5起，办结案件5起，罚没款45000元，责令停业整顿1家，市场经营秩

2016年4月28日，荷兰阿姆斯特丹室内管弦乐队在大丰荷兰花海演出
邱 鹏 摄

序规范有序、生产安全稳定。2016年被区政府表彰为2016年安全生产先进集体。

【市场经营规范】 2016年年初，执法大队联合区公安局网监大队召开全区文化市场经营业主会议，剖析湖南两起因网吧接纳未成年人引发的恶性案件，歌舞娱乐场所安全隐患引发的重大安全事故等，增加业主守法依法经营的责任心和自觉性。加大经营监管措施上线应用的力度，提高市场监管的科技手段。采取多种手段和措施，加强网吧、歌舞娱乐、演出市场、电影市场等经营场所管理，重点打击违规接纳未成年人进入营业场所，未按规定核对、登记上网消费者有效身份证件，游戏游艺场所未按规定设立机型机种，违法违规设置含有赌博功能的游戏机，曲库中含有法律法规禁止的内容。加强演出市场管理，按照中国电影发行放映协会关于电影市场经营秩序专项治理活动通知精神，对全区影院开展检查，杜绝影院漏票、瞒票等现象。

【高、中考期间环境噪声污染专项治理】 2016年中、高考期间对娱乐场所实行不间断地巡查，依法对歌舞娱乐场所，特别是靠近考生食宿点附近的歌舞娱乐场所，要求在每天20时至次日凌晨6时噪声不超标，使扩音系统的声压级场、场外噪音白天与夜间的规定分贝符合标准要求。控制噪音排放，净化文化市场，为考生营造出一个安全、安静、舒适的考试和生活环境。

【校园周边文化市场专项检查】 2016年，区文化行政综合执法大队打击校园周边违法违规经营行为，定期不定期开展校园周边检查8次。重点检查证照是否齐全、是否悬挂上墙，消防安全设施是否完好齐全有效，各类书籍进货来源是否合法，出售或租赁的书报内容是否健康、是否含非法出版物，打击在校园周边擅自设立的黑书店、流动摊点、黑网吧等场所，规范和净化校园及周边文化环境。收缴宣扬淫秽色情、暴力、恐怖、迷信等有害内容以及非法出版的少儿出版物，收缴儿童口袋本、盗版教辅书等非法出版物503册。

【安全生产管理】 1月、6月，区执法大队邀请区公安消防大队、区供电公司有资质的专业技术人员，对歌舞娱乐场所、网吧、游戏机室，系统内电影站、影剧院、文化馆和图书馆等文化单位，联合开展以安全用电、消防安全为重点的检查，尤其对电器线路、电器设备、配电板和消防设施设备等进行检查，确保文化市场的安全稳定无事故。

【文化市场行业形象提升】 3月，区执法大队以“向雷锋同志学习”53周年纪念日为契机，组织文化市场行业协会代表开展以围绕引导咨询、秩序维护、重点帮扶、便民利民、政策咨询等内容的“学雷锋”志愿服务活动。组织文化市场行业协会开展扶贫助学活动，向4人发放助学金。向社会公布举报电话，发挥人民群众监督作用，受理群众的投诉举报，做到有报必查，有查必果。发挥义务监督员和各镇文化站的力量，弥补大队执法力量不足，确保第一时间发现违法违规经营行为，第一时间赶赴现场进行查处，保证执法效率，确保执法公平公正。

【推进信用信息公示】 2016年，成立区执法大队行政处罚信用信息公示领导小组，梳理权力、责任清单，厘清行政处罚信用信息公示范围，优化信用信息业务流程，建立信用信息管理制度和工作制度，开展专职工作人员业务培训，定期不定期检查督促信用信息公示工作，查找工作薄弱环节，制定可行的整改措施，确保行政处罚信用信息公示工作落到实处。以法律法规及党中央、国务院和省、市、区政府规范性文件为依据，除涉及国家秘密、商业秘密或个人隐私及其他依法不予公开的信息，对违反国家法律法规的文化市场经营单位作出的5起行政处罚信息及时、准确、完整地向社会公开，方便公民、法人和其他组织查询查看，自觉接受社会监督。

新闻出版市场

【概况】 2016年，全区新闻出版管理工作以创建“书香大丰”为重点，继续开展“农家书屋”达标创建、评星创星及农家书屋纳入区图书馆总分馆建设全覆盖工作。以查缴封堵政治性非法出版物及有害信息为第一要务，组织各有关职能部门，动员社会各方面力量，开展“扫黄打非”综合治理行动。通过活动的开展，全民阅读氛围有了新的提高，出版物市场，得到净化，知识产权得到有效保护。

【"书香大丰"创建活动】 2016年，根据省全民阅读活动领导小组及盐城市局的工作部署，结合全区具体工作实际，制订《盐城市大丰区书香城市创建迎接实地测评工作方案》《盐城市大丰区书香城市创建迎评任务分解表》。组织开展2016年"4·23世界读书日"暨全民读书月启动仪式。向有关农家书屋捐赠价值8.8万元的图书。通过2个多月紧张筹备，制作了一套"书香大丰"创建光盘，收集整理装订了5册"书香大丰"创建台账资料，接受省专家领导对大丰创建"书香大丰"实地考察验收。

【"农家书屋"达标创星评星】 2016年继续开展"农家书屋"达标创建、评星创星活动。在"野鹿荡景区""施耐庵纪念馆"新建了两家景点书屋。上半年完成农家书屋提升工程试点县（市、区）视频材料申报工作，经盐城市文广新局推荐，省新闻出版广电局审核，最后通过专家评定，大丰获得2015年度"江苏省实施农家书屋提升工程试点工作示范县（市、区）"称号。4人获得2014~2015年度江苏省优秀农家书屋管理员称号。投资26.8万元，购置电脑30台，新书4830册，书架20张，分发到全区45个农家书屋。全区208个行政村农家书屋及税务局等职工书屋与区图书馆实现了通借通还，提前1年完成农家书屋与区图书馆实现通借通还的目标任务。通过农家书屋提升试点工程建设，全面提升全区农家书屋建设、管理、使用水平，为深入推进全民阅读、加快建设书香大丰做出贡献。

【大丰区第八届农民读书节】 2016年下半年，开展大丰区第八届农民读书节系列活动。9月，在区图书馆举行了农家书屋管理员演讲比赛。举办了"书香大丰"有奖征文活动，其他各文化站根据自身的特点举行了农家书屋管理员培训、读书征文、暑期乐园、"书香农家"摄影展等活动。将全民阅读活动推向高潮。

【印刷复制行业管理】 对照企业年报工作，将2016年印刷年度核验工作与统计年报工作相结合，统一部署、同步实施、按期上报。20个抽样调查的企业全部按时完成上报。对大丰市甲新园彩印包装厂、大丰市汇鑫包装制品有限公司、大丰市理想印刷厂、大丰市银海印刷厂等6个登记不符的企业进行了变更，其余74个印刷企业全部通过了年检。强化印刷企业印刷报备案、印刷活动登记工作，执行印刷业五项制度，对印刷业负责人和重点岗位人员进行上岗培训，联合公安部门依法查处非法印刷复制活动，全年收缴2000多册（盒），予以集中销毁，严堵非法出版物源头。

【出版市场净化】 2016年，大丰坚持"繁荣与净化两手硬"的方针，不断加大"扫黄打非"工作的组织推进力度，全面提升"扫黄打非"管理水平。从严查处"网吧"的违法违规行为，对涉黄涉非的单位，坚决停业整顿，全年停业整顿1家。通过各部门的齐抓共管，有效遏制了黑网吧的蔓延，打击了利用网络传播涉黄涉非的行为。组织文化、公安等相关人员赴新丰镇调查顾某携带政治性有害出版物入境一案；赴盐城、省扫黄办及四川成都等地调查取证，查处魏某销售的有损大丰形象的非法出版物一案，收缴非法出版物近100册。

新华书店

【概况】 2016年，大丰新华书店有限责任公司（以下简称公司）完成销售4156.97万元，比2015年增长7.83%；实现利润414.12万元，比2015年增长15.86%。

【销售针对性增强】 2016年，公司对教材教辅发行部门下达的全年目标任务划分由教材、作业本、评议教辅销售指标，一般图书销售指标，重点用书销售指标以及其他品种（含纸张、酒类、文具、办公用品等多元产品）的销售指标组成，集中征订与日常销售相结合，提升征订部门的经营理念，融预算、预测、事中控制、事后总结为一体，整个经营业活动一直处于可控状态，做到了目标明确，心中有数。

【教辅用书发行】 2016年，面对义务教育阶段教材全面免费的新形势，公司尽可能稳定和巩固已有份额，确保教辅市场主推品种的销量不发生变化和波动。同时，开拓高中教辅的新市场。教辅的征订发行顺利开展。根据省公司2016年秋季教辅汇兑情况，大丰公司评议教辅义务教育配套率99.1%，评议教辅高中配套率92.2%，总配套率96.5%。

【店外销售】 2016年，公司制订店外销售方案，加大店外销售的奖惩力度。全年实现店外销售121.15万元。其中凤凰梧桐复印纸销售2192箱，码洋31.98万元；凤凰系列酒145箱，码洋14.3万元；重点政治读物《习近平系列讲话读本》11310册，码洋18.99万元；《胡锦涛文选》销售2209套，码洋30.70万元。

【"三星级"门店年审通过】 为保证"三星级"门店通过省公司年审，2016年，公司坚持不懈地抓好星级门店服务规范的落实、细化工作，将"创星"、"保星"工作与日常的销售、服务工作有机结合。从创新服务理念入手，促进了员工服务理念实现了由"要我服务"的被动服务向"我要服务"的主动服务转变；由微笑、承诺服务向规范、优质服务转变；由满意服务向感动服务转变。确立突击性抽查和日常检查相结合的管理机制，每月抽查次数不少于3次。检查中发现问题，对当事人予以经济处罚，涉及负连带责任的，连带责任人一并处罚。培训考核工作经常化，员工的服务理念、服务举措都得到提升，"三星级"门店顺利通过省公司年审。

（邵爱生）

广播电视

【概况】 2016年，盐城市大丰区广播电视工作围绕区委、区政府提出的“坚持科学发展，建设幸福大丰”的总体目标，推进广播电视事业的建设与发展，广播电视工作呈现出蒸蒸日上的良好态势。

【对外宣传保持盐城领先】 2016年，电视对外宣传继续保持盐城各县市中的领先位次。电视新闻、电视专题、广播新闻等外宣考核项目走在了盐城前列。在中央电视台《新闻联播》用稿4条、《江苏新时空》用稿60条。4月16日晚，中央电视台一套《新闻联播》头条“发力供给侧”系列报道之《紧贴需求，服务业领跑中国经济》，专题报道了大丰区荷兰花海“围绕鲜花做文章，打造赏花经济”的成功经验和做法。

【节目创优居盐城前列】 2016年在盐城有40多部件作品获得政府奖，其中一等奖和特别奖有8件，有4部作品获得省级政府奖三等奖。在中国县市报新闻奖评选中，获得一等奖1个、二等奖6个、三等奖6个。在江苏省县市报研究会年度好作品评选中，获一等奖3个、二等奖6个、三等奖4个。新闻信息中心新媒体主创制作的微电影《我是邦女郎（系列剧）》在首届中国报业短视频微电影大赛中获评优秀微电影奖。

【全媒体全业务平台建设完成】 2016年，文广新局组织实施广播电视全媒体全业务综合服务平台项目建设，利用互联网+新优势，搭建电视+新平台，实现内容的综合生产，全媒体分发。项目完成后将为多样化的节目形态提供高效的制作流程和丰富的制作手段，并与现有新媒体发布系统无缝链接，实现节目内容的多屏分发，形成完整开放的节目生态系统。平台于2016年年底前实施完成，投入使用。

2016年，大丰电视对外宣传在盐城各县市区中继续保持领先

【无线数字电视实现地面覆盖】 2016年，实施无线数字化覆盖工程，加快建设地面数字电视传输覆盖网，有利于推进基本公共文化服务标准化、均等化，提升广播电视公共服务水平和质量。区文广新局配合该项工程的实施，对安播机房的供电设施进行改造，提供了可靠的供电保障。同时配合省新闻出版广电局，完成了相关设备的安装调试。

【媒体融合发展步伐加快】 2016年，推进新媒体事业发展。新闻信息中心运营的“两微一端一网”（两个微信公众号、手机客户端、大丰新闻网）平台和广电台运营的“掌上大丰”手机台及大丰广电微信官方平台，在网络新闻资讯报道上做到了无“微”不至，影响力不断扩大。大丰广电微信公众号主要栏目浏览量超过1000万。

【广播电视依法行政】 2016年，区广播电视台执行广播电视管理规章规定，强化对媒体宣传播出及节目的监管力度，加强收听收看，净化荧屏声频，抵制低俗之风，查处违规播出和违规广告，保证了市域范围内广播电视播出节目导向正确、格调健康和传播秩序的规范有序。按中央、省市部署，联合宣传部、法院、检察院、公安局、经信委等部门，组织开展了打击非法境外电视网络接收设备专项整治行动，强化卫星广播电视接收设施管理，组织开展依法整治非法安装使用卫星电视设施专项行动10余次，取缔一批非法“小耳朵”销售点，拆除、收缴非法“小耳朵”700多台套。大丰连续第三年被省表彰为“无小耳朵社区”标兵县。

【广电产业经营拓展增收渠道】 2016年，区广播电视台在传统广电广告出现明显下滑态势、广告行业规范整顿等多重因素叠加效应的影响下，全力以赴地开展传统视听广告业务，同时将创收新的增长点集中到组织开展重点营销活动、实体店商贸以及广电国旅等的创收上，全年目标任务基本完成，为广播电视台健康运行和发展提供保证。

《大丰日报》

【概况】 2016年，区新闻信息中心（以下简称中心）紧跟区委、区政府重大决策部署，坚持正确的舆论导向，服务中心，服务大局，较好完成了《大丰日报》的编辑出版工作。中心经中国县市报研究会常务理事会审议，被吸收为理事单位，有30多篇作品在全国及省县市报新闻作品评选中获奖。

【新闻宣传】 9月23日，盐城市委常委、大丰区委书记王荣调研新闻媒体工作，到中心看望慰问全体采编人员。他勉励大家新闻战线要深入学习贯彻习近平总书记在党的新闻舆论工作座谈会上的重要讲话精神，坚持正确的政治方向，围绕中心工作、全力服务大局，不断提高新闻舆论工作的能力和水平。巩固专项活动成果。继续深化"走基层、转作风、改文风"活动，鼓励编辑记者走出办公室，走向基层，捕捉活鱼。先后刊发了《开车回村过年人真多》《飞腾：春日里的"沸腾"》《新能源海水淡化多元突破拉长产业链》等稿件。注重工作计划安排。各项工作做到有计划、有布置、有落实。坚持每周编委会、每周选题策划会、每日评报制度不动摇，及时评选好稿。全面发扬奉献精神。新的形势对新闻宣传工作提出了更高的要求，各层各级的审稿程序也越来越严格。中心要求记者始终保持旺盛的工作激情，加班加点采写，严格履行程序，确保新闻安全无事故。

【区新闻信息中心队伍建设】 2016年，中心始终将队伍建设放在重中之重的位置，不断提升员工整体素质。按照组织、人社部门的要求，开展记者招聘工作。通过笔试、面试等程序，新招录3名工作人员。深入开展系列教育培训活动，邀请专家讲课，帮助广大新闻宣传工作者了解区委区政府决策部署和经济社会发展形势，更好地认清新闻宣传工作面临的新任务、新要求。加强新闻宣传业务学习，通过开展业务探讨交流、请进来培训、走出去学习等方式，提高专业技术水平。中心领导班子及中层干部自觉规范自身行为，带头执行关于廉洁自律的各项规定，并主动接受监督。组织中心党员干部认真开展"两学一做"等专题教育活动，增强党员干部的廉洁自律和法律意识。

【宣传贴近现实】 2016年，中心围绕项目建设，开辟了《加快镇工业园区建设，促进镇域经济大发展》《坚持项目为王，突破招商引资》等专栏，并组织采写了《草堰镇：构建工业经济发展主阵地》等一批重点稿件。围绕从严治党，继续开设"金丰廉韵""认真开展'两学一做'，推进全面从严治党"专栏，加大对全区党风廉政建设情况的宣传报道力度。围绕文明创建，开辟《创文明城，做文明人》《曝光台》等专栏，并定期发布文明创建应知应会知识。区委、区政府每有重大会议，中心都及时进行宣传策划，刊发了《奋战"十三五"建设新大丰》《要用"工匠精神"雕琢大丰旅游》《把坚持项目为王落到实处》等言论稿件。中心全体记者分工联系到区镇及区直重点部门，组织记者深入基层、深入一线，了解群众的所思所盼，反映他们的所求所愿，关注群众的衣食住行，采写了《"零距离"关爱让夕阳"红且暖"——我区居家养老服务全覆盖纪实》《共享家门口的"文化大餐"——文化惠民工程建设侧记》《让百姓乐享传统医学好服务》《家庭农场富村民》，受到群众欢迎。在中国县市报新闻奖评选中，获得一等奖1个、二等奖6个、三等奖6个。在江苏省县市报研究会年度好作品评选中，获一等奖3个、二等奖6个、三等奖4个，好版面2个、好标题1个。中心新媒体主创制作的微电影《我是邦女郎（系列剧）》在首届中国报业短视频微电影大赛中获评优秀微电影奖。

【宣传内容拓宽】 2016年，中心全面优化绩效考核，增加一线报道和深度报道在考核中的比分权重，每日公布记者稿件得分，激励引导全体记者转作风、改文风。强化策划，持续推出系列报道。围绕中心，全面梳理整合全区各条线亮点工作，策划系列报道和特别报道选题，及时组织采写。刊发了探路大丰供给侧结构性改革、招工就业新变化、饮用水提升民生体验、全域旅游看大丰等多个系列报道，组织了《三通三千交通重点工程》《"两学一做"学习教育》、《点滴善举，汇成大爱》等多个专版。强化合作，定期编发各类专版。不断增强经营和持续发展能力，主动对接重点镇、重点园区和重点部门，加强合作，以专版形式帮助合作单位内聚人心，外树形象。大中、新丰、国土、农业、人防、教育等专版定期编发。强化融合，加强发展新媒体部。跟南京路特公司合作，对大丰新闻网、数字报、无线大丰APP客户端进行优化整合，由新成立的新媒体部负责运营。《大丰日报》微信公众号拥有粉丝4.5万人，无线大丰APP注册用户1.5万人。

【队伍廉政建设】 2016年，根据党风廉政建设年度工作目标，坚持把党风廉政工作与其他工作一同布置、一同落实、一同检查。在《大丰日报》继续开设"金丰廉韵"专栏，加大对全区党风廉政建设情况的宣传报道力度，开展廉政文化宣。领导干部带头执行关于领导干部廉洁自律的各项规定，并主动接受监督。工作人员恪守新闻职业道德，不搞有偿新闻，不以新闻谋取私利，树立了新闻队伍的良好形象。加大法律法规的宣传力度，对报社员工进行经常性的法治教育，增强他们的法治意识，自觉学法守法，报社工作人员全年没有发生违法行为。在维护稳定方面，在报纸宣传上把新闻安全放在第一位，遵守新闻宣传纪律，坚持正面宣传为主，全年没有发生因不确当宣传而造成社会不稳定的事件。

（李丁非）

〖编辑　陈一青〗

卫生

综 述

2016年，大丰区有公立医疗卫生计生机构42个，其中：区级医疗机构3个（人民医院、中医院、第二人民医院），区级卫生机构3个（疾控中心、卫生监督所、妇幼保健和计划生育指导所）；镇（中心）卫生院12个，社区卫生服务中心4个，防保所1个，计生服务中心（办）19个。另有镇卫生院一体化管理的村卫生室216个，民营医院15个。全年全区总诊疗306.9万人次，比2015年增2.47%；出院病人10.62万人次，比2015年增0.3%；病床使用率72.69%；平均住院日8.62天；平均门诊人次费用155.8元，平均住院人次费用6152元。全年“120”急救体系出车11608车次，救治各类伤病员10088人次、危重患者6151人次。城乡居民主要健康指标处于较高水平，人均期望寿命79.99岁，婴儿死亡率3.84‰（省定标准为小于8‰），孕产妇死亡率为零（省定标准为小于10/10万）。

2016年，大丰区职业病防治工作通过国家评估，基本公共卫生服务项目以优秀等级通过省级考核，血吸虫消除阻断工作通过省级评估。建成国家级卫生镇2个，省级卫生镇5个，是盐城市其他县市区当年的总和。全国政协副主席韩启德专程到大丰视察医改工作，国家卫计委副主任马晓伟在大丰主持召开全国11个省（市、区）卫计委领导参加的基层卫生工作座谈会，考察大丰卫生工作现场；央视《焦点访谈》《走遍中国》、中国网《中国访谈》以及《健康报》、新华网等主流媒体、品牌栏目多次报道大丰区卫生计生改革新举措、新成果。

【家庭医生签约服务】 2016年，大丰区以个性化服务为核心的家庭医生签约服务实现由农村向城区延伸、由少数向大众普及、由探索到成型的实践，成为可供复制的大丰模式在全国推广。国家卫计委在大丰区举办家庭医生签约服务培训班。在国务院医改办家庭医生签约服务培训班、全国农村卫生协会和社区卫生协会年会等全国性会议上多次介绍大丰区家庭医生签约的有关做法。居家养老签约服务被选为江苏省2016年民政工作十大创新举措。

【智慧医疗服务体系】 2016年，大丰区推进“互联网+大健康”的“云医疗”项目，移动查房系统在全区镇级医疗卫生机构实现全覆盖，移动医护系统上线运行，新制发28万张居民健康卡（累计制发43万张），在部分村卫生室和居民家庭试点投放健康监测设备，实现主动式的健康干预及诊疗。区域健康信息平台在盐城首批首家通过省级测评。

【卫生应急】 2016年，大丰区及时有效应对突发公共卫生事件4起，举办应急救护知识培训班8期1050人，省卫生计生委应急办主任专门批示：大丰卫生应急救援工作有力到位，全民自救互救素养提升工程亮点突出，对全省其他地区和单位有示范作用。大丰区作为全省唯一县级单位，再次受邀在全省卫生应急工作会议上交流有关做法，并获得盐城市卫生应急处置技能竞赛团体一等奖。

卫生改革

【群众就医保障】 2016年，大丰区基层医疗卫生机构零差价销售基本药物7368.67万元；二级医院基本药物配备率80%、使用率30%。新农合人均筹资标准570元，累计补偿292.5万人次，补偿金额2.46亿元。

【公立医院改革】 2016年，大丰区在“丰医集团”基础上，组建“杏林集团”医联体。加强对口协作支援，人民医院、中医院选派具有副高以上职称的专家常年到基层门诊带教，同时，组成医疗技术小组，到基层进行业务指导和巡回诊疗，组建全区妇产科、骨科、五官科、大外科及村医微信群，及时为基层解决问题；中医院建成1个国家级名中医工作室和2个省级名中医工作室，邀请医联体成员单位医疗骨干加盟。医联体内部建立信息系统公共平台，实现医疗信息

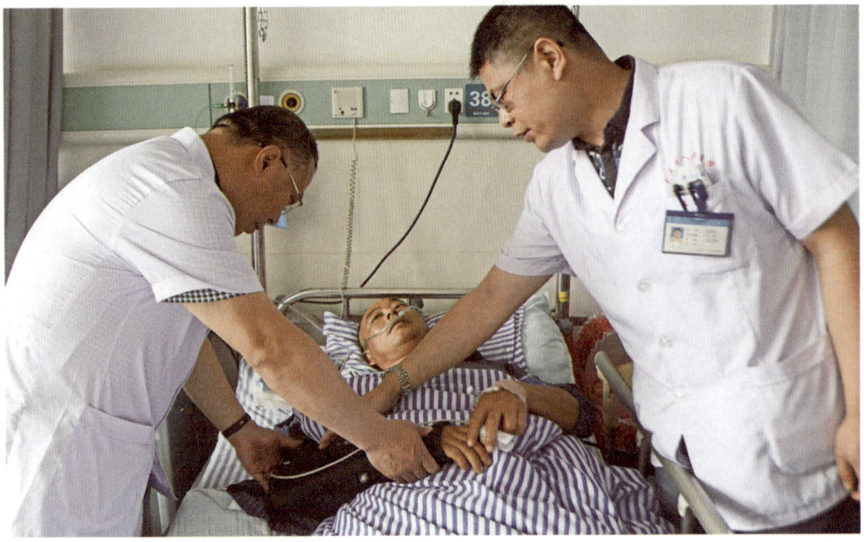

2016年6月，大丰区人民医院医护人员精心医治遭受龙卷风袭击的阜宁农区伤员

共享，避免重复检查，方便群众就医。开放双向转诊窗口，区级医院转到基层康复病人436例；区—村远程会诊598例，分级诊疗格局初步形成。

【基层卫生】 2016年，大丰区加强基层绩效考核，将考核结果与基层机构的绩效工资、有关经费补助和表彰奖励等挂钩，提升基层服务能力。南阳镇卫生院建成全国“群众满意乡镇卫生院”，刘庄镇卫生院建成省示范乡镇卫生院，7个村卫生室（小海镇无泊村卫生室、草堰镇双垛村卫生室、西团镇新中村卫生室、大中镇龙福村卫生室、白驹镇民窑村卫生室、草庙镇五总村卫生室、刘庄镇新桥村卫生室）建成省示范村卫生室。举办基层岗位练兵活动，获盐城市基层卫生岗位练兵技能竞赛团体项目和城市全科医疗组第一名。遴选54名基层卫生骨干人才，19人被确定为省骨干人才。

【卫生基础设施建设】 2016年，大丰区投资10亿元的人民医院新院区项目主体工程完成。区二院精神病综合服务大楼、小海中心卫生院和草堰镇卫生院整体搬迁、西团镇卫生院原址扩建等项目全面开工建设。白驹、三龙、方强、万盈、大中等镇（中心）卫生院项目建成90%。年末，全区实际开放床位3810张，常住人口千人床位数5.21张。

公共卫生管理

【公共卫生服务项目】 2016年，大丰区基本公共卫生服务项目人均经费提高到50元，并组织开展居民健康档案规范管理百日提升行动。做好重大公共卫生服务项目，补助农村住院分娩产妇3051人，免费补服叶酸3383人。超额完成省下达的“两癌”筛查任务，宫颈癌筛查25009人、乳腺癌筛查26376人。通过筛查，确诊宫颈癌21例、癌前病变42例，乳腺高度可疑癌和需要密切随访的80例，早诊早治效果明显。国家高血压糖尿病全程健康管理和省糖尿病区域一体化管理试点工作取得阶段性成果，国家卫计委在大丰区召开项目试点现场推进会。

【传染病防控】 2016年，大丰区未发生甲乙类传染病多发、暴发疫情，以及突发公共卫生事件及重大、不明原因疫情。建成9个数字化接种门诊。学校和托幼机构入托入学儿童预防接种证查验覆盖率100%，11种免疫规划疫苗接种率均达98%以上。贯彻查灭螺与传染源控制并重的综合防治策略，血吸虫消除阻断工作通过省级评估，是大丰区血防史上又一重要的里程碑。加强碘盐市场监督管理，碘盐批质量合格率、人群碘盐覆盖率达到省规定要求。

【卫生综合执法】 2016年，大丰区严格落实12项医疗行业服务行为监管制度，开展医疗机构规范行医、打击无证行医、医疗行业依法执业等专项行动，立案查处13起，其中1起移送公安机关。区卫生计生委积极投身行政审批制度改革，更新、完善行政权力清单，保留265项，取消59项，调整18项，新增2项。依法实施卫生行政许可，全面推行容缺审批、网上申报、短信提醒等服务，全年新发卫生许可证195份、年审23份、变更11份，注销335份，发放健康培训合格证1.7万份。

【妇幼保健】 2016年，大丰区孕产妇保健管理率、艾滋病筛查率、梅毒筛查率、乙肝表面抗原检测率均为100%，妇女病普查率91.85%，出生缺陷发生率2.14‰，5岁以下婴幼儿死亡率3.84‰，7岁以下儿童保健管理率99.98%，新生儿疾病筛查率99.74%。

【精神卫生管理】 2016年，大丰区卫生计生委联合综治等部门制订出台《易肇事肇祸精神障碍患者监护以奖代补办法》，加强精神障碍患者救治管控工作。联合区残联让1486名精神病患者免费服药，配合民政部门救助流浪重精神病人42人。重性精神病患者管理率98.47%。

【爱国卫生运动】 2016年，大丰区西团镇、南阳镇建成国家卫生镇，小海、大桥、刘庄、白驹、草堰等镇建成省卫生镇，31个村建成省级卫生村。居民生活饮用水检测3060项次、合格率100%。高标准完成5000座农村卫生户厕改造任务。利用爱国卫生月和健康教育宣传月、肿瘤防治宣传周、无烟日等卫生日和学雷锋等活动开展健康街头义诊、咨询宣传活动18次，服务5000多人次。

医（药）政管理

【医疗质量管理】 2016年，大丰区组织开展“三基”（基本理论、基本知识、基本技能）考试以及病历、处方质量抽查，突出抓好首诊负责制、院内会诊等核心制度的落实。推进预约诊疗服务，二级公立医院与省集约式预约诊疗服务平台实现直连上线。探索开展日间手术，二级综合医院平均住院日控制在9天以下。推动优质护理服务向基层延伸，二级公立医院优质护理服务病房覆盖率90%以上。

【药事管理】 7月底前，大丰区二级以上医院全面停止门诊患者静脉输液。开展以抗菌药物为重点的临床合理用药监测与评价，加强医疗机构药品使用情况、抗菌药物分级管理、药品用量超常预警和处方点评等工作督查，提高合理使用基本药物水平，基层机构药占比较2015年下降1%。

【中医药服务能力建设】 2016年，大丰区中医院中医骨伤科建成省级重点专科，实现大丰区省级重点专科零的突破。获得盐城市中药传统知识与技能竞赛二级医疗机构以下组金奖、二级医疗机构以上组银奖。人民医院按照综合医院示范中医科标准建设，提升中医药服务能力。新丰镇卫生院中医科建成盐城市中医药特色专科，大中、刘庄、方强、大桥、草堰、小海、草庙卫生院建成中医药综合服务区并通过省级验收。

【急救体系建设】 2016年，大丰区修订完善大丰区院前急救管理办法，优化各地急救站点建设，规范转运病人流程，严厉查处非急救车辆参与院前急救工作的行为。120急救医疗队快速参与集结驰援阜宁、射阳龙卷风灾区行动。

行风建设

【卫生计生服务资源整合】 2016年，大丰区优化妇幼保健和计划生育技术服务资源，组建区妇幼保健和计划生育指导所，服务效能提高，服务水平优化。

【卫生计生业务建设】 2016年年末，全区卫生机构人员总数3484人，比2015年增加15人。其中卫生技术人员2884人，占82.78%；其他技术人员108人，占3.1%。卫生技术人员中，医疗人员1121人、护理人员1163人、药剂人员204人、医技人员157人。另有乡村医生514人。按常住人口计算，每千人口执业（助理）医师2.89人、注册护士1.94人。结合“616”人才引进三年行动计划，引进入编医学专门人才1名，柔性引进（打破人才流动中的刚性制约，在不改变和影响人才与所属单位人事关系的前提下，适应市场经济和人才社会化发展要求的政府引导、市场调节、契约管理的非本地户籍人才的人才引进方式）医学领军人才3名。加强人才培养，人民医院柏正群被确定为盐城市医学重点人才，人民医院倪晓辉、李翔，中医院茅付勇被确定为盐城市医学青年人才，中医院施栋、杭春平、杨峰、刘胜荣被确定为盐城市中医药重点人才。采取公开招聘和校园招聘相结合的方式，招录本科以上应往届毕业生108人。实施农村订单定向医学生免费培养工程，与26名本科生、26名大专生分别签订就业协议。

【卫生科研】 2016年，大丰区申报科研课题11项，申报盐城市新技术引进奖13项、盐城市科技进步奖2项。人民医院“肺泡灌洗液联合液基超薄细胞术在肺癌诊断中的临床应用”获盐城市新技术引进奖一等奖，“耳廓肿瘤切除后缺损修复技术在临床中的应用”等4个科研项目获二等奖。

【医德医风】 2016年，大丰区医德医风建设通过“三好一满意”活动（即服务好、质量好、医德好，群众满意）这一载体，推进医德医风建设。各级党组织开设专题党课20余场次，开展学习讨论100多次。人民医院“党员示范岗”争创活动、中医院“身边的好党员”评选活动等做法受到好评。大丰区卫计委每月开设“卫生计生讲坛”。大丰区卫计委举办“唱支廉歌给党听”大型廉政歌曲演唱比赛、第三届“丰医杯”卫生计生系统职工体育运动会、“守纪律、讲规矩”专题教育活动知识竞赛、第二届卫生计生系统文艺汇演和“大丰好医生”评选表彰活动。

（王国生　陈伟琴）

〖编辑　丁彩前〗

2016年6月19日，南京市中医院全国中医肛肠医疗中心大丰技术协作中心揭牌仪式在大丰区中医院举行

体 育

综 述

2016年，大丰区体育局围绕年初体育工作会议精神，把握推动科学发展、提升公共体育服务体系建设和转变体育发展方式的主线，积极推进群众体育、竞技体育、体育产业快速发展，各项工作都取得新突破。

群众体育工作。重点举办2016年赛季中国足球联赛主场赛10场以及国际男篮对抗赛、击剑、网球等众多品牌赛事。学习探索业余训练教练员负责制，开展体育教师、教练足球定级培训活动，新增国家试点足球学校3所，努力实现竞技体育在田径、足球、网球、游泳等方面新突破。奥体中心、全民健身中心开放水平和运营效益不断提升，体育设施建设不断完善。

【全区体育工作会议召开】 1月26日，盐城市大丰区体育工作会议召开，会上，副区长赵玉霞总结回顾"十二五"期间大丰区体育工作，研究部署2016年主要任务，要求突出重点，不断完善公共服务体系，不断推进校园足球运动的兴起，不断提升竞技体育水平，不断推动体育产业发展，全力开创大丰区体育事业新局面。会议表彰2015年10个体育工作先进集体和30位先进个人。

群众体育

【概况】 2016年，大丰广泛开展全民健身活动，以8月8日全民健身日庆祝活动为契机，联合各镇、各相关部门、各体育协会开展体育嘉年华活动，举办太极拳、桥牌、羽毛球、乒乓球、钓鱼等特色群众体育活动20余项。全年举办各级各类全民健身活动近150场，在全区掀起踊跃参与全民健身的热潮。城市社区"10分钟体育健身圈"新增健身步道16.5千米，进一步均衡城区体育健身资源，更好地满足社区群众对体育健身的需求。

【群众体育活动丰富多彩】 2016年，区体育局充分发挥场馆优势和协会作用，组织体育嘉年华活动，重点举办中国大丰第三届沿海滩涂汽摩场地越野赛、2016年盐城·大丰"江苏有线"杯网球邀请赛、大丰"辉丰股份"杯业余足球联赛、2016年大丰区老年人体育节、2016全民公益长跑大赛、城东新区首届"民生杯"乒乓球邀请赛、2016年"农商行"杯太极拳比赛以及2016年"红花郎"杯羽毛球比赛等全民健身活动。组织志愿者、社会体育指导员深入社区、街道、企业开展国民体质测试和全民健身宣传活动，为基层群众提供体育健身科学知识、体质评价标准、运动处方等实用信息，全年免费测试5000余人。

【社会体育指导员队伍扩大】 2016年，区体育局鼓励开展全民健身志愿服务活动，推荐4人参加国家级社会体育指导员培训，11人参加一级社会体育指导员培训，学习柔力球、太极拳等14个健身项目。全年晋升社会体育指导员319名，其中，三级254名、二级50名、一级11名、国家级4名。年底，大丰有各级社会体育指导员3605名，全面带动了社会各项体育活动的开展。

【大丰区老年人体育节活动举办】 4月22日，大丰区老年人体育节正式启动。体育节以"自觉参与健身，共享健康快乐"为主题，围绕区六大赛事展开，历时5个多月，在全区范围举办广场舞、门球、太极拳等老年人喜闻乐见的运动项目，推动老年人体育运动的发展，受到全区老年人的欢迎。各镇、各部门的老年体协按照部署，开展老年体育健身项目的培训、展示和比赛。部分镇和部门专门召开老年人体育运动会，促进了大丰区老年体育工作的开展。

【全民健身日启动仪式】 8月6日，江苏省第七届全民健身运动会暨2016年大丰区第八届"国土杯"全民健身日"体育嘉年华"活动，在区奥体中心体育馆举行。启动仪式上，近1000名健身爱好者展示了太极拳、健身腰鼓、有氧操、拉丁舞等全民健身项目，受到现场观众的欢迎。此次活动持续一个多月，主要开展全民健身骑行、网球邀请赛、老年人象棋比赛、乒乓球积分赛、桥牌友谊赛、羽毛球积分赛、足球联赛、篮球对抗赛、掼蛋大赛、游泳比赛、垂钓大赛等近20项体育项目。

【第三届卫生系统运动会】 11月19日，由大丰区总工会、大丰区体育局、大丰区卫生和计划生育委员会联合举办的大丰区卫生计生系统第三届“丰医杯”职工体育运动会在奥体中心体育馆开幕。运动会设置羽毛球、乒乓球、游泳3项个人比赛项目和三人篮球、三人绑腿、走板、拔河4项集体比赛项目。全区30多支近600多名卫生计生系统人员报名参加角逐。经过1天比拼，区人民医院代表队以103分的总成绩获第一名，区第三医院和区疾控中心分别以40分、38分的成绩获二、三名，同仁医院、区中医院和机关分别以30分、23分和16分的成绩获四、五、六名。此次运动会的举办增强了全系统干部职工强身健体的意识，提升了集体荣誉感。

【第十三届“国土杯”驻丰农场体育运动会】 11月24日，大丰区第十三届“国土杯”驻丰农场体育运动会在奥体中心体育馆举行。该届运动会由大丰区国土局、上海市吴家洼监狱和大丰区体育局主办，驻丰农场及相关区直部门10个代表团的200多名运动员参加。运动会设置了三人篮球、乒乓球、羽毛球、掼蛋、走板、拔河等6个比赛项目。经过激烈角逐，方强农场代表团以总分405分、3项单项冠军的总成绩获得团体第一名，盐城监狱代表团、海丰社区代表团、四岔河监狱代表团、上海农场代表团、吴家洼监狱代表团分别获得团体第二至第六名。举办运动会密切了大丰与驻丰农场的关系，增进友谊。为全民健身运动的推广起到促进作用。

竞技体育

【概况】 2016年，大丰区竞技体育加强“体教结合”工作，启动新一轮业余训练项目布局，坚持“抓大项、带小项”的训练方针，发挥田径的项目优势，组队参加江苏省青少年田径锦标赛暨县组田径比赛（第一赛区）和省田径投掷项群比赛，取得较好成绩。开展中小学生足球、网球、游泳等项目培训，选拔体育苗子，实现竞技体育持续发展。举办中国足球协会乙级联赛主场赛10场，国际男篮对抗赛，江苏省中小学生击剑冠军赛第一站，盐城市第五届“市长杯”青少年校园足球联赛高中组决赛等竞技赛事。成立大丰区权健青少年足球俱乐部和江苏鼎立足球俱乐部，并将区体育场作为乙级联赛主场，大丰区成为全省第4家拥有职业足球俱乐部的城市（其余3家为南京、苏州、南通）。新增幸福路小学（省级足球传统学校）、城东实验小学（市级足球传统学校）、金丰路中学（市级足球传统学校）等3所国家试点足球学校。区少年体校连续8年创建为国家高水平体育后备人才基地。

2016年，大丰区竞技体育加强“体教结合”工作，启动新一轮业余训练项目布局

【体育后备人才建设】 2016年，大丰区少年体校坚持“体教结合”方针，不断完善业余训练制度、强化管理，科学开展业余训练。重点开展中小学生足球、网球、游泳等项目培训，从中选拔出一批体育苗子，实现竞技体育持续发展。注重培养骨干教练，不断提高整体执教能力和训练水平。依托体育传统校资源，培养和发现更多的体育后备人才，努力推进青少年体育俱乐部工作。

【盐城首家职业足球俱乐部成立】 1月22日，盐城第一支职业足球俱乐部——鼎立足球俱乐部在大丰区正式成立。标志着盐城足球职业球队实现了零的突破。权健国际自然医学集团赞助500万元，支持鼎立足球俱乐部与权健集团在青少年校园足球发展方面开展深度合作。大丰区区长宋勇，权健国际自然医学集团董事长兼总经理束昱辉出席成立暨合作仪式。区领导石根美、赵晓庆、赵玉霞参加活动。权健与鼎立开展合作，为大丰校园足球更好更快发展注入新的动力。

【参加、承办各级各类比赛】 4月30日~5月4日，区体育局组队参加在张家港举办的2016年江苏省青少年田径锦标赛暨县组田径比赛（第一赛区）和省田径投掷项群比赛，分别取得2金、4银、3铜和4金的成绩。4月16日~8月27日，区体育局举办中国足球协会乙级联赛主场赛10场，国际男篮对抗赛，江苏省中小学生击剑冠军赛第一站，盐城市第五届“市长杯”青少年校园足球联赛高中组决赛等竞技赛事。

【许雯获全国游泳俱乐部锦标赛一金三银】 4月23~24日，全国游泳俱乐部锦标赛在江阴水上运动中心举办。全国28支代表队700多名运动员参加角逐。大丰区游泳馆国家一级运动员许雯以1:24.74的成绩夺得25~29岁年龄组100米蛙泳冠军，以1:14.27的成绩获得25~29岁年龄组100米蝶泳亚军，并获得运动员年龄累计相加100~119岁年龄组4×50米混合泳接力第二名、自由泳接力第二名。

体育设施

【概况】 2016年，大丰区体育局坚持体育惠民理念，奥体中心、全民健身中心全面对外开放，每月20日除区游泳馆外的其他体育直属场馆全天对群众免费开放；区体育场除有赛事活动外，每天早晚对群众免费开放，特定节日对特定群体免费开放。进一步加密城市社区“10分钟体育健身圈”建设，满足了广大居民健身的需求。充分发挥奥体中心作用，协助举办大丰区新春人才招聘会、2016年江苏·大丰春、秋季房地产暨汽车博览会、第七届韩国歌星演唱会和大丰区新年音乐会。

【公共体育服务体系完善】 2016年，大丰区建成集专业足球训练、青少年培训以及市民健身等功能于一体的盐城市大丰区权健青少年足球训练基地。完成区体育场足球场地标准化改造和城市社区“10分钟体育健身圈”加密任务，所有的行政村达到“二室一场一路径”（乒乓球室、棋牌室、篮球场或其他球场以及一条拥有10件体育设施的健身路径）建设目标。按照“因地制宜、量力而行、整合资源、注重实效”的总体思路，适当调整镇体育“三个一”（体育中心、体育公园、足球场）工程原有建设计划及目标任务，加强日常督查，年底全部完工。加快村级篮球场升级改造工程开展进度，年底所有行政村完成配套建设。

【体育产业领域拓展】 2016年，区体育局积极推进体育场馆向社会免费、低收费开放，免费开办游泳、网球、足球、瑜伽等运动项目培训班。充分发挥市场配置资源、政府政策引导的作用，推广和运用政府与社会资本合作等多种方式，不断创新公共体育产品购买模式。打造智慧体育服务，推行“一个场馆、一个教练、一支团队、一个目标”的服务模式，2016年，全国公共体育服务体系现场推进会将大丰区体育场馆作为苏北唯一参观点。

【村级晨（晚）练健身点体育指导员培训班开班仪式举行】 根据区委、区政府的要求，9月21日上午，区体育局在区奥体中心体育馆举行村级晨（晚）练健身点体育指导员培训班开班仪式。区政府副区长赵玉霞、区体育局局长王国平及各镇老年体协负责人、文化站站长、210个晨（晚）练健身点体育指导员出席此次仪式，区政府办副主任施茂盛主持仪式。仪式上，各镇区晨（晚）练点负责人向体育局局长递交晨（晚）练健身点管理责任书，并领取音响器材。此后，举行社会体育指导员培训。

【区体育局承办多项赛事】 年内，区体育局在奥体中心承办2016年国际篮球明星挑战赛、2016年江苏省青少年田径锦标赛暨县组田径比赛（第一赛区）、2016年江苏省青少年击剑冠军赛（第一站）等赛事。

【2016年国际篮球明星挑战赛】 5月27日晚，2016年国际篮球明星挑战赛江苏同曦职业俱乐部篮球队VS巴西联邦共和国圣保罗篮球队的比赛在大丰奥体中心体育馆举行。比赛中，不断上演远投三分、扣篮。经过两个小时的比拼，江苏同曦队以86∶83取胜。

【2016年江苏省青少年击剑冠军赛（第一站）】 5月22~23日，2016年江苏省青少年击剑冠军赛（第一站）在大丰区奥体中心体育馆举行，全省10个省辖市的327名运动员参加比赛。比赛设花剑、重剑、佩剑个人赛和团体赛，分为3个年龄组，包含16~17岁组、14~15岁组、13岁以下组项目。经过两天的激烈角逐，淮安市以金牌5枚、银牌3枚、铜牌5枚的成绩获得金牌榜第一名；南京市以金牌4枚、银牌2枚、铜牌2枚的成绩获得金牌榜第二名；苏州市以金牌2枚、银牌2枚、铜牌1枚的成绩获得金牌榜的第三名。该次比赛是全省优秀青少年击剑人才的大展示、大比试、大选拔，旨在全省范围内普及和推广击剑运动，选拔和培养击剑优秀后备人才。

（余步翠）

〖编辑　朱晓华　谢竹青〗

人民生活

【概况】 2016年，全区上下坚持实干为先、项目为王、民生为本“三为”导向，实施产业强区、沿海崛起、绿色发展、民生共享、开放带动、创新驱动“六大战略重点”，城乡居民收入稳步增长，城乡居民居住条件持续改善。

【城镇居民生活】 2016年，全年城镇常住居民人均可支配收入31104.4元，比2015年增加2351.9元，增长8.2%；城镇居民人均生活消费支出17496元，比2015年增加988.5元，增长6.0%。其中：人均食品烟酒消费支出5502元，比2015年增加563.5元，增长11.4%，占生活消费支出的比重为31.4%，比2015年增加1.5个百分点；医疗保健消费支出1291元，比2015年减少746.2元，减少36.6%，占生活消费支出的比重为7.4%，比2015年减少4.9个百分点；交通通信消费支出2905元，比2015年减少465.6元，减少13.8%，占生活消费支出的比重为16.6%，比2015年减少3.8个百分点；年末城镇居民人均住房建筑面积为45平方米，比2015年增加2.4平方米，增长5.6个百分点。

【农村居民生活】 2016年，全年农村常住居民人均可支配收入19480.3元，比2015年增加1562.4元，增长8.7%；其中工资性收入9930元，经营净收入7145.3元。农村居民人均生活消费支出13491元，比2015年增加1017.6元，增长8.2%；其中食品烟酒支出3860元，占生活消费支出的比重为28.6%，比2015年增长3.8个百分点；医疗保健消费支出1033元，占生活消费支出的比重为7.7%，比2015年减少0.5个百分点；交通通信消费支出1969元，占生活消费支出的比重为14.6%，比2015年减少5.1个百分点；居住类消费3169元，占生活消费支出的比重为23.5%，比2015年增长1个百分点；年末农村居民人均居住房屋面积为57.37平方米，比2015年增加0.07平方米，增长0.01个百分点。

（胡志友）

民政事务

【概况】 2016年，全区民政系统按照年初“突出救急难、突出养老服务、突出城乡社区建设，提升双拥优抚安置水平、提升社会福利水平、提升民政公共服务水平”的“三突出、三提升”工作部署，真抓实干，开拓创新，民政事业发展取得良好成绩。大丰烈士陵园被国务院批准为国家级烈士纪念设施。家庭医生签约服务居家老人获评江苏现代民政建设十大创新成果。大丰区获“2016年中国长寿之乡”称号，区民政局被省文明委表彰为江苏省文明单位，被团省委等11个部门单位命名为“青少年维权岗”，在盐城市2016年度民政工作综合评估优秀集体中排名第一。

【社会救助】 2016年，全区城乡低保对象10100户17376人，其中城镇2865户4938人，人均月补差306元；农村7235户12438人，人均月补差260元，城乡低保保障标准分别提高到530元、430元，全年发放低保金5135万元。全区农村五保供养对象1448人，其中集中供养725人，分散供养723人，供养标准分别提高到9200元、7700元。分散供养五保对象全部签订三方供养关爱照料协议，发放五保金1134.8万元。城市“三无”（无劳动能力、无生活来源且无法定赡养、抚养、扶养义务人）老人55人，供养标准提高到1350元。救助城乡低保边缘户936户，发放资金187.2万元。代发20世纪60年代老职工生活费226人，发放资金411.1万元。医疗救助14287人次，发放2288万元。为困难对象代缴城镇居民医疗保险和农村合作医疗保险。按照每人每年100元标准，为符合条件的6684名城乡低保对象代缴养老保险66.84万元。按照每户保额8元标准，为全区9996户低保、五保户等保障对象交纳农户房屋保险费79968元，250户困难家庭获赔。按照优抚对象每人460元，城乡低保户、农村五保户、城镇“三无”人员、孤儿、困境儿童、寄养无名氏乞讨人员每人

2016年，大丰区有城乡低保对象10100户17376人。其中，城镇2865户4938人，人均月补差306元；农村7235户12438人，人均月补差260元
（单位供图）

400元标准，开展“两节”慰问工作。向全区所有敬老院五保老人、其他养老机构老人、在院托养的流浪乞讨人员发放大衣、猪肉等慰问品。

【养老服务】 居家养老服务多元化，大中镇智慧养老、三龙镇医养融合等居家养老服务模式竞相发展。2016年，全年服务居家老人4.8万人次，发放居家养老补贴195万元，其中区财政补贴98万元。出台《居家养老对象医疗保健签约服务工作方案》，签约老人根据自身健康状况和需求，自愿选择家庭医生，政府给予补贴。1.54万名居家老人参加签约。推进养老机构建设，社会福利院三期土建工程及配套设施基本完工，小海瑞鑫养护院完成土建工程，大中福利院二期工程开工建设。组织人员参加养老护理员培训，11名养老机构负责人参加省厅举办的培训班，89人参加盐城市初级养老护理员培训，14名养老护理员参加盐城中高级护理员培训，取得证书。社会福利院与第三人民医院合作，完成闲置房屋改造，开设老年病医院，增设老年服务项目，为在院老人提供护理、康复等服务。开展养老服务机构安全检查，12个养老机构取得消防许可证。

【社区治理】 2016年，完成村（居）委会换届选举，全区208个村委会、55个居委会依法选出村（居）委会主任259名、副主任301名和委员744名。异地结对共建现代社区，组织24个社区负责人赴扬州学习培训，大中镇大华、新东苑、新德社区分别与扬州市邗江区康乐、虹桥、平安社区签订结对共建协议书，增强社区治理创新能力。整合社区资源，推行“一站式”集成服务、网格化精细服务、“三社联动”专业服务、居家养老惠民服务、志愿者常态服务等“五式服务”，推动社区治理和服务体系创新。探索城乡社区协商民主，区委组织部、区民政局出台《关于加强城乡社区协商的实施意见》，加强城乡社区协商民主的主体、内容、形式、程序、制度及成果应用等方面的实践探索。推进社区服务中心达标建设，全区24个城市社区中，13个社区办公用房面积达到省定400平方米标准。稳步推进社区党组织为民服务项目运行，实施服务项目96个，支出资金32万元。开展和谐社区创建活动，指导各镇（区）围绕组织体系健全、基础设施完善、服务功能完备等和谐社区建设示范单位标准，开展省级和谐社区建设示范单位创建活动。3个社会组织在省公益创投中中标，义工联等6个社会组织在盐城市公益创投中中标，获得公益金135万元。

【社会福利】 2016年，为全区2.47万名80周岁以上老年人发放尊老金2100万元，为25位新增百岁老人祝寿，发放百岁祝寿金5万元。重阳节、春节期间，对全区所有百岁老人开展慰问活动，发放慰问金8万元。召开老年节庆祝会暨专场演出，表彰44个“敬老文明号”单位和18个尊老敬老“和美家庭”。实施“安康关爱行动”。全区有12.1万名老人购买老年人意外伤害保险，参保率66.47%，2301名老人获赔221.68万元。大丰被中国养生养老产业投资发展促进会、全国智慧养老产业发展战略联盟、健康中国战略推进工作委员会等单位联合授予“2016年中国长寿之乡”称号，全区有百岁老人63人，占全区户籍总人口的8.8/10万人。社会散居孤儿50人，生活保障标准提高到1200元；困境儿童288人，生活补贴标准提高到600元，其中，监护人监护缺失的提高到950元；建立留守儿童关爱保护机制，开展排查，全区现有留守儿童2054名，区政府办出台《加强农村留守儿童关爱保护工作的实施意见》，为留守儿童成长提供更加安全的保障。全面落实残疾人“两补”（困难残疾人生活补贴和重度残疾人护理补贴）政策，区政府办出台《关于完善困难残疾人生活补贴和重度残疾人护理补贴制度的实施意见》，4859人领取生活补贴和护理补贴。支援阜宁、射阳风雹灾区，向灾区捐赠善款1703万元，创下历史捐赠最高纪录，其中权健集团捐赠资金1000万元。开展万向慈善助学活动，向107名困难学生发放救助金20.5万元。开展“爱心助学”活动，65名学子受到资助，发放助学款23.8万元。开展“重阳敬老”活动，全区1000名老人每人收到了200元的慈善慰问金及重阳敬老大礼包。福彩销售5188万元，募集公益金500余万元。

【双拥优抚安置】 2016年春节、八一期间，区四套班子领导分组慰问盐城市军分区、盐城市预备役团、驻区部队。区民政局慰问1至4级残疾军人，每人1000元。在全区开展“向最可爱的人献爱心”活动，围绕“结对子、办实事，我为双拥争贡献”深入开展军民共建活动，全区各级党政机关、部委办局、驻大丰部队与80户困难群体开展“结对帮扶”活动。完成优抚对象抚恤定补提高标准，全年增发670万元。向145名大学生发放入伍奖励金83万元。组织309名退役士兵参加技能培训。安排12名伤残军人到无锡荣军医院参加疗养。举办2016年度退役士兵回乡欢迎会暨就业创业专场洽谈会，38个企业提供岗位571个，145名退役士兵参加重点规模企业洽谈会，93人与用人单位达成就业意向协议。按照12939元/人标准，发放义务兵家庭优待金776.34万元。向145名入伍大学生发放奖励金83.46万元。及时更新完善优抚数据台账，完成数据核查任务，核查率100%。区政府办出台《盐城市大丰区符合政府安排工作条件退役士兵积分选岗办法（试行）的通知》，6人岗位安置，1人自谋职业。接收退役士兵190人，参加技能培训119人，成人学历教育1人，复学45人，参训率86%。实施村官培养工程。全区有126名退役士兵提名参与村两委会竞选工作。实施烈士陵园提升工程，加大保护力度和建设水平，大丰烈士陵园被国务院批准为国家级烈士纪念设施。

【民政公共服务】 2016年，开展第二次全国地名普查工作，核实录入国家地名数据库数据6000条，新设高新居委会，调整丰裕村委会管辖范围。公益创投中标数盐城第一，汽摩协会等3个社会组织在省公益创投中中标，义工联等6个社会组织在盐城市公益创投中中标，获得公益金135万元。全年办理登记结婚5574对，补领结婚证1788对，离婚1385对。全区224人参加社工考试，72人通过，报考人数和通过率均创历史新高，全区持证社工147人。开通大丰民政微信公众号，利用微信平台交互系统，通过文字、图片、视频等形式，向社会推送有关社会福利、救灾救济、养老服务、优抚安置等方面的民政法规、工作举措等信息服务。投入资金1819万元，实施移民后期扶持项目工程74个。开展“在站寻亲，让爱回家”活动，对滞留托养在三个养老机构的34名无名氏提取了DNA数据，并上传全国“打拐”（打击拐卖儿童、妇女犯罪）DNA信息库，供数据比对。殡仪馆火化遗体5785具，发放惠民殡葬补贴571万元。福安公墓投资3000万元，建成集绿色殡葬、观光旅游、人文纪念于一体的现代化生态墓园。

（仲维华）

人口与计划生育

【概况】 2016年，大丰区常住人口为72.2万人，出生人口5086人，出生人口性别比107.97，政策内出生率100%，人口自然增长率0.24‰。大丰区人口和计生事业继续保持良好发展态势，被国家卫生计生委评为2014~2016年全国计划生育优质服务先进单位，被省政府命名为“十二五”人口协调发展先进区。流动人口基本公共服务均等化通过省督导评估。

【计生基层基础管理】 2016年，大丰区委、区政府制订出台“十三五”人口计生考核评估意见，计划生育目标管理责任制不断健全。开展计划生育优质服务月活动，突出优生优育全程服务，免费孕前优生健康检查3330对夫妇。开展集中整治“两非”（非医学需要的胎儿性别鉴定和选择性别的人工终止妊娠行为）专项行动，全区出生人口性别比总体正常。流动人口纳入城镇基本公共卫生计生服务范围，落实国家规定的免费服务项目。大丰区人口计生有关做法在全省流动人口卫生计生工作会议上交流发言。

【计生政策服务】 2016年，大丰区实施全面两孩政策，推行生育登记服务制和生育状况承诺制，由家庭自主安排生育两个及以内子女，严格规范多孩生育审批，受理生育登记5621例，办理再生育审批100例。

【计生奖扶政策落实】 2016年，大丰区做好2016年农村部分计划生育家庭奖励扶助、独生子女伤残死亡家庭特别扶助新增对象的资格审核、确认工作，新增奖扶对象7718人、退出434人，新增特扶对象376人、退出91人。区政府制订出台《进一步做好企业持证退休职工一次性奖励工作的通知》，加强各镇的属地管理和兜底责任、企业的主体责任和相关部门的监督责任，推动一次性奖励政策落实。加大对计划生育特殊家庭的扶助力度，为1000名特殊家庭办理每人每年200元的保险，办理关爱育龄妇女系列保险5437人。

【幸福家庭建设】 2016年，大丰区以“全面建设健康大丰，携手同行幸福之路”为主题，开展“中医杯”“健康大丰·幸福之路”卫生计生摄影大赛。推进“新家庭计划—家庭发展能力建设”项目，省卫生计生委专门在大丰区召开项目经验交流会，推广大丰区做法。调研报告《盐城市大丰区实施“新家庭计划”项目的实践与思考》获国家卫计委、中国人口学会“健康家庭理论与实践”征文活动一等奖。大中镇恒北村曹满进家庭入选全国百户“幸福家庭”。

（王国生　陈伟琴）

民族事务

【概况】 2016年，大丰区民族工作贯彻落实全国、省、市民族工作会议精神，结合大丰区第十二次党代会精神，抓好全区少数民族群众服务工作，为发展上台阶，建设新大丰做出贡献。

【民族工作法制宣传】 2016年，民族宗教局（以下简称民宗局）开展“民族政策法规学习月”活动，向基层民族工作干部和少数民族群众发放《基层民族宗教工作问答》《民族政策法规汇编》书籍等，与法制办、司法局联合举办了民族宗教工作法律法规宣传活动，发放民族宗教法律法规宣传手册3000余份，解答市民提问，增进广大群众对党的民族政策、国家有关法律法规的理解。

【少数民族基本情况调研】 大丰的少数民族群众大多数是20世纪90年代婚进的少数民族妇女及其子女。2016年，为搜集信息了解情况，民宗局指导各镇对所辖范围的少数民族人口情况、家庭经济情况、受教育情况、从事职业情况进行调查，为做好民族工作提供了基本依据。

【服务少数民族】 2016年，按照招考要求及时帮助少数民族考生办理中、高考加分证明，全年办理加分证明200多份。为市场监督、卫生、城管相关职能部门提供民族政策的咨询服务。在全区创建文明城市过程中，对涉及清真拉面馆、外地流动少数民族商贩的经营活动，向有关部门提供意见建议，要求其尊重少数民族习俗，注意工作方法，防止因沟通不畅导致矛盾。

【少数民族生活水平提升】 根据省民委、省财政对少数民族扶贫发展资金的要求，区民族宗教局会同财政局对全区少数民族发展资金进行检查，及时调整实施困难的项目，将2015年度的发展资金调整为小海镇纺织园企业安排少数民族群众就业项目，把这一惠及少数民族群众切身利益的实事办好。2016年年初，向区政府申请帮扶资金，慰问全区40户生活困难的少数民族家庭。

（王　琨）

宗教事务

【概况】 2016年，大丰区宗教工作贯彻落实全国、全省宗教工作会议精神，履行宗教部门职能，维护宗教领域的和谐稳定，发展中国特色社会主义宗教理论，全面提高新形势下宗教工作水平。

【多部门沟通协作机制建立】 2016年，区民族宗教局（以下简称区民宗局）加强与区国保等部门的工作联动。年初在全区各宗教活动场所开展反邪教警示教育活动，邀请相关单位负责人就反邪教工作向广大信教群众作深入讲解。与区610办在区基督教堂联合举办了反邪教工作成果展，通过图文并茂的形式，教育广大信教群众。

【宗教活动场所制度管理】 2016年，根据国家宗教局颁发的《宗教活动场所财务监督管理办法（试行）》的规定，区民宗局落实宗教活动场所财务管理制度，规范财务管理，确保财务操作的透明度，最大限度地保证了信教群众的利益。同时，加强了对财务管理人员的培训力度，区民宗局会同区财务培训机构，按照国家宗教局7号令的要求，对宗教活动场所的主要负责人和财务人员进行财务知识专业方面的培训，组织宗教场所财务人员培训班，提高财务人员基本业务素质，使其逐步达到财务管理的各项要求。全区各宗教活动场所各项财务制度均已建立，成立民主理财小组，并通过每月上墙公布账目等形式，接受信教群众监督。

【宗教团体自身建设】 注重宗教教职人员的培养，2016年，根据多年的考察以及信教群众的认可，通过民主举荐的方式，挑选4名教职人员报省以及有关部门晋升宗教教职。同时区民宗局组织教职人员法律法规、宗教业务知识培训班，制订学习计划。通过每年的轮训，宗教教职人员都得到培训，掌握了解国家的法律法规和宗教政策。教职人员素质的提高，有利全区宗教界保持和谐稳定的大好局面。加强宗教场所的安全管理，局机关负责人与各场所负责人签订宗教工作责任状。中秋、国庆前夕，区民宗局组织机关工作人员与镇民宗教助理对全区所有宗教活动场所进行了实地检查，消除场所安全隐患，最大限度地提高安全系数。加强宗教活动场所的基础设施建设，通过多方协调，对小海新窑基督教活动进行了改造，保障了信教群众的生命、财产安全。

【宗教活动服务和谐社会建设】 2016年，以开展“创建和谐寺观教堂”“星级宗教活动场所评定”活动为重点，按照《宗教事务条例》的要求，加强宗教活动场所的规范性管理，发挥宗教界人士和信教群众在构建和谐社会、促进经济社会发展中的作用。小海镇海禅寺、草堰镇义阡禅寺、刘庄镇净土院等宗教场所配合属地镇党委、政府要求，在抓好自身管理的同时，服务当地经济社会建设。鼓励宗教界投身社会公益事业。在阜宁龙卷风灾后，全区宗教界人士为灾区捐款捐物6万余元，取得了良好的社会效应。

（王　琨）

老龄事业

【概况】 2016年，大丰区老龄工作以习总书记“5·27”讲话精神为指导，应对人口老龄化，完善社会养老服务体系，提高社会养老保障水平，弘扬尊老敬老社会风尚，全区老龄事业取得了新的成绩，获得“中国长寿之乡”和“中国十大养生养老胜地”称号。

【养老标准连年提高】 连续12年为企业退休人员上调基本养老金，2016年退休人员待遇平均增幅9.5%，其中企业退休职工人均每月增加160元，增幅8.9%；镇管区补人员人均每月增加120元，增幅12.5%；城乡居民基础养老金调增到每月125元，保持苏北最高，基础养老金发放率100%。

【老年福利逐步提升】 2016年，向全区2.47万名80周岁以上老年人发放尊老金2100万元，向新增25名百岁老人发放祝寿金5万元，重阳节、春节为百岁老人发放慰问金8万元。区慈善总会向敬老院、福利院的1000多名老人捐赠重阳敬老金20万元。全区12.1万名老人参加老年人意外伤害保险，参保率66.47%，其中，区财政出资59万元，为60周岁以上低保老人、80周岁以上老年人购买意外伤害保险。为全区年满60周岁的老年人免费发放江苏省老年人优待证12.4万多张。60周岁以上老年人免费乘坐城市公交，70周岁以上老年人进入政府投资主办的公园、旅游景点、影剧院等免全票，60~69周岁享受半票优惠。

【居家养老形式创新】2016年，在实施居家养老服务城乡全覆盖工程的基础上，创新服务模式，完善配套设施。依托12345热线建立居家养老服务指挥平台，实行线上接单，线下服务；大中镇通过政府购买服务的方式，委托上海海阳集团运营居家养老服务中心，打造智慧居家养老；三龙镇推行PPP模式，镇政府与华康居家养老服务中心、运盛医疗、中国电信、三龙中心卫生院合作，开展“互联网+健康管理”服务。2016年，全区居家养老上门服务4.8万人次。新丰镇投入800多万元，建成1800平方米的居家养老服务中心和老年文体活动中心；西团镇建立18个老年人家庭活动点，配发小方桌、座椅、饮水机等活动设施。

【医养融合全面推进】2016年，推行医疗签约服务，区政府办出台《关于印发〈居家养老对象医疗保健签约服务工作方案（试行）〉的通知》，针对居家老年人常见健康需求，选择基层医疗卫生机构能够提供的项目，整合成普惠服务包、基本服务包、高血压服务包、糖尿病服务包、重大疾病及爱心照护包等6个健康包，供签约老人自愿选择，政府给予补贴。区福利院与第三人民医院合作，对临街房屋进行改造，开设老年病医院，增设老年服务项目。免费培训养老护理员，全区308人取得养老护理员资格证书，养老机构持证上岗率80%。

2016年大丰区百岁以上老人名单

表19

序号	姓　名	户籍所在地	性别	出生年月
1	赵培英	开发区长安村	女	1914年12月
2	沈　璜	万盈镇沈灶村	男	1916年1月
3	葛美容	万盈镇兆丰村	女	1916年4月
4	沈凤英	万盈镇万盈村	女	1915年3月
5	房二女	万盈镇殷灶村	女	1916年6月
6	陈桂英	万盈镇双星村	女	1917年8月
7	徐兆英	南阳镇诚心村	女	1917年1月
8	蒋翠萍	南阳镇民心村	女	1917年2月
9	宗维珍	南阳镇沿海村	女	1917年9月
10	杨兆英	南阳镇沿海村	女	1917年10月
11	朱朋桂	草堰镇三新村	男	1914年6月
12	王存英	草堰镇三新村	女	1914年5月
13	李龙英	草堰镇三新村	女	1916年7月
14	朱住居	草堰镇三元村	女	1917年7月
15	冯粉英	草堰镇三元村	女	1917年11月
16	吴仕莲	小海镇南团居委会	女	1916年10月
17	夏莲恒	小海镇小海居委会	女	1917年6月
18	开巧英	小海镇海西村	女	1917年8月
19	吴兰珍	小海镇海团村	女	1917年12月
20	瞿兆兰	小海镇小洋村	女	1917年1月
21	曹红珍	白驹镇窑港村	女	1912年11月
22	唐招娣	白驹镇马家村	女	1915年11月
23	卞圣达	白驹镇海宁居委会	男	1915年12月
24	陈王氏	白驹镇海宁居委会	女	1916年6月
25	陈秀英	白驹镇沿堤村	女	1917年7月
26	范本先	新丰镇时丰村	女	1915年7月
27	顾则英	新丰镇时丰村	女	1916年1月
28	朱兰英	新丰镇金东村	女	1917年2月
29	姚启珍	新丰镇乐丰村	女	1917年6月
30	徐桂华	新丰镇永跃村	女	1917年3月
31	林红英	新丰镇大团村	女	1917年7月
32	郭成忠	新丰镇新淮居委会	男	1917年11月
33	陈玉康	三龙镇丰余村	男	1909年5月
34	陈其女	三龙镇东红村	女	1914年6月
35	朱国英	三龙镇富强村	女	1917年2月
36	陈桂英	三龙镇丰富村	女	1917年2月
37	杨秀英	西团镇西灵村	女	1916年3月
38	顾汝珍	西团镇西团村	女	1916年7月
39	范德英	西团镇北团村	女	1917年9月
40	蒋云英	大桥镇方向村	女	1915年4月
41	花存英	大桥镇东塔村	女	1917年2月
42	施伟娥	草庙镇新场村	女	1914年11月
43	潘凤英	草庙镇东灶村	女	1917年5月
44	王巧銮	刘庄镇云溪居委会	女	1910年3月
45	智启存	刘庄镇光荣村	男	1917年1月
46	景洪喜	大中镇丰裕村	女	1913年10月
47	黄秀珠	大中镇裕华居委会	女	1915年5月
48	施卫明	大中镇晋丰村	女	1916年1月
49	袁　凤	大中镇建业社区	女	1914年6月
50	陆惠银	大中镇裕华居委会	男	1916年9月
51	朱蒋氏	大中镇光明村	女	1916年5月
52	陈秀英	大中镇老坝村	女	1916年3月
53	施爱珍	大中镇同德村	女	1917年5月
54	束华余	大中镇飞达社区	男	1917年7月
55	杨桂英	大中镇康平社区	女	1917年3月
56	王庆玉	大中镇老街社区	女	1916年12月

说明：表内统计人员为2016年12月健在的老人

【机构建设成效明显】 2016年，12个敬老院达到省星级标准，其中三星级3个。福利院三期工程主体竣工，绿化景观及配套设施基本完工。区老年活动中心完成立项、环评、设计招标及图审工作。小海镇瑞鑫养护院完成装修工程，新增床位100张。大中镇福利院二期工程开工建设，新增床位200张。新丰镇渗渗颐年园完成土地征用工作，新增床位250张。养老机构全部安装“电子眼”，实现实时监控。开展安全督查，12个养老机构取得消防许可证。

【孝亲敬老活动】 2016年“敬老月”期间，区委常委、常务副区长郭超代表区委、区政府慰问敬老院老人和百岁老人。全区广泛开展“重科学家教、兴优良家风、创和美家庭”活动，加强传统家庭美德教育，传播优良家风家训，44个单位被授予“敬老文明号”称号，18个家庭被表彰为“尊老敬老和美家庭”。区人民医院两次派出80多名医务人员，组成医疗专家团队进社区为老年人开展义诊，500多人次享受义诊服务，各镇卫生院为敬老院老人免费体检和义诊800多人次。万盈镇组织老人参观镇敬老院、居家养老服务中心，让老人真正感受社会对老年人的关注和尊重；区检察院设计了“画里大丰·红色行”参观路线，带领老人参观白驹镇狮子口村新四军、八路军会师地，游古盐运河，让老年人充分领略大丰发展带来的巨大变化。

【老年维权宣传】 敬老月期间，区司法局、区老龄办、区老龄协会联合组织开展老年人维权活动，到施耐庵公园广场和小海、草堰、新丰、西团等镇，巡回进行法律援助便民服务咨询，现场发放各类法律宣传资料及手册3000余份、面对面解答法律问题及咨询上百人次，为老年人提供解决侵害老年人合法权益的法律意见，受到老年人的欢迎与好评。

【老年文体活动】 2016年，各镇老龄协会、老年体协常年组织开展健身舞、健身球、柔力球、乒乓球、门球、象棋、扑克等多项老年文体活动，同时，组织老年人参加演唱、书画、诗词创作等活动，展示老年人风采。区老龄协会举办第二届大丰区“人寿杯”掼蛋比赛，区供电公司老龄协会举办第四届“幸福老年节”闭幕式暨重阳文体活动，区退休干部协会南山艺术团编排的群舞《梦里寻他千百度》和《又到采藕时》，分别入选2017年江苏老年春晚和全国中老年春晚。

（张晓霞）

2016年，大丰区退休干部协会南山艺术团编排的群舞《又到采藕时》，入选2017年全国中老年春晚

红十字会

【概况】 2016年，盐城市大丰区红十字会（以下简称区红十字会）获盐城市红十字会“捐献造血干细胞工作”单项奖、江苏省红十字会2016年度造血干细胞捐献服务工作优秀奖、中国红十字会总会报刊宣传先进集体三等奖。

【帮扶困难群众】 1月，区红十字会在苏果超市举行“博爱大礼包”发放仪式，从博爱救助金中拿出10万元，购置500份大礼包，随同省红十字会下拨的350条毛毯、40条棉被、25双户外皮靴，现场发放至各镇（区）、街道及红十字示范村，用于春节慰问困难群众。驻会领导分别走访慰问大中镇天祥村、新丰镇小团村、挂钩“三服务”企业及草庙镇麻风村和西团镇敬老院的孤寡老人。2月，开展机关党员进社区服务活动，从博爱救助金中支出4000元，分别慰问了新东苑、浦江社区所辖特困家庭。2016年，动用博爱救助金30.57万元，开展助学、助医、助老等活动，救助特困人群2300余人次。

【募捐筹资宣传】 2016年，区红十字会依法按章开展“人道万人捐”活动，制定募捐方案，通过开展宣传筹资活动、会议推进、发放倡议书及媒体宣传等多种形式，加大各镇、各部门、企事业单位和社会爱心人士向博爱救助金募捐筹资力度。全年募集博爱救助金38.62万元。接收爱心人士童友浩定向助学捐款500元，大丰滩涂开发有限公司定向捐助白驹镇农田改善水利设施10万元，为4名白血病患儿申请到“阳光小天使”基金16万元。“6·23”龙卷风、冰雹灾害给阜宁、射阳两地群众造成严重损失。区委、区政府十分重视，区红十字会与6个部门联合发出倡议，组织捐款活动，江苏正大丰海制药有限公司向阜宁灾区捐赠价值15万元药品；江苏大丰海港控股集团有限公司向阜宁灾区捐赠价值10万元的海露水1300箱；大丰红十字蓝天应急救援队向射阳灾区送去蚊香、花露水、电风扇、电饭煲等用品，为受灾地区募集善款33031元。

【应急救护培训】 2016年，区红十字会派送3名红十字志愿者参加江苏省救护师资培训，在规范课件、明确要求、试讲过堂的基础上安排日程、上门培训。2月，开展红十字公益性应急救护知识普及进社区。6月，联合区卫计委，制定培训计划，分期分批对区直及各镇医疗卫生计生单位工作人员开展8期应急救护员知识培训。对人民银行、麋鹿保护区、经济开发区管委会、上海纺织(集团)大丰有限公司、江苏申牛牧业有限公司工作人员进行应急救护培训，向机关、学校、企事业单位员工普及应急救护知识。全年完成救护员培训1048人，普及性培训9815人。区红十字会获由盐城市红十字会、盐城市总工会、盐城市人力资源和社会保障局、中共盐城市委市级机关工作委员会联合颁发的应急救护技能竞赛优胜奖。沈桂芳获“盐城市红十字应急救护能手”称号。

【开展多项公益活动】 5月7日，在大丰区永泰国际广场开展宣传纪念第69个世界红十字日，组织红十字医疗志愿者开展宣传、义诊、咨询活动，动员25名志愿者现场无偿献血6600毫升。6月14日，联合区卫计委、盐城中心血站大丰采血点在市人防大厦广场开展“谢谢你挽救我的生命”主题活动，组织、动员志愿者参加无偿献血和造血干细胞血样采集。全年完成无偿献血6800人次，采集全血220万毫升；完成造血干细胞血样采集101人份，初配再动员27人，其中高分辨检测7人，体检3人。2016年，张娟娟、赵建、蒋亚丰分别赴南京成功捐献造血干细胞，挽救3名患者生命。1月3日，在大丰打工的外籍人员杨昌荣脑死亡，其家人决定捐献器官，救助别人。在江苏省红十字会、省器官捐献协调小组和省人民医院专家的参与下，杨昌荣捐献的1个肝脏和2个肾脏，通过中国人体器官捐献共享与分配系统，捐献给匹配的患者，大丰区完成第二例器官捐献工作。

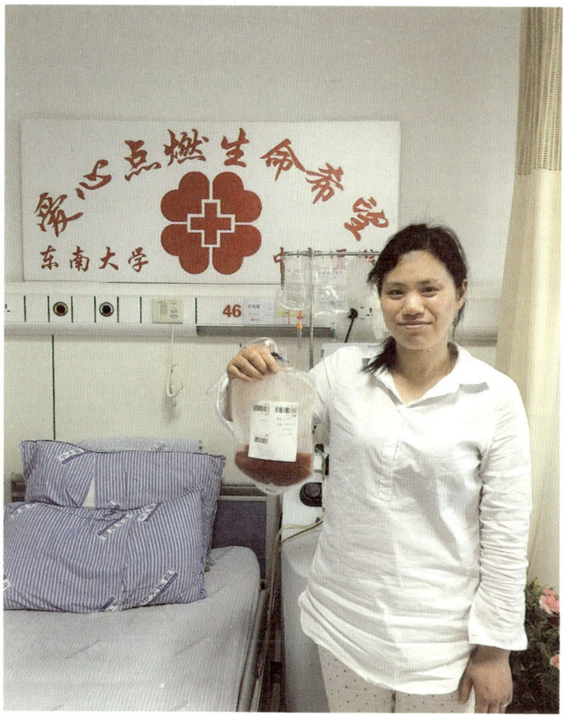

2016年，大丰区张娟娟、赵建、蒋亚丰分别赴南京成功捐献造血干细胞，挽救3名患者生命。图为张娟娟捐献造血干细胞 (单位供图)

【志愿服务】 5月31日，大丰区汽车摩托车运动协会小水滴志愿服务队揭牌仪式在奥体中心体育场举行。仪式结束后，汽车摩托车运动协会红十字会、小水滴志愿服务队全体队员、红十字蓝天应急救援队等40名志愿者到王港幼儿园捐赠918件玩具。6月23日，大丰区汽摩运动协会红十字会组织会员募集价值3.5万元的生活物资赴射阳县陈洋镇龙卷风灾区现场，分发给村民。救援队队长指挥清理废墟，帮助灾区人民恢复生产生活，重建家园。10月12日，区汽车摩托车运动协会、红十字会蓝天应急救援队在奥体中心体育馆开展“蓝天宝贝”困境儿童应急救援训练营启动仪式。对大丰境内的50名留守儿童、单亲或父母双亡儿童、经济困难家庭儿童进行一对一基础知识培训、集中应急救援技能培训、冬令营系统应急救援培训。3月11日，组织红十字志愿者车队15名志愿者到新丰镇仁北村义务植树50棵。春节、端午节，购置慰问品到草庙镇麻风村看望和慰问麻风村的老人们，并给老人裹粽子、做饭、打扫卫生。重阳节，车队志愿者自带理发用具、毛巾、洗发露，为西团镇敬老院老人洗头、理发、剪指甲、按摩、打扫，陪老人看电影、下象棋、打牌、聊天。高考期间，免费接送高考学子。

【红十字新闻宣传】 2016年，发挥红十字新闻志愿者队伍作用，利用新闻媒体，宣传红十字运动基本知识、介绍红十字会重点工作和职能，扩大红十字会工作的社会知晓率和工作影响力。全年在《中国红十字报》《江苏红十字报》《盐城晚报》《盐阜大众报》《大丰日报》等各类报刊发表新闻、消息86条，在省电视台、盐城市电视台、大丰电视台等播放报道12次。大丰区博爱宣传工作获得中国红十字总会表彰。

(赵素芬)

消费者权益保护

【概况】 2016年，盐城市大丰区消费者协会(以下简称区消协)围绕“新消费我做主”年主题，组织开展多层次、多形式的新《中华人民共和国消费者权益保护法》(以下简称《消法》)学习宣传活动，履行新《消法》赋予的公益性职责，携手社会各界创建和谐、安全、可持续发展的消费环境。全年接待消费者咨询1100人次，受理消费者投诉89件，形成人民调解卷宗64件，为消费者挽回直接经济损失51.21万余元。

【规范供水企业格式合同】 1月18日，江苏省消费者协会（以下简称省消协）通过媒体发布了对全省13个地级市供水企业格式合同的点评意见，区消协随即对大丰区供水企业的格式合同进行规范，一方面向物价部门查询本地区水价的构成；另一方面向供水企业调查了解本地区水表强检及限期更换情况，并要求供水企业提供《城市供水合同》，对照省消协发布的6类点评意见，逐条逐类进行对照排查。针对存在的不平等格式条款，区消协约谈供水企业，维护消费者合法权益。

【参与“政风热线”栏目】 3月10日，区消协会长陈曙翔走进大丰区人民广播电台“政风行风热线”栏目，通过现场直播，宣传消费维权法律法规，介绍消费维权知识，帮助消费者答疑解惑。在30分钟的节目时间里，就预付卡消费、朋友圈代购等涉及消费者合法权益方面的问题与广大听众朋友进行交流，解答听众20多个问题，同时承诺对听众反映的有关问题及时进行处理并反馈。

【“3·15”互联网咨询服务日活动】 3月15日，根据省消协的统一部署，大丰区消协借助“西祠胡同”网络平台，在线上开展省、市、区消协三级联动的“2016年‘3·15’互联网咨询服务日活动”，打破地域分割，实现同步服务，通过线上互动，为广大消费者提供高效便捷的消费维权指导和服务。活动当天，区消协解答网上消费咨询、投诉16件。

【“新消费我做主”年主题宣传】 2016年，区消协围绕“新消费我做主”年主题，借助各类新闻媒体，宣传维权法律、消费知识、维权途径和方式。在《大丰日报》开辟专栏，公布涉及消费维权的十大行政处罚案例和十大调解案例。编印《2016年大丰消费维权简报》，公布消费案例，发布消费警示。举办以“新消费我做主”为主题的讲座和培训，提高广大经营者的社会责任意识和消费维权意识。组织“新消费我做主”征文活动，收到征文29篇。制作并悬挂跨街横幅和垂直条幅36幅，制作消费维权宣传展板18块。

【构建诉调对接工作机制】 2016年，区消协联合市场监管局、法院共同印发《关于深化消费纠纷诉调对接工作的实施意见》（以下简称《意见》），在全区建立统一规范的消费纠纷诉调对接工作机制，为消费者提供多元化的纠纷解决渠道。在诉调对接机制下，法院根据《意见》中规定的移送范围，经当事人双方同意，将案件移送至市场监管部门，由民事诉讼向行政调解过渡。市场监管部门依据职能就双方消费纠纷核心问题展开调解，促进双方尽快达成共识并撤诉，及时化解纠纷。

（梅景舜）

关心下一代

【概况】 2016年，大丰区关心下一代工作委员会（以下简称区关工委）组织发动全区各级关工委和近8000名“五老”（老干部、老专家、老军人、老教师、老模范）志愿者，落实习近平总书记关于关心下一代工作的重要指示和讲话精神，坚持服务青少年的正确方向，全区关心下一代工作取得新成绩。在6月22日召开的纪念省关工委成立25周年大会上，区关工委获“全省关心下一代工作先进集体”称号。

【区关工委成立25周年大会召开】 10月29日，区委、区政府召开纪念区关工委成立25周年大会，盐城市委常委、大丰区委书记王荣作重要讲话，区长宋勇为区关工委获“全省关心下一代工作先进集体”揭牌，区委副书记范大玉主持大会。会上，区关工委作工作报告，回顾成绩，总结经验，提出今后工作任务。区委、区政府表彰了80个先进集体、109名先进个人。区委书记王荣的重要讲话，肯定了关工委的工作和广大“五老”的贡献，提出了今后五年“不断推进全区关心下一代工作迈上新台阶”的总体要求和四项基本任务，为全区关心下一代工作指明了方向。

【“学党史、学国史，听党话、跟党走”主题教育活动】 2016年，在全区青少年中，组织开展了“学党史、学国史，听党话、跟党走”的主题教育活动，广大青少年受到了“知国，增强忧患意识；知党，增强感恩意识；知梦，增强大局意识；知责，增强担当意识”的“四知四增强”教育效果。各地注重引导青少年理论联系实际，组织心得交流、撰写主题征文、编辑电子小报、创作书法作品、参与社会活动，开展崇敬于行、实践体验活动，把红色传统与时代精神结合起来。全区中小学生向省关工委阳光少年网等报送主题活动征文2150篇、电子小报2000多份，其中，获一等奖2篇、二等奖10篇、三等奖15篇。在7月18日全省关工委宣传工作暨党史、国史教育经验交流会上，区关工委作为盐城市各县（市、区）唯一代表在会上发言。区关工委、新丰镇关工委主题教育经验在省关工委《江苏关工》上作了介绍。

【校外教育辅导工作】 2016年，全区239个校外辅导站、125个家庭辅导点，基本做到春秋学期每周六或周日活动1次，暑假每周活动2次，寒假也择机活动，全年有10多万人次学生到站（点）活动。中心站、学校站办学水平有提高。各镇（区）关工委把中心站、学校站办成本地校外辅导的主阵地、示范点、排头兵。草堰中心站与草堰小学校站结合，利用学校设施，资源共享。该做法得到省关工委常务副主任王霞林、盐城市关工委主任陆树臻的肯定。家庭辅导点的培植有突破。万盈镇关工委办起了36个家庭辅导点，其中18个达标。大桥镇关工委采取由老教师和村（居）关工委专职主任领办的办法，办起13个家庭辅导点。在职教师进站辅导工作有进步。全区有367名在职教师走上了辅导站的课堂，他们悉心辅导学生的学业、组织学生的文体活动，使辅导队伍焕发出生机与活力。

【青少年违法犯罪减少】 2016年，各地关工委发挥150人的“五老”法治宣讲团和125人法治副校长两支队伍的作用，全年向青少年进行法治教育400多场。全区对排出的501名问题青少年，做到了“找上门、见到人、谈上心、摸清情”，组织2094名“五老”与排出的501名重点青少年一个不漏地组成“3+1”或“4+1”帮教小组。参加帮教“五老”，对问题青少年既注重加强对他们的联系管理，更重视对他们进行耐心细致的道德法治教育，还帮助他们解决实际困难和问题，结对帮教工作成效明显。全区青少年犯罪率逐步下降，“未成年人零犯罪社区（村、居）”占97%。区关工委作为盐城市各县（市、区）唯一代表，11月23~24日出席了省关工委在宝应召开的全省预防和减少青少年违法犯罪工作重点推进会并作会议交流。

【困境青少年帮扶】 2016年，帮扶困境青少年工作取得新成果。经济上助困扶贫。各镇（区）村（居）关工委协助党政领导、民政部门摸情况、报实情，为贫困青少年家庭争取最低保障，送去资金物资。学业上助学圆梦。2016年，区关工委通过《扬子晚报》“利群阳光助学行动”，为28名贫困大学新生每人争取到5000元的助学金，争取数处盐城市各县（市、区）前列；争取区慈善总会和团区委资助6名大学新生共2.5万元；向省《关心下一代周报》社申报“冰凌花”助学金，20名贫困学生每人得到500元到1000元的资助；向南京“爱德基金会”推荐农村孤儿15名，每人每年获得助学金1340元。西团镇关工委多方筹集爱心基金40多万元资助贫困学生，经济开发区关工委争取到助学金7.73万元资助了57名学生，区民营经济关工委向45名学生提供助学资金4.5万元。全区各中小学校有784名在职教师和185名退休教师自愿担当“彩云妈妈”或“阳光爸爸”，与全区969名留守、弱困儿童结成关爱对子。事业上助就业创业。各地关工委协助党政领导，为180多名大学毕业生、外出务工返乡青年、不再上学的初高中毕业生、社会闲散青年就业创业成功牵线搭桥。生活上助成家立业。各基层关工委通过多种渠道为8名特殊青少年家庭争取物资和资金14.7万元修缮了房屋，为26位大龄青年牵线搭桥组成家庭。

【“三扶两创”工作】 2016年，“三扶两创”（扶志、扶技、扶创业；培育创业基地，评选创业之星）工作取得新成绩。农村政治科技学校坚持长年办学，既进行思想道德、法治教育，还讲种植业、养殖业，讲工业、讲流通，讲市场信息、讲新兴产业，在培育新型农民科技致富方面发挥了独特作用。开展“三联一促”（与返乡青年农民工、学校毕业回乡青年、城乡闲散青年加强联系；促进就业创业）活动，推进“三扶两创”工作深入发展。区直农委部门直接挂钩重点帮扶9个点，各镇农技推广中心帮扶24个点，30多名老农技专家与在职科技人员一起，采取“一帮一”“几帮一”形式，与青年农民结对帮扶，培植典型。青年农民创业典型起到带头、示范、辐射作用。

【企业关工委建设】 2016年，区级机关关工委专题召开企业关工工作推进会，加大扩建力度，新组建民营企业关工委15家，并且搭建班子，安排办公和活动场所，添置必要办公设施，建立工作制度，明确工作职责，落实工作经费，相关基础工作有了好的开头。全区组建的企业关工委积极作为，坚持以企业生产经营为中心，从关心青年职工健康成长出发，坚持从思想道德法治教育、职业技能培训、文体活动开展、关心青年职工生活四个方面加强对企业青年职工的教育、培养。港区关工委在国有企业全部组建关工委基础上，加强硬件和软件的达标建设。

【关工委工作宣传】 2016年，在《大丰日报》用专版的形式，在《大丰关工》简报上用专栏的形式，报道了14位“五老”先进典型代表，较好地展示全区“五老”志愿者的风采。全年在各类媒体上采用的稿件240多篇，其中，省关工委《江苏关工》《关心下一代周报》11篇，《盐阜大众报》4篇，市关工委《简报》10篇，20多篇被《大丰日报》和大丰电视台采用。各镇（区）和区直部门关工委，统一制作了关心下一代工作宣传展板，展示了近年来本地本单位关心下一代工作成果。全面完成了《关心下一代周报》的征订任务，实现了中小学生人手1份《关心下一代周报》的目标。

【基层关工委建设】 2016年，调整充实了关工委班子和“五老”队伍。有9个镇关工委调整21名班子成员，18名在职村干部兼任关工委专职主任被调整。区政法委、文广新局、水利局调整了关工委主任。区卫计委、市场监管局在体制改革机构合并后，重新组建了关工委。全区“五老”志愿者近8000名，其中以各级关工委专职人员为中坚力量的核心层400多人，以“五大员”为主体的骨干层有1700多人，以“五老”志愿者为基础力量的参与层5800多人。提升了阵地建设水平。全区257个村（居）都有“一室（关工委办公室）一站（校外教育辅导站）一校（政治科技学校）”的关工委办公、活动阵地。完善学习工作推进机制。区和镇、开发区、区直单位关工委坚持每月一次学习工作例会，区关工委每季召开一次镇（区）关工委和区直单位关工委主任工作碰头会。各镇（区）每两个月召开村（居、校）关工委专职副主任学习工作例会。区关工委坚持关工工作“家家到”督查考核，每次都要到近三年没有看过的1个村、没有看过的1个村办辅导站和1个家庭辅导点现场调研、督查，对工作起到促进作用。

（康东升）

残疾人事业

【概况】 2016年，大丰区残疾人联合会（以下简称区残联）贯彻落实省、市残疾人工作会议精神，围绕打赢残疾人全面小康和扶贫攻坚战两大目标，推动就业增收、兜底保障两项重点任务，全力组织实施年度工作目标任务。区残联为全区3800名贫困残疾人建立了纸质与电子版档案，为精确扶贫工程奠定基础。为持证贫困精神残疾人免费发放各类精神类药品。推进按比例安排残疾人就业年审工作，全年征收残疾人就业保障金1450万元，占任务数103.5%。其中地税代征1250万元，财政代征200万元。

【残疾评定】 5月10~12日，开展为期3天的残疾评定工作。本着公开、公平、公正的原则，完善评残机制，规范办证程序，由卫计委随机从残疾评定专家库抽取8名医师，分为4个评残小组进行评残。据统计，共有1274人参加残疾评定。其中，一级残39人、二级残350人、三级残322人、四级残353人、不符合及建议手术治疗210人。新增一、二级重残人员389人（肢体118人、视力58人、智力33人、精神175人、听语5人）。

【第26次全国助残日活动】 5月15日是法定的第二十六次全国助残日，主题是“关爱孤残儿童，让爱洒满人间”。5月13日在区特殊教育学校举行助残日活动，区慈善总会、新丰中学86届同学阳光志愿队和众心助困联合会向特殊教育学校学生、残联托养班学员捐赠105套衣服。

【残疾人专项调查】 6月24日，召开各镇（区）理事长、专职委员动员部署工作会议，并再次对专委进行业务培训，把工作做实、做细，8月底全面完成任务。共有17793名残疾人录入系统，录入率100%。

【志愿服务】 2016年，志愿者队伍组成采用“3+1”模式（有义工联、众心助困联合会、阳光助残志愿服务队和慈善总会）开展残疾人帮扶活动。5月，残疾人合唱团志愿者参加助残日活动，区慈善总会、阳光志愿服务队和众心助困联合会共同出资16750元，为区特校、区残疾人托养服务中心残疾人每人捐赠一套服装。6月，阳光助残志愿者38人参加义务献血，区司法局组织律师免费为托养对象及家属维权，区党校志愿者自带水果和食品和托养对象进行联谊活动，阳光助残志愿者帮扶8名残疾人儿童每人1000元。9月，区残联联合众心助困联合会，资助2016届4名残疾大学生每人2500元。

【残疾人信访稳定、维权工作】 2016年，区残联做好残疾人信访工作，接待残疾人来访178人次，没有出现越级上访事件。做好“大丰12345政府服务热线”交办件，接受交办件12件，做到件件有问必答、及时回复。

【0~6岁残疾儿童免费康复训练】 2016年，区残联组织有康复需求的儿童到区妇幼保健所进行残疾筛查，有144名0~6岁残疾儿童和6名7~14岁残疾儿童进入各康复机构接受康复训练。为确保残疾儿童康复机构安全管理工作落实到位，还与各康复机构签订协议，并到儿童康复中心进行安全检查，确保制度落实、责任到人、安全措施到位。

【免费为听障高危人群“基因检测”】 5月，展开登门入户调查，确定110名需求名单，并为需求对象填写调查表、同意书。6月在区残联组织下，盐城第三人民医院3名主任医师为94名听障高危人群进行了免费基因检测。

【各类辅具适配】 2016年，为满足残疾人康复和行走需求，区残联采购101辆轮椅发放给各镇（区）。6月区残联邀请盐城辅具中心工作人员为50名听障人员免费验配了总价值近60万元的助听器。免费为300名白内障患者完成复明手术。

【残疾人康复中心大楼建设推进】 大丰区残疾人康复中心大楼是区政府2016年为民办实事之一。大楼总投资1300万元，完成投资1400万元，占投资计划比例107.7%。11月底竣工验收，12月底交付使用。

【未入学残疾儿童调查】 2016年，区

2016年5月，大丰区志愿者队伍开展残疾人帮扶活动　（单位供图）

残联联合区教育局对全区6~14周岁的残疾儿童少年入学情况进行了核查，调查出82人，具体情况为：随班就读17人，特校就读15人，重残无法入学需送教上门45人（其中26人已经取得学籍，19人待入学籍），超龄并已出嫁1人，死亡4人。通过此次核查工作，残疾儿童少年的入学率将会得到提高。

【残疾人各项补贴发放】 2016年，核发重残救助金及一户多残、依老养残救助金3149人，共计1469.96万元；核发教育补贴72人，合计8.6万元；核发重度残疾人护理补贴金1838人，合计192.86万元；核发重残人员新农保补贴2968人，合计29.68万元。

【残疾人托养服务中心规范运行】 2016年区残联托养服务中心共为57名残疾人提供托养服务。通过举办各种活动，不断丰富托养人员的精神文化生活，提升托养人员的能力，并尽可能动员鼓励托养人员参与互动互乐。其中，合唱团班程玲演唱的歌曲《青青茉莉花》获得盐城市第三届残疾人艺术汇演一等奖，并代表盐城于8月赴南京参加江苏省2016年残疾人艺术汇演。

【残疾人文体艺展能中心建设】 2016年，利用现有的残疾人托养中心阵地建设盐城市首家残疾人文体艺展能中心，展能中心内设艺术作品展示厅、图书阅览室、麦秆画制作室、书画创作室、文学艺术创作室、文体活动室、体育健身室等。图书阅览室藏书6500册，麦秆画精品8幅，麦秆画作品100幅。

【党支部联建工作】 2016年年初，区残联党支部与草堰镇竹园村党支部签订联建协议书，多次组织党员干部到挂钩帮扶村和共建党支部的村进行扶贫活动，将帮扶村的残疾人或监护人集中到村，了解需求。为5名残疾人赠送了轮椅，3个残疾人赠送了拐杖，为30户贫困残疾人家庭分别赠送电饭煲、电视机和洗衣机，为2户残疾人家庭申请办理了一户多残补助手续。同时帮助竹园村解决村庄环境整治资金2万元。

（郁　华）

革命老区开发促进工作

【概况】 2016年，大丰区老区开发促进会（以下简称区老促会）学习贯彻习近平总书记对老区工作的系列讲话，坚持围绕中心，服务大局，以促进老区发展为己任，全区老区建设事业有了新进展。区老促会获得全国老区宣传工作二等奖，大中镇老促会、三龙镇老促会和新丰镇老促会分别获得全国老区宣传工作优秀奖。

【调查研究】 2016年，区老促会将老区发展的关键问题和老区百姓最关心的问题，作为调查研究的主题。区老促会先后到区委农工办以及6个镇6个村实地调研，形成《典型示范　点面结合　让美丽村庄建设惠及广大农民》的调研报告，报送区委、区政府，得到区委、区政府领导肯定和支持。各镇老促会也写出一批有质量的调查报告。如大中镇老促会的《农民期盼的就是我们应该做好的》、三龙镇老促会的《推进农业适度规模经营的调查与思考》、刘庄镇老促会的《以地生财发展壮大集体经济》等报告形成的意见和建议都有较强的建议性和可操作性，均得到党委政府的重视，相关镇领导亲自督查推进。大中镇的调研报告被《盐阜老区》刊发。

【精准扶贫】 2016年，区老促会同区委农工办等部门联系协调，就围绕支持老区脱贫攻坚、发挥老促会参与监测评估作用建言献策。年内，区老促会两次深入全区12个镇与群众面对面交真心，找准打赢老区精准扶贫、精准脱贫攻坚的有效措施，并提出意见建议。盐城市委常委、大丰区委书记王荣听取老促会工作汇报后，肯定区老促会的工作做得好，强调要一如既往高度重视老区工作，在全区营造大力支持老区工作，多为老促会发挥作用创造条件的好环境。

【“两带”工作】 5月20日，区老促会在草庙镇召开了全区“两带”（会员带头致富、带领群众致富）经验交流会。与会者参观了万明家庭农场、川鹿农业示范园区以及万头智能生猪养殖场，3位会员介绍了自己致富、带动他人致富的事迹。会上，区老促会就把“两带”工作重点转移到扶贫开发上来提出明确意见，“两带”活动深入推进。据了解，2016年，全区2000多会员参与结对帮扶、精准扶贫，通过技术帮扶、资金帮扶、劳力帮扶，为950个低收入贫困人口脱贫致富做出贡献。

【兴办实事】 2016年，区老促会想方设法为老区人民谋福祉。筹措资金47万元为三龙镇斗龙村新建了一条1.5千米长的水泥路，帮新丰镇裕南村新建一座造价13万元的水泥桥。年内，区老促会举办了两次送科技下乡、一次送医下乡活动，受到群众欢迎。

【盐城市老促会理事长储金泉到大丰调研】 6月15日，盐城市老促会理事长储金泉一行到丰视察电子商务发展工作。区人大常委会主任吴家祥、副主任江波，区老促会理事长李声源、副理事长朱绵、陈如太陪同。在丰期间，储金泉一行视察了区电商产业园、新时代科技公司等地，并召开座谈会，围绕农村电子商务发展特点、经验以及面临的问题进行深入交流，详细了解大丰电子商务发展工作情况。储金泉对大丰电子商务发展工作给予肯定，认为大丰立足本地特色农产品优势，大力发展电子商务，总结出许多宝贵的经验和做法。同时，希望大丰加强人才培养和引进，为电子商务发展提供人才智力支撑；加快推进载体建设，建立健全配套服务体系，打造电子商务发展新高度。

（韩迪生）

农村扶贫开发

【概况】 2016年，大丰区扶贫开发协会全面围绕区委、区政府确定的本轮全面脱贫收官目标，结合全区农村帮扶对象11149户、20310人的收入状况和13个经济薄弱村的发展实际，以“创新、协调、绿色、开放、共享”的五大新发展理念指导精准扶贫，基本实现全面参与、重点突出、精准到位、效果明显的目标。

【助学扶贫】 2016年，区协会直接资助贫困大学生54人，各个分会也结合实际，资助一批贫困大学生。继续开展“滴水筑梦”助学扶贫工程，影响不断扩大。“十二五”迄今，区镇两级扶贫协会资助贫困学生1047人，直接资助额97.6万元。区教育扶贫分会开展“阳光爸爸”“彩云妈妈”助学扶贫，大中、新丰分会助学扶贫精准化，效果显著。

【产业扶贫】 2016年，区协会继续利用省扶贫开发贷款，扶持鑫海公司和裕兴合作社，支持和推动他们带动贫困户、低收入户增收脱贫，并且由他们直接资助贫困高中生。全区自“十二五”以来，区镇两级扶贫协会帮助7100户贫困户或低收入户在产业链中实现脱贫致富。小海分会帮无泊村培植花卉产业基地，进展快，收效大。

【科技扶贫】 2016年，各镇扶贫分会，配合农业科技部门，通过送技送物等多种形式，促进贫困户和低收入户搭上科技增收的特快车。“十二五”以来，各分会参与举办各类培训班370期（次），参训3.2万人，其中建档立卡贫困户5300人次。

【扶危济困】 2016年的“暖冬行动”中，区协会直接为58户特困户送温暖。各个分会也都采取不同方式，资助了一批特困户。建会以来，协会系统直接救助了1460名贫困户，其中区协会救助347户。

【牵手结对帮扶】 新一轮脱贫攻坚，全区农村人均年收入低于6000元的低收入农户，按规定程序建档立卡的有11149户、20310人。完成新一轮脱贫攻坚的必备任务。扶贫协会系统主动服务，协助牵手结对，精准帮扶，经过1年的努力，2016年，20%的低收入户完成脱贫任务，这部分农户的年收入达到6000元，其中有近三分之一的农户年收入达8000~9000元。

（杨永进）

社会矛盾纠纷大调解

【概况】 2016年，全区大调解工作围绕全区稳定发展大局，加强人民调解组织规范化建设，完善“大调解”工作组织体系，构建顺畅高效的“大调解”运行机制，提升预防、处置、化解社会矛盾纠纷的实战能力，处置化解大量的社会矛盾和民间纠纷，筑牢维护社会稳定的“第一道防线”。全区各级各类调解组织受理各类矛盾纠纷5854件，调解成功5854件，其中区大调解中心及10个行（专）业性调委会受理调处矛盾纠纷共789件，全部做到案结事了，化解陈年信访积案26件。

【大调解工作机制完善】 2016年，按照“调解组织全覆盖”的要求，完善区、镇、村（居）、组（社区）四级调解组织体系，建立完善人民调解与行政调解、司法调解联动工作体系，抓好医患、道路交通、物业管理、价格认定、环境保护等专业性、行业性人民调解组织（设立）建设，构建多元化解矛盾工作体系。开展“公调对接”工作，增聘15名专职人民调解员，派驻到有实际需要的部分基层公安派出所和区人民法院诉讼服务中心；优化调配了区、镇两级调处服务中心和10个专业性（行业性）调委会人员，加强规范化运行管理。

【调解员业务水平提高】 2016年，完善人民调解员等级“评、定、升”制度，加强调解质量考评；组织开展人民调解员培训班3期，参训900余人次，加强人民调解员业务培训，组织开展人民调解相关法律知识、调解技能、卷宗档案等各方面培训，提升人民调解员队伍业务能力和水平；开展“调解能力提升年”活动，组建由律师、法官等法律专业人士组成的重大社会矛盾专家调解团，在处置重大矛盾纠纷时发挥作用；将调解中心成立以来的有代表性、典型性、影响力的案例汇编成册，并加以分析点评，作为调解员日常工作的参考手册，发挥典型案例汇编宣传、推广、指导工作的作用。

【基层调解单位硬件建设】 2016年，投资30余万元，建成覆盖全区14个司法所的视频调解网络；修订完善“标准化”司法所管理手册，全区司法所实行标准化管理；规范司法所、司法行政工作站、法律服务中心标牌标识；在全区推广使用司法行政一体化智能平台，建成区级平台及内网网站；加强基层物资、装备配备力度，为基层配齐配强实战装备。

【深化排查预警分析研判】 2016年，围绕区委、区政府的工作中心，组织开展“G20峰会”“两节”“两会”等敏感时期的矛盾纠纷集中排查调处活动，实现了排查区域无矛盾激化、无民转刑案件、无群体性事件的“三无”目标；充分发挥好矛盾纠纷调处的提醒、警示、建议作用，为领导重大决策提出稳评建议，有效防控各类风险。

（李晟浩）

〖编辑　陈一青〗

人力资源·社会保障

综　述

2016年，大丰区人力资源和社会保障局（以下简称区人社局）紧扣“民生为本、人才优先”工作主线，坚持“三为三先”工作导向，牢固树立民生共享发展理念，围绕问题导向、提升突破、品牌创建三项关键，推动实现就业创业、社会保障、人才集聚、人事管理、劳动关系、服务效能等6个方面新提升，取得人社工作“十三五”开门红，连续第6年获区委区政府目标任务考核综合先进和盐城市人社系统综合优胜奖。

人才工作

【“616”人才政策落实】 2016年，大丰区人社局高标准落实“616”人才引进三年行动计划，加密政策兑现频率，全年发放“616”人才绿卡1021张，发放“616”人才补贴1080万元、“616”领军人才资助资金580万元，发卡数量和发放补贴数额均列盐城第一。为2015年前引进的352名人才发放生活住房补贴328万元，配套资助“千人计划”专家鼎晟阀门马丁博士200万元，资助博士后工作站（博士后创新实践基地）建站补贴200万元。

【“双招双引”工程】 2016年，大丰区委区政府将招才引智与招商引资互相融合、互相促进，在台湾、香港、苏州、上海、深圳及韩国等地举办的招商推介会上，均同步安排招才引智内容，同步宣传推介大丰人才政策和人才需求信息。以重大项目引进高层次科技和管理人才，以创新创业人才引进高科技项目，实现招商招才一体化。2016年，通过扎实推进“双招双引”，签约人才和产学研合作项目36个。

【高端人才招引】 2016年，大丰区人社局坚持人才优先发展战略，以“616”引才计划为主线，紧扣创新驱动战略，以集聚高端人才和紧缺专业人才为重点，为全区经济社会跨越发展提供强有力的人才支撑。全年引进两院院士1人、“千人计划”专家3人、“双创”领军人才60人、专门人才1003人、大学生6431人，入选省“外专百人计划”1人、省“双创计划”高层次人才5人、省“双创计划”团队3个、省“博士集聚计划”6人、省“苏北人才计划”54个，各类项目入选总数均列盐城市第一。

【第十四届中国国际人才交流大会】 4月16日，大丰作为全国唯一的县级单位在第十四届中国国际人才交流大会留学人员专区设立“大丰特装展台”，举办“江苏大丰（深圳）海外人才项目对接洽谈会”，吸引20个海外人才团体、200多名外国专家和海外高层次人才参会，签约人才合作项目24个。会上，大丰区人社局通过视频短片、宣传手册等形式，对大丰的创新创业环境进行全方位宣传，有力提升大丰在海内外人才群体中的吸引力和影响力。

【组团参加“中国海外人才交流大会”】 12月21日，大丰区组织部分企业赴广州参加“中国海外人才交流大会暨中国留学人员广州科技人才交流会”。作为大会活动内容之一，大丰区在22日上午成功举办海外高层次人才对接洽谈活动，重点推介“616”人才引进计划，吸引100多名海外高层次人才参会洽谈，达成各类人才项目协议28项，意向引进海外人才11人，签约海外创新创业人才项目12个。

【“优秀企业高校行”活动】 2016年，大丰区连续第13年组织开展“优秀企业高校行”活动，大力引进名校优生，努力打造沿海人才新高地。3月，组织22个规模骨干企业赴南京工业大学、江苏大学、郑州大学参加校园招聘会，400多名优秀毕业生与用人单位达成就业协议。4月，组织辉丰公司、丰山集团、腾龙药业等医药化工重点企业赴兰州大学、西北大学举办专场招聘会，辉丰公司吸引93名毕业生实习，其中56人留在公司就业。5月，组织重点企事业单位赴北京大学、清华大学、武汉大学参加盐城“515”招才引智活动，2名清华大学毕业生、1名北京大学研究生到大丰区企业就业。9~11月，大丰区启动2016年秋季赴外招聘系列活动，先后组织多个重点企业赴兰州、昆明、长沙等地开展招聘活动，与300余名高校毕业生达成就业协议。秋季赴外招聘期间，大丰区人社局走访相关高校，与兰州大学、兰州理工大学、昆明理工大学等11所高校签订人才合作协议。

【专题引才系列活动】 7月8日，大丰区举办2016“情归桑梓·出彩人生”返乡创业大赛，吸引在外创业有成人士回丰创业，31位选手进入决赛，大丰区人社局为获奖的12名优秀人才发放奖金。7月23日，大丰区人社局在大丰高级中学举办“大丰区2016年高校毕业生就业暨‘616’人才引进洽谈会”，220个企事业单位为各类毕业生提供市场营销、电子商务、文化旅游、科研工程等专业的岗位3600多个，2100多名求职者与用工单位达成就业意向。10月1日，举办2016年“广纳英才·相约金秋”引才用工专场招聘会，提供就业岗位4132个，现场有6000多人进场求职应聘，3439人与用工单位达成就业意向。11月26日，大丰区人社局举办“2016江苏大丰海洋产业人才项目对接会”，部分规模以上企业与相关高校人才进行深层次对接洽谈，现场签约产学研战略合作与人才合作项目33个，“东南大学国家级技术转移中心大丰分中心”在此次对接会上正式揭牌。

【人才载体建设】 2016年，大丰区人社局制定优惠政策，对设立国家博士后工作站、省级博士后创新基地的企业分别给予100万元和50万元的补助。谷登机械、跃龙化学、海瑞食品公司申报省级博士后创新实践基地，金风科技公司、森威精锻公司获准设立省博士后创新实践基地。至年底，全区设立国家级博士后工作站3个、分站4个，省级博士后创新实践基地5个，设站总数列盐城市第一。加大海外人才工作站建设力度，11月7日，盐城市委常委、大丰区委书记王荣率队赴日本参加2016盐城（东京）沿海发展人才创新创业环境说明会，会议期间，与全日本华人博士科技人才交流机构签署合作协议，新建大丰（东京）海外人才工作站，这是大丰区建立的第11个海外人才工作站。

【校地合作建设】 5月，清华大学材料学院在大奇金属磨料公司建立研究生实习基地，兄弟维生素公司与清华大学化工学院达成科研项目合作。9月，金风科技、正大丰海2个企业获评省级高校毕业生就业见习基地。大丰区人社局与兰州大学、西北大学、江苏大学、常州大学等高校建立合作关系，至年底，全区建立人才供需合作基地59个。

2016年11月26日，大丰区举办“2016年江苏大丰海洋产业人才项目对接会”，现场签约产学研战略合作与人才合作项目33个 （组织部供图）

【人才荣誉激励强化】 2016年，大丰区注重对各类人才精神激励，在发放各类补助、补贴的基础上，突出荣誉奖励，让各类人才具有更多的获得感。2月1日，区政府集中表彰16名“616”领军人才和20名“创业之星”。荷兰花海专家尼可入选第三批江苏外专百人计划，获得“最美新盐城人”称号。荷兰花海外籍专家宝贺深先生作为盐城唯一候选人获得江苏友谊奖。丰东公司向建华和辉丰农化的王良清获批享受国家特殊津贴人员。丰山公司董事长殷凤山被评为盐城市爱才企业家，蓝科减震总经理宫海被评为创新创业突出贡献人才。

【职称评聘服务水平提升】 2016年，大丰区人社局严格执行国家和省、市职称评聘的政策规定，做好评审材料指导工作，提高评审通过率，优化全区专业技术人员队伍结构。对照职称评审条件和单位空岗限额，推荐上报教育、卫生系统高级职称234人、其他专业高级职称80人。及时发布初、中级职称申报通知和评审条件，在网上材料认真审核的基础上，严格审核每位申报人员的原件材料，做到未经审查、弄虚作假、任期内业绩平庸的一律不推荐参评。全年审核申报中级职称140人、初级评审人员80人，为94名专业技术人员认定初级职称。

【职称考核培训指导】 2016年，为更好地适应职称申报计算机考核的需要，大丰区人社局组织职称计算机应用能力考核指导工作，加强对培训点管理，改善硬件条件，配足培训时间，初级职称计算机考核报名430人，其中294人参加培训。大丰区人社局承担一、二级建造师、注册安全工程师、经济师、一级消防工程师等十多种职业资格报名审核，在工作过程中，严格资格条件初审，辅导专业技术人员网上申报流程，做好网上申报指导服务工作，确保初审工作不出差错，全年为881名新考生完成职业资格考试报名指导和审核工作。

【充实职称评审专家库】 2016年，大丰区人社局针对全区职称评审专家库人数偏少、专业偏缺等情况，通过多种方式，完善充实专家库成员。在2015年初级职称专家评审库的基础上，适当减少年龄偏大的人员，同时增加各领域有突出成绩、在行业有一定影响力的专家40余人。截至2016年年底，纳入大丰区初级职称专家库专家190多人，涵括工程、农业、教育、政档群闻、药学等专业，专家层次得到进一步提升，正高级职称专家15人、副高职称专家140多人。

人事管理

【机关事业单位人事管理水平提升】 2016年，大丰区人社局推进公务员分类管理，完成公务员、参公事业单位和事业单位人员登记及备案工作。及时更新维护软件，动态掌握人员信息，适时完善公务员信息系统，实现公务员录用登记、职务任免、奖励惩戒、工资福利、辞职辞退等管理工作的信息化。扩大《事业单位管理条例》宣传覆盖面，积极推进事业单位岗位设置管理。探索引入服务对象评价机制，健全机关事业单位管理制度体系，推广实绩分析、定性与定量相结合等方法，做到日常性工作重在规范，探索性工作重在创新，具体性工作重在落实三合一，使各个环节实现有章可循、有法可依，增强考核工作的透明度。坚持行政奖励表彰对象立项申报审批制度，坚持民主推荐公开评选，坚持面向基层单位和一线工作人员，严控表彰周期、范围和数量，严格执行社会治安综合治理、计划生育等“一票否决制”，做到考核有根据，奖励有依据。

【公务员考录任务完成】 2016年，大丰区人社局加强公务员考录工作研究，加强考录政策法规的宣传，规范职位条件设置，完善相关制度，加强考官培训和管理，大力实施考录政策、招录计划、资格条件、考试成绩、录用结果“五公开”制度，考录工作透明度和公信力进一步提升。年内，大丰区公务员统一招录考试报名4213人，通过初审参加笔试4152人，通过资格审查、笔试、资格复审、面试、体检等环节，最终录用124人。

【事业单位参照公务员管理工作推进】 2016年，大丰区77个事业单位申请参照《中华人民共和国公务员法》管理，其中党群部门5个、政府部门72个。大丰区人社局根据《中华人民共和国公务员法》以及省、市公务员主管部门文件精神，完成72个政府部门632名工作人员的信息核对和登记审核工作，年内上报并获批登记512人。

【公务员能力建设主题培训】 4月，大丰区人社局在公务员队伍中组织开展网络培训学习，全区1533名在职公务员参加此次培训，完成规定学时，并在10月31日前通过考试，区人社局对学习情况进行实时监督并向各单位通报学习结果。5月上旬，推选6名政治素质好、业务能力强的科级干部分别赴南京、苏州等地参加苏南苏北公务员对口培训，通过培训，进一步更新观念、开阔视野，提高服务地方发展的能力和水平。

【工资福利政策】 2016年，大丰区人社局按照国家和省市部署，积极推进有关工资制度改革工作。平稳组织实施机关事业单位1.3万在职人员基本工资标准调整工作，完成机关事业单位8000多名退休人员临时补贴审核、退休养老金调整工作，落实法官、检察官工资改革相关工作。规范做好各项工资标准的审核，核批事业单位工作人员一年一次正常晋升薪级工资1万多人，为机关3000多名符合条件的人员办理两年一次晋升级别工资档次和五年考核晋升级别工作，调整1400多名机关事业单位工作人员跨年度工作津贴、岗位津贴，为500多名新评聘专业技术职称的专业技术人员、新取得工人技术等级的技术工人和部分行政职务变动人员办理职务（职称）变动后的工资调整手续。完成2016年遗属生活困难补助的审批工作；完成1957年精简回乡干部年终一次性补助政策的落实工作；完成2015年应休未休年休假报酬的审核工作。

【机关事业单位干部、职工退休管理服务】 2016年，大丰区人社局严格执行国家关于机关、事业单位干部（职工）各项退休政策，坚持“到龄即退”原则，全年为机关、事业单位486人办理退休审批手续。在退休干部（职工）管理方面，结合重阳、端午、国庆等节日，组织老干部（职工）参加一系列乒乓球、棋牌等比赛活动，丰富老年人晚年生活。组织退休干部编排文娱节目，多次组织参加各类文娱演出活动。春节前，对422名特困退休干部和80名在职特困干部进行慰问，将党和政府的温暖送到他们家中。

【转业军官安置和培训】 2016年，大丰区安置转业军官12人，按照“积分选岗”的办法，全部安置到党政机关工作。完成14名自主择业军转干部的退役金发放和医疗保险缴纳工作。年初，组织6名2015年度转业军官参加由盐城市人社局或上级主管部门举办的岗前培训班，学习“四个全面”战略布局、《中华人民共和国公务员法》《公务员职业道德》《公务员能力建设》《公务员心理调适》、公务员政德教育等内容，学员根据集中培训的内容，结合自身工作进行调研。

【企业军转干部解困】 2016年，大丰区政府高度重视企业军转干部解困工作，年初，调整区困难企业军转干部解困工作领导小组，加强对此项工作的领导。在2016年退休职工调资中，确保退休企业军转干部基本养老金营职及营以下干部低于平均养老金的120%、团职干部低于130%、抗美援朝和1953年12月31日前入伍的干部低于140%，分别补足到120%、130%和140%。提高大丰区未退休企业军转干部的生活补助标准，通过财政供养、财政补贴、企业解决的途径，使每月收入达到4485元。继续发放1650元/月至1900元/月不等的固定补贴。全年增加企业军转干部门诊医疗费用31万元。

【企业军转干部慰问】 2016年春节和“八一”建军节前，大丰区委、区政府均召开企业军转干部座谈会，区领导及政府办、人社局、专门办等部门出席，向企业军转干部表示节日的祝贺，并发放慰问金，区领导专门登门慰问企业军转干部代表，对16名团职企业军转干部发放特别慰问金。2016年，按照团职每人1200元、其他每人1000元的标准，大丰区专门办对全区325名企业军转干部发放慰问金65万多元；重视做好特困企业军转干部的解困工作，全年发放困难补助款49万余元，个案解决20名患重病企业军转干部解困金近4万元。

【事业单位人员招录考试程序规范】 2016年，大丰区人社局严格按照《关于事业单位公开招聘工作若干问题的规定》及事业单位工作人员录聘用和流动办法的相关规定，坚持招聘单位计划申报、编制委员会编制核定、区政府批准同意的程序，招聘岗位、报名条件、考试方式等内容在大丰人才网、人力资源和社会保障网等媒体对外公布，广泛接收社会监督。严格执行考卷保密相关规定，及时公示笔试成绩，面试成绩现场告知，保证考试全程信息公开、过程公开、结果公开，保证所有参考人员公平竞争，继续保持事业单位人员招录“零事故”。2016年，由区人社局牵头、主管部门负责、招聘单位配合、纪检监督全程跟踪，先后组织卫生系统校园招聘、教育系统教师招聘、民政系统公开招聘等集中考试7次，报名6500余人，招录286人。

【干部人事档案专项审核工作完成】 2016年，根据中组部、省委和市委组织部关于维护人事档案工作的严肃性和公信力的要求，大丰区人社局组织开展全区干部人事档案专项审核工作，确保干部人事档案的真实、准确、完整、规范。在专项审核过程中，强化各审核单位和审核人员的责任意识和保密意识，坚持原则、从严把关、不徇私情，严格按照政策规定和程序办事，对2006年及以后登记的公务员、军转干部工作情况和数据逐卷逐页进行审核。严格审核干部的“三龄两历一身份”（出生时间、参加工作时间、入党时间，学历学位、工作经历，干部身份）和家庭主要成员及重要社会关系等信息，重点审核档案材料是否涂改造假、干部信息是否真实正确、重要原始依据材料是否完整规范等。对发现的问题，分别采取补充收集、原始材料核查、完善手续等方式进行补充和规范。

就业创业

【组织实施“互联网+就业”服务工程】 2016年，大丰区人社局继续组织实施更加积极的就业政策，依托互联网的优势，提供全方位、全天候的线上就业服务，持续推进城乡就业的稳定态势。在区人力资源和社会保障网开辟“就业服务”专栏，实时发布就业信息。完善网上招聘录用备案制度，用工企业不出厂门可以办理职工录用、参加社会保险等手续。积极推进区、镇（街道）、村（社区）三级联网，求职者可以就近到人社服务中心（站）查询就业用工信息，打造30分钟就业服务圈。建立“大丰就业创业”微信公共服务平台、“大丰人力资源”QQ群、“高校毕业生实名登录”QQ群等，及时发布招聘信息、更新工作动态、强化政策解读，促进就业服务高质量推进。全年城镇新增就业18695人，城镇下岗失业人员实现再就业5682人，就业困难人员再就业796人；年末城镇登记失业率控制在2.08%，低于盐城市控制值和全市平均水平。

【新春用工系列招聘活动】 2016年春节，大丰区人社局抓住春节期间人员流动频繁、外出务工人员返乡等特点，区镇联动举办新春招聘系列活动，保证用人单位节后复工的需要，促进更多的农民工返乡就业。2月13日（正月初六），在区奥体中心举办“新春服务企业引才用工招聘会”，238个企业参加招聘，现场提供就业岗位6500多个，15000多人到场报

2016年2月13日，大丰区人社局在奥体中心举办“新春服务企业引才用工招聘会”，238个企业参加招聘，4896人与用工单位达成就业意向

名应聘,4896人与用工单位达成就业意向。在春节前后一个月的时间,区人社局联合镇、区园举办招聘会30场,就地就近、点对点为企业和求职者服务,30场招聘会帮助276个企业招工2146人,其中有1586人是返乡高校毕业生和返乡技工。

【劳务对接】 2016年,大丰区人社局以满足企业用工需要为前提,积极组织劳务对接活动,全力为全区用人单位提供人力资源保障。举办规模企业用工招聘座谈会,与兰州城市学院对接召开校企对接座谈会,在区海外人才市场举办人力资源服务需求对接活动,邀请盐城市人力资源产业园的博尔捷人力资源集团、江苏领航人力资源服务有限公司等9个人力资源中介服务机构和博汇纸业、联鑫钢铁、辉丰农化等13个重点规模企业开展对接活动。区人力资源市场常年对外开放,每周五举办劳务集市,全年帮助380多个企业招聘4687人。

【组织企业参加校园招聘】 5月21~23日,大丰区人社局组织企业参加在武汉大学举办的"武汉地区高层次人才招聘会",11个企业赴武汉招聘,提供岗位184个,116人与用工单位达成就业意向。6月5日,组织森威精锻、半岛酒店等企业到南京国展中心参加全省高校毕业生招聘会。10月19~25日,组织辉丰公司、腾龙集团、联鑫钢铁等5个企业前往甘肃、陕西等地职业院校和劳务市场招聘,有209人与用工单位达成就业意向。

【劳动力供求情况调查】 2016年,大丰区人社局根据经济发展和项目建设的需要,开展富余劳动力和企业缺工情况调查,通过"摸家底"式的走访了解,促进就业信息对接。全年调查用人单位457个,在人力资源市场发布招聘信息8967条,提供空岗10478个。组织开展返乡农村劳动力、外出务工人员、在外有成人士、困难家庭未就业的高校毕业生、城镇零就业家庭人员和农村低收入零转移家庭人员等人员情况调查,掌握就业创业人员情况,登记求职人员6237人,推荐就业3789人。另外,加强产业创新"十大工程"项目的用工服务,区人社局专门制定《大丰区产业创新"十大工程"项目引才用工服务工作方案》,结合"三服务"工作,定期上门对接掌握项目情况,利用微信平台、人力资源市场、招聘会等解决企业缺工问题。

【困难职工帮扶】 2016年春节期间,区人社局对全区已领取就业失业登记证或就业创业证但暂未就业的失业职工、原市属企业中的在册人员和各园区困难企业中原市属企业的失业人员等就业困难人员进行广泛调查,开展系列帮扶工作。确保特困职工下岗失业期间的生活保障,为符合条件的失业职工办理失业手续,及时、足额发放失业保险金,按时缴纳下岗失业人员在领失业金期间的基本医疗保险费。开展"送岗位、送信息、送政策、送培训"援助帮扶活动,采集500个岗位专门招收困难失业人员就业,使登记在册的每个困难职工都能享受到至少一次就业援助;以"三保"岗位为重点,加大公益性岗位开发利用力度,举办困难职工再就业援助专场招聘会,安置困难职工再就业。落实困难职工再就业优惠政策。发放社会保险补贴减轻大龄失业人员缴费压力,发放小额担保贴息贷款支持失业人员自主创业,为失业职工免费进行再就业培训。组织开展"两节"慰问活动,对调查统计出的2563名就业困难人员,通过镇、街道人社平台登门慰问,发放慰问金135.5万元。

【创业宣传】 2016年,大丰区人社局联合区全民创业办公室常态化开展创业宣传活动,通过电视、报纸、网络、微博、微信等媒体大力宣传创业政策、经验做法和典型事迹,激发广大群众的创业热情和创业冲动。开展标语宣传。春节、中秋、国庆期间在城区主干道设置全民创业道旗600多面,各镇(区、园)在交通要道、主要干道设置固定标语300多条、道旗1500多面、高炮灯箱20多个;各镇集镇范围内及每个村主要干道设置横幅标语2500多条;各镇(区、园)和相关部门制作90多块戗牌在人员密集场所展出,积极营造创业氛围。开展典型宣传。春节活动期间,通过村、镇、区三级推荐筛选,在全区近年来创业有成人员中筛选20名创业实绩显著、影响力强的创业典型,开展返乡创业典型事迹报告会12场,3000多人次参加。开展媒体宣传。在《大丰日报》专门开辟"全民创业进行时"专栏、大丰电视台开设"全民创业访谈直播间"栏目,宣传各镇(区)全民创业工作的成功做法、先进典型和特色亮点工作,全年采用全民创业方面的宣传报道130多篇。开展资料宣传。区人社局印发5万封《致全区在外工作人员的一封信》,发放到每一位在外人员手中,联合区妇联向外出务工妇女发出《致全区在外女务工人员的一封信》8000多封,联合团区委通过"大丰共青团"微信公众号发出《致全区返乡创业青年的一封信》,在各类活动中发放《小本创业项目汇编》和《全民创业政策汇编》各1万本,邀请各类人士返乡创业。拍摄创客微电影。针对青年创客人群,创新宣传方式,制作大丰区首部创客微电影——《我是邦女郎》进行创业宣传,2016年拍摄完成5集,并在腾讯视频上线播放,点击量不断飙升,达到200万次,在社会上引起强烈的共鸣,提升青年人参与创业的热情,让创业文化深入人心。

【春节返乡创业交流活动】 2月1日,大丰区人社局举办"创业大舞台·有你更精彩"2016年春节返乡创业交流活动,区四套班子领导,区直部门、各镇(区、园)负责人、分管负责人以及返乡创业代表1000多人参加活动。活动中,区委、区政府表彰命名20名"创业之星",为一批"616"引进人才颁发人才绿卡,向30名创业人员颁发营业执照,现场举办大丰区经济社会发展图片展、金融机构创新金融产品展、优秀创业项目展、12镇3区服务用工对接活动,发放"返乡创业大礼包”1800余份，动员和激励更多在外工作人员返乡投资兴业。

【新春服务返乡创业“春晖行动”】 2016年春节，大丰区人社局利用在外人员返乡过节的有利时机，区镇联动开展服务返乡创业“春晖行动”。2月13日，在全区新春招聘会设立创业政策咨询、就业创业微信、全民创业支行小额贷款、“616”人才引进计划等4个宣传专区，区人社局、经信委、市场监管局、行政服务中心、创业支行等单位在现场设点，开展创业政策咨询、创业项目对接、创业宣传等现场服务，发放宣传材料1100多份，接受300多人次现场咨询。西团、三龙、大桥等镇在集镇人员密集区设置咨询台，发放宣传材料，现场讲解创业政策，接受现场咨询380多人次。

【“12+4”全民创业园建设推进】 2016年，大丰区政府把创业载体建设作为全民创业工作的重要环节，积极推进12个镇全民创业和留学生创业园、外来投资者创业园、高新技术产业园和大学生创业园等4个特色创业园的建设步伐，加快基础设施建设，完善生产生活配套，提升园区形象，全面提高园区项目承载能力。2016年镇全民创业园新建标准厂房33万平方米，新入园企业105个，大中镇中小企业园成功创建国家小型微型企业创业创新示范基地。留学生创业园引进留学人员53名、企业21个，建成省级留学生创业园。外来投资者创业园建成省小企业创业示范基地。高新技术产业园围绕软件产业，大力建设大丰国际软件园，软件园获批首批省级试点众创集聚区。大学生科技创业园一期竣工，建成面积5万平方米，签约入驻创业主体14个，建成国家级科技孵化器。

【特色创业小镇打造】 2016年，大丰区政府依托高新技术区软件产业园和总部经济园蓬勃的产业前景和良好的创业环境，全力打造互联网创业集聚新高地——希望小镇。小镇规划面积约3平方千米，分互联网村、天使村、创业集市和生活配套区等四大板块。10月初，希望小镇试运营，首期4栋写字楼、展示大厅投入使用，入驻各类创业团队和创业企业47个。借助东方1号的设计资源，吸引创客入驻，建设具有鲜明特色的创意小镇，该项目总投资15亿元，建筑面积21万平方米，通过整合资源，形成以工业设计、智能开发、工艺美术、众创空间为主导的特色创业小镇。

【众创空间建设】 2016年，大丰区顺应网络时代大众创业、万众创新的新趋势，大力发展众创空间新业态，构建面向大众的“众创空间”创业服务体系，至年底建成东方创客、卯酉·创客邦、万创智联等3个国家级众创空间，龙创空间建成省级众创空间。

【农业农民创业载体打造】 2016年，大丰区注重激发广大农民的创业热情，扶持农业创业载体，在丰收大地农民创业园日益壮大的同时，鼓励各镇新建各类农民创业园。新丰镇荷兰花海带动近2000户农户从事关联行业。大中镇恒北村“梨园风光”、草堰镇三元农庄、大桥镇“丰禾大地”等一批农业创业载体陆续建成，促进当地农民创业致富，全年新增家庭农场100个。

【创业金融扶持】 2016年，大丰区以市场和创业主体需求为导向，先行先试，在全省率先成立全民创业专业金融机构——创业银行，专门办理全区创业类贷款。有针对性地推出“青年创业贷”“大学生创业贷”，各类创业贷款做到当天申请、当天审批、当天发放，全年发放创业贷款1.5亿元，服务各类创业主体700多户。加大小额创业贷款扶持力度，扩大发放对象范围，提升贷款发放额度，全年成功发放创业小额贷款2300万元，其中向农民发放1800万元。

【组织参加省市创业大赛】 2016年，大丰区先后组织90多个项目参加省市各类创业大赛，蓝科减震在第四届江苏科技创业大赛中获二等奖，“我是邦女郎”“防虫网蔬菜种植”等项目在第三届“创青春”江苏青年创新创业大赛中获三等奖。锦丰食品冯井兰获“江苏省十大农业创业女状元”称号；白驹镇朱舍村淘宝服务站李杰珍、丰龙大地电子商务刘春香获“江苏省百名电商创业女能人”称号。田园居农场、花·时间花艺工作室、重林除锈设备在省级大学生创业项目比赛中获优秀奖。

【创业工作推进力度加大】 2016年，区人社局提请区政府先后出台《关于进一步鼓励全民创业的实施意见》《关于加快电子商务发展的实施意见》《关于加快推进网络创业的实施意见》《关于进一步加大创业信贷支持的实施办法》《关于进一步做好新形势下就业创业工作的实施意见》等政策文件，构建完善的政策体系。区全民创业办制定出台《2016年全民创业工作要点》，明确2016年全民创业工作指导思想、目标任务、工作重点，指导各镇、各部门合力推进。建立健全全民创业工作长效督查机制，根据全年目标任务，开展日常督查和专题督查。在督查方式上以现场督查为主，结合信息报送、自查、过堂等，有力促进全民创业各项工作开展。

【人社平台标准化建设加快】 2016年，大丰区人社局以推进平台标准化建设为重点，努力打造“十五分钟人力资源社会保障服务圈”，围绕基层人社平台“技能培训不出村、获得就业信息不出村、经办社会保险不出村、享受社会保障服务不出村”开展相关人社业务工作，提升平台标准化建设水平。至年底，全区所有镇建成或规划出60平方米的服务大厅，大丰港经济区在港区行政服务分中心、经济开发区在中小企业服务中心设立人力资源服务窗口。基层平台“六大标准化”建设全覆盖，镇、村两级人社服务平台“六大标准化”建设达标率均达100%，服务项目流程、工作制度上墙、3项服务正常经办、设立专职协理员等4项要求全部达标。

【人力资源中介机构规范化管理加强】2016年，大丰区人社局按照建立统一规范人力资源市场要求，对人力资源中介服务机构管理职能、相关政策整合，实行统一许可、统一管理、统一监管。规范市场信息发布行为，引导劳动者合理有序流动，维护用工单位和求职人员的合法权益。健全和完善人力资源市场制度化、专业化、社会化的“新三化”制度，维护市场秩序，规范各类招聘活动，确保市场健康有序运行。做好人力资源中介服务许可证的审核和换发工作，完成全区26个人力资源中介机构信息统计和年检工作。至年底，全区民营机构取得人力资源服务从业资格人员165人，全年新增人力资源从业资格人员53人。

【家庭服务业】3月，大丰区人社局组织建立家庭服务业人才信息库，对在各级家庭服务业技能大赛中获得优异成绩的从业人员予以存档，为全区行业发展提供人才保障。不定期举办家政服务员专场招聘会，解决家政服务行业的用工需求。4月30日，在奥体中心成功举办第二届大丰区物业服务行业职工劳动技能、执业体能比赛和大丰区家庭服务业职业技能大赛，通过大赛提升服务水平和比学赶帮的竞赛意识，促进、规范行业健康发展。组织参加盐城市第七届职业技能大赛并夺得育婴师项目前两名，大丰区选手张婕代表盐城市参加江苏省技能大赛育婴师项目比赛获得第四名。

【高技能人才企业内评价】2016年，大丰区人社局走访两区及各镇重点企业，围绕企业生产技术，加强岗位培训，建立企业技能评价体系。从3月份开始，利用3个月时间，先后完成开发区理研精锻、大中镇多为泵业集团等5个企业的企业内高技能人才评价工作。全年职业技能鉴定取证3500人，新增高技能人才859人。

【高技能人才项目申报】2016年，大丰区人社局以申报高技能人才项目为突破口，引领企业技能人才发展，江苏谷登工程机械装备有限公司特约顾问龙小平博士作为盐城地区唯一代表获评江苏省“双创人才”，获得专项人才奖励资金50万元；虹达丝绸技师陈国兰成功申报江苏省企业“首席技师”。

【大丰区职业技能大赛举办】11月26日，大丰区人社局联合相关部门在区职教中心成功举办2016大丰区职业技能大赛，此次职业技能大赛是大丰历史上规模最大、涉及工种最多、社会影响最广的一项技能竞赛活动。大赛设企业职工组和学生组分别竞赛，企业职工组设置加工中心操作工、数控车工、车工、工具钳工、维修电工、焊工、汽车修理工、叉车司机、化学分析工、中式烹调师、餐厅服务员、客房服务员等12个职业（工种），学生组设置数控车工、数控铣工、车工、工具钳工、维修电工、汽车修理工等6个职业（工种）。9月，大赛启动，各镇（园区）和区直各单位精心组织，积极开展岗位练兵、技能比武活动，近3000名选手报名参加选拔赛，540名选手脱颖而出参加决赛。此次大赛突出围绕全区产业发展方向和要求，参赛选手有来自行业龙头企业的生产一线技术标兵，有各行业通过社会化报名选拔的技术能手，反映了大丰技能人才的整体水平和精神面貌。

【机关事业单位工考工作】4月，大丰区人社局印发《关于做好2016年机关事业单位技术工人升级考核工作的通知》和《关于2016年机关事业单位技师评聘工作的通知》，明确升级考核的范围、对象以及考核的内容、条件。按照《通知》要求，区人社局逐一对符合条件的机关事业单位工人进行登记、审核，有7个工种60人报名，30人通过技师选拔考试。完成2016年机关事业单位工勤人员职业素质提升培训考核人数120人。

【农村劳动力职业技能鉴定】2016年，大丰区人社局全面推行农村劳动力职业技能培训鉴定获证奖励补助新政策，加强对培训机构的管理，精心制定实施方案，有针对性地开展电焊工、农艺工、农机修理、车工、铸造工、纺织挡车、服装缝纫等12个工种的农村劳动力培训课程。全年有2622人参加获证奖补培训，2100人获得职业资格证书，其中初级证书1130人、中级证书962人、高级证书8人，并按照上级要求完善相关工作的基础台账资料，通过省、市农民工技能鉴定专项检查。

【国家职业资格统考工作组织】2016年，大丰区加大国家职业资格统一考试的组织力度，帮助区职教中心改善硬件条件，加大省统考ATA平台建设，配备专职教师，新增计算机网络管理员、建筑机械类CAD、PS等实用型课程。对全国及省统一鉴定的助理物流员、助理物流师、物业管理员、心理咨询师、人力资源管理师、计算机辅助设计等职业工种的考试加大宣传发动、组织报名等工作，完成职业技能鉴定统考200多人，推动全区技能人才多元化发展。

【就业培训】2016年，大丰区人社局加强就业创业培训工作组织力度，通过强化培训，提升就业水平。根据劳动力市场需求和用人单位要求，有针对性的组织每月1期的新登记失业职工、企业职工岗位技能提升、农民工、未升学的初高中毕业生等各类群体的就业培训，做到培训1人推荐1人就业，全年组织各类技能培训班60期，培训2.1万人次。开展母婴护理师免费技能培训班3期，31人参培，其中18人取得注册职业资格证书，全部与大丰怡亲月嫂服务中心达成就业协议。组织大学生、失业职工等群体参加创业培训，提升创业意识和创业技能，全年创业培训参培人数2300人。

劳动关系

【人力资源和社会保障政策法规宣传】2016年，大丰区人社局利用广场宣传、网络宣传、专题讲座、微信平台发布等多种形式，积极开展《中华人民共和国社会保险法》《中华人民共和国劳动合同法》以及相关配套法规的宣传，进一步强化用人单位规范用工的意识，为依法调整用人关系创造良好社会氛围。4月6日，在施耐庵公园前广场开展社会保险政策法规宣传咨询活动，现场接待咨询800多人次，发放宣传材料、政策法规知识读本3000多份。开展送法进企业、园区、社区咨询活动，在大丰港区、经济开发区、小海纺织工业园区、南阳镇等地举办现场讲座、政策咨询4场次，发放政策宣传材料1万余份，通过区民营企业协会、浙江商会等行业协会组织发放相关宣传材料、知识问答2000份。通过局域网、“大丰人社”微信平台及时发布上级文件和政策解读130余次。2016年，大丰区人社局被盐城市政府表彰为六五普法先进集体。

【人力资源社会保障工作规范化建设】 2016年，大丰区人社局推进依法行政建设，推进行政审批工作规范化建设，全力提升行政效能建设。全年审核各类规范性文件42件，行政许可和行政处罚的双公示工作通过区经信委和法制办验收。行政复议、诉讼案件应诉、答复工作58件，维持率均为100%。规范企业综合计时和不定时工作制审批工作，在指导用人单位规范完善规章制度的基础上，审批综合计时和不定时工作申请43件，涉及职工人数7800余人。大丰区人社局获得盐城市“优秀依法行政示范点”称号。

【和谐劳动关系建设】 2016年，大丰区人社局以规范劳动合同和薪酬待遇为重点，推进和谐劳动关系建设。全年完成用工备案数7.3万人，指导用人单位签订集体劳动合同1210份、工资协商协议335份。按照人社部和省人社厅要求，完成国有企业内外收入分配调查和企业薪酬调查25个。提高大丰区2016年最低工资标准，制定工资增长指导线文件，研究出台全区国有企业负责人的薪酬分配方案。

【劳动监察执法】 2016年，大丰区劳动监察大队以构建和谐为根本，始终保持强化维权维稳的高压态势，严厉打击违反劳动保障法律法规的行为，较好地保障用人单位和劳动者的合法权益。全年接待来访、咨询3200余人次，主动巡查用人单位480户次，受理劳动举报、投诉案件341件，协调处理或责令支付拖欠的工资、加班工资230万元，督促用人单位办理社会保险登记1800余人。审查用人单位报送劳动保障书面审查材料2864户，监察网录入率100%。

【劳动监察源头预防】 2016年，大丰区劳动监察大队探索预防解决劳资矛盾新思路、新办法，力争把各类劳资矛盾化解在初期、解决在萌芽。积极宣传法律法规，引导劳动者树立与企业共同发展的理念，提倡合理维权、理性维权。加大与用人单位沟通力度，提高依法管理劳动关系的意识，帮助用人单位设置内部调解机构，避免劳资纠纷的出现、激化。发挥劳动保障监察一、二级网格的前哨作用，培训兼职监察员、协理员，使其熟练掌握预警机制的流程，及早处理各种矛盾。结合企业分布情况，配合相关镇区，召集区域内企业人事管理干部参加培训，通过法律法规宣讲、案例分析、现场互动解答等环节，进一步提升人事管理人员预防解决劳资矛盾的能力。

【劳动监察专项检查】 2016年，大丰区劳动监察大队围绕劳动关系领域内的突出问题，年内开展2次劳动监察专项检查。4月，开展清理整顿人力资源市场秩序专项行动，联合公安、工商部门对人力资源市场进行摸底排查，加强对职业中介的监管，严厉打击职业中介领域违法行为，共检查劳务派遣企业5个，用人单位45个。9月，组织开展农民工工资支付情况专项检查督查活动，由人社部门牵头，组织8个部门组成农民工工资支付情况专项检查督查领导小组，分组对各镇、各园区进行督查，对重点行业、重点区域以及2016年度有欠薪投诉的用人单位逐个检查和清理，对发现的问题及时进行处理，督促9个企业补签劳动合同115份，督促10个企业办理社会保险登记，责令18个企业执行高温津贴制度和带薪年休假制度。

【劳动监察协作机制建成】 2016年，大丰区人社局把劳动监察工作作为一项系统工程来抓，建成与公安、住建、市场监管等执法部门之间的联合治理机制，与工会、妇联等群团组

2016年，大丰区人社局以规范劳动合同和薪酬待遇为重点，推进和谐劳动关系建设

织之间的社会监督机制，与法院、检察院之间的长效沟通机制，与外地劳动监察机构之间的执法协作机制，形成多方参与、共同治理的工作局面，建立劳动保障守法诚信、重大违法行为查处、跨地区案件协查等管理制度，保障执法活动规范有序开展。畅通举报投诉和维权渠道，通过“12333”、“12345”、网络平台、基层平台等，广开维权渠道，分类立案查处，限期办结反馈，对政风热线、领导接访或批件、网络反应影响较大的案件做到“快立案、快调查、快处理、快结案”。

【劳动人事争议“以案说法”宣教活动】 2016年，大丰区劳动人事争议仲裁院联合《大丰日报》社，以本区域内发生的典型劳动人事争议作为教材，通过案例的形式，对基本案情、处理结果、适用法律依据进行诠释，以贴近百姓、通俗易懂典型案例的剖析，提示劳资双方普遍存在的问题，引导职工依法维权，指导企业依法管理，增强劳动法律意识。年内，在市级以上媒体发表劳动仲裁办案规范、强化调解、促进和谐等方面的信息通讯11篇。

【基层仲裁调解组织建设】 2016年，大丰区劳动人事争议仲裁院充分发挥基层调解组织在劳动人事争议处理过程中的主导作用，指导各镇、区园加强调解组织、调解机制建设。经过争取，在省厅下达给盐城市仅2个名额的情况下，在南阳镇设立镇级劳动人事争议巡回仲裁庭，同时在大中镇和万盈镇设立镇级劳动争议示范调解中心。至年底，在全区农业、交通、水利、住建等较大系统、12个镇、6个驻丰农场、3个行业商会中建立劳动人事争议预防和调解委员会（中心）216个，聘用调解人员382人，建成行业商会、企业劳动争议预防调解中心、村（社区）劳动争议预防调解工作室、镇（街道）劳动争议预防调解中心和区劳动人事争议仲裁院相结合的劳动争议调解网络体系。

【劳动人事仲裁调解效能提升】 2016年，大丰区劳动人事争议仲裁院通过定期到企业、园区进行劳动保障法制讲座，加强对企业的劳动用工辅导，指导完善有关制度，在企业、园区发放宣传材料4800多份，发出劳动争议仲裁建议书14份，现场化解劳资纠纷26起，得到企业、职工的肯定。全年处理各类劳动人事争议仲裁案件680件，其中案前调解处理372件、立案处理308件，所有案件中以调解方式结案的为86%，涉及职工权益标的1680多万元。

社会保险

【组织实施“社会保险全民参保计划”】 2016年，大丰区委十一届六次全会将“社会保险全民参保登记”确定为民生重点工作，成立专门领导小组，由区政府常务副区长任组长，相关部门分管负责人为成员。区人社局在领导小组的统筹协调下牵头组织开展此项工作，负责推进全民参保登记的组织、实施、信息归集比对与动态维护、检查和指导等。区政府办印发《关于开展大丰区全民参保登记工作的通告》《大丰区全民参保登记工作考核办法》，通过强化组织保障、广泛开展宣传、精心组织培训、狠抓入户调查、及时更新录入等措施，建立全人群覆盖、全方位联动、全区域联网、全过程控制的全民参保登记工作机制，完成全区全民参保登记任务。至年底，全区参加社会保险单位2690个，比2015年净增141个。企业类五项险种参保551418人，比2015年净增加39933人，其中：参加基本养老保险参保148660人、工伤保险88473人、生育保险87708人、医疗保险147036人、失业保险79541人，分别比2015年增加8791人、8086人、7850人、8528人和9419人。

【社会保险费率改革措施落实】 2016年，大丰区人社局积极贯彻落实国务院关于推进供给侧结构性改革的相关精神，制定出台阶段性降低社会保险费率的实施办法，以实际行动策应改革大局。从5月1日起，阶段性地将企业职工基本养老保险单位缴费比例由20%降为19%，下调1%；将失业保险费率由2%下调至1.5%，其中用人单位缴费比例由1.5%降至1%、个人缴费比例为0.5%；按“总体降低、细化分类、健全机制”的原则，重新划分2475个参保单位的行业风险类别，工伤保险费率由1.35%下降为1%，平均下调0.45%。三项社保费率的降低，每年为参保企业减负5320万元，有效降低实体经济企业成本，提升企业盈利能力。

【机关事业单位养老保险制度改革稳妥推进】 2016年，大丰区人社局按照省、市关于机关事业单位养老保险制度改革的要求，稳妥审慎地做好各项基础工作。区人社局提请区政府印发《关于机关事业单位工作人员养老保险制度改革的实施意见》，明确参保范围、缴费基数和比例、个人账户、职业年金、待遇计发和领取、“中人”过渡以及养老保险关系转移等相关政策。完成2014年10月1日前在职人员试点期间个人缴费的统计确认工作。整理“空运转”（指机关及全额拨款事业单位退休人员养老金由财政支付）退休人员个人基础信息资料，确保新政策正式实施时待遇的平稳发放。开展全区已参加机关事业单位养老保险的1000多名非编人员在改革新政策实施后参保的衔接问题的调研，研究可能出现的新情况、新问题，确保改革顺利进行。

【全面规范各项参保政策】 2016年，大丰区人社局按照区政府人社工作会议精神要求，加强和规范社会保险参保缴费行为。印发2016年社会保险登记证年检、社会保险书面稽核工作方案，对1568个参保单位进行社会保险登记证年检和社会保险书面稽核。通过开展社会保险书面稽核排查用人单位参加社会保险险种和参保人数情况，对参保险种和人数不足的单位发放《限期参保通知书》，在限定期间不依法办理参保手续的直接下达强制核征数据通知地税部门征收。5月，完成参保单位参保人员最低缴费基数下限的调整工作，确保社会保险费计划及时下达和征收，受理557个参保单位、58742名职工申报缴费基数调整工作。继续推进“五险合一”联动参保，杜绝选择参保行为，对过去已经参加1项及1项以上社会保险的单位，有计划、分步骤直接核定征收其他未参保险种应征的社会保险费。改变过去必须区、镇两级财政到账后才能记账的村组干部缴费和个人账户记账方式，变更为只要缴清个人应缴的部分，年终由人社部门与区镇两级财政直接结算操作办法，受到村组干部的一致好评。认真做好社会保险转移接续相关工作，全年办理参保人员社会保险关系异地转入1182人、转出670人，向异地社保机构发送社保转移联系函2223份、接受联系函663份，出具参保缴费凭证1743份。

【社保基金收入再创历史新高】 2016年，大丰区将社会保险基金征缴工作列为重点，各项险种基金收入20.99亿元，其中基本养老保险9.9亿元、基本医疗保险4.51亿元、工伤保险4448万元、失业保险5285万元、生育保险1982万元，机关事业保险1.61亿元，居民及中小学生医疗保险6334万元，城乡居民养老保险3.17亿元。各项基金滚存积余22.96亿元，其中基本养老保险10亿元、基本医疗保险5.16亿元、工伤保险3727万元、失业保险1.76亿元、生育保险3235万元、居民及中小学生医疗保险1237万元、城乡居民养老保险5.23亿元。基金运转质量盐城市最好。

【社会保障待遇水平提升】 至2016年，连续12次调整企业离退休人员养老金，全区40228名统筹人员人均养老金2276.6元/月，人均增加159.6元/月。10493名“镇管市补”人员待遇1079.7元/月。城乡居民基础养老金水平125元/月，继续保持苏北最高。职工医保支付限额提高到30万元，居民医保支付限额提高到20万元，职工医保和居民医保政策范围内报销比例分别为85%和70.5%。坚持失业保险待遇与缴费基数挂钩，失业保险金月人均水平1000元，比2015年增加8个百分点。按《江苏省职工生育保险规定》要求，生育保险一次性营养补助费由原来的926.4元提高到1077元。全年发放各类社会保障待遇19.69亿元，其中职工养老保险9.5亿元、基本医疗保险4.11亿元、工伤保险3450万元、失业保险4186万元、生育保险2154万元，机关事业保险2.23亿元，居民及中小学生医保6699万元，城乡居民养老保险2.19亿元。

【伤残人员定期待遇调整】 2016年，按照盐城市人社局、财政局《关于调整盐城市2016年度工伤保险有关待遇的通知》（盐人社〔2016〕64号）要求，大丰区劳动保险管理处对全区6月30日前领取伤残津贴、生活护理费的工伤人员以及领取供养亲属抚恤金的人员调整相关待遇，其中伤残津贴由原来的人均每月1750元调整为1888.9元，增幅7.9%；定期护理费由原来的人均每月1353元调整到1500元，增幅10.9%；供养待遇由原来的人均每月488.4元调整为525元，增幅7.4%。

【建筑业农民工工伤保险政策完善】 2016年，根据《工伤保险条例》及相关文件精神规定，大丰区结合全区建筑施工企业特点，1月制定出台《盐城市大丰区建筑业农民工工伤保险实施办法》（大政规发〔2016〕1号），从参保缴费、工伤认定、待遇支付、部门联动等方面完善和规范。至年底，全区新增工程参保项目193个，10469人次参保，征收建筑业农民工工伤保险费380万元。

【工伤预防制度建立】 2016年，为有效防范各类工伤事故和职业危害，切实维护广大职工工伤保险权益，大丰区人社局积极研究探索，采取扎实措施，从源头上避免和减少工伤事故和职业病的发生。开展工伤保险集中宣传活动。以各类用人单位和建筑业农民工为重点，以媒体宣传、现场宣传、窗口宣传等方式在全区开展工伤保险集中宣传活动，发放《工伤保险知识手册》《工伤保险宣传挂图》《建筑业职工工伤保险手册》，通过展板解读工伤认定鉴定、待遇支付、工伤康复等方面的各项具体政策和管理规范。举办工伤预防专题培训。8月25日，大丰区劳动保险管理处在区委党校举办全区首次工伤预防培训会议，200个规模企业的安全生产和人力资源负责人、各镇（区）人社中心工作人员共500人参加培训。培训活动邀请安全生产专家、工伤认定及经办负责人，通过对实际案例分析，系统讲解事故预防技能和涉及工伤保险方面的政策法规，发放《工伤预防文件汇编》，让参培人员切实了解工伤保险和工伤预防相关政策文件，认真分析单位工伤预防中存在的问题，减少事故发生。建立工伤事故信息交换制度。区人社局联合安监局、卫计委、总工会印发《关于建立大丰区工伤事故信息交换制度的通知》，在全区构建工伤事故交换、情况互通平台，建立工伤事故信息联合排查和调查协作制度。

【离退休人员管理服务】 2016年以来，大丰区劳动保险管理处加大企业离退休人员管理服务力度，提升服务质量。提高实地走访慰问频率，全年开展生日慰问、死亡吊唁及高龄、重病、残疾和特殊困难退休人员慰问432人次，其中2016年春节期间分组走访280人，发放慰问金11万元。加强资格认证工作，通过社区发放宣传画册4万余份，确保待遇领取对象人手一册，通过全区街道（社区）平台联网认证，认证效率逐步提高，全年认证率98%，对年内未及时认证的人员恢复待遇发放1160人。积极开展退休人员文体活动，组织全区企业退休人员书画作品征集活动，并推荐到盐城市参评获一等奖和三等奖各1个；敬老月期间，黄海街道举办社区退休人员第五届趣味运动会，金丰街道举办退休人员文艺晚会，进一步激发退休人员生活热情。

【推进多元化复合式医保支付方式】2016年，大丰区医保中心按照"总额控制、按单病种付费、综合定额管理、弹性结算和风险共担"的原则，健全总额控制监测指标体系，不断完善总额控制指标，组织实施复合式付费方式改革。推进单病种定额结算工作，将按临床路径提供诊疗服务的病种纳入单病种付费结算范围，对已实施的70种单病种通过统一疾病编码、疾病名称及治疗方式等实现计算机识别。开展老年人居家养老服务项目，在现有医保政策体系内，根据签约对象和所选服务包类型，实行按人头付费的支付方式。将医保慢性（大）病门诊统筹等特殊人员门诊医疗纳入社区签约服务范围，实行按人头付费，医保门诊诊察费实行"总额控制、按人头付费"，19个定点社区门诊的城镇居民医保门诊费用试行"总额控制、按人头付费、均值管理、风险共担"方式付费。

【医疗服务监管智能化建设】2016年，大丰区医疗保险基金中心在全区61家定点药店、15家定点社区门诊安装远程实时监控系统，进一步完善数据挖掘、门慢就医购药管理和药品进销存等信息系统，注重监控系统与信息系统间贯通应用，实现查纠违规的动态实时跟踪。严格执行药品目录、诊疗项目和医疗服务设施三大目录，实行医保目录库维护与政策调整联动，并将定点机构医保3个目录由人工匹配升级为计算机自动匹配，切实提高监管效能。强化门诊慢性病监管工作，完善门慢鉴定审核审批流程，加强年检工作，及时终止不符标准人员的医保门慢待遇享受，着力控减不合理医疗费用。

【"盐丰医保一卡通"工程实施】2016年，大丰区人社局以撤市建区为契机，围绕"同城同待遇"要求，推进医保与盐城市直全面接轨，让参保人员共享盐城市直优质医疗资源，4月1日顺利开通盐丰医保"一卡通"。在工作推进过程中，大丰区人社局对医保政策进行全面梳理，查找与盐城市医保政策差异，重点调整门慢病种、报销标准等政策，并重新确定城镇居民医保个人缴费标准，主动与盐城市直相关部门对接协调，通过盐城市直社保平台，与盐城市一院、二院、中医院联网，实现门诊、住院费用即时刷社会保障卡结算。

【双定机构信用等级评定】2016年，大丰区人社局创新工作措施，组织实施双定机构服务质量信用等级评定，把信用等级分"AAA、AA、A、无等级"四档标准，推进双定机构自我管理。结合2015年度医保日常稽查、联合稽查、群众举报处理和考核情况，在原信用等级进行调整，新增AAA信用等级的定点医院3家，AA信用等级的定点医院2家、门诊2家、药店4家，A信用等级的门诊1家，降低2家门诊、1家药店信用等级，并严格按信用等级平均结算定额标准挂钩，从制度上强化信用等级管理。

【门慢统筹资格审核】2016年，大丰区人社局把好慢性病申请鉴定准入关，对申请恶性肿瘤大病人员及时审核，对其他申请慢性统筹人员，分别于上、下半年各组织1次医疗专家鉴定准入，全年接受申请1608人，初审退回155人，鉴定剔除247人。对建立档案的5510名门诊慢性病统筹人员进行年检，对75名不符合慢性病待遇的参保对象及时终止待遇。对申请使用特药参保人员及时鉴定，并对1年周期的人员重新进行特药使用效果评估，全年核评63人享受特药待遇，21人进行特药使用重新评估换证工作。

【门诊慢性病签约服务管理】2016年，大丰区人社局制定出台《大丰区医疗保险门诊慢性病人员签约服务操作试行办法》，推进医保门诊慢性病家庭医生签约服务工作。将门诊医疗统筹49种慢性病（大病）准入签约病种，分为基本服务包、个性化服务包、特需服务包。至年底，全区定点社区卫生服务中心为医保慢性（大）病参保人员签约服务3427人。通过开展医保慢性（大）病特殊人群签约服务管理，由家庭医生指导合理用药、合理医疗，解决医保临床医疗专业人员少、医疗监管量大问题，达到规范医疗行为，控制不合理费用目的。2016年医疗费用增长率下降2.6%。

【医保居家养老医疗保健签约服务】2016年初，大丰区人社局组织开展医保人员居家养老医疗签约服务管理调研，在全市率先制订出台《大丰区家养老对象医疗保健签约服务工作方案》，编制医保慢性病门诊统筹人员社区医生签约服务管理工作流程，组织编制医保网络签约软件，制定医保居家养老医疗签约服务三大类型6个服务包，供参保对象在全区14个定点公立医疗社区卫生服务中心选择签约，全年签约4387人。通过医保居家养老医疗保健签约服务，推进首诊在基层分级诊疗，有效预防参保老人、慢性病人员长期依赖住院医疗养老不规范行为，也降低参保人员医疗负担。

【医药卫生体制改革】2016年，根据人社部《关于完善基本医疗保险定点医药机构协议管理的指导意见》有关取消医疗机构、零售药店定点资格行政审批的要求，大丰区医保中心探索建立第三方参与的定点确定机制，重新理顺与医疗机构、零售药店定点协议关系，制定定点签约服务管理细则。进一步完善医师基本医疗保险服务管理制度，通过签订医保责任医师服务协议，建立协议执行考核激励机制，统一医保服务标准，将医师从事医保服务情况纳入定点医疗机构医保付费考核范围。建立与医疗机构和药品医疗器械生产（流通）企业谈判协商机制，就医保整体购买医疗服务、药品医用耗材与医疗机构、药品医疗器械生产（流通）企业进行协商谈判，签订相应协议，让参保患者享受优质服务。

【城乡居民养老保险政策调整】 3月1日，大丰区人社局印发《关于进一步完善城乡居民基本养老保险制度的意见》，将城乡居民社会养老保险制度更名为城乡居民基本养老保险制度，并对具体政策进行完善。增加缴费档次。个人缴费标准在原来最高1200元的基础上，增加1500元、1800元、2000元、2500元、3000元5个档次，缴费档次为15个，让参保人有更多选择。提高缴费补贴标准。对选择500~900元档次缴费的，每年补贴60元；对选择1000~1200元档次缴费的，每年补贴80元；对选择1500~1800元档次缴费的，每年补贴90元；对缴费2000元及以上档次的人员，按每年150元的标准给予参保补贴。规范领取条件。参保人员年满60周岁、累计缴费满15年且未领取国家规定的基本养老保障待遇的，可以按月领取城乡居民基本养老保险待遇。

【城乡居民养老保险丧葬补助金制度建立】 5月，大丰区人社局印发《大丰区城乡居民基本养老保险丧葬补助金发放办法（试行）》。文件规定，从2016年1月1日起，凡参加大丰区城乡居保人员死亡的，符合领取丧葬补助金条件的，其指定受益人或法定继承人自参保人员死亡之日起60日内，持申报材料到所在村、社区申请办理，标准为1300元。

【居民养老保险征缴突击活动】 3月，大丰区农村社会养老保险处召开“社会保险扩面征缴动员会暨城乡居保政策业务培训班”，会议将3月定为“城乡居保新政策集中宣传月”，各镇区人社中心主任、经办人员、示范村（居）协理员等140人参加。活动月期间，成立7个挂钩服务小组挂钩14个镇区，通过利用广播电视、网络媒体、金融网点LED屏幕、横幅标语、报刊宣传等形式宣传城乡居保扩面征缴政策，突击月期间征收保费8563万元。

【居民养老保险“规范管理提升月”活动】 5月，大丰区农村社会养老保险处开展“规范管理提升月”活动，推动城乡居民基本养老保险工作健康发展，加强规范管理水平。通过对区纪委十项专项整治行动涉及的内容进行自查、迎接区专项审计组对城乡居保基金的审计、业务和财务全面稽核、对照经办规程回头看、总结完善试点镇开展“无纸化申报领取手续”的经验做法、根据加强数据统计管理工作等方面开展形式多样、有针对性的活动，进一步增强农保工作人员的责任意识、担当意识，进一步提高经办管理工作规范化、制度化、标准化、科学化水平。

【“互联网+城乡居保”网络经办】 2016年，大丰区农村社会养老保险处以省级大集中系统为依托，全面推进经办管理平台、信息系统和能力建设，逐步构建网络健全、管理高效、服务到位、群众满意的城乡居保网上经办平台。通过人社网站、QQ群、微博、微信等方式向经办人员和参保群众宣传城乡居保政策。开发手机智能查询系统，定制查询业务申报反馈、缴费提醒、缴费反馈、短信订阅、社会保障重大信息传递等服务内容，推行从“柜上”到“网上”再到“掌上”的全方位、多形式参保缴费服务体验，打造“全渠道、零距离、全天候”的城乡居保网上经办新模式。

【有序推进“老农保”化解工作】 2016年，根据省人社厅关于加快老农保转移的要求，大丰区农村社会养老保险处对全区老农保信息系统数据统计分析，摸清人员底数、年龄结构、缴费金额等情况。对老农保基金进行全面盘点，将2008年至2015年基金收、支、余情况进行全面梳理。拟定老农保与城乡居保基金合并方案和人员转移政策方案。计划采取先试点后推广、先宣传后上门、先易后难的方式有序转移。从2008年开展新农保以来，全区老农保陆续转移5.93万人，其中2016年转移5301人。

【科学布局“社会保障卡”城乡服务网点】 2016年，大丰区人社局与大丰农村商业银行合作，按照“十分钟服务圈”的要求，建设中心、城区、镇级、村级四个层次的社保卡服务应用网点，建成区级中心网点1个、城区服务网点7个、镇级网点49个、村级网点255个，在居住集中、交通要道附件规划新建带有ATM机的示范服务网点8个。所有网点都通过光纤直联，配备专职工作人员，安装人社自助服务终端，7个网点实现现场制卡。区社会保障卡服务中心配备工作人员16人，划分自助服务区、柜面服务区、拍摄区、制卡区、等待区等5个功能区，有1台大型制卡机不间断批量制卡及3台小型制卡机零星制卡，配备3台挂壁式自助查询一体机，提供7×24小时自助查询服务。

【“社会保障卡”发放力度加大】 2016年，大丰区人社局结合全民参保登记，加快社保卡发放力度。为保证社保卡的应用，预先对持卡人的基本信息、身份证号码、手机号码、居住地等基础信息全面采集、核对，并率先采集人脸识别信息。在发卡过程中，严格规范发卡操作流程，在采集完善信息的同时，使用移动激活设备现场激活卡片金融功能，签订代扣代缴费用、短信服务推送等协议，确保每一张社保卡发出以后立即就能启用人社业务和其他为民服务功能。至年底，全区发放社会保障卡51万张，占应发卡总数的92%，近40万名城乡居民保险、自由职业参保人员通过社保卡扣缴、发放待遇。

（刘　波）

〖编辑　顾　锋〗

各镇概况

草堰镇

【概况】 草堰镇有1800多年历史，是盐城市命名的文明镇，古桥、古井、古街、古闸先后被确认为省、市文物保护单位，独具的古盐文化使草堰镇成为江苏省唯一的古盐运集散地保护区。草堰镇地处大丰区西南，南与东台市毗邻，西与兴化市接壤，204国道、新长铁路、盐通高速公路、串场河、通榆河贯穿其中，交通便利，总面积96.3平方千米，集镇建成区面积3平方千米，2016年年末，辖12个行政村、1个居委会、78个村民小组，总人口38197人，总户数14439户。全年实现地区总值15.61亿元，固定资产投资7.14亿元；财政总收入9894.61万元；一般公共预算收入6208.14万元，其中国税3143.09万元、地税3065.05万元；新开工1亿元以上项目2个；规模以上工业开票销售5.28亿元，比2015年增长37.3%；新培植规模以上企业数2个；农民人均纯收入19398元，比2015年增长9.2%。随着项目建设和农业产业结构调整的步伐加快，全镇形成机械、铸造、纺织、玩具、建材等支柱产业和蚕桑、花卉、水产品等特色富民产业。

【集镇综合实力增强】 2016年，全镇地区生产总值15.61亿元，年均增长10.21%；一般公共预算收入6208.14万元，增长19.6%；全口径开票销售6.4亿元，规模以上工业开票销售5.28亿元，增长37.3%；固定资产投资规模7.2亿元，增长15%；农村居民人均可支配收入19398元，增长9.2%。2016年，草堰镇获大丰区委、区政府“财税工作奖”“工业发展奖”等奖项，先后被命名为“中国传统村落”“国家级生态镇”“江苏省卫生镇”“江苏省基层党员冬训工作先进镇”“盐城市法制建设先进镇”。

【项目建设】 2016年，草堰镇坚持以招商引资、项目建设为重点，加强领导招商、驻点招商、产业招商、以商招商，各村（居）、部门全员参与招商。全镇新招引1000万元以上项目11个，其中1亿元以上项目2个，完成工业投资1.2亿元。项目发展平台全面提升，镇工业园区入园企业38个，累计新建标房7.5万平方米，实施镇工业园区213.33公顷东延北扩工程，完成初步规划编制，逐步拉开道路“四纵四横”的园区框架。

【镇村经济】 2016年，草堰镇坚持以工强镇战略，全镇规模以上工业企业实现开票销售收入5.28亿元，比2015年增长37.3%；实现利润2.2亿元，比2015年增长18%；实现工业增加值23.3亿元，新增规模以上企业2个。落户禾丰粮油、翊彩高分子、比齐密封件等一批重点骨干企业，长荣建材、钇微制动、绿野家纺等企业成功重组，全镇工业发展的动力和活力增强。全民创业蓬勃发展，全年注册个体工商户700家，私营企业120个。产业结构逐步优化，天宁服饰、翔鸿玩具等10多个企业建成电商平台，开通农村淘宝服务站6家，电子商务、现代服务业提速发展，旅游产业增长。

【城乡面貌】 2016年，草堰镇围绕“四个一”工程（一条中央大道、一片景观公园、一幢服务中心、一个新社区）拉开新镇区建设框架，镇中心幼儿园、敬老院提档升级，居家养老服务中心、文化广场、苏州名邸、竹溪休闲公园等一批城镇化重点工程建成并投入使用。加大集镇基础设施建设，实施镇区绿化亮化、新建公厕、后街小巷硬化、污水管网等项目，加快建设新建镇卫生院、农贸市场改造提升等工程，集镇面貌焕然一新。实施“清洁乡村”行动、农村“3+1”工程（农村水环境整治、生活垃圾处理、生活污水处理和城乡供水一体化）和镇村环境整治工作，全面实现垃圾清运物业化外包，顺利通过省市区三级全域验收，12个村均被评为“星级康居村”，三元村被评为省“美丽乡村”“水美村庄”，生态建设提升。城乡“七个一体化”工程（城乡规划、供水、垃圾处理、污水处理、公共交通、就业和社会保障、社会管理一体化）取得实效，实现城乡一体化供水，双河村、成文村被评为省“新农村建设示范单位”，建成三元、丁溪区镇统筹城乡示范点。

2016年，草堰镇实施茶食铺子、古盐运河景观带修复，建成新街仿古建筑街等项目，彰显古镇旅游特色

【旅游开发】 2016年，草堰镇围绕挖掘历史文化底蕴，发展特色旅游产业的发展主题，做好古盐运集散地保护区的保护与开发。茶食铺子、古盐运河景观带修复，建成新街仿古建筑街、古盐运河两侧房屋立面改造等项目，实施义阡禅寺改造提升工程，充分彰显古镇旅游特色。塑造乡村旅游品牌，七彩花田景区完善配套功能，宏鑫三元农庄、乡村度假民宿对外开放。七彩花田建成省四星级乡村旅游景点，宏鑫三元农庄纳入全区蓝色旅游路线。11月，草堰镇七彩花田景区通过盐城市旅游局升级验收，达到省级四星级乡村旅游区质量等级标准，由省三星级成功创建为省四星级乡村旅游区。

【高效农业】 2016年，草堰镇推动"三沿"（沿铁路、沿公路、沿通航河道）高效设施农业示范带建设，全镇土地流转1067公顷，新增高效设施农业480公顷，发展长征、金色大地等家庭农场18个，落实联耕联种2533公顷，建成农产品"三品"（无公害农产品、绿色食品、有机农产品）12个，镇现代农业园区内建成入驻瑞林设施蔬菜园、甘霖雨露生态农业园、中山杉苗圃基地、双垛秸秆收贮中心、宏鑫三元农庄等一批现代农业特色节点项目。农村基础设施显著改善，合新、双河农业综合开发项目，三元、西渣农业综合开发项目，成文、三渣土地整理项目，界中亿斤粮项目，界中中央财政补助项目，丁溪河拓浚工程等顺利实施。12个村党群服务中心全面新建和改造提升，全部达到"七室两超市一广场"标准，三元村党群服务中心被评为"五星级党群服务中心"。

【社会事业】 2016年，草堰镇坚持兴办民生实事工程，镇便民服务中心和各村便民服务站实现规范化运行，镇中心幼儿园投入使用，校车线路开通运行，敬老院提档升级工程完成，新建镇卫生院工程加快实施，镇居家养老服务中心建成运行，实现居家养老服务站全覆盖，12个村卫生室全面改造提升后均达到省定标准。保障体系不断健全，城乡居民社会养老保险、基础养老金发放、农村合作医疗基本实现全覆盖，健全民政优抚对象和困难群众救助体系，五保户集中供养率70%，80岁以上老人享受尊老金待遇100%。实施精准扶贫，全面完成低收入农户建档立卡工作。开展"平安草堰"创建，社区网格化管理全面推行，"村村通"技防实现全覆盖，三级平台网络平稳运行。开展文明镇村创建，竹园村被评为江苏省"文明村"。信访稳定、安全生产、舆论舆情、社会治安、环境保护等工作形势平稳，社会大局和谐稳定。

【社会治理】 2016年，草堰镇创新社会治理，加强社会治安综合治理、安全生产和维护稳定工作，开展"三解三促一加强"、进村入户等活动，全面落实安全稳定责任制和领导干部包案、信访接待日等制度。"12345"公共服务平台高效运行，全年办理解决群众反映的热点难点问题792件，办结率98.5%，回访满意率98%。推进"阳光政务"，重大事项定期公开公示，78个村民小组均设立了村务公开墙。平安草堰、法治草堰建设取得明显成效，被评为"盐城市法制建设先进镇"。

【原南京军区司令员上将朱文泉到草堰考察】 11月14日，原南京军区司令员、上将朱文泉在盐城市委常委、大丰区委书记王荣，盐城市委常委、盐城军分区司令员杨军陪同下，考察草堰镇竹溪碑廊等现场。竹溪碑廊是盐城市首家文物碑廊，长13米，宽1米，有明清时期各种记事、告示、建筑物匾额等碑刻16方，记载许多重要历史事件和人物，具有重要史料价值。朱文泉仔细地阅读每一方碑刻的文字，对草堰镇收集、保存良好历史文化遗产，更好地延续历史文脉、提升文化软实力、留住大丰、留住草堰"乡愁"的做法给予较高评价。

【草堰文化元素吸引微电影创作】 9月17日，大丰区廉政微电影《乔迁》在草堰镇完成摄制。至此，《买单》《不忘初心》《一缕阳光》《梦缘草堰》《舌尖上的草堰》等10部微电影都在该镇完成了拍摄。草堰镇是文化古镇，以"古盐运集散地保护区"和"历史文化名镇"为依托，提炼古镇特有的文化内涵和廉政元素，建成茶食铺子为代表的古盐运风光带、七彩花田为代表的乡村旅游景观带、以北极殿为代表的吴王文化带等特色景点，彰显古镇的古盐文化、庙观文化、范公堤文化，再现古镇风貌。

2016年草堰镇主要经济社会指标

表20

项　目	数　量	项　目	数　量	项　目	数　量
地区生产总值	15.61亿元	规模以上工业企业	11个	互联网用户	4103户
全口径财政收入	9894.61万元	工业销售收入	7.8亿元	固定电话	13761部
用电总量	4568万千瓦时	固定资产投资	7.14亿元	小汽车拥有量	1682辆
农林牧渔业总产值	8.60亿元	工业技改投入	1.2亿元	医院病床数	85张
粮食总产量	5.04万吨	进出口总额	780万美元	自来水普及率	99.8%
皮棉总产量	234吨	学校	4所	参加养老保险	12500人
肉类总产量	4689吨	在校学生	1986人	参加合作医疗	30935人
水产品总产量	4935吨	在职教师	224人	农村居民人均可支配收入	19398元
工业总产值	23.73亿元	有线电视用户	14193户	农民人均住房	36平方米

2016年草堰镇各村、居委会基本情况表

表21

名　称	党总支（党支部）书记	主　任	户数（户）	人口（人）	经济总收入（万元）
丁溪村	孙玉祥（2016-11～ ） 袁　艳（女，～2016-11）	孙玉祥（ ～2016-11） 李桂祥（2016-11～ ）	1202	3360	7648
界中村	袁　艳（女，2016-11～ ） 冯玉军（ ～2016-11）	冯玉军	943	2656	7244
双河村	肖金存	黄红山	750	2098	5049
双垛村	景步国	孙桂文	1368	3779	10862
合新村	陈桂红（女）	刘金龙	1352	3808	7280
草堰村	刘洪建	袁春龙	1083	2806	8129
三元村	陈学高	杨兴明	990	2820	11182
西渣村	许永明	许素芹（女）	847	2301	7633
成文村	王龙祥	王　飞	994	2743	7492
竹园村	宗汝刚	沈丹明	812	2328	10035
三新村	王　平	单云海	839	2287	8099
三渣村	丁　冬（ ～2016-11 ） 邢俊青（2016-11～ ）	邢俊青	713	2040	11990
竹溪居委会	钱　军	赵玉平（ ～2016-11） 刘益华（2016-11～ ）	2546	5171	—

说明：竹溪居委会为党支部

2016年草堰镇骨干企业基本情况表

表22　　单位：万元

企业名称	销售收入	利税总额	法人代表
江苏高昌机械制造制造公司	27	—	陈景景
盐城春禹建材有限公司	287	29	杨忙英
江苏威尔斯工艺品公司	762	39.27	陈连芳
江苏鑫国机械有限公司	5064	164.99	陈培培
大丰区东华玩具公司	839	57.77	杨东明
盐城市大丰真率工艺品公司	2850	113.79	赵泳湖
江苏弘烨精密铸造有限公司	1926	127.11	王　康
大丰区长荣建材公司	2003	48.32	唐宝锡
盐城翔鸿玩具公司	1033	34.75	刘祥洪
大丰区蓝翔木业有限公司	1287	47.43	宗德宝
大丰禾丰粮油工业有限公司	36771	20.34	陈　杰

（周汉明）

白驹镇

【概况】 白驹镇地处大丰区西南部，总面积113平方千米，总人口38846人，总户数14340户，下辖16个村、1个社区居委会，100个村民小组。白驹历史悠久、人杰地灵，有海盐古镇、施公故里、会师圣地、玩具之乡四张名片，是“国家级生态镇”“江苏省文化名镇”。2016年12月26日，被省爱卫会命名为“江苏省卫生镇”；12月28日，被省住房城乡建设厅、省旅游局命名为“江苏省特色景观旅游名镇”。全年实现地区生产总值20.70亿元、同比增长11%，一般公共预算收入9208万元，固定资产投资7.24亿元，农村居民人均可支配收入20047元、同比增长8.9%。全面完成大丰区委、区政府下达各项主要指标，为大丰唯一一家连续8年（2009~2016年）获“综合先进奖”的镇。

【招商引资】 2016年，白驹镇开展“招商引资百日竞赛”活动，全年新签约1亿元以上项目3个，分别为五鼎新材料、中昌精锻、狮子口景区项目；签约5000万元以上项目3个，分别为同发钢结构、邦力金属制品、广元洁具。新开工1亿元以上项目3个，分别为奥升光伏中央空调一期、建泰钢结构、狮子口景区。沪邦建材、兴发建材、良芯食品、阿童工艺品项目竣工投产。加快实施工业园区扩容工程，聘请上海雅思规划设计院提升镇规划设计，道路框架和配套基础设施建设初具规模，园区承载力和综合环境提升。

【工业经济】 2016年，白驹镇完成现价工业总产值22.02亿元，实现全口径开票销售9.47亿元，其中：24个规模以上工业企业开票销售7.92亿元，同比增长16.47%。全年新增规模以上工业企业2个，为怡童家纺、阿童工艺品。推进供给侧结构性改革，推动企业转型升级，江苏奥升光伏中央空调有限公司在深圳前海股权交易中心成功挂牌“新四板”；焕鑫新材料新上的20000吨/天异佛尔酮技改项目列入2016年大丰区60个重点工业新增长点培植项目，企业全年开票销售超1亿元。

【服务业发展】 2016年，白驹镇实现服务业定报企业开票收入3.61亿元，规模以上服务业企业营业收入4.52亿元，限上批零住餐企业营业收入5600万元，新增规模以上服务业定报企业和限上批零住餐企业各1个。全民创业新增个体工商户820户、私营企业158个、一般纳税人8家。“施耐庵故里·中华水浒园”建成国家AAA级旅游景区。2016年4月8日，“三施”景区正式开园，当年接待游客5万多人（次），实现门票收入近10万元。依托新四军、八路军胜利会师红色文化，重点打造会师主题文化园，该园一期基本建成；总投资1.5亿元的狮子口景区抗战主题文化旅游项目全面建设中。白驹镇电子商务发展迅速，16个村全部建成农村淘宝服务站，全年实现电商销售1.8亿元，肖坳村建成“盐城市电子商务示范村”。

【现代农业】 2016年，白驹镇以锦绣大地现代农业园区为引领，按照“做美园区、打造特色、培植主体、促进增收”的思路，做大做强、做美做优农业园区。景禾公司投资680万元、占地13.33公顷的高标准连栋大棚竣工并投入使用。全年建成设施农业168公顷，实施“一户一棚”723户，联耕联种面积2000公顷，申报农产品“三品”（无公害农产品、绿色食品、有机农产品）6个，新增家庭农场8家。洋心农机专业合作社成为全国农机工作现场观摩点，窑港村占地2公顷的工厂化育秧项目成为盐城市现代农业现场观摩点，进步村成为大丰区蔬菜种植专业村。农村土地确权登记颁证工作在大丰率先完成。

【镇村面貌】 2016年，白驹镇开展城乡环境综合整治和畜禽养殖专项整治行动，集镇卫生保洁实现服务外包，农村畜禽养殖粪污处理全部到位，人居环境全面改善。新老集镇改造力度加大，投资300多万元对农贸市场、后街小巷改造提升，新建2700平方米综合停车场，镇区绿化率38.5%，集镇路灯实现全面亮化。狮子口村“美丽乡村”规划通过大丰区评审，洋心居委会申报2016年省级康居村庄建设项目。生态文明建设加强，冬春新（补）植水杉、女贞、意杨等树苗8.5万株，“四个五”绿化重点示范工程（建设绿色通道5千米、完成河堤退耕还林500亩、新建农田林网示范片5000亩、完善农田林网示范片5000亩）全部到位；投资82万元的三里树村农村环境连片整治工程进入扫尾阶段。

【民生事业】 2016年，白驹镇加大民生投入，实施“三通三千”工程（全区“区域通高铁、镇镇通一级公路、村村通公交”和“新建普通农路1000千米、提档升级农路1000千米、新建农桥1000座”），新建、拓宽农路33.8千米，新建农桥26座。完成圩堤加固42.5千米，实施土方21.8万立方米，备足敞口土源32处；疏浚河道17条总长35.4千米，整治条沟6千米，实施土方49.85万立方米；团结等3个村土地治理项目和沿堤等村“千亿斤”粮项目实施到位。农村D级危旧房改造226户基本到位。幼儿园教学大楼、卫生院病房大楼、文体中心等工程有序推进。实施精准扶贫，启动“十三五”扶贫开发工作，确定贫困户852户1553人，洋心、三里树建成无债村。社会保障水平提升，新增五保户4户、低保户36户、低保边缘户71户、“三无”（无生活来源、无劳动能力、无法定抚养义务人的公民）1户、城乡居民基本养老保险10300人，尊老金发放256人，医疗救助新增66人，五保集中供养率首次50%。推进技防工程，投入近300万元实施农村技防“村村通”工程，新增高清探头108个。加强法治建设，白驹镇人民调解委员会被江苏省司法厅评为“法润江苏”春风行动先进集体，团结村建成江苏省“民主法治示范村（社区）”。

【党的基层建设】 2016年，白驹镇开展“两学一做”和“守纪律、讲规矩”专题教育，推动全面从严治党向基层延伸，白驹镇党委被大丰区委评为先进基层党组织。狮子口村党群服务中心建成“新四军、八路军会师圣地——狮子口共产党员宣誓基地”，7月1日正式对外开放，是苏北首家具有地方特色的党建基地，成为大丰区红色党建新亮点。肖坳村党群服务中心建成并投入使用。白驹镇科级领导班子带头开展“三解三促六帮助”活动，深入村组、企业一线。便民联系卡全部发放到户，社会大局和谐稳定。

2016年12月28日，白驹镇被省住房和城乡建设厅、省旅游局命名为“江苏省特色景观旅游名镇”。图为施耐庵纪念馆鸟瞰图 （单位供图）

2016年白驹镇主要经济社会指标

表23

项　　目	数　量	项　　目	数　量	项　　目	数　量
地区生产总值	20.10亿元	水产品总产量	3599吨	有线电视用户	8870户
财政总收入	14564万元	规模以上工业企业	24个	互联网用户	4631户
一般预算收入	9208万元	规模以上工业总产值	22.4亿元	固定电话	5800部
用电总量	7526.73万千瓦时	规模以上工业利税总额	1.79亿元	小汽车拥有量	4237辆
工业用电量	4976万千瓦时	固定资产投资	10.19亿元	医院病床数	170张
定报企业用电量	4496万千瓦时	工业技改投入	5.5亿元	自来水普及率	100%
农林牧渔业总产值	9.28亿元	进出口总额	2100万美元	参加农村社会养老保险	12750人
粮食总产量	7.37万吨	学校	4所	参加农村新型合作医疗	31543人
皮棉总产量	55吨	在校学生	1377人	农村居民人均可支配收入	20047元
肉类总产量	3469吨	在职教师	182人	农民人均住房	42平方米

2016年白驹镇各村、居委会基本情况表

表24

名　称	党总支书记	主　任	户数（户）	人口（人）	经济总收入（万元）
沿堤村	葛吉平	葛吉平（～2016-12） 陈稳传（2016-12～）	1096	3160	61.06
马家村	陈竹传（～2016-09） 陈相宽（2016-09～）	陈相宽（～2016-12） 陈绍文（2016-12～）	860	2358	30.04
民窑村	周正存（～2016-09） 杨金华（2016-09～）	杨相平（～2016-12） 李天贵（2016-12～）	1100	3080	45.67
七里桥村	陈纪存	杨金华（～2016-12） 韦　刚（2016-12～）	640	1731	33.59
团结村	张国庄（～2016-09） 顾益平（2016-09～）	陈正余	749	2005	35.61
三里树村	杨元富	杨元富（～2016-12） 杨永成（2016-12～）	694	1824	54.35
狮子口村	王正洪	▲潘　婷（女，～2016-12） 王正洪（2016-12～）	1164	2922	105.80
汤舍村	曹　映	单怀龙（～2016-12） 刘东荣（2016-12～）	613	1809	64.39
唐西村	朱宏付	单德高（～2016-12） 肖龙祥（2016-12～）	549	1653	36.89
肖坳村	肖桂存	朱美华	678	2165	40.81
进步村	宗如红（～2016-09） 刘庆平（2016-09～）	刘庆平	642	1878	22.24
新垛村	朱保美	周加乐	976	2852	53.51
朱舍村	周生书	周生华	404	1164	35.38
东窑村	周浦江	杨翠凤（女，～2016-12） 杨金艳（女，2016-12～）	454	1341	30.29
窑港村	单长虹	朱爱中	930	2793	27.41
洋心村	唐亚武	陈维仁	1181	2827	37.52
海宁居委会	董启荣	杨小春	1610	3284	—

说明："（▲）"为副书记主持工作

2016年白驹镇骨干企业基本情况表

表25 单位：万元

企业名称	销售收入	利税总额	法人代表
江苏焕鑫新材料股份有限公司	19291	1851	钱建华
盐城汇百实业有限公司	7957	522	陈启俊
盐城杉童玩具有限公司	4252	175	李生祥
盐城神龙玩具有限公司	3018	121	卞九龙
盐城荣达印染有限公司	4858	157	周惠杰
大丰富邦邻耐磨材料有限公司	1629	81	徐根龙
盐城康盛纸业有限公司	6700	394	李康恩
盐城市大丰区众信玩具有限公司	1414	63	严　明
大丰市天成精密铸造有限公司	1205	40	叶　霖
盐城杉童纺织品有限公司	1760	37	陈富传
江苏飞腾铸造机械有限公司	1978	37	潘绍兵
大丰环球工艺品有限公司	1961	26	陈红文
大丰鸿达玩具有限公司	2772	16	葛中东
盐城市大丰区宏丰米业有限公司	7913	2	朱俊逸
盐城开乐纺织工艺有限公司	3449	316	宗胜旺
盐城市大丰景盛电子有限公司	6684	51	徐根龙

（张兰睿）

刘庄镇

【概况】 刘庄镇位于大丰区西部，204国道、新长铁路穿境而过。全镇总面积96平方千米，下辖12个村委会，3个居委会，1个社区，77个村民小组。2016年年末，总户数15109户，总人口42121人。全年实现地区生产总值25.2亿元，同比增长9.5%；全口径财政预算收入12554万元；完成固定资产投资6.65亿元；农村居民人均可支配收入20013元，同比增长8.6%。2016年，刘庄镇获大丰区综合先进奖、工业经济和转型升级工作奖、新型城镇化工作奖、信访稳定工作奖、反腐倡廉和作风建设奖、全民创业和镇村经济发展工作奖、人才工作奖。

【工业经济】 2016年，刘庄镇实现全口径工业开票销售12.71亿元，规模以上工业开票销售9.8亿元；服务业定报企业开票收入2亿元，规模以上服务业营业收入1.1亿元，限上批零住餐营业收入2760万元；申报新培植规模以上工业企业2个、服务业定报企业2个，规模以上企业增长56.2%。刘庄镇坚持把招商引资和项目建设作为工作重点，开展招商引资百日竞赛活动。全年新开工瀚杰工贸、大昌燃气1亿元以上项目2个，竣工1亿元以上项目1个；新招引国岛电器、易网超市、红雷木业、盐发机械、华鹏建材等5个1000万元以上项目。加大园区建设，全年新入园企业8个，新建标房3.2万平方米，重组企业2个。引导全民创业，全年新增私营企业257个，新增个体工商户769个。大昌燃气有限公司成功创建省级高新技术企业，恒兴公司被农业部认定为饲料生产质量安全管理规范示范企业。

【农业发展】 2016年，刘庄镇加快发展高效规模农业。竣工金色农业1亿元以上项目一个，新增金色农业优质稻米基地600多公顷，设施种植33.33公顷，仓储加工中心一期工程全面建成并投入使用，顺利通过市级农业现代园验收。实施东联、东方村“千亿斤”粮食项目，友谊、东方、润民、胜利村土地整理项目。有序推进土地流转，新增土地流转面积333.33公顷，新发展家庭农场7个，全镇高效农业面积1200公顷，其中设施农业653.33公顷。实施绿化造林工程，新增农田林网面积40.67公顷，新植各类树木17万株。全年疏浚大沟3条、中沟15条，完成土方54.64万立方米，加固修复18.82千米防洪圩堤。东联村养虾专业户智恒洲投资100万元发展温室养虾新项目，产量及效益比原来提高6倍。综合施策抓好秸秆“双禁”（禁烧、禁抛）和综合利用工作，实现全镇“零火点”，秸秆还田率95%。

【集镇建设】 2016年，刘庄镇以宜居宜业为目标，发展特色亮点。投入3530万元，实施镇区立面改造、集镇绿化美化、集镇后街小巷道路硬化、新建改建集镇公厕、改扩建三圩农贸市场、新建双丰游园、创意游园等工

2016年，刘庄镇实施镇区立面改造、集镇绿化美化等工程，全面提升城镇形象

程，城镇形象全面提升。

【镇村环境整治】 2016年，刘庄镇注重水资源保护，加强通榆河取水口整治和新水源地工程建设。在通榆河水源保护区迁移鸭场3个，砂石场2个，小作坊1个，违章建筑2处，保证了取水口水源安全。开展"四清"工程（清新空气、清水河道、清洁村庄、清洁社区）。突击开展畜禽粪便整治，制订实施畜禽养殖规划。通过招投标程序，实施村庄环境专业化管理，建立村庄环境整治、河道清理常态化体系。全镇的生态环境改善成效明显，顺利通过创建省级卫生镇验收。

【民生事业】 2016年，刘庄镇实施民生工程，全年新建农路30.7千米，农桥18座。健全社会保障体系，扩大社会保险覆盖面，新农合参保率100%。加快精准扶贫力度，对全镇1234名贫困人口实施结对帮扶，确保按序时完成脱贫目标。落实维稳工作责任制，做好安全生产、信访化解、社会治理等工作，全镇信访总量持续下降，安全生产形势持续好转，社会大局和谐稳定。

2016年刘庄镇主要经济社会指标

表26

项　目	数　量	项　目	数　量	项　目	数　量
地区生产总值	25.2亿元	规模以上工业利税	24294万元	移动电话	29653户
全口径财政收入	12554万元	固定资产净值	10.02亿元	小汽车拥有量	2064辆
用电总量	9152万千瓦时	固定资产投资	6.65亿元	医院病床数	52张
农林牧渔总产值	97221万元	工业技改投入	4.6亿元	自来水普及率	100%
粮食总产量	59022吨	进出口总额	7586美元	参加养老保险	22854人
皮棉总产量	151吨	学校	4所	参加合作医疗	38835人
肉类总产量	3136吨	在校学生	1720人	农村居民人均可支配收入	20013元
水产品总产量	4107吨	在职老师	239人	农民人均住房	42.2平方米
规模以上工业企业	16个	互联网用户	9744户	—	—
规模以上工业销售收入	39亿元	固定电话	7066户	—	—

2016年刘庄镇各村、居委会基本情况表

表27

名　称	党总支（党支部）书记	主　任	户数（户）	人口（人）	经济总收入（万元）
光荣村	王相裕	—	1137	3310	9380
龙心村	束长和	杨　卫	683	1998	5927
竞赛村	陆恺元	胡学银	847	2480	7118
新桥村	智翠玉	束必川	1209	3470	9091
友谊村	束长明	陈友云	1176	3401	7715
东联村	严华标	—	886	2747	7207
东方村	沈爱山	祁锦秀	711	2224	6749
良好村	陈　敏	葛中华	998	3029	9002
民主村	季　勇	韦安元	1181	3624	9089
建成村	朱新全	季　新	812	2491	7521
润民村	陆美娟	徐子杰	1151	3357	10103
胜利村	季自标	黄明道	955	2895	9307
云溪居委会	蔡紫阳	束必成	497	1279	5725
紫林居委会	束必高	—	1821	3730	—

说明：三圩居委会隶属于润民村委会统一管理，实行两块牌子一套班子，因此未单独列出三圩居委会

2016年刘庄镇骨干企业基本情况表

表28　　单位：万元

企　业　名　称	销售收入	利税总额	法人代表
大丰区天生药业有限公司	15098	336.52	陈隽楼
盐城恒昌汽车配件有限公司	1412	58.39	季顺中
盐城丰美羽绒制品有限公司	1847	36.14	杨世卿
盐城市大丰众意海绵有限公司	1681	65.07	徐同松
大丰区龙虎经纬科技有限公司	1118	32.94	纪汉美
盐城市大丰创意工艺品有限公司	17636	127.21	王加森
盐城市大丰龙凤塑料有限公司	616	12.04	毛念凤
盐城市大丰宏大矿业机械厂	989	14.87	徐同达
盐城恒兴饲料有限公司	28359	198.12	刘兴旺
盐城市大丰三川麦业有限公司	4129	17.37	朱　群
江苏澳太斯纺织品实业有限公司	6461	34.59	林　波
大丰区刘庄混凝土有限公司	629	28.01	林友发
江苏辉达建材有限公司	801	22	周玉生
江苏协和新型建材有限公司	724	23.01	张俭明
盐城市大丰区岷琪针织品有限公司	1504	11.24	李剑威
江苏源源山富数码喷绘科技有限公司	15269	134.75	陆本发

（戴文健）

西团镇

【概况】 西团镇位于大丰区中南部，与大丰经济开发区一体化管理，总面积88平方千米。2016年年末，下辖11个村委会、2个居委会，69个村民小组，总户数11214户，总人口28794人。拥有各类企业500个，涉及机械、纺织、建材、化工（农药、医药、污水处理）等行业。先后被命名为中国产业名镇、中国抛丸机产业基地、中国绿色名镇、国家级生态镇、国家级卫生镇、国家火炬计划特色产业基地、全国改革发展试点小城镇等；建成江苏省文明镇、江苏省中小企业创业示范基地、江苏省农村信息化应用示范基地、江苏省中小企业产业集聚示范区等。2016年，西团镇实现地区生产总值34.2亿元，比2015年增长12.7%。一般预算收入14453万元，下降6.68%。其中，国税完成一般预算收入6243万元，增长52.99%；地税完成一般预算收入8210万元，下降28.03%。实际利用外资1200万美元；完成固定资产投资10.57亿元；实现农村居民人均可支配收入20050元，增长8.5%。新发展个体工商户680户，私营企业210个。

【集镇工业】 2016年，西团镇继续组织机关全体工作人员开展“一人一企”挂钩重点企业服务活动，定期到企业服务，掌握企业动态情况，及时帮助解决企业困难和问题，调处纠纷。组织西团镇2016年新春用工招聘会，引进吸收各类劳动力1000余人。完成规模以上工业开票销售收入13.1亿元，增长10.8%。项目建设成果丰硕，累计新上1000万元以上项目56个，其中1亿元以上项目9个，新建标房近60万平方米。东新铸造、中澳精锻、环球履带等一批重大项目相继签约落户。辰泰公司、山川钢材、信和铁路、谷登机械等闲置资产有效盘活，先后盘活闲置厂房面积近5万平方米。

【产业升级】 2016年，西团镇坚持创新驱动，转型发展，优化产业结构，三产比例9.7∶54.1∶36.2，发展质效提高。创新能力增强，授权专利239件，获得省级以上科技计划项目6项、省高新技术产品51个、省级工程技术研究中心1家、市级工程技术研究中心5家，获得“江苏省著名商标”4个、“江苏省名牌产品”26个、“盐城市知名商标”10个，腾龙集团等9个企业被认定为“国家高新技术企业”。产业升级步伐加快。30多个企业通过ISO 9000认证，创建成“江苏省产品质量示范区”。“政产学研”合作加强，与中国机械工程学会、江苏大学、山东大学等院校建立深度合作关系。2016年，全镇纳税超100万元企业12个。电商工作取得突破，建成农村淘宝服务站11个。

2016年，西团镇建成西团便民服务中心、西团敬老院等民生工程。图为西团镇敬老院

【三农工作】 2016年，西团镇坚持调结构、建园区、树典型、培主体、促增收，农业现代化步伐加快。高效农业蓬勃发展。“绿野新中”农业园区建成盐城市级农业园区，连栋大棚面积130公顷；全镇设施农业、高效水产养殖面积600多公顷。新型农业经营主体迅速壮大，培植家庭农场31家、农业专业合作社58家、社区股份合作社6家。九一、龙窑、北团、西团等村形成“一村一品”产业布局。秸秆禁烧禁抛成为群众自觉行动，综合利用广泛推广。基础设施稳步提升。新建众心、西灵等村级7个党群服务中心，改造4个，各村党群服务中心按照“七室两超市一广场”配置到位。新建西团、赵场等7个卫生室，改造4个，各村卫生室均按“七室一房”的标准改造或新建到位。累计修建（提升）农路122.6千米、农桥（桥梁）92座、涵闸46座、防渗渠54千米，疏通河道226千米。镇村公交开通。土地确权登记颁证工作全面完成。龙窑众心农业开发项目、九一马港农业开发项目、描花新中土地复垦项目基本竣工。开展植树造林，植树超34万株，成片造林226.67公顷，赵场、九一、黄浦、众心、龙窑、新中6个村建成江苏省林业示范村。推进农村畜禽养殖治污，关闭屠宰点2个，禁养区养殖场5个，病死动物无害化处理收集点开工建设。

【镇村建设】 2016年，西团镇集镇建设以实施“清洁乡村”行动、“厕所革命”等工程为重点，推进老镇区改造和新镇区开发。老镇区开发遗留问题得到妥善处理，建成建筑面积6万平方米的永泰翡翠城高档小区和众心村新社区农民集中居住点。新镇区框架全面拉开，天边湖公园、西关口文体公园全面提升，3800米牛湾河景观带建成开放，众心村被列为“盐城市统筹城乡试点村”。集镇形象提升。实施沿街建筑轮廓灯亮化工程，亮化效果显著提升；建成10个公共停车场，划定汽车停车位300多个。基础设施全面加强。新建路、双龙路、城乡路、西新线等交通要道全面提升，后街小巷道路全部硬化绿化美化到位；集镇17座公厕全面实现“旱改水”，并落实专人维护。污水处理厂铺设污水管网22千米。垃圾压缩中转站正常投用。农村环境大幅度提升。全面完成农村“3+1”工程，实现基础设施全到位、队伍网络全覆盖、长效机制全建成，达到“三整治一保障”（整治生活垃圾、乱堆乱放、河道沟塘等环境卫生，保障农民群众基本生活需求）要求，建成三星康居村2个、二星康居村4个、一星康居村4个，江苏省卫生村3个、盐城市卫生村4个。

【社会民生】 2016年，西团镇民生工程有效推进。坚持兴办一批民生实事，建成西团便民服务中心、西团敬老院等民生工程，群众幸福指数逐年提高。社会保障增强。新型农村合作医疗、城镇居民基本医疗保险实现全覆盖，城镇社会保障、农村养老保险参保率98%以上；按时足额发放各类涉农资金、低保金、尊老金。社会事业全面进步。成立1个居家养老服务中心、12个居家养老服务站，实现镇村全覆盖；完善镇村图书室11家，新建村文化中心11个，组织开展群众文化活动100余场。教育工作稳步发展，实施校舍提升、铺设塑胶跑道等工程，硬件设施与城区学校差距逐步缩小；镇社区教育中心建成省级社区教育中心、学前教育建成省级改革创新示范区。社会大局和谐稳定。“平安西团”“法治西团”建设稳步推进，群众安全感提升；实施大调解、大巡防、大技防、大网评“四大工程”，较好地实现“舆情把控、信访稳定、事故严控、治安可控”目标。

2016年西团镇主要经济社会指标

表29

项　目	数　量	项　目	数　量	项　目	数　量
地区生产总值	34.2亿元	规模以上工业利税总额	6.22亿元	移动电话	20160部
全口径财政收入	22970万元	固定资产净值	52.2亿元	小汽车拥有量	2300辆
定报企业用电量	8286万千瓦时	规模固定资产净值	20.2亿元	医院病床数	66张
农林牧渔业总产值	6.99亿元	工业技改投入	4232万元	互联网用户	6200户
粮食总产量	4.03万吨	当年到账外资	1200万美元	自来水普及率	100%
棉花总产量	679吨	学校	3所	参加养老保险	25915人
肉类总产量	2321 吨	在校学生	546人	参加合作医疗	22664人
水产品总产量	3921 吨	在职教师	121人	农村居民人均可支配收入	20050元
规模以上工业企业	50个	有线电视用户	8000户	农民人均住房	45平方米
规模以上工业总产值	75.94 亿元	固定电话	4480部	—	—

2016年西团镇各村、居委会基本情况表

表30

名　称	党总支（党委）书记	主　任	户数（户）	人口（人）	经济总收入（万元）
西团村	董玉荣	董尔平	1022	2562	6367
北团村	刘春华	季通芳（女）	1181	3126	10076.06
九一村	顾　阳	陈红林	633	1851	2036.1
马港村	喻山恒	陈保德	487	1325	13765.4
描花村	肖卫华	董荣进	632	1767	1934.7
新中村	陈书华	吴跃军	582	1627	7633.45
西灵村	吴永明	吴根红	729	1913	5600
赵场村	赵　俊	盛保书	670	1903	6101.6
黄浦村	施国林	高永道	934	2472	8864.8

续表30

名　称	党总支（党委）书记	主　任	户数（户）	人口（人）	经济总收入（万元）
众心村	卢春涛	陈　余	873	2350	113000
龙窑村	顾　正	骆善如	824	2297	19892.4
建设居委会	刘红德	刘红德	—	—	—
大龙居委会	陈相涛	喻琦（女）	—	—	—

说明：西团村为党委

2016年西团镇骨干企业基本情况表

表31　　单位：万元

企业名称	销售收入	利税总额	法人代表
江苏腾龙集团	89249	9511	肖建中
江苏龙城铸造机械有限公司	27714	2215	江兴平
盐城丰特铸造机械有限公司	28342	2653	乔圣兵
大丰市龙发铸造除锈设备有限公司	31557	3479	姜福前
江苏华天机电设备有限公司	29612	3479	陈玉华
盐城市久昌机械有限公司	30139	2769	陈九昌
大丰市永鑫机械制造有限公司	14213	780	李生雨
江苏洲达铸造机械有限公司	16353	1366	杨华高
大丰市三星机械制造有限公司	12844	728	刘加存
盐城市华青机械有限公司	3921	238	刘连蔚
江苏南康钢结构有限公司	3642	203	黄惠浩

（储　悦）

小海镇

【概况】 小海镇位于大丰区中南部，具有700多年历史，是大丰老集镇。全镇总面积124平方千米，耕地面积6505公顷，总户数14901户，总人口38739人。下辖15个行政村95个村民小组。2016年完成全口径工业开票销售9.31亿元，比2015年增长19.7%；规模以上工业开票销售8.32亿元，比2015年增长17.4%；规模以上企业销售增长58%；新培植规模以上工业企业2个；新开工1亿元以上项目2个，竣工1亿元以上项目1个。规模以上服务业企业营业收入4000万元，限上批零住餐企业营业收入4110万元。服务业定报企业开票收入600万元。新培植规模以上服务企业2个。完成一般公共预算收入4575万元，其中增值税完成收入2622万元。2016年，小海镇获得区委、区政府综合先进奖，同时获得三项重点工作、招商引资和项目推进工作、工业经济和转型升级工作、反腐倡廉和作风建设工作等9个单项工作奖。

【项目建设】 2016年，小海镇坚持把项目建设和招商选资作为重中之重，新开工1亿元以上项目1个，竣工1亿元以上项目2个，新签约1亿元以上项目6个。组织企业与区金融部门举办银企对接活动。2016年，金融部门授信贷款3.2亿元，投放贷款2.8亿元。2个企业技改扩能。其中江苏今达新增厂房面积4000平方米，改造更新智能织机500台，全年开票销售收入3亿元。江苏宏垒海岛丝生产线扩能后，实现销售收入2亿元，增幅10%。2016年，在全区招商引资百日竞赛活动中，小海镇被大丰区委、区政府评为先进集体。

【农业基础设施】 2016年，小海镇疏浚4条大沟、9条中沟，总土方65.4万立方米，圩堤加固3.7千米、1.3万立方米。完成小沟以上建筑物50座，防渗渠22.56千米，泵站6座，农桥15座。同时提档升级农路7.01千米，为民办实事工程（农路）15千米，新建交通桥15座。

【新农村建设】 2016年，小海镇坚持以4个千亩园区和"两区"建设为重点，田园居千亩钢架大棚和防虫网基地建成，成为苏北规模最大、独具特色的示范样板；温泉度假休闲山庄项目。由赛伦生物科技有限公司投资新建，该项目占地80公顷，合同签订到位，土地流转到位；温氏扩繁场项目投产达效，年产优质苗猪4万头。全镇生猪出栏9万头，肉禽出栏130万羽，蛋禽饲养量28万羽，毛兔饲养量46万只，山羊饲养量7.5万只；坚持构建新型农业经营体系，培育新型农业经营主体，全镇培植家庭农场4家，农民合作社12家，农业产业化企业8个，新型农业经营主体逐步成为现代农业建设的生力军。全年完成联耕联种2333公顷，其中土地流转1600公顷。全年完成绿化造林成片面积87公顷，苗圃13公顷，新建农田林网保护267公顷，四旁植树8.3万株。

2016年，小海镇建成田园居千亩钢架大棚和防虫网基地，成为独具特色的示范样板

【城镇化建设】 2016年，小海镇推进城镇化建设，统筹城乡发展水平提升。组织推进总投资3500万元小海中心卫生院建设。城镇基础设施提档升级。园业路人行道北延工程投入75万元，完成硬质铺装；创业路完成道路方案设计，进入招标组织实施；农贸市场东侧和后街小巷亮化工程投入建设资金10多万元。城镇环卫设施投入加大。在南团小学、南团居委会、南团农贸市场、小海交管所、小海中学桥南新建成公厕5座，另有4座公厕于11月上旬开工建设，全年投入改厕资金100多万元。增设垃圾箱10个，垃圾桶60个，环卫设备投入10多万元。城镇公益性项目建设。在南团人民路南侧投入35万元，建成占地870平方米的南团农贸市场。城镇绿化建设亮点频现。开展"植草行动"，城镇植草面积4.16万平方米；投入150万元，提升园区中心路、园海路、园业路3条镇区主干道道路绿化，栽植地被近3公顷；投入80万元打造了园业路东绿化节点。

【民生工程】 2016年，小海镇投入160万元，实施技防"村村通"工程，实现技防安全全覆盖，群众的安全感和满意度提升。全面推进法治建设。以"推进六进"（法治进机关、进单位、进企业、进学校、进农村、进社区）为载体，深化法治宣传教育，加快推进"七五"普法规划全面实施。开展群众文化活动，编排选送的文艺节目在全区农村文艺调演中获得好评；全面实施镇村文化设施提升工程。

（丁荣喜）

2016年小海镇主要经济社会指标

表32

项　目	数　量	项　目	数　量	项　目	数　量
地区生产总值	15.6亿元	工业利税	3920万元	固定电话	5200部
全口径财政收入	7226.19万元	固定资产净值	6.78亿元	移动电话	29860部
用电总量	1.64亿千瓦时	固定资产投资	6.67亿元	医院病床数	132张
农林牧渔总产值	10.08亿元	工业技改投入	4.92亿元	自来水普及率	100%
粮食总产量	45304吨	进出口总额	145万美元	参加养老保险	24860人
皮棉总产量	72吨	学校	3所	参加合作医疗	29800人
肉类总产量	8294吨	在校学生	1111人	农村居民人均可支配收入	19368元
水产品总产量	4225吨	在职教师	177人	农民人均住房	48平方米
规模以上工业企业	14个	数字电视用户	8631户	—	—
工业销售收入	10.17亿元	互联网用户	6800户	—	—

2016年小海镇各村基本情况表

表33

名　称	党总支书记	主　任	户数（户）	人口（人）	经济总收入（万元）
温泉村	杨恒寿	吕永龙	1480	3580	11957
无泊村	刘进宽	刘进宽（兼）	1048	2659	11891
小洋村	沈　权	沈　权（兼，～2016-12） 何益明（2016-12～）	686	1690	7250
徐南村	郑志平	郑志平（兼，～2016-12） 朱云书（2016-12～）	668	1480	6285
海团村	陆恒贵	陆恒贵（～2016-12） 吴明富（2016-12～）	952	2312	12744
江北村	董加旺	卢建国	1472	3784	8875
新圩村	周小兵	周小兵（兼）	655	1721	6430
新村村	陈保祥	陈立凤	684	1776	7453
新窑村	吴远宏（～2016-03） 施　丰（2016-03～）	吴长好	641	1810	5535
北虹村	张庆楠（～2016-03） 吴远宏（2016-03～）	赵明全（～2016-12） 单井安（2016-12～）	1382	3364	11137
海西村	张绍华（～2016-02） 孙学宽（2016-02～）	刘天桂	589	1535	3739
唐中村	单春明	袁锦贵	863	2183	6712
杨树村	宗德祥	宗德祥（兼，～2016-12） 单秀兰（2016-12～）	906	2126	7753
小海村	陆书正	陆书正（兼，～2016-12） 朱卫民（2016-12～）	3285	6825	10608
南团村	吴志忠	吴洪生（～2016-12） 吴志忠（兼，2016-12～）	1450	3260	11235

2016年小海镇骨干企业基本情况表

表34　　单位：万元

企　业　名　称	销售收入	利税总额	法人代表
大丰市鑫海纺织有限公司	4360	275	花英俊
江苏贝尔纺织有限公司	796	78	胡慧红
盐城和乐工艺品公司	113	25	杨春喜
大丰市海俊铸造有限公司	1836	125	周保存
大丰市戈泰针织公司	17	5	戈金发
大丰市嘉华机械公司	1972	148	高树海
大丰市春喜兔毛加工厂	1064	85	潘春喜
江苏维迅纺织有限公司	7627	228	仲美妮
江苏宏垒化纤有限公司	13584	685	潘云龙
大丰区园丁纺织有限公司	4512	195	黄群峰
大丰市汇康缘面粉厂	879	32	陈　军
大丰市正明饲料厂	2640	85	顾正明
江苏金掌纺织有限公司	15339	395	王　掌
江苏今达纺织实业有限公司	27333	629	沈根发
江苏新丝路纺织科技有限公司	10023	225	杨永和

（丁荣喜）

大桥镇

【概况】 大桥镇地处大丰区东南部，是江苏省重点中心集镇之一。全镇总面积99平方千米，辖13个行政村、69个村民小组。2016年年末总人口32027人，总户数12896户。2016年实现地区生产总值14.95亿元。实现一般公共预算收入6415万元，同比增长6.4%。全口径工业开票销售4.66亿元，同比增长31.04%。规模以上工业企业开票销售3.37亿元，同比增长61.74%。工业现价总产值7.35亿元，同比增长12.9%。新培植规模以上工业企业2个、私营企业146个、个体工商户561户。服务业定报企业开票收入1.19亿元。规模以上服务业营业收入9300万元。新培植服务业定报企业1个、限上批零企业1个。固定资产投资4.02亿元。农村居民人均可支配收入19510元，同比增长8.8%。

【招商引资】 2016年，大桥镇组织“招商引资百日竞赛”活动，在浙江大荆镇召开铸造机械特色产业客商恳谈会，提升大桥铸造机械产业知名度。坚持领导招商，主要领导全年外出招商近20次，7个专业招商小组赴上海、无锡、苏州、浙江乐清等地开展专业招商活动。全年新招引美谷塑胶和建桥包装2个5000万元工业项目、7000万元的聚云阁农产品深加工项目和1.5亿元的温泉度假村项目。树立“店小二”服务理念，围绕项目达产达效这个核心，对跟踪项目提供菜单式服务，全年新建标房15500平方米，民博铸造项目顺利竣工。持续推进企业安全生产标准化创建工作，7个企业通过验收。组织安全生产培训，组织企业负责人参加区局培训51人次，烟花爆竹经营负责人培训25人次，危化品负责人培训6人次、安全管理人员27人次，特种作业人员培训12人次。

【现代农业】 2016年，大桥镇积极发展现代农业。组织种养大户到辽宁大连、安徽砀山、山东寿光等地参观学习，引进新品种和种植经验。建立榨菜、红皮洋葱、脱水包菜、西兰花种植示范基地，种植面积160多公顷。新增“一户一棚”农户80户，新增设施栽培面积180公顷，建成万亩优质果蔬基地，百亩以上连片设施种植9个。完善农业基础设施配套，农业园区新建道路4000米，渠道硬化4000米，设施桃园全部实现水肥一体化滴灌。拓宽农产品销售渠道，农业园区和苏宁易购、天猫等线上销售平台开展合作，通过线上线下联合销售油桃。继续做大做强农业旅游特色，举办首届“东方桃花洲”采摘节等各类主题活动20场次，吸引游客10万人次，比2015年增长25%。区重点旅游项目“东方桃花洲温泉度假村”启动建设，东方桃花洲乡村旅游区基础设施和功能服务配套设施得到完善。“东方桃花洲”被评为全国四星休闲农业与乡村旅游示范点。

【镇村建设】 2016年，大桥镇不断提升镇容村貌，成功创建“江苏省卫生镇”。集中开展畜禽养殖污染专项治理工作，全镇535户生猪养殖户、93户蛋鸡养殖户全部建成永久性砖混粪污收集池，实现粪污收集处理规范化。加大技防投入，新增视频监控85处，全镇有视频监控150多处。加强安全生产检查工作，对229家生产经营单位开展检查，发现各类隐患669条，全部落实整改，未发现重大安全隐患。改善教学条件，潘徽小学投资270万元新建教学大楼，大桥中心幼儿园东大门接线工程顺利完成。改善农村基础设施条件，全年新建农路近70千米，川大线、大桥桥等重点交通工程建成通车。

【民生事业】 2016年，大桥镇加大民政救助力度。全年发放补助金179万元，为43名困难优抚对象发放慰问金23.4万元。推进居家养老服务全覆盖，服务140名享受政府补贴的人员。应急救助突发特困农户，救助突发困难群众1680户，救助人次2133人，困境群众16人，救助33.16万元。为5348名老龄人办理安康保险，保险额10.7万元，为3334名60周岁以上老龄人办理优待证。13个村文化室实施提档升级工程，通过区级验收。组织各类文化活动23次，送戏下乡24场。组织各类培训7次，受训人员189名。人口计生依法行政工作达标率和人口计生奖励扶助政策兑现率均100%。改善农村基础设施条件，全年新建农路近70千米，川大线、大桥桥等重点交通工程建成通车。

2016年，大桥镇举办首届“东方桃花洲”采摘节等主题活动20场次，吸引游客10万人次

2016年大桥镇主要经济社会指标

表35

项目	数量	项目	数量	项目	数量
地区生产总值	14.95亿元	企业营业收入	8.5亿元	移动电话	20620部
全口径财政收入	10594.9万元	企业实交税金	2755.76万元	小汽车拥有量	2249辆
用电总量	5601万千瓦时	固定资产原值	8.4亿元	医院病床数	75张
农林牧渔业总产值	84942万元	固定资产投资	4.02亿元	自来水普及率	100%
粮食总产量	65772吨	学校	4所	参加农村社会养老保险	11170人
皮棉总产量	7吨	在校学生	819人	参加农村新型合作医疗	25411人
肉类总产量	11237吨	在职老师	144人	人均住房面积	51.9平方米
水产品产量	3436吨	有线电视入户率	90.90%	农村居民人均可支配收入	19510元
规模以上工业企业	7个	固定电话	5615部	—	—

2016年大桥镇各村基本情况表

表36

名称	党总支书记	村委会主任	户数（户）	人口（人）	经济总收入（万元）
大桥村	吕冬官	许进宽	2967	6468	17434
双丰村	景步乐	单卫明	1067	2660	10646
联丰村	储长明	蔡庆堂	962	2481	10047
中港村	谢永静	吕俊男	976	2470	15605
中业村	奚正进	谢永官	682	1779	10250
方向村	仇保军	张文杰	669	1764	8739
中合村	于俊藻	张　勇	446	1133	6381
潘南村	陈益华	姚铁新	727	1981	8994
潘徽村	杨　勇	钱叶飞	1341	3022	9869
江岸村	夏济明	张桂成	883	2382	10423
东塔村	陈生龙	金竹勤	871	2362	9983
洋南村	施雨华	常银存	604	1596	8157
川南村	金彩荣	邵汝松	606	1653	9072

2016年大桥镇骨干企业基本情况表

表37　　单位：万元

企业名称	销售收入	利税总额	法人代表
盐城海盟工贸有限公司	4184	170	李小兵
江苏金阳光粮油工业有限公司	27000	171	陈曙燕
江苏民博铸造有限公司	2127	123	王素定
盐城市大丰久盛茧丝绸有限公司	2039	31	沈井山
大丰市浩朋织造厂	1212	28	顾旭章
大丰市桥联织布厂	1048	25	方亚芹
盐城海昇绝缘材料有限公司	1243	120	徐海承
盐城市大丰双达织造有限公司	1292	55	张　杨
盐城市大丰区建桥包装制品有限公司	1520	30	徐建东

（朱良军）

草庙镇

【概况】 草庙镇位于大丰区东南，地处黄海之滨，总面积120平方千米，耕地面积6800公顷，辖14个行政村和2个居委会，87个村民小组，户数10437户，总人口27271人。有2个工业产业园：新特产业园和静脉产业园。2个农业产业园："希望的田野"现代农业产业园和"川鹿"生态农业产业园。2016年完成一般公共预算收入7158万元，全口径开票销售完成14.5亿元，规模以上企业开票销售13.3亿元，分别增长16%、14%；实现全社会固定资产投资7.8亿元，增长16%，竣工1亿元以上项目1个，新开工1亿元以上项目2个；新培植规模以上工业企业2个，新培植规模以上服务业企业2个，完成服务业开票销售收入4.2亿元、规模以上服务业企业营业收入4000万元、限上批零住餐企业营业收入1500万元，实现农村居民人均可支配收入19922元，增长8.6%。

【招商引资】 2016年，草庙镇在继续做好上海驻点招商站工作外，重新调整招商人员，充实招商队伍，加强人员的专业性；重点在苏南、深圳等地常年开展招商活动，通过敲门招商、以商引商等形式捕捉更多的高尖端项目、新兴产业项目的信息。全镇新开工5000万元以上项目3个，分别是道远畜禽粪污处置项目、贝迪塑业项目、骏荣娱乐用品项目；竣工1亿元以上项目1个，即志高磁性材料项目。

【现代农业】 2016年，草庙镇新建川鹿现代农业园16个温室大棚，加快351省道、228国道和麋鹿线沿线高效设施农业示范带建设。四灶村建成133.33公顷（2000亩）高效设施农业示范带，川东居委会利用横跨麋鹿线和228国道的优势，主动培植高效农业示范带，东灶村沿228国道建成66.67公顷（1000亩）设施大棚示范带，并坚持以线带面，促进镇高效设施农业整体发展。草庙镇通过土地有偿流转，适当提升村集体提留，通过盘活村级闲置资产资源，促进保值增值。全年村平均营业收入18万元。

【城镇建设】 2016年，草庙镇加快推进新型城镇化和城乡一体化，完善镇区医疗卫生、文化体育、便民服务等配套项目，增设服务和无障碍设施，增强休闲和游憩功能，提升镇区基础设施配套水平，加快实施污水处理工程，推进镇区环境整治，新增城镇绿化4万多平方米，铺设污水管道2千米。开展村庄环境整治和"清洁乡村"行动，层层建立环境整治责任制，做到层层有目标，人人有责任；制订长效管护制度，集镇、农村环境常态化整洁有序。

【旅游发展】 2016年，草庙镇自驾游营地项目初出形象，完成入口处景观、道路水系、绿化、房车营地、木屋营地、帐篷营地、游客接待中心等建设工作，获得"江苏最具特色乡村露营基地"；11月，获得全国"汽车自驾运动营地"称号，获此殊荣的全国仅100家，江苏仅5家，草庙镇自驾游营地项目是苏北唯一的一家。

【民生事业】 2016年，草庙镇建立立体化社会治安防控体系和社会矛盾预防化解体系，坚持依法行政，确保社会大局和谐稳定。兴办民生实事工程：东灶、新场2个土地复垦工作基本完成；建筑面积2000平方米，100个床位的敬老院大楼年内建成使用；卫生院住院部大楼改造工程完成并投入使用；新建农桥12座，农村水泥路16千米，完成农村改厕400个。加快党群服务中心和村卫生室提档升级工作，不断扩大村（居）养老服务中心的规模，完善社会保障体系，规范运行最低生活保障、五保供养、临时救助、大病医疗和灾害救助等社会保障体系，全力推动各类民生工程落到实处。

2016年，草庙镇利用横跨麋鹿线和228国道的优势，主动培植高效农业示范带

2016年草庙镇主要经济社会指标

表38

项　　目	数　量	项　　目	数　量	项　　目	数　量
地区生产总值	20.61亿元	其中：工业技术投入	8.32亿元	医院病床数	61张
财政总收入	11330万元	实际利用外资	950万美元	自来水普及率	100%
其中：一般预算收入	7158万元	互联网用户	5520户	农村居民人均可支配收入	19922元
用电总量	7585万千瓦时	固定电话	4762部	参加养老保险数	16704人
农林牧渔总产值	8.22亿元	移动电话	24100部	参加农村新型合作医疗	19819人
工业定报企业数	10个	小汽车拥有量	2986辆	农民人均住房	34平方米
规模以上工业销售收入	43.99亿元	粮食总产量	6.55万吨	学校	2个
规模以上工业增加值	10.92亿元	棉花总产量	15吨	在校学生	450人
规模以上工业现价产值	46.44亿元	油料总产量	2931吨	其中：中学	178人
规模以上工业利税总额	4.53亿元	肉类总产量	8045吨	小学	276人
规模以上工业利润	3.51亿元	其中：猪肉产量	5995吨	在职教师	95人
固定资产投资	10.5亿元	水产品产量	4289吨	—	—

2016年草庙镇各村、居委会基本情况表

表39

名　称	党总支（党委）书记	村委会主任	户数（户）	人口（人）	经济总收入（万元）
庆生村	高凤喜（～2016-09） 潘桂祥（2016-09～ ）	丁春连	576	1579	6328
圩东村	陈书明	宗锦荣	440	1265	7579
沿河村	唐殿宏	冯　晖	371	1021	5954
新场村	陈春明	朱卫明	590	1552	6896
新东村	陈正松	冯　祥	434	1215	6309
川竹村	安根元	陈　兵	627	1803	7259
东灶村	王志峰	王爱中	633	1743	7459
川洋村	罗旭升	杨玉华	632	1632	5909
竹港村	朱荣贵	张亚兰（女）	582	1555	6449
北灶村	卞红建（～2016-09） 张英武（2016-09～2016-11） 王龙生（2016-11～ ）	单根存	685	1763	6879
丁东村	王龙生（～2016-9） 成爱兵（2016-09～ ）	朱保华	310	862	5709
四灶村	季汉东	李翠红	568	1611	7814
五总村	单　祥（～2016-08） 吴少卿（2016-08～2016-12）	练加宽	592	1648	6357
新海村	沈建华（女，～2016-09） 奚建斌（2016-09～ ）	夏益忠	618	1744	5730
草庙居委会	杨海斌	陈学宽	1251	2652	18833
川东居委会	杨应忠	陈益虎	1217	2871	19446

说明：川东居委会为党委

2016年草庙镇骨干企业基本情况表

表40　　　　单位：万元

企业名称	销售收入	利税总额	法人代表
江苏丰山集团股份有限公司	81091	13200	殷凤山
江苏东越生物技术发展股份有限公司	4060	580	许占武
都市环保新能源开发大丰有限公司	7496	510	胡文杰
大丰草庙机械有限公司	580	90	沈荣琴
大丰市联华织造有限公司	514	125	丁连贵
盐城旺恒纸业有限公司	1117	215	苏雪高
盐城星辰包装材料有限公司	764	146	胡　建
江苏大吉环保能源大丰有限公司	3500	367	戴　华
大丰志高磁性材料废料再生有限公司	5200	106	刘兹伟

（薛友龙）

万盈镇

【概况】 万盈镇位于大丰区中南部，东毗大丰港和国家级麋鹿保护区，西邻沈海高速和204国道，351省道、226省道穿境而过。全镇总面积142平方千米，下辖18个行政村、109个村民小组。2016年年末总人口46826人，总户数17529户。

【项目建设】 2016年，万盈镇坚持项目为王的理念，开展招商引资，加快工业园区建设。1月，总投资1.5亿元的江苏雷金过滤设备有限公司过滤设备项目开工建设，1.3万平方米的厂房和3000平方米的办公楼竣工并投入使用。总投资1.8亿元的江苏万宝科技有限公司冷凝器和合成材料项目，1.8万平方米的厂房和3000平方米的办公楼开工建设，主体建筑封顶。7月，位于万丰绿茵农业示范园区，总投资1亿元的江苏盐垦旅游发展有限公司盐垦文化园、沿海滩涂植物园、度假木结构别墅等项目开工建设。南通客商总投资1.5亿元的江苏丰润纺织科技有限公司的喷气织布项目开工建设。在全区招商引资项目建设百日竞赛考核中，万盈镇名列全区各镇第一。

【传统产业】 2016年，万盈镇围绕传统纺织产业，加大政策激励力度，继续鼓励有条件的企业设备转型升级，重点对于新上喷气织机的企业实行阶梯化再奖补。截至2016年年底，新文布厂、创业纺织、恒旺织造等企业新上喷气织机128台，配套总投资3000万元。

【基础设施】 2016年，万盈镇集镇樱花主题公园一期工程和1座二类公厕全面建成，5月1日正式对外开放；投资600万元的樱花公园二期工程建设启动。完成10个村的供水一体化扫尾工作，全镇18个村的供水管理全部移交大丰水务公司万盈分公司，实现供水一体化全覆盖。新增北界路路灯24盏，并将全镇（含沈灶社区）641盏路灯的维修管护实施市场化运作，路灯亮化率98%以上，镇区绿化实行市场化管护，新增绿化节点13处。在沈灶小街新铺设彩砖人行道1200米，栽种香樟行道树200多株。新建、改造公厕4座。万盈集镇通过五星级、沈灶社区通过四星级人居环境星级考评验收。新建为民办实事农村公路3.5千米、农桥4座，开通镇村公交线路3条、校车线路1条，沈方线提档升级主体工程竣工。

【农村工作】 2016年，万盈镇完成设施农业面积250公顷，新增“一户一棚”700户，新流转土地340公顷，推广联耕联种2300公顷。万丰绿茵现代农业示范园建成33公顷（500亩）蓝莓生产基地、33公顷（500亩）樱桃生产基地、13公顷（200亩）猕猴桃生产基地、千亩葡萄生产基地，高档精品水果园初步形成，33公顷（500亩）花卉苗木基地、20公顷薰

2016年，万盈镇以天池湖旅游度假村建设为重点，有序推进乡村旅游发展

衣草芳香植物园在建。动物产地检疫工作日趋规范。防疫生猪5.86万头，山羊6.2万只，蛋禽47万羽，肉禽87万羽，水禽3.4万只，辖区内重大动物疫病强制免疫密度100%，畜禽标识佩戴率100%，畜禽免疫抗体合格率80%以上，关停不合格屠宰点1个，定点屠宰率98%，全镇大户监管率98%以上。扶贫工作有序开展。逐户核实全镇796户1424人，并做好建档立卡，统一录入数据库。抗灾能力有效提升。抓好农村河道疏浚整治工作和圩堤加固工作，疏浚大中沟9条，整治小沟6条，完成疏浚土方45.8万立方米，圩堤加固8.9千米。实施2016年小型农田水利重点县工程以及小型公益设施农桥工程，新建泵站2座、封闭闸2座、涵洞2座、桥梁3座。冬春绿化成效显著。结合“5321”绿化重点工程，完成河堤退耕还林42.40公顷、拓展果园30.17公顷、花卉苗木培育20.67公顷，新建和完善农田林网530公顷，建成省级绿化示范村和盐城市高效林果专业村各1个。

【乡村旅游】 2016年，万盈镇坚持市场化、特色化、社会化方向，围绕天池湖旅游度假村的建设工作，有序推进旅游工作。由江苏盐垦旅游发展有限公司投资建设的天池湖度假村俄罗斯风情度假木别墅开工建设，按照明清风格设计的盐课司署主体建筑完工90%。位于核心区两侧的拓展区，为各个投资主体投资运营的高档水果园，包括樱桃园、蓝莓园、猕猴桃园、薰衣草园等，逐步形成产业效益。万盈墩（樱花山）土建工程及绿化全部完工。

【社会事业】 2016年，万盈卫生院新建防保综合楼1650平方米，总造价约500万元；购置总价80万元的彩超1台、400测试全自动生化分析仪1台、便携式黑白B超1台，医疗设施条件提升。就业再就业工作完成全年任务，建成创业产业园1个、创业孵化基地1个、创建省级创业型社区（村）2个，2个创业项目参加区创业项目竞赛分别获得一等奖、三等奖，城乡居民基本养老保险征缴工作率先在全区超额完成任务，新建成标准化便民服务站4个，建成省级劳动争议调解中心示范镇。农村广播推广“大喇叭”+“小广播”双覆盖的模式，文达村率先在全区建成广电宽带村。全镇有17个村完成文化中心标准化建设。敬老院规范化管理加强，全镇五保老人供养率70%以上。教育、科技、残疾人等各项事业全面发展。

【安全环保】 2016年，万盈镇组织开展安全生产大检查，深化“打非治违”等专项整治行动。全年组织检查组239个，发出责令整改指令书63份，检查出安全隐患512条，消除区级挂牌督办重大安全隐患2件。加强环境监管网格化建设。出台《关于加强环境监管网格化建设的实施意见》，镇设置监管工作组5个，各村（居）配备4人以上的专门巡查队伍。整治燃煤锅炉24台，占年目标任务100%。通过盐城市环保局批准“一企一档”企业56个，完成“违法违建”登记备案企业52个。组织班子成员和机关干部到村到组巡查，秸秆“双禁”工作成效显著。整治和新建畜禽粪污收集池324个计2.8万多立方米；适养区调整土地19.67公顷，规划养殖点7个。

【社会稳定】 2016年，万盈镇推进社会治安防控体系建设、平安法治示范社区建设、镇村平台规范化建设、“四频合一”建设等工作。技防“村村通”工程建设成效显著，安装探头总数237个，平均每个村居13个。以“基层民主法治示范村（居）”“平安法治示范社区”和“诚信守法示范户”等创评活动为重点，推动村居基层法治建设工作。开展法制宣传教育和依法治镇工作。结合“法润江苏”活动，广泛开展法制宣传教育，扩大普法效果。建成省级“民主法治村”6个，盐城市级12个。完善社会矛盾纠纷排查机制，加大重点信访件化解力度。坚持周四干部下村接访制度，把各类矛盾解决在基层，化解在萌芽状态，社会大局和谐稳定。

2016年万盈镇主要经济社会指标

表41

项　目	数　量	项　目	数　量	项　目	数　量
地区生产总值	18.34亿元	工业销售收入	17.29亿元	固定电话	8629户
一般预算收入	8795万元	工业利税	1.93亿元	移动电话	30771部
用电总量	9777万千瓦时	固定资产投资	10.04亿元	小汽车拥有量	3464辆
农林牧渔业总产值	10.75亿元	工业技改投入	29380万元	医院病床数	68张
农业总产值	54376万元	进出口总额	1375万美元	自来水普及率	100%
粮食总产量	61250吨	学校	4个	参加养老保险	26725人
皮棉总产量	13吨	在校学生	1348人	参加合作医疗	37272人
肉类总产量	9108吨	在职教师	205人	农村居民人均可支配收入	19594元
水产品产量	2740吨	有线电视用户	14698户	农民人均住房	58平方米
规模企业	31个	互联网用户	5533户	—	—

2016年万盈镇各村基本情况表

表42

名　称	党支（党委）书记	村委会主任	户数（户）	人口（人）	经济总收入（万元）
兆丰村	姚顺芹	景德明	1200	2900	8508
苗丰村	单龙英	李和生	723	2066	5883
万盈村	肖　华	阮祥富	784	1950	3912
益民村	吴金云	蒋连芝	1270	3378	10765
三合村	陈　宝	丁静安	788	2085	3318
文达村	李兴祥	朱根旺	1129	3068	13835
六里村	单爱民	李银海	1185	3120	8960
天池村	唐根生	单　兵	1472	2458	11846
康宁村	朱明军	王桂芹	732	1565	5429
双灶村	骆冰冰	朱文干	957	2450	8127
双星村	骆　军	吴明安	948	2590	6548
六川村	丁善香	单德华	1131	3009	7881
殷灶村	丁长江	杨兴官	855	1880	4452
顾灶村	葛旺官	顾益群	787	2058	4830
沈灶村	蒋小东	孙庆祝	855	1688	3578
西灶村	杨永生	宋日升	874	2116	6801
金龙村	丁国斌	丁建军	846	2194	2304
双福村	张国军	王粉明	800	2027	4116

说明：天池村为党委

2016年万盈镇骨干企业基本情况表

表43　　单位：万元

企　业　名　称	销售收入	利税总额	法人代表
大丰万达纺织有限公司	17975	1774	石万宇
大丰万盈纺织有限公司	5838	576	石万宇
大丰市恒佳床上用品有限公司	1083	107	吴恒书
大丰市海达纺织有限公司	9693	957	葛永红
大丰市银富织捻厂	1089	109	何德富
大丰市万隆工艺厂	862	85	石万柏
盐城大丰创业纺织厂	1676	165	冷长华
盐城金悦纺织工艺有限公司	7993	789	鲁丽华
大丰万顺布业有限公司	1405	139	杨天祥
盐城大丰金鸿运纺织厂	272	29	蒋广宏
大丰市万盈天池布厂	1499	148	潘永全
大丰市兴泰织造有限公司	2455	241	骆　进
江苏飞扬电子有限公司	2010	207	夏　正
大丰市鹏程茧丝绸有限公司	1285	126	刘南峰
大丰市佳达织造厂	2429	239	王晓红
盐城市大丰区志杰制造厂	3156	311	徐金兰
大丰市亚明织造有限公司	2351	232	徐亚明
大丰市丰盈兔毛加工厂	2099	207	潘春喜

（顾玉荣）

南阳镇

【概况】 南阳镇位于大丰区中东部，总面积94平方千米，耕地面积5182公顷，下辖12个行政村、1个居委会，74个村民小组，2016年年末总户数14921户，总人口35703人。南阳镇是阀门特色产业镇、农业特色经济镇、国家卫生镇、国家级生态镇、江苏省城镇建设示范镇、江苏省文明镇。2016年实现地区生产总值22.06亿元，财政总收入1.39亿元，其中一般公共预算收入9672万元，完成固定资产投资14.11亿元，农村居民人均可支配收入21262元，顺利通过国家卫生镇考评验收。

【工业经济】 2016年，南阳镇完成全口径工业开票销售收入13.12亿元，实现规模以上工业开票销售收入4.3亿元，培植丰工机械和中意机械为规模以上工业企业。全年新开工1亿元以上项目3个，竣工1亿元以上项目2个。

【农业发展】 2016年，南阳镇坚持发展高效农业，全年新增设施农业面积170公顷，祥北村新建53.33公顷大棚大蒜。开展无公害、绿色和有机农产品“三品”建设，新增“三品”申报数3个，全镇“三品”产量占农作物总产量的60%以上，建成“万亩永久性蔬菜保供基地”。江苏省菜篮子工程通过验收，建成盐城市级质量可追溯农产品基地1个。加大农业项目招引和建设力度，投资600万元的善诚葡萄采摘园正式对外开放，广园合作社14幢高标准冬暖式大棚基本建成。

【镇村建设】 2016年，南阳镇以建设“苏北重点中心镇”为重点，加快新型城镇化建设，投入700万元完成东西镇区和工业园区天燃气管道铺设，集镇内企业、住宅小区、居民集中区都可以用上管道天然气。推进重点中心镇建设，纬二路完成改造建设，建成污水管网主管道3400米、支管道600米，新增1套微动力污水处理设施。完善镇区主干道、后街小巷的硬件设施，完成通庆路绿化池改造工作，全面检修镇域内路灯、下水道等配套设施。顺利推进燃煤小锅炉改造工作，完成24家拆除改建工作。完成镇畜禽养殖规划的编制和养殖区域的划分，禁养区的规模养殖户全部拆迁。全镇74户蛋鸡规模养殖户全部与港口和顺治污企业签订合同，46户生猪规模养殖户全部建成猪粪收集池。完成生猪屠宰点清理整顿工作，关闭2家生猪屠宰企业。构建病死畜禽无害化处理体系，在镇垃圾压缩站建设病死畜禽无害化处理收集点。

【社会民生】 2016年，南阳镇建设农村水泥路20千米，交通桥梁22座。加快推进康居工程建设，完成92户D级危房的改造任务。投入160万元实施南阳镇卫生院改造工程，新建两层综合楼，建筑面积510平方米。投入53万元对南阳居委会和通商居委会进行无害化户厕改造，完成改厕850户。投入122万元进行垦南小学综合楼建设工程，建筑面积620平方米，设有音乐室、美术室、麦秆画教室、朱永新教育展示厅等。社会保障水平稳中有升，参加新农保人员9700人，完成率100%。累计帮助6112名60周岁以上老人办理意外伤害保险。对全镇弱势群体进行困难救助，发放28万元救助金，大病救助金近30万元，获评“省和谐社区建设示范镇”称号。祥北、东旺、沿海、城乡、祥南等5个村通过省级卫生村验收。实施镇文化服务中心及村文化室提档升级，实现全镇13个村公共文化服务全覆盖。坚持“开门接访”，加大矛盾纠纷排查化解力度，有效提高信访接待处置能力，镇村累计调处纠纷161件，调处率95%，无民事转刑事案件发生。完成174个“村村通”技安探头安装工作，顺利通过验收。实施禁毒百日整治“雷霆行动”、消防安全环保执法专项行动，“平安南阳”建设再上新台阶。

2016年，南阳镇坚持发展高效农业，全年新增设施农业170公顷，建成“万亩永久性蔬菜保供基地”

2016年南阳镇主要经济社会指标

表44

项　　目	数　量	项　　目	数　量	项　　目	数　量
地区生产总值	22.06亿元	规模以上工业企业	21个	固定电话	8367户
财政总收入	1.39亿元	规模以上工业主营业务收入	23.09亿元	互联网用户	6021户
公共财政预算收入	9672万元	规模以上工业增加值	5.77亿元	移动电话	31356户
工业用电总量	9089万千瓦时	工业投资	10.1亿元	小汽车保有量	1086辆
农林牧渔业总产值	87635万元	当年注册外资	20万美元	医院病床数	65张
粮食总产量	24976吨	学校	3所	参加农村社会养老保险	12886人
皮棉总产量	40吨	在校学生	681人	农村居民人均可支配收入	21262元
肉类总产量	3837吨	在职教师	118人	农民人均住房	54平方米
水产品总产量	2098吨	有线电视用户	14993户	—	—

2016年南阳镇各村、居委会基本情况表

表45

名　称	党总支书记	主　任	户数（户）	人口（人）	经济总收入（万元）
沿海村	徐　雷	徐　雷	737	1899	51.63
裕海村	姜干洪	石万泉	1047	2652	39.24
民心村	俞建荣	姜兴国	876	2211	37.74
东旺村	袁卫国	袁卫国	1045	2644	71.81
吉兴村	宗文斌	冒昌平	978	2341	42.18
城乡村	潘克红	吴春平	1314	3419	40.39
诚心村	秦　坤	夏祝林	825	2128	43.91
广丰村	王　权	王　刚	1148	2856	42.7
祥北村	陈跃辉	张小虬	1017	2535	30.29
祥南村	朱红东	陈锡飞	835	2089	54.38
祥西村	李德胜	李德胜	1268	3355	41.11
南阳居委会	石建明	徐施风	1685	3370	34.5
通商村	石红兵	沈学林	2146	4204	28.63

2016年南阳镇骨干企业基本情况表

表46　　　　单位：万元

企　业　名　称	销售收入	利税总额	法人代表
盐城奥通特思克铸业有限公司	2800	247	吴卫明
大丰市鹏飞铸钢有限公司	1130	224	吴跃宽
江苏圣阳阀门有限公司	2155	93	刘永庆
大丰市丰阳纺织有限公司	1349	13	管翠萍

续表46

企业名称	销售收入	利税总额	法人代表
盐城市大丰区精锻齿轮厂	15878	1114	吴玉平
大丰市新亮纺织有限公司	3422	42	黄万权
盐城市大丰区中大机械有限公司	1084	62	黄建斌
盐城通商阀门有限公司	31798	1177	龚正林
大丰市南亚阀门有限公司	2620	102	王亚军
大丰市兴华铸钢有限责任公司	15965	1395	陆兴华
盐城市大丰星达巾被有限责任公司	10089	643	袁国林
盐城市大丰洪联铸钢有限责任公司	34695	1110	吴卫明
盐城奥克阀门有限公司	23331	4180	张　斌
江苏金谷食品有限公司	9399	501	丁红芳
大丰市庆荣锻造有限公司	8410	492	朱庆荣
盐城大丰新阳机械厂	2275	90	陈石新
盐城法尔机械有限公司	21270	1761	董春景
盐城固威铸造有限公司	18700	595	顾海军
盐城耀升阀门有限公司	11202	585	林锦毅
江苏省大中合金耐磨铸件厂	3379	286	张　晖
江苏绿洲米面厂	9944	121	陈影镜

（陈　赟）

三龙镇

【概况】 三龙镇地处大丰区东北部，是江苏省沿海开发中心节点镇，盐城市50强重点镇。全镇总面积153平方千米，辖19个行政村、3个居委会，114个村民小组。2016年年末，总人口53995人，总户数18742户。全镇形成纺织、机械、建材、铝制品、农产品加工等支柱产业，有73个工业企业，其中定报企业10个。全年固定资产投资6.16亿元，工业开票销售收入5.2亿元，其中规模以上企业开票销售收入5.04亿元，完成一般公共预算收入5538万元，农村居民人均可支配收入19738元。2016年，获大丰区委、区政府政法综合工作奖、村庄环境提升工作奖、人民武装工作奖、计划生育工作奖、电子商务工作先进集体和居家养老服务先进集体。

【项目建设】 2016年，三龙镇新招引1000万元以上项目6个，其中1亿元以上项目2个，竣工1亿元以上项目1个。总投资5000万元以上的项目，包括昊佳新材料二期、鑫天服饰、龙海铸造、鲜芝贝食品等项目陆续投产达效。有重大储备项目3个，即总投资5亿元的大唐风电二期项目，部分基础建设完成；总投资2亿元的焦点粮食储运及农产品深加工项目进入开工前期准备阶段；总投资5亿元的鼎利集团宝龙重组项目进入资产清算阶段。

【渔港开发】 2016年，三龙镇审计渔港配套工程，项目累计投入5000万元，包括650米码头、350米长护岸、2300平方米渔政综合执法大楼、1.5千米渔港大道及港区路灯、绿化、给排水等工程。投资1500万元，实施斗沙线G228至渔港连接线5.45千米的渔港大通道改造拓宽工程，11月底建成通车。完成渔港航道清淤、4座航标、1座灯塔等工程招标。总投资14.1亿元的斗龙港渔港PPP项目启动申报程序。

【镇村建设】 2016年，三龙镇累计投入4000万元，实施临海特色培育镇项目20个；投入90多万元，完成新老镇区连接线提升工程；开展省级创卫工作，三龙、丰富、渔业3个集镇片区均通过盐城市、大丰区两级集镇人居环境四星级以上评定；启动新一轮工业园区规划修编，充分利用G228和S331两条交通主线，将园区总规划面积增加到200公顷。

【农业农村】 2016年，三龙镇新增

高效农业面积100公顷，高效特经种植3000公顷，旱改水面积扩大到2333.33公顷，规模养殖大户630户。现代渔业示范园区提升加快，南美白对虾大棚养殖面积发展到280公顷，建成盐城市级现代渔业示范园区。新申报农业产业化龙头企业4个、省级财政补助项目4个，注册国家地理标志证明商标2个，新增农民专业合作社2个、家庭农场8家。举办省级会议观摩现场2次。加大各类创业主体培植力度，全年新发展私营企业223个，个体工商户568户。加大村级债务化解力度，累计化解村级债务400万元，无债村9家。

2016年，三龙镇建成“江苏省首批农村电子商务示范镇”。全年新招引13个电商及电商服务企业入驻镇电商中心

【现代服务业】 2016年，三龙镇建成江苏省首批农村电子商务示范镇和省级众创空间，新招引农一网、优志愿、丰龙大地、上海超辛等13家电商及电商服务企业入驻镇电商中心。加强与辉丰集团合作，建成华东地区“农一网”无人机机飞手培训基地，开展4批次112人的面向全国的专业培训。特色旅游业加快发展，南美白对虾科普体验基地实施提档升级，万亩高效现代渔业示范园区观光带加快实施，斗龙港旅游规划修编通过初评，渔家风情一条街一期建筑面积近15000平方米，含住宅80套、商铺90间，主体工程竣工；二良休闲度假渔庄投资3000万元，完成门楼、景观石、232平方米水景房、道路、码头、绿化等基础建设，11560平方米的中心区域主体工程桩基施工完成。

【社会事业】 2016年，三龙镇累计投入12789万元，组团推进实施16件民生实事工程，除文体中心项目因调整暂未开工建设外，整个工程总量完成80%以上。投入1189.5万元，新增实施农村公路提档升级工程43千米。开展“光耀三龙之星”创评活动，促进社风民风大幅提升。镇村居家养老服务阵地实现全覆盖，村医签约服务工作被央视《焦点访谈》栏目专题报道，推行“互联网+健康管理”服务。推进法治三龙、平安三龙建设，开展禁毒百日整治“雷霆行动”、畜禽污染专项整治，抓好安全生产、信访稳定、环境保护、社会舆情等风险防范，化解各类社会矛盾，社会大局和谐稳定。

2016年三龙镇主要经济社会指标

表47

项　目	数　量	项　目	数　量	项　目	数　量
地区生产总值	21.91亿元	猪当年出栏数	12.89万头	在职教师	230人
财政收入	8095万元	家禽当年出栏数	188.27万只	有线电视用户	12300户
用电总量	9239万千瓦时	羊当年出栏数	1.84万只	互联网用户	9580户
农林牧渔业总产值	18.12亿元	规模以上工业企业	10个	医院病床数	95张
粮食总产量	4.49万吨	规模以上工业总产值	5.61亿元	自来水普及率	100%
皮棉总产量	6吨	规模以上工业利税总额	4255万元	燃气普及率	66%
肉类总产量	1.27万吨	固定资产投资	6.61亿元	参加合作医疗	44462人
油料作物总产量	3149吨	出口总额	2043.8万美元	农村居民人均可支配收入	19738元
蚕茧产量	10吨	学校	5所	农民人均住房	41平方米
水产品产量	9415吨	在校学生	1960人	—	—

2016年三龙镇各村、居委会基本情况表

表48

名　称	党总支（党委、党支部）书记	主任	户数（户）	人口（人）	经济总收入（万元）
龙西村	吕红秀	高建东	694	1949	18.32
前进村	马克轩	刘国和（主持工作）	1269	3690	20.84
丰余村	陈寿堂	王保龙	1160	3278	15.21
龙南村	陈雨权	卞志钊	1264	3655	61.52
龙东村	成宝明	张瑞华	1025	2980	61.7
斗龙居委会	周　忠	印旭庆	601	1725	17.82
东红村	吕凤银	陈国友	931	2809	19.68
开明村	刘如学	黄　峰	728	1949	16.61
丰富村	刘仲山	夏建国（主持工作）	1282	3605	15.51
新丰村	王忠元	陈永发	960	3086	16.71
和平村	丁朝波	李长林	773	2290	15.06
洋桥村	李开奇	李建良	879	2657	17.67
持久村	杨立忠	侍爱国	671	2053	16.5
久丰村	张爱成	李　巧	785	2308	17.02
增产村	周安新	祁云标	721	2077	21.59
新坍村	李建南	李桂桐	729	2086	19.38
富强村	唐春平	卞其海	843	2387	23.19
下坝村	肖正福	蔡安清	585	1596	24.22
斗龙港村	丁旭明	程　秀	1281	3839	59.65
龙王庙居委会	汤协元	杨春生	—	—	—
丰富居委会	王雨凤	—	—	—	—

说明：龙东村、斗龙港村为党委，斗龙居委会、龙王庙居委会、丰富居委会为党支部

2016年三龙镇骨干企业基本情况表

表49　　单位：万元

企　业　名　称	销售收入	利税总额	法人代表
江苏宝龙集团有限公司	65122	2628	王凤书
大丰市虹达丝绸有限责任公司	3950	182	倪同尧
大丰市二良纺织有限责任公司	2302	-192	卞玉良
大丰和合家纺有限公司	4330	373	李忠祥
盐城市耿氏新型建材有限公司	12	4	耿明飞
大丰市丰富铝制品厂	2746	36	王凤书
盐城亚欧海产有限公司	7580	623	王爱华
江苏方强机械有限公司	3955	327.74	沈　强
世贸天阶制药（江苏）有限责任公司	6263	844.74	张慧君
江苏鹤鸣谷米业有限公司	5726	500	陈太俊

（鲍海燕）

新丰镇

【概况】 新丰镇位于大丰城区以北，东与上海市上海农场接壤，北与盐城经济开发区相连。国道204、省道226、新长铁路穿境而过，面积276平方千米。2016年年末，总户数39659户，总人口103661人。辖29个村委会、9个居委会、1个街道办事处，218个村民小组。全镇以纺织、机械、化工、建材、电子为支柱产业，有320个工业企业，其中规模以上企业35个、上市企业1个。2016年，实现地区生产总值54.15亿元，财政总收入2.31亿元，其中一般预算收入1.51亿元。在大丰区连续6年被评为综合先进。4月16日，央视《新闻联播》头条“发力供给侧”系列报道用2分钟专题报道了荷兰花海“围绕鲜花做文章，打造赏花经济”的成功经验和做法。5月23日，全省沿海开发工作推进会现场观摩荷兰花海。10月11日，省委李强书记专程调研荷兰花海。

【经济发展】 2016年，新丰镇完成一般公共预算收入1.5亿元，完成增值税5850万元。规模以上企业完成开票销售41.55亿元，新培植德洋精锻、真美包装、可馨家纺等规模以上企业3个，竣工1亿元以上项目4个（德洋精锻汽配、广东索弗电子、荷兰风情街、威尔士巧克力坊），新开工1亿元以上项目5个（5亿元梵高印象城、2亿元丰瑞精锻汽配、2亿元阿姆斯特丹酒店、1.2亿元温氏集团百万羽种禽场、1.1亿元恒鼎家纺），签约1亿元以上项目5个（6000万欧元的利纳马精锻汽配、5亿元的郁金香温泉度假村、5亿元的金丝楠木艺术藏馆、3亿元的马肯村温泉客栈、1.1亿元的天赋生物）。江苏大洋精锻汽配项目新引进7000万元/台套的2000吨德国进口压力机设备，填补了国内民企空白，1万多平方米厂房竣工，进口设备安装到位并投入生产，年开票销售2000万元。在全区“招商引资百日竞赛”中，新丰镇列同档分组考核第一，被授予“招商引资百日竞赛”先进单位。

【集镇建设】 2016年，新丰镇被盐城市列为大丰区两个一档镇之一。荷兰小镇被列为江苏省异域风情特色小镇，重点培植打造。郁金香客栈二期主体竣工进入装修阶段，郁金香温泉度假村6.33公顷土地上网挂牌。新丰镇坚持城区就看景观、集镇就是三产服务的发展理念，探索资源变资产、资产转资本、资本换资金的良性互动路径，撬动民间资本。全年拆迁近700户，增加省增减挂钩土地指标33公顷，新安装路灯117盏，在老集镇、无锡庆丰纺织宿舍区等后街小巷摊铺沥青3万平方米，添置花箱100多只，建成江苏省文明镇。房地产开发项目建设有序推进，13万平方米金域澜湾现代化社区全部竣工交付；3.5万平方米荷兰风情街一期全部售罄，二期主体竣工；11万平方米郁金香花园一期工程全面封顶，新丰派出所搬迁工程主体封顶，公办幼儿园用地进入挂牌程序，新丰便民服务中心完成内部简易装修。体育工程建设步伐加快，9月，镇文体公园对外开放。

【农业发展】 2016年，新丰镇加大农村基础设施投入，注重农业结构调整，推进农业现代化工程，新建苏排Ⅱ排灌站19座，圩口封闭涵42座，加固圩堤32千米，复垦整理农田1333公顷（2万亩）。围绕“三通三千”目标（新建普通农路1000千米、提档升级农路1000千米、新建农桥1000座），完善基础设施，新建农路184千米，提档升级65千米，新建桥梁148座，农路两侧道路绿化种植12万株，新建和完善农田林网800公顷，四旁植树21万株。重点打造高效农业示范带，沿226省道在港城高速大丰北出口和三总村建成集体储绿基地666公顷（1万亩）。坚持“公司+农户”的畜禽养殖模式，建成国家标准化养殖示范场1家、省级养殖示范场6家、健康生态养殖场3家，温氏集团投资1.2亿元在新丰群乐村新上百万羽种禽养殖基地。打造沿226省道20千米绿化示范带、盐丰高速14千米绿色通道、疏港航道15千米绿化带和大四河两侧3千米高标准林业风光带，栽种各类树木10多万株。发展“农村淘宝”电商，新丰镇建成农村淘宝店25家，新发展家庭农场12家。

【镇村环境】 2016年，新丰镇开展农村环境综合整治和“清洁乡村”行动，围绕“六整治、六提升”（整治垃圾污水、整治建筑立面、整治乱堆乱放、整治河道沟渠、整治农业废弃物、

2016年4月，新丰镇荷兰花海跨境电商“荷兰之家”对外营运

整治工业污染源，提升道路通达水平、提升饮水安全水平、提升绿化美化水平、提升宜居服务水平、提升公共事业水平、提升农民安居水平）的要求，实施河道“洗澡搓背”、路道拐弯抹角工程，完善河道、路道、路桥接点等关键部位的整治方案，整治全镇30个村（居）的423个自然村庄、28556个农户家前屋后，疏浚、清理镇区22条、24千米河道。投入300多万元建成200吨微动力污水管网提升站和5千米污水管网。2016年，新丰镇环境综合整治工作通过了省、市级“清洁乡村”环境验收组的验收。开展农村畜禽养殖污染物工作，借鉴推广温氏公司通过发酵床、沉淀池、沼气池等生态高效粪便处理方式，实现畜禽养殖带动农民发家致富和对农村环境进行保护的目标。齐贤村建成江苏省“村庄绿化示范村”，太兴村建成江苏省“美丽乡村”。

【荷兰花海】 在2016年9月盐城市第七次党代会上荷兰花海被纳入全市五大组团之一的斗龙港生态组团；并在斗龙港生态组团21平方千米规划大框架下，谋划细化《荷兰花海旅游经济区发展规划》，重点突出郁金香种球研培中心、万亩郁金香农园、千亩荷花岛等项目的物化建设。纯正荷兰风味羊角村餐厅、跨境电商荷兰之家对外营运；荷兰风情街一期项目基本销售结束，外部装饰和内部装修在有序推进，二期工程主体全部竣工。荷兰花海千亩荷花岛加快推进，1.5万平方米阿姆斯特丹酒店进入审图阶段，3.5万平方米梵高印象城进入土建阶段；广东客商投资的华东地区规模最大的欧式婚纱摄影基地1.2万平方米影棚，国庆节正式接待新婚夫妇，辐射签约周边700千米范围内300多家影楼公司；广东客商投资的喆·啡五星标准品牌酒店餐饮部营业；威尔士巧克力坊一期工程竣工；上海复星集团与中山医院合作的江北分院签定框架协议。2016年郁金香文化月期间活动亮点不断，全年接待游客超300万人次。4月16日，央视《新闻联播》报道用2分钟专题报道荷兰花海成功经验和做法。5月23日，全省沿海开发工作推进会现场观摩荷兰花海。10月11日，省委书记李强专程调研荷兰花海，并对发展方向提出明确要求。

【社会民生】 2016年，新丰镇组织慈善捐赠活动，募集社会各界捐赠款340多万元，列全区各镇榜首。全年累计发放各类民政资金800多万元，对全镇362位重点优抚对象以及1000户低保对象，实施免费参加新农合和大病救助政策。6月24日，组织全镇党员干部为阜宁“6·23”特大龙卷风灾害捐款捐物，奉献爱心，募集救灾善款15.02万元。投资600万元兴建的全区面积最大的居家养老服务中心（1800平方米）建成投入使用。推进年初承诺的为民办实事工程，方强卫生院门诊大楼投入使用，全自动数字化接种门诊防保楼、病房大楼等土建封顶；全民文化体育广场、公办幼儿园、新丰中心派出所等工程有序推进。加强企业安全生产、食品安全、学校、幼儿园周边环境整治等工作，全镇社会大局总体稳定。

2016年新丰镇主要经济社会指标

表50

项　目	数　量	项　目	数　量	项　目	数　量
地区生产总值	54.15亿元	水果产量	4611吨	参加合作医疗	77767人
财政总收入	23138万元	规模以上工业企业	3个	参加养老保险	64792人
一般预算收入	15100万元	规模以上工业总产值	50.29亿元	自来水普及率	100%
农林牧渔业总产值	24.17亿元	规模以上工业利税总额	42509万元	医院病床数	158个
农林牧渔业增加值	11.53亿元	规模以上工业利润总额	40733万元	学校	7所
粮食总产量	72833吨	工业技改收入	93921万元	在职教师	445人
皮棉总产量	75吨	小汽车拥有量	5336辆	在校学生	3844人
肉类总产量	29597吨	移动电话	88661部	农村居民人均可支配收入	21238元
水产品产量	12315吨	固定电话	9000部	农民人均住房	42平方米
蚕茧产量	583吨	有线电视户	24183户	—	—

2016年新丰镇各村、居委会、街道基本情况表

表51

名 称	党总支（党委、党支部）书记	主 任	户数（户）	人口（人）	经济总收入（万元）
鼎丰村	朱 勇	葛新建	2225	5732	70.54
群乐村	朱红民	杨 峰	1734	4710	61.14
时丰村	王亚芹（女）	夏 林	1138	3123	64.13
裕南村	丁世祥	朱爱平	1010	2521	61.93
裕北村	崔亚兵	陈美华	1854	4149	276.39
仁南村	陆 震	赵金红	795	2086	49.21
仁北村	朱兆祥	王兴连	1367	3637	57
金东村	陈安庆	丁德贵	1115	3058	95.84
金西村	杨正权	—	1370	3894	64.5
同丰村	施永康	朱晓凤	1621	3917	48.93
全心村	王 华	沈建辉	2144	5340	42.55
沙港村	高 娟（女）	张太其	440	1196	36.86
太兴村	王友宏	王炳生	907	2587	38.05
赤旗村	洪以壮	陈红旗	1187	3419	88.74
车滩村	季顺安	智恒华	885	2460	59.91
永跃村	韦龙华	韦广平	922	2729	40.95
万众村	明昌安	倪红生	1022	2857	109.08
小团村	韦兴吾	查永祥	554	1473	45.56
大团村	王继龙	奚茂顺	960	2787	39.32
引水村	严亚军	严加林	769	2257	114.02
圩中村	蔡中江	陈友生	831	2584	164.66
五丰村	刘 进	李大来	720	2297	126.4
长坍村	徐顺龙	蔡云山	1073	3223	81.42
腰港村	陈斌和	杨亚芹	772	2271	58.96
老墩村	柏松淦	周凤林	1258	3765	151.29
安龙村	柏丽华	王加明	706	1993	134.72
三总村	李 芳（女）	李建平	1518	4764	64.19
齐贤村	刘 舜	蔡林华	726	2230	83.78
大明村	朱学军	孟德喜	635	1902	71.35
方强居委会	张卫东	石 芳	1425	2532	62.02
金墩居委会	何春钊	董干凤	871	1351	—
四岔河居委会	沈建标	吴洪爱	155	337	—
龙堤居委会	韩志才	倪加润	696	1194	—
新淮居委会	胡 勇	王玉兴	1137	2567	—
民主居委会	朱秋萍	黄 美	1155	2640	—
团结居委会	沈 琴（女）	徐中龙	985	1932	—
和平居委会	李海娟（女）	刘 娟	543	1131	—
新北居委会	徐月婷（女）	卞小霞	434	1016	—
街道办事处	沈 琴（女）	朱红民	—	—	—

说明：裕北村为党委

2016年新丰镇骨干企业基本情况表

表52 单位：万元

企 业 名 称	销售收入	利税总额	法人代表
江苏辉丰农化股份有限公司	195252	21886	仲汉根
盐城温氏畜牧有限公司	101127	20481	廖梓框
无锡庆丰（大丰）纺织有限公司	34107	750	戴放鸣
江苏珍鹿纺织有限公司	12980	552	赵 勇
大丰市强海纺织有限公司	7760	105	张国海
大丰市嘉佰利织造厂	6428	322	柏正西
大丰市气流纺厂	14890	408	王建武
大丰市水泥制造有限公司	6611	125	吴 林
大丰美派家纺有限公司	2195	366	李忠祥
盐城市宇晨家纺有限公司	2261	382	韦意和
江苏大洋精锻有限公司	12925	759	宋银生
江苏银丰新型建筑材料有限公司	5986	101	刘永根
大丰市丰润砼业有限公司	2631	84	陈海俊
盐城丽居坊家纺有限公司	7091	29	施海容
大丰市冠宇机械有限公司	2091	105	王金涛

（陈晶晶）

大中镇

【概况】 大中镇是大丰区委、区政府所在地，辖26个社区、28个村（居），153个村民小组，面积199平方千米，是国家级生态镇、国家新型城镇化综合试点镇、江苏省文明乡镇标兵、江苏省社会治安安全镇、江苏省环境优美镇、江苏省水美乡镇、盐城市镇村经济建设先进镇。2016年年末，总户数72090户，总人口186158人。全年实现地区生产总值101亿元，比2015年增长9%；一般公共预算收入13.68亿元；规模以上工业企业开票销售收入39.7亿元，增长13.2%；完成规模以上固定资产投资80亿元；实现实际到账外资2000万美元；农村集体积累3.77亿元。位列全国综合实力千强镇第114名，苏北第一。

【项目建设】 2016年，大中镇组织招商引资百日竞赛活动，推进百项重点项目（工程）建设，新签约港池码头和物流产业园、石墨烯、原乡温泉、正佳智能、鸿赛菲尔、秦贵智能等10个1亿元以上项目；新开工汽车城、寰宇天成、城南医院、滋补堂等6个亿元项目和怡润家纺、苏鹿织染、皓源现代农业等5个5000万元以上项目；闵丰科技、金色热处理、金鹿科技等6个亿元项目竣工投产。

【创业载体建设】 2016年，大中镇全民创业园新拓面积20万平方米；大学生科技创业园“万创智联”获评国家级众创空间，入驻企业近50个。大中科技创业中心被认定为国家级科技孵化器。丰收大地获全国首批“星创天地”，通过国家农业综合标准化示范基地验收。服务业集聚区电商产业园获“盐城市电子商务示范园区”“盐城市创业孵化示范基地”称号。

【产业转型升级】 2016年，大中镇中德精锻股份、金色工业炉股份成功登陆“新三板”。盐城市石墨烯研究院挂牌成立。通威饲料、远大金属获“国家级高新技术企业”称号。成功举办梅花文化节、梨花文化节等旅游季活动。丰收大地获全国休闲农业与乡村旅游五星级示范区；梅花湾通过AAAA级景区景观质量评审，获“全国休闲农业与乡村旅游四星级示范区”和“全国休闲渔业示范基地”称号；恒北村通过省五星级乡村旅游区初审，建成江苏省“最美百果园”，央视《美丽乡村快乐行》栏目组走进恒北。

【城乡统筹】 2016年，大中镇以被列入国家首批新型城镇化综合试点镇为契机，全面启动新型城镇化综合试点和新团光明美丽乡村重点村建设。开展文明城市创建，持续开展城中村、城郊结合部环境整治。建成“江苏省万亩永久性蔬菜保供基地”。大中镇在全区率先建成省级“水美乡镇”，光明村建成省级“水美乡村”，新团村建成村庄绿化示范村，恒北村获国家级生态文化村、中国慢生活休闲体验村。

梅花湾梅苑引进1万余株梅树，以全国各种梅花为主体景观，有骨红、绿萼、朱砂等珍贵品种。图为梅苑一景

【社会民生】 2016年，大中镇以中央环保督察为契机，有效解决畜禽养殖污染问题。实施精准扶贫，化解村级债务261万元，新增无债村12个。419户651人实现脱贫目标。推进为民办实事工程建设，完成33户D级农村危房改造任务；新建和提升农路61千米、农桥25座；农村技防“村村通”工程新增高清探头472个；恒北新村二期、泰丰安置房等交付使用；城南幼儿园开园，大中文体艺术中心投入使用，镇社会治理便民服务中心完成提档升级。2016年，大中镇获“法治盐城建设先进单位”称号。恒北村获“全国人力资源社会保障系统年度优质服务窗口”“全国综合减灾示范社区”称号。新东苑获“全国科普社区”称号。社会大局和谐稳定。

2016年大中镇主要经济社会指标

表53

项　目	数　量	项　目	数　量	项　目	数　量
地区生产总值	101亿元	规模以上工业企业	63个	在职教师	289人
一般公共预算收入	13.68亿元	规模以上工业销售收入	68.71亿元	有线电视入户率	98%
工业用电总量	35.80亿千瓦时	规模以上工业利税	4.76亿元	医院病床数	209张
农林牧渔业总产值	20.27亿元	规模以上固定资产投资	20.47亿元	自来水普及率	100%
粮食总产量	43730吨	新增定报企业	4个	参加新型农村合作医疗	61114人
皮棉总产量	43.2吨	当年到账外资	2000万美元	农村居民人均可支配收入	22671元
肉类总产量	5903吨	学校	5所	城镇居民可支配收入	3.16万元
水产品产量	10803吨	在校学生	4964人	—	—

2016年大中镇各村、居委会基本情况表

表54

名　称	党总支（党委）书记	村委会主任	户数（户）	人口（人）
恒南村	吴红云	葛峰高	600	1600
恒丰村	徐祥保	朱志宏	600	1400
恒北村	李晓霞（女）	陈　涛	700	2100
泰西村	邓翠华（女）	王正龙	1200	2900
泰丰村	沈荣兰	胡日东	1000	2800
双喜村	卢军昌	卢军昌	900	2300
利民村	周井江	周汉平	700	1800
阜南村	焦红霞（女）	焦红霞（女）	900	2600
阜丰村	沈建忠	管宏平	1200	3300
阜北村	曾龙珠	朱金林	800	2200
红花村	施元忠	钱海霞	1300	3300
同德村	吴　诚	陈祥林	1600	4000
大新村	彭怀龙	陈益兵	700	1600
德丰村	蔡晓平	张忠明	1300	3700
光明村	焦恒昌	蒋安群	900	2500
新团村	卢定津	凌志刚	700	2100
老坝村	陈进和	周彩生	1000	2900
八灶村	卞友权	王荣才	700	2000
元丰村	吴宏庆	吴宏庆	900	2200
晋丰村	马汝根	卢日义	1200	2800
晋北村	马艳铃	鲍宏伟	800	2000
福丰村	周国权	王培昌	1300	3500
万丰村	陈　星	陈　星	700	2000
海防村	陈卫华	顾绍兴	800	2300
朝荣村	钱国民	杨素斌	1400	3700
天祥村	黄　鑫	黄　鑫	700	1800
海丰村	卞俊富	顾永飞	1200	3400
丰裕村	邢祖华	邢祖华	1500	4200
裕华居委会	顾　华	顾　华	2500	5100

说明：恒北村、同德村为党委

2016年大中镇各街道、社区居委会基本情况表

表55

街道及居委会名称	党支部（党委）书记	主　任	街道及居委会名称	党支部（党委）书记	主　任
黄海街道办事处	李凤玲	李凤玲	**金丰街道办事处**	吴洪汛	吴洪汛
老街社区居委会	刘加林	戴海燕	大刘社区居委会	任　艳	王志阳
新街社区居委会	李晓平	董春婷	新村社区居委会	朱德荣	夏兴国
大华社区居委会	李　箭（女）	李　箭（女）	育红社区居委会	刘　燕（女）	刘　燕（女）
健东社区居委会	倪　萍	陈　琦	沿河社区居委会	张　丽	张　丽
康平社区居委会	郑文彬	郑文彬	建业社区居委会	丁　慧	翟文吉
城中社区居委会	朱　杰	王　玲	建西社区居委会	刘新平（女）	刘新平（女）
大新社区居委会	卞耀涓（女）	卞耀涓（女）	西河口社区居委会	周兴宏（女）	顾海强
飞达社区居委会	史　维	张红霞	新团社区居委会	周旭阜	柏龙群
人民社区居委会	黄　曼	王秀琴	新德社区居委会	陈　雯（女）	陈　雯（女）
东宁社区居委会	黄月娥（女）	张　伟	滨河社区居委会	季明德	黄晶晶（女）
朝阳社区居委会	丁　燕（女）	丁　燕（女）	浦江社区居委会	李兴干	—
新东苑社区居委会	刘文庆	刘文庆	建丰社区居委会	龚秀兰（女）	龚秀兰（女）

说明：黄海街道办事处、金丰街道办事处为党委

2016年大中镇骨干企业基本情况表

表56　　单位：万元

企　业　名　称	销售收入	利税总额	法人代表
大丰海聆梦家纺有限公司	70852	8220	邱建林
通威（大丰）饲料有限公司	113108	7696	张加林
盐城思达德民力阀门有限公司	35612	2982	陆志刚
盐城市乐丰纸业有限公司	20751	2032	陈永平
大丰市舒润床上用品有限公司	34287	2502	彭秀琴
江苏多为泵业股份有限公司	21755	2091	高　军
百威英博大富豪（盐城）啤酒有限公司	10769	909	黄家坤
大丰恒卫针织品有限公司	23601	1652	秦永根
江苏班德瑞不锈钢有限公司	20101	1538	项　翔
大丰百花纺织品有限公司	20740	995	卞跃美
盐城贝贝工艺品有限公司	13325	1077	徐仲高
大丰市海悦纺织有限公司	15387	921	杨晓东

（陈　怡）

〖编辑　丁彩前〗

驻丰农场

上海市上海农场

【概况】 2016年，上海市上海农场占地303.12平方千米，其中耕地1.33万公顷、林地0.32万公顷、鱼塘0.53万公顷。农场总部设办公室（宣传部合署办公）、安全保卫办公室、信息中心、组织部、产业发展部、财务部、人力资源部、法务部、审计部、群团工作部；下属二级单位：种植事业部、养殖事业部、上海黄海种业有限公司、上海光明渔业有限公司、大丰禽业有限公司、江苏东越生物技术发展股份有限公司、江苏庆丰林业发展有限公司等。2016年实现营业收入16.90亿元，生猪板块调整后同口径增长7.51%，完成全年预算的105.16%；其中主营业务收入16.85亿元，比2015年同期增加1.39亿元，同比增长9%，完成全年预算的106.92%。利润总额2.32亿元，比2015年同期增加0.43亿元，同比增长22.75%，完成全年预算的125.08%；净利润完成2.12亿元，比2015年同期增加0.32亿元，同比增长17.78%，完成全年预算的124.27%；其中归属于母公司的净利润2.06亿元，比2015年同期增加0.25亿元，同比增长13.81%，完成全年预算的121.76%。

【农场现代农业】 根据光明食品集团做大生猪产业的战略决策，8月8日，由良友集团、长江公司与集团共同投资组建的光明生猪集团成立。该集团围绕“10年1000万头”生猪的目标制定生猪产业发展规划，成立生猪规模扩张工作推进小组，前往全国多地考察、选址、洽谈合作，布局生猪养殖基地。9月21日，由上海农场牵头，联合湖北、黑龙江、重庆、宁夏、甘肃等农垦相关单位，组建并控股的中垦种业股份有限公司揭牌成立。种业团队加强与合作单位的联系与沟通，制定中垦种业发展规划，组建子公司。全面推进渔业全产业链建设，水产良种场有效运行，繁育优质鱼种3亿尾；1300多公顷的自养鱼塘生产稳定，管理技术日趋成熟；标准化鱼塘改造项目稳步实施，2600吨水产品深加工项目完工，渔业发展后劲不断增强。林苗业按照“一路一树”“绿树成荫”的要求，制定实施林业发展规划，全年植树17.43万株，栽植苗木25.69万株，新增、更新和补植面积296公顷；探索和完善“林、苗、药”立体种植结构，20公顷林下中药材二期项目进展顺利。科学调整禽蛋业和菌菇业生产工艺和技术操作规程，不断降成本、增产量、提品质，增强盈利能力。

【农场产品品牌建设】 年内，农场的肉、米、鱼、蛋、菇等农产品携手个性化定制的自助售货机、基地生产远程实时监控等新技术亮相食品博览会，带给市民放心、便捷的消费体验。“光明鲜鸡蛋”新增光明喜蛋、电商包装等系列产品。菌菇业开发“小魔仙”

2016年，上海农场牵头研究发明的“农田粪水灌溉系统”技术，获国家级发明专利授权

菌菇种植盆，以猴头菇、红平菇、榆黄蘑等特色品种吸引年轻、高端消费者；开发猴头菇"冰淇淋""费列罗巧克力"等精品包装，进军高端市场。"柔尔香"等品牌优质米打开大润发市场，进入江苏苏南、苏中区域及上海区域的67家门店销售，优质米毛利率是普通米的3.16倍。

【农场科技创新】 年内，农场牵头研究发明的"农田粪水灌溉系统"技术获国家级发明专利授权。禽业公司"养鸡场专用巡棚车"、种植事业部"一种有机肥处理一体机"获国家实用新型专利。"双旋耕播种机覆土机"和"新型水田打浆埋草平地机"专利申请被受理。光明核心育种场通过"国家级疫病净化创建场"的现场验收。种植事业部获上海市2016年夏熟麦子作物绿色丰产高效创建万亩示范方一等奖。种粮公司小麦新品系"申河1015"进入上海区试第二年。"光明智慧养殖云平台""水稻生产管理物联网系统""农作物育种管理系统"等信息化项目正式启动建设。

【农场生态环保建设】 年内，农场加强沼气发电站、粪水还田管网等基础设施建设，夯实生态循环农业基础。加强生产队与猪场的联系沟通，粪水还田工作落实到位。推进"种养结合""三维循环"模式课题研究和成果推广，在7月举办的全国农垦生态循环农业现场交流会上，农场的循环农业发展模式和水平得到肯定。加强农业生产面源污染治理，推广应用秸秆、菌渣、猪粪等综合利用技术和缓释肥、生物肥、低毒高效农药等新产品，提升减量化排放、无害化处理的水平。

（陆逢春）

江苏省大中农场

【概况】 江苏省大中农场（盐城监狱）占地81.2平方千米，耕地0.51万公顷，林地870公顷，非养殖水面130公顷。监狱下辖机关科室14个、直属管理机构5个，押犯监区11个，一线实战机构3个和其他机构2个；监狱企业有江苏大中农场集团有限公司，下辖部室7个、子公司5个、农业分场11个、附属单位3个。在职民警408人，工人1227人，离退休民警328人。农业主要种植大小麦、水稻；工业以生产铸件、大米、塑料制品为主；劳务加工业主要加工服装。围绕"建设现代监狱、推动领先发展、服务全省大局"的总目标，扎实推进十项重点工作，至2016年12月，连续18年11个月实现"四无"（无罪犯脱逃、无重大狱内案件、无重大疫情、无重大安全生产事故）目标，监狱先后被江苏省监狱管理局授予"现代监狱建设先进单位"称号、"四大载体"（监区规范化建设、劳务加工提档升级三个三年行动计划、民警素质提升行动、信息智能管理大平台建设）建设综合表彰集体三等功，获2013~2015江苏省文明单位、"十二五"期间先进单位、劳务加工提档升级示范单位、监区规范化建设先进单位等表彰，被确定为2016年度监狱单位综合考核优秀等次。

2016年7月20日，盐城监狱组织青年民警开展"不忘初心跟党走 牢记信仰立榜样"教育活动 （单位供图）

【监狱安全】 2016年，监狱全面落实现代监狱建设的各项措施和日常监测工作，以监区规范化建设3年行动计划"提升年"活动为重点，强化内部管理。全面改造升级监区门禁系统，提高防范水平。11个监区全部通过规范化建设达标验收，4个监区被评为"监区规范化建设"示范监区。监狱完成全年安全生产工作目标，通过安全生产标准化二级验收。常态长效落实隐患排查整改机制，规范指挥中心运行，提升实战化效果。

【教育改造】 年内，加大教育基础设施投入，建成设备先进的演播室、具有监狱特色的文化长廊、功能完善的信息化教室，改扩建监区活动大厅、图书阅览室、心理矫治谈话室，提高了教育改造保障能力。全面实施每周学习1天、休息1天、劳动5天的"5+1+1"模式，开展国家意识、法治意识、道德意识、服刑意识教育，促进罪犯认罪悔罪。规范开展以扫盲、小学教育为主的文化教育，提高罪犯认知水平。着眼罪犯回归和岗位技能需要，罪犯刑释前职业技能等级证书持证率90%以上。深入开展"以文化人、崇德向善"系列文化活动，开展第四届金秋文化月活动，举办教育改造成果展，教育改造人文化得到新发展。积极开展"法润江苏春风行动"，邀请地方政府及相关部门、团体开展主题帮教18次，4次对121名罪犯提供法律援助，相关艺术团体3次进监进行文艺演出，大丰新华书店4次举办监内书市，235名罪犯亲属进监开展亲情帮教，拓展了教育改造社会化。开展心理健康教育，促进罪犯自我调适；扎实做好改造评估，开展团体和个体心理咨询、心理辅导，促进罪犯身心健康。

【监狱执法】 年内，监狱严格依法办案，建成科技法庭并投入使用，建立标准化讯问室、证据保全中心。规范运行电子办案平台，与盐城中院信息互通，提升了办案效能和办案质量。全年开展减刑假释4个批次，共办结800件减刑假释案件，其中假释案件17件，三类服刑人员减刑假释案件43件。严格落实财产性判项与减刑假释挂钩机制，认真核查服刑人员履行能力和履行情况，全年协助137名服刑人员主动履行了157万余元的财产性判项。严格办理服刑人员暂予监外执行，主动与盐城市人民检察院建立服刑人员病情检查、确认文证审查机制。主动与当地司法矫正机构联系，通报情况，协调落实矫正环境评估。年内根据服刑人员病情，为4名病情危重服刑人员适时快办了保外就医。坚持公正文明，全力打造“阳光执法”品牌。深化狱务公开工作，拓展狱务公开载体，充分利用《便民服务卡》《规范执法流程图》《开放日日程表》《狱务公开手册》等传统手段，扩展升级创建信息查询系统、远程科技法庭等新媒体平台，提升狱务公开效能。常态化开展监狱长、监区长接待日活动，在候见室增设狱务咨询台，发放征询意见表，收集反馈意见。

【民警职工队伍建设】 年内，监狱建立以条线、部门为单元的微信群，促使民警利用业余时间进行“微学习”。立足实战能力分类练兵，开展警体技能、岗位技能培训活动，在省局组织的“晶阳杯”服装技能大比武中获三等奖。完善与驻监检察机关预防职务犯罪联动机制、与大丰纪委育廉共建机制、与公安机关及街道“两共一促”协作机制、与民警家庭廉政共保机制，建立健全监狱、社会、家庭“三位一体”的反腐倡廉工作格局。以派驻廉政监督、警务督察、专项效能监察、信访核查、主动查处案件等手段不断强化监督执纪问责，推进纪检监察规范化建设。

【监狱建设】 2016年，监狱重视安全生产基础投入，投入300余万元新建独立总仓，劳务车间实现“一监区一层楼”规划布局；铸件公司新建1座危化品库和液化气库；投入400余万元，对社区危旧房屋和小区进行整修出新，整改建筑安全隐患。民警餐厅和机关食堂完成“气改电”工作，提升安全生产保障能力。

（赵少杰）

江苏省方强农场

【概况】 2016年，江苏省方强农场（江苏省方强强制隔离戒毒所）强化主责主业，创新创优，实干实效，矫治场所连续20年安全稳定，实现主营业务收入2.63亿元，比2015年增加28.19%，利润5488万元，产值、利润均创历史新高。

【场所安全】 年内，农场加强安防基础设施建设，在管教中心围墙内外安装隔离围栏、振动光纤报警，在生活楼过道加装1道门禁，在戒毒人员宿舍加装1个高清监控探头，开发运行安防管控平台，逐步实现人防与技防联动、预警与出警同步。强化戒治现场直接管理，坚持双警执勤、警务督查、岗亭24小时值守，坚持重点人员、重点活动、重点部位和施工现场挂屏监控，坚持外出就诊佩戴手铐、电子脚镣、实时视频监控，确保戒毒人员始终处于管控状态。健全生活卫生保障，主动纳入大丰区食品安全监管体系，获评餐饮服务优秀等级。

【戒毒矫治】 2016年，农场稳步推进“432”戒毒模式，设立“脱毒、医疗、康复、回归”四大功能区，成立“戒毒医疗、教育矫正、心理矫治、康复训练、诊断评估”五大中心。探索特色戒治，开展意志训练团体辅导，实施内观治疗，效果明显。加强所地共建，推动后续照管工作开展，盐城、南通、泰州、淮安4市照管对象1年内操守率在90%以上。加强教育疏导，注重因人施教，成功转化24名重点难改人员。实施“书香戒毒所”建设，深化“互联网+教育”模式，开展盐阜红色文化教育，矫正戒毒人员的认知结构，提升道德水平。

【农场生产经营】 年内，农场农业以高产竞赛活动为重点，坚持科学管理，夏粮总产17908吨，大小麦平均亩产440千克；水稻平均亩产600千克以上，总产21843吨。坚持项目引领，申报高产高效创建项目8个，获项目资金900万元。加强农业基础设施建设，修建种子标准化仓库2幢、米业仓库1幢、防渗渠2条，购买农业机械装备19台套。注重工

2016年，江苏省方强农场推进幸福家园建设，完成海滨东西路黑色化改造，新建农村公路2.7千米　（单位供图）

业增收，机械公司全年产值4083万元，利润150万元；种子公司销售稻麦种21500吨，产值8116万元，利润1204万元；收储公司收储稻麦22000吨，利润200万元；米业公司销售大米8000吨、糯米2600吨，销售收入5200万元，利润250万元；电子装配厂加工收入81万元，比2015年增加47%。服饰公司坚持项目、客户“双优化”，加强车间管理，实现产值2490多万元。

【实事工程】 年内，农场推进幸福家园建设，完成海滨东西路黑色化改造，新建农村公路2.7千米，完成2座危桥和浴室、食堂清洁能源改造。建成32套民警备勤用房、64个膜结构停车位，修缮12幢安居房屋面。举办第四届“鹤鸣谷杯”运动会、迎新春长跑等群众性文体活动，组织1466名民警职工体检并投保团体意外伤害险。强化治安管理，在农场主要道路卡口、仓库、油库、养殖基地、住宅区安装治安探头，增强辖区安防能力。开展敬老爱老、助困活动，发放慰问金、救济金101.2万元。

【农场队伍建设】 年内，农场扎实推进“两学一做”学习教育，组织开展多项活动。深化民警岗位练兵活动，定期组织开展管教业务技能考核和各类突发事件应急演练，提升民警队伍能力，相关做法被《江苏法制报》刊登。每月开展警情廉情分析，实施所内驻点监察和执纪问责，提升廉洁、公正执法水平。深化家所港湾建设，推进家庭、支部和单位“三位一体”共建共享，相关经验获得省司法厅队伍建设创新成果一等奖。

（戴鼎霖）

2016年，江苏省东坝头农场农机合作社购进拖拉机、播种机等设备30台（套），提高了劳动效率

（单位供图）

江苏省东坝头农场

【概况】 江苏省东坝头农场隶属于江苏省农垦集团有限公司，东临国家一类口岸大丰港，南靠国家级麋鹿保护区，西距大丰市区15千米，北与上海市农场隔河相望，王大公路和二卯西河横穿场内。农场占地12平方千米，其中无公害农产品生产基地898公顷、林地88.2公顷，总人口1412人，有6个农业大队、1个卫生所和8个企业。农业上建成标准化的水稻和麦子种子生产基地。年内，农场严格执行内控制度，完善财务管理，强化预算编制与执行，做到不超支、不乱支，严格管控非生产经营性支出，努力降低管理成本。全年粮食总产13820吨，实现营业收入3688.2万元、利润720.6万元，职工人均收入55613元，居民人均收入27621元。

【农场生产设备购置】 2016年，农场投资490万元，新建600吨粮食烘干线，提高抗御自然灾害的能力。投资147万元，在农业生产大队建设简易物资仓库6座，保证大队育秧流水线、秧盘、农机等设备的安全与养护。投资81万元，改造部分进水斗渠，满足机插稻的生产用水需求。农机合作社购进拖拉机、播种机等设备30台（套），提高劳动效率。

【苗木生产】 2016年，农场针对林地资源较少的实际，充分利用场内河边、沟边、渠边、路边、坡边等地块“见缝插绿、见空补绿”，扩栽苗木约6公顷，新植树苗10多万株，做到绿化、生态、效益于一体，扩增国有林地资源。对承包到期的林带，及时申报更新，新植水杉2.7公顷。

【农场民生建设】 2016年，农场栽种风景树，绿化农场至国道228之间的出行道路，美化环境；实施污水处理项目验收试运行工程，确保雨季职工居住区不淹；修建场部住宅区出行道路排水沟，打通沐春路南端，提升农场形象。启用新建职工文化中心，更新增添文化广场休闲活动器材，丰富职工的文化生活。安排职工免费体检，关爱职工健康。

【农场改革】 2016年，省委、省政府印发《关于进一步推进农垦改革发展的实施意见》，要求国有农场用3年时间将承担的社会管理和公共服务职能纳入地方政府统一管理。年内，农场根据省委、省政府要求，并按照江苏省农垦集团有限公司部署，认真组织实施，成立专门组织，积极与大丰区政府及民政、财政等相关部门对接。年底，实施方案在制订完善中。

（朱红军）

〖编辑 刘洪芳〗

李晓霞

盐城市大丰区大中镇党委委员、副镇长，恒北村党委书记。江苏大丰人。女。1977年10月生。大学专科。中共党员。

2012年4月，李晓霞担任恒北村党支部书记，接过恒北新一轮发展的接力棒，开始了统筹城乡发展项目建设工作，启动村庄环境整治、恒北大道等工程建设。随着工程的开展，困难和矛盾也接踵而至。她多次主动找村民沟通，耐心细致地做工作，村民由不理解到理解，由不配合到支持，一个个问题迎刃而解。2013年恒北村与邻村合并成立党委，将产业调整、基础配套、环境整治向邻村辐射带动，实现强村带弱村、两村一体化发展。

恒北村是全国最大的早酥梨生产基地，果树种植面积占耕地面积的91.3%。经过研究，李晓霞觉得，必须按照“梨园风光、生态宜居、乡村旅游”的发展定位，依靠现代科技，放大资源优势，走以农富农、生态富农之路。在李晓霞的组织下，2012年6月，恒北村经济合作社成立；随后，官方网站、官方微博、微信平台开通，“麋鹿”牌早酥梨声名鹊起，迅速走红浙江、上海、安徽等地市场。

以早酥梨产业为基础，恒北村发展乡村游，精心打造休闲农业价值链，做到春有花、夏有荫、秋有果、冬有景。2013年恒北村举办首届梨园风光乡村游活动后，加入上海“长三角”自驾旅游路线，开通南京、上海等地旅游直通车，年吸引游客30万人。自2014年春节起，每年举办恒北过大年特色民俗活动，吸引周边游客举家而至体验苏北过大年的旅游民俗。进一步放大恒北品牌效应，组织保护性注册了恒北系列商标，包括“恒北”生态矿泉水、绿色草鸡蛋、小方柿等40多项。恒北早酥梨获得国家地理标志和江苏著名商标。2015年，恒北村实现了由单纯卖梨果到观赏梨花、提升文化、壮大休闲产业链的跨越发展，走出一条生态纯农业加快转型升级富民强村的新路子。

为进一步发展壮大村集体经济，通过市场化、社会化、特色化，招商引资浙江民营企业，投资5亿元建设恒北原乡温泉度假村项目。在城南新区建设2.7公顷的恒北工业园，建设1万平方米标准房“筑巢引凤”。通过发展旅游经济、标房经济、合作社经济，2015年恒北村年经营收入突破5000万元；98%的农户以果树种植为主，2015年农民人均纯收入为25000元，在全区处于领先地位。

李晓霞在强村富民的同时，积极抓好党建工作，开展“五个一”（公开一份安民承诺、建好一个便民中心、建设一支利民队伍、示范一组富民项目、办好一批惠民实事）服务型农村党组织建设，创新党员教育管理方式，扎实推动“两学一做”学习教育，把从严治党要求落到实处。充分利用远程教育设备，积极开展每月20日党员固定统一活动日活动。组织老党员成立“夕阳红”乐队，将说唱和快板结合起来展示新时期的发展成果，让更多老百姓在愉快地观赏中接受党性教育。

在她的带领下，恒北村先后被授予“国家级生态村”“全国文明村”“全国休闲农业与乡村旅游示范点”“江苏最美乡村”等称号。李晓霞获江苏省最美基层干部、全省优秀农民专业合作社理事长、盐城市劳动模范等表彰。2016年4月，被中共江苏省委、江苏省人民政府授予“江苏省先进工作者”称号；7月，被中共中央表彰为全国优秀党务工作者。

（区总工会供）

陈苏萍

大丰区科学技术局局长、党组书记，大丰区地震局局长，大丰区知识产权局局长。江苏大丰人。女。1968年1月生。大学本科。中共党员。

陈苏萍自2011年1月担任大丰科技局局长、知识产权局局长以来，主动提出并组织实施争创国家知识产权试点城市工作，推动成立大丰知识产权工作领导小组，组织制定《大丰区知识产权战略实施意见》《关于加快建设知识产权强区的意见》等文件，把知识产权工作融入大丰经济社会发展。重视健全区、镇（区、园）、企三级知识产权工作体系，完善三级联络机制。定期向区、镇（园）主要领导汇报、通报专利工作动态及成效，争取区、镇领导重视，同时提请区政府将知识产权工作纳入区政府年度考核指标。引领组织大丰经济开发区、大丰港经济开发区争创省知识产权试点园区。2016年6月，大丰经济开发区试点建设工作一次性通过省期满验收。

重视营造知识产权及专利工作良好氛围，每年召开知识产权联席会议不少于两次，协调解决知识产权工作中遇到的问题，努力形成政府主导、部门合作、社会参与的工作机制。要求局相关科室将专利工作作为组织企事业单位申报国家、省各类科技计划项目和科技金融项目的重要条件。重视知识产权培训，每年知识产权局组织培训超过1000人次。在区行政服务中心、港区沿海企业服务中心、开发区中小企业服务中心均设立知识产权工作服务窗口，开展知识产权服务工作。重视设立盐城市知识产权维权援助中心大丰分中心，成功帮助江苏辉丰农化股份有限公司、盐城真鹿科技有限公司等企业专利维权。

经常带领区知识产权局工作人员到工业定报企业，开展消除“零专利”申请等活动。组织推进国家级企业知识产权试点示范工作，培育出多个拥有自主知识产权、具备国际竞争优势的知识产权领军企业。江苏辉丰农化股份有限公司、江苏云马农机制造有限公司获批为国家知识产权优势企业。稳步实施企业知识产权战略推进计划，江苏辉丰农化股份有限公司获批省知识产权战略推进计划重点项目，江苏正大丰海制药有限公司等企业获批一般项目。开展企业知识产权管理规范工作，引导辖区内骨干企业建立知识产权制度，实施企业知识产权战略，提高知识产权综合管理水平。确立48个企业为贯标（贯彻质量、环境、职业健康安全管理标准）创建单位，高新技术企业贯标率90%。组织11个省标验收合格企业向国标过渡。提升专利技术转化能力，大丰研发出一批具有国内领先水平的产品和技术，江苏辉丰农化股份有限公司、大丰丰泰流体机械科技有限公司各有1项专利获江苏省专利项目优秀奖，江苏丰东热技术股份有限公司等企业专利获盐城市人民政府专利奖金奖、银奖。在陈苏萍的带领下，大丰知识产权工作多次获国家及省表彰。2013年、2014年、2015年大丰连续3年被国家知识产权局表彰为国家知识产权试点示范城市工作先进集体，大丰知识产权局连续9年被省科学技术厅、省知识产权局表彰为全省知识产权工作先进集体。2016年12月，陈苏萍被人力资源和社会保障部、国家知识产权局授予“全国专利系统先进工作者”称号。

（潘　丰）

陶　莹

大丰海港港口物流有限公司物流监事。江苏大丰人。男。1962年4月生。大学本科。中共党员。

1993年，陶莹作为大丰港最早的一批建设者，直接参与了大丰港的规划、论证工作。他多次奔走在设计院、研究所、交通部门之间，经手递交的材料数十捆，为大丰港的建设做出了积极贡献。2013年，陶莹被任命为大丰海港港口物流有限公司物流监事。对于上级领导的信任，他深感肩上的担子更重，常常放弃假日休息，工作在码头、堆场、仓库，研究各类机械设备，思考装卸生产方式；经常走访客户企业，考察其他港口运营模式，努力提高服务质量。

作为港口物流专业人士，陶莹非常注重港口物流企业和港口码头之间的双赢，倡导实施“精细化”“一对一”“点对点”的商务服务模式和服务手段，为河南周口益海粮油（金龙鱼）集团、盐城电厂、江苏博汇纸业集团等企业节约大量成本。尤其是风电大件“全程供应链”物流方案，为大丰港赢得“金风科技”“TPI（迪皮埃尔）”等多个国内大型风电企业的出口业务。同时他注重创新细节管理，2010年大丰港接卸第一艘印度尼西亚红土镍矿船舶，他带领团队反复思考，改造设计装卸抓斗，新设计的“莲花抓斗”不粘斗，抓取面积大，投放快，2015年大丰港红土镍矿的日装卸量突破2万吨，居国内领先水平。2010年，他提出大丰港要建设“绿色低碳环保港口”，并开始全面实施绿色低碳环保项目，2013年大丰港成为交通部“全国首批绿色低碳示范港口”之一。在他的带领下，公司拓展多式联运、甩挂运输、汽车修理等业务，2014年年底率先在盐城开展甩挂运输业务，获得盐城市首个省交通厅立项；2015年年底提出开展多式联运项目建设，2016年获省交通厅立项。在他的提议下成立“大丰港物流园区”，进一步拓展了港口业务，2015年进驻物流园区的物流链上下游服务业企业120个，形成税收超10亿元。

2015年，大丰海港港口物流有限公司在董事会和监事会领导下，大丰港装卸货种涵盖煤炭、矿石、集装箱、木材等30多个品种，有近70个20万吨以上客户企业、9条国际航线、17个码头生产性泊位，实现营业收入5亿多元，陶莹在其中做出较大贡献。陶莹先后被表彰为上海世博会交通运输安全保障先进个人、盐城市劳动模范等。2016年4月，被中共江苏省委、江苏省人民政府授予“江苏省劳动模范”称号。

徐俊杰

江苏金风科技有限公司技术中心助理。江苏大丰人。男。1983年2月生。大学本科。

2011年徐俊杰进入江苏金风科技有限公司，任技术中心助理；同年金风科技公司10兆瓦超大型直驱永磁海上风电机组设计技术研究项目启动立项。为此，徐俊杰积极研究国家及省风电行业发展规划及相关政策，主动与省、盐城市、大丰市科技部门沟通对接，克服申请名额少、申请文本技术要求高、审批程序复杂等困难，使项目最终通过科技部“863”计划立项，并于2015年以优异的成绩通过科技部专家组验收。

2013年年底，为申请财政部支持盐城市重点风电设备制造企业补助资金项目，徐俊杰加班加点，熬夜编制和审核项目申请材料。在他的努力下，公司6兆瓦直驱永磁海上风电机组项目、大型风电机组仿真及测试平台项目、海上风电场海洋气象预报系统项目顺利通过评审，并立项。2015年，省科技厅对成果转化项目进行专项改革，专家网评淘汰率提高到80%以上。徐俊杰紧扣项目申报指南，认真编写申报文本，挖掘项目亮点，促使项目最终获批，在盐城申报的29个项目中排名第一。

多年来，在他的努力下，公司获批国家能源自主创新和能源装备、江苏省科技成果转化等10多项国家及省部级科研项目，拥有授权发明专利9件、实用新型专利40件。公司海上风电研发中心被省相关部门联合认定为省海上风电装备工程技术研究中心、省6兆瓦级及以上直驱永磁风电机组工程中心等，累计获得国家、省部级科研资金5400多万元。他先后获大丰市科技进步一等奖、盐城市劳动模范等表彰。2016年4月，被中共江苏省委、江苏省人民政府授予“江苏省劳动模范”称号。

殷　平

江苏丰山集团股份有限公司工会主席。江苏大丰人。女。1970年12月生。大学专科。

作为职工的“娘家人”，殷平全心全意为职工服务，公正处理业主与职工的关系，严格执行以平等协商和《公司集体合同》为基本形式的劳动关系协调机制，维护公司和员工双方的合法权益。发挥职代会作用，及时解决职工反映的问题或意见，多年来未发生职工上访。组织员工参与公司的民主管理，做到重大决策、重大改革方案经会员代表大会审议通过，保障员工依法行使民主权利。对关系职工切身利益的劳动用工、工资福利、劳动保险、劳动保护等事项，均在协商一致的情况下组织实施，尊重和保证了员工的参与权。发挥职工的主观能动性，积极为企业创造效益，努力提高职工的经济收入，2015年，丰山职工人均工资5.56万元，比2014年增长8.86%。及时公开涉及员工切身利益的五大保险交纳、考核奖惩、安全事故处理和企业重要事项，保障员工的知情权、监督权。努力为职工办实事，报请业主购买了4辆大巴车，解决职工上下班的实际困难。保护女工特殊权益，每年都组织女工进行妇检和外出旅游等。组织开展“查找事故隐患、提安全合理化建议”等活动，增强员工的安全意识；积极推行“集团公司劳模评比”，评选集团公司“十佳劳动模范”，并予以表彰，鼓励全厂职工。

殷平加强工会的自身建设，做好会员发展工作，把所有职工都吸收到工会中。注重发挥“职工之家”阵地作用，各分公司均建有乒乓室、棋牌室、阅览室、室外篮球场等活动场所，活跃职工身心，增强工会吸引力和企业凝聚力。公司获大丰市和谐劳动关系先进企业、大丰市女职工特殊保护专项集体合同工作先进集体等表彰。殷平被表彰为盐城市劳动模范、江苏省五一巾帼标兵等。2016年4月，被中共江苏省委、江苏省人民政府授予“江苏省劳动模范”称号。

杨应忠

盐城市大丰区草庙镇川东居民委员会党委书记。江苏大丰人。男。1968年9月生。大学本科。中共党员。

2004年8月，杨应忠任川东社区居委会党委书记。上任之初，他就确立了要通过招商引资来发展村集体经济的工作思路。为此，他多次往返于上海、浙江、广东、北京等地，为川东社区居委会招引了都市环保、大丰沁依牧业公司等7个1亿元以上项目。充分利用川东居民委员会的资源优势，开发、改造集体所有的圩堤、树林、荒地，使废圩、荒林出效益，拓宽增收渠道。整理改良集体土地，统一竞标出租，每年为集体增加收入50多万元；带领村组干部全身心服务落户企业，被服务企业主动提取部分利润反哺集体经济。经过多年的努力，川东社区居委会经济取到快速发展，兴建了党群服务中心、居家养老院、卫生室、新农村小区等基础设施。集体经济也由上任之初负债200多万元到结余400多万元。

强村的同时，杨应忠不忘富民。他调研分析村民的实际情况，采取分类帮扶措施，带领村民共同致富。对经济较好的村民，引导入股办企业，通过股金分红提高收入；杨应忠自己创办的大丰市欣运家庭农场，每年参投的股民都有投股额18%分红。对有劳力无资源的村民，想方设法转移劳动力，协调落户企业将土建工程用工全部让于社区的农民工承包并优先到企业就业；鼓励无资源无劳力的居民，将土地流转、变更给能人创业，增加收入。经过努力，村民人均纯收入从2004年的4925元，增加到2015年的24000余元。

杨应忠热心公益事业，设立农民福利基金，每年为在校大学生提供600~1000元的助学金、为弱势群体提供3万~5万元救助。2015年，川东居委会为全体村民提供免费体检；2016年，为村民支付农村合作医疗费，为每位70岁以上老人提供300元养老金。2004年，杨应忠被表彰为盐城市劳动模范；2016年4月，被中共江苏省委、江苏省人民政府授予“江苏省劳动模范”称号。

朱文明

江苏丰东热技术股份有限公司董事长、总经理。江苏南通人。男。1967年10月生。大学本科。中共党员。

2003年12月，朱文明任江苏丰东热技术股份有限公司董事长、总经理。多年来，他勇于开拓，注重创新，在巩固高端可控气氛炉和感应热处理设备市场的基础上，全力拓展真空热处理、表面改性装备和大型非标工业炉市场，并把“无人化智能热处理工厂”作为重点，带领热处理行业向更高端方向发展。持续加大研发投入，利用国家级技术中心、国家工程实验室等重大创新平台，加强与高校、科研院所的合作，引进高层次人才参与产品研发和市场开拓，使公司热处理设备向更高附加值和更大市场空间拓展。专项研发国家重点行业及外商到华投资企业的高端热处理装备需求，并把东南亚、南美洲及俄罗斯作为高端市场开拓的重点，扩大公司产品在国际市场的份额。

为实现打造国际一流的热处理企业战略目标，他带领公司加大与国外热处理设备制造优势企业的投资合作，对一些与公司产品结构有较好补充的设备制造企业采取合资、并购、联合等形式进行合作，提升设备制造的总体规模；拓展热处理加工业务，采取收购兼并和投资设立“厂中厂”的形式，形成在国内及东南亚等地的热处理加工连锁经营的新格局；不断提高热处理售后服务水平，使热处理售后服务收入在公司收入中的比例快速提升，增加热处理产业的总体规模。

朱文明注重提升公司管理水平，借助科学有效的方法，强化公司内控执行，使公司管理更加规范高效。热心公益，回馈社会，近3年，公司用于开展慈善等公益活动支出100多万元。

在朱文明的带领下，江苏丰东热技术股份有限公司成为中国热处理行业第一家上市公司，拥有国家级技术中心和工程实验室，建有省级企业院士工作站和国家级博士后工作站等一流创新平台。其中“无人化智能热处理工厂”项目入选首批智能制造试点。他被授予“热处理学会周志宏奖”“江苏省高新技术产业化先进工作者”称号。2016年4月，被中共江苏省委、江苏省人民政府授予“江苏省劳动模范”称号。

陈志根

盐城市大丰区环境卫生管理处吸粪车操作工。江苏大丰人。男。

1960年7月生。高中。

2000年2月，陈志根到环境卫生管理处从事化粪池疏通工作。16年来，无论是炎炎夏日，还是数九寒冬，他总是日复一日，忙碌在市区数百座厕所、千余座化粪池间，任劳任怨、不怕苦、不怕脏、不怕别人异样的眼神，默默地为城市清洁辛勤工作。抽吸化粪池，常常弄得一身粪，从无怨言。只要一有电话或居民反映哪里的厕所管道不通，他就会立即带上工具赶去疏通。起初，没有疏通器械，他就用非常原始的竹竿、竹篾疏通。疏通一座厕所往往要花上大半天时间，而且常常是一身汗，一身臭，他毫无怨言。

陈志根不但用心干，还不断摸索经验，多年来积累了不少心得。不同的堵塞物，要用不同的方法疏通。巡查时，要往人流量大、居民居住较集中的厕所跑。下大雨要往地势低、易积水的区域赶。市区哪座公厕容易堵塞，哪座化粪池下水道口径小，他是一清二楚。多年的实践经验帮助他完成了一个又一个任务。

2015年夏天，一场暴雨骤然降临，市区积水过膝，有电话反映镇南三村一公厕发生满溢，蛆虫爬进居民家中。陈志根接到通知后，第一时间赶到现场，经仔细检查和询问，在弄清是装潢垃圾造成堵塞原因后，没有犹豫，立即投身工作。他俯下身子，手撑在粪水中，脸贴着粪水，摸索着化粪池窨井口，用钩子一下一下地钩，在发现收效不大后，又跳进了粪池中，把堵在池中的砖头瓦片等杂物一块一块用手往外掏。周围的居民看到后，深受感动，联手帮忙。在大家的共同帮助下，成功解决此次严重的堵塞满溢事件。

别人白天上班，晚上休息，陈志根上下班却没有严格的时间界限。2009年除夕的晚上，陈志根正和家人在一起吃年夜饭，接到健康小区化粪池满溢要疏通的任务后，他二话不说，立即赶往现场疏通，一直忙到深夜，才将化粪池满溢问题解决。像这样的类似的事例陈志根还有很多。

16年来，陈志根充分展现“宁愿一人脏、换来万家洁”的环卫精神，是大丰区环卫工人的优秀代表。他先后被表彰为创建江苏省文明城市先进个人、盐城市劳动模范等。2016年4月，被中共江苏省委、江苏省人民政府授予“江苏省劳动模范”称号。

吴丽芳

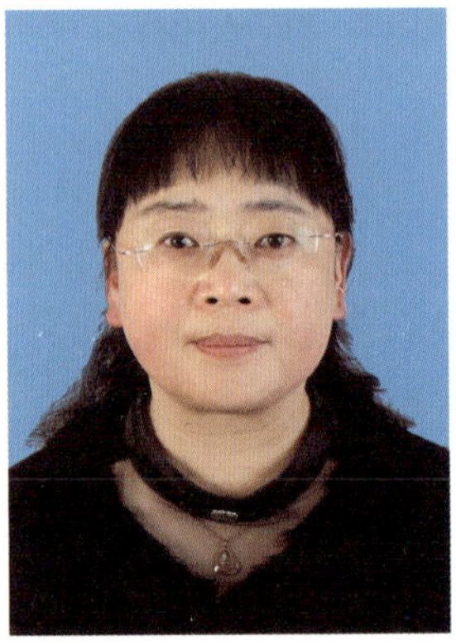

盐城市大丰人民医院大急救中心主任、重症医学科主任。江苏大丰人。女。1968年10月生。大学本科。中共党员。

吴丽芳热爱本职工作，钻研业务，积极向医院资深专家请教。2005年在南京中大医院重症医学科进修期间，潜心钻研，将大量时间花在重症病房、图书馆，专业水平得到快速提升。进修回院后她将所学的知识应用到临床实践中，不断引进新技术、新项目，耐心带教低年资医师，制定了各种应急预案并进行演练。带领大急救中心医务人员常规开展床边连续血液净化、血液灌流治疗、经皮穿刺微创气管切开术等重症监护诊疗技术，为急危重症患者畅通了一条从院前急救“120”、院内急诊、重症监护病房的生命绿色通道。她擅长对严重多发伤、休克、呼吸衰竭、严重感染、心跳呼吸骤停、多脏器功能衰竭等危重症的诊治与抢救，累计在省级核心期刊发表论文8篇。科室近年来开展的连续血液净化治疗急性呼吸窘迫综合征、经皮穿刺微创气管切开术分别获2009年盐城市卫生局医学新技术引进一等奖、二等奖。

面对突发的公共事件和急危重症病人，吴丽芳总是冲在前面，不怕危险，组织抢救工作。多次参与大丰市高速公路大型车祸、爆炸事件、气体中毒、火灾等公共突发事件的抢救，得到领导和患者家属的好评。长期负责急诊及重症医学科的备班，寒来暑往，只要接到救援电话，她都会第一时间赶往急诊或重症病房，指挥并参与抢救病人。2013年寒冬的一个中午，大丰市某医院1位产前子痫的双胎产妇，产后大出血、休克、昏迷、呼吸衰竭，生命危在旦夕，请求紧急会诊。此时吴丽芳刚下班，还没到家。接到电话后，她顾不上疲惫与饥饿，立即赶往该医院急会诊并参与抢救，直到病人转危为安……日复一日，她和同事们一起抢救了一个又一个垂危的生命。

吴丽芳把当一名好医生作为自己的神圣使命，对待病人热情、细心，多次婉拒病人的红包和吃请，以精湛的医术、真情的服务得到病人家属的赞誉，获盐城市第二届“医德之星”称号、被授予江苏省五一劳动奖章等。2016年4月，被中共江苏省委、江苏省人民政府授予“江苏省先进工作者”称号。

（区总工会供）

〖编辑　刘洪芳〗

先进集体

国家条线表彰

单　位	荣誉称号	授予单位
大丰区	国家园林城市	住房和城乡建设部
大丰区	2014~2016年全国计划生育优质服务先进单位	国家卫生计生委
大丰区	2015年度国家知识产权试点示范城市工作先进集体	国家知识产权局办公室
大丰区妇女联合会	全国妇联系统先进集体	人力资源和社会保障部、全国妇联
大丰区安全生产监督管理局	全国安全生产监管监察系统先进集体	人力资源和社会保障部、国家安全生产监督管理总局
大丰区恒北村人社工作站	全国人力资源和社会保障系统2014~2016年度优质服务窗口	人力资源和社会保障部
江苏省大丰高级中学	2016年国防教育特色学校	教育部
江苏省大丰中等专业学校	2016年国防教育特色学校	教育部
大丰烈士陵园	第六批国家级烈士纪念设施	民政部
大丰区安全生产监督管理局	全国安全生产新闻舆论工作先进单位	中国安全生产报社
大丰区南阳镇卫生院	2015~2016年度群众满意的乡镇卫生院	国家卫生计生委办公厅
大丰风电产业园	国家火炬大丰海上风电装备特色产业基地	科技部火炬中心
大丰专业市场现代服务业集聚区管理委员会	全国休闲农业与乡村旅游四星级企业（园区）	全国休闲农业与乡村旅游星级企业（园区）评审委员会

省级和省条线表彰

单　位	荣誉称号	授予单位
大丰区教育局	江苏省促进义务教育均衡发展先进单位	江苏省人民政府
大丰区	全省人民防空先进城市（县、市、区）	江苏省国防动员委员会
大丰区	2016年度江苏省中小学校责任督学挂牌督导创新县（市、区）	江苏省人民政府教育督导委员会
大丰区	江苏省人口协调发展先进县（市、区）	江苏省人民政府办公厅
大丰区	江苏省2016~2017年度农村电子商务示范县	江苏省商务厅
江苏省盐城监狱	江苏省文明单位	江苏省精神文明建设指导委员会
大丰区国土资源局	江苏省文明单位	江苏省精神文明建设指导委员会
大丰区交通运输局	江苏省文明单位	江苏省精神文明建设指导委员会
大丰区航道管理站	江苏省文明单位	江苏省精神文明建设指导委员会
大丰区教育局	江苏省文明单位	江苏省精神文明建设指导委员会
江苏大丰农村商业银行股份有限公司	江苏省文明单位	江苏省精神文明建设指导委员会
大丰区市场监督管理局	江苏省文明单位	江苏省精神文明建设指导委员会
大丰区审计局	江苏省文明单位	江苏省精神文明建设指导委员会
大丰区财政局	江苏省文明单位	江苏省精神文明建设指导委员会
大丰区人民检察院	江苏省文明单位	江苏省精神文明建设指导委员会
大丰区民政局	江苏省文明单位	江苏省精神文明建设指导委员会
大丰区文化广电新闻出版局	江苏省文明单位	江苏省精神文明建设指导委员会
国网江苏省电力公司盐城市大丰区供电公司	江苏省文明单位	江苏省精神文明建设指导委员会
大丰区人力资源和社会保障局	江苏省文明单位	江苏省精神文明建设指导委员会
大丰区国家税务局	江苏省文明单位	江苏省精神文明建设指导委员会
中国邮政集团公司盐城市大丰区分公司	江苏省文明单位	江苏省精神文明建设指导委员会
大丰地方税务局	江苏省文明单位	江苏省精神文明建设指导委员会

单　位	荣誉称号	授予单位
大丰区行政服务中心	江苏省文明单位	江苏省精神文明建设指导委员会
大丰区实验小学	江苏省文明校园	江苏省精神文明建设指导委员会
江苏省大丰高级中学	江苏省文明校园	江苏省精神文明建设指导委员会
大丰区环境保护局	2013~2015年度江苏省文明单位	江苏省精神文明建设指导委员会
大丰中医院	2013~2015年度江苏省文明单位	江苏省精神文明建设指导委员会
中国移动通信集团江苏有限公司大丰分公司	2013~2015年度江苏省文明单位	江苏省精神文明建设指导委员会
大丰区青少年活动中心	2013~2015年度江苏省文明单位	江苏省精神文明建设指导委员会
大丰区实验初级中学	2013~2015年度江苏省文明校园	江苏省精神文明建设指导委员会
大丰区财政局	全省财政系统先进集体	江苏省人力资源和社会保障厅、江苏省财政厅
大丰区信访局	全省信访系统先进集体	江苏省人力资源和社会保障厅、江苏省信访局
大丰区城市管理局	全省风景园林和城市绿化先进单位	江苏省住房和城乡建设厅
大丰区档案局（馆）	全省档案系统先进集体	江苏省档案局
大丰区档案局（馆）	全省档案宣传工作先进集体	江苏省档案局、江苏省档案学会
大丰区商务局	2015年度全省商务综合行政执法工作考核先进单位	江苏省商务厅
大丰区教育局	2015年度全省学生资助工作绩效评价优秀	江苏省教育厅、江苏省财政厅
大丰区教育局	江苏省《全民科学素质行动计划纲要》“十二五”实施工作先进集体	江苏省科学技术协会、中共江苏省委组织部、中共江苏省委宣传部、江苏省发展和改革委员会、江苏省教育厅、江苏省科学技术厅、江苏省财政厅、江苏省人力资源和社会保障厅、江苏省农业委员会
大丰区交通运输局	十二五全省镇村公交发展工作先进集体	江苏省交通运输厅
大丰区公安局“2015.8.12”专案组	集体二等功	江苏省公安厅
大丰区公安局政治处	民警的“好娘家”、集体三等功	江苏省公安厅
大丰区安全生产监督管理局	2016年度全省职业健康监管工作先进集体	江苏省安全生产监督管理局

单　　位	荣誉称号	授予单位
大丰区国家税务局机关委员会	全省国税系统先进基层党组织	中共江苏省国家税务局党的建设工作领导小组
大丰区国土资源局	2014~2015年度全省国土资源政务信息工作先进单位	江苏省国土资源厅
大丰区三龙镇	首批江苏省农村电子商务示范镇	江苏省商务厅
大丰区三龙镇	江苏省2016年度农村电子商务十强镇	江苏省商务厅
大丰区南阳镇东旺村	第四批江苏省农村电子商务示范村	江苏省商务厅
大丰区刘庄镇卫生院	2016年江苏省示范乡镇卫生院	江苏省卫生和计划生育委员会
大丰区城西社区卫生服务中心	江苏省免疫规划（预防接种）工作先进集体	江苏省卫生和计划生育委员会
大丰区城东实验小学	江苏省优秀家长学校	江苏省妇女联合会、江苏省教育厅
大丰区城东实验小学	江苏省科普教育基地（2015~2019年）	江苏省科技协会、江苏省科技厅、江苏省教育厅
大丰区刘庄镇三圩小学	2016年度江苏省级节水型学校	江苏省水利厅、江苏省教育厅
江苏省大丰高级中学	江苏省教育工作先进集体	江苏省教育厅、中共江苏省委教育工委
大丰区草堰镇三渣初级中学	江苏省教育工作先进集体	江苏省教育厅、中共江苏省委教育工委
大丰区新丰小学	江苏省教育工作先进集体	江苏省教育厅、中共江苏省委教育工委
大丰区实验初级中学	绿色学校	江苏省环境保护厅、江苏省教育厅
大丰区草堰镇三渣初级中学	江苏省青少年科技教育先进学校	江苏省教育厅、江苏省科学技术协会、江苏省精神文明建设指导委员会办公室、江苏省科学技术厅、全国中小学生（江苏地区）金钥匙科技竞赛组委会
大丰区白驹初级中学	江苏省青少年科技教育先进学校	江苏省教育厅、江苏省科学技术协会、江苏省精神文明建设指导委员会办公室、江苏省科学技术厅、全国中小学生（江苏地区）金钥匙科技竞赛组委会
大丰区万盈镇沈灶小学	江苏省青少年科技教育先进学校	江苏省教育厅、江苏省科学技术协会、江苏省精神文明建设指导委员会办公室、江苏省科学技术厅、全国中小学生（江苏地区）金钥匙科技竞赛组委会
江苏大丰农村商业银行股份有限公司万盈支行	先进基层党组织	中共江苏省农村信用社联合社委员会

单　位	荣誉称号	授予单位
大丰区委农工办	全省农工办工作优秀奖	中共江苏省委农村工作领导小组办公室、江苏省扶贫工作领导小组办公室
大丰区卫生和计划生育委员会	妇女儿童工作先进集体	江苏省人民政府妇女儿童工作委员会
大丰区城市管理局	2014~2015年度全省城市环境综合整治先进集体	江苏省城市环境综合整治工作推进小组
大丰区委农工办	《江苏农村要情》信息报送先进单位	中共江苏省委农村工作领导小组办公室
大丰区卫生计生委档案室	2016年度江苏省“三星级”档案室	江苏省档案局
江苏大丰经济开发区司法所	全省社区矫正“严格执法、严格管理”集中整治活动先进集体	江苏省司法厅
大丰区白驹镇人民调解委员会	“法润江苏”春风行动先进集体	江苏省司法厅
大丰区小海镇无泊村卫生室	江苏省示范村卫生室	江苏省卫生和计划生育委员会
大丰区草堰镇双垛村卫生室	江苏省示范村卫生室	江苏省卫生和计划生育委员会
大丰区西团镇新中村卫生室	江苏省示范村卫生室	江苏省卫生和计划生育委员会
大丰区大中镇龙福村卫生室	江苏省示范村卫生室	江苏省卫生和计划生育委员会
大丰区白驹镇民窑村卫生室	江苏省示范村卫生室	江苏省卫生和计划生育委员会
大丰区草庙镇五总村卫生室	江苏省示范村卫生室	江苏省卫生和计划生育委员会
大丰区刘庄镇新桥村卫生室	江苏省示范村卫生室	江苏省卫生和计划生育委员会
大丰区新丰镇全心村	首批2016年江苏省休闲观光农业示范村	江苏省农业委员会
大丰区平旺家庭农场	2016年省级示范家庭农场	江苏省农业委员会
大丰市大中镇卫红家庭农场	2016年省级示范家庭农场	江苏省农业委员会
盐城市大丰区文丰家庭农场	2016年省级示范家庭农场	江苏省农业委员会
盐城大丰亚刚家庭农场有限公司	2016年省级示范家庭农场	江苏省农业委员会
大丰区静宝怡家家庭农场	2016年省级示范家庭农场	江苏省农业委员会
盐城市大丰海银畜禽专业合作社	2016年江苏省省级农民合作社示范社	江苏省农业委员会
大丰市新鑫蔬菜专业合作社	2016年江苏省省级农民合作社示范社	江苏省农业委员会

单　　位	荣誉称号	授予单位
盐城市大丰区九州果蔬专业合作社	2016年江苏省省级农民合作社示范社	江苏省农业委员会
大丰市三鑫禽类专业合作社	2016年江苏省省级农民合作社示范社	江苏省农业委员会
盐城市大丰区生桂农机合作社	2016年江苏省省级农民合作社示范社	江苏省农业委员会
大丰区疾病预防控制中心	2016年度卫生科普工作先进集体	江苏省健康教育协会
大丰区国土资源局	2015年度学会工作先进单位	江苏省土地学会
江苏大丰经济开发区管委会	2016年度全省开发区信息工作先进单位	江苏省开发区协会
大丰区安全生产监督管理局	2016年全省“安全生产月”活动优秀单位	江苏省安全生产委员会办公室
大丰区城东实验小学	2015年江苏省健康促进铜奖学校	江苏省教育厅办公室、江苏省卫生和计划生育委员会办公室
大丰区大桥小学	2015年江苏省健康促进铜奖学校	江苏省教育厅办公室、江苏省卫生和计划生育委员会办公室

盐城市级表彰

单　　位	荣誉称号	授予单位
大丰区	2016年度全市综合考核综合先进一等奖	中共盐城市委、盐城市人民政府
大丰区	2016年度全市综合考核园区发展和开放型经济工作先进奖	中共盐城市委、盐城市人民政府
大丰区人民政府	2015年度全市扶贫开发工作先进集体	中共盐城市委、盐城市人民政府
常州高新区大丰工业园	2016年度全市综合考核沿海开发和基础设施建设工作先进奖	中共盐城市委、盐城市人民政府
大丰区新丰镇	2016年度全市综合考核农业现代化和统筹城乡发展工作先进奖	中共盐城市委、盐城市人民政府
大丰区新丰镇	2016年度全市综合考核新型城镇化和城市建设管理工作先进奖	中共盐城市委、盐城市人民政府
大丰区新丰镇裕北村	2016年度全市综合考核全民创业和镇村经济发展工作先进奖	中共盐城市委、盐城市人民政府
大丰区市场监督管理局	2013~2015年法治盐城建设先进单位	中共盐城市委、盐城市人民政府
江苏大丰农村商业银行股份有限公司	先进基层党组织	中共盐城市委
大丰区实验初级中学	先进基层党组织	中共盐城市委
大丰区城市管理局	2013~2015年度全市城市环境综合整治工作先进集体	盐城市人民政府

先进个人

国家级和国家条线表彰

姓 名	单位职务	荣誉称号	授予单位
李晓霞	大丰区大中镇党委委员、副镇长，恒北村党委书记	全国优秀党务工作者	中国共产党中央委员会
陈苏萍	大丰区科技局、知识产权局、地震局局长	全国专利系统先进工作者	人力资源和社会保障部、国家知识产权局
向建华	大丰丰东公司副董事长、副总经理	2016年度享受政府特殊津贴人员	人力资源和社会保障部
纪建军	大丰区国土资源局副局长	2015年度土地利用和管理形势观测分析工作成效突出个人	国家土地总督察办公室
陈 茵	大丰知识产权局副局长	2015年度国家知识产权试点示范城市工作先进个人	国家知识产权局办公室
程应华	大丰区三龙中心卫生院院长	第五次全国乡镇卫生院优秀院长	中国农村卫生协会

省级和省条线表彰

姓 名	单位职务	荣誉称号	授予单位
陶 莹	大丰海港港口物流有限公司物流监事	江苏省劳动模范	中共江苏省委、江苏省人民政府
殷 平	江苏丰山集团股份有限公司工会主席	江苏省劳动模范	中共江苏省委、江苏省人民政府
朱文明	江苏丰东热技术股份有限公司董事长、总经理	江苏省劳动模范	中共江苏省委、江苏省人民政府
徐俊杰	江苏金风科技有限公司技术中心助理	江苏省劳动模范	中共江苏省委、江苏省人民政府
杨应忠	大丰区草庙镇川东居民委员会党委书记	江苏省劳动模范	中共江苏省委、江苏省人民政府
陈志根	大丰区环境卫生管理处吸粪车操作工	江苏省劳动模范	中共江苏省委、江苏省人民政府
李晓霞	大丰区大中镇党委委员、副镇长，恒北村党委书记	江苏省先进工作者	中共江苏省委、江苏省人民政府
吴丽芳	大丰人民医院大急救中心主任、重症医学科主任	江苏省先进工作者	中共江苏省委、江苏省人民政府
杨荣富	大丰区白驹镇党委书记	2011~2015年全省普法工作先进个人	中共江苏省委宣传部、江苏省法制宣传教育工作领导小组办公室、江苏省司法厅
汤云庆	大丰区文化广电新闻出版局局长	江苏省文化系统先进工作者（劳动模范）	江苏省人力资源和社会保障厅、江苏省文化厅

姓 名	单位职务	荣誉称号	授予单位
陈月华	盐城市住房公积金大丰管理部主任	全省住房和城乡建设行业优秀共产党员	中共江苏省住房和城乡建设行业委员会
戚月兰	大丰区档案局（馆）局（馆）长	全省档案系统先进工作者	江苏省人力资源和社会保障厅、江苏省档案局
成丽娟	大丰区档案局（馆）办公室主任	全省档案宣传工作先进个人	江苏省档案局、江苏省档案学会
倪生芳	大丰区刘庄镇卫生院防保组组长	全省免疫规划（预防接种）工作先进个人	江苏省卫生和计划生育委员会
韦爱珍	大丰区新丰镇卫生院副主任医师	全省免疫规划（预防接种）工作先进个人	江苏省卫生和计划生育委员会
冯龙喜	大丰区第二人民医院副院长	全省疾病预防控制工作先进个人	江苏省卫生和计划生育委员会
聂青松	大丰区安全生产监督管理局监察大队副大队长、危化科负责人	2016年度全省危险化学品安全监管先进个人	江苏省安全生产监督管理局
陈　健	大丰区安全生产监督管理局监察大队副大队长、工商贸科负责人	2016年度江苏省非煤矿山及冶金等工贸行业安全生产先进个人	江苏省安全生产监督管理局
徐金林	大丰区林业局副局长	2016年度全省林业信息工作先进个人	江苏省林业局
石丽娜	大丰区国家税务局科员	全省国税系统优秀共产党员	中共江苏省国家税务局党的建设工作领导小组
陈晓兵	大丰区国土资源局法规监察科科长	2015年度全省国土资源信访工作先进个人	江苏省国土资源厅
王培培	大丰区国土资源局办公室副主任	2014~2015年度全省国土资源政务信息工作先进个人	江苏省国土资源厅
陈玲玲	江苏大丰农村商业银行股份有限公司个人金融二部营销经理	优秀共产党员	中共江苏省农村信用社联合社委员会
陈　飞	大丰区公安局交通警察大队三龙中队办事员	第四届“江苏最美警察”特别奖、追记个人一等功	江苏省公安厅
倪晓辉	大丰人民医院骨科副主任医师	江苏省第五期“333高层次人才培养工程”第三层次培养对象	江苏省人才工作领导小组
张永圣	大丰区疾病预防控制中心退休职工	江苏省麻风防治突出贡献奖	江苏省预防医学会、江苏省医师协会、江苏省麻风防治协会
杨　彪	大丰经济开发区管委会党政办科员	2016年度全省开发区信息工作先进个人二等奖	江苏省开发区协会
丁亚男	大丰区疾病预防控制中心健康教育科科长	2016年度卫生科普工作先进个人	江苏省健康教育协会
吴进明	大丰区大桥镇人民政府统计站统计助理	2015年江苏省1%人口抽样调查先进个人	江苏省人口抽样调查领导小组办公室
束　蕾	大丰江南村镇银行股份有限公司营业部大堂经理	江苏省村镇银行服务明星	江苏省银行业协会

盐城市级表彰

姓名	单位职务	荣誉称号	授予单位
李永波	江苏众创空间科技发展有限公司设计师	盐城市劳动模范	中共盐城市委、盐城市人民政府
周　峰	江苏双科电气有限公司模具车间模具组长	盐城市劳动模范	中共盐城市委、盐城市人民政府
王金山	江苏南车电机有限公司工会干事	盐城市劳动模范	中共盐城市委、盐城市人民政府
张赛花	大丰海聆梦家纺有限公司三厂一车间机缝工	盐城市劳动模范	中共盐城市委、盐城市人民政府
朱群群	江苏大丰农村商业银行股份有限公司信贷管理部经理	盐城市劳动模范	中共盐城市委、盐城市人民政府
邵正林	江苏大丰港农业发展有限公司总经理	盐城市劳动模范	中共盐城市委、盐城市人民政府
康　卫	大丰区恒昌交通建设工程有限公司董事长、总经理	盐城市劳动模范	中共盐城市委、盐城市人民政府
李实业	江苏裕丰旅游开发有限公司党支部副书记	盐城市劳动模范	中共盐城市委、盐城市人民政府
周圣祥	盐城市丰特铸造机械有限公司副总经理	盐城市劳动模范	中共盐城市委、盐城市人民政府
李　群	江苏云马农机制造有限公司知识产权部部长	盐城市劳动模范	中共盐城市委、盐城市人民政府
陈长兰	江苏今达纺织实业有限公司倒筒班班长	盐城市劳动模范	中共盐城市委、盐城市人民政府
焦恒昌	大丰区大中镇光明村村民委员会党总支书记	盐城市劳动模范	中共盐城市委、盐城市人民政府
葛永洪	大丰市海达纺织有限公司董事长	盐城市劳动模范	中共盐城市委、盐城市人民政府
朱彩春	大丰地方税务局税政法规科科长	盐城市劳动模范	中共盐城市委、盐城市人民政府
房金钺	大丰区农业委员会市场与农产品安全监管科科长	盐城市劳动模范	中共盐城市委、盐城市人民政府
徐远峰	大丰区人民法院审判员	盐城市劳动模范	中共盐城市委、盐城市人民政府
顾国华	大丰区住房和城乡建设局局长、党委副书记	盐城市劳动模范	中共盐城市委、盐城市人民政府
陶　成	大丰区高新技术区管理委员会副主任	盐城市劳动模范	中共盐城市委、盐城市人民政府
俞惠霞	大丰区幼儿园园长	盐城市劳动模范	中共盐城市委、盐城市人民政府
高　敏	大丰区行政审批局经济审批科科员	2016年度全市“十佳服务明星”	中共盐城市委、盐城市人民政府

姓名	单位职务	荣誉称号	授予单位
金钟宏	大丰经济开发区韩资招商局副局长	盐城市“十大招商引资功臣”	中共盐城市委、盐城市人民政府
密　云	大丰区高新技术区管委会副主任	盐城市“十大招商引资功臣”	中共盐城市委、盐城市人民政府
顾洪涛	大丰区扶贫办科长	2015年度全市扶贫开发工作先进个人	中共盐城市委、盐城市人民政府
姜正清	大丰区市场监督管理局党组副书记、副局长	优秀党务工作者	中共盐城市委
张明安	大丰区审计局党组成员	优秀党务工作者	中共盐城市委
申爱国	大丰区公安局交通警察大队副大队长兼城区一中队中队长	优秀共产党员	中共盐城市委

盐城市大丰区2016年度综合考核结果

一、综合先进

大中镇　新丰镇　西团镇　万盈镇　白驹镇
刘庄镇　小海镇　大桥镇　大丰港经济开发区
经济开发区　常州高新区大丰工业园
沪苏大丰产业联动集聚区
苏盐沿海合作开发园区　高新技术区
华丰工业园（海洋生物医药产业园）
电子信息产业园　风电产业园
住建局　商务局　农委　发改委　财政局
安监局　交通运输局　科技局　经信委
环保局　人社局　文广新局　城管局　民政局
检察院　行政审批局　法院　公安局　编办
妇联　口岸委　档案局　总工会　信访局　国税局
地税局　住房公积金管理部　审计局
国土资源局　人行　农村商业银行
江苏银行　盐城海关驻大丰港办事处
消防大队　移动公司　供电公司

二、突出贡献奖

旅游局　卫计委　司法局

三、单项工作先进

1.三项重点工作

大中镇　万盈镇　小海镇　大丰港经济开发区
经济开发区　城东新区　高新技术区
交通运输局

2.招商引资和项目推进工作

大丰港经济开发区　经济开发区
常州高新区大丰工业园
沪苏大丰产业联动集聚区
新丰镇　大中镇　草庙镇　万盈镇　小海镇
高新技术区　华丰工业园　电子信息产业园
盐土大地海洋生物产业科技园　木材产业园
沿海现代高效农业示范区　人社局　发改委
经信委　商务局　住建局　文广新局　农委

3.工业经济和转型升级工作

大丰港经济开发区　经济开发区
常州高新区大丰工业园　大中镇　新丰镇
万盈镇　刘庄镇　小海镇　大桥镇
高新技术区　风电产业园
盐土大地海洋生物产业科技园

4.开放型经济工作

大丰港经济开发区　常州高新区大丰工业园
经济开发区　高新技术区　大中镇　新丰镇
万盈镇　草堰镇

5.载体建设工作

大丰港经济开发区　经济开发区
常州高新区大丰工业园　高新技术区
风电产业园　重型装备产业园　大中镇
南阳镇　西团镇　白驹镇

6.农业现代化和统筹城乡发展工作

大中镇　新丰镇　南阳镇　万盈镇　大桥镇
白驹镇　大中镇恒北村　新丰镇太兴村
三龙镇斗龙港村　草庙镇川东居委会
草堰镇三元村　西团镇众心村

★村庄环境提升工作
新丰镇 大中镇 白驹镇 草庙镇 三龙镇
大桥镇 经济开发区

7.民生幸福和社会事业工作
万盈镇 白驹镇 小海镇 财政局 住建局
区农村社会养老保险处 大丰高级中学
大丰中医院 区婚姻登记处 区广播电视台
市场监管局白驹分局 区奥林匹克体育中心

8.新型城镇化工作
新丰镇 大中镇 西团镇 刘庄镇 万盈镇
小海镇 草堰镇 高新技术区 环保局

9.交通基础设施建设工作
大中镇 新丰镇 万盈镇 小海镇 大桥镇
大丰港经济开发区 国土资源局 财政局

10.生态文明建设工作
南阳镇 大中镇 新丰镇 白驹镇 水利局
教育局 检察院 市场监管局 农委 住建局

11.政法综治工作
南阳镇 草庙镇 草堰镇 三龙镇 大桥镇
公安局 检察院 法院 市场监管局 人社局
安监局 卫计委

12.信访稳定工作
新丰镇 刘庄镇 南阳镇 白驹镇 西团镇
万盈镇 高新技术区 环保局 民政局
公安局 人社局

13.党建创新工作
新丰镇 大中镇 白驹镇 西团镇 经济开发区
大丰港经济开发区 人社局 文广新局 农委
检察院 市场监管局 财政局

14.宣传思想和文化发展工作
西团镇 白驹镇 大桥镇 城东新区 住建局
检察院 安监局 卫计委 教育局 人社局
人防办 农委

15.反腐倡廉和作风建设工作
白驹镇 刘庄镇 小海镇 大桥镇 住建局
检察院 法院 市场监管局 卫计委
文广新局 财政局 交通运输局 地税局

16.服务发展创新创优和深化改革工作
粮食局 市场监管局 统计局 海洋局 教育局
卫计委 体育局 科协 农工办 团区委 党校
老干局 电信公司 联通公司 盐城边防检查站
盐城出入境检验检疫局大丰港办事处
大丰海事处 农发行
★区级机关十佳服务窗口
国土资源局窗口 市场监管局窗口
住建局窗口 发改委窗口 农委窗口
地税局窗口 卫计委窗口 公安局窗口
环保局窗口 交通运输局窗口

17.百项重点工程推进工作
经济开发区 住建局 大丰港经济开发区
高新技术区 港口局 重大项目办 服务业办
旅游局 农工办
★“三重”推进工作
交通运输局 大丰港经济开发区 水利局
经济开发区 高新技术区 住建局
★沿海开发重点项目（工程）建设工作
港口局 大丰港城 海港控股集团
大丰交通投资有限公司
江苏明月海洋生物科技有限公司
大丰英茂糖业有限公司

18.财税贡献奖
镇区：
大中镇 西团镇 白驹镇 刘庄镇 大桥镇
经济开发区 大丰港经济开发区
常州高新区大丰工业园
部门：
经济开发区财税分局
大中镇财政所
财政局预算科
盐城市大丰区国家税务局稽查局
盐城市大丰区国家税务局第四税务分局
盐城市大丰区国家税务局第八税务分局
盐城市大丰区地方税务局第五税务分局
盐城市大丰区地方税务局第六税务分局
盐城市大丰区地方税务局第七税务分局
中国人民银行大丰区支行金融服务一部
★企业突出贡献奖
江苏金风科技有限公司
江苏正大丰海制药有限公司
江苏中车电机有限公司
盐城市联鑫钢铁有限公司
大丰市明进机械有限责任公司
江苏博汇集团有限公司
江苏森威精锻有限公司
江苏丰山集团股份有限公司
迪皮埃风电叶片大丰有限公司

江苏兄弟维生素有限公司
盐城理研精密锻造有限公司
江苏腾龙生物药业有限公司
盐城市大丰华盛皮革有限公司
百威英博大富豪（盐城）啤酒有限公司
大丰跃龙化学有限公司
江苏焕鑫新材料股份有限公司
大丰新韩汽车配件有限公司

19.国有企业贡献奖
江苏大丰海港控股集团有限公司
江苏大丰沿海开发集团有限公司
区城建国有资产经营有限公司
大丰交通投资有限公司

20.全民创业和镇村经济发展工作
大中镇　小海镇　万盈镇　西团镇　刘庄镇
草堰镇双河村　白驹镇汤舍村　刘庄镇友谊村
西团镇众心村　小海镇海团村　大桥镇洋南村
草庙镇圩东村　万盈镇益民居委会
南阳镇东旺村　三龙镇龙东村　新丰镇长坍村
新丰镇裕北村　大中镇泰西村　大中镇同德村

21.科技创新工作
大中镇　南阳镇　西团镇　小海镇　白驹镇
草庙镇　经济开发区　大丰港经济开发区
高新技术区

22.人才工作
刘庄镇　西团镇　大丰港经济开发区
经济开发区　高新技术区
江苏金风科技有限公司
江苏辉丰农化股份有限公司
江苏正大丰海制药有限公司

23.安全生产工作
白驹镇　大中镇　万盈镇　大桥镇
常州高新区大丰工业园
高新技术区　农委　教育局　交通运输局
住建局

24.服务业发展工作
大中镇　新丰镇　万盈镇　草堰镇
大丰港经济开发区
经济开发区　高新技术区　城东新区
专业市场集聚区

25.旅游业发展工作
新丰镇　大中镇　草堰镇　白驹镇　大桥镇
大丰港经济开发区　麋鹿生态旅游度假区
中华麋鹿园　知青农场　交通旅行社

26.人民武装工作
大中镇　新丰镇　三龙镇　万盈镇　南阳镇
白驹镇

27.计划生育工作
大中镇　白驹镇　三龙镇　草堰镇　人社局
财政局　公安局　教育局

四、先进个人

1.综合先进个人

镇:

草堰镇：金　晖　陈姗姗　杨雨培　吴　瑶
刘益华　奚　斌
白驹镇：杨荣富　王志建　朱　锐　胡　凯
王正洪　周生书　宗胜旺　杨　珊
刘庄镇：冯银芳　朱晓春　周　瑾　朱建鹏
王继朗　孙海华　王加森　王宣山
西团镇：刘兴宏　郁　冰　詹桂玉　曹玉凯
韩旻晋　练加标　肖卫华　陈九昌
小海镇：骆　顺　韩志勇　黄　翊　许平平
王　掌　纪国安　杨　忠　沈　权
大桥镇：陈国军　徐中健　吴恒圣　施雨华
夏济平　陈晓波　张清儒　张玉惠
草庙镇：殷桂荣　周忠明　殷　平　杨应忠
苏国存　陈书明
万盈镇：仇兆华　薛文杰　陈邑新　朱义平
吴金云　沈苏珍　李洪斌　李灵玲
南阳镇：何爱军　宗　宇　陈跃辉　陈正东
王　权　吴仁桃
三龙镇：朱吉恺　陈　迁　陈雨权　朱爱祥
陈　辉　徐　斌
新丰镇：李实业　仇　飞　钱　康　王友根
刘科文　徐永毅　岳银华　高　娟
大中镇：沈　刚　席　刚　杨建明　赵海雯
孟令春　周旭平　殷长贵　聂坤雷
刘　颖　陈　浩

区（园）：

程　功　金桂华　赵维海　杨一峰　蔡春雷
陆卫红　王继勇　林　雁　陈雨晴　姚保平
顾德根　孙　勇　陈亚新　陈　杨　沈　霞
董　铭　沈海燕　朱鹏远　赵荣庆

区直部门：

朱　亮　张春山　夏恒林　张锦生　顾国华
曹建伟　陈良忠　杨国峰　陆　斌　严如鹏

卞松岭　刘桂先　徐文新　陈苏萍　程　维
沈明智　王亚东　汤云庆　石永明　孟祥龙
王海涛　张锦存　张　辉　唐亚标　冯晓晴
戚月兰　蔡　东　陈　林　王世华　周克标
陈月华　孙志强　杨进达　商明星　李　芸
卞玉叶　李纪荣　顾海燕　高　原　戴小勇
钱利民　冯桂书　金　海　魏　锋　黄　磊
陈爱华　柏传卫　王步中　仲明桓　吴桂荣
孙　杰　刘兴乐　成　星　陆一川　陈同芳
顾龙林　陈　伟　吴育青　王兴珍　仲海波
仇宏伟　王春梅　骆继军　徐安桂　周汉忠
丁宏生　吴　淳　李智祥　唐月华　臧全思
姜正平　季祥华　陈　林　朱　慧　陈曙翔
施晓钟　周传邦　葛玉贵　周兴权　肖龙泉
吴永健　姚日军　俞惠萍　袁大胜　李方然
丁卫军　张国庆　姚卫祥　顾洪涛　卞兆森
周　荣　成　斌　吴晓静　陈　炜　朱建良
束亚杰　韦翔龙　朱　敏　苏学峰　聂青松
申爱国　陶永阳　宗晓荣　冯卫云　房金钺
吴　诚　罗海阳　陆洋洲　王广洪　刘其君
赵小蓉　柏　健　庄　丽　钱培芬　陈　飞
朱松亚　蔡　芹　林　彬　韦礼和　顾龙海
徐耀之　刘桂生　张　霞　周　祥　高尚春
陈铁飞　严正东　丁向前　蔡剑涛　奚茂殿
程　煦　蔡文泉　王晓冬　徐艳华　朱舒捷
顾鹏贵　张晓霞　周艳霞　陈志伟　程小栋
陈剑华　张慧芬　曹金阳　陈　恺　朱　琳
张晓东　周雪梅　夏国付　李　燕　刘秀华
陈平芳　顾长明　丁楚兰　曹成祥　韦　升
朱玉淋　吕　海　聂荣富　丁长德　刘　娴
陈　娟　季　慧　丁虎翼　周　航　顾一虎
李　峰　杨启丰　潘焕毅　谭　芳　韦明霞
奚忠德　董　洪　施海星　刘红继　张旭松

2.十大招商引资功臣

吴　卫　人社局副局长
金钟宏　经济开发区韩资招商局副局长
王　前　风电产业招商局副局长
张渊涛　大丰港经济开发区管委会副主任、木材产业园管委会常务副主任、区木材产业招商局局长
郁　峰　盐城海洋生物产业园管理办副主任
施晓钟　港口局党组副书记、副局长
孔晓荣　发改委副主任、高新技术区管委会副主任
吴少平　机电产业招商局副局长
朱文勇　新丰镇人民政府副镇长
朱义平　万盈镇人民政府项目服务中心主任

3.项目推进招商引资先进个人

袁　宏　唐春银　蔡　宁　金海涛　曹海忠
王瑜生　王文松　吴光辉　李　锋　陈云平
陈新华　吕文斌　陈惠娟　武　尚　季　晔
蔡文锦　陈新中　韦小生　季文倩　肖　玲
罗　星　李国华　宋金鑫　张建军　陈丰来
朱寿海　单激文　李生鹏　杨　俊　管宏贵
骆　荣　袁晓聪　黄典礼　刘海丰　邵正林
施锦松　臧鹏程　陆海玥　袁兴平　姚　辉
丁海宾　何志冲　王二林　刘海滨　宗圣勇
朱成安　黄军龙　吕秀凤　朱一鸣　胡　俊
朱国华　胡业飞　刘广金　杜正华　马沈春
肖国建　丁海强　张浩东　李拥军　吴红俊
唐　希　夏存海　单爱军　杨晓祥　朱芹芳
张　巍　陶　昆　唐国安　沈　倩　张晓龙
张亚生　骆　剑　唐艳蓉　朱崇恺　杜国美
陆艳梅　冯天明　周锐进　施媛媛　晁心华
朱加国　蔡金东　徐永跃　程少寒　王　伟
张　鑫　董海霞　张　俊　陈志兵　朱小军
苗钟翔　单东华　束方平　晁心怡　徐　刚
周　洲　钱刘留　徐新和　戴子朋　邱　鹏

4.信访稳定工作先进个人

王怀珠　韦龙群　朱海卫　杨春宏　顾广荣
黄　霞　陆彬彬　袁晓雪　许玉明　谢　伟
王亚一　孙晓峰　石伟丰　王天霞　陈晓兵
胡德玉　卞元英　李志勇　朱　强　常元柏
肖卫东　罗公锋　丁正华　束必怀　宣　蓉
郑　刚　朱绍波　吴汉琴　单敬东　袁　伟
王苏建　房冲亚　胡金红　马同军　陆永丰
陈丽君　顾康忠　肖龙山　陈　堃　董启伯

〖编辑　朱晓华　於晨婷〗

中共盐城市大丰区委员会文件目录（摘要）

01-16 关于表彰中华麋鹿园创建国家AAAAA级景区工作先进集体和先进个人的决定
01-19 关于转发《政协盐城市大丰区委员会2016年工作要点》的通知
01-29 关于实施脱贫致富奔小康工程的意见
01-30 关于授予黄军龙等20名同志2015年大丰区“创业之星”称号的决定
02-02 关于表彰“十佳政法单位”“十佳政法干警”的决定
02-05 关于印发《全区2015年度综合考核结果》的通知
02-06 关于表彰扶贫开发工作先进集体和先进个人的决定
02-26 关于加强环境监管网格化建设的实施意见
02-26 关于对2015年度区直部门进位争先先进单位进行表彰的通知
03-22 关于开展“作风建设提升年”活动的实施意见
03-29 关于加强新时期统战工作的实施意见
04-01 关于明确2016年区四套班子领导挂钩服务规模骨干企业的通知
04-08 关于做好镇领导班子换届工作的通知
04-11 关于确立“大丰区第一批‘616’领军人才引进计划”资助对象的决定
04-11 关于表彰2015年度全区人才工作先进集体和先进个人的决定
04-15 关于深入实施农业现代化工程建设“强富美高”新农村的意见
04-15 关于印发《关于在全区党员干部中开展“守纪律、讲规矩”专题教育活动的实施意见》的通知
05-12 关于印发《盐城市党风廉政建设责任制检查反馈中有关意见和建议的整改措施》的通知
05-20 关于加快建设知识产权强区的意见
06-17 转发中共盐城市委、盐城市人民政府《关于加强禁毒工作的实施意见》的通知
06-18 关于做好村居（社区）党组织集中换届工作的意见
06-22 关于落实发展新理念深入实施农业现代化工程促进农民持续增收的政策意见
06-27 关于表彰先进基层党组织、优秀共产党员和优秀党务工作者的决定
06-28 关于成立大丰港城经济区建设指挥部的通知
07-27 关于印发《中共盐城市大丰区常委会议事决策规则》的通知
08-01 关于印发《中共盐城市大丰区委全委会工作规则（试行）》的通知
08-05 关于全区2016年下半年主要经济指标目标任务分解的通知
08-26 关于命名表彰2014~2015年度文明创建工作先进集体的决定
09-18 关于加快推进十项交通重点工程的实施意见
09-19 关于开展镇村债务化解工作的实施意见
09-30 转发《中共盐城市大丰区人大常委会党组关于做好全区区镇两级人大代表大会换届选举工作的意见》的通知
10-27 关于表彰全区关心下一代工作先进集体、先进个人的决定
10-31 关于加快推进生态文明建设的实施意见
11-14 关于开展地方党政主要领导干部自然资源资产离任审计工作的实施意见（试行）
11-28 关于印发《中共盐城市大丰区委中心组学习制度》的通知
12-27 印发《关于加强巡察工作的办法（试行）》的通知

盐城市大丰区人大常委会文件目录（摘要）

01-20　关于印发《盐城市大丰区人大常委会2016年工作要点》的通知
03-30　关于全区农业龙头企业发展情况报告的审议意见
03-31　关于全区文化惠民工程建设工作情况报告的审议意见
05-27　关于全区滩涂综合开发利用情况报告的审议意见
05-30　关于加强财政预算决算审查监督的暂行办法
06-01　关于行政审判工作情况报告的审议意见
06-02　关于《对大丰区生态文明建设规划执行情况的汇报》的审议意见
07-28　关于2015年区本级财政决算情况和审计工作报告的审议意见
07-28　关于批准2015年区本级决算的决议
07-28　关于上半年国民经济和社会发展计划执行情况报告的审议意见
07-28　关于对区交通运输局专项工作评议的意见
07-28　关于地税局专项工作的评议意见
09-30　关于大丰区区镇两级人民代表大会换届选举问题的决定
09-30　关于设立盐城市大丰区选举委员会、各镇选举委员会的决定
10-08　关于《中华人民共和国老年人权益保障法》执法检查报告的审议意见
10-10　关于许可对区人民代表大会代表采取限制人身自由措施的办法（试行）
10-21　关于对我区交通基础设施建设情况的审议意见
11-22　关于加强镇级人大预算审查监督工作的指导意见
11-30　关于批准2016年财政预算调整方案的决议
12-01　关于对房地产市场暨保障性住房建设的审议意见
12-02　关于预防职务犯罪专项工作报告的审议意见
12-29　关于开展第七个五年法治宣传教育的决议

盐城市大丰区人民政府文件目录（摘要）

01-04　关于成立城市建成区违法建设治理工作领导小组的通知
01-13　关于表彰2015年度全区安全生产工作先进集体和先进个人的决定
01-13　关于表彰2015年度大丰区科技进步奖的决定
01-15　关于进一步深化行政审批制度改革加强事中事后监管的意见
01-19　关于印发《大丰区2016年财政收入计划》的通知
01-19　关于表彰2015年度财税工作先进单位和先进个人的决定
01-19　关于表彰2015年度全区食品药品安全工作先进集体和先进个人的决定
01-21　关于切实做好全区第三次全国农业普查工作的通知
01-21　关于实施2016年为民办实事工程的通知
01-22　关于表彰2015年度全区体育工作先进集体和先进个人的决定
01-25　关于表彰2015年度城建交通工作先进集体和先进个人的决定
01-26　关于表彰2015年度服务业项目推进先进集体和先进个人的决定
01-28　关于表彰2015年度消防工作先进单位和先进个人的通知
02-04　关于表彰2015年度全区农业农村工作先进集体的决定
02-14　关于建立健全粮食安全责任制的实施意见
02-15　关于表彰2015年度全区卫生工作先进集体和卫生计生工作先进个人的决定
02-22　关于表彰2015年度人力资源和社会保障工作先进集体和先进个人的决定
02-23　关于表彰2015年度积案化解工作先进集体和先进个人的通知
03-02　关于完善区属企业国有资产监管体制的意见
03-02　关于进一步深化国有粮食购销企业改革的意见
03-07　关于表彰2015年度全区文化广电新闻出版工作先进集体和先进个人的决定
03-17　关于表彰2015年度全区科技和知识产权工作先进集体和先进个人的决定
03-17　关于表彰2015年度政务公开工作先进集体和先进个人的决定
03-19　关于延长购房财政补贴政策实施期限的通知
03-31　关于成立大丰区农村金融综合服务站建设工作领导小组的通知
03-31　关于表彰2015年度全区民政工作先进集体和先进个人的决定
03-31　关于表彰2015年度全区人防工作先进集体和先进个人的决定

04-13 关于切实做好全区土地例行督查工作的通知
04-20 关于进一步强化镇（区、园）国土资源土地主体责任的通知
04-20 关于进一步加强国土资源管理工作的通知
04-22 关于成立大丰城南经济开发区的通知
05-03 关于表彰2015年度全区残疾人工作先进集体和先进个人的通知
05-23 关于加快推进镇体育“三个一”工程建设的实施意见
05-26 关于做好2016年民兵组织整顿工作的通知
06-01 关于成立大丰区小型水利工程管理体制改革工作领导小组的通知
06-06 关于成立全区食盐安全管理领导小组的通知
06-18 关于成立大丰区安全环保执法专项行动领导小组的通知
06-20 关于成立盐城市大丰区检验检测机构整合工作领导小组的通知
06-22 关于成立大丰区渔业油价补助工作领导小组的通知
06-27 关于2016年秸秆综合利用工作的实施意见
06-29 关于成立城区规划委员会的通知
07-20 关于表彰2015年度征兵工作先进集体和先进个人的决定
07-25 关于印发《盐城市大丰区土地例行督察发现问题整改工作实施方案》的通知
07-28 关于成立农村危旧房改造工作领导小组的通知
08-01 关于成立区盐通铁路（大丰段）建设指挥部的通知
08-04 关于成立泰州换流站至双草变500千伏线路工程建设工作领导小组的通知
08-05 关于成立国家土地例行督察发现问题整改工作领导小组的通知
08-09 关于进一步做好新形势下就业创业工作的实施意见
08-30 关于成立盐城市大丰区综合治税工作领导小组的通知
09-02 关于扶持镇工业园发展的意见
09-02 关于成立区农村公路提档升级工作领导小组的通知
09-03 关于成立大丰区水资源管理委员会的通知
09-06 关于表彰盐城市大丰区“十佳师德标兵”“十佳班主任”和“十佳校长”的决定
09-19 关于进一步加强政府性债务管理的通知
09-26 关于加快推进教育现代化建设努力办好人民满意教育的实施意见
09-27 关于切实做好防范和处置非法集资工作的实施意见
10-08 关于推进体育设施向社会开放的实施意见
10-10 关于进一步加大技术改造支持力度的意见
10-12 关于成立大丰区新型职业农民培育工作领导小组的通知
10-26 关于印发《大丰区行政许可事项清单》的通知
10-31 关于印发全区进一步深化简政放权放管结合优化服务工作要点的通知
11-17 关于大丰经济开发区北区城镇化建设工程项目有关问题的通知
12-06 关于推进“先照后证”改革后加强事中事后监管的实施意见
12-08 关于2017年全区绿化造林工作的意见
12-09 关于2017年度水利建设工作的意见
12-12 关于印发《关于建立健全政府法律顾问的意见》与《盐城市大丰区人民政府法律顾问工作规划》的通知
12-12 关于成立盐城市大丰区政府和社会资本合作（PPP）工作领导小组的通知
12-27 关于成立大丰区规划委员会的通知
12-29 关于表彰2011~2015年度全区法治宣传教育先进集体和先进个人的通知

政协盐城市大丰区委员会文件目录（摘要）

01-08 关于表彰2015年度全区政协工作先进集体先进个人的决定
04-21 关于表彰优秀文史研究员的决定
05-17 关于加快形成以科技创新为主要引领和支撑的发展模式的建议案
09-19 关于加快镇村经济发展的建议案

〖编辑　丁彩前〗

大丰主要经济指标在全省、苏中、苏北的位次

表57 （2016年）

指 标	在全省41个县（市）的位次	在苏中11个县（市）的位次	在苏北20个县（市）的位次
地区生产总值	21	9	5
第一产业增加值	8	2	7
第二产业增加值	26	11	6
第三产业增加值	20	9	4
工业用电量	10	2	1
人均地区生产总值	14	5	1
一般公共预算收入	14	4	4
人均一般公共预算收入	9	2	1
一般公共预算收入中的税收收入	15	5	4
固定资产投资	23	10	6
粮食产量	17	5	13
油料产量	5	3	3
社会消费品零售总额	23	8	8
出口总额	16	8	2
实际利用外资	18	8	2
全体居民人均可支配收入	20	9	2
城镇常住居民人均可支配收入	22	11	2
农村常住居民人均可支配收入	14	4	2

说明：本表为大丰区在全省41个县（市）、苏中11个县（市）及苏北20个县（市）中的排名

国民经济与社会发展总量与速度指标

表58

指标	总量指标						环比速度指标%					
	2011年	2012年	2013年	2014年	2015年	2016年	2011年	2012年	2013年	2014年	2015年	2016年
一、人口（万人）												
年末总人口	72.53	72.53	72.54	72.54	71.72	71.65	-0.01	—	0.01	—	-1.1	-0.1
常住人口	70.33	70.12	70.17	70.19	70.32	70.21	-0.5	-0.3	0.07	0.03	0.2	-0.2
二、就业（万人）												
单位从业人数	6.28	6.55	7.27	6.18	5.83	5.51	0.2	4.3	11.0	-15.0	-5.6	-5.5
国有经济	2.26	2.23	2.34	2.26	2.20	2.19	-0.9	-1.3	4.9	-3.4	-2.4	-0.4
城镇集体	0.23	0.23	0.15	0.15	0.14	0.14	4.5	0.0	-34.8	—	-7.8	—
其他经济	3.79	4.09	4.79	3.77	3.48	3.17	0.5	7.9	17.1	-21.3	-7.5	-8.9
三、国民经济核算（亿元）												
地区生产总值	346.96	393.36	443.52	486.70	535.11	579.07	14.0	13.6	13.4	12.1	11.1	9.5
第一产业增加值	57.90	63.34	68.60	68.68	75.36	77.69	4.1	4.0	3.2	3.5	3.9	1.3
第二产业增加值	153.39	173.82	194.15	204.42	214.44	223.77	17.5	16.9	16.6	13.5	11.5	9.7
工业	131.51	151.25	168.43	175.65	184.49	192.89	18.0	18.4	17.9	13.9	10.7	9.8
第三产业增加值	135.67	156.2	180.77	213.6	245.31	227.61	14.8	13.9	13.5	12.0	13.0	10.8
人均地区生产总值（元）	49217	56014	63229	69350	76167	82412	13.9	13.8	13.3	12.1	11.0	9.7
四、工业（亿元）												
规模以上工业总产值	419.43	564.17	657.95	727.31	840.88	944.76	29.9	34.5	17.5	15.2	15.6	12.4
规模以上工业主营业务收入	416.95	557.02	689.06	741.08	785.93	920.18	30.3	33.6	20.5	9.0	6.1	17.1
规模以上工业增加值	105.24	130.55	157.95	176.48	209.79	220.93	15.8	17.8	17.4	13.9	11.8	10.0
工业用电量（亿千瓦时）	17.1	28.02	39.62	44.62	41.29	43.65	19.4	63.9	41.4	12.6	-7.5	5.7
五、主要工业产品产量（规模以上）												
合成氨（万吨）	13.59	14.07	13.89	13.3	1.8		37.3	3.5	-1.3	-4.2	-86.5	
尿素（万吨）	8.51	9.00	8.27	7.28	0.89		-27.9	5.8	-8.1	-12.0	-87.8	
纱（万吨）	11.13	12.43	11.56	9.76	8.87	9.42	8.0	11.7	-7.0	-15.6	-9.1	6.2
布（万米）	14903	15997	15867	12447	12623	14586	-16.7	7.3	-0.8	-21.6	1.4	15.6
丝织品（万米）	380	432.00	543	119	120	143	15.2	13.7	25.7	-78.1	0.8	19.2
六、固定资产投资（亿元）												
固定资产投资	177.09	217.70	255.60	322.67	394.95	453.80	23.3	22.4	23.4	24.7	22.4	14.9
工业投资	117.89	143.24	163.98	194.91	237.55	266.31	20.7	21.4	17.5	21.6	20.6	12.5

续表58

指标	总量指标						环比速度指标%					
	2011年	2012年	2013年	2014年	2015年	2016年	2011年	2012年	2013年	2014年	2015年	2016年
七、农业（亿元）												
农林牧渔业总产值	135.09	145.54	155.41	162.02	166.79	171.02	8.5	7.7	6.8	4.3	2.9	2.5
农业	67.18	70.32	74.1	78.91	81.31	81.83	-9.8	4.7	5.4	6.5	3	0.6
林业	2.79	3.1	3.38	3.84	4.12	4.15	26.8	11	9	13.6	7.3	0.7
牧业	31.18	34.72	36.27	34.67	34.71	36.95	66.9	11.4	4.5	-4.4	0.1	6.5
渔业	24.81	27.84	31.15	33.88	35.61	36.72	18.9	12.2	11.9	8.8	5.1	3.1
农林牧渔业服务业	9.12	9.56	10.51	10.72	11.04	11.36	10.1	4.8	9.9	2	3	2.9
八、主要农产品产量												
粮食（万吨）	76.09	77.64	77.92	79.26	79.94	77.2	-1.7	2.0	0.4	1.7	0.9	-3.4
棉花（万吨）	4.53	4.27	4.16	2.59	0.87	0.5	-4	-5.7	-2.6	-37.6	-66.4	-41.9
油料（万吨）	5.2	7.11	6.19	5.84	5.19	5.11	-16.6	36.6	-12.9	-5.6	-11.1	-1.4
生猪年末存栏数（万头）	44.09	51.28	57.9	60.28	44.89	52.88	6.3	16.3	12.9	4.1	-25.5	17.8
水产品（万吨）	16	16.52	16.91	17.41	17.5	17.7	6.3	3.3	2.4	3	0.5	1.1
肉类总产量（万吨）	12.28	13.12	13.73	13.77	11.66	11.22	14.4	6.8	4.6	0.3	-15.3	-3.7
蚕茧（万吨）	0.17	0.18	0.1	0.12	0.09	0.07	-15	3.3	-44.4	19	-25	-19.2
禽蛋（万吨）	8.15	9.14	8.12	7.07	7.29	7.28	17.1	12.1	-11.2	-13	3.1	-0.2
九、运输和邮电												
客运量（万人）	884	913	958	990	961	948	12.5	3.2	4.9	3.3	-2.9	-1.4
货运量（万吨）	1215	1339	1483	1660	1046	1039	14.4	10.2	10.8	11.9	5.3（新口径）	-0.6
旅客周转量（万人千米）	51884	51752	54340	56024	54344	53529	4	-0.3	5	3.1	-3	-1.5
货物周转量（万吨千米）	159639	174472	192629	213566	248808	246701	14.1	9.3	10.4	10.9	5.4（新口径）	-0.8
邮政业务总量（万元）	7833	7621	6594	6970	7839	8638	口径调整	-2.7	-13.5	5.7	12.5	10.2
出口计费函件（万件）	334	343	231	175	68	58	8.8	2.8	-32.7	-24.2	-61.1	-14.4
订销报纸累计份数（万份）	1396	1398	1432	1411	1336	1216	9.7	0.2	2.4	-1.5	-5.3	-9
十、贸易												
社会消费品零售总额（亿元）	95.85	108.8	123.48	139.36	155.58	172.77	17.5	13.5	13.5	12.9	11.8	11.1
自营出口额（万美元）	38810	46830	57138	77464	89450	87432	24.4	20.7	22	35.6	15.5	-2.3
实际利用外资（万美元）	26500	31000	17639	20602	18720	14456	12.8	17	-43.1	16.8	-9.1	-22.8

续表58

指标	总量指标						环比速度指标%					
	2011年	2012年	2013年	2014年	2015年	2016年	2011年	2012年	2013年	2014年	2015年	2016年
十一、财政（亿元）												
财政收入	42.71	53.71	64.77	77.40	86.55	77.90	41.9	25.7	20.6	19.5	11.8	-10.0
一般公共预算收入	30.07	40.01	50.07	60.02	69.33	59.26	45.5	33.1	25.1	19.9	15.5	-14.5（同口径-2）
一般公共预算支出	41.44	55.42	68.62	82.9	94.76	89.38	32.9	33.7	23.8	20.8	14.3	-5.7
十二、金融（亿元）												
银行年末存款余额（本外币）	297.80	324.06	382.81	439.75	502.11	620.16	21.1	8.8	18.1	14.9	14.2	23.5
银行年末贷款余额（本外币）	166.18	205.39	242	286.22	335.03	396.81	26.3	23.6	17.8	18.3	17.1	18.4
城乡居民储蓄余额（本外币）	166.27	198.34	235.31	274.73	312.38	338.54	15.8	19.3	18.6	16.8	13.7	8.4
十三、物价（%）												
零售物价总指数	106.9	102.6	101.8	101.2	101.3	101.7	6.9	2.6	1.8	1.2	1.3	1.7
居民消费价格总指数	107.7	103.1	102.9	102.5	101.2	101.5	7.7	3.1	2.9	2.5	1.2	1.5
十四、教育（万人）												
各类在校学生	7.76	7.53	7.33	7.29	7.02	6.92	-2.9	-3.0	-2.6	-0.5	-3.7	-1.4
普通中学	2.87	2.78	2.56	2.42	2.3	2.25	-5	-3.1	-8	-5.5	-5	-2.2
小学	2.89	2.85	2.83	2.78	2.75	2.71	-3	-1.4	-0.7	-1.8	-1.1	-1.5
十五、卫生												
卫生机构数（个）	36	39	39	40	42	42	2.9	8.3	—	2.6	5.0	—
床位（张）	2116	2492	2895	3216	3499	3514	24.8	17.8	16.2	11.1	8.8	0.4
卫生技术人员（人）	2257	2352	2443	2740	2894	2884	8.9	4.2	3.9	12.2	5.6	-0.3
十六、人民生活												
城镇居民人均可支配收入（老口径）（元）	19851	22471	24707				17.1	13.2	10			
农村居民人均纯收入（老口径）（元）	11941	13517	15166				19.4	13.2	12.2			
全体居民人均可支配收入（新口径）（元）			19382	21344	23291	25445				10.1	9.1	9.3
城镇常住居民人均可支配收入（新口径）（元）			24134	26354	28752	31104				9.2	9.1	8.2
农村常住居民人均可支配收入（新口径）（元）			14708	16414	17918	19480				11.6	9.2	8.7

全区人口、户数及构成

表59

指　　标	2015年	2016年
全区总人口（万人）	71.72	71.65
按性别分：		
男（万人）	35.82	35.80
比重（%）	49.94	49.97
女（万人）	35.90	35.85
比重（%）	50.06	50.03
按城镇和乡村分：		
城镇人口（万人）	41.45	42.73
比重（%）	57.8	59.64
乡村人口（万人）	30.27	28.92
比重（%）	42.2	40.36
全区总户数（万户）	27.41	27.25
平均每户人口（人）	2.62	2.63
年平均人口（万人）	72.12	71.69
人口密度（人/平方千米）	238.43	238.21
出生人数（人）	7586	6493
#男	4075	3507
女	3511	2986
出生率（‰）	10.52	9.06
死亡人数（人）	5591	5430
#男	3049	2824
女	2542	2606
死亡率（‰）	7.75	7.57
自然增长（人）	1995	1063
自然增长率（‰）	2.77	1.49

说明：城镇和乡村人口数据以城镇化率推算

规模以上工业企业主要经济指标

表60　　单位：万元

指　　标	2015年	2016年
企业单位数（个）	441	435
#亏损企业（个）	31	50
工业总产值（当年价）	8408794	9447641
工业销售产值	8215795	9348237
主营业务收入	7859332	9201773
利税总额	865136	775537
利润总额	599904	562403
亏损企业亏损额	15356	45489
工业增加值	2097900	2209300
工业产品销售率（%）	97.7	98.95
年平均从业人数（人）	74458	75436

固定资产投资

表61　　单位：万元

指标及分类	2015年	2016年
规模以上固定资产投资	3949500	4537875
其中：规模工业投资	2375500	2663100
房地产开发投资	368024	389825

城镇居民家庭人均收支情况

表62 （2016年） 单位：元

指 标	数 量	指 标	数 量
可支配收入	31104.4	4.赡养支出	41
一、工资性收入	16980.0	5.其他经常转移支出	73
（一）工资	15085.8	生活消费支出	17496
（二）实物福利	119.5	一、食品烟酒	5502
（三）其他	1774.7	（一）食品	3372
二、经营净收入	4820.0	（二）烟酒	1059
（一）第一产业净收入	1271.2	（三）饮料	85
1.农业	1187.5	（四）饮食服务	987
2.林业	15.8	二、衣着	1282
3.牧业	44.5	（一）衣类	1001
4.渔业	23.4	（二）鞋类	281
（二）第二产业净收入	1300.0	三、居住	2469
（三）第三产业净收入	2248.8	（一）租赁房房租	28
三、财产净收入	1950.0	（二）住房维修及管理	380
（一）利息净收入	29.4	（三）水电燃料及其他	622
（二）红利收入	265.1	（四）自有住房折算租金	1439
（三）储蓄性保险净收益		四、生活用品及服务	908
（四）转让承包土地经营权租金净收入	378.6	（一）家具及室内装饰品	75
（五）出租房屋净收入	52.9	（二）家用器具	312
（六）出租其他资产净收入		（三）家用纺织品	122
（七）自有住房折算净租金	1221.8	（四）家庭日用杂品	219
（八）其他	2.3	（五）个人用品	129
四、转移净收入	7354.4	（六）家庭服务	51
（一）转移性收入	8725.9	五、交通通信	2905
1.养老金或离退休金	7234	（一）交通	2177
2.社会救济和补助	212	（二）通信	728
3.惠农补贴	117	六、教育文化娱乐	2582
4.政策性生活补贴	2	（一）教育	1810
5.报销医疗费	498	（二）文化娱乐	772
6.外出从业人员寄回带回收入		七、医疗保健	1291
7.赡养收入	625	（一）医疗器具及药品	300
8.其他经常转移收入	37	（二）医疗服务	991
（二）转移性支出	1371	八、其他用品及服务	555
1.个人所得税	37	（一）其他用品	309
2.社会保障支出	1220	（二）其他服务	246
3.外来从业人员寄给家人的支出		通过互联网购买的商品和服务	170.17

分行业分类型城镇非私营单位从业人员平均工资

表63　（2016年）　单位：元/人

项目	合计	国有经济	集体经济	其他经济
总计	59296	83499	32161	46460
农、林、牧、渔业	57350	57350		
制造业	55957	42434		56858
电力、热力、燃气及水生产和供应业	62942			62942
建筑业	28907	24267	40856	28091
批发和零售业	42681	48254	27905	42439
交通运输、仓储和邮政业	90176	40731		103209
住宿和餐饮业	33705			33705
信息传输、软件和信息技术服务业	54648	66152		37298
金融业	122978	100641		146524
房地产业	62169	55307		62645
租赁和商务服务业	34098	33970	77000	33913
科学研究、技术服务业	64124	71002	91900	49472
水利、环境和公共设施管理业	38463	63841	23996	35737
居民服务、修理和其他服务业	49000	74000	48571	37154
教育	110288	111057	88500	38214
卫生和社会工作	83187	85331	66400	59945
文化、体育和娱乐业	78346	70509	26852	90790
公共管理、社会保障和社会组织	87793	87793		

分经济类型总承包与专业承包建筑业主要生产指标

表64 （2016年）

指 标 名 称	总计	集体企业	有限责任公司	股份有限公司	私营企业
企业个数	66	1	22	3	40
一、合同情况（千元）					
签订的合同额	10413802	326889	3102937	290905	6693071
1.上年结转合同额	2440230	104294	564739	86362	1684835
2.本年新签合同额	7973572	222595	2538198	204543	5008236
二、承包工程完成情况（千元）					
1.直接从建设单位承揽工程完成的产值	8935937	267805	2891200	231840	5545092
#自行完成施工产值	8906611	267805	2861874	231840	5545092
#分包出去工程的产值	29326		29326		
2.从建设单位以外承揽工程完成的产值	212778	35000	110948	700	66130
三、建筑业总产值（千元）	9119389	302805	2972822	232540	5611222
#装饰装修产值	28361		22255	849	5257
#在外省完成的产值	3318282	1456	45731	41450	3229645
1.建筑工程产值	8976027	302805	2965175	232540	5475507
2.安装工程产值	98671		1184		97487
3.其他产值	44691		6463		38228
四、竣工产值（千元）	8573453	314272	2578440	233886	5446855
五、房屋建筑施工面积（平方米）	6552725		1308174	275722	4968829
#本年新开工面积	2997150		1100203	206163	1690784
#实行投标承包面积	6114655		1286874	245722	4582059

分经济类型总承包与专业承包建筑业主要财务指标

表65　　（2016年）　　单位:千元

指 标 名 称	总 计	集体企业	有限责任公司	股份有限公司	私营企业
一、年初存货	842093	1349	482610	1246	356888
二、年末资产负债					
流动资产合计	5735728	249956	3432139	99469	1954164
应收工程款	1857578	111467	805361	68838	871912
其中:存货	1004461		584720	1310	418431
固定资产合计	417248	28933	217955	5889	164471
固定资产原价	598525	62924	300704	10413	224484
累计折旧	259439	33991	126919	4524	94005
其中:本年折旧	28454	4026	9163		15265
在建工程	57264		37005		20259
资产合计	6707239	279441	3823273	107433	2497092
流动负债合计	3866430	154579	2422000	28658	1261193
应付账款	1797229	115879	1137833	3066	540451
非流动负债合计	62979	3053	44428		15498
负债合计	3988031	157632	2469810	38632	1321957
所有者权益合计	2719208	121809	1353463	68801	1175135
其中:实收资本	1274655	30580	546151	62969	634955
三、损益及分配					
营业收入	6975454	360533	3443184	166196	3005541
主营业务收入	6959315	360533	3433920	166196	2998666
营业成本	6282170	332587	3046711	152700	2750172
主营业务成本	6281599	332587	3046142	152700	2750170
营业税金及附加	188201	11451	74351	6044	96355
主营业务税金及附加	187855	11451	74229	5927	96248
其他业务利润	4503		4490		13
销售费用	16415		3789		12626
管理费用	155378	8842	84347	5055	57134
其中:税金	12287	70	6715	313	5189
财务费用	43654	149	23854	141	19510
利息收入	4099		3945		154
利息支出	24793	149	12175	90	12379
资产减值损失	152		151	1	
公允价值变动收益					
投资收益					
营业利润	289484	7504	209981	2255	69744
营业外收入	1890	1419	402	51	18
其中:政府补助(千元)	100		100		
营业外支出	9948		6852	28	3068
利润总额	281426	8923	203531	2278	66694
应交所得税	63354	5134	42950	1073	14197
四、工资报酬					
应付职工薪酬	1251857	14218	571687	60710	605242
应交增值税	40381	5395	14183	1071	19732

利税总额前100名工业企业排名

表66 （2016年）

单位名称	名次	单位名称	名次	单位名称	名次
江苏中车电机有限公司	1	盐城市凌云海热电有限公司	35	盐城法尔机械有限公司	69
江苏金风科技有限公司	2	中电大丰风力发电有限公司	36	江苏瑞达海洋食品有限公司	70
大丰市明进机械有限责任公司	3	江苏谷登工程机械装备有限公司	37	大丰市昱祺机械制造有限公司	71
江苏丰山集团股份有限公司	4	江苏锐达机械制造有限公司	38	上海纺织（集团）大丰纺织有限公司	72
江苏佳丰粮油工业有限公司	5	盐城恒昌汽车配件有限公司	39	盐城市大丰高昌蓝翔木业有限公司	73
江苏兄弟维生素有限公司	6	大丰禾丰粮油工业有限公司	40	都市环保新能源开发大丰有限公司	74
江苏正大丰海制药有限公司	7	江苏久昌机械有限公司	41	大丰广振汽车部件有限公司	75
龙源大丰风力发电有限公司	8	江苏焕鑫新材料股份有限公司	42	大丰市东华工艺品厂	76
江苏辉丰农化股份有限公司	9	盐城彩虹纺织品有限公司	43	江苏和丰制铁新材料科技有限公司	77
江苏博汇纸业有限公司	10	盐城市丰特铸造机械有限公司	44	大丰恒卫针织品有限公司	78
盐城温氏畜牧有限公司	11	现代（盐城）工程塑料有限公司	45	江苏宝龙集团有限公司	79
迪皮埃风电叶片大丰有限公司	12	江苏省鑫磊铸造机械有限公司	46	盐城威尔斯玩具有限公司	80
大丰市天生药业有限公司	13	盐城市大丰华盛皮革有限公司	47	盐城市富先达机械有限公司	81
江苏森威精锻有限公司	14	盐城杉童玩具有限公司	48	大丰市翔鸿玩具有限公司	82
大丰海聆梦家纺有限公司	15	大丰市舒润床上用品有限公司	49	江苏高昌机械制造有限公司	83
江苏丰东热技术股份有限公司	16	大丰跃龙化学有限公司	50	江苏班德瑞不锈钢有限公司	84
大丰万达纺织有限公司	17	盐城大丰旺恒纸业有限公司	51	江苏弘烨精密铸造有限公司	85
通威（大丰）饲料有限公司	18	江苏腾龙建材有限公司	52	江苏广茂电机配件制造有限公司	86
江苏腾龙生物药业有限公司	19	江苏鑫国机械铸造有限公司	53	盐城大丰中信机械制造有限公司	87
盐城理研精密锻造有限公司	20	大丰新韩汽车配件有限公司	54	大丰市龙虎经纬科技有限公司	88
江苏金羚纤维素纤维有限公司	21	江苏龙城铸造机械科技有限公司	55	大丰市众意海绵有限公司	89
大丰丰泰流体机械科技有限公司	22	盐城汇百实业有限公司	56	大丰市兴华铸钢有限责任公司	90
大丰港华燃气有限公司	23	江苏多为泵业股份有限公司	57	盐城荣达印染有限公司	91
大丰海嘉诺药业有限公司	24	百威英博大富豪（盐城）啤酒有限公司	58	大丰市长荣建材有限公司	92
江苏北大荒油脂有限公司	25	江苏新金达机械制造有限公司	59	江苏洲达铸造机械有限公司	93
盐城奥克阀门有限公司	26	大丰华润燃气有限公司	60	江苏辉达建材有限公司	94
盐城市联鑫钢铁有限公司	27	大丰锦辉风电设备有限公司	61	江苏大吉环保能源大丰有限公司	95
盐城盈德气体有限公司	28	江苏丰源热电有限公司	62	盐城春禹建材有限公司	96
中再生盐城资源开发有限公司	29	江苏金龙环保设备发展有限公司	63	大丰利电电子有限公司	97
江苏龙发铸造除锈设备有限公司	30	大丰万盈纺织有限公司	64	大丰市佳诣电力燃料有限公司	98
江苏省华天机电设备有限公司	31	盐城丰美羽绒制品有限公司	65	盐城市大丰真率工艺品有限公司	99
盐城思达德民力阀门有限公司	32	盐城市乐丰纸业有限公司	66	盐城杉童纺织品有限公司	100
盐城市大丰创意工艺品有限公司	33	盐城神龙玩具有限公司	67	—	—
大丰鑫源达化工有限公司	34	纽威工业材料（大丰）有限公司	68	—	—

对外经济基本情况

表67

指　　标	2015年	2016年
外贸		
自营进出口总额（万美元）	151321	162148
自营出口（万美元）	89450	87432
自营进口（万美元）	61871	74715
外资		
新签协议（合同）数（个）	19	27
协议（合同）外资金额（万美元）	24249	47376
实际利用外资金额（含境外借款）（万美元）	18720	14456
外经		
对外承包工程及劳务合同额（万美元）	0	0
实际营业额（万美元）	0	0
劳务输出（人）		

各镇（区、场）土地面积

表68

（2016年）

镇（区、场）	土地面积（平方千米）	镇（区、场）	土地面积（平方千米）	镇（区、场）	土地面积（平方千米）
合　计	3008	大　桥	99	大中农场	79
大　中	199	草　庙	120	方强农场	27
草　堰	96	万　盈	142	东坝头农场	12
白　驹	113	南　阳	94	上海农场	98
刘　庄	96	新　丰	276	海丰农场	167
西　团	88	三　龙	153	川东农场	35
小　海	124	开发区	73	其　　他	917

各镇户数与人口数

表69 （2016年） 单位：户、人

镇、场	总户数	总人口			性别比	出生人数合计				死亡人数合计				自然增长人数合计			
			男	女			男	女	出生率（‰）		男	女	死亡率（‰）		男	女	增长率（‰）
大丰区	272501	716540	358043	358497	99.87	6493	3507	2986	9.06	5430	2824	2606	7.57	1063	683	380	1.48
大中镇	72090	186158	91988	94170	97.68	1943	1032	911	10.47	1052	556	496	5.67	891	476	415	4.8
草堰镇	14439	38197	19201	18996	101.08	371	186	185	9.69	351	183	168	9.17	20	3	17	0.52
白驹镇	14340	38846	19507	19339	100.87	329	157	172	8.45	324	167	157	8.32	5	-10	15	0.13
刘庄镇	15109	42121	21360	20761	102.89	372	199	173	8.80	325	187	138	7.69	47	12	35	1.11
西团镇	11214	28794	14497	14297	101.4	275	160	115	9.54	224	114	110	7.77	51	46	5	1.77
小海镇	14901	38739	19254	19485	98.81	311	189	122	8.01	358	176	182	9.22	-47	13	-60	-1.21
大桥镇	12896	32027	15963	16064	99.37	234	125	109	7.28	304	155	149	9.46	-70	-30	-40	-2.18
草庙镇	10437	27271	13567	13704	99	197	113	84	7.21	213	96	117	7.8	-16	17	-33	-0.59
万盈镇	17529	46826	23407	23419	99.95	437	262	175	9.32	412	213	199	8.79	25	49	-24	0.53
南阳镇	14921	35703	17693	18010	98.24	267	142	125	7.46	305	163	142	8.52	-38	-21	-17	-1.06
新丰镇	39659	103661	52284	51377	101.77	809	443	366	7.79	861	444	417	8.29	-52	-1	-51	-0.5
三龙镇	18742	53995	27278	26717	102.1	454	236	218	8.40	414	223	191	7.66	40	13	27	0.74
经济开发区	8896	26094	12893	13201	97.67	376	212	164	14.5	183	93	90	7.06	193	119	74	7.44
大丰港经济区	2968	8880	4440	4440	100	75	34	41	8.45	32	17	15	3.61	43	17	26	4.85
大中农场	2284	4808	2472	2336	105.82	19	8	11	3.92	31	16	15	6.4	-12	-8	-4	-2.48
方强农场	1432	2881	1465	1416	103.46	8	4	4	2.75	27	11	16	9.29	-19	-7	-12	-6.54
东坝头农场	545	1406	694	712	97.47	16	5	11	11.34	13	9	4	9.21	3	-4	7	2.13
海丰农场	99	133	80	53	150.94	0	0	0	0.00	1	1	0	7.35	-1	-1	0	-7.35

各镇基本情况（一）

表70 （2016年） 单位：人

各镇	一、村组织情况		二、乡村户数、人口		三、乡村实有从业人员	1.农业		2.工业	3.建筑业	4.交通运输仓储业和邮电通讯业	5.信息传输、计算机服务和软件业	6.批发和零售业	7.住宿和餐饮业
	村民委员会（个）	村民小组（个）	乡村总户数（户）	乡村总人口（人）			种植业						
合计	208	1296	208500	543663	307201	96026	77471	76826	26300	13598	2317	13790	5032
大中	28	153	29695	78066	46480	10753	9516	11801	4740	1993	622	2601	1348
草堰	12	78	12893	33026	18200	6389	4508	4628	1723	1614	28	968	239
白驹	16	100	12730	35562	19145	5407	3577	5788	1887	746	293	992	368
刘庄	12	77	12494	34543	20587	6012	4368	5652	2170	1181	107	958	337
西团	11	69	10217	26139	15264	4906	4244	5975	886	410	122	448	223
小海	15	95	14619	35660	20767	5822	4174	5685	1888	1230	188	1003	207
大桥	13	69	11783	25686	15508	4704	3313	1509	1175	837		843	161
草庙	14	87	10517	26527	16558	6327	5302	2843	867	423	111	586	231
万盈	18	109	18029	46826	24977	7678	6657	7130	1723	757	133	677	289
南阳	12	74	15201	36683	17723	7248	6452	4329	1622	487	50	453	169
新丰	29	218	32804	88976	46506	13919	11321	11245	3247	2014	251	2004	653
三龙	19	114	17676	48787	29524	9870	7674	5263	3011	1532	369	1924	675
开发区	8	49	7612	20437	11415	5459	5100	2715	1292	314	40	226	106
港区	1	4	2230	6745	4547	1532	1265	2263	69	60	3	107	26

各镇基本情况（二）

表71 （2016年） 单位：人

各镇	8.金融保险业	9.房地产社会服务业	10.卫生体育和社会福利业	11.教育文化艺术和广播电视事业	12.科学研究和综合技术服务事业	13.乡村经济管理	14.其他	其中：外出合同工临时工	在从业人员中：		当年到境外从业的
									男	女	
合计	1707	1333	1499	1491	498	1988	64796		160275	146926	344
大中	348	347	372	405	77	238	10835		25026	21454	23
草堰	63	16	56	42	16	126	2292		11142	7058	15
白驹	111	77	91	68	26	133	3158		10316	8829	23
刘庄	111	160	64	81	22	175	3557		10397	10190	15
西团	116	29	77	83		93	1896		7469	7795	13
小海	102	40	83	82	29	91	4317		10872	9895	6
大桥	89		60	69		112	5949		8133	7375	13
草庙	107	44	96	115	39	162	4607		8611	7947	22
万盈	142	47	162	123	36	141	5939		11727	13250	15
南阳	60	186	108	64	27	126	2794		8839	8884	60
新丰	207	229	172	225	171	352	11817		22965	23541	75
三龙	198	130	125	99	50	168	6110		16398	13126	60
开发区	48	28	25	32	5	55	1070		6047	5368	2
港区	5	0	8	3		16	455		2333	2214	2

各镇农村居民人均可支配收入

表72 单位：元

各 镇	2015年	2016年	比上年（±%）	各 镇	2015年	2016年	比上年（±%）
合 计	17918	19480	8.7	草 庙	18344	19922	8.6
大 中	20857	22671	8.7	万 盈	18026	19594	8.7
草 堰	17895	19398	8.4	南 阳	19542	21262	8.8
白 驹	18408	20047	8.9	新 丰	19484	21238	9.0
刘 庄	18428	20013	8.6	三 龙	18142	19738	8.8
西 团	18479	20050	8.5	开发区	18600	20181	8.5
小 海	17818	19368	8.7	港 区	18387	19932	8.4
大 桥	17915	19510	8.9	—	—	—	—

各镇农林牧渔业增加值

表73 （2016年） 单位：万元

各 镇	合 计	一、农业	二、林业	三、牧业	四、渔业	五、农林牧渔业服务业
合 计	812720	446667	25020	141243	163983	35807
#区属	802330	438200	24176	140808	163339	35807
大 中	98462	63289	3147	9704	15692	6630
草 堰	40251	22383	575	9021	6261	2011
白 驹	44368	26348	1418	7655	6720	2227
刘 庄	45080	21176	2760	9591	8463	3090
西 团	32709	19089	929	5905	3824	2962
小 海	47194	26375	1107	11073	6113	2526
大 桥	40881	25870	1118	7292	4639	1962
草 庙	39988	25106	1438	5068	6491	1885
万 盈	51242	29679	1798	10558	7208	1999
南 阳	42705	27563	1012	5133	6985	2012
新 丰	115348	64835	4102	19875	22063	4473
三 龙	86950	47822	1869	12454	22315	2490
开发区	16201	7872	826	3045	3298	1160
港 区	55144	22154	671	879	31060	380
区属农场	45807	8639	1406	23555	12207	—
省属农场	10390	8467	844	435	644	—

各镇（区）居委会和村委会名称

表74　　（2016年）　　单位：个

镇（区）	居、村委会数	居委会数	居委会名称	村委会数	村委会名称
合计	263	55		208	
大中镇	54	26	大刘、新村、育红、老街、新街、东宁、大华、城中、康平、健东、大新、飞达、人民、建业、建西、沿河、西河口、新团、裕华、滨河、新德、新东苑、朝阳、建丰、浦江、高新	28	红花、恒南、恒丰、恒北、泰西、泰丰、双喜、利民、阜南、阜丰、阜北、大新、同德、德丰、八灶、新团、光明、元丰、老坝、晋丰、晋北、福丰、万丰、海防、朝荣、天祥、海丰、丰裕
草堰镇	13	1	竹溪	12	丁溪、界中、双河、双垛、合新、草堰、三元、西渣、成文、竹园、三新、三渣
白驹镇	17	1	海宁	16	沿堤、马家、民窑、七里桥、团结、三里树、狮子口、汤舍、唐西、肖坳、进步、新垛、朱舍、东窑、窑港、洋心
刘庄镇	15	3	紫林、三圩、云溪	12	光荣、龙心、竞赛、新桥、友谊、东联、东方、良好、民主、建成、润民、胜利
西团镇	13	2	大龙、建设	11	新中、描花、北团、西团、西灵、赵场、九一、黄浦、马港、众心、龙窑
小海镇	15			15	温泉、无泊、小洋、徐南、海团、江北、新圩、新村、新窑、北虹、海西、唐中、杨树、小海、南团
大桥镇	13			13	大桥、双丰、联丰、中港、中业、方向、中合、潘南、潘镦、江岸、东塔、洋南、川南
草庙镇	16	2	草庙、川东	14	庆生、圩东、沿河、新场、新东、川竹、东灶、川洋、竹港、北灶、丁东、四灶、五总、新海
万盈镇	18			18	文达、六里、三合、益民、万盈、兆丰、苗丰、双福、双灶、康宁、金龙、六川、双星、殷灶、顾灶、西灶、天池、沈灶
南阳镇	13	1	南阳	12	沿海、裕海、民心、东旺、吉兴、城乡、诚心、广丰、祥北、祥南、祥西、通商
新丰镇	38	9	民主、团结、和平、新淮、新北、金墩、四岔河、龙堤、方强	29	鼎丰、群乐、时丰、裕南、裕北、仁南、仁北、金东、金西、同丰、全心、沙港、太兴、赤旗、车滩、永跃、万众、小团、大团、引水、圩中、五丰、长坍、腰港、老墩、安龙、三总、齐贤、大明
三龙镇	22	3	龙王庙、丰富、斗龙	19	龙西、龙东、丰余、龙南、丰富、下坝、斗龙港、前进、斗龙、东红、开明、新丰、洋桥、持久、久丰、增产、新坍、富强、和平
开发区	12	4	新民、新城、上海花园、蝴蝶湾	8	和瑞、七灶河、灶圩、同圣、建设、龙福、长安、河口
港区	4	3	王港、海湾、海港	1	南新

（区统计局）

〖编辑　丁彩前〗

多年环境治理，滩涂上繁殖出全球最大野生麋鹿种群

盐城湿地 麋鹿回家鹤长鸣

《人民日报》15版 2016年5月27日

申 琳

“前些日子，我在拍摄过程中发现一个种群居然有80多头新生麋鹿，这太鼓舞人心了。”每年至少有200天在江苏盐城跟拍野生麋鹿和湿地生物的摄影师李东明说。

拥有海岸线580多公里、滩涂45万公顷的江苏盐城沿海地区，分布着两个国际重要湿地：盐城沿海滩涂湿地、大丰麋鹿自然保护区湿地。在李东明的镜头中，不仅有新生野生麋鹿的惊喜发现，还有珍稀鸟类的身影。“濒危物种勺嘴鹬据说在全球仅有200多只，但在盐城滩涂湿地上，我多次拍摄到勺嘴鹬的照片和视频。”54岁的李东明说。

给麋鹿一个水草丰茂的家，自然湿地保护率由32.82%提高到43.8%

始建于1983年的盐城沿海滩涂湿地和建于1986年的大丰麋鹿国家级自然保护区，2002年同时进入国际重要湿地名录。经过多年的环境治理和生态修复，如今这两个湿地常年鹤舞鹿鸣，麋鹿种群已从最初的39头增至2800多头，其中野生麋鹿265头，已成为世界上数量最多、基因库最丰富的野生麋鹿种群。

据介绍，麋鹿原生活于我国长江中下游地区，于19世纪末在国内消失。1986年，39头麋鹿从英国回到故乡，经过原国家林业部专家组选址，放养于大丰水草丰茂的黄海之滨。

野放，是大丰麋鹿自然保护区为拯救濒危物种进行的成功尝试，也是检验大丰麋鹿自然保护区湿地生态环境的试金石。1998年、2002年和2003年，保护区曾成功举行三次麋鹿野放试验，共放归麋鹿56头，并在野外出现了子三代，结束了全球千年以来无完全野生麋鹿群的历史。

保护区采取了扩大栖息地面积、人工疏散麋鹿种群、异地寄养等方式，减少麋鹿种群密度。同时，积极争取国家林业局湿地保护项目及亚行贷款项目，对麋鹿生境进行修复。2014年，保护区利用亚行项目，不断优化麋鹿饮水系统，疏浚麋鹿生境水系，确保麋鹿生理用水和生活用水安全。

通过实施麋鹿自然保护区湿地和大丰林场滨海湿地保护项目，大丰开展了滨海湿地生态防护林抚育、麋鹿栖息地湿地生境修复与保护、生物多样性监测与研究等工程。以此为基础，大丰区编制了湿地保护工程实施规划，全区自然湿地保护率由2012年的32.82%提高到2015年的43.8%。

核心保护区实现封闭管理，2万余亩传统精养鱼池退渔还湿

“保护湿地，就是保护麋鹿。”大丰麋鹿自然保护区管理处负责人孙大明介绍，麋鹿保护区从建立到现在，湿地的生态系统日趋完整，生物圈逐年扩大，生物量不断上升。

除了麋鹿，这里还栖息着丹顶鹤、东方白鹳、白尾海雕、牙獐、豹猫等400多个动物家族，蓬勃生长着近500种海边植物，其中国家一、二级保护动物41种。盐城国家级珍禽自然保护区，也因此成为全球最大的丹顶鹤越冬地。

丹顶鹤，一种对湿地环境变化极为敏感的指示生物，以洁净而开阔的湿地环境作为理想栖息地。

林业专家表示，保护野生丹顶鹤，最好的方式就是保护它赖以生存的湿地系统。保护区成立的20多年间，筹资恢复湿地，建设了万亩芦苇、万亩湿地，芦苇面积逐渐增大，生物多样性大大增加，鸟类栖息环境明显改善，更加适宜越冬期丹顶鹤的栖息觅食，成为全球丹顶鹤等珍禽越冬的首选。

盐城市林业局有关负责人介绍，为有效保护珍贵的野生动物资源，科学、合理地开发利用湿地资源，按照保护优先的原则，盐城在2007年和2011年对国家级珍禽自然保护区的保护区域进行了两次调整。虽然保护的总面积缩小了，但核心区和缓冲区面积扩大了，丹顶鹤保护区取得核心区的土地使用权和核心区东侧的保护用海权，实现了核心区的封闭管理。目前，保护区实施了2万余亩三里河原传统精养鱼池的退渔还湿，更加优化了这里的湿地生态，使珍稀动物的数量和栖息地质量有了较大改善。

大丰：一克种子卖到一块钱

《农民日报》6版　2016年12月5日

王高峰　王　瑶

盐碱滩地上能长蔬菜？海水也能浇灌蔬菜？在江苏省大丰港区的盐土大地农业科技有限公司示范大棚内，绿油油的海芦笋、海英菜等十几种海水蔬菜，不仅给你肯定的回答，而且还让你惊讶地了解到，这些用咸苦的海水直接浇灌的蔬菜，不仅有着细腻的口感，更有丰富均衡的营养价值。

盐土大地蔬菜生产与市场部经理骆江兰带着笔者在满目翠绿的大棚内边走边介绍，“这是海英菜，那是绿菊苣。瞧，这就是我们这里的‘当红明星’海芦笋，其耐盐性相当高，亩产可达到2000公斤，纯收入2万元以上，经常食用还可预防心脑血管疾病。”

笔者蹲下身仔细观察，这种长在盐碱地上矮矮的“野草”其貌不扬，一块地能长得非常茂盛，另一块地却寸草不生。“这些蔬菜价格怎么样？谁会吃这个菜呢？”笔者好奇地问。骆江兰笑呵呵地说：“普通蔬菜每公斤也就卖个三五块钱，而我们的海水蔬菜每公斤能卖到10元，还供不应求。就连蔬菜种子也能卖到1元钱1克。”正说着，骆江兰接到了一个电话，原来是大丰市区一家老客户向她订货了。

“我们这里海水蔬菜的产量还比较有限，目前主要销往大丰的高档饭店，当然也会给上海那边发货，主要是做品牌宣传。”据骆江兰介绍，适当时机采摘海芦笋的嫩头，经过制作能成为可口的菜肴。凉拌、清炒味道都不错，还可做水饺的馅料。“当然了，因为吸收了土壤中的盐分，合成了天然的植物盐，所以做菜的时候就不要放盐了。”

作为蔬菜家族的新成员，海水蔬菜一投放市场便成为新贵，归根到底是它的高品质：不用化肥农药，不占良田，不争淡水，专喝海水。“经济效益、生态效益和社会效益三者兼备，是目前世界公认的绿色健康食品。”骆江兰介绍。

昔日的盐土大地上由于咸性十足，这里不长庄稼不种树，只有一种叫海芦笋的野草可以存活，那么这种野草是怎么被发现并被开发利用的呢？

早在2001年，中科院植物所研究员专家在大丰滩涂考察时，意外发现长势旺盛的野生植物，他便带回北京检测，结果显示这种植物不仅可以食用，而且营养价值相当高。他随后与大丰有关部门联合进行培植生产，规模逐步扩大。

目前，在大丰盐土大地农业科技有限公司的示范大棚内，已进行海芦笋、海英菜、红菊苣、番杏、蒲公英、甘蓝等海水蔬菜规模化、标准化生产种植，盐土农产品以其口味独特、营养丰富、绿色保健等优势已逐渐成为餐桌上的新秀。其中番杏、菊苣两个品种已被国家认定为绿色食品，有效填补了盐碱土地种植业的空白。

咸土能种菜，海水能灌溉。当地农民过去不敢相信的事情已成现实。今年50多岁的刘伟前两年承包了20亩滩涂种植海水蔬菜，当年实现纯收益5万多元。尝到甜头的刘伟指着海水蔬菜田兴奋地说：“我真没想到能在寸草不生的盐土荒地上种出‘宝贝’来。”

江苏大丰拥有世界最大麋鹿基因库

《光明日报》6版　2016年5月23日

张　蕾　郑晋鸣

5月22日，从江苏大丰麋鹿国家级自然保护区获悉，2016年麋鹿产子期已经结束，截至目前，大丰麋鹿大家庭的成员已达3223头，其中野生麋鹿295头。保护区现今依然保持着三个“世界之最”，即最大的麋鹿保护区，拥有最大的麋鹿基因库和最大的野生麋鹿种群。

据大丰麋鹿国家级自然保护区管理处主任孙大明介绍，大丰麋鹿种群之所以能够健康发展壮大，得益于近年来采取的一系列切实可行的保护措施。具体包括：采取青贮饲料喂养麋鹿，提高了麋鹿食物营养水平；加强野外监测工作，一旦野外食源缺乏，立即人工补饲；在麋鹿妊娠期内调整营养结构，使胎儿能够健康发育、顺利生产；通过湿地改造项目优化水系，保证麋鹿饮用水源干净无污染；及时处理自然死亡个体，避免疫病流行，将种群死亡率控制在5%左右等。

创新实践步稳蹄疾　驰而不息争先进位

大丰提振精气神为发展加分

《新华日报》头版　2016年2月17日

卞小燕

雷厉风行，步履匆匆。猴年春节，盐城市大丰高新技术区管委会副主任密云一直没闲。初五，给企业拜年；初六，组织企业去“大丰新春用工洽谈会”赶大集。2月14日，上班第一天，“安排工作、对接规模企业、赴盐城申报项目，忙碌又充实!”下午，密云又出现在大丰区“2015年总结表彰大会”的领奖台上。

自我加压，驰而不息。密云式的好干部们，将良好的精神状态写进“大气、包容、创新、争先”的大丰精神，也为大丰2015年成绩单加分不少：人均GDP、全口径工业开票销售和进出口、外资总额苏北第一；一般公共预算收入进入全省第12位；列“全国县域经济基本竞争力百强县（市）”第45位，较2010年上升22位。

主动作为，能力提升有“气场”

积极作为有担当，干部良好的精神状态传递给了客商。“从首次接触到项目入驻仅3个月，大丰吸引我们的除了政策环境，更多的是人的因素。”北京星空联盟公司副总裁孙波说。去年10月一次聚会，孙波巧遇大丰人。“大丰的大数据产业园，您一定得去看看。”客商的到来，“惊动”了盐城市委常委、大丰区委书记倪峰，主动对接、靠前服务、深入推进，大丰人的诚意很快抓住了客商的心。

星空联盟是航空娱乐平台领域国内首家也是唯一一家上市公司。1月26日，公司投资2亿元入驻大丰。首席产品官李玉说：“大丰是公司研发、运营总部，这个春节，北京50多人的团队转战大丰，开始全新的大丰生活。”

转变的背后，是能力的提升。“精气神渗到骨髓里，干部们走到哪儿气场都很足。”倪峰说，“在大丰，不仅有国内外名家讲学的‘每月一课’，还有机关‘星期六党校’学习，科级以上干部赴中浦院轮训、新加坡培训……视野拓宽，理念开放，思想认识有了新高度，人也变得更充实、自信、阳光。”

创新实践，一枚印章管审批

2月4日，大丰区行政审批局业务科朱加国一早就来到大数据产业园，上门为新落户企业现场办理业务。李玉热情递茶：“无论是审批手续，还是项目前置服务，部门响应快，一切都想在我们前面。”

“过去办行政审批事项，要所有涉及的部门都盖章，现在行政服务中心变身行政审批局，大厅服务从过去的物理组合变成化学变化，从审批到发证，都在审批局内部流转，少了推诿扯皮，真正实现一枚印章管审批。”大丰区行政审批局局长张锦存坦言。

2015年4月，国家启动行政许可权相对集中试点改革，全国共8个省市参加，江苏4家，大丰作为其中之一探路创新。一枚印章管审批，以整合组建行政审批局为突破口，“大丰实践”蹄疾步稳，便企利民的改革红利逐步释放：审批盖章由22枚减为1枚，审批环节由898个减为565个，承诺办结时限由8.5天减为3.5天，破解了令群众挠头的“一长四多”，让“清单之外无权力”。

改革创新带来的环境如何？企业最有发言权。新韩汽配是首家入驻大丰的韩企，为悦达汽车配套生产零部件。2014年，公司纳税超亿元，同时实现规模扩张，建成一二三厂，2015年销售21亿元。常驻大丰的公司总经理李相坤是韩国人：“我们已带动8家韩企来大丰落户，抱团发展。”

重塑自我，作风转变看得见

河道整洁，水流清澈，道路平整宽阔。新丰镇长坍村，是大丰畜禽养殖第一村，全村有11万羽存栏蛋鸡、4000头生猪。养殖鼓起村民口袋，也带来环境污染。改变长坍，需综合施策，畜禽粪便无害化处理，河沟整治，道路重修，如今，新长坍正向美丽乡村迈进。

左卫华原在大丰区住建局工作，2014年到村里任党建富民指导员。左卫华直言，“工作环境换了，带来最大的改变就是重塑自己。”2015年夏天一场暴雨，村里积水严重，左卫华带人挖渠引水，挖到村民陈照军家，对方阻挡不让，情绪抵触。左卫华思前想后，记起自己曾“得罪”过老陈。原来，左卫华在机关时是一名执法者，曾对老陈家新建的活动板房进行过强拆。“当年一拆了之，什么都没想，更没问问东西怎么搬，有无困难。这次看到老陈漏雨的老房子，我真想打自己耳光!”左卫华真心向老陈道歉，并依据政策帮他争取修房补助。“左书记，你还是留在村里好。”气顺心齐，老陈的话让左卫华暖心。

如今，村民有矛盾，左卫华处理温柔多了，哪怕为一处种菜的界址，他也找双方协调，化解干戈。“只有办实事，老百姓才认可你。”在大丰，左卫华这样的党建富民指导员共285名，他们像一把种子撒在各个村（居），进村入户，抓党建，促经济，为百姓解忧，为发展助力。

大丰："旅游+"倒逼经济华丽转身

《新华日报》头版　2016年3月5日

韩雅丽　李先昭　晏培娟

盐城市大丰区最新统计显示，2016年春节到元宵节期间，该区共接待游客95.8万人次，同比增长4.2%；实现旅游总收入1.05亿元，同比增32.9%。而2015年全年，全区游客量突破1000万人次，旅游总收入达65亿元，分别是"十一五"末的10倍和43倍；旅游业对GDP增长的贡献率超过25%。

有业内人士将大丰旅游业的飞跃式发展称之为"大丰现象"。对此，盐城市委常委、大丰区委书记倪峰告诉记者，大丰"全要素旅游"模式，实现了旅游与社会发展之间的良性互动，成为大丰经济转型、结构调优的重要支点。

体制创新：旅游成了"一把手工程"

今年2月5日，国家旅游局公布首批创建"全域旅游示范区"名单，大丰榜上有名，成为盐城市唯一入选的县区。区长宋勇介绍，大丰区实施的"全要素旅游"模式，和国家旅游局"全域旅游"创建非常契合，就是通过整体规划布局，来促进旅游业全区域、全要素、全产业链发展。

去年以来，大丰旅游喜事不断。去年10月15日，大丰中华麋鹿园通过评审，正式获批国家AAAAA级旅游景区，成为苏北首批、盐城首家AAAAA级景区。这是大丰旅游发展史上具有里程碑意义的大事，标志着大丰旅游迈上新台阶。不久前，"东方桃花洲"通过省级验收，被认定为省"四星级"乡村旅游区，成为上个年度盐城市唯一获批"省四星"的乡村旅游区。

"麋鹿故乡，湿地之都，黄海港城、上海飞地"，这是大丰旅游资源的写照——麋鹿自然保护区现有麋鹿2818头，是世界种群最大、头数最多的麋鹿集聚区；大丰滩涂湿地面积超过1000平方公里。早在2010年，大丰就提出"旅游兴区"战略，并写进党代会、人代会报告，列入"十二五"规划。

为此，大丰在全省县区首家成立旅委会，成员有旅游、卫生、公安、城管等多个部门，区委书记倪峰任旅委会主任。这种体制创新和"顶层设计"，让旅游业上升为"一把手"工程。

"在大丰，没有与旅游无关的部门，也没有与旅游无关的干部。"倪峰说，在全区努力下，大丰旅游业硕果累累。目前，全区建有国家A级景区12个，其中AAAAA级景区1个，AAAA级景区3个；江苏省四星级乡村旅游区5个。此外，大丰还荣获中国优秀旅游城市、中国最佳休闲小城等称号。

苦练内功："全域旅游"不是铺摊子

春节期间，上海人刘先生一家来大丰度假。想到节假日拥堵，他们选择了大丰旅游集散中心推出的"私人定制"项目——"沿海湿地游"。工作人员根据他们的要求，制定了行程安排、住宿酒店、餐饮服务等。在"管家式"导游带领下，刘先生一家乘专用旅游巴士前往中华麋鹿园等景区观光。每到一处，景区均为他们安排了电动游览车及讲解员。"整个行程对接紧凑，没有耗费一分钟等待。"刘先生说，他父亲身体不好，工作人员还专门安排了随车医生。

"私人定制"是大丰做足"内功"、打造精品旅游产品的一个缩影。在"顶层设计"指引下，提升旅游内涵已成为大丰旅游业发展的"新常态"。

"全域旅游不是遍地造景区，铺摊子。"分管旅游的大丰区委常委、政法委书记袁国萍告诉记者，大丰不缺旅游资源，但旅游业的发展，光有景点还不够，关键要提升内涵。

2月24日，记者在位于新丰镇的荷兰花海景区采访，曲水、花桥、木屋、风车，以及尚未开放的郁金香，一股浓郁的异域风情扑面而来。

荷兰花海是国内郁金香种植面积最大、品种最多的景区。新丰镇镇长仇飞告诉记者，为提升景区内涵，大丰区在花海周边规划了9.5平方公里的互动服务区域，建设了花市、荷兰风情街、婚纱影楼、巧克力小镇、郁金香精品酒店等配套设施，以及荷兰人家"洋家乐"和3个不同风格的农家休闲庄园，将荷兰花海装扮出"国际范儿"。

最能折射大丰旅游业"苦练内功"的，当属"厕所革命"。去年以来，该区调拨专项资金，新建和改扩建旅游厕所42座，使全区AAAA级以上景区的厕所全部达到"AAA"标准。

倒逼提升：旅游撬动经济大转型

漫步在大丰区草庙镇乡村旅游景区"希望的田野"，一条休闲观光小径将各功能区贯穿联通，连成一幅"树在园中、园在绿中、人在画中"的乡间美景。

"在大丰，旅游已真正实现了城乡互动。这其中，良好的生态环境功不可没。"区旅游局局长陶耸说，旅游倒逼了生态文明建设的提升，全区近40%的土地被列入生态红线保护。

其实，被旅游业倒逼着提升的，远不止生态文明。以大丰港经济区为例，该港区自然条件较差，发展资金缺口大。近年来，大丰港区在"旅游兴区"战略指引下，倒逼港城功能完善，吸引了大量社会资本投入，带动吃、住、行、游、购、娱等同步发展。目前港区日常游客不断，节假日人气爆棚，半岛温泉酒店一房难求。宋勇告诉记者，在政府推动下，民资注入旅游业的比例越来越高，目前已超过50%。

旅游业的强势发展，还带动了很多社会资本投资创业，兴办休闲农庄、生态农家乐。草堰镇三元农庄、大中镇九州田园、大桥农家大院、恒北美满人家、草庙生态度假村等如雨后春笋般快速发展。大中镇副镇长、恒北村党委书记李晓霞介绍，全村从种梨往旅游上转，近半数人家从事旅游服务业，去年农民人均纯收入近2.3万元。

同样，荷兰花海也带动了周边8个村2000多农户调整种植结构，进行花卉种植。随着新丰镇花卉苗木特色产业的兴起，郁金香农园等千亩连片种植基地已经建成。

在大丰，旅游业早已不是单一的行业。“它就像一个支点，支撑着整个社会经济转型发展，优化结构。”袁国萍说。

数据显示，2015年全区旅游业对GDP直接贡献达15.6%，直接加间接贡献超过20%，旅游业对GDP增长的贡献更是超过了25%。旅游业的发展，让大丰的三次产业结构比重更加优化。

黄海滩涂“无中生有” 苏荷合作续写传奇

“花海”成“商海”刷新大丰形象

《新华日报》2版 2016年4月8日

宏奇 庚康 小燕 付奇 周昕 晓娟 银舟

4月8日，荷兰驻华大使凯罗先生、荷兰斯滕韦克兰德市市长玛亚·范德·塔斯女士等荷兰客人来到大丰，参加大丰麋鹿文化旅游季暨荷兰花海第三届郁金香文化月活动。荷兰花海为媒，江苏打开了又一扇对外开放的窗口，一个个愈发密集的经贸、文化、科技交流，带动苏荷经贸合作走向深层次。

一朵郁金香，让海滨小镇崛起“荷兰村”

木屋、风车、奶牛、郁金香，位于大丰区新丰镇的荷兰花海充满了异域风情。曾经沉寂的黄海滩涂，如今成了种植面积第一、品种数第一、荷兰风车群数第一的“中国郁金香第一花海”。

新丰镇党委书记李实业介绍，2012年开始“多彩荷兰村”建设规划，启动核心区荷兰花海的建设。“大丰滩涂地改造融入了荷兰专家的智慧，土壤特性与荷兰相似，而荷兰郁金香闻名于世。大丰创意建设荷兰花海项目，就是要以当地百年来的自然、历史、文化、业态为依托，创造更新更美的业态，致富一方。”

大丰与荷兰有缘。100多年前，荷兰水利专家特莱克就来到大丰，帮助规划农田水利。100多年后，又一个荷兰人——郁金香种植专家尼可，走进了这片土地，帮助建设荷兰花海。如今，越来越多的荷兰人来到了这里。古尔森和泰仕旻都是荷兰商贸界的活跃人士。最近，他们递给荷兰朋友的名片上，印着一个新的身份：江苏大丰荷兰花海国际顾问。

如今，每年4月，荷兰花海2000万株郁金香连片绽放，蔚为壮观。荷兰花海以鲜明的荷兰特色，迅速叫响旅游市场。刚刚过去的清明节小长假，这里接待游客近20万人次。

“花海”成“商海”，做大“荷兰产业链”一朵花牵出了一条产业链。

荷兰花海的“荷兰花市”，是一家巨型鲜花商超综合体，花卉盆栽卖场、儿童游乐园、餐饮、电影院一应俱全。这个苏北最大的国际化园艺中心，是荷兰花海与浙江企业牵手合作建设的，前年10月开始营业，经营面积达1.5万平方米，售卖鲜花5000多个品种。店长徐月婷介绍，“荷兰花市”的经营模式是“实体+电商+配送”，去年收入2600余万元。

一边做大销售，一边做强研发。尼可与荷兰花海合作，建起了郁金香种球研究中心，推动郁金香种球产业国产化发展。荷兰花海采用“平台+市场+农户”模式，成立花卉种植销售专业合作社，周边8个村2000多户农民开始种植花卉。随着当地花卉苗木特色产业的兴起，国内少有的郁金香农园等千亩连片种植基地已经建成。

“花海”变“商海”，劲吹荷兰风，更广阔的布局已经开始——荷兰库肯霍夫花园前董事加盟，定期提供技术指导；荷兰郁金香种植顶尖专家集聚于此，参加球宿根花卉国际研讨会；荷兰贸促会代表当起了花海招商大使，推进当地与荷企互惠合作……

在此背景下，更多社会资本和国际资本看到了合作的前景和潜力。辉丰股份与花海联手打造的郁金香客栈、南京奥悦酒店与花海联手建设的假日公寓陆续开张营业；由广东客商投资建设的“荷兰风情一条街”项目正抓紧建设；泰国客商也和花海约定，将带着根雕艺术品到花海布展经营。前不久，具有纯正荷兰风味的羊角村餐厅、专营荷兰特色商品的荷兰人家电商平台及实体体验店相继建成。

从经贸到文化，苏荷合作走向深层次

荷兰花海为大丰打开了一扇对外开放窗口，也让江苏与荷兰在对外经贸、文化、科技等领域的交流活动更加活跃。

2013年10月和2014年5月，荷兰的《北荷兰日报》两度专题报道荷兰花海。去年3月25日，荷兰国家电视台NOL专题报道了位于大丰的荷兰

花海。

去年4月，大丰举办首届“荷兰花海国际郁金香文化月”。荷兰大使馆特意选派40名荷兰志愿者做志愿服务，一批荷兰民间木屐、花艺大师，现场展示才艺。活动月中，荷兰驻中国大使馆农业参赞赫马丁感慨地说：“尽管中国与荷兰相距遥远，在花海，我却仿佛置身家乡。”

如今，这朵郁金香已经绽放在了更大的平台上。去年3月，在荷兰首相马克·吕特的见证下，大丰荷兰花海与荷兰IGMPR公司签署战略合作协议，这是一家荷兰领先的专业从事鲜花生产和设计的公司。双方将在政治、文化、商贸等领域开展全方位的交流合作。

去年10月，荷兰花海、荷兰EP-Nuffic、荷兰IGMPR三方签署合作协议，推动两国间高等技术人才交流，促进中荷接待与旅游业实时实验室项目的实施。这是第三次中荷教育政策对话以来首个合作成果。根据三方合作协议，EP-Nuffic介绍合适的荷兰高等学府来完成荷兰花海提供的任务型作业。目前已有4所荷兰高等学府参与项目运营。

企业纷至沓来　合作全面升级

大丰做大做强“飞地经济”

《新民晚报》A6版　2016年4月16日

梅璎迪　周　昕　李晓娟

地处黄海之滨的盐城大丰拥有上海最大的“域外飞地”。苏通大桥的开通让大丰从长三角联动发展的“神经末梢”变身江苏沿海开发“前沿阵地”、接轨上海“2小时经济圈”的城市。在上海产业转移的热潮中，众多上海企业抢滩大丰，这片“域外飞地”已成为上海传统产业的转型升级基地和新兴产业企业的扩张基地。

“当前，大丰正处于‘一带一路’、长三角一体化和江苏沿海开发等‘国字号’战略交汇点上，政策机遇的交汇叠加将为大丰下一步发展注入强大动力。”在盐城市委常委、大丰区委书记倪峰看来，随着沪丰两地在更大范围、更高层次开展合作，生产要素将进一步优化配置，区域融合发展将产生更多“黄金效益”。

“飞地经济”蒸蒸日上

走进位于大丰经济开发区内的上海建材岩棉大丰公司1号车间，一块块巨大的玄武岩正随着传送带送入燃烧室。坚硬的石头在高温下瞬间变成棉絮，瀑布一样倾泻而下，又在流水线上被自动切断分割，进行包装。公司常务副总经理方铭告诉记者，这是由意大利进口的生产线完成的，4条生产线马力全开可实现年产值15万吨，销售6亿元。

这个总投资10亿元的项目，是冲着上海“域外飞地”这个金字招牌而落户大丰经济开发区众多企业中的一家。2014年上海工业用地出让年期从50年调整为20年，沪上产业迎来转移潮。而其实早在江苏大丰沿海开发战略之初，地处黄海之滨的大丰就已被盘活，绝佳的区位、资源优势，使得大丰成为承接上海“溢出”产业的风水宝地。

2008年，大丰就与光明食品集团共同成立上海光明工业区，让大丰成为对接上海的“试验田”，开创了苏、沪两地联合开发、共建园区的全新模式。2009年上海杨浦区也跨江而来，与大丰开展合作，在域外飞地大丰设立工业园，打造杨浦区产业项目转移基地。

去年11月，“沪苏大丰产业联动集聚区开发建设推进协调领导小组”第一次联席会议在南京举行。江苏省副省长徐鸣、上海市副市长时光辉共同为沪苏大丰产业联动集聚区党工委揭牌。作为上海和江苏省级层面首个合作的园区，选择在大丰落户，其重要性不言而喻。眼下，一大批重量级企业正在积极洽谈入区，未来这里将成为长三角区域产业合作的示范区、上海先进制造业的域外产能基地。

在沪丰合作日趋密切的当下，在沿海开发的新空间、新平台上，大丰抓住了上海产业转移的新机遇，打造沪丰产业合作新载体，形成了红红火火的“飞地经济”。

全面融合潜力无限

“以沿海策应上海、以上海提升沿海”是大丰经济发展的重要战略。在“十二五”期间，大丰全面加强与上海的对接，落户大丰各园区的300多家企业中，有56家就是来自上海。

步入“十三五”开局之年，大丰又一次把对接上海、互融发展纳入了重点规划中，从提升平台载体能级，到产业、技术、人才等全方位进行对接。大丰区委常委、高新技术区党工委书记董坤介绍说，本月在上海举行的大丰投资环境推介会，就瞄准了在沪世界500强企业、跨国公司、各行业龙头企业等，通过集中介绍大丰产业优势，招引一批高端产业项目落户大丰。

为更好地对接“中国制造2025”，大丰制定了“行动计划”，突出建筑新材料、环保新材料、金属新材料等新兴领域，招引领军企业，突破龙头项目，努力打造新材料产业基地。

为此，大丰专门出台了关于加快培育发展战略性新兴产业的实施意见，在创新人才引进、创新主体培育、创新载体建设、创新成果转化等方面相继出台了系统性的政策，明确在财政投入、融资渠道、人才支撑等方面给予倾斜。同时，整合各类产业扶持资金，设立战略性新兴产业发展引导资金，通过各种方式对重点企业和重点项目予以扶持。

有政策的“红利”，也有平台的基础。高新技术区建成国家科技孵化器、东方1号创意产业园建成国家级工业设计中心，沪苏产业联动集聚区建成省级开发区、风电产业园建成省新型工业化产业示范基地等等，筑就了凤凰台，才能引得凤凰来。

沪丰合作日趋紧密，两地的“民生接轨”也日趋便利。只要手持“上海公共交通卡大丰卡”，便能在沪丰两地一路畅行。沪丰异地就医委托报销也全面启动，长期居住在上海的大丰人或是长期居住在大丰的上海参保人员，可以就近在居住地指定的医保经办机构报销医疗费用。

临港聚集百亿产业群

大丰“蓝色经济”蓬勃发力

《新民晚报》A9版　2016年9月12日

周　昕　李晓娟　梅璎迪

近日，在大丰港深水航道工程施工现场，8艘耙吸式挖泥船正在海面加紧施工，还有一个月一期工程将迎来全面竣工，届时，10万吨级散货船将可畅行无阻。与此同时，盐通铁路（大丰站）前期工作正在快速推进，建成后该铁路将成为大丰接轨上海和苏南最快捷的通道，大丰将真正融入上海一小时经济圈。

随着大丰港集疏运体系进一步完善，公路、铁路、海河联运构架日渐清晰，大丰联系长三角核心城市，以及苏中苏北广阔腹地的黄金交通区位再度凸显，辐射效应逐步显现。

崛起的大丰港

最近大丰港喜讯不断，今年5月17日，大丰港正式开通至上海港集装箱直达航线；下月底，大丰港深水航道一期工程将正式开通，这条“海上高速”投入使用后，将为大丰港口转型发展和功能提升提供强劲动能，助推大丰港融入国际港口运输体系。

“沿海开发，港口是龙头”。在盐城市委常委、大丰区委书记王荣眼中，大丰港承担着“盐城沿海龙头港、中国中部沿海中转港、上海港的喂给港、中韩贸易干线港”的重要历史使命。“一带一路”、“长三角一体化”、“江苏沿海开发”等重大战略在大丰叠加，为大丰港的发展赢得了难得的机遇。大丰港作为国务院批准的对外开放一类口岸，目前已建成万吨级泊位17个，开通国际航线9条，集装箱航线班轮密度达到每月56班，2015年完成货物吞吐量7094万吨、集装箱20.4万标箱。到2020年，大丰港将建成万吨级以上泊位30个，形成以15万吨级泊位为龙头的码头集群，货物吞吐量突破1.5亿吨、集装箱100万标箱。

聚集百亿产业群

沿海是大丰发展的最大希望与潜力所在。近年来，大丰突出港区优势，围绕港口布局临港产业，迅速聚集了一批优势产业体系。新能源、石化、冶金、生物医药、木材加工等五大临港主导产业已具规模，特钢新材料产业园、石化产业园、木材产业园、石材产业园和生物医药产业园等园区基础设施建设步伐加快，石化新材料、高端造纸、港口物流等一批百亿产业集群正在形成，产业集聚效应不断增强。依托港口优势，风电产业在大丰发展迅猛。随着金风科技、中车电机、美国迪皮埃叶片、南通海工塔筒等一批龙头企业相继在大丰“落地开花”，大丰风电产业“葡萄串”效应不断显现，逐步形成了从风电装备、制造与出口到海上风电工程、海上风电服务的全风电产业链。

与此同时，海洋生物、海工装备、海水淡化、海洋新能源等战略性新兴产业迅速崛起，世界首台套兆瓦级非并网风电淡化海水示范项目建成投产，海洋生物产业园建成国家科技兴海产业示范基地、国家盐土农业科技园，亚洲最大的中汽中心盐城汽车试验基地建成启用，国家进口粮食指定口岸、B型保税物流中心获批设立。

大丰沿海开发不断深入，一条港口带、城市带、产业带、旅游带，在江苏东部海岸线上已十分清晰。在大丰这条黄金海岸线上，一个个码头展露雄姿、一个个地标建筑拔地而起，一个个新兴产业日新月异，一个个旅游景点夺人眼球。大丰正迸发出无限活力，吸引着越来越多的关注目光。

大丰:探索签约服务的“小岗村”

《健康报》头版头条 2016年7月22日

韩 璐

7部门近日共同颁布的《关于推进家庭医生签约服务的指导意见》,明确了建立家庭医生制度的时间表和路线图,要求将其作为医改重点工作全力推进。然而,一些人心怀疑虑:基层医疗卫生机构在百姓中信任度低,规范化培养的全科医生人数太少,全面推行家庭医生是不是太早了?近日,本报记者分赴江苏省盐城市大丰区、浙江省杭州市、四川省成都市、河南省焦作市采访,观察当地的实践,探讨家庭医生的发展走向。

216个村卫生室、12家乡镇卫生院,是江苏省盐城市大丰区为当地百姓提供基本医疗卫生服务的主战场。2013年9月,大丰区开始探索以健康服务包的形式,由乡村医生为群众提供个性化的有偿签约服务,进而在服务内容到筹资机制上,蹚出一条走得通、可持续的新路。从2014年到2016年,签约家庭数量持续扩增,签约率从13.3%升至24.1%,续约率达91.4%,80%的村卫生室参与其中。

“服务包”兜住居民健康

“花100元,我买回了一条命。”在大丰区南阳镇祥北村卫生室,记者见到村医丁玮玮的签约居民、71岁的祝燕安。老人2014年购买了一份高血压型中级健康服务包,成为村里第一批签约居民。随后,在当年1月的体检中,她被查出肾癌。由于发现及时,老人手术治疗的效果很好。

村民告诉记者,2014年春节前夕,大丰区政府在进城的高速公路边竖起一个醒目的广告牌,上面写着“今年过年不送礼,送礼就送健康包”。通过这则广告,外出务工的年轻人了解到,只要买个健康服务包,就有政府认可的乡村医生来照顾留守在家的老人和孩子。这着实让许多村民动了心。

据大丰区卫生计生委主任徐向东介绍,针对不同群体的健康需求,该区重点面向老年人、儿童、慢性病患者等,提供包括健康巡诊、血常规检测、健康评估等服务在内的标价50元的初级包;包括慢阻塞肺型、儿童型、老人型、高血压型、糖尿病型等类型,标价100元~150元不等的中级包;分为健康体检型、防癌型、慢性病型等类型,标价200元~800元不等的高级包。以糖尿病中级包套餐为例,在基本医疗卫生服务外,购买者可每月享受一次免费血糖检测,每年接受一次免费眼底、肾功能和心电图检查等。

徐向东说,签约就是要把村民的健康管起来。村卫生室是签约服务的主体,乡村医生为第一责任人,乡镇卫生院则提供团队指导、检查检验等技术支撑。

健康服务包的内容也在与时俱进。2015年,大丰区新增复合型中级包,如同时患有高血压和糖尿病的患者不需要购买两个包,只要花150元购买一个复合型包;2016年,又针对60岁以上居家养老对象推出医养结合健康服务包,其中的胸片检查、彩超、中医养生保健、家庭访视等服务,不需要增加自负费用。

“软签约”产生“硬效果”

在推行有偿签约服务之初,由于当地物价部门对打包收费、部分劳务收费没有明确定价,卫生部门是冒了风险的。徐向东回忆说,经过反复沟通和上级部门调研,2014年,江苏省卫生计生委、财政厅、物价局联合发文为签约服务收费提供了政策依据,明确国家规定的基本公共卫生服务项目和重大公共卫生项目不收费;新增个性化延伸项目收费逐级报批;签约健康服务包收费标准由县级制定,上报备案。

三龙镇斗龙港村卫生室村医蒋桂琴告诉记者,基本公共卫生服务项目中的糖尿病管理,是每季度进行一次血糖检测,远远不能满足大部分患者的健康管理要求,而个人付费的糖尿病中级服务包里包含的全部服务,按物价收费应该是237元,扣除新农合报销部分后,实际应收160元,医疗机构再减免优惠60元,实际仅向个人收费100元。

在徐向东看来,让居民为健康买单,除了弥补提供服务的成本,甄别出真正有需要的患者外,这种完全出于自愿的有偿“软签约”,还能显著提升健康管理效果,避免“签而不约”。因为,购买服务包后,患者的依从性往往变得更好,获得额外劳务报酬的村医也会和签约居民保持密切联系,尽心尽力地为他们服务。

为了既不推大跃进式的改革,又激励村医提供优质服务,在试点初期,大丰区决定采取“四不”举措,即不下指标、不定时间表、不单独考核、只奖不罚。将“每年新纳入的签约村签约率15%左右,续约率达90%”作为指导性指标,允许居民跨村签约,鼓励卫生院与驻地居民直接签约,将居民用脚投票的结果作为对村医的考核依据,还定期通过查验服务手册、回访调查等手段进行质量控制。

多位村医告诉记者,卫生室大多实行签约人数总额限制,防止“贪多嚼不烂”。村医往往还会选取慢性病患者、体弱多病者等作为重点签约对象,并有针对性地推介相应的服务包。“每年我们都会组织签约人员进行全面体检,并根据个人的健康状况制订个性化的服务方案。现在,签约工作越来越省心了,许多患者主动到卫生室签约,还带动邻居、亲友来签约。村里高血压、糖尿病患者的签约率分别达到26%和72%。”丁玮玮翻开自己的签约服务工作手册,上面已经记录了40个预约明年加入签约的

2016年5月，大丰区大中镇恒北村村医与村民进行签约医疗服务

居民。

签约服务也逐渐得到医保部门的认可。继2013年新农合开始对签约服务费用给予补偿后，从2016年起，城镇职工医保和居民医保也开始支持签约服务。针对60岁以上居民的签约服务包，缴费由基本公共卫生项目补助、医保基金支付、医疗机构减免优惠和个人支付共同构成。以价值422元的60岁以上高血压包为例，基本公卫项目补助107元，医疗机构优惠135元，职工医保、居民医保、新农合分别支付110元、90元、80元，参保居民个人仅需支付70元、90元、100元。

村医守住了"网底"

祥北村66岁的村民陈林凤因为患有糖尿病，已经和村医丁玮玮签约3年。她告诉记者，自己一人签约后，全家人去村卫生室看病都不需要再掏诊疗费，需要的药品都能配到，花费还不到药店的一半。"丁医生把我的血糖控制得很好，我很相信她。以前看病总去县医院，现在全家人身体不舒服都先找丁医生。"

丁玮玮说，签约服务的开展带动了村卫生室诊疗量的增加。徐向东则告诉记者，自2013年以来，开展签约服务的村卫生室年诊疗人次平均增幅达到18%，全区村卫生室门诊人次占总门诊人次的比例已达65%。

乡村医生的收入也在逐年提高。丁玮玮说，自己的年收入从2013年的1.9万元提高到2015年的4万余元。在服务人口更多的斗龙港村，村卫生室2015年人均工资已达6.4万元，是村干部的2倍。记者了解到，当地村医的收入增量部分主要来自于诊疗收入的增加和签约服务费的补偿。在村医收入中，基本药物补助、公共卫生补助、诊疗收入和签约收入的占比分别为30%、25%、35%和10%。

此外，村卫生室的诊疗条件和村医的业务水平也在不断提高。祥北村新建卫生室面积达到248平方米，还添置了血糖仪和具备眼底、耳道、心电等检查功能的全科诊断系统。自2014年以来，南阳镇卫生院陆续安排3名村医分别到中医院进修中医康复治疗、糖尿病康复指导和眼底检查。"村卫生室的硬件水平在提升，村医的软实力在变强，来找我们看病的村民越来越多了。"丁玮玮说。

（区委通讯站）

〖编辑　刘洪芳〗

说　明

1.本索引采用内容分析法编制，按汉语拼音顺序排列。

2.标引词后的数字表示内容所在页码，数字后的字母a、b、c分别表示左、中、右栏。

3.卷首、特载、大事记、荣誉栏、文件目录、附录等栏目内容未作索引。

4.本索引编有附见系统和参见系统。主款目下行空一格排列者为附见条目，标引词后的第二个页码起为参见页码。

5.栏目、分目标题用黑体字标示。表格均注明“（表）”字样。

6.索引标引词一般采用中心词或简称。“省”即江苏省，“盐”即盐城市，“区”即大丰区。

A

B

C

D

G

H

J

K

L

M

R

T

W

Y

Z

〖编辑　於晨婷〗

南京星光测绘科技有限公司 编制

审图号 苏S(2014)130号

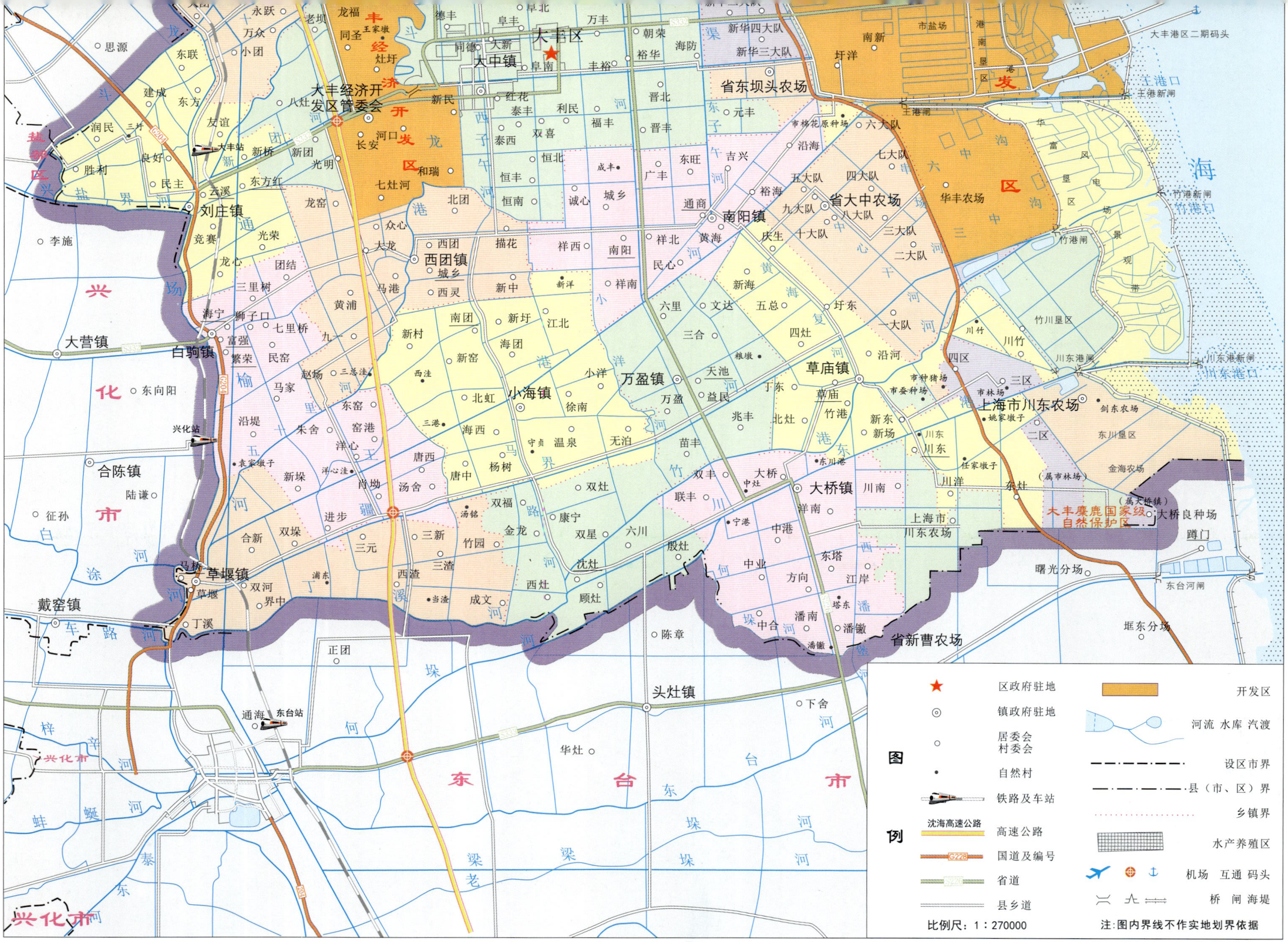

南京星光测绘科技有限公司 编制

编辑调绘 顾鸿

审图号 苏S(2014)130号